Inhalt

EINLEITUNG

Die Ostküste Australiens

Australien gilt als der »rote« Kontinent, der heißeste und flachste der Erde. Auf dieser Reise der Kontraste werden Sie Australien von der gewohnten »roten« Seite, aber viel mehr noch von seiner grünen Seite erleben. Sie werden seine Berge, seine Strände, seine Inseln und nicht zuletzt seine außergewöhnliche Tierwelt erleben, die nirgendwo sonst auf der Welt zu finden ist. Australien ist ein riesiges Land, das sechstgrößte Land der Erde, größer noch als Indien und Argentinien, und nur ein bisschen kleiner als die USA. Und es gibt viel zu sehen! Daher ist es wichtig, eine Auswahl zu treffen unter den schönsten Reisezielen des Landes und eine Route zu planen, die perfekt auf die Zeit ausgerichtet ist, die Ihnen zur Verfügung steht.

Dieser Routenreiseführer stellt die – unserer Meinung nach – schönste und abwechslungsreiche Route entlang der Ostküste vor, mit verschiedenen Varianten, mit der Sie die Reise nach Belieben verlängern und verkürzen können. Die vorgestellten Ziele und Highlights sind zwar eine subjektive Auswahl – es gibt in Australien so viel zu sehen, um den Rahmen jedes Buches zu sprengen –, beinhalten aber mindestens alle relevanten Sehenswürdigkeiten. Es ist von Anfang an vorgesehen, dass Sie einzelne Teile der Route auslassen können. Nicht jeder Reisende hat (so wie wir) zwei Monate Zeit, um die Strecke von Cairns nach Sydney in aller Ruhe zu fahren. Zudem gibt es entlang der Route gleich drei internationale Flughäfen – nämlich **Cairns, Brisbane und Sydney** – und eine ganze Reihe von Inlandsflughäfen, sodass Sie auch nur einzelne Teile der Strecke in Angriff nehmen und dabei trotzdem eine Menge erleben können.

Wichtig ist, dass Sie sich nicht zu viel vornehmen: Die Ostküste ist lang, sehr lang. Von Cairns bis nach Sydney sind es knapp 3.000 Kilometer – das ist ungefähr so weit wie von Berlin bis nach Gibraltar. Die Sache hat allerdings einen Haken: Auf dieser Strecke gibt es zum großen Teil keine Autobahnen, und selbst auf Autobahnen ist bei 110 km/h Schluss. Daher reist man von Anfang an langsamer als gewohnt.

Wenn Ihnen wenig Zeit zur Verfügung steht, ist es daher sinnvoll, bereits frühzeitig zu überlegen, lieber eine Region intensiver zu erkunden anstatt Tage auf dem Highway zu verbringen. Denn um es gleich zu Anfang zu sagen: Der Highway selbst ist keine Attraktion. Es sind die gewundenen Stichstraßen in die Berge oder ans Meer, die erkundet werden wollen. Und jeder Abstecher kostet Zeit, die man später aufgrund der Geschwindigkeitsbegrenzungen auf dem Highway nicht wieder reinholen kann.

DIE ROUTE

Dieser Routenreiseführer beginnt im Norden von Queensland, in **Cairns**, das mit etwa 155.000 Einwohnern eine der größten Städte im Norden Australiens ist. Der Begriff Cairns beschreibt eine vielfältige Region mit langen Sandstränden, von Regenwald bedeckten Bergen und dem Great Barrier Reef mit seinen Korallen- und Festlands-Inseln. Der tropische Regenwald wie auch das Riff sind von der UNESCO als Weltnaturerbe geschützt.

Nördlich von Cairns haben Sie Gelegenheit für einen Abstecher in die uralten Regenwälder des **Daintree National Park**. Danach reisen Sie durch die Regenwälder der Atherton Tablelands in Richtung **Mission Beach**, einem kilometerlangen Strand, der direkt an den Regenwald angrenzt. Hier kann man die vom Aussterben bedrohten *Cassowaries* (Helmkasuare) beobachten. Richtung **Townsville** wird es dann trockener, und man fühlt sich dem Outback bereits ein bisschen näher. Vor der Küste liegt **Magnetic Island**, eine bergige Insel, in denen Koalas sich die Wanderwege mit den Touristen teilen.

Das nächste Ziel ist **Airlie Beach** mit den Whitsunday Islands. Die geschützten Gewässer rund um die 74 Whitsunday-Inseln gelten als eine der besten Segelreviere der Welt. Viele Reisende machen hier einen oder mehrere Tage halt, um eine Segeltour zu unternehmen und **Whitehaven Beach** zu besuchen, einen der weißesten Strände der Welt. Der Sand ist so weiß, dass man eine

Sonnenbrille braucht, um nicht »schneeblind« zu werden, das Wasser türkis in vielen Farbschattierungen. **Cape Hillsborough** ist das nächste Highlight: Mit ein bisschen Glück kann man Wallabys (kleine Kängurus) am Meer fotografieren, und einige Kilometer weiter südwestlich im **Eungella National Park** bei Mackay kleine Schnabeltiere (Platypus) in freier Wildbahn erleben.

Hinter Mackay erwartet Sie dann Outback pur, ein über die meiste Zeit des Jahres trockener, einsamer Landstrich mit ausufernden Rinderweiden und lichtem Eukalyptuswald. In **Rockhampton**, das passenderweise als die Rinderhauptstadt Australiens gilt, erreichen Sie den südlichen Wendekreis und damit auch die subtropische Zone. Bei einem sehenswerten Schlenker über **Yeppoon** und Emu Park können Sie wieder Seeluft schnuppern. Bei Gladstone besteht die Möglichkeit, einen Ausflug nach **Heron Island** zu unternehmen. Die Luxusinsel liegt mitten im Great Barrier Reef und gilt als Paradies für Schnorchler und Taucher.

Ihre Reise führt Sie nun durch über weite Teile des Jahres hinweg sehr trockene Eukalyptuswald-Landschaften zum **Seventeen Seventy (1770)** und **Agnes Water**. In Agnes Water sehen Sie den nördlichsten Surfstrand Australiens. An die Strände vor dem benachbarten **Bundaberg** kommen in den Sommermonaten (etwa ab November) Meeresschildkröten, um ihre Eier abzulegen. Später im Sommer, bis etwa März, kann man nachts den Schildkröten beim Schlüpfen zusehen. Zudem bietet sich ab dem nahe gelegenen Port of Bundaberg eine letzte Gelegenheit, das Great Barrier Reef mit dem Boot zu erreichen.

Südlich von Bundaberg erwartet Sie die größte Sandinsel der Welt, **Fraser Island**, die als UNESCO-Welterbe geschützt ist. Hier unterbrechen viele Reisende ihre Fahrt für einen oder zwei Tage, um die Insel auf einer Tour oder in Eigenregie im Geländewagen zu erkunden. Fraser Island ist per Fähre vom geschäftigen **Hervey Bay** wie auch vom kleineren, in vieler Hinsicht jüngeren **Rainbow Beach** erreichbar.

Als nächstes Ziel steht die **Sunshine Coast** auf dem Programm, mit den markanten Glass House Mountains, die die Standorte von uralten Vulkanen markieren, und den Stränden des Promi-Urlaubsortes **Noosa**. Auch die Strände vor Maroochydore und Mooloolaba sind einen Besuch wert. Queenslands Hauptstadt **Brisbane** schließlich markiert das Ende der ersten Etappe der Reise. Mit seinen 2,3 Millionen Einwohnern ist Brisbane die einzige Millionenstadt in Queensland, mit einem vielfältigen Kulturangebot, schönen Parks und einem Fluss, der sich per kostenlosen Fähren bequem erkunden lässt. Um einen guten Eindruck von Queensland zu bekommen und zudem Ihren Urlaub zu genießen, sollten Sie für die Etappe Cairns – Brisbane mindestens 14 Tage, besser noch 21 Tage einplanen.

Abhängig von der Ihnen zur Verfügung stehenden Zeit lohnt sich die Überlegung, ob es nun sinnvoll ist, mit dem Auto nach **Sydney** zu fahren oder vielleicht besser zu fliegen. Von Brisbane bis nach Sydney sind es zwar »nur« 1.000 Kilometer, die Praxis zeigt aber, dass man auch ohne Besichtigungen für diese Strecke allein mindestens zwei volle Tage benötigt. Um sich mehr als

Abendstimmung in Seventeen Seventy (1770)

Baumriesen auf Fraser Island

Reise zu Ende. Erleben Sie Sydneys Strände, seine Menschen, und seine Geschichte. Eine Reise nach Sydney ist nicht vollständig ohne einen Ausflug in die spektakuläre Bergwelt der **Blue Mountains**, die ebenfalls als UNESCO-Welterbe geschützt ist.

Zum Schluss lohnt es sich vielleicht, noch einen Abstecher zum **Ayers Rock (Uluru)** einzulegen und das rote Herz Australiens zu erkunden. Der Ayers Rock liegt knapp 3.000 Kilometer oder etwa drei bis vier Flugstunden von Sydney entfernt im Northern Territory, einem der am dünnsten besiedelten Teile Australiens, mit nur 0,17 Einwohnern pro km². Der Ayers Rock ist eines der entlegensten Reiseziele Australiens, aber auch eines der bekanntesten. Bei einer Wanderung rund um den roten Felsen oder bei einem Besuch zum Sonnenaufgang können Sie dem Phänomen Ayers Rock ein bisschen näherkommen.

AUFBAU UND NUTZUNG DES REISEFÜHRERS

Nach dem Inhaltsverzeichnis und dieser Einleitung erfahren Sie mehr über den Staat und die Verwaltung Australiens, danach folgen die Highlights und unsere SmartRoute, die Sie auf der langen Reise an der Ostküste unterstützen wird. Die gesamte Route ist in mehrere Abschnitte aufgeteilt, die Ihnen sicher hilfreich bei der Reiseplanung sein werden.

Die Highlights der jeweiligen Etappe werden so vorgestellt, dass Sie sie nacheinander (in Nord-Südrichtung) abfahren können. In den Großstädten Sydney und Brisbane sind sie nach Stadtteilen sortiert. Die Routenbeschreibungen geben Ihnen alle wichtigen Daten zu den Sehenswürdigkeiten und Wandermöglichkeiten an die Hand, inklusive Öffnungszeiten, Kosten wie auch Internetlinks für weitere Recherchen. Bei den Wanderungen ist die Länge der Gesamtstrecke angegeben sowie der Zeitbedarf (ohne Pausen) für den **Hin- und Rückweg** bzw. Rundweg. Die meisten Wanderungen sind einfach und auch von weniger geübten in der angegebenen Zeit machbar. An Tagen, an denen es besonders heiß ist, sollten Sie damit rechnen, langsamer voranzukommen. Höhenunterschiede sind nicht angegeben, da die meisten Wege nur wenig Steigung haben. Der limitierende Faktor ist weniger die Höhe als vielmehr Hitze und Luftfeuchtigkeit.

In jedem Kapitel stellen wir eine Reihe von **Restaurants** vor, die – soweit möglich – entweder eine besondere Küche zu bieten haben (nicht jeder mag täglich Fish & Chips essen) oder an einem schönen Platz liegen, an dem man den Urlaub so richtig genießen

nur Landstraße anschauen zu können, sollten Sie daher mindestens vier Tage zur Verfügung haben. Es gibt immerhin einiges zu sehen: Angefangen mit den Regenwald-Nationalparks **Springbrook National Park** und **Lamington National Park** im Süden von Brisbane über die Vergnügungsparks und Strände der Gold Coast bis hin zum jugendlichen **Byron Bay** mit seinem sehenswerten Leuchtturm und dem östlichsten Punkt Australiens. Byron Bay liegt dabei schon in New South Wales, das weniger als halb so groß ist wie Queensland, aber immerhin 7,5 Millionen Einwohner beherbergt.

Auch hinter Byron Bay gibt es viel zu sehen, darunter die Big Banana in Coffs Harbour. Im **Dorrigo National Park** haben Sie noch einmal die Gelegenheit für einen Besuch im Regenwald, und im **Arakoon National Park** bei South West Rocks erwartet Sie eine eindrucksvolle Festung am Meer, die fast an eine Burg erinnert. In **Port Macquarie** empfiehlt sich ein Besuch im Koala Hospital, und im **Worimi National Park** bei Newcastle besteht die Gelegenheit, auf einem Kamel die längsten Wanderdünen der Welt zu reiten. Das nahegelegene **Hunter Valley** ist nicht nur ein kulinarisches Highlight mit grünen Hügeln, ausgedehnten Weinbergen und wilden Kängurus. Kurz vor Sydney schließlich bietet sich die Möglichkeit, Aboriginal-Felszeichnungen in der Nähe von **Gosford** zu betrachten. In **Sydney**, mit um die fünf Millionen Einwohnern Australiens größte – und für viele auch die schönste – Großstadt, geht die zweite Etappe Ihrer

kann. Australier sind allerdings als eher weniger sesshaft bekannt, sodass es nicht unmöglich ist, dass innerhalb eines Jahres mehrfach der Besitzer oder der Koch wechselt, was Einfluss auf die Speisekarte und die Qualität des Essens haben kann.

In Sachen Übernachtungen stellen wir sowohl **Hotels** als auch **Hostels** und **Campingplätze** vor, da Australien nicht nur ein beliebtes Ziel für Wohnmobilfahrer/Camper, sondern auch für Mietwagen-Reisende und Backpacker (Rucksackreisende) ist. Die Preise für Hostels sind über das ganze Jahr hinweg stabil, während die meisten Campingplätze unterschiedliche Preise für Haupt- und Nebensaison haben. Die meisten Plätze entlang der Route sind ganzjährig geöffnet. In Sachen Hotels ergeben sich nicht nur saisonale, sondern oft auch Schwankungen innerhalb einer Woche (manche Hotels sind günstiger am Wochenende, andere wiederum teurer).

Neben den detaillierten Informationen im Anhang dieses Routenreiseführers sei vorab angemerkt, dass der WiFi/WLAN-Zugang manchmal nur über einen zentralen Hotspot betrieben wird, der nicht von überall im Hotel oder auf dem Campingplatz erreichbar ist. Manchmal wird bei kostenlosen Zugängen ein Code nur für ein Gerät ausgegeben. Wer mit dem Wohnmobil unterwegs ist, sollte zudem damit rechnen, dass nicht alle angegebenen Anschlüsse verfügbar sind. Manchmal müssen sich mehrere Fahrzeuge beispielsweise einen Wasseranschluss teilen. Bei den vorgestellten kostenlosen Rastplätzen ist es möglich, dass die Betreiber ohne Vorwarnung die Plätze für Übernachtungen nicht mehr freigeben oder sich entschließen, doch eine Gebühr zu nehmen.

Saisonale und sonstige Preisschwankungen sind an der Tagesordnung, daher sind Unterkünfte wie auch Restaurants mit Sternen versehen, die Ihnen einen Richtwert für das Preisniveau geben. Dabei gilt:

Restaurants

Einfach (bis $ 15)	*
Mittel ($ 16–29)	**
Gehoben (über $ 30)	***

Campingplätze

Einfach (bis $ 20)	$
Mit etwas Komfort ($ 21–30)	$$
Gehoben ($ 31–50)	$$$
Luxus (über $ 50)	$$$$

B&Bs, Hotels, Hostels, Motels sowie Cabins (Ferienwohnungen) auf Campingplätzen

Einfach (bis $ 129)	*
Mit etwas Komfort ($ 130–199)	**
Gehoben ($ 200–299)	***
Luxus (über $ 300)	****

Die **Preise** gelten jeweils für ein Doppelzimmer, Apartment oder Cabin pro Nacht und ohne Frühstück, soweit in der Beschreibung nicht anders angeben. Die besten Preise erhalten Sie, wenn Sie direkt bei dem betreffenden Hotel buchen.

Die Wooloomooloo Wharf in Sydney mit einem Hotel, Restaurants und schicken Motorjachten

Camping mit Meerblick in Byron Bay

Im **Anhang** dieses Routenreiseführers erhalten Sie wichtige Reiseinformationen, die Ihnen bei der Reiseplanung sicher weiterhelfen werden. Im Anschluss an das Stichwortverzeichnis finden Sie eine Karte der gesamten Route. Die Karte ist für die Orientierung ausreichend, kann aber aufgrund der Größe des bereisten Gebiets nicht alle Details enthalten. Wir empfehlen daher, zusätzliche Detailkarten im Reisegepäck dabeizuhaben. Empfehlungen finden Sie in der Medienliste (▶ Seite 386).

Mit Hinsicht auf die Wahl des Transportmittels können wir Ihnen nur folgenden Ratschlag geben: Reisen Sie so, wie es Ihnen am angenehmsten ist, und wie es zu Ihrer Reisekasse passt. Die Ostküste ist sehr vielseitig und mit einem guten Netz an touristischer Infrastruktur ausgestattet. Ganz gleich, ob Sie mit dem Greyhound oder Premier Bus unterwegs sind und im Mehrbett-Zimmer im Hostel schlafen möchten oder ob Sie lieber bequem reisen mit Mietwagen und Hotel – oder auch ganz traditionell mit dem Wohnmobil oder sogar mit dem Zelt – das alles ist an der Ostküste problemlos möglich. Einzig das Eisenbahn-Netz ist nicht so gut ausgebaut wie in Europa. Wer mit dem Zug reisen will, der sollte damit rechnen, dass der Zug an touristisch eher weniger interessanten Orten hält und dass man oft auf lokale Zubringerbusse umsteigen muss, die viel Zeit kosten können. Mit dem Reisebus sind Sie daher fast immer einfacher und bequemer unterwegs als mit dem Zug (einzige Ausnahme: Nah-verkehrszüge in den Großräumen Sydney und Brisbane).

Die Frage, ob ein **Geländewagen** notwendig ist, kann man ganz einfach mit »Nein« beantworten. Die gesamte Route kann bequem mit einem konventionellen Mietwagen oder Wohnmobil erkundet werden, allerdings wird es natürlich erheblich abenteuerlicher, wenn Sie einen Geländewagen haben. Daher haben wir unterwegs an schönen Stellen immer wieder Tipps für Geländewagen-Fahrer eingestreut. Wir selbst sind gerne mit unserem Toyota Land Cruiser auf Reisen und genießen jede Minute abseits des Asphalts.

Bianca de Loryn

NATIONALPARKROUTE AUSTRALIEN OSTKÜSTE

Folgen Sie uns!

Wir informieren Sie gerne über Neuigkeiten aus der Welt des CONBOOK Verlags. Folgen Sie uns für News, Specials und Informationen zu unseren Büchern, Themen und Autoren.

 www.conbook-verlag.de/newsletter   www.facebook.com/conbook

SCANNEN UND FAN WERDEN

Bei **CONBOOK** sind außerdem die folgenden Routenreiseführer erschienen:

Mittelmeer-Route Spanien	ISBN 978-3-943176-52-0
Nationalparkroute USA – Kalifornien	ISBN 978-3-934918-83-2
Nationalparkroute USA – Florida	ISBN 978-3-943176-39-1
Nationalparkroute USA – Nordwest	ISBN 978-3-943176-72-8
Nationalparkroute USA – Südwest	ISBN 978-3-943176-23-0
Pacific Coast Highway USA	ISBN 978-3-943176-37-7
Route 66	ISBN 978-3-943176-13-1
Routenreiseführer USA – Neuenglandstaaten	ISBN 978-3-943176-72-8
Nationalparkroute Kanada	ISBN 978-3-943176-36-0
Vancouver Island	ISBN 978-3-943176-17-9

Hinweis zu Internetlinks: Links zu weiterführenden Informationen, die sehr lang sind oder mit vielen Sonderzeichen schwer abzutippen wären, haben wir zur Vereinfachung abgekürzt und auf die verlagseigene Seite www.seitnotiz.de gestellt. An den entsprechenden Stellen finden Sie demnach einen Verweis zu dieser Seite mit einem eindeutigen Code (z.B. www.seitnotiz.de/NPRAU101). Diese Webadresse können Sie ganz normal in Ihrem Browser eingeben, der Abruf der Inhalte erfolgt kostenlos und ohne Anmeldung.

Impressum

3. Auflage, Aktualisierung September 2017
© Conbook Medien GmbH, Meerbusch, 2015, 2017
Alle Rechte vorbehalten.

www.conbook-verlag.de

Autorin: Bianca de Loryn
Einbandgestaltung und Satz: David Janik
Druck und Verarbeitung: Himmer GmbH, Augsburg

ISBN 978-3-943176-86-5

Bildnachweis: Alle Fotos stammen von Bianca de Loryn und Robert Buhrke mit Ausnahme von: S. 5, 168: Copyright and courtesy of Heron Island; S. 17, 24, 351, 352, 353, 354, 356, 358: Copyright and courtesy of Uluru-Kata Tjuta National Park; S. 90: Michael Gailer; S. 132, 134, 138: Copyright and courtesy of Hamilton Island; S. 140 (beide): Copyright and courtesy of Scamper

Kartografie: CONBOOK Verlag, wenn nicht anderweitig angegeben; Hauptkarte der Route basierend auf Kartenmaterial © Stepmap, 123map, Daten: Natural Earth / OpenStreetMap, Lizenz ODbL 1.0

Lizenzkarten: S. 52, 71, 106, 107, 130, 131, 145, 175, 227, 228, 229, 230, 231, 258: Copyright and courtesy of Tourism and Events Queensland; S. 268, 284, 290: Copyright and courtesy of Office of environment and Heritage NSW Australia; S. 318, 319: Copyright and courtesy of Blue Mountains Lithgow & Oberon Tourism; S. 331: Maps reproduced with permission of Transport for NSW; S. 333: Copyright and Courtesy of City Sightseeing Pty Ltd © 2015

LAND & LEUTE

Australien

Offizielle Bezeichnung des Landes	Australien (Commonwealth of Australia)
Staatsform	Parlamentarische Monarchie
Staatsoberhaupt	Queen Elizabeth II.
Bevölkerung	24.656.905 (2,8 Einwohner pro km²)
Gesamtfläche	7.692.024 km² (sechstgrößtes Land der Erde)
Sprachen	Englisch, 19 % der Bevölkerung sind bilingual
Religionen	Es gibt keine Staatsreligion, 61,1 % der Bevölkerung sind Christen, 22,3 % haben keine Religion.

Zeitzonen

Western Australia (Western Time Zone)	MEZ + 6 Std.
Northern Territory (Central Time Zone)	MEZ + 7:30 Std.
South Australia (Central Time Zone)	MEZ + 7:30 Std. (Sommerzeit + 9:30 Std.)
Queensland (Eastern Time Zone (Brisbane))	MEZ + 8 Std. (keine Sommerzeit)
New South Wales, Victoria, Tasmanien (Eastern Time Zone)	MEZ + 8 Std. (Sommerzeit + 10 Std.)

Größte Städte (Einwohnerzahlen)

Sydney	4.920.970 (20 % der Gesamtbevölkerung)
Melbourne	4.529.496 (19 % der Gesamtbevölkerung)
Brisbane	2.308.720 (9,7 % der Gesamtbevölkerung)
Perth	2.039.193
Adelaide	1.316.779
Gold Coast/Tweed Heads	624.918
Newcastle-Maitland	434.454
Canberra	390.706
Sunshine Coast, QLD	302.122
Wollongong	292.388

Größter See	Lake Eyre: 9.500 km² (typischerweise ausgetrocknet)
Größte Insel	Tasmanien: 90.758 km²

Höchste Erhebungen

Mount McClintock (Antarktis)	3.490 m
Mawson Peak (Heard Island and McDonald Islands – Nähe Antarktis)	2.745 m
Mount Kosciuszko (New South Wales)	2.228 m

Tiefster Punkt	Lake Eyre: - 15 m
Top-Level-Domain	.com.au

Australiens Landfläche umfasst 7.692.024 km², damit ist das Land das sechstgrößte der Erde nach Russland, Kanada, den USA, China und Brasilien. Das Land ist zudem fast genauso groß wie die zusammenhängende Landmasse der USA (7.663.941,7 km²), also ohne Alaska und Hawaii. Abgesehen davon ist Australien der kleinste Kontinent, ebenso wie die größte Insel der Welt mit einer Küstenlänge von etwa 35.000 Kilometer (die genaue Zahl ist abhängig von der Berechnungsmethode) und hat keine Binnengrenzen zu irgendeinem anderen Land der Welt. Wer ins Ausland will, muss die Insel also verlassen, was die Australier dazu bewogen hat, ein neues Wort für das Ausland zu erfinden: *Overseas*. Australien ist von den Meeren der Welt umgeben, im Westen vom Indischen Ozean, im Norden von der Arafura See, im Osten vom Pazifik und im Süden vom Südlichen Ozean. Der nächste Nachbar im Westen ist damit Madagaskar, im Süden die Antarktis, im Osten Neuseeland und im Norden sind es die Nachbarn Indonesien und Papua-Neuguinea.

Von Australiens östlichster Hauptstadt Brisbane bis zur westlichsten Hauptstadt Perth wäre man mit dem Auto knapp 4.400 Kilometer unterwegs, und zwar vorwiegend über entlegene Outback-Pisten. Von Australiens nördlichster Hauptstadt Darwin bis nach Adelaide im Süden des Kontinents sind es ebenfalls knapp 3.000 Kilometer durch das Outback.

Australien besteht aus sechs Staaten: New South Wales (NSW), Queensland (QLD), South Australia (SA), Tasmania (TAS), Victoria (VIC) und Western Australia (WA). Hinzu kommen noch zwei Festlandsterritorien: das Australian Capital Territory (ACT) und das Northern Territory (NT) sowie weitere Territorien auf den vorgelagerten Inseln und in der Antarktis. Die Territorien sind direkt der Regierung Australiens unterstellt, während die sechs Staaten teilunabhängig sind und eigene Gesetze beschließen können, solange sie nicht der Verfassung widersprechen. Bereiche wie Polizei, Schulen, Straßenbau und öffentlicher Verkehr unterliegen der Kontrolle der einzelnen Staaten.

Australien ist eine föderale, parlamentarische Monarchie mit Königin Queen Elizabeth II. als Staatsoberhaupt. Die Königin nimmt allerdings nur eine repräsentative Rolle ein und lässt sich vom Generalgouverneur vertreten, dem *Governor-General*. Das eigentliche Staatsoberhaupt ist der *Prime Minister*, vergleichbar mit dem Bundeskanzler. Der *Prime Minister* wird zusammen mit seiner Partei gewählt, geht also nicht – wie etwa in den USA – als Einzelkandidat in den Wahlkampf. Auf Bundesebene ist die Regierung in zwei Kammern aufgeteilt, den Senat und das Repräsentantenhaus *(House of Representatives)*. Gewählt wird alle drei Jahre. Wähler müssen sich registrieren, es besteht Wahlpflicht.

Geographie
Auf Ihrer Reise besuchen Sie die Ostküste, die von den beiden Staaten **Queensland**

Traditionelles Queenslander Haus in Townsville

und **New South Wales** eingenommen wird. Die Ostküste ist die am dichtesten besiedelte Region Australiens, und doch werden Sie einsame Gegenden erleben mit einer Bevölkerungsdichte von unter einem Einwohner pro Quadratkilometer, wo mehr Kühe als Menschen leben. Queensland ist nach Western Australia der zweitgrößte Staat Australiens und hat nur um die 4,8 Millionen Einwohner. Die Mehrheit davon lebt an einem etwa 400 Kilometer langen Küstenstreifen von Hervey Bay über Brisbane bis nach Coolangatta an der Gold Coast. In Coolangatta bemerkt man kaum, wenn man die Staatsgrenze nach New South Wales übertritt, das mit 809.444 km² weniger als halb so groß ist wie Queensland, aber immerhin um die 7,5 Millionen Einwohner hat. Die meisten Menschen leben in der Region zwischen **Sydney** und **Newcastle**. Sydney ist mit um die fünf Millionen Einwohnern die größte Stadt Australiens, hat aber nur eine Bevölkerungsdichte von 380 Einwohnern pro km². In Berlin leben zehnmal so viele Menschen auf einem Quadratkilometer!

Der **Ayers Rock/Uluru** liegt im Northern Territory, das bei einer Größe von 1.349.130 km² gerade 245.000 Einwohner beherbergt. Dies entspricht einer Bevölkerungsdichte von 0,18 Einwohnern pro km². Man kann also guten Gewissens davon ausgehen, dass es im Northern Territory mehr Kängurus als Menschen gibt. Entsprechend gibt es auch am Ayers Rock keine Siedlung mit Ausnahme der Hotelanlage des Ayers Rock Resorts in Yulara mit ihren angeschlossenen Unterkünften für die Angestellten.

Geschichte

Ihre Reise führt Sie entlang der **Great Dividing Range**, mit 3.500 Kilometern die drittlängste Bergkette der Welt nach den Anden und den Rocky Mountains. Die Great Dividing Range ist bereits über 300 Millionen Jahren alt, stammt noch aus dem Karbon-Zeitalter und wurde durch die Kollision des Kontinents mit Teilen von Südamerika und Neuseeland geformt. Heute sind die meisten Berge zwischen 300 und 1.600 Metern hoch – und das nach 300 Millionen Jahren Erosion. Wie hoch müssen diese Berge wohl ursprünglich gewesen sein? Ohne die Great Dividing Range wäre der Osten Australiens nicht so grün, wie wir ihn heute kennen, da die Berge die feuchten Luftmassen an der Küste aufhalten und zum Abregnen zwingen.

Australien wird schon seit langer Zeit von Menschen bewohnt, länger noch als Europa, das vor etwa 40.000 Jahren besiedelt wurde.

Am Lake Mungo in New South Wales wurden 45.000 Jahre alte Überreste von Menschen gefunden. Die Geschichte der Ureinwohner Australiens, die sich selbst zumeist *Aboriginals* oder *Aboriginal Australians* nennen, basiert auf mündlicher Überlieferung. Viele Geschichten sind bis heute bekannt, aber noch viel mehr wurde vergessen, seit die weiße Besiedlung Australiens begann. Zu dieser Zeit haben möglicherweise bis zu einer Million Aboriginals in Australien gelebt.

Nachdem **Captain Cook** als erster Brite im Jahr 1770 an Australien vorbeisegelte und die Gegend des heutigen Sydney als »empfehlenswert« deklarierte, wurden ab dem 26. Januar 1788 Sträflinge in die Gegend des heutigen Sydney deportiert, um die überfüllten Gefängnisse im britischen Königreich zu entlasten. Das Leben für die Weißen war hart, da es keine Pflanzen gab, die man aus Europa kannte, und auch die mitgebrachten Feldfrüchte waren das Klima nicht gewohnt. Das führte in den ersten Jahren zu Hungersnöten, Revolten und Anarchie. Erst ab 1809 wurde es ruhiger, als Gouverneur Lachlan Macquarie die Leitung übernahm. 1851 wurde in Bathurst in New South Wales Gold gefunden, 1867 in Gympie (▶ Seite 204) in Queensland. Der Ressourcenboom hat bis heute angehalten, wenn auch mittlerweile mit einem Schwerpunkt auf andere Rohstoffe. Australien wurde am **26. Januar 1901** von Großbritannien unabhängig (dieser Tag ist bis heute ein Feiertag).

Von Anfang an war Australien bei allen internationalen Konflikten mit dabei, darunter im Burenkrieg in Südafrika 1899–1902 und im 1. Weltkrieg. Hierbei war die Schlacht bei **Gallipoli** in der Türkei am 25. April 1915 und die darauffolgende Gallipoli-Kampagne zur Eroberung von Istanbul ein tragisches Ereignis, bei dem über 8.000 australische Soldaten starben. Der 25. April ist heute ein Feiertag *(ANZAC Day)*.

In den 1920er-Jahren genossen die Australier das Leben vielleicht noch ein bisschen mehr als die Amerikaner, da es der Wirtschaft gut ging und Alkohol verboten war. Die Weltwirtschaftskrise in den 1930er-Jahren ließ das Land trotzdem nicht unberührt. Als Arbeitsbeschaffungsmaßnahmen wurden durch die Regierung viele größere Bauten in Angriff genommen, darunter auch die Harbour Bridge in Sydney. Im Zweiten Weltkrieg fürchtete man die japanische Luftwaffe, die Darwin am 19.02.1942 bombardierte und bis Ende 1943 an die hundert weitere Luftangriffe auf australische Küstenstädte flog. Auch in die Kriege in Korea und Vietnam war

Australien involviert. Vor allem der Krieg in Vietnam war bei der Bevölkerung sehr unbeliebt – erst recht, nachdem Rekruten schließlich über ein Lossystem eingezogen wurden. In den 1960er-Jahren verbesserten sich die Lebensumstände für die **Aboriginals,** die nun auch in Volkszählungen als Bürger mitgezählt wurden. Um diese Zeit wurde auch die *White Australia Policy* beendet; nun durften auch Nicht-Europäer nach Australien einwandern.

1979 wurden ein fast 20.000 Quadratkilometer großes Gebiet im nördlichen Northern Territory (Kakadu National Park) sowie das Great Barrier Reef als Nationalpark geschützt, 1985 wurde das Land rund um den **Ayers Rock (Uluru)** und Kata Tjuta den Aboriginals zurückgegeben. 1986 kam *Crocodile Dundee* in die Kinos, ein Film, der die Natur und freundliche Lebensart

um den Kohlendioxid-Ausstoß der Industrie zu senken, die allerdings 2014 widerrufen wurde.

In der **Politik** wurde der konservative John Howard *(Liberal-National Party)* 1996 zum Premierminister gewählt und blieb bis 2007 im Amt. 2008 wurde er von Kevin Rudd *(Labour Party)* abgelöst, der wiederum 2010 von seiner Kollegin Julia Gillard ersetzt wurde. Nach dem Wahlsieg im September 2013 leitete **Tony Abbot** *(Liberal Party)* die Geschicke des Landes. Abbot hat sich mit seinen teils ultrakonservativen Ansichten auch innerhalb seiner eigenen Partei wenig Freunde gemacht. Daher wurde er schließlich im September 2015 durch den ehemaligen Rechtsanwalt und Investmentbankier **Malcolm Turnbull** ersetzt, der auch bei der australischen Bevölkerung breiten Zuspruch finden konnte.

Historisches Gebäude
in The Rocks, Sydney

Australiens weltweit bekannt machte. Im Jahr 2000 fanden in **Sydney** die olympischen Spiele statt, ebenfalls eine willkommene Werbung für den roten Kontinent. Das als »Anschlag von Bali« *(Bali Bombings)* bekannte Bombenattentat auf einen Touristenclub im Oktober 2002 tötete 202 Menschen, darunter 88 Australier. Ein Jahr später war Australien im Golfkrieg wieder mit Soldaten vertreten.

In der Finanzkrise nach 2007 hat sich Australien gut gehalten, nicht zuletzt wegen seiner scheinbar grenzenlosen Bodenschätze. 2012 wurde von der damaligen Labour-Regierung die *Carbon Tax* eingerichtet,

Wirtschaft und Tourismus

Australien gehört zu den reichsten Ländern der Welt. Der Reichtum ergibt sich vor allem aus dem Export von **Bodenschätzen,** darunter Kohle, Gas und Öl, aber auch Diamanten (die Argyle Mine in Western Australia ist die zweitgrößte Diamantenmine der Welt), Gold, Kupfer, Aluminium uvm. Im Outback von Queensland und New South Wales wird im Tagebau Kohle abgebaut, allerdings werden Sie die Minen auf Ihrer Reise nicht sehen, da sie sich sehr weit im Inland befinden. Sollten Sie **Gladstone** (▶ Seite 166) oder **Newcastle** (▶ Seite 303) besuchen, können Sie sehen, in welchen Massen

15

Steinkohle auf Riesenfrachtern exportiert wird, vorwiegend nach China. Auch die **Landwirtschaft** ist ein wichtiger Sektor. Exportiert wird vor allem Weizen aus dem Süden des Kontinents sowie Wolle, Wein, Schafs- und Rindfleisch. Nach Brasilien ist Australien der größte Rindfleisch-Exporteur der Welt, das Fleisch stammt primär aus Queensland.

Der **Tourismus** ist ebenfalls ein wichtiger Wirtschaftszweig, bleibt aber weit hinter den anderen Bereichen zurück. Tourismus macht etwa 2,5 % des Bruttosozialproduktes aus (im Vergleich dazu die Landwirtschaft mit 4 %), mit Einnahmen von etwa 35 Milliarden Dollar im Jahr. Mehr als drei Viertel davon werden dabei von einheimischen Touristen erwirtschaftet, der Rest von internationalen Gästen. Der Trend, der sich bei den Einwanderern zeigt, findet sich auch bei den Touristen wieder: Vor allem Briten und Neuseeländer, aber auch Chinesen und Japaner machen gerne Urlaub in Australien. **Deutschsprachige Reisende** sind eher in der Minderheit, mit jährlich um die 195.000 Gästen aus Deutschland und um die 54.000 Gästen aus der Schweiz sowie 16.900 Gäste aus Österreich.

Die **Infrastruktur** des Landes ist aufgrund der großen Entfernungen (Cairns bis Sydney etwa 3.000 Kilometer) und der kleinen Einwohnerzahl (24 Millionen in 2016) nicht so gut ausgebaut wie in Europa. Im Grunde gibt es nur eine Straße entlang der Ostküste, die nicht einmal zur Hälfte als Autobahn *(Freeway)* ausgebaut ist. Das Eisenbahnnetz ist außerhalb der Großstädte eher dürftig, gut sind hingegen die Bus- und Flugverbindungen, die alle touristischen Ziele an der Ostküste bedienen.

So sind die Australier

Es ist einfach, im Alleingang Australien zu bereisen, das gilt vor allem für junge Leute und allein reisende Frauen. Die Ostküste ist mit einem Netz an Hostels und Campingplätzen überzogen, in denen sich andere allein reisende Menschen aus aller Welt aufhalten, die selbst nach Kontakt suchen. Die **Kriminalität** im Lande ist nicht höher, als man es aus Europa kennt, daher sollte man dieselben Sicherheitsmaßnahmen beachten wie daheim. Insgesamt sind Australier sehr gastfreundlich und freuen sich über Gäste aus dem Ausland, auch wenn diese vielleicht nicht so gut Englisch sprechen. Viele Australier sprechen selbst keine Fremdsprache und wissen daher zu schätzen, wenn sich jemand die Mühe macht, eine andere Sprache zu lernen.

Zeitzonen

Die gesamte Ostküste liegt innerhalb der *Eastern Timezone (AEST).* Eine Sommerzeit gibt es nur in New South Wales, zwischen dem ersten Sonntag im Oktober und dem ersten Sonntag im April. Hierbei wird die Uhr um eine Stunde vorgestellt. In New South Wales ist es dann eine Stunde später als in Queensland. Im Northern Territory gibt es ebenfalls keine Sommerzeit. Hier gilt die *Central Time Zone (ACST),* die **30 Minuten** vor der *Eastern Time Zone* liegt. 19 Uhr in Queensland bedeutet also 18:30 Uhr in Alice Springs.

HIGHLIGHTS

Great Barrier Reef
Das längste Korallenriff der Welt, mit 2.900 Einzelriffen
auf einer Länge von 2.600 Kilometern (UNESCO-Welterbe)

Palm Cove
Einen der schönsten tropischen Strände Australiens findet man
etwa auf halbem Wege zwischen Cairns und Port Douglas.

Daintree National Park
Mit 135 Millionen Jahren der älteste Regenwald der Welt,
älter noch als der Amazonas-Regenwald (UNESCO-Welterbe)

Magnetic Island
Kleine Insel vor Townsville mit traumhaften Sonnen-
untergängen und Koalas direkt am Wegesrand

Whitehaven Beach und die Whitsunday Islands
Den weißesten Sand in einem der schönsten
Segelreviere der Welt finden Sie hier.

Whale Watching
Wale hautnah erleben bei einer Walbeobachtungs-
tour in Hervey Bay (Mitte Juli bis Ende Oktober)

Fraser Island
Die größte Sandinsel der Welt
und UNESCO-Welterbe

Springbrook National Park
Subtropischer Regenwald im Hinterland der
Gold Coast und UNESCO-Welterbe

Byron Bay
Der östlichste Punkt Australiens mit sehenswertem
Leuchtturm und jugendlicher Strandkultur

Sydney
Eine der schönsten Städte der Welt –
alles dreht sich hier ums Wasser.

Blue Mountains
Goldene Sandsteinklippen, weite Eukalyptus-Wälder und faszinierende Wasserfälle, die als UNESCO-Welterbe geschützt sind.

Uluru (Ayers Rock)
Der mythische rote Felsen im Zentrum Australiens, ebenfalls von der UNESCO als Welterbe geschützt.

SmartRoute

Die nachfolgende SmartRoute zeigt Ihnen den kompletten Routenverlauf mit Entfernungsangaben, allen wichtigen Stationen und außerstädtischen Übernachtungsmöglichkeiten für Wohnmobilfahrer. Sie finden die komplette SmartRoute zum Mitnehmen im DIN A4-Format als Download unter ◉ **www.seitnotiz.de/NPRAU1**.

km Haupt	km Neben	Hwy	Station	Übernachtungsmöglichkeit

km Haupt	km Neben	Hwy	Station	Übernachtungsmöglichkeit
Cairns bis Townsville				
0	0	A1	🏙 **Cairns** 🅿️ ℹ️ ➕ ✖️ 🔁 🏧 zwischen tropischem Regenwald und Great Barrier Reef gelegene Stadt mit schönen Stränden	🚐 **Cairns Holiday Park**, zentral gelegener Campingplatz ⊙ Vom Cook Hwy (Sheridan St) stadtauswärts (Richtung Flughafen) links in die James St, dann die Vierte links in die Little St ⊙ $$–$$$, Zimmer/Cabins ★ ⊕ Ja ⊖ Ja ⊖ Ja ⊙ Wasser, Abwasser, Strom (15 Amp.)
				🚐 **Cairns Coconut Holiday Resort**, familienfreundlicher, großflächiger Campingplatz. ⊙ Von Cairns Zentrum über den Bruce Hwy (A1) in Richtung Townsville fahren, nach etwa 6 km rechts in den Des Chalmers Dr, dann rechts in die Anderson Rd ⊙ $$$, Cabins ★–★★★★ ⊖ Ja ⊖ Ja ⊖ Ja ⊙ Wasser, Abwasser, Strom (15 Amp)
			Beginn Ausflug zum Great Barrier Reef	
			〰️ **Great Barrier Reef**, das größte Korallen-Riff der Welt, ein Paradies für Taucher und Schnorchler	
			〰️ **Green Island National Park** ✖️ 🏧 Koralleninsel mit Luxus-Resort, Regenwald und schönen Stränden	
			Ende Ausflug zum Great Barrier Reef	
		Fähre	*Beginn Ausflug zum Fitzroy Island National Park*	
			〰️ **Fitzroy Island National Park** ✖️ 🏧 mit Regenwald bewachsene, bergige Festlandsinsel mit Wanderwegen und Schnorchelriff	🚐 **Fitzroy Island Campground**, nur für Zelte ⊙ 5 Minuten zu Fuß vom Fähranleger, ⊙ $$$ ⊖ Nein ⊖ Ja ⊖ Nein ⊙ Keine ⊖ Nur mit vorheriger Reservierung
		Fähre	*Ende Ausflug zum Fitzroy Island National Park*	

km Haupt	km Neben	Hwy	Station	Übernachtungsmöglichkeit
			Beginn Ausflug zum Michaelmas Cay National Park	
			🐚 **Michaelmas Cay National Park**, Sandinsel mit Vogelkolonie und vorgelagertem Korallenriff	
			Ende Ausflug zum Michaelmas Cay National Park	
0	0		*Beginn Nebenstrecke Cairns Northern Beaches nach Cape Tribulation*	
		1	Abzweig nach 🐚 **Machans Beach**, ruhiger Strand mit kleinen Strandhäuschen – hier leben die Einheimischen	
		1	Abzweig nach 🐚 **Holloways Beach**, kilometerlanger Strand mit gemütlichem Café direkt am Strand	
		1	Abzweig nach 🐚 **Yorkeys Knob**, bei Kitesurfern beliebter Strand mit Jachthafen	
		1	Abzweig Hwy 91 zum 🐚 **Tjapukai Aboriginal Cultural Park** und zur 👁 **Skyrail**, mit Aboriginal Kultur und Flug über den Regenwald mit einer Gondel	
		1/44	*Auffahrt vom Cook Hwy (Hwy 1) auf Hwy 44*	
		44	🏙 **Smithfield**, an einem Berghang geschmiegte Ortschaft mit Bungy Turm und Mountainbike Pisten	
	19	44	Abzweig nach 🐚 **Trinity Beach**, knapp 2 km langer Strand mit Kokospalmen und gemütlichen Restaurants mit Meerblick	
		44	Abzweig nach 🐚 **Kewarra Beach**, ruhiger Sandstrand mit Beach Bar. Bei Ebbe gut geeignet für Spaziergänge nach Clifton Beach und Palm Cove.	
	23	44	Abzweig nach 🐚 **Clifton Beach**, dieser Strand schließt direkt an Kewarra Beach an, ebenfalls sehr ruhig.	
	26	44	🏙 **Palm Cove** ☒ ▣ ▦ sehenswerte Strandpromenade mit Oberklasse-Hotels und schicken Restaurants	🏕 **Palm Cove Holiday Park**, gegenüber vom Strand von Palm Cove an der Williams Esplanade gelegener städtischer Platz ● Nein ● Ja ● Nein ○ Wasser, Strom (15 Amp.)
	28	44	🐚 **Ellis Beach**, langer, ruhiger Sandstrand, ein Teil davon wird gerne als Nacktbadestrand genutzt	
	43	44	👁 **Hartley's Crocodile Adventures**, Tierpark, der sich vorwiegend auf Krokodile konzentriert, ein Highlight ist die Bootsfahrt mit Krokodil-Fütterung	
	69	44	🏙 **Port Douglas** ▤ ▥ ☒ ▣ ▦ schicker Urlaubsort mit 6 Kilometer Sandstrand und schönen Aussichten	🏕 **Glengarry Holiday Park**, weitläufiger Campingplatz am Waldrand mit tropischer Vegetation ● 9 km vor Port Douglas links in Andreassen Rd, dann links in die Mowbray River Rd ✪ $$$ Cabins ★–★★ ● Ja ● Ja ● Ja ○ Wasser, Abwasser, Strom (15 Amp.)
				🏕 **Tropic Breeze Van Park**, in Gehweite vom Strand und Stadtzentrum ● Über Port Douglas Rd, die später in Davidson Rd umbenannt wird ✪ $$$ ● Ja ● Ja ● Ja, kostenpflichtig ○ Wasser, Abwasser, Strom (15 Amp.)

km Haupt	km Neben	Hwy	Station	Übernachtungsmöglichkeit
		44/14	*Abzweig Hwy 14 (später Mossman-Daintree Rd)*	
	89	14	🏘 **Mossman** 🅿 ➕ ❌ 🆔 mit Mossman Gorge (Daintree National Park)	
	119	Daintree Fähre	〰 **Daintree River**, Bootsfahrten mit Tierbeobachtung, Kabelfähre über den Daintree River	
	125	Cape Tribula-tion Rd	〰 **Mount Alexandra Lookout**, fantastische Aussichten auf den Daintree River	
	134	Cape Tribula-tion Rd	👁 **Daintree Icecream Company**, originelle Eiscreme-Sorten in tropischer Umgebung	
		Cape Tribula-tion Rd	🏨 **Lync Haven**, mit Campingplatz, Restaurant und Känguru-Freigehege	
	134	Cape Tribula-tion Rd	〰 **Daintree Tea Company**, Teeplantage mit Verkaufshütte direkt an der Straße	
	145	Cape Tribula-tion Rd	🚶 **Marrdja Boardwalk**, Rundweg durch Regenwald und Mangro-ven	
		Cape Tribula-tion Rd	🚶 **Dubuji Boardwalk**, Naturlehrpfad mit Zugang zum Strand von Myall Beach	
	153	Cape Tribula-tion Rd	〰 **Cape Tribulation** 🅿 🛏 ❌ 🆔 📷 Aussichtspunkt über den Strand und mit Regenwald bewachse-nen Bergen	🏕 **Noah Beach Campground**, Regenwald-Campingplatz in Gehweite vom Strand 📍 28 km nördl. der Fähre und 8 km südl. von Cape Tribulation Village 💰 $ ⊖ Nein ⊖ Nein ⊖ Nein ⊖ Keine ⊖ Nur mit vorheriger Reservierung
0	292		*Zurück nach Cairns*	
			Ende Nebenstrecke Cairns Northern Beaches nach Cape Tribulation	
			Beginn Alternativroute von Cairns nach Mission Beach	
0	0	A1	**Cairns**	
	59	A1/The Boul-ders Rd/A1	〰 **Babinda Boulders**, Naturschutzgebiet im Regenwald, mit Badesee und Wanderwegen	
0	84	A1	*Kreuzung 25/A1 bei Innisfail*	
			Ende Alternativroute von Cairns nach Mission Beach und Treffen auf die Hauptroute	
0		A1	**Cairns**	
28		1	🏘 **Kuranda** 🅿 🛏 ➕ ❌ 🆔 📷 Künstlermarkt, mehrere Zoos (u.a. Koalas und Schmetterlinge) und Regenwald-Wanderwege	
59		1	👁 **Jaques Australian Coffee**, angeboten werden Touren über die Kaffeeplantage und eigen angebauter und gerösteter Kaffee	
66		1	🏘 **Mareeba** 🅿 🛏 ➕ ❌ 🆔 📷 Ballonfahrten zum Sonnenaufgang und Wallabys am Granite Gorge	
82		1/Hansen Rd	👁 **Mount Uncle Distillery Walkamin** ❌ 📷 Destillerie mit urigem Restaurant	
89		1	🏕 **Rocky Creek War Memorial Park**, kostenloser Campingplatz auf einer Wiese (außerorts) 📍 23 km südl. v. Mareeba und 11 km nördl. v. Atherton 💰 Spende, ⊖ Nein ⊖ Nein ⊖ Nein ⊖ Keine	
95		1	👁 **Tolga Woodworks**, Café, Souvenirs aus Holz und Keramik	

km Haupt	km Neben	Hwy	Station	Übernachtungsmöglichkeit
100	1		🏙 **Atherton** 🅿 🚻 ➕ ✕ 🍴 🏧 größte Stadt der Tablelands, an den Hängen eines Vulkans gelegen	🚐 **Atherton Woodlands Tourist Park**, ruhig gelegener Campingplatz am Ortsrand 🔵 Am Kreisverkehr in Richtung Herberton, dem Straßenverlauf 2 km folgen 💲 \$\$\$, Cabins ★–★★ 🟢 Ja 🟢 Ja 🟢 Ja 🔴 Wasser, Strom (15 Amp.)
116	1/25		*Abzweig Hwy 25 (Millaa Millaa-Malanda Rd) nach Osten*	
120	25		🏙 **Malanda** 🅿 🚻 ➕ ✕ 🍴 🏧 Milchfarmen, Wasserfall und Regenwald mit Baumkängurus	🚐 **Malanda Falls Caravan Park**, Campingplatz auf einer großen Wiese, die an den Regenwald angrenzt 💲 \$–\$\$, Cabins ★ 🟢 Ja 🟢 Ja 🟢 Nein 🔴 Wasser, Strom (15 Amp.)
143	25		🏙 **Millaa Millaa** 🚻 ➕ ✕ 🍴 🏧 gleich mehrere fotogene Wasserfälle mit Regenwald-Kulisse	
			Weiter auf dem Hwy 25 (Palmerston Hwy)	
170	25		🚶 **Mamu Canopy Walk**, Naturlehrpfad durch den Regenwald über einen Skywalk in bis zu 15 Meter Höhe	
197	25/A1		*Kreuzung Hwy 25/A1 bei Innisfail*	
	A1		*Weiter auf der A1 nach Süden*	
	A1		*Abzweig El Arish-Mission Beach Rd nach Osten*	
248	El Arish-Mission Beach Rd		🏙 **Mission Beach** 🚻 ✕ 🍴 🏧 Traumstrand zwischen Regenwald und Great Barrier Reef	🚐 **Mission Beach Council Caravan Park**, städt. Campingplatz an der Porters Promenade mit Strandzugang und Palmen 💲 \$\$ 🟢 Nein 🟢 Ja 🟢 Nein 🔴 Trinkwasser, Strom (15 Amp.), Abwasser
				🚐 **Bingil Bay Campground**, Campingplatz mit nur acht Plätzen, die alle direkt am Meer liegen 🔵 Ab Mission Beach Zentrum über die Porter Promenade, die am Ortsende in Alexander Dr umbenannt wird 💲 \$–\$\$ 🟢 Nein 🟢 Ja 🟢 Nein 🔴 Keine
			Beginn Ausflug zur Dunk Island, Family Island National Park	
	Fähre		🚶 **Dunk Island**, Family Islands National Park, mit Regenwald bewachsene, bergige Festlandsinsel mit schönen Stränden und Wanderwegen	🚐 **Dunk Island Campground**, nur für Zelte 🔵 per Wassertaxi ab Mission Beach 💲 \$ 🟢 Nein 🟢 Ja 🟢 Nein 🔴 Keine 🟢 Nur mit vorheriger Reservierung
			Ende Ausflug zur Dunk Island, Family Island National Park	
	Tully Mission Beach Rd		*Mission Beach über die Tully-Mission Beach Rd verlassen*	
	A1		*Auffahrt auf die A1 (Bruce Hwy)*	
276	Tully-Mission Beach Rd/A1		🏙 **Tully** 🅿 🚻 ➕ ✕ 🍴 🏧	
298	A1		🚐 **Bilyana Rest Area**, am Bruce Hwy in Bilyana 💲 Kostenlos 🟢 Nein 🟢 Nein 🟢 Nein 🔴 Keine	

km Haupt	km Neben	Hwy	Station	Übernachtungsmöglichkeit
320		A1	🏛 **Cardwell** 🅿 🏧 ✕ 🚗 📷 sehenswertes Visitor Centre und Aussichten auf Hinchinbrook Island vom langen Pier aus	🏕 **Cardwell Beachcomber Motel & Tourist Park** ⊘ 43a Marine Parade, Cardwell ⊘ $$, Motel ★, Cabins ★-★★ ⊕ Ja ⊕ Ja ⊕ Ja, kostenpflichtig ⊙ Wasser, Abwasser, Strom (15 Amp.), TV
357		A1	🌄 **Hinchinbrook Lookout**, Aussichtspunkt auf Hinchinbrook Island	
		A1	👁 **Frosty Mango**, Eis und tropische Früchte	
373		A1	🏛 **Ingham** 🅿 🏧 ✕ 🚗 📷 mit Tyto Wetlands Park (Seen und Feuchtwiesen)	🏕 **Tyto Wetlands** ⊘ Cooper St/ Bruce Hwy, Ingham ⊕ nicht markiert ⊘ kostenlos ⊕ Ja ⊕ Nein ⊕ Nein ⊙ keine ⊕ Nein
			Beginn Ausflug zum Paluma Range National Park	
414	0	A1/Barrett Rd	*Frosty Mango*	
		Barrett Rd	*Abzweig Spiegelhauer Road*	
	8	Spiegelhauer Rd	🌄 **Big Crystal Creek**, in einem Wald gelegener Badesee mit klarem, smaragdgrünen Wasser	🏕 **Big Crystal Creek Camping Area** ⊕ Bruce Hwy hinter Frosty Mango hinter der Brücke über Crystal Creek rechts ab auf die Barrett Rd, nach 1,5 km rechts in Spiegelhauer Rd. Zwischen Nationalparkschild und Parkplatz nicht asphaltiert, dafür aber geplant und in gutem Zustand. ⊘ $ ⊕ Nein ⊕ Ja ⊕ Nein ⊙ Keine ⊕ Nur mit Reservierung
			Zurück zur Barrett Rd und dieser nach Süden bis zum Abzweig Mt. Spec Rd folgen	
		Mt. Spec Rd	🌄 **Little Crystal Creek**, Badeplatz im Regenwald an hist. Brücke	
	32	Mt. Spec Rd	🌄 **Paluma Range National Park**, Wanderwege im Regenwald, der oft mit Nebel verhangen ist	
419	54	Mt. Spec Rd	*Zurück auf Hwy A1*	
			Ende Ausflug zum Paluma Range National Park	
458		A1	*Abzweig Saunders Beach Rd*	
465		Sounders Beach Rd	🏛 **Saunders Beach**, ruhiger Sandstrand im Norden von Townsville	🏕 **Saunders Beach Park**, etwas zurückversetzt vom Meer gelegener Campingplatz ⊕ Vom Bruce Hwy (Hwy A1) links auf die Saunders Beach Rd bis zum Ende der Straße ⊘ Kostenlos ⊕ Nein ⊕ Nein ⊕ Nein ⊙ Keine
		A1	*Zurück zur A1 und weiter Richtung Townsville*	
487		A1/14	*Abzweig Hwy 14 nach Townsville*	
499		14	🏛 **Townsville** 🅿 🏧 ✕ 🚗 📷 zusammen mit Cairns die größte Stadt im Norden von Queensland, mit sehenswertem Reef HQ Aquarium und Aussichtsberg Castle Hill	🏕 **Rowes Bay Caravan Park**, in ruhigem Vorort gelegen, schöne Lage ggü. vom Strand von Rowes Bay ⊕ 4,5 km nördl. v. Stadtzentrum über Bundock bzw. Warburton St ⊘ 46 Heatley Parade, Rowes Bay ⊘ $$–$$$, Cabins ★-★★ ⊕ Ja ⊕ Ja ⊕ Ja, kostenpfl. ⊙ Wasser, Strom (15 Amp.)

km Haupt	km Neben	Hwy	Station	Übernachtungsmöglichkeit
		Fähre	*Beginn Ausflug nach Magnetic Island*	
			⚲ **Magnetic Island** ☒ ☑ ▥ bergige Insel mit Koalas und Wallabys und vielen Wanderwegen	
			⛰ **Picnic Bay**, älteste Siedlung der Insel mit fotogenem Pier	
			🚶 **Hawkings Point**, Berg-Wanderweg mit schönen Aussichten über Picnic Bay und Nelly Bay	
			⛰ **Nelly Bay**, Hauptort der Insel mit Fähranleger	
			🚶 **Forts Walk**, Wanderweg mit Koalas	
			🚶 Strandwanderweg nach Horseshoe Bay	
			⛰ **Arcadia**, kleiner Ort im Osten der Insel mit wild lebenden Wallabys	
			⛰ **Horseshoe Bay**, langer Sandstrand und bester Platz für schöne Sonnenuntergänge	
		Fähre	*Ende Ausflug nach Magnetic Island*	

			Townsville bis Mackay	
499	14/16		*Townsville verlassen über den Hwy 16*	
510	16/A1		*Kreuzung Hwy 16/A1, weiter auf der A1*	
517		A1	👁 **Billabong Sanctuary**, Tierpark mit über 50 australischen Arten	
587		A1	⛰ **Ayr** ▣ ▤ ✚ ☒ ☑ ▥ Highlight ist eine auffällige Schlangen-Skulptur	🛏 **Home Hill Comfort Stop**, Rastplatz 11 km südlich von Ayr und nicht weit vom A1, gute Sanitäranlagen ❍ Kostenlos ● Nein ● Ja ● Nein ◯ Keine
700		A1	*Abzweig Bowen Connection Rd*	
703			⛰ **Bowen** ▣ ▤ ✚ ☒ ☑ ▥ nördlichster Ort der Whitsundays Region, sehr ruhig und mit schönen Stränden und Flagstaff Hill Aussichtspunkt	🛏 **Coral Coast Beachfront Holiday Park**, Campingplatz direkt am Meer ⊕ Ab Herbert St (Hauptgeschäftsstr.) von Bowen, stadtauswärts nach Norden, rechts in die The Soldiers Rd, dieser bis zum Ende folgen ❍ $$$, Cabins ★★ ● Ja ● Ja ● Ja, kostenpflichtig ◯ Wasser, Abwasser, Strom (15 Amp.)
			Zurück zur A1 (Bruce Hwy) und weiter Richtung Süden	
708		A1	▤ **Big Mango Bowen Visitor Information Centre**, Highlight ist die zehn Meter hohe Riesenmango	🛏 **Bowen Rest Area**, Rastplatz mit WC Block gegenüber der Big Mango ⊕ 5 km südl. v. Bowen am Hwy A1 ❍ Kostenlos ● Nein ● Nein ● Nein ◯ Keine
763		A1	*Abzweig in Richtung Airlie Beach über Gregory-Cannon Valley Rd und Shute Harbour Rd*	
782		Shute Harbour Rd	⛰ **Airlie Beach** ▣ ▤ ✚ ☒ ☑ ▥ Startpunkt für Ausflüge zu den Whitsunday Islands	🛏 **Airlie Cove Resort & Van Park**, familienfreundlicher Campingplatz im Regenwald ⊕ 3 km östl. v. Airlie Beach an der Hauptstraße ❍ $$$, Cabins ohne Bad ★, Cabins mit Bad ★★ ● Ja ● Ja ● Ja, kostenpflichtig ◯ Wasser, Abwasser, Strom (15 Amp.)

31

km Haupt	km Neben	Hwy	Station	Übernachtungsmöglichkeit
				🚍 **Flametree Tourist Village**, im Wald zwischen Airlie Beach und Shute Harbour 🅟 auf der Landstraße zwischen Airlie Beach (6 km) und Shute Harbour (4 km) 🄲 $$–$$$, Cabins ★ 🄴 Ja 🄴 Ja 🄴 Ja 🄾 Wasser, Abwasser, Strom (15 Amp.)

Beginn Ausflug zu den Whitsunday Islands

			〰️ **Whitsunday Islands**, die 74 größtenteils unbewohnten Inseln gehören zu den schönsten Segelrevieren der Welt.	
			〰️ **Whitsunday Islands National Park & Whitehaven Beach**, einer der weißesten Strände der Welt mit türkisblauem Wasser	🚍 **Whitehaven Beach Campground**, in Gehweite vom Strand von Whitehaven Beach gelegener Campingplatz mit 7 Zeltplätzen 🄲 $ 🄴 Nein 🄴 Nein 🄴 Nein 🄾 Keine 🄴 Nur mit Reservierung
			〰️ **Hamilton Island** ❌ 🔲 🏨 touristisch wichtigste bewohnte Insel der Whitsundays mit eigenem Flughafen und Fähranleger	
			〰️ **Daydream Island** ❌ 🏨 familienfreundliche Hotel-Insel mit schönen Stränden, einfach per Fähre zu erreichen	
			〰️ **Long Island** ❌ 🏨 langgestreckte Insel mit schicken Resorts und ruhigen Nationalpark-Campingplätzen	🚍 **Sandy Bay Camping Ground**, kleiner Strandcampingplatz nur für Zelte 🄲 $ 🄴 Nein 🄴 Nein 🄴 Nein 🄾 Keine 🄴 Nur mit Reservierung
			🏨 **Hayman Island** ❌ 🏨 Luxus-Resortinsel mit Jachthafen und schönen Stränden	🏨 **Hayman Island Resort**, familienfreundliches Resort an der nördl. Außenseite der Whitsunday Islands und nicht weit vom äußeren Great Barrier Reef
			〰️ **South Molle Island** 🏨 Nationalparkinsel mit vielen Wanderwegen	🚍 **Paddle Bay**, Strand-Campingplatz im Nordwesten der Insel, mit Aussichten auf die benachbarte Insel Daydream Island 🄲 $ 🄴 Nein 🄴 Nein 🄴 Nein 🄾 Keine 🚍 **Sandy Bay**, am Südwest-Ende der Insel an einem langen Sandstrand gelegen, liegt dieser einfache Campingplatz 🄲 $ 🄴 Nein 🄴 Nein 🄴 Nein 🄾 Keine 🄴 Beide nur mit vorheriger Reservierung, nur für Zelte
			〰️ **Hook Island** und **Lindeman Island**, Nationalparkinseln für Naturfreunde, die es besonders ruhig mögen	

Ende Ausflug zu den Whitsunday Islands

km Haupt	km Neben	Hwy	Station	Übernachtungsmöglichkeit
	806	Shute Harbour Rd	*Abzweig Shute Harbour Rd vom Hwy A1*	
	808	A1	🏙️ **Proserpine** 🅿️ 🏧 ➕ ❌ 🔲 🏨 Kaffee-Rösterei und Krokodiltouren	

km Haupt	km Neben	Hwy	Station	Übernachtungsmöglichkeit
888		A1	*Abzweig Mount Ossa-Seaforth Rd Richtung Cape Hillsborough*	
904		Mount Ossa-Seaforth Rd	*Abzweig Yakapari-Seaforth Rd*	
905		Yakapari-Seaforth Rd	*Abzweig Cape Hillsborough Rd*	
912		Cape Hillsborough Rd	**🌿 Cape Hillsborough National Park** ⊠ 🏕 großes Waldgebiet direkt am Meer. Hier kann man mit ein bisschen Glück Wallabys am Strand sehen	🏕 **Cape Hillsborough Nature Tourist Park**, langgezogener, dicht gepackter Campingplatz mit Strandzugang ◎ $$$, Cabins ★–★★ ● Ja ● Ja ● Nein ● Wasser, Strom (15 Amp.)
				🏕 **Smalleys Beach**, Nationalpark-Campingplatz, mitten im Wald mit eigenem Strandzugang ● Zufahrt ist ausgeschildert, 4 km vor dem Parkeingang von Cape Hillsborough, danach über eine gepflegte Schotterstraße zum Campingplatz ◎ $ ● Nein ● Nein ● Nein ● Keine ● Nur mit vorheriger Reservierung
919		Cape Hillsborough Rd	*Abzweig Yakapari-Seaforth Rd*	
940		Yakapari-Seaforth Rd	*Auffahrt auf den Bruce Hwy A1*	
962		A1	**🏙 Mackay** 🛈 🏧 ➕ ⊠ 🖪 🏕 Hafenstadt mit Jachthafen und einigen schönen Stränden in den umliegenden Vororten	🏕 **Mackay Blacks Beach Holiday Park**, Campingplatz am Strand mit an die 100 Stellplätzen ● Vom Bruce Hwy über Mackay–Bucasia Rd, rechts in Eimeo Beach Rd, rechts in die Blacks Beach Rd, und schließlich links in die Bourke St, 16 km nördl. v. Mackay ◎ $$$ ● Ja ● Ja ● Nein ● Wasser, Abwasser, Strom (15 Amp.)
			Mackay – Beginn Ausflug in den Eungella National Park nach Eungella	
967	0	A1/70	*Abzweig auf den Hwy 70 bei Ooralea (5 km südlich von Mackay Zentrum)*	
	6	70	*Abzweig Mackay-Eungella Rd ins Pioneer Valley bei Walkerston*	
	77	Mackay-Eungella Rd	**🌿 Eungella National Park**, oft mit Nebel verhangener Regenwald mit Schnabeltieren (Platypus), Wanderwegen und Aussichtspunkten	
	77	Mackay-Eungella Rd	*Abzweig Eungella Dam Rd in Richtung Broken River*	
	83	Eungella Dam Rd	**🌿 Broken River**, Picknickplatz und Aussichtspunkt auf Schnabeltier-Revier	🏕 **Fern Flat Camping Area**, Walk-in Campingplatz im Regenwald an der Eungella Dam Rd ◎ $ ● Nein ● Nein ● Nein ● Keine
967	166	A1	*Zurück zum Abzweig auf den Hwy 70 bei Ooralea (5 km südlich von Mackay Zentrum)*	
			Ende Ausflug in den Eungella National Park nach Eungella	

33

km Haupt	km Neben	Hwy	Station	Übernachtungsmöglichkeit
			Mackay bis Maryborough	
967		A1	*Abzweig auf Hwy 70 bei Ooralea (5 km südlich von Mackay Zentrum)*	
999		A1	🏘 **Sarina und Sarina Beach** (14 km östl. v. Sarina, erreichbar über die Sarina Beach Rd) 🅿 🚻 ➕ ✕ ⛽ 🖭 letzter Strandort nördlich von Rockhampton	🏕 **Sarina Palms Caravan Village**, im Ortszentrum gelegen ◎ $$, Cabins ★ ⊖ Ja ⊕ Ja ⊖ Nein ◯ Wasser, Abwasser, Strom (15 Amp.)
1.072		A1	🏕 **Flaggy Rock Community Centre**, einfacher Campingplatz 73 km südl. v. Sarina und 230 km nördl. v. Rockhampton in Carmila ◎ $ ⊖ Nein ⊕ Ja ⊖ Nein ◯ Keine	
1.280		A1	🌿 **Capricorn Caves** 🖭 geführte Touren in Tropfsteinhöhlen, Zufahrt von der A1 über die 4 km lange Barmoya Rd	🏕 **Capricorn Caves Tourist Park**, Campingplatz nicht weit von den Tropfsteinhöhlen ◎ $$$ ⊖ Nein ⊕ Ja ⊖ Nein ◯ Wasser, Strom (15 Amp.), TV
1.308		A1	🏘 **Rockhampton** 🅿 🚻 ➕ ✕ ⛽ 🖭 die »Rinderhauptstadt« Australiens mit historischem Stadtkern, Zoo, und Denkmal »The Spire« am südlichen Wendekreis	🏕 **Discovery Holiday Parks Rockhampton**, familienfreundlicher Campingplatz mit Pool, Fitnessstudio uvm. ⊕ Am Bruce Hwy, nicht weit vom Mt. Archer National Park und 4,5 km nördl. des Stadtzentrums ◎ $$$ Cabins ★–★★★ ⊖ Ja ⊕ Ja ⊖ Ja ◯ Wasser, Abwasser, Strom (15 Amp.)
			Beginn Nebenstrecke an die Capricorn Coast nach Yeppoon und nach Emu Park	
1.313	0	A1/10	*Rockhampton Nord (Parkhurst), Abzweig auf den Hwy 10 (Yeppoon Rd) 8 km nördl. v. Rockhampton*	
	37	10	🏘 **Yeppoon** 🅿 🚻 ➕ ✕ ⛽ 🖭 Ferienort an der Küste mit Jachthafen und Ausflugsbooten zu den Keppel Islands/ Great Barrier Reef	
	52	10	🏕 **Capricorn Palms Holiday Village**, kinderfreundlicher Campingplatz zwischen Yeppoon und Emu Park ⊕ am Hwy 10 (Scenic Hwy) Richtung Emu Park ◎ $$$, Cabins ★★ ⊖ Ja ⊕ Ja ⊖ Ja, kostenpflichtig ◯ Wasser, Abwasser, Strom (15 Amp.), TV	
	53	10	🌿 **Causeway Lake Conservation Park**, unter Naturschutz stehende Wasserlandschaft	
	57	10	🏘 **Emu Park** 🅿 🚻 ✕ ⛽ 🖭 mit »Singendem Schiff«, eine musikalische Skulptur mit Meerblick	
	78	10	*Abzweig Coowonga Rd zur* 🌿 **Koorana Crocodile Farm**, ca. 6 km vom Hwy 10 entfernt. Es werden geführte Touren angeboten.	
1.320	113	10/A1	*Abzweig zum Hwy A1 in Rockhampton Zentrum*	
			Ende Nebenstrecke an die Capricorn Coast nach Yeppoon und nach Emu Park	
		A1	*Weiter auf dem Bruce Hwy (A1) nach Süden*	
1.396		A1/58	*Abzweig Hwy 58*	

km Haupt	km Neben	Hwy	Station	Übernachtungsmöglichkeit
1.429		58	⛴ **Gladstone und Heron Island** 🅿 🛈 ➕ ✖ ☑ 🖼 größter Roh-stoff-Exporthafen Queenslands, Ausgangspunkt für Ausflüge nach Heron Island	🛏 **Kin Kora Village Tourist and Residential Home Park** 📍 5,5 km außerhalb des Stadt-zentrums, Hwy 60 in Richtung Calliope ☼ $$$, Cabins ★ ● Ja ● Ja ● Ja, kostenpflichtig ○ Wasser, Strom (15 Amp.)
1.449		58/A1	*Auffahrt auf den Bruce Hwy (A1)*	
1.452		A1	🛏 **Boyne River Rest Area**, Rastplatz neben dem Hwy A1 in Gehweite des Boyne River 📍 23 km südl. v. Gladstone am Hwy A1, ☼ Kostenlos ● Nein ● Nein ● Nein ○ Keine	
1.496		A1/16	*Abzweig Hwy 16 (Tableland Rd) bei Miriam Vale*	
			Beginn Nebenstrecke nach Agnes Water und Seventeen Seventy	
1.521	0	16	*Abzweig Round Hill Rd*	
	30	Round Hill Rd	⛴ **Agnes Water** 🅿 🛈 ➕ ✖ ☑ 🖼 nördlichster Surfstrand an der Ostküste	🛏 **Agnes Water Beach Caravan Park**, direkt am Strand von Agnes Water gelegener Platz 📍 der Round Hill Rd durch Agnes Water folgen, bis die Straße im Ortszentrum in die Springs Rd um-benannt wird. Hier die erste links in die Agnes St, am Ende rechts ☼ $$$, Chalets ★★, Beach Hou-ses ★★–★★★ ● Ja ● Ja ● Nein ○ Wasser, Strom (15 Amp.) 🛏 **Worksmans Beach Camping Area**, einfacher Platz in einem Waldstück am Ortsrand 📍 Der Round Hill Rd durch Agnes Water folgen, bis die Straße im Ortszen-trum in die Springs Rd umbenannt wird. Dem Straßenverlauf folgen und auf ein Schild links in den Wald achten. ☼ $ ● Nein ● Ja (kalte Duschen) ● Nein ○ Keine
	36		⛴ **Seventeen Seventy (1770)**, mit Touren zu Lande und zu Wasser im LARC-Amphibien-fahrzeug	🛏 **1770 Camping Ground**, einfacher Campingplatz am ruhigen Round Hill Creek mit eigenem Sandstrand 📍 An der Zufahrtsstraße nach 1770 ☼ $$$ ● Nein ● Ja ● Nein ○ (Wasser), Strom (15 Amp.)
1.521	72	Round Hill Rd	*Abzweig Hwy 16 (Tablelands Rd/Bundaberg-Lowmead Rd)*	
			Ende Nebenstrecke nach Agnes Water und Seventeen Seventy	
1.586		16	🛏 **Avondale Homestead Tavern**, Rastplatz an der Avondale Home-stead Tavern 📍 Ecke Bundaberg-Lowmead Rd/Avondale Rd, 26 km nördl. v. Bundaberg ☼ Kostenlos ● Nein ● Ja ● Nein ○ Keine	
1.605		16/3	*Abzweig Hwy 3 (Mt. Perry Rd) nach Bundaberg*	
		Mt. Perry Rd	*Nach Überqueren des Burnett River weiter auf Barolin/Goodwood Rd*	

km Haupt	km Neben	Hwy	Station	Übernachtungsmöglichkeit
1.612		Barolin St/ Goodwood Rd	🏘 **Bundaberg** 🅿 🛈 ➕ ❌ 🔲 🗺 mit Rum Destillerie und Schild-kröten Nistplatz	🚐 **Big 4 Cane Village Holiday Park**, Caravan Park mit tropischer Vegetation, in der Nähe eines Einkaufszentrums gelegen 📍 5 km von Bundaberg Zentrum, am Hwy 3 in Richtung Childers 💲 $$$, Cabins ★–★★ 🟢 Ja 🟢 Ja 🟢 Ja, kostenpflichtig 🔵 Wasser, Abwasser, Strom (15 Amp.) 🚐 **Hinkler Lions Park**, ein-facher Rastplatz in der Nähe von Bundaberg 📍 5,5 km von Bundaberg Zentrum am Hwy 3, Ecke University Dr 💲 Kostenlos 🔴 Nein 🔴 Nein 🔴 Nein 🔵 Keine
		Barolin/Good-wood Rd	*Bundaberg über die Barolin St, später Goodwood Rd nach Süden verlassen*	
			Beginn Ausflug nach Woodgate und zum Burrum Coast National Park	
1.648	0	Goodwood Rd	*Abzweig Woodgate Rd*	
	18	Woodgate Rd	🏘 **Woodgate** ➕ ❌ 🔲 🗺 ruhiger Ferienort mit 4 km langem Sandstrand	🚐 **Woodgate Beach Tourist Park**, ruhig gelegener Platz in Gehweite zum Meer auf der Esplanade von Woodgate 💲 $$–$$$, Cabins ★–★★ 🟢 Ja 🟢 Ja 🟢 Ja, kostenpflichtig 🔵 Wasser, Strom (15 Amp.)
			🌿 **Burrum Coast National Park**, Wanderwege durch Feuchtwie-sen, Wald und Heidelandschaften	
1.648	36	Woodgate Rd	*Abzweig Goodwood Rd*	
			Ende Ausflug nach Woodgate und zum Burrum Coast National Park	
		Goodwood Rd	*Weiter auf der Goodwood Rd bis zur A1*	
1.669		A1	🏘 **Childers** 🅿 🛈 ➕ ❌ 🔲 🗺 kleiner Ort mit Queenslander Holzhäusern, Vogel- und Repti-lienpark	🚐 **Apple Tree Creek Rest Area**, Rastplatz nahe Hwy 1 📍 6 km nördl. v. Childers am Hwy 1 💲 Kostenlos 🔴 Nein 🔴 Nein 🔴 Nein 🔵 Keine
1.704		A1	*Abzweig Torbanlea-Pialba Rd bei Torbanlea*	
1.725		Torbanlea-Pialba Rd	*Hwy 57 (Hervey Bay Rd) bei Walligan*	
1.737		57	🏘 **Hervey Bay** 🅿 🛈 ➕ ❌ 🔲 🗺 Ausgangsort für Whale Wat-ching und Ausflüge nach Fraser Island	🚐 **Torquay Beachfront Tourist Park**, relativ ruhig, mit Zugang zum Meer und in Gehweite von Restau-rants 📍 An der Charlton Esplana-de zwischen Fraser St und Macks Rd 💲 $$–$$$ 🟢 Ja 🟢 Ja 🟢 Ja, kostenpflichtig 🔵 Wasser, Abwasser, Strom (15 Amp.)

km Haupt	km Neben	Hwy	Station	Übernachtungsmöglichkeit
				🏨 **Scarness Beachfront Tourist Park**, ruhig gelegener Strandcampingplatz 📍 An der Charlton Esplanade zwischen Frank St und Denmans Camp Rd 🔄 $$–$$$ ● Ja ● Ja ● Ja, kostenpflichtig ○ Wasser, Abwasser, Strom (15 Amp.)
			Beginn Ausflug nach Fraser Island zum Great Sandy National Park	
	Fähre		🚢 **River Heads**, die Fähren nach Fraser Island starten ab River Heads 📍 Von Hervey Bay über die vom Boat Harbour Dr nach Süden abzweigende Main St, am Ende links auf die Booral Rd, später rechts auf die River Heads Rd	
			🌿 **Fraser Island**, Great Sandy National Park 🅿 ❌ 🏧 , größte Sandinsel der Welt, mit Schiffswracks, Regenwald und wilden Dingos, nur geeignet für Fußgänger und Geländewagen.	🏨 **Central Station Camping Area**, Campingplatz mit 60 Plätzen im Regenwald im Zentrum von Fraser Island 📍 9 km östl. v. Wanggoolba Creek, 8 km westl. v. Eurong Resort 🔄 $ ● Nein ● Ja, kostenpflichtig ● Nein ○ Keine 🏨 **Dundubara Camping Area**, im Wald gelegener Platz an der Nord-Ostküste 📍 75 km nördl. v. Hook Point, 19 km südl. v. Indian Head 🔄 $ ● Nein ● Ja, kostenpflichtig ● Nein ○ Keine 🏨 **Waddy Point Top Camping Area**, nördlichster Platz von Fraser Island, in der Nähe des Indian Head 📍 100 km nördl. v. Hook Point, 5 km nördl. von Indian Head 🔄 $ ● Nein ● Ja, kostenpflichtig ● Nein ○ Keine ● Jeweils nur mit vorheriger Reservierung
			Ende Ausflug nach Fraser Island zum Great Sandy National Park	
		57	*Weiter auf dem Hwy 57 nach Süden*	
1.771		57	🏙 **Maryborough** 🅿 ℹ ➕ ❌ 🚻 🏧 kleine Stadt mit großer Einwandergeschichte und historischem Stadtkern	🏨 **Wallace Motel & Caravan Park**, Campingplatz unweit des Ortszentrums am Ufer des Mary River 📍 2 km südl. des Zentrums über Hwy 57, noch vor der Brücke über den Mary River 🔄 $$–$$$, Cabins, Motel ★ ● Ja ● Ja ● Ja ○ Wasser, Abwasser, Strom (15 Amp.)

km Haupt	km Neben	Hwy	Station	Übernachtungsmöglichkeit
			Maryborough bis Brisbane	
			Von Maryborough kann alternativ über den Bruce Hwy direkt nach Gympie gefahren werden (insgesamt 87 km), man trifft dort wieder auf die Hauptroute.	
1.771		Cooloola Coast Rd	*Maryborough über die Boonooroo Rd/Cooloola Coast Rd verlassen*	
			Beginn Ausflug nach Rainbow Beach	
1.831	0	Cooloola Coast Rd	*Abzweig bei Toolara Forest Richtung Rainbow Beach auf die Tin Can Bay Rd*	
	3	Tin Can Bay Rd	*Abzweig Richtung Rainbow Beach auf die Rainbow Beach Rd*	
	13	Rainbow Beach Rd	🌊 **Cooloola Recreation Area** (Great Sandy National Park), Wasserlandschaften und Dünen, ein Paradies für Kajak-Fahrer und Geländewagen	
	33	Rainbow Beach Rd	🏖 **Rainbow Beach** 🅿 🚻 ➕ ❌ 📷 💬 📶 inmitten der Cooloola Recreation Area, mit farbigen Sandklippen und Riesendüne Carlo Sandblow sowie Fähre nach Fraser Island (nur für Fußgänger und Geländewagen)	🏕 **Rainbow Beach Holiday Village**, gelegen an der Hauptstraße mitten im Ort und in Gehweite vom Strand ✆ \$\$\$, Cabins ★–★★ ◗ Ja ◗ Ja ◗ Ja, kostenpflichtig ◗ Wasser, Abwasser, Strom (15 Amp.)
	63	Rainbow Beach Rd	*Abzweig Richtung Gympie auf die Tin Can Bay Rd*	
1.831	66	Tin Can Bay Rd	*Ende Ausflug nach Rainbow Beach bei Toolara Forest*	
			Weiter auf der Tin Can Bay Rd nach Gympie und zur A1	
1.871		Tin Can Bay Rd/A1	🏙 **Gympie** 🅿 🚻 ➕ ❌ 💬 📷 📶 Kleinstadt mit Goldgräber-Vergangenheit	🏕 **Chatsworth Park**, Rastplatz 5 km nördl. v. Gympie am Bruce Hwy ✆ Kostenlos ◗ Nein ◗ Nein ◗ Nein ◗ Keine
1.877			🏕 **Six Mile Creek Rest Area**, 6 km südl. v. Gympie gibt es einen Rastplatz am Hwy ◗ Bruce Hwy (A1) ✆ Kostenlos ◗ Ja ◗ Nein ◗ Nein ◗ Keine	
1.889		A1	*Abzweig Traveston Rd von der A1*	
1.900		Traveston Rd	🏘 **Cooran** ❌ 📶 nördlichste Siedlung der Sunshine Coast, guter Platz für eine Pause	
		Greenridge Pinbarren Rd	*Weiter auf der Greenridge Pinbarren Rd nach Osten bis Pinbarren*	
		Pomona Kin Kin Rd	*Ab Pinbarren rechts auf die Pomona Kin Kin Rd nach Süden*	
1.906		Greenridge Pinbarren Rd/Pound Rd	🏘 **Pomona**	🏕 **Pomona Showgrounds**, einfacher Campingplatz auf einer großen Wiese mit Blick auf einen Vulkankegel ◗ Von der Pomona Kin Kin Rd (später Pound Rd) links auf die Exhibition St, danach links auf die Pavilion St ✆ \$\$ ◗ Ja ◗ Ja ◗ Nein ◗ Wasser, Strom (15 Amp.)

km Haupt	km Neben	Hwy	Station	Übernachtungsmöglichkeit
			Weiter über die Yurol Forest Rd/später Elm St nach Süden bis Cooroy (Hwy 6)	
1.917		6	🏘 **Cooroy**	
			Beginn Alternativroute von Cooroy nach Sippy Downs	
	0	6/A1/M1	🏘 **Cooroy** (Bei Cooroy wird Hwy A1 umbenannt in M1)	
	9	M1	🏘 **Eumundi** 🅿 ⊠ ⊡ 🏧 mittwochs und samstags lohnenswerter Künstlermarkt	
	29	M1	*Abzweig Nambour Connection Rd*	
	34	Nambour Con-nection Rd	🏘 **Nambour** 🅿 🏨 ➕ ⊠ ⊡ 🏧 »Big Pineapple«-Riesenananas inmit-ten von Ananans-Feldern	
			Zurück zur M1 und weiter nach Süden	
	44	M1	🏘 **Sippy Downs**	
			Ende Alternativroute von Cooroy nach Sippy Downs	
1.917			*Abzweig Cooroy-Noosa Rd (Hwy 6) in Cooroy*	
1.925		6	🚶 **Mount Tinbeerwah Lookout Track** im Tewantin National Park mit weiten Aussichten über die Sunshine Coast	
1.938		6	🏘 **Noosa** 🅿 🏨 ➕ ⊠ ⊡ 🏧 schön angelegter Urlaubsort mit Surfstränden und vielen Wanderwegen	🏕 **Noosa River Holiday Park**, städtischer Campingplatz in ruhiger Umgebung mit eigenem Strand am Noosa River ⊕ Hwy 6 bis Gympie Terrace, bei Erreichen des Weyba Creek direkt links ab in die Noosa Parade, dann links in die Russell St ⊘ $$$ ⊜ Ja ⊕ Ja ⊜ Ja, kostenpflichtig ⊙ Wasser, Abwasser, Strom (15 Amp.)
1.950		6	🏘 **Peregian Beach** ➕ ⊠ ⊡ 🏧 letzter Strandort ohne Hoteltürme im Norden der Sunshine Coast	
1.975		6	🏘 **Maroochydore** 🅿 🏨 ➕ ⊠ ⊡ 🏧 Strandort an der Mündung des Maroochy River	🏕 **Cotton Tree Holiday Park**, aus-gedehnter Campingplatz mit zwei Stränden: einem zum Fluss und einen zum Ozean hin ⊕ Von der Hor-ton Parade (Hwy 6) nach Überqueren des Cornmeal Creek links auf die Se-cond Ave, rechts auf die Esplanade, der Straße folgen bis zur Cotton Tree Parade ⊘ $$$, Cabins ✶✶ ⊜ Ja ⊕ Ja ⊜ Ja, kostenpfl. ⊙ Wasser, Abwasser, Strom (15 Amp.)
				🏕 **Maroochydore Beach Holiday Park**, zentraler, aber ruhiger Platz mit eigenem Strand ⊕ Vom Hwy 6 (Aero-drome Rd) links auf die Sixth Ave, rechts zur Melrose Parade ⊘ $$$–$$$$, Villas ✶✶–✶✶✶ ⊜ Ja ⊕ Ja ⊜ Ja, kostenpflichtig ⊙ Wasser, Abwasser, Strom (15 Amp.)

39

km Haupt	km Neben	Hwy	Station	Übernachtungsmöglichkeit
1.979		6	🏖 **Mooloolaba** 🅿 🚻 ➕ ❌ 🔌 🖥 schicker Urlaubsort mit wuchtigen Apartment-Blocks, guten Restaurants und SeaLife Aquarium	🏕 **Mooloolaba Beach Holiday Park**, zweigeteilter Platz am Strand von Mooloolaba, in Gehweite vom Sea Life Aquarium ◐ Parkyn Parade, (gegenüber Sea Life), außerdem Ecke Venning St und Mooloolaba Esplanade ◑ \$\$\$–\$\$\$\$ ◐ Nein ◑ Ja ◐ Ja, kostenpflichtig (nur an der Parkyn Parade) ◐ Wasser, Abwasser, Strom (15 Amp.)
			Mooloolaba über Hwy 70 (Sunshine Motorway) nach Westen verlassen	
1.989			*Hwy 70 trifft in Sippy Downs auf die M1*	
1.989			🏖 **Sippy Downs**	
1.994		M1	👁 **Aussie World**, Vergnügungspark u. a. mit Riesenrad	
1.999		M1/6	*Abzweig zu den Glass House Mountains in Landsborough*	
		6	⛰ **Glass House Mountains** 🅿 🚻 ➕ ❌ 🔌 🖥 Vulkanlandschaft mit Wanderwegen und sehenswerten Aussichtspunkten	
		6/23	*Abzweig Hwy 23, diesem nach Westen folgen*	
2.010		23	👁 **Maleny Mountain Wines**, origineller Weinkeller, selbst angebauter Wein wird verkauft	
2.019		23	👁 **Mary Cairncross Scenic Reserve**, Aussichten über die Vulkane der Glass House Mountains und Regenwald-Wanderweg	
			Zurück nach Landsborough	
2.029		23/6	🏖 **Landsborough**, guter Ausgangsort für Ausflüge in die Glass House Mountains	🏕 **Landsborough Pines Caravan Park**, Campingplatz auf bewaldetem Gelände mit eigenem See, nicht weit vom Australia Zoo ◐ Am südlichen Ortsrand von Landsborough; bis zum Bahnhof und Busbahnhof sind es 300 m ◑ \$\$\$, Cabins ★ ◑ Ja ◑ Ja ◐ Nein ◐ Wasser, Abwasser, Strom (15 Amp.)
			Landsborough auf dem Hwy 6 Richtung Beerwah verlassen	
2.033		6	👁 **Australia Zoo**, bekannt durch Crocodile Hunter Steve Irwin	
2.041		6/Reed St	*Abzweig bei Glass House Mountains (Ort) – rechts auf die Bruce Parade, dann links auf die Coonowrin Rd*	
2.045		Coonowrin Rd	*Abzweig auf die Old Gympie Rd*	
2.047		Old Gympie Rd	*Abzweig Glasshouse-Woodford Rd*	
2.057		Glasshouse-Woodford Rd	🏖 **Glass House Mountains**, Highlight ist der Glass House Mountain Lookout	
		Glasshouse-Woodford Rd	*Zurück zum Abzweig Old Gympie Rd/Woodford Rd Richtung Beerburrum*	
2.060		Beerburrum-Woodford Rd	🏖 **Beerburrum**, Ausgangspunkt für Wanderungen zu den Vulkanen der Glass House Mountains	
2.065		Beerburrum-Woodford Rd	*Abzweig Steve Irvin Way zum Bruce Hwy*	
			Weiter auf dem M1 nach Süden	

km Haupt	km Neben	Hwy	Station	Übernachtungsmöglichkeit
		M1 -M3/A3	*Abzweig M3/A3 Richtung Stadtzentrum Brisbane*	
2.123		M1/A3/M7/ M3	🏛 **Brisbane** 🅿 🅱 ✚ ❎ 🅲 🖼 Hauptstadt von Queensland mit großem Kulturangebot, Ausgangspunkt für Wanderungen im D'Aguilar National Park	🏕 **Newmarket Gardens Caravan Park**, einfacher Campingplatz nur 4 km von Brisbane Zentrum ⊙ M3/M77 (Enoggera Rd), links in die Ashgrove Ave, dann direkt wieder links ⊗ $$$, Cabins ★–★★ ⊜ Ja ⊜ Ja ⊜ Ja, kostenpflichtig ⊙ Wasser, Abwasser, Strom (15 Amp.)
		Fähre	*Beginn Ausflug zum Moreton Island National Park*	
			🌊 **Moreton Island National Park** ❎ 🖼 eine der größten Sandinseln der Welt mit tropisch anmutendem Resort, einer „Mini Wüste" und kilometerlangen Stränden. Nur geeignet für Fußgänger und Geländewagen	🏕 **The Wrecks**, geschützte Zeltplätze für Wanderer, ein wenig zurückversetzt vom Meer ⊙ zwischen dem Fähranleger und dem Tangalooma Resort ⊗ $ ⊜ Nein ⊜ Ja (kalt) ⊜ Nein ⊙ Keine
				🏕 **Ben Ewa Campground**, schöner Campingplatz in einem Eukalyputs-Wald nur wenige Meter vom Strand entfernt ⊙ Am Strand, ca. 3 km nördlich von The Wrecks ⊗ $ ⊜ Nein ⊜ Ja (kalt) ⊜ Nein ⊙ Keine
				⊛ Beide nur mit vorheriger Reservierung
			Ende Ausflug zum Moreton Island National Park	

			Brisbane bis Sydney	
2.123		M3/M1	🏛 **Brisbane** (s.o.)	
		M3/M1	Brisbane wird über die M3, die ca. 22 km südlich automatisch auf die M1 stößt, verlassen.	
		M1	Abzweig Chatswood Rd von der M1, später links auf die Daisy Hill Rd	
2.149		Daisy Hill Rd	🌊 **Daisy Hill Koala Centre**, Koala-Infozentrum mitten im Lebensraum der Koalas	
			Zurück zur M1	
2.184		M1	👁 **Vergnügungsparks Coomera** **Dreamworld**, größter Vergnügungspark Australiens **Whitewater World**, Wasserpark mit Wasserrutschen und -spielplatz	🏕 **Big 4 Gold Coast Holiday Park** ⊙ Pacific Motorway (M1), Ausfahrt Tamborine – Oxenford Rd, parallel zur Autobahn Richtung Süden auf den Siganto Dr ⊗ $$$, Cabins ★–★★, große Villas ★★★ ⊜ Ja ⊜ Ja ⊜ Ja ⊙ Wasser, Strom (15 Amp.)
2.189		M1	👁 **Vergnügungsparks in Oxenford** **Warner Bros. Movie World**, mit Achterbahnen und Stuntshows **Wet'n Wild**, Wasserpark mit vielen Attraktionen **Paradise Country**, eine Australische Schau-Farm mit vielen Tieren	

km Haupt	km Neben	Hwy	Station	Übernachtungsmöglichkeit
			Beginn Nebenstrecke Springbrook und Lamington National Park	
2.196	0	M1	*Pacific Motorway (M1) – Abzweig nach Southport bei Gaven (Exit 66)*	
	3	M1/90	*Abzweig Hwy 90 bei Nerang*	
	8	90/97	*Abzweig Hw 97*	
	12	97	*Abzweig Beechmont Rd*	
	27	Beechmount Rd	**Rosins Lookout Conservation Park** mit Aussichten über die Berglandschaften in Richtung New South Wales	
	30		*Abzweig Binna Burra Rd*	
	35		**Lamington National Park**, subtropischer Regenwald-Nationalpark	
	41	Binna Burra Rd	**Binna Burra** 🛈 ➕ ✖ 🖼 touristisches Zentrum im Lamington National Park mit Campingplatz, Café, Restaurant und Hotel	**The Rainforest Campsite**, einziger Campingplatz in dieser Gegend, mitten im Regenwald am Ende der Binna Burra Rd gelegen ✪ $$–$$$, Safari-Zelte ★ ● Nein ● Ja ● Nein ● Wasser, Strom (15 Amp.)
	52	Binna Burra Rd	*Zurück zur Beechmount Rd*	
	82	Beechmount Rd/Hwy 97	*Zurück zum Hwy 97 und nach Süden ins Numinbah Valley*	
	114	Hwy 97	**Natural Bridge**, natürliche Felsbrücke mit Wasserfall mitten im Regenwald	
	132	Hwy 97/Pine Creek Rd	*Zurück über den Hwy 97 zum Abzweig Pine Creek Rd und auf dieser nach Süden*	
		Pine Creek Rd	*Abzweig Springbrook Rd*	
	147	Springbrook Rd	**Springbrook Plateau**, Springbrook National Park 🛈 ✖ 🖼 subtropischer Regenwald mit Wanderwegen und einigen Aussichtspunkten	**The Settlement Campground**, im Regenwald gelegen, nicht weit von den Purling Brook Falls ● 2 km vom Fudge Shop über Springbrook Rd und Carricks Rd ✪ $ ● Nein ● Nein ● Nein ● Keine ● Nur mit vorheriger Reservierung
	181	Springbrook Rd	*Zurück nach Nerang über Pine Creek Rd, Hwy 97 und Hwy 90 zur M1 zum Abzweig Hwy 97*	
	191	M1/Hwy 2	*M1 nach Norden bis Abzweig Hwy 2 bei Helensvale*	
			Ende Nebenstrecke Springbrook und Lamington National Park	
2.196		M1/2	*Abzweig Hwy 2 bei Helensvale und auf diesem weiter nach Surfers Paradise*	
2.210		2	**Surfers Paradise und Gold Coast** 🖼 🛈 ➕ ✖ 🖼 das Mallorca von Australien mit Hoteltürmen, Partymeile und goldenen Surfstränden	**Main Beach Tourist Park**, Campingplatz am Strand, 2 km südlich von Sea World ● Vom Hwy 2 nach Überqueren des Nerang River links auf die Tedder Ave, rechts auf die Main Beach Pde, 3 km nördl. v. Surfers Paradise ✪ saisonabhängig $$–$$$$, Cabins ★★–★★★★ ● Ja ● Ja ● Ja ● Wasser, Abwasser, Strom (15 Amp.)

km Haupt	km Neben	Hwy	Station	Übernachtungsmöglichkeit
2.228	2		🐾 **Currumbin Wildlife Sanctuary**, interessante Mischung aus Tierpark, Aboriginal Experience und Kletterpark mit Zipline (»Flug« durch die Baumkronen)	
		2/A1	*Abzweig Musgrave St/Marine Parade*	
2.234		Musgrave St/Marine Parade	🏘 **Coolangatta und Tweed Heads**, Gold Coast 🅿 🚻 ➕ ❎ 🔲 🖼 das ruhigere Südende der Gold Coast	🏕 **Kirra Beach Tourist Park**, großer Campingplatz mit eigenem See, nur 600 m vom Strand entfernt 🅖 In Coolangatta vom Highway A1 links auf die Coolangatta Rd, danach rechts auf die Charlotte St 💲 $$$, 1-Room-Lodging ★ 🅔 Ja 🅖 Ja 🅢 Ja 🅞 Wasser, Abwasser, Strom (15 Amp.)
2.235		Marine Parade	*Staatsgrenze Queensland/New South Wales*	
		M1	*Coolangatta über die Wharf St/Terranora Terrace/Minjungbal Dr verlassen, Auffahrt auf den Pacific Motorway (M1) und weiter Richtung Süden*	
2.295		M1/	*Ewingsdale/Abzweig Ewingdale Rd nach Byron Bay*	
2.301		Ewingsdale Rd	🏘 **Byron Bay** 🅿 🚻 ➕ ❎ 🔲 🖼 legendäre Surferstadt und östlichster Punkt Australiens mit fotogenem Leuchtturm	🏕 **Byron Bay Clarkes Beach Holiday Park**, am Ortsrand von Byron Bay, mit eigenem Strand und nicht weit vom Leuchtturm 🅖 Am Kreisverkehr Jonson St/Lawson St geradeaus weiter auf der Lawson St, links in die Massinger St 💲 $$$–$$$$, Cabins ★★–★★★ 🅔 Ja 🅖 Ja 🅢 Nein 🅞 Wasser, Abwasser, Strom (15 Amp.)
			Byron Bay über die Jonson St/Bangalow Rd (B62) verlassen und weiter auf der Broken Head Rd/später The Coast Rd	
2.309		Broken Head Rd	🐾 **Broken Head Nature Reserve**, Naturpark mit Küstenwanderwegen	🏕 **Broken Head Holiday Park**, von Wald umgeben und in Gehweite zum Strand 🅖 8 km südl. v. Byron Bay in der Broken Head NR 💲 $$$, Cabins ★–★★ 🅔 Ja 🅖 Ja 🅢 Ja 🅞 Wasser, Strom (15 Amp.)
2.323		The Coast Rd	🏘 **Lennox Head** 🅿 ❎ 🔲 🖼 familienfreundlicher Surfer-Ort	
2.329		The Coast Rd	🏕 **Flat Rock Tent Park**, schöne Lage mitten in der Natur mit eigenem Strand, von dem aus man im Winter Wale beobachten kann 💲 38 Flat Rock Rd, East Ballina 💲 $$$ 🅔 Nein 🅖 Ja 🅢 Nein 🅞 Keine	
2.337		The Coast Rd/Hill St/River St	🏘 **Ballina** 🅿 🚻 ➕ ❎ 🔲 🖼 größere Ortschaft mit langen Surfstränden, 9 Meter hoher Big Prawn (Riesen-Garnele) und Teebaumöl-Plantage	🏕 **Ballina Lakeside Holiday Park**, auf Familien eingestellter Campingplatz am Ortsrand, in Gehweite von Ballinas Surf-Stränden 🅖 Von Norden kommend über die Coast Rd/Pine Ave links in den Compton Dr, rechts in den Fenwick Dr, etwa 4 km östl. v. Ballina Zentrum 💲 $$$, Cabins ★–★★★ 🅔 Ja 🅖 Ja 🅢 Ja, kostenpflichtig 🅞 Wasser, Abwasser, Strom (15 Amp.)

km Haupt	km Neben	Hwy	Station	Übernachtungsmöglichkeit
			Ballina über die River St nach Westen verlassen und auf den Pacific Hwy (A1) auffahren	
2.455		A1	🏙 **Ulmarra** 🄲 ✕ 🏛 Siedlung am Ufer des Clarence River mit historischem Stadtkern	
2.462		A1	🏕 **McPhillips Creek Rest Area**, kostenloser Platz am Hwy A1 ⊖ Nein ⊖ Nein ⊖ Nein ⊖ Keine	
2.469		A1	🏕 **Dinjerra Road Rest Area**, kostenloser Platz am Hwy A1 ⊖ Nein ⊖ Nein ⊖ Nein ⊖ Keine	
2.521		A1	🌿 **Arrawarra Headland**, Aussichtspunkt und Picknickplatz am Strand ⊕ Hwy A1 Ausfahrt Arrawarra, rechts auf den Solitary Islands Way Richtung Arrawarra Headland, links auf den Mullaway Dr, links auf die Arrawarra Rd, rechts auf die Beach Rd	
2.547		A1	👁 **Solitary Islands Aquarium**, hier wird die Unterwasserwelt vor der Küste vorgestellt	
2.548		A1	👁 **Big Banana**, Riesen-Bananenskulptur u.a. mit angeschlossenem Wasserpark und Sommerrodelbahn	
2.552		A1	🏙 **Coffs Harbour** 🄲 ℹ ➕ ✕ 🄵 🏛 Küstenort mit Vogelinsel, Delfinarium und lustigem Cartoon-Museum	🏕 **Park Beach Holiday Park**, ruhig gelegener Campingplatz in Gehweite zum Meer ⊕ Vom Harbour Dr/Orlando St rechts auf die Ocean Parade ⊙ $$$, Cabins ★–★★ ⊖ Ja ⊖ Ja ⊖ Ja ⊙ Wasser, Abwasser, Strom (15 Amp.)
			Beginn Nebenstrecke nach Bellingen und zum Dorrigo National Park	
2.574	0	A1	🏙 **Raleigh**	
			Abzweig B78 nach Westen	
	13	B78	🏙 **Bellingen** 🄲 ℹ ➕ ✕ 🄵 🏛 das »Alternative« Leben vor Ort finanziert sich durch den Tourismus	🏕 **Bellingen Showgrounds**, Behelfs-Campingplatz am Ortsrand von Bellingen mit einfacher Ausstattung ⊕ Von der Hyde St (Durchfahrtsstraße) über die Bridge St und Hammond St zum Showground an der Black St ⊙ $$ ⊖ Ja ⊖ Ja ⊖ Nein ⊙ Trinkwasser, Strom (15 Amp.)
	40		🌿 **Dorrigo National Park**, Regenwald-Nationalpark mit sehenswerten Wasserfällen	
	44	B78	🏙 **Dorrigo** 🄲 ℹ ➕ ✕ 🄵 🏛 Ausgangspunkt für Ausflüge in den Regenwald	🏕 **Dangar Falls Lodge Campground**, am Ortsrand von Dorrigo, neben der Zufahrt zu den Dangar Falls gelegene Wiese mit Stellplätzen ⊙ $$ ⊖ Nein ⊖ Ja ⊖ Nein ⊙ Wasser, Strom (15 Amp.)
2.574	84	A1	*Zurück nach Raleigh*	
			Ende Nebenstrecke nach Bellingen und zum Dorrigo National Park	

km Haupt	km Neben	Hwy	Station	Übernachtungsmöglichkeit
			Weiter auf der A1 nach Süden	
2.598		A1	⚓ **Nambucca Heads** 🔲➕✖️ 🔲🏠 Küstenort nicht weit vom Highway mit der künstlerischen V Wall, einem farbenfrohem Wellenbrecher.	🏕 **White Albatross Caravan and Holiday Park**, großflächiger Campingplatz, fast schon wie ein Dorf, in Gehweite der V-Wall ◉ Von der Bowra St links auf die Ridge St/Parkes St, rechts in die Lower Lee St, links in den Wellington Dr ◐ $$$–$$$$, Cabins ★–★★ ◕ Ja ◕ Ja ◕ Ja, kostenpflichtig ◉ Wasser, Abwasser, Strom (15 Amp.) 🏕 **Nambucca Beach Holiday Park**, ruhig gelegener Platz mit eigenem Zugang zum Strand ◉ Von der Bowra St links auf die Ridge St, links auf die Lee St, rechts auf die Short St, links auf die Hallidise St, rechts auf die Charlton St, rechts auf die Bemago St, dem Straßenverlauf bis zum Ende folgen ◐ $$$, Cabins ★–★★ ◕ Ja ◕ Ja ◕ Ja, kostenpflichtig ◉ Wasser, Strom (15 Amp.)
2.642		A1	*Abzweig Plummers Ln/Gregory St nach South West Rocks bei Clybucca*	
2.656			⚓ **South West Rocks** 🔲🔲➕✖️🔲🏠 Ausgangspunkt für Ausflüge zur historischen Festung Arakoon und zum Leuchtturm von Smoky Cape	🏕 **Trial Bay Gaol Campground**, Campingplatz am Meer, neben dem Trial Bay Gaol im Arakoon National Park ◐ $$$–$$$$ ◕ Ja ◕ Ja, kostenpflichtig ◕ Nein ◉ Wasser, Abwasser, Strom (15 Amp.) 🏕 **Big 4 Sunshine South West Rocks**, großflächiger Campingplatz im Wald zwischen Arakoon und South West Rocks ◉ Am Ortseingang von Arakoon links von der Arakoon Rd in den Phillip Dr ◐ $$$, Cabins ★–★★ ◕ Ja ◕ Ja ◕ Nein ◉ Wasser, Abwasser, Strom (15 Amp.) 🏕 **Smoky Cape Campground**, einfacher Nationalpark-Campingplatz nicht weit vom Smoky Cape Lighthouse ◉ Von Arakoon ortsauswärts über Gregory St, nach 3,5 km links in Richtung Arakoon, die nächste rechts in Richtung Lighthouse ◐ $ ◕ Nein ◕ Nein ◕ Nein ◉ Keine
2.671		Plummers Lane	*Zurück zum Abzweig Pacific Hwy (A1) bei Clybucca*	

km Haupt	km Neben	Hwy	Station	Übernachtungsmöglichkeit
2.730		A1	*Abzweig Hastings River Dr vom Pacific Hwy A1*	
2.739		Hastings River Dr	🏛 **Port Macquarie** 🅿 ℹ ➕ ✖ 🆘 🅿 mit Koala Hospital, subtropischem Küstenregenwald und langen Surfstränden	🏕 **Sundowner Breakwall Tourist Park**, zentral in Port Macquarie gelegener Campingplatz, seitlich an der Mündung des Hastings River und am Ozean gelegen ❶ parallel zur Clarence St Richtung Hastings River ☺ $$–$$$, Hostel, Cabins ✶, Cottages ✶✶ ● Ja ● Ja ● Ja ❍ Trinkwasser, Strom (15 Amp.), Abwasser
		B56	*Port Macquarie über die B56 nach Westen verlassen*	
2.749		B56	🐾 **Billabong Zoo** mit Affen, Meerkatzen, Dingos und Krokodilen ❶ Die A1 überqueren und die nächste Straße links	
2.749		B56	*Abzweig zum Pacific Hwy A1 im Süden von Port Macquarie*	
2.945		A1	*Abzweig Medowie Rd bei Twelve Mile Creek*	
2.957		Medowie Rd	*Abzweig Richardson Rd*	
2.962		Richardson Rd	*Abzweig zur Nelson Bay Rd (B63)*	
		B63	🐾 **Worimi National Park**, mit einer Länge von 32 km größtes Wanderdünensystem der südlichen Hemisphäre sowie der längste Strand von New South Wales	
		B63	🐾 **Oakvale Farm and Fauna World**, Streichelzoo und Schau-Bauernhof	
2.982		B63	🏛 **Anna Bay** 🅿 ➕ ✖ 🆘 📷 Ausgangspunkt für Ausflüge zum Worimi National Park, mit Kamelreiten und Geländewagen-Touren	🏕 **Birubi Beach Holiday Park**, 100 m vom Strand entfernt gelegener Campingplatz ❶ Von der Gan Gan Rd direkt nach dem Ortseingang rechts auf die James Paterson St, bis zum Ende folgen ☺ $$–$$$, Cabins ✶–✶✶ ● Nein ● Ja, kostenpflichtig ● Ja ❍ Wasser, Strom (15 Amp.)
		B63	*Von Anna Bay zurück über die Nelson Bay Rd (B63) nach Süden*	
			Abzweig Industrial Dr (A43) nach Newcastle	
3.034		A43/A15	🏛 **Newcastle** 🅿 ℹ ➕ ✖ 🆘 📷 nach Sydney zweitälteste Stadt Australiens mit sehenswertem Obelisken (Aussichtspunkt auf einem Hügel) und vorgelagerter Insel mit Leuchtturm	🏕 **Stockton Beach Holiday Park**, nächstgelegener Campingplatz, am Südende von Stockton Beach ❶ Von Newcastle Zentrum über die Brücke über den Hunter River, weiter nach Stockton – oder schneller per Fußgänger-Fähre ☺ saisonabhängig $$–$$$$, Cabins ✶✶–✶✶✶ ● Ja ● Ja ● Ja ❍ Wasser, Abwasser, Strom (15 Amp.)
3.054		A15/M1	*Newcastle verlassen über die A15 nach Westen bis zum Pacific Motorway (M1)*	

km Haupt	km Neben	Hwy	Station	Übernachtungsmöglichkeit
			Beginn Ausflug ins Hunter Valley	
3.054	0	A15/M15	*Autobahnkreuz A1/A15/M15 bei Cameron Park im Westen von Newcastle*	
	15	M15/B68	*Abzweig B68 bei Kurri Kurri*	
	29	B68/B82	🏛 **Cessnock**, Ausgangspunkt für Ausflüge in die Weinregion Hunter Valley	🏕 **BIG4 Hunter Valley**, komfortabler Campingplatz umgeben von einer Hecke aus Weinreben 📍 Am Ortsrand von Cessnock 🌀 saisonabhängig $$$–$$$$, Cabins ★–★★★★ 🚫 Nein ✅ Ja 🚫 Nein ⭕ Wasser, Abwasser, Strom (15 Amp.)
			Abzweig B82 nach Norden, nach ca. 7 km links auf die Broke Rd	
	40	Broke Rd	🏛 **Pokolbin** (Hunter Valley) 🅿 🛈 ❌ 🔲 🖼 weitläufige Weinberge, sowie Weinproben und Direktverkauf	
3.054	88	B82/B68/ M15	*Zurück zum Autobahnkreuz A1/A15/M15 bei Cameron Park im Westen von Newcastle*	
			Ende Ausflug ins Hunter Valley	
3.107		M1	👁 **Wyong Milk Factory** 📍 M1 Exit Wyong-Toukley, ehemalige Milchfabrik, heute u.a. Schokoladenfabrik und Käserei	
3.117		M1	*Abzweig zum Pacific Hwy bei Fountaindale*	
3.129		Pacific Hwy	🏛 **Gosford** 🅿 🛈 ➕ ❌ 🔲 🖼 Ausgangspunkt für Ausflüge in den Brisbane Water National Park	🏕 **Ocean Beach Resort and Holiday Park**, an der Mündung der Lagune von Brisbane Waters gelegener Campingplatz, direkt am Strand von Umina Beach 📍 17 km südl. v. Gosford. Vom Hwy A49 über Brisbane Water Dr und Ocean Beach Rd bis Sydney Ave in Umina Beach 🌀 $$–$$$$, Safari Zelt ★–★★, Cabins ★★–★★★ ✅ Ja ✅ Ja ✅ Ja ⭕ Wasser, Abwasser, Strom (15 Amp.)
		A49	*Gosford nach Westen über die A49 verlassen*	
		A49	*Abzweig Woy Woy Rd zum Brisbane Water National Park*	
3.132			🌿 **Brisbane Water National Park**, Highlight sind Wasserfälle und Aboriginal-Felsenzeichnungen	
			Zurück zur A49	
			👁 **Australian Reptile Park** 📍 Kurz vor der Auffahrt auf den M1 rechts auf die Wiseman Ferry Rd und unter dem Motorway hindurch, spezialisiert auf Zucht von Giftschlangen für die Herstellung von Gegengiften	
3.134		A49	*Auffahrt auf den Pacific Motorway M1*	
			Beginn Ausflug in den Blue Mountain National Park	
3.181	0	M1/A28	🏛 **Wahroonga** (Autobahndreieck M1/A1/A28)	
	9		*Abzweig M2/später M7 von der A28*	
	39		*Auffahrt M7 auf die M4/später A32*	
	63	A32	🏛 **Glenbrook**, mit einem Visitor Centre für die Blue Mountains	

km Haupt	km Neben	Hwy	Station	Übernachtungsmöglichkeit
	99	A32	🏔 **Wentworth Falls**, 187 Meter hoher Wasserfall	
	103	A32	🏔 **Leura**, 987 Meter hoch gelegener Ferienort mit verschiedenen Aussichtspunkten auf die Blue Mountains	
	105	A32	🏔 **Katoomba** 🅿🛈➕❌📷🏧 mit 3 Bergbahnen, darunter eine ehemalige Kohlenbahn steil hinunter in ein Regenwald-Tal	🏕 **Katoomba Falls Caravan Park**, städtischer Platz, 2 km von den Bergbahnen entfernt, Ecke Cliff Dr und Katoomba Falls Rd ✪ \$\$\$–\$\$\$\$, Cabins ✶–✶✶ ⊜ Ja ⊜ Ja ⊜ Ja, kostenpflichtig ⊙ Trinkwasser, Strom (15 Amp.), Abwasser
	119	A32	🚶 **Govetts Leap Lookout** in Blackheath, Aussichtspunkt mit Wasserfall und Beginn verschiedener Blue Mountains-Wanderwege	
3.181	253	M2/M1	*Über die A32/M4/M7/M2 zurück und über die M2/M1 nach Sydney* *Ende Ausflug in den Blue Mountain National Park*	

Sydney				
3.203			🏔 **Sydney** 🅿🛈➕❌📷🏧 Australiens größte und älteste Stadt mit einem vielfältigem Kulturangebot, sehenswerten Stränden und Wanderwegen	🏕 **Lane Cove River Tourist Park**, in einem Wald gelegener Campingplatz im näheren Einzugsbereich von Sydney ⊙ Von Gosford über M1 und A1 Richtung Sydney, über Ryde Rd (A3) und Hills Motorway (M2) zur Delhi Rd, links in die Plassey Rd ✪ \$\$\$, Tandara Tents ✶✶✶, Cabins ✶✶ ⊜ Ja ⊜ Ja ⊜ Ja, kostenpflichtig ⊙ Trinkwasser, Strom (15 Amp.), Abwasser

Ayers Rock/Uluru				
	0	Lasseter Hwy	**Ayers Rock Airport**	
	8	Lasseter Hwy	🏨 **Ayers Rock Resort**, touristisches Zentrum der Region mit mehreren Hotels am Yulara Drive ☎ 02-8296-8010 ⊕ ja ⊜ Ja, kostenpflichtig	🏕 **Ayers Rock Campground**, Campingplatz auf rotem Wüstensand mit einigen Rasenflächen am Yulara Drive ✪ \$\$\$, Cabins ✶✶ ⊜ Ja ⊜ Ja ⊜ Ja, kostenpflichtig ⊙ Strom (15 Amp.)
	28	Lasseter Hwy	🚶 **Ayers Rock/Uluru**, das rote Herz Australiens und wichtiges spirituelles Zentrum der Aboriginals	
	82	Lasseter Hwy/4	🚶 **Uluru-Kata Tjuta National Park**, Wüsten-Wanderwege und Aussichtspunkte rund um die Felsen von Kata Tjuta und Ayers Rock	
	140	4/Lasseter Hwy	**Ayers Rock Airport**	

VON CAIRNS NACH TOWNSVILLE

Von Cairns nach Townsville

Unsere Reise entlang der Ostküste Australiens beginnt in Cairns. Die grüne Stadt in den Tropen ist ein bei jungen Reisenden sehr beliebtes Touristenzentrum, das vor allem für seine spektakuläre Natur bekannt ist: Der von der UNESCO als Welterbe geschützte Regenwald wie auch das Great Barrier Reef liegen direkt vor der Haustüre. Wenn Sie mit dem Flieger aus Europa kommen, lohnt es sich, wenigstens für die erste Nacht ein Hotel zu buchen. Die zu Europa entgegengesetzten Jahreszeiten, das feuchtheiße Klima, die Zeitumstellung und nicht zuletzt der Linksverkehr sind eine große Umstellung, die man nicht nach einem Flug, der über zwanzig Stunden gedauert hat, in Angriff nehmen sollte. Wohnmobil oder Mietwagen können Sie problemlos am folgenden Tag abholen. Falls das für Sie nicht in Frage kommt – der Cairns Holiday Park (▶ Seite 59) liegt nur knapp 2 km von den Mietwagenstationen von Britz und Apollo entfernt.

❗ Nur für Wohnmobile: Wenn Sie gewohnt sind, einen Kleinwagen zu fahren, kleben Sie sich am besten einen Zettel mit den Maßen Ihres Fahrzeugs aufs Armaturenbrett. Sie werden sich wundern, wie oft es vorkommt, dass bereits am ersten Tag das Dach des Wohnmobils beschädigt wird, weil zu niedrige Einfahrten auf Tankstellen, Parkplätzen und Parkhäusern übersehen wurden.

🏠 CAIRNS 🏕️🏥➕❌✓🏛️

👫	153.075	
☀️	26 °C	
❄️	32 °C	
〰️	5 m	
⚓	Kuranda	28 km

Cairns liegt zwischen einer mit tropischem Regenwald bewachsenen Bergkette und dem Great Barrier Reef. Die Stadt erstreckt sich über zehn Strände von **Ellis Beach** im Norden bis nach **Bramston Beach** im Süden über eine Gesamtlänge von 109 Kilometern. Die Gegend rund um die Bucht der Trinity Bay ist schon seit mindestens 5.000 Jahren bewohnt. Cairns selbst ist eine junge Stadt, die erst Ende 1876 zur Versorgung der Gold- und Zinnminen im Inland gegründet wurde. Als über die Jahre die Rohstoffvorkommen versiegten, wurden die Minen verlassen und Cairns war über lange Zeit kaum mehr als eine kleine Hafenstadt am Ende der Welt, die allerdings auch damals einen gewissen Reiz für Touristen hatte, die mit dem Schiff kamen und **Kuranda** und **Green Island** besuchen wollten. Im Zweiten Weltkrieg richteten die Amerikaner einen Verteidigungs- und Abhörposten ein und bauten einige Straßen.

Nach dem Krieg wurde es dann wieder ruhig. Lange Zeit sah es so aus, dass die benachbarte Großstadt Townsville das »Tor zum Great Barrier Reef« werden würde. Erst als 1986 der internationale Flughafen in Cairns eröffnet wurde, entdeckten die Japaner den tropischen Norden für sich. Heute sieht man zunehmend chinesische Touristen in der Region, aber auch viele Briten, Amerikaner sowie in den Wintermonaten viele Australier aus dem kalten Süden. Cairns hat über die Jahre seinen Charme als entspannter Urlaubsort bewahrt, nicht zuletzt durch strenge Bauauflagen, die dafür gesorgt haben, dass an den Strandvororten kein Gebäude höher als die Baumkronen sein darf, und dass sich auch in der Innenstadt von Cairns die Bauhöhen in Grenzen halten.

💡 **Commonwealth Games 2018:** Vom 4. bis 15. April 2018 finden in Queensland die Commonwealth Games mit 6600 Sportlern aus 70 Ländern statt. Die meisten Veranstaltungen finden an der Gold Coast statt, außerdem werden Veranstaltungen in Cairns, Townsville und Brisbane abgehalten. Wenn Sie in der Zeit auf Reisen sind, sollten Sie damit rechnen, dass Flüge, Unterkünfte und Attraktionen möglicherweise schon lange im voraus ausgebucht sind. 🌐 www.gc2018.com

Die Fische in der Lagune (Lagoon) von Cairns sind das inoffizielle Wahrzeichen der Stadt.

ℹ CAIRNS & TROPICAL NORTH VISITOR INFORMATION CENTRE

Entlang der Esplanade reihen sich viele Restaurants und Hotels sowie Reisebüros aneinander, die sich als Touristeninformationen präsentieren, aber typischerweise nur Verkaufsprospekte im Regal haben. Falls Sie sich vor Ort mit Infoblättern zu den umliegenden Nationalparks versorgen möchten, empfiehlt sich ein Gang ins einzige offizielle Visitor Information Centre. Offizielle Touristeninformationen sind übrigens in ganz Australien durch ein gelbes »i« auf blauem Grund erkennbar.

🖃 51 The Esplanade, Cairns QLD 4870
☎ 07-4051-3588 @ info@ttnq.org.au
🌐 www.tropicalnorthqueensland.org.au
🕐 Mo.–Fr. 8:30–18 h, Sa. & So. 10–18 h

ℹ QUEENSLAND PARKS AND WILDLIFE SERVICE (QPWS)

Wenn Sie Campingplätze in den Nationalparks von Queensland nicht online oder telefonisch vorbuchen möchten, können Sie das auch persönlich machen. Das Nationalpark-Büro befindet sich im 3. Stock eines großen Regierungsgebäudes neben dem Gericht an der Ecke Sheridan Street und Hartley Street.

🖃 William McCormack Place, Building 2, Level 3, 5b Sheridan St, Cairns QLD 4870 ☎ 07-4222-5244 @ camping.support@nprsr.qld.gov.au (Nur für Anfragen, Reservierung per E-Mail nicht möglich) 🌐 www.nprsr.qld.gov.au/contactus/ regionalqpws.html 🕐 Mo.–Fr. 8:30–16:30 h

⊙ Orientieren

Cairns liegt an der Westseite der Flussmündung des mit Mangroven bewachsenen Trinity Inlet, einem weiten Flussdelta aus verschiedenen Bächen, deren größter im Smiths Creek ist. An der von Nord nach Süd verlaufenden **Sheridan Street** beginnt der **Bruce Highway (A1)** nach Brisbane ebenso wie der **Cook Highway** zum nördlichen gelegenen Port Douglas. Wenn man vom Flughafen kommt, wird man automatisch auf die Sheridan Street geleitet; hier finden Sie auch die Stationen der Wohnmobil-Vermietungen. Das Stadtzentrum besteht aus einem Rechteck mit weitgehend parallel verlaufenden Straßen, das im Norden von der Lily Street und im Süden von der Wharf Street mit dem Kreuzfahrt-Terminal (Cruise Terminal) abgegrenzt wird, im Osten von der Esplanade und im Westen von der Bunda Street, an der sich auch der Bahnhof befindet. Die Shields Street verbindet die am Strand entlang verlaufende Esplanade mit dem Central Shopping Centre an der McLeod Street. An der Shields Street halten alle lokalen Busse und es gibt einen großen Woolworths Supermarkt (beides Ecke Lake Street). Die Shields Street endet an der Lagune, dem größten Freibad der Stadt. Einen Block weiter südlich liegt die Spence Street, die zum Trinity Inlet hin am Reef Fleet Terminal endet, an dem die Ausflüge zu den benachbarten Inseln und ans Great Barrier Reef beginnen.

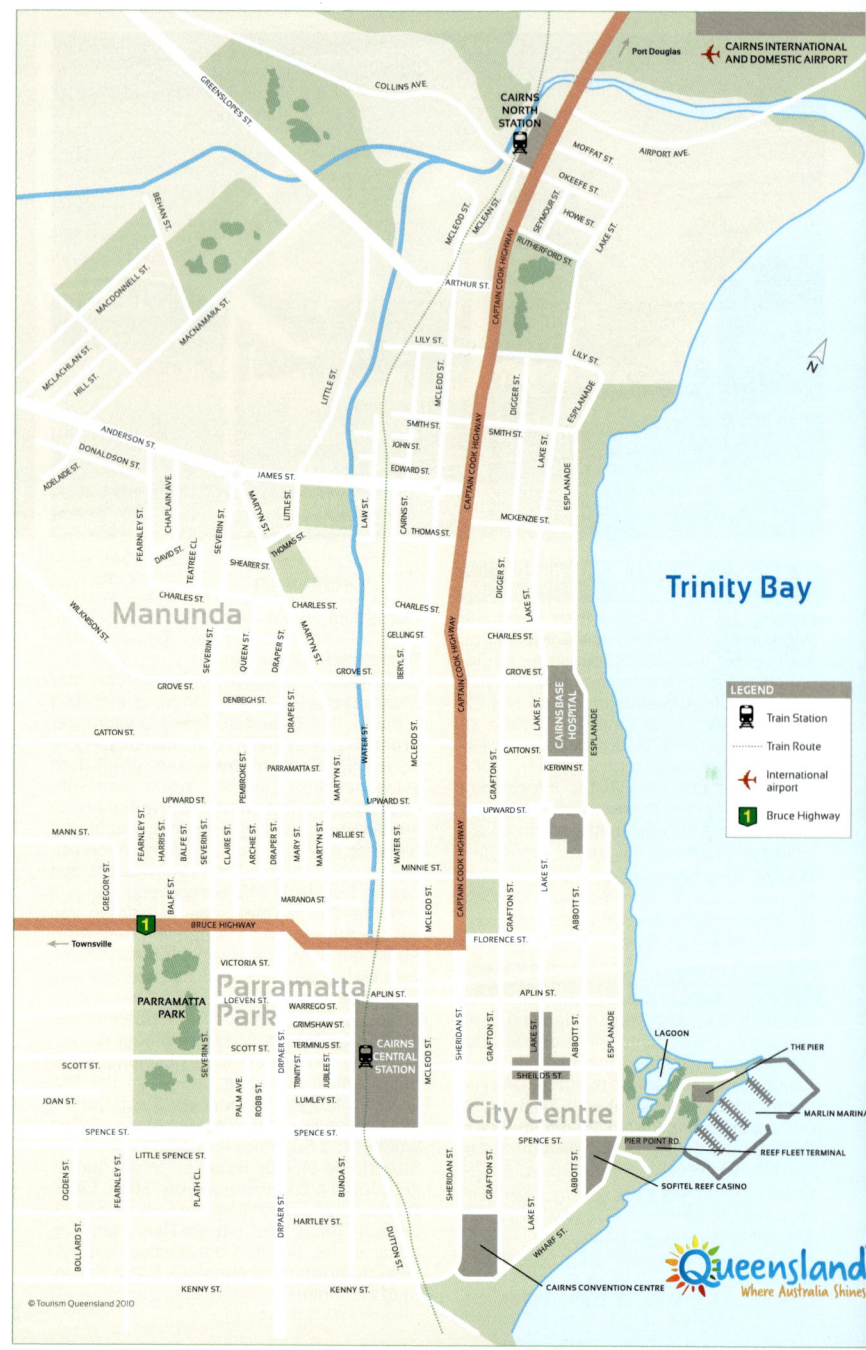

ⓗ Anreise und Transport

Der **Flughafen** von Cairns ist nicht mit dem öffentlichen Verkehrsnetz der Stadt verbunden. Es gibt Shuttlebusse in die Stadt (🚌 Erw. $ 15, Kinder $ 7,50) und Taxis (🚕 ca. $ 25). Der **Busbahnhof** liegt an der Spence Street direkt neben dem Reef Fleet Terminal. Von hier aus fahren mehrmals täglich Greyhound-Busse (🌐 www.greyhound.com.au) und einmal täglich der Bus von Premier (🌐 www.premierms.com.au) in Richtung Brisbane. Die von **Queensland Rail** unterhaltene einspurige Zugstrecke nach Brisbane mit dem Spirit of Queensland (🌐 www.queenslandrailtravel.com.au/Railexperiences/ourtrains/spiritofqueensland) führt nicht immer entlang der Küste, ist daher für Touristen eher nicht so ideal. Der Spirit of Queensland fährt täglich außer Donnerstag und Sonntag.

Mit dem öffentlichen Bus nach Palm Cove fährt man von Cairns aus etwa eine Stunde.

Lokale Busse (ÖPNV)

Innerhalb von Cairns sowie zu den Northern Beaches bis hin nach Palm Cove gibt es ein öffentliches Bussystem, das nicht teuer ist (Tagestickets ca. $ 10), dafür aber langsam und oft mit Verspätungen daherkommt. Mit dem Bus sollte man nach Palm Cove bspw. mindestens eine Stunde Fahrzeit einplanen. Papier-Fahrkarten erhält man beim Fahrer.

Parken

Parken im Stadtzentrum von Cairns ist kostenpflichtig von Mo.–Fr. 8:30–17 Uhr, Sa 8:30–11:30 Uhr, ansonsten kostenlos. An der Parkuhr zahlen Sie $ 1,20 pro Stunde. Im Parkhaus des Cairns Central Shopping Centre (📍 Ecke Shields St/McLeod St) ist Parken unter 3 Stunden kostenlos. Wohnmobile parken hier am besten auf dem Dach.

🛒 Versorgen und einkaufen

Im Stadtzentrum empfiehlt sich das **Cairns Central Shopping Centre** (📍 Cnr Shields St/McLeod St) mit einem Coles Supermarkt und den Warenhäusern Myer, Target und KMart. **Rusty's Markets** ist ein überdachter Wochenmarkt, der im Stadtzentrum neben Gilligans Backpackers an der Grafton Street nahe Spence Street zu finden ist (🕐 Fr. & Sa. 5–18 h, So. 5–15 h). **Jonsson's Farm Market** liegt am Cook Highway in der Nähe des Flughafens in Richtung Smithfield und hat Montag bis Freitag von 8 bis 17 Uhr geöffnet, Samstag bis 18 Uhr und Sonntag bis 17 Uhr. Auch hier kann man sich mit frischem Fleisch, Gemüse und Delikatessen aus der Region versorgen (📍 31 Johnston St, Stratford QLD 4870). Für Reisende, die noch Campingausrüstung benötigen, empfiehlt sich ein Besuch bei **Anaconda** (📍 Ecke Draper St/Kenny St), zu erreichen über die Mulgrave Road, vier Blocks von der Sheridan Street in Richtung Townsville.

Wenn Sie vom Flughafen aus den Camper abholen und sofort Richtung Norden weiterfahren möchten, ohne die Stadt Cairns zu besuchen, lohnt es sich, im **Smithfield Shopping Centre** (📍 Cnr Cook Hwy/Kennedy Hwy) am Cook Hwy, 15 Kilometer nördlich von Cairns einzukaufen.

🍴 Essen und trinken an der Esplanade

In Cairns gibt es an die 400 Restaurants. Eine ähnliche Auswahl werden Sie auf Ihrer Reise erst wieder in Brisbane erleben. Das Highlight ist eine Restaurantmeile, die sich an der Esplanade entlang von der Florence bis zur Spence Street zieht, und weiter über den Pier Marketplace und entlang des Jachthafens bis zum Hilton Hotel. Hier hat man nicht nur Dutzende zur Auswahl, man kann auch nach dem Essen die Kalorien bei einem Spaziergang am Ufer gleich wieder ablaufen.

▶ Rattle 'n Hum Bar and Grill

Vor allem bei jüngeren Reisenden beliebter Pub mit Terrasse zur Esplanade hin. Noch besser ist allerdings der Biergarten mit Palmen ganz hinten im Pub.
📍 65-67 Esplanade St, Cairns QLD 4870 ☎ 07-4031-3011 🌐 www.rattlenhum.com.au/cairns
🕐 Täglich 11:30 h »till late« 💰 ★★

▶ Bavarian Beer House

Serviert wird alles, was Freunde deutscher Küche glücklich macht: Deutsches Frühstück, Jägerschnitzel, Kassler und sogar Schweinshaxen. Zu trinken gibt es frisch gezapftes Löwenbräu. Auch hier bieten Plätze im Freien Aussichten auf die Esplanade.

77 Esplanade, Cairns QLD 4870 ☎ 07-4041-1551 ☻ www.bavarianbeerhouse.net ☻ Mo.–Fr. 11 h »till late«, Sa. & So. 10 h »till late« ☻ Mittags ★−★★, abends ★★−★★★

► Dundee's Restaurant on the Waterfront

Das Dundees hat nicht nur eine Terrasse mit Aussicht auf die Ausflugsboote im Jachthafen, sondern auch eine Riesenauswahl an australischen Gerichten. Zum Mittag (Mo.–Fr.) gibt es Specials für $ 17.95. Highlights am Abend sind neben Känguru Saté auch der »Hot Rock« (heißer Stein) mit Känguru–Steak. Gäste können kostenlos im Harbour Lights Parkhaus parken.
☻ 1 Marlin Parade, Cairns QLD 4870 (im Harbour Lights Hotel) ☎ 07-4051-0399 ☻ dundees@dundees. com.au ☻ www.dundees.com.au ☻ Tägl. Kaffee und Kuchen ab 9:30 h, Mittagessen 11:30–14:30 h, Abendessen 17:30 h »till late« ☻ Mittagsspecials ★★, abends ★★−★★★

► Wharf One

Gemütliches Café direkt an der Flussmündung des Trinity Inlet, gleich neben dem Kreuzfahrt-Terminal von Cairns. Nicht nur die Aussichten über das Wasser sind schön, auch die Speisekarte ist sehr reichhaltig, Ein Tipp fürs Frühstück!
☻ The Wharf, Wharf St, Cairns QLD 4870 ☎ 07-4031-4820 ☻ www.facebook.com/wharfonecafe ☻ Tägl. 7–17 h, ab 15 h nur Kuchen & Getränke ☻ ★−★★

✕ Essen und trinken in der Innenstadt

Auch in der Innenstadt, etwa entlang Grafton, Lake und Spence Street, gibt es eine große Auswahl an guten Restaurants und Cafés.

► Bayleaf Balinese Restaurant

Trotz der relativen Nähe zu Indonesien gibt es in Australien kaum balinesische Restaurants. Das preisgekrönte Restaurant liegt etwas versteckt hinter dem Krankenhaus, eine Parallelstraße entfernt von der Esplanade. Reservierung wird empfohlen.
☻ Cnr Lake St/Gatton St, Cairns QLD 4870 ☎ 07-4051-4622 ☻ reservations@bayvillage. com.au ☻ www.bayleafrestaurant.com.au ☻ Tägl. 6:30–9:30 & 18 h »till late«, Mo.–Fr. auch 12–14 h ☻ ★★−★★★

► Meldrum's Pies In Paradise

Australier lieben *Pies* (Fleischpasteten), außen mit Blätterteig und innen mit vielen Kalorien. Wenn Sie einen Selbstversuch starten möchten, lohnt sich ein Besuch bei Meldrums, die bereits Preise für die besten *Pies* ganz Australiens bekommen haben. Mit Sitzecke an der frischen Luft.

94 Grafton St, Cairns QLD 4870 ☎ 07-4051-8333 ☻ www.facebook.com/pages/ Meldrums/161321937236144 ☻ Mo. & Mi.–Fr. 7:30–16:30 h, Di. 7–16 h, Sa. 6:30–14:30 h, So. geschlossen ☻ ★

► Ganbaranba Noodle Colosseum

Unauffälliges Restaurant in der Innenstadt – leider ohne Außenbereich – mit authentischen japanischen Nudelsuppen und *Gyoza* (eine Art Maultaschen). Die Mitarbeiter sind so nett, dass man gerne wiederkommt.
☻ 12–20 Spence St, Cairns QLD 4870 ☎ 07-4031-2522 ☻ www.facebook.com/Ganbaranba-153687294668443 ☻ Tägl. 11:30–20:30 h ☻ ★

► Dondoko

Imbiss auf Plastikstühlen auf dem Bürgersteig, der authentische japanische Gerichte wie Sushi, Yakitori und Karaage zu günstigen Preisen serviert.
☻ 35 Lake St, Cairns QLD 4870 ☎ 07-4031-5496 ☻ Mo.–Fr. 11–15 h, Do. bis 18 h, Sa. & So. geschlossen ☻ ★

► Marinades

Einer der besten Inder in Cairns, mit günstigen Mittagsmenüs sowie mehr als einem Dutzend Gerichte für Vegetarier. Wer den Tisch am offenen Fenster möchte (man sitzt wie auf einem Balkon), sollte früh kommen oder reservieren.
☻ 43 Spence St, Cairns QLD 4870 ☎ 07-4041-1422 ☻ www.facebook.com/pages/Marinades/161728267172072 ☻ Di.–Fr. 11:30–14:30 h, Do.–So. 18–22:30 h ☻ ★−★★

► Orchid Plaza – Corea Corea

Im Gegensatz zum Langzeit-gewärmten Essen in den Night Markets kann man sich im Orchid Plaza frisch bekochen lassen. Dieses Einkaufszentrum wird vorwiegend von asiatischen Reisenden und Sprachstudenten besucht, die Gerichte sind daher entsprechend authentisch.

Im Obergeschoss des Orchid Plaza liegt das koreanische Restaurant Corea Corea, das sowohl eine gemütliche Ecke hat, in der man mit Restaurantkomfort essen kann, sowie weitere Tische gleich neben der Essensausgabe für Eilige. Einige Gerichte werden brutzelnd in der gusseisernen Pfanne serviert.
☻ 79 Abbott St, Orchid Plaza, Cairns QLD 4870 ☎ 07-4031-6655 ☻ www.facebook.com/pages/ Corea-Corea/114961045231501 ☻ Mo.–Fr. 11–16 & 18–21 h, Sa. & So. 12–16 & 18–21 h ☻ ★−★★

👁 Highlights

▶ Cairns Esplanade ★

Die Esplanade ist die Strandpromenade von Cairns, ein über vier Kilometer langer Strandspazierweg mit kostenlosen Sportgeräten, Beachvolleyball und einem Wasserspielplatz für Kinder *(Muddy's Playground)*. Die Esplanade ist eine beliebte Spazierstrecke bei Einheimischen wie auch bei Besuchern. Vor allem gegen Sonnenuntergang ist es schön, wenn zwitschernde *Rainbow Lorikeets* (eine Papageienart) im Tiefflug über die Esplanade schwirren und die Bäume zum »Singen« bringen. Einen richtigen Sandstrand gibt es nicht mehr, seit die Einfahrt in die Trinity Bay für den Schiffsverkehr ausgebaggert wurde. Bei Ebbe zieht sich das Wasser weit zurück, sodass man auf ein »Wattenmeer« schaut. Dies wiederum ist ein Magnet für Dutzende von Vogelarten vom Pelikan über den Löffelreiher bis zum kleinen Austernfischer *(Pied Oystercatcher),* der mit seinem roten Schnabel und den roten Beinen besonders auffällig ist.

▶ Cairns Lagoon

Das Wahrzeichen von Cairns ist die Lagune, oder *Lagoon,* ein 135 Meter langer und bis zu 60 Meter breiter kostenloser Salzwasser-Pool, an einer Seite mit künstlichem Sandstrand, der mit mehreren auffälligen Metallfischen geschmückt ist (◉ 6–21 h). Auf der ausgedehnten Liegewiese treffen sich vor allem jüngere Leute zum Sonnenbaden, die in ihrem Hostel keine eigenen Badelandschaften haben. Da die Lagune auch nach Sonnenuntergang geöffnet hat, wenn die meisten Gäste nicht mehr ans Baden denken, ist ein abendliches Bad in der stimmungsvoll beleuchteten Lagune fast schon ein Muss.

Riesen-Skulptur »Citizens Gateway to the Great Barrier Reef«

Direkt neben der Lagune steht seit Mitte 2017 eine beeindruckende 6 Meter hohe und 11 Meter breite Skulptur mit Meerestieren und Vögeln, die das Great Barrier Reef und seine Bewohner repräsentieren soll.

▶ Night Markets

Die überdachten Night Markets liegen an der Esplanade, unterhalb des Royal Harbour Hotels und schräg gegenüber der *Lagoon.* Ein Teil des Geländes besteht aus einem Food-Court, in dem eine Reihe von Restaurants ihre Speisen in Buffetform anbieten (☯ ✳ ◉ Tägl. 10:30–23:30 h). Der hintere Teil der Night Markets ist den 130 Ständen vorbehalten, die T-Shirts, Hüte, Opale und andere Souvenirs verkaufen (◉ Tägl. 16:30–23 h).

▶ Flughunde in Cairns

Wenn Sie die Night Markets auf der Rückseite verlassen, sehen Sie schräg rechts die Bücherei *(Cairns Library)* vor sich (☯ Ecke Abbott St/Aplin St). Hier stehen mehrere Banyan-Feigenbäume mit ausladenden Ästen, auf denen eine Kolonie von über tausend Flughunden *(Flying Foxes)* ihr Heim gefunden hat. Flughunde sehen ähnlich aus wie große Fledermäuse, sind aber Vegetarier. Man kann sie den ganzen Tag über beobachten, während Sie sich teils lautstark in den Bäumen ausruhen. Gegen Sonnenuntergang wird es dann spektakulär, wenn sich über tausend nachtaktive Flughunde auf einmal in die Luft schwingen.

▶ Reef Hotel Casino

Das Kasino ist aufgrund seiner auffälligen Glaskuppel und dem seitlichen Lauflicht gerade abends schwer zu übersehen. Das Ge-

Die Lagoon ist das größte Freibad im Norden von Queensland.

bäude beherbergt dabei nicht nur das Kasino mit Spieltischen und Automaten, sondern auch drei erstklassige Restaurants, eine Bar mit Livemusik sowie ein Kino, in dem Sportveranstaltungen live übertragen werden. Unter der 20 Meter hohen Glaskuppel befindet sich der **Cairns Wildlife Dome**, ein Allwetter-Zoo mit australischen Tieren sowie einem integrierten Kletterpark mit *Zipline*, einer Seilrutsche an einem Stahlkabel, das über das Krokodilgehege führt. Der Kletterpark ist für Kinder und Erwachsene ab 120 cm Größe geeignet. Angeschlossen daran ist noch ein Fünf-Sterne-Hotel, sodass man es vom Spieltisch oder Zoo bis zum Bett nicht weit hat (● ★★★).

🏨 *Reef Hotel Casino, 35–41 Wharf St, Cairns QLD 4870* ☎ *07-4030-8888* @ *guestservices@ reefcasino.com.au* 🌐 *www.reefcasino.com.au* 🕐 *So.–Do. 9–3 h, Fr. & Sa. 9–5 h* 💰 *Eintritt frei*

Cairns Zoom & Wildlife Dome
📍 *35–41 Wharf St, Cairns QLD 4870* ☎ *07-4031-7250* @ *info@cairnsdome.com.au* 🌐 *www.cairnszoom. com.au* 🕐 *Tägl. 9–20 h* 💰 *Zoo: Erw. $ 24, Kinder $ 12, Klettern & Zoo je nach Parcours $ 45–99*

► Cairns Aquarium
Das im September 2017 eröffnete, 12.000 m² große Aquarium stellt die Natur und Tiere des Great Barrier Reefs, der Flüsse und der Mangrovenlandschaften im Norden Australiens vor. Es beherbergt über 15.000 Tiere. Das Highlight ist ein 10 m ho-

Die botanischen Gärten von Cairns befinden sich rechts und links der Collins Avenue.

hes Aquarium mit Haien, das über 200.000 Liter Salzwasser fasst.

📍 *5 Florence St, Cairns QLD 4870* ☎ *07-4044-7300* 🌐 *www.cairnsaquarium.com.au* 🕐 *Sa.–Do. 9–17 h, Fr. 9–19 h* 💰 *Erw. $ 42, Kinder $ 28*

► Cairns Botanic Gardens
Der Botanische Garten besteht aus mehreren Sektionen und liegt an der Südseite des Mount Whitfield (364 m). Wenn Sie die Collins Avenue entlangfahren, werden Sie erst das eher weniger interessante verspiegelte Visitor Centre sehen. Fahren Sie lieber weiter zum **Flecker Garden** (🕐 Tägl. 7:30–17:30 h), der tropische Pflanzen aus der ganzen Welt vorstellt. Ein Tipp ist das neue Conservatory-Gebäude mit fleischfressenden Pflanzen, Orchideen und Schmetterlingen. Direkt gegenüber liegt der **Centenary Lakes Garden** mit dem Rainforest Boardwalk, der durch eine sumpfige Regenwaldlandschaft führt. Der Park vermittelt einen guten Eindruck davon, wie vor etwa hundert Jahren große Teile von Cairns ursprünglich ausgesehen haben. Neu im Bereich der Centenary Lakes ist der Cairns Chinese Friendship Garden mit einem Pavillon über dem Wasser und traditionellem Eingangstor. Zwischen dem Visitor Centre und dem Flecker Garden schließlich liegt **Australia's Gondwana Heritage Garden**, der sich mit der Entwicklung der Pflanzen vom Einzeller bis heute beschäftigt.

🚗 *Von Cairns Zentrum aus folgen Sie der Sheridan St (Cook Hwy) in Richtung Flughafen, bis Sie den Abzweig nach links auf die Collins Ave nach etwa 3,5 km erreichen. Die tropisch begrünte Collins Ave führt Sie direkt durch die Botanischen Gärten.* 📍 *Collins Ave, Edge Hill QLD 4870* ☎ *07-4032-6650* @ *gardens@ cairns.qld.gov.au* 🌐 *www.cairns.qld.gov.au/cbg* 🕐 *Täglich 7:30–17:30 h* 💰 *Eintritt frei*

► Tanks Arts Centre
An der Collins Avenue im Bereich der Botanischen Gärten finden sich eine Reihe von Treibstofftanks, die der Versorgung der australischen und amerikanischen Soldaten im Zweiten Weltkrieg dienten, und die zu einem weitläufigen Veranstaltungszentrum ausgebaut wurden. Das monatliche Programm können Sie von der Website herunterladen. Außerdem findet an jedem letzten Sonntag im Monat von April bis November der **Sunday Market** auf dem Gelände der Tanks statt (🕐 9–14 h 💰 kostenlos), mit Kunst, Kitsch und lokalen Spezialitäten unter schattigen Regenwaldbäumen sowie Livemusik und Kinderprogramm.

🚗 *Wie Botanic Gardens* 📍 *Collins Ave, Edge Hill QLD 4870* ☎ *07-4032-6600* @ *info@tanksartscentre.com* 🌐 *www.tanksartscentre.com*

Die historische Eisenbahn fährt zweimal täglich nach Kuranda.

► Skyrail und Kuranda Scenic Railway ★

Die schönste Art, von Cairns aus Kuranda (►Seite 81) zu besuchen, ist per Skyrail und historischer Eisenbahn. Da es sich um einen Rundkurs mit einer Kombination aus Bus, Gondelbahn und Zug handelt, lohnt es sich, dies als Tagestour vorauszubuchen. Sie werden morgens von Ihrem Hotel in Cairns oder Umgebung abgeholt und zur Skyrail-Talstation nach Caravonica gebracht. Die Gondelbahn führt über eine Strecke von 7,5 Kilometer über den Wipfeln von Palmen und Urwaldriesen den Hang des Red Peak (545 m) hinauf. Der höchste Mast befindet sich etwa 40,5 Meter über dem Boden – das ist fast schon vergleichbar mit einem Helikopter-Flug. Nach einem Stopp auf dem Red Peak sowie an den **Barron Falls Wasserfällen** endet die Fahrt in Kuranda (336 m). Auf dem Rückweg fahren Sie dann mit der historischen Eisenbahn, die sich über 37 Kilometer durch 15 Tunnel und über 37 Brücken durch den Regenwald ins Tal windet. Die Eisenbahn wurde von 1882 bis 1891 erbaut. Heute ist kaum noch vorstellbar, dass sich die Arbeiter durch Sumpflandschaften und undurchdringlichen Regenwald kämpfen mussten, bevor sie überhaupt erst die schwierige Bergpassage erreichten.

❗ Selbst zur Skyrail Talstation zu fahren, lohnt sich nur dann, wenn Sie auch mit der Skyrail wieder zurückfahren. Falls Sie mit dem Zug zurückfahren möchten, müssten Sie noch einen Transfer zurück zur Skyrail buchen, da die Eisenbahnstrecke an-

ders verläuft. Am einfachsten ist es daher, sich direkt vom Hotel abholen zu lassen.

🚍 Cairns auf dem Captain Cook (Highway 1) nach Norden verlassen und bis zum Kreisel Abzweig Highway 91 fahren. Dann – noch in Sichtweite des Kreisels – die erste rechts auf den Skyrail Parkplatz. **✉** Cairns Western Arterial Rd, Smithfield QLD 4878 **☎** 07-4038-5555 **@** mail@skyrail.com.au **🌐** www.skyrail.com.au **💲** Skyrail Berg- und Talfahrt: Erw. $ 77, Kinder $ 38,50, Skyrail und Eisenbahn mit Hotelabholung ab Cairns: Erw. $ 124, Kinder $ 62

🚶🌲 Wandern

► Red Arrow Circuit

Im Bereich der Botanischen Gärten (►Seite 56) an der Collins Ave liegt der Wanderweg auf den **Mount Whitfield**, die markante Hügelkette, die man auch vom Flughafen aus sehen kann. Der Red Arrow Circuit ist ein Rundwanderweg, der zu einem Aussichtspunkt auf etwa 100 Höhenmeter führt. Sie gehen erst durch ein Bambuswäldchen und später durch trockenes Buschland, bis Sie schließlich den Aussichtspunkt erreichen, mit weitem Blick auf Cairns und die Bucht der Trinity Bay. Die Landebahn des Flughafens ist von hier in Sichtweite. Der Weg führt nun durch den Regenwald und wieder hinunter bis zur Collins Avenue. Der Wanderweg ist vor allem am späten Nachmittag bei Joggern sehr beliebt. Wenn Sie daher die tagaktiven *Red-legged Pademelons* – kaum 60 cm kleine **Mini-Kängurus** – sehen möchten, die sich oft in der Nähe des Bambuswäldchens aufhalten, lohnt es, frühzeitig zu kommen.

◎ Ganzj. **🌐** Plan: www.seitnotiz.de/NPRAU101 **➲** Collins Ave, Parken bei Tanks Arts Centre **➲** Moderat **🕐** 1 Std. **➲** 1,5 km (Rundweg)

► Blue Arrow Circuit

Dieser Wanderweg ist auf dem ersten Kilometer identisch mit dem Red Arrow Circuit. Hinter dem Aussichtspunkt folgen Sie dem Wegweiser zum Blue Arrow Circuit, der vorwiegend durch Regenwald bis auf 300 Höhenmeter klettert. Etwa auf halbem Wege besteht die Möglichkeit, einen 400 m langen Abstecher auf den **Lumley Hill** (325 m) mit Aussichten auf Cairns und Umgebung zu machen. Da auf diesem Weg nur wenige Wanderer unterwegs sind, bekommt man nicht selten einheimische Vögel, manchmal auch Wildschweine *(Feral Pigs)* zu sehen.

◎ Ganzj. **➲** Collins Ave, Parken bei Tanks Arts Centre **🕐** 4-5 Std. **➲** Moderat, anstrengend **➲** 6,6 km (Rundweg)

↻ Nehmen Sie Mückenmittel mit!

🛏 Übernachten

🏨 Mantra Esplanade

Das siebenstöckige Hotel befindet sich in Gehweite von Esplanade, Lagoon und Jachthafen. Alle Zimmer haben einen Balkon mit Aussicht auf die Stadt, auf die Berge oder aufs Meer (gegen Aufpreis). Neben den Standardzimmern, die groß genug sind für ein Doppelbett und eine Sitzecke mit Sofa, gibt es Ferienwohnungen mit Küche und ein bis drei Schlafzimmern. Das Resort hat einen Pool, eine Sauna und einen Fitnessraum. Das Courthouse Hotel, ein großer Pub in einem historischen Gebäude, liegt gleich nebenan.

🔴 53–57 The Esplanade, Cairns QLD 4870
☎ 07-4046-4141 @ esplanade.res@mantra.com.au
🌐 www.mantraesplanadecairns.com.au 🅿 Ja 🔴 Ja
💲 Hotelzimmer ✶–✶✶, Apartments ✶✶–✶✶✶

🏨 The Hotel Cairns

Vierstöckiges Hotel, das ein bisschen an eine Plantage erinnert und in einen tropischen Garten eingebettet ist. Alle 92 Doppelzimmer sind modern ausgestattet und gut gepflegt. Wer Aussicht auf die Stadt und die umliegenden Berge haben möchte, sollte einen der Tower Rooms in den oberen Stockwerken buchen. Das Hotel hat ein Restaurant, einen Pool mit Liegestühlen, einen Fitnessraum und einen Fahrradverleih. Die Esplanade mit Restaurants liegt nur einen Block entfernt.

🔴 Cnr Abbott/Florence St, Cairns QLD 4870 ☎ 07-4051-6188 @ reservations@thehotelcairns.com
🌐 www.thehotelcairns.com 🅿 Ja 🔴 Ja 💲 ✶–✶✶

🏨 Novotel Cairns Oasis Resort

Weiträumige, sechsstöckige Resortanlage mit 314 Zimmern, die über mehrere Gebäude verteilt sind. In der Mitte des Geländes befindet sich eine Poollandschaft mit Sandstrand und Poolbar in einer schattigen Hütte. Alle Zimmer haben einen Balkon oder eine Terrasse mit Aussicht auf die Stadt und die umliegenden Berge oder auf den Pool (gegen Aufpreis). Die Standardzimmer sind 26 m² groß und für bis zu drei Gäste geeignet. Das Resort hat ein Restaurant und eine Cocktailbar, zu Fuß ist es nicht weit bis zu den vielen Restaurants in der Innenstadt. Wichtig zu wissen: Flughunde wohnen auf dem Nachbargrundstück. Von manchen Zimmern aus kann man sie beobachten, vom Pool aus kann man sie zumindest gut hören.

🔴 122 Lake St, Cairns QLD 4870 ☎ 07-4080-1888
@ stay@novotelcairnsresort.com.au 🌐 www.
novotelcairnsresort.com.au 🅿 Ja 🔴 Ja 💲 ✶✶–✶✶✶

🏨 Cairns Central Apartments

13-stöckiges Hotel mit 42 Apartments, nur vier Blocks von der Esplanade entfernt. Das Gebäude ist eines der neuesten Hotels in der Stadt und entsprechend modern eingerichtet. Die Studios sind relativ klein und haben eine Mini-Küche, die 1-Bedroom-Apartments sind etwa doppelt so groß, mit voll ausgestatteter Küche und Wohnzimmer. Alle Zimmer haben Balkone; von manchen kann man das Meer sehen. Das Central Shopping Centre liegt auf der anderen Straßenseite.

🟢 Von Norden (Airport) kommend, von der Sheridan St (Hwy 1) rechts auf die Aplin St und direkt die nächste links auf die McLeod St 🔴 58–62 McLeod St, Cairns QLD 4870 ☎ 07-4081-6000
@ reservations@cairnscentralplaza.com.au 🌐 www.
bestwestern.com.au/cairns/hotels/
best-western-plus-cairns-central-apartments 🅿 Ja
🔴 Ja 💲 ✶✶

🏨 Kookas B&B ⭐

Schickes B&B unter Schweizer Leitung, verteilt über zwei Gebäude an einem Berghang in einem ruhigen Villenviertel in der Nähe des Botanischen Gartens. Von der Terrasse des Hauptgebäudes hat man Aussicht auf Cairns und die umliegenden Berge. Zu Fuß kann man in ca. 15 Minuten ins Zentrum von **Edge Hill** gehen, mit verschiedenen Restaurants, Cafés und Geschäften. Frühstück ist im Preis inbegriffen. Nicht geeignet für Kinder unter 13 Jahren.

🟢 Von Cairns Zentrum aus folgen Sie der Sheridan St (Cook Hwy) in Richtung Flughafen, bis Sie den Abzweig nach links auf die Collins Ave nach etwa 3,5 km erreichen. Am Kreisverkehr hinter dem Botanischen Garten die Erste rechts in die Woodward St, dann rechts in die Jensen St, am Ende rechts in die Hutchinson St 🔴 40 Hutchinson St, Edge Hill QLD 4870 ☎ 07-4055-6776 @ kookas@kookas-bnb.com
🌐 www.kookas-bnb.com 🅿 Ja 🔴 Ja 💲 Zimmer mit Gemeinschaftsbad ✶, Zimmer mit Bad ✶✶

🏨 YHA Cairns Central

Zweistöckiges 59-Zimmer-Hostel mit tropischer Poolanlage. Das Cairns Central Shopping Centre liegt auf der anderen Straßenseite, der Wochenmarkt Rusty's Markets sowie Cafés und Restaurants befinden sich in Gehweite. Jeden Morgen gibt es von 7 bis 9:30 Uhr kostenlos Pfannkuchen zum Frühstück. Für Alleinreisende gibt es 4er-, 6er- und 10er-Zimmer, auch als Female-only-Zimmer. Außerdem gibt es Einzel- und Doppelzimmer. Falls Sie einen Parkplatz benötigen, bitte vorher anmelden.

🟢 Von Norden kommend, von der Sheridan St (Hwy 1) rechts auf die Shields St und direkt die nächste links auf die McLeod St 🔴 20–26 McLeod St, Cairns QLD 4870 ☎ 07-4051-0772 @ cairnscentral@yha.com.au

Das Great Barrier Reef: Aus der Luft zeigt sich ein ganz anderes Perspektive, als wenn man mit dem Boot unterwegs ist.

🌐 www.yha.com.au/hostels/qld/cairns-and-far-north-queensland/cairns-backpackers-hostel 🅿 Ja 🍴 Ja, kostenpflichtig 🛜 *

🏕 Cairns Holiday Park

Der Cairns Holiday Park ist der dem Stadtzentrum und dem Hafen von Cairns (vier Kilometer) am nächsten gelegene Campingplatz. Auf dem weitläufigen, schattigen Gelände befindet sich ein zentraler Pool, BBQs, eine Gemeinschaftsküche und ein klimatisierter Fernsehraum sowie ein (kostenloser) Kräutergarten. Separat am Rande des Geländes liegen mehrere Holzhäuser mit 14 einfachen Dreibett-Zimmern ohne Bad, die sich vorwiegend an Rucksackreisende (Backpacker) richten, sowie mit vier etwas bequemeren Zimmern mit Bad. Für Reisende mit Zelt steht eine Wiese mit unmarkierten Stellplätzen zur Verfügung.

📍 Vom Cook Hwy (Sheridan St) stadtauswärts (Richtung Norden) links in die James St, dann die Vierte links in die Little St 🌐 12–30 Little St, Manunda QLD 4870 ☎ 07-4051-1467 🌐 www.cairnsholidaypark.com.au 🍴 Ja 🅿 78 ⛺ 30 🍴 Ja 🍴 Ja 🌊 Wasser, Abwasser, Strom (15 Amp.) 🛜 $$–$$$, Zimmer/Cabins *

🏕 Cairns Coconut Holiday Resort 👪

Dieser Big-4-Campingplatz ist mit elf Hektar der größte und komfortabelste Platz in Cairns. Zur langen Liste der Einrichtungen gehört ein Wasserspielplatz für Kinder, mehrere Pools, Aqua-Aerobic für Erwachsene, Outdoorkino, Tennis, BBQs, Minigolf, ein Fitnessraum und ein kostenloser Bus ins Stadtzentrum. Der einzige Nachteil ist, dass man dem Straßenlärm des an dieser Stelle sechsspurigen Bruce Highway (A1) nicht überall entgehen kann und dass es relativ weit bis zum Stadtzentrum ist (neun Kilometer). Alle Stellplätze haben Strom.

📍 Von Cairns Zentrum über den Bruce Hwy (A1) nach Süden in Richtung Townsville fahren. Nach etwa 6 km rechts in den Des Chalmers Dr, dann rechts in die Anderson Rd 🌐 23–51 Anderson Rd, Woree QLD 4868 ☎ 07-4054-6644 🌐 www.coconut.com.au 🍴 Ja 🅿 197 ⛺ 43 🍴 Ja 🅿 Ja 🌊 Wasser, Abwasser, Strom (15 Amp.) 🛜 Ja 🛜 $$$, Cabins *–***

- -

Ausflug zum Great Barrier Reef

🌲 GREAT BARRIER REEF

Das etwa 2.000 Kilometer lange Great Barrier Reef beginnt im Süden von Queensland vor der Küste von Seventeen Seventy (1770) und Agnes Water, und endet kurz vor Neuguinea, Australiens nordöstlichem Nachbarn. Zusammen mit **Sydney** (▶ Seite 328) und dem **Ayers Rock** (▶ Seite 352) ist das Riff einer der größten Publikumsmagnete des roten Kontinents. Das Great Barrier Reef ist dabei keine zusammenhängende Masse, sondern eine Ansammlung von Hunderten von Einzelriffen, die an einigen Stellen weit vom Festland entfernt sind und sich an anderen Orten – wie etwa vor der Küste von Cairns – näher an der Küste befinden. Das Wetter am Riff ist typischerweise trockener als im gebirgigen Cairns, sodass man auch bei einem Regentag auf dem Festland Sonnenschein am Riff haben kann.

Das Great Barrier Reef ist berüchtigt für seine **Würfelquallen** (engl. »stingers«), die schwere Verletzungen hervorrufen können. Unfälle passieren vorwiegend den Einheimischen, die sich wenig Gedanken um Schutzbekleidung machen. Dabei genügt es, in den Sommermonaten von Oktober/November bis Ende Mai einen Tauchanzug, Surfanzug oder einen dünnen Lycraanzug zu tragen, die auf den Ausflugsbooten verliehen werden. Je weiter raus die Fahrt ans Riff geht, umso kühler wird das Wasser und umso kleiner ist die Wahrscheinlichkeit, Quallen anzutreffen. **Haie** gibt es ebenfalls am Great Barrier Reef, im Norden Queenslands sieht man vorwiegend kleinere Riff-Haie, die an Menschen nicht interessiert sind.

👁 Schnorcheln und Tauchen

Für ein gutes Schnorchel- oder Taucherlebnis empfiehlt es sich, bis ans **Outer Great Barrier Reef** zu fahren, das circa 60 Kilometer vom Festland entfernt ist. Die Fahrzeit beträgt ca. 90 Minuten. Je nach Boot werden an einem Tag bis zu drei Tauchgänge angeboten, während Schnorchlern zumeist vier bis fünf Stunden Zeit eingeräumt wird. Für erfahrene Taucher: Tauchen mit Nitrox wird typischerweise nicht angeboten. Zu den Ausnahmen gehört der Katamaran von **Tusa Dive**. Tusa 6 ist ein Tipp für Taucher und gehört in Sachen Umweltfreundlichkeit zu den vorbildlichsten Anbietern in Cairns (das Boot hat eine Kläranlage). Wer sich auf einer am Riff verankerten Plattform sicherer fühlt, der sollte mit **Reef Magic** reisen, die von dort aus Ausfahrten im Glasbodenboot und Semi-U-Boot anbieten. Bei Reef Magic sind fast immer deutschsprachige Mitarbeiter an Bord, und man kann sich auch stilvoll per Helikopter einfliegen lassen.

Tusa Dive

📍 *Von Norden kommend, von der Sheridan St (Hwy 1) links auf die Spence St, an der Esplanade links ab, dann direkt die erste links in die Shields St* 🏠 *Cnr Shield St/Esplanade, Cairns QLD 4870* ☎ *07-4047-9100* @ *info@tusadive.com* 🌐 *www.tusadive.com* 💲 *Schnorcheln: Erw. $ 210, Kinder $ 135, Ausflug mit 2 Tauchgängen $ 280 oder mit 1x Schnuppertauchen $ 280*

Reef Magic Cruises

📍 *Von Norden kommend, von der Sheridan St (Hwy 1) links auf die Spence St, dieser bis zum Ende folgen* 🏠 *Reef Fleet Terminal, 1 Spence St, Cairns QLD 4870* ☎ *07-4031-1588* @ *res@reefmagiccruises.com* 🌐 *www.reefmagiccruises.com* 💲 *Schnorcheln: Erw. $ 215, Kinder $ 110, Ausflug mit 2 Tauchgängen $ 290, mit 1x Schnuppertauchen $ 340*

💡 Für Taucher ist eine Ausfahrt mit Übernachtung günstiger, als an zwei Tagen hintereinander tauchen zu gehen, zudem sind dann auch Nachttauchgänge möglich.

Die Tauchschule **Pro Dive** organisiert Tauchkurse (fünf Tage) und Tauchkreuzfahrten (drei Tage). Bei **Divers Den** sind bereits Tauchkurse ab vier Tagen und Tauchkreuzfahrten ab zwei Tagen möglich, da das Tauchkreuzfahrtschiff von einem täglichen Zubringerboot angefahren wird. Diese Boote sind auch für Schnorchler geeignet. Beide Tauchschulen bieten mind. 1 x wöchentlich deutschsprachige Tauchkurse an.

Pro Dive

📍 *Von Norden kommend, von der Sheridan St (Hwy 1) links auf die Shields St* 🏠 *Cnr Grafton St/ Shield St, Cairns QLD 4870* ☎ *07-4031-6681* @ *shop@prodivecairns.com* 🌐 *www.prodivecairns.com* 💲 *Tauchkreuzfahrt 2 Nächte: $ 835 (ab 1.4.2018: $ 865), 5 Tage Tauchkurs: $ 995 (ab 1.4.2018: $ 1.020)*

Divers Den

📍 *Von Norden kommend, von der Sheridan St (Hwy 1) links in die Minnie St, dann rechts in die Draper St* 🏠 *319 Draper St, Cairns QLD 4870* ☎ *07-4046-7333* @ *shop@prodivecairns.com* 🌐 *www.diversden.com.au* 💲 *Tauchkreuzfahrt: 1 Nacht ab $ 575 (ab 1.4.2018: $ 590), 4 Tage Tauchkurs mit Tauchkreuzfahrt: $ 755 (ab 1.4.2018: $ 775)*

👁 Rundflüge über das Great Barrier Reef

Von Cairns aus kann man das Great Barrier Reef bei einem Flug mit dem Hubschrauber oder mit dem Sportflugzeug von oben besichtigen. Die Flugzeuge starten auf dem Flughafen von Cairns, die Hubschrauber von einer Plattform in der Nähe der Lagune. Alle Flüge werden nach Absprache durchgeführt.

Daintree Air

📍 *Stadtauswärts über Cook Hwy. Nicht (!) beim Cairns Airport rechts abbiegen, stattdessen später rechts bei »Cairns General Aviation«.* 🏠 *Cnr Tom McDonald Dr/Royal Flying Doctor St, Cairns QLD 4870* ☎ *07-4034-9300* @ *info@daintreeair.com.au* 🌐 *www.daintreeair.com.au* 💲 *30 Min. $ 169 pro Person*

GBR Helicopters

🏠 *Hangar 10, Bush Pilots Ave, Cairns QLD 4870 (Treffpunkt für Rundflüge ist allerdings direkt am Wasser hinter der Lagune in Cairns)* ☎ *07-4081-8888* 🌐 *www.gbrhelicopters.com.au* 💲 *30 Min. $ 399, 40 Min. $ 499 pro Person*

🌲 GREEN ISLAND NATIONAL PARK
❌ 🏛

Von Cairns aus ist das nächstgelegene Ziel am Great Barrier Reef (27 Kilometer) die zwölf Hektar große Koralleninsel Green Island, die schon seit über hundert Jahren nicht nur Wasserschildkröten, sondern

Green Island ist von einem weiten Gürtel aus Korallen umgeben.

auch Touristen aus aller Welt anzieht. Trotz seines Status als Nationalpark gibt es auf der Insel alles, was sich verwöhnte asiatische Touristen erträumen: schöne Strände, einen Zoo, Restaurants, Souvenirläden und ein in den Regenwald eingebettetes Luxus-Resort (🕲 ★★★★). Auch wenn dies ziemlich abschreckend klingt, so hat Green Island auch seine schönen Seiten. Die Shoppingmeile liegt versteckt im Inneren der Insel, sodass man beim Sonnenbaden am Strand wie auch bei der Inselumrundung (Gehzeit: ca. 40 Minuten) nichts davon merkt. Im Inneren der Insel gibt es einen Boardwalk durch den **Regenwald** zum South East Beach (Gehzeit: 50 Minuten, 1,3 Kilometer). Zum Schnorcheln ist Green Island nur bedingt geeignet. Der beste Platz ist direkt unter dem Bootspier. Im Schatten des Piers halten sich tagsüber oft auch größere Fischarten auf.

Ⓗ Anreise und Transport

Von Cairns aus fahren täglich mehrere Fähren nach Green Island, sodass man auch nur einen halben Tag auf der Insel verbringen könnte. Die Fahrzeit dauert etwa 45 bis 70 Minuten, abhängig vom Boot. Die Insel ist klein genug, dass man alles zu Fuß erreichen kann.

Big Cat Green Island Reef Cruises

🚌 *Von Norden kommend, von der Sheridan St (Hwy 1) links auf die Spence St, dieser bis zum Ende folgen* ⛴ *Reef Fleet Terminal, 1 Spence St, Cairns QLD 4870* ☎ *07-4051-0444* @ *info@greenisland. com.au* 🌐 *www.greenisland.com.au* ◐ *Fährtickets mit Glasbodenboot oder Schnorchelausrüstung: Erw. $ 94, Kinder $ 47*

Ende des Ausflugs

Ausflug zum Fitzroy Island National Park

🌲 FITZROY ISLAND NATIONAL PARK

Fitzroy Island liegt 29 Kilometer südöstlich von Cairns und ist eine Festlandinsel; sie besteht also nicht aus Korallensand wie Green Island, sondern ist ein »untergetauchter Berg« (269 m), der mit Regenwald, Eukalyptuswald und Mangroven bewachsen ist. Auf der Insel gibt es ein Strandresort und einen kleinen Campingplatz (nur Zeltplätze, die Insel ist autofrei) sowie ein Schildkrötenhospital *(Turtle Hospital),* das etwa fünf Minuten zu Fuß hinter dem Zeltplatz liegt. Fitzroy ist die vielseitigste Insel, die sich von Cairns aus erreichen lässt, und eignet sich gut zum Wandern, Kajakfahren, Schnorcheln oder auch nur für einen entspannten Drink mit Meerblick in Foxys Bar. Gute Schnorchelplätze finden Sie an der **Welcome Bay** oder am **Nudey Beach**.

Ⓗ Anreise und Transport

Fitzroy Island wird täglich von mehreren Fähranbietern direkt vom Reef Fleet Terminal in Cairns aus angefahren. Die Anfahrt dauert etwa 45 Minuten. Zusätzlich ist eine geführte Kajaktour zusammen mit den Fährtickets buchbar (Mindestalter: 14 Jahre).

🚌 *Von Norden kommend, von der Sheridan St (Hwy 1) links auf die Shields St, dieser bis zum Ende folgen* ⛴ *Ecke Esplanade und Shields St, Cairns QLD 4870*

☎ 07-4030-7990 ◉ info@ragingthunder.com.au
◉ www.fitzroy-island.com.au ◉ Fährtickets: Erw.
$ 78, Kinder $ 51, Fährtickets und Kajaktour: $ 149

🛒 Versorgen und einkaufen

Im Mini-Laden neben Foxys Bar werden Souvenirs, Snacks, Eis und kalte Getränke verkauft. Für größere Einkäufe lohnt es sich, auf dem Festland vorzusorgen.

✗ Essen und trinken

Zum Resort gehört die offene, überdachte **Foxys Bar** mit Meerblick und Pub-Mahlzeiten (◉ ✱✱). Im **Zephyr Restaurant** werden Frühstück (◉ ✱✱) und Kaffee mit Meerblick serviert, abends wird nur für die Resortgäste à la carte gekocht (◉ ✱✱–✱✱✱).

🏃🌲 Wandern

💡 Für alle Wanderungen auf Fitzroy Island empfehlen wir rutschfeste Schuhe, da vor allem bei feuchtem Wetter die Felsen auf den Wanderwegen sehr rutschig sein können.

▶ Secret Garden Track

Eine kurze Wanderung über einen steinigen Pfad von der Westseite des Resorts, in der Nähe von Foxys Bar. Der Weg führt durch den Regenwald und folgt einem Bach. Es gibt verschiedene Aussichtsplattformen sowie Infoschilder, die die Natur der Insel vorstellen.
◉ Ganzj. ◉ Fitzroy Island Resort, westliche Seite
◉ 25 Min. ◉ Moderat ◉ 1 km

▶ Nudey Beach Track

Auch dieser Weg beginnt an Westseite des Resorts, hinter Foxys Bar. Durch den Regenwald wandern Sie über einen vorwiegend asphaltierten Weg mit einigen Felsbrocken zum schönsten Strand der Insel. Unbedingt Schnorchel- und Badesachen mitnehmen! Der Name Nudey Beach stammt übrigens daher, dass an diesem Küstenstreifen früher viele bunte Nacktschnecken (engl.: Nudibranch) gefunden wurden. Nackte Sonnenbader sieht man hier eher selten.
◉ Ganzj. ◉ Fitzroy Island Resort, westliche Seite
◉ 45 Min. ◉ 1,2 km ◉ Moderat

▶ Lighthouse Road

Diese Wanderung führt durch den Regenwald über eine steile Straße zum alten Leuchtturm. Gehen Sie dazu einfach zum Campingplatz und folgen Sie dem Verlauf der Piste weiter durch den Regenwald. Bei klarem Wetter kann man später von einem Aussichtspunkt die Insel **Green Island** sehen. Der Weg endet an einem verlassenen Leuchtturm, gleichzeitig ein schöner Aussichtspunkt über das Meer. Wenn Sie im Winter (Juni bis September) unterwegs sind, können Sie manchmal vorbeiziehende Wale sehen. Auf dem Rückweg geht es dieselbe Straße wieder zurück, alternativ können Sie auch über den nachfolgend beschriebenen Summit Track zurückgehen.
◉ Ganzj. ◉ Fitzroy Island Campground ◉ 2 Std.
◉ Moderat ◉ 3,6 km

▶ Summit Track ⭐

Dieser lohnenswerte Rundweg führt auf den 269 m hohen Gipfel von Fitzroy Island. Am einfachsten wandert es sich gegen den Uhrzeigersinn. Direkt rechts am Eingang des Campingplatzes führt ein Waldweg in einem Bogen zur Hinterseite des Resorts (Abkürzung für Hotelgäste möglich) und über viele Treppenstufen durch Regenwald, Eukalyptuswald und Heideland bis zur Aussichtsplattform am Gipfel. Die bergige Küste des gegenüberliegenden Festlandes wirkt aus dieser Perspektive völlig unbewohnt. Vom Gipfel

Fitzroy Island ist eine vielseitige Insel mit einem sehenswerten Aussichtsberg.

Aussichten vom Gipfel von Fitzroy Island

gehen Sie durch Eukalyptuswald und Küsten-Heidelandschaft hinunter zum **Leuchtturm**, den Sie mit einem Abstecher (etwa 10 Min.) besuchen können. Der Rückweg zum Resort führt bergab über eine sehr steile Straße.

💡 Gehen Sie den Wanderweg möglichst früh morgens – oder spät am Nachmittag, falls Sie auf der Insel übernachten möchten.

🕐 Ganzj. 🚩 Fitzroy Island Campground 🏁 Fitzroy Island Resort, westliche Seite 🕓 3 Std. ↔ 3,6 km ⚙ Moderat

🛏 Übernachten

🏨 Fitzroy Island Resort
Dreistöckiges Resort mit 99 Zimmern und einigen Ferienhäuschen mit Meerblick, nur Schritte vom Fähranleger nach Cairns entfernt. Die Zimmer sind großzügig geschnitten, bereits die Studio Rooms für zwei Gäste sind 32 m² groß und haben allerdings keine Aussichten. Schöne Aussichten auf den tropischen Garten und das Meer bieten die meisten der 72 m² großen Ocean Suites bzw. der 2-Bedroom-Apartments. Empfehlenswert außerhalb der Wochenenden und Ferienzeiten – dann sind die Zimmer am günstigsten.
✉ PO Box 3058, Cairns QLD 4870 ☎ 07-4044-6700 @ stay@fitzroyisland.com 🌐 www.fitzroyisland.com 🅿 Nein 🍴 Nein 💲 ** – ****

🏕 Fitzroy Island Campground
Der Platz liegt an einer Wiese mit einigen BBQ-Grills und Picknicktischen und hat einen eigenen Strandzugang. Das Turtle Hospital und Wanderwege liegen in Gehweite. Auch bis zum Resort und zum Bootsanleger läuft man kaum fünf Minuten.

☎ 5 Min. zu Fuß vom Fähranleger ☎ 07-4044-6700 🌐 www.fitzroyisland.com ✉ Ja (zwingend erforderlich) 🛏 28 🍴 Ja 🅿 Nein 🐕 Nein 💲 $$$

Ende des Ausflugs

Ausflug zum Michaelmas Cay National Park

🌲 MICHAELMAS CAY NATIONAL PARK

Michaelmas Cay ist eigentlich noch keine »richtige« Insel, sondern eine langgestreckte Sandbank, die 41 Kilometer vor Cairns liegt und jedes Jahr von bis zu 240.000 Zugvögeln als Brutplatz benutzt wird. Je nach Wetter und Jahreszeit kann es daher gelegentlich kräftig nach Guano (Exkremente von Seevögeln) riechen.

Die Insel ist unbewohnt und muss zum Sonnenuntergang verlassen werden. Der größte Teil des Eilands bleibt den Zugvögeln vorbehalten, für Tagesgäste wurde ein Abschnitt des langen Sandstrands mit einem Seil abgeteilt.

Da Michaelmas Cay genau in Richtung Südosten liegt und damit den fast ganzjährig aus Südosten kommenden Wind blockt, ist das Schnorchelriff auf der dem Wind abgewandten Seite in einem guten Zustand.

63

Weißer Sand und türkisblaues Wasser am Michaelmas Cay

Anreise

Es gibt verschiedene Veranstalter, die Michaelmas Cay anfahren. Nicht nur für Taucher empfehlenswert sind etwa **Seastar Cruises**, die auch das weiter draußen liegende Hastings Reef anfahren und höchstens 35 Gäste mitnehmen. Es sind maximal zwei Tauchgänge möglich, außerdem ist eine Fahrt mit dem Glasbodenboot inklusive. Für weniger seefeste Reisende empfiehlt sich ein größeres Boot wie etwa der Segel-Katamaran Ocean Spirit. Auch hier ist ein Glasbodenboot mit dabei. Tauchen wird nur als Schnuppertauchen angeboten.

Seastar Cruises

Von Norden kommend, von der Sheridan St (Hwy 1) links auf die Spence St, an der Esplanade links ab 75 Esplanade, Cairns QLD 4870 07-4041-6218 @ info@seastarcruises.com.au www.seastarcruises.com.au Schnorcheln: Erw. $ 210, Kinder $ 145, 1 Tauchgang: $ 55, Schnuppertauchen $ 75

Ocean Spirit

Von Norden kommend, von der Sheridan St (Hwy 1) links auf die Spence St, dieser bis zum Ende folgen Reef Fleet Terminal, 1 Spence St, Cairns QLD 4870 07-4044-9944 @ central_os@quicksilvergroup.com.au www.oceanspirit.com.au Schnorcheln: Erw. $ 208,50, Kinder $ 107,50, 1x Schnuppertauchen: $ 126

Ende des Ausflugs

Cairns bietet viele fantastische Gelegenheiten, einen abwechslungsreichen Urlaub zu verbringen, unabhängig davon, ob Sie sich für Natur, Tiere, Wassersport oder einfach nur einen entspannten Urlaub an einem der vielen Strände interessieren. Aber irgendwann ist die schöne Zeit in Cairns auch einmal vorbei, und es geht weiter nach Süden in Richtung Townsville. Falls Sie allerdings doch noch einen oder zwei Tage Zeit haben, lohnt sich ein Abstecher in den Regenwald zum **Daintree National Park** und nach **Cape Tribulation**, mit lohnenswerten Stopps im Promi-Urlaubsort **Port Douglas** und bei den Aboriginals im **Mossman Gorge**.

Nebenstrecke Cairns Northern Beaches nach Cape Tribulation

Ein lohnenswerter Abstecher von Cairns aus führt über eine der schönsten Küstenstraßen Australiens, den **Cook Highway** (**Highway 1**, ab Smithfield **Highway 44**), entlang einer Reihe von traumhaften Stränden nach Port Douglas. Von dort aus geht es durch den uralten Regenwald des Daintree National Park zum kilometerlangen Strand am Cape Tribulation, wo der Regenwald das Great Barrier Reef berührt. Auch wenn Sie keine Zeit haben, bis nach »Cape Trib« zu fahren – auch ein Tagesausflug »nur« nach Port Douglas ist lohnenswert.

Sie verlassen Cairns über den Cook Highway, vorbei an den sehenswerten nördlichen Strandvororten von Cairns.

*Diese sind nicht miteinander verbunden und haben daher alle einen recht unterschiedlichen Charakter. An den Stränden von **Yorkeys Knob** und **Holloways Beach** unternehmen die Einheimischen beispielsweise gerne lange Spaziergänge mit ihrem Hund, während **Trinity Beach** und **Palm Cove** die Touristenmagneten der Region sind.*

ℹ️ ALLG. INFORMATIONEN ✉ 📧 🏧

Ⓗ Anreise und Transport

Alle Strände sind mit dem öffentlichen Bus Nr. 110 und 111 von Cairns aus erreichbar, die Fahrzeit beträgt 45 Min. bis Trinity Beach und eine Stunde bis Palm Cove. (►Seite 53)

🛒 Versorgen und einkaufen

Am Cook Highway in Smithfield gibt es ein großes Shopping Centre mit einem Coles und Woolworths Supermarkt und einem Food-Court mit Terrasse und Regenwald-Aussicht. Gleich am Highway in Clifton Beach liegt ein kleineres Shopping Centre mit einem Coles sowie Restaurants und Imbissen. Eine Auswahl weiterer Restaurants ist jeweils bei den Stränden angegeben.

Die im Folgenden vorgestellten Strände liegen hintereinander und sind vom Cook Highway jeweils über Stichstraßen erreichbar, die gut sichtbar ausgeschildert sind.

🌲 MACHANS BEACH

Der Cairns am nächsten gelegene Strand heißt Machans Beach und liegt nur zehn Kilometer nördlich der Stadt. Dieser Strand wird selten von Touristen besucht, da er nicht zum Baden geeignet ist. Sehenswert ist die ruhige Strandpromenade mit einigen Strandhäuschen mit viel Charakter.

🌲 HOLLOWAYS BEACH

Der 2,5 Kilometer lange Strand von Holloways Beach wird von zwei Bächen begrenzt,

dem Barr und dem Tomatis Creek, und eignet sich gut für längere Spaziergänge. Das südliche Ende (Richtung Cairns) zeigt sich mit seinen Kokospalmen sehr fotogen, während sich von der Flussmündung am Nordende des Strandes Aussichten auf Mangroven und mit Regenwald bewachsene Berge bieten.

✕ Essen und trinken

► Strait on the Beach ★

Freiluft-Restaurant/Café direkt auf dem Strand von Holloways Beach. Die Küche ist nicht sehr anspruchsvoll, mit Fish & Chips, Chicken Wraps und Steak, aber der Eiskaffee ist zum Dahinschmelzen, und auch zum Frühstücken lohnt sich ein Besuch. Die Sitzmöbel aus »Treibholz« schaffen Urlaubsflair.
📍 Etwa in der Mitte des Strandes von Holloways Beach an der Kreuzung zur Oleander St 🏠 100 Oleander St, Holloways Beach QLD 4878 ☎ 07-4055-9616 @ sob.cafe@gmail.com 🌐 www.facebook.com/StraitOnTheBeach 🕐 Tägl. 7–20:30 h 💰 ∗–∗∗∗

🌲 YORKEYS KNOB

Am langen Strand von Yorkeys Knob ist es fast immer windig, daher ist er bei Kitesurfern beliebt. Außerdem gibt es einen weiteren geschützten Strand, wenn man von der Hauptstraße in Yorkeys Knob in die Buckley Street in Richtung Jachtclub abbiegt.

✕ Essen und trinken

► Driftaways Restaurant and Bar

Zum Clubhaus des Jachtclubs *(Yorkeys Knob Boating Club)* gehört ein mit einem Segel überdachtes Freiluft-Restaurant mit Aussicht auf Motorjachten, Segelboote und die umliegenden Berge. Moderne australische Küche.
📍 Von der Hauptstraße von Yorkeys Knob (Varley St) kurz vor dem Ende links in die Buckley St 🏠 25–29 Buckley St, Yorkeys Knob QLD 4878 ☎ 07-4055-7711 @ sob.cafe@gmail.com 🌐 www.ykbc.com.au 🕐 Mo.-Do. 10–0 h, Fr. & Sa. 10–2 h, So. 8–0 h 💰 ∗∗

🌲 TJAPUKAI ABORIGINAL CULTURAL PARK ☆

Der wahrscheinlich beste **Aboriginal-Kulturpark** in Australien, der 1987 vom Musiker David Hudson gegründet wurde.   **65**

Prachtvolle Strandvilla in
Holloways Beach

Es gibt Vorführungen zu *Bush Tucker* (Nahrung aus der Natur) und Medizin, zur Jagd und zum Didgeridoo sowie Aktivitäten für Kinder. Mit dabei ist ein Buffet-Restaurant (🕐 11:30–14:30 h, 🍴 **), in dem mit Bush-Gewürzen veredelte Gerichte angeboten werden. »Nightfire« ist ein Abendprogramm mit Feuerzeremonie, Buffetessen und einer Art Musical, das Szenen aus dem traditionellen Leben der Aboriginals erzählt.

📍 Cairns auf dem Captain Cook Hwy nach Norden verlassen und bis zum Kreisel Abzweig Hwy 91 fahren. Diesem nach links folgen und − noch in Sichtweite des Kreisels − die erste rechts auf den Parkplatz gleich neben der Skyrail. 🏠 Cairns Western Arterial Rd, Caravonica QLD 4878 ☎ 07-4042-9999 @ bookings@tjapukai.com.au 🌐 www.tjapukai.com.au 🕐 Tägl. 9–17 h, Abendshow 19–21:30 h 💰 Erw. $ 62, Kinder $ 42, Nightfire $ 123, Kinder $ 75

💡 Die Talstation der Skyrail nach Kuranda (▶Seite 81) befindet sich neben dem Tjapukai Park.

🏛 SMITHFIELD

Smithfield ist ein eher unauffälliger Ort mit einem großen Neubaugebiet, dessen Attraktionen sich im Regenwald an den Berghängen der Kuranda Range verstecken. Einzig das Smithfield Shopping Centre liegt direkt am Cook Highway und ist nicht zu übersehen.

👁 Highlights

▶ A. J. Hackett Bungy

Ein 50 Meter Bungy-Turm und eine 45 Meter hohe Hochgeschwindigkeits »Minjin«-Schaukel liegen verborgen im Regenwald hinter der James Cook University (JCU) in Smithfield. Wer will, der kann sogar mit einem BMX-Rad vom Dach des Bungy Turms springen. Von der Terrasse des Cafés haben Zuschauer Aussichten auf beide Türme und den Regenwald. Mindestalter zehn Jahre sowie 45 Kilogramm Körpergewicht. Es gibt einen kostenlosen Abholservice ab Hotels in Cairns.

📍 An der JCU Universität links ab vom Captain Cook Hwy auf die McGregor Rd 🏠 McGregor Rd, Smithfield QLD 4878 ☎ 07-4057-7188 @ cairns.reception@ ajhackett.com 🌐 www.ajhackett.com/cairns 🕐 Tägl. 10–17 h 💰 Bungy: $ 169, Bunji und Minjin $ 259

▶ Smithfield Conservation Park

Der Smithfield Conservation Park befindet sich ebenfalls an den Hängen der Kuranda Range und ist über das Gelände der James Cook University zu erreichen. Wer gerne Mountainbike fährt, der hat über 60 Kilometer Piste in allen Schwierigkeitsgraden zur Auswahl. Profis können sich auch an der UCI Weltcup-Piste 2017 versuchen. Mietfahrräder bekommt man von **Cairns Mountain Bike Tours**. Geführte Tagestouren finden täglich 9:15 Uhr statt und kosten $ 145 pro Person inklusive Fahrrad. Eine Nachmittagstour beginnt um 13:15 Uhr (🍴 $ 88).

📍 In Smithfield, 16 km von Cairns entfernt, an der JCU Universität rechts ab vom Captain Cook Hwy auf die McGregor Rd, dann direkt links in die Faculty 🚌 Cairns Mountain Bike Tours, Shop 13, 5–21 Faculty Close, Smithfield Campus Shopping Village, Smithfield QLD 4878 ☎ 07-4057-4142 @ info@cairnsmountainbike tours.com 🌐 www.cairnsmountain biketours.com 🕐 Mo.–Fr. 8–17 h, Sa. 8:30–15 h

Trinity Beach gehört zu den schönsten Stränden rund um Cairns.

🌲 TRINITY BEACH

Trinity Beach liegt 19 Kilometer nördlich von Cairns und ist bei Einheimischen wie Touristen gleichermaßen beliebt, mit einer guten Mischung aus Restaurants, Hotels und Privatwohnungen. Am Südende des Strands kann man über einen Weg am Fuß des bewaldeten Earl Hill entlang zu einem Aussichtspunkt über den Strand gehen (ca. zehn Minuten).

✕ Essen und trinken

▶ L'Unico ★
Offenes italienisches Restaurant an der Esplanade von Trinity Beach mit Aussicht auf den Strand, der auf der anderen Straßenseite liegt. Ein schöner Platz für einen kühlen Drink bei Sonnenuntergang – selbst wenn die Sonne hinter den Bergen untergeht und nicht im Meer versinkt.
📍 Vom Cook Hwy rechts auf die Trinity Beach Rd (Hauptstraße) und am Ende rechts auf die Vasey Esplanade 🚌 75 Vasey Esplanade, Trinity Beach QLD 4879 ☎ 07-4057-8855 @ info@lunico.com.au 🌐 www.lunico.com.au 🕐 Tägl. 12–21:30 h 💲 **–***

🛏 Übernachten

🏨 Trinity Beach Club Holiday Apartments
Das zweistöckige Hotel liegt 200 Meter vom Meer entfernt und hat 35 gepflegte und modern ausgestattete Apartments mit ein oder zwei Schlafzimmern, Küche und Balkon oder Terrasse. Salzwasserpool und Whirlpool sind in einem tropischen Garten untergebracht. Unbedingt die Zimmer mit Aussicht auf den Pool nehmen! Mindestauf-

enthalt: zwei Nächte. Eine Bushaltestelle befindet sich in der Nähe (250 Meter).
📍 In Trinity Beach vom Cook Hwy (Hwy 44) rechts auf die Trinity Beach Rd bis zum Beach Club 🚌 19–23 Trinity Beach Rd, Trinity Beach QLD 4879 ☎ 07-4055-6776 @ info@trinitybeachclub.com.au 🌐 www.trinitybeachclub.com.au 🅿 Ja 🛜 Ja 💲 **

*Auf dem Highway zwischen Trinity Beach und Kewarra Beach wird es richtig interessant: An der Wiese rechts neben der Landstraße treffen sich jeden Morgen und am späten Nachmittag Dutzende von **Agile Wallabys**, mit 80 cm Australiens größte Wallabys.*

🌲 KEWARRA BEACH

Der Strandzugang von Kewarra liegt gleich neben der Zufahrt zum schicken Kewarra Beach Resort. Da es hier BBQs und einen Spielplatz gibt, ist der Platz vor allem bei Familien mit Kindern sehr beliebt. Wenn Sie einen Nachmittag Zeit haben, können Sie von Kewarra Beach aus über den Strand nach **Clifton Beach** und weiter bis nach **Palm Cove** laufen (bei Flut in Clifton Beach auf der Innenseite der Felsmauer gehen). Für eine Strecke braucht man etwa eine Stunde und muss zwei Bäche überqueren. Während der Regenzeit besteht die Möglichkeit, dass die Bäche bei Flut nicht passierbar sind. (🌐 Tide: www.bom.gov.au/ australia/tides/#!/qld-palm-cove)

🛌 Übernachten

🏠 Kewarra Beach Resort & Spa ★

Fast schon versteckt gelegen, mit eigenem Strandzugang und öffentlicher Beachbar »Beach Shack« (🕐 Ende Mai–Ende Januar, 14–19:30 h) sowie im Regenwald gelegenem Freiluft-Restaurant und Day Spa (Wellness Center). Alle Zimmer befinden sich in geschmackvoll eingerichteten Holz-Bungalows mit Terrasse. WiFi gibt es sogar bis zu den Liegestühlen am Strand. Eine Bushaltestelle liegt in Gehweite (250 Meter).

📍 In Kewarra Beach der Hauptstraße (Poolwood Rd) bis zum Ende folgen, dann links ab in die Kewarra St, dieser auch bis zum Ende folgen. ✉ 80 Kewarra St, Kewarra Beach QLD 4879 ☎ 07-4058-4000 @ reservations@kewarrabeachresort.com.au 🌐 www.kewarra.com Ⓟ Ja 🍽 Ja ⚙ ★★–★★★★

♨ CLIFTON BEACH

Das ruhige Clifton Beach liegt 23 Kilometer nördlich von Cairns. Entlang der Arlington Esplanade stehen eine Reihe von wenig auffälligen Apartment-Blocks mit Ferienwohnungen, an der weiter nördlich gelegenen Upolu Esplanade findet man einige sehenswerte Strandvillen. Restaurants direkt am Strand gibt es nicht, dazu muss man zum Shopping Centre am Cook Highway oder den Strand entlang weiter nach Palm Cove laufen.

🏛 PALM COVE ⊠ ✉ 🏧

👪	1.215	
	Cairns	26 km
	Port Douglas	43 km

Palm Cove liegt 26 Kilometer nördlich von Cairns und hat sich völlig auf den Tourismus eingestellt. Der Ort ist gestylt wie ein einziges, großes Resort, und zwar durchaus im positiven Sinne: Entlang der mit Kokospalmen und riesigen Paperbark-Bäumen bepflanzten Esplanade reihen sich Hotels und Restaurants aneinander, die alle den Nachbarn in Sachen Wohlfühlfaktor übertreffen wollen. In den meisten Restaurants bezahlt man ein bisschen mehr als etwa in **Trinity Beach**. Am Nordende der Esplanade befindet sich der wahrscheinlich am schönsten gelegene Campingplatz Australiens – und das in Gehweite von Vier-Sterne-Herbergen. Im zweiten Weltkrieg wurden der Strand und die vorgelagerten Inseln Double Island und Haycock Island übrigens von amerikanischen Soldaten als Truppenübungsplatz und Vorbereitung auf die Dschungel von Papua-Neuguinea genutzt. Die GIs hatten sicherlich Geschmack.

💡 Ein Spaziergang bei Sonnenaufgang am Strand von Palm Cove wird Ihnen sicher noch lange in Erinnerung bleiben.

Clifton Beach kurz vor Sonnenaufgang mit Double Island im Hintergrund

⊙ Orientieren

Palm Cove ist ein kompakter, in etwa dreieckiger Ort, der von der Veivers Road, der Williams Esplanade und der Cedar Road umschlossen wird. Wenn Sie vom Cook Highway aus nach rechts in die Veivers Road abzweigen, erreichen Sie automatisch die Esplanade und damit das Ortszentrum mit seinen Hotels, Restaurants und Cafés und dem sehenswerten Sandstrand.

✕ Essen und trinken

▶ Vivo Bar and Grill ★

Stilvoller weißer Pavillon mit Meerblick, gut geeignet für einen Kaffee oder auch ein gemütliches Abendessen zu zweit. Moderne australische Küche mit italienischen und asiatischen Einflüssen. Happy Hour mit Cocktails und Tapas täglich von 15 bis 17:30 Uhr.
◉ Vom Hwy 44 rechts auf Veivers Rd bis Williams Esplanade ⊜ 49 Williams Esplanade, Palm Cove QLD 4879 ☎ 07-4059-0944 ⊕ www.vivo.com.au ◔ Tägl. 7–21:30 h ✆ ★★–★★★

▶ Cairns Surf Life Saving Club

Eines der neuesten Restaurants in Palm Cove mit großer Terrasse, die sich den Platz mit einigen dicken Paperbark-Stämmen teilt. Die Speisen beschränken sich auf australische Favoriten wie Steak und Burger, aber die Qualität ist gut. Jeden Abend gibt es $ 17,50-Specials, am Sonntagabend etwa Sunday Roast (Braten).
◉ Vom Hwy 44 rechts auf Veivers Rd bis Williams Esplanade ⊜ 135 Williams Esplanade, Palm Cove QLD 4879 ☎ 07-4059-1224 ⊕ www.cairnslifesaving.org.au/surf-club/food-drink ◔ Mo. & Di. 11–22 h, Mi.–Fr. 11–0 h, Sa. & So. 8–22 h ✆ ★–★★

⊙ Highlights

▶ Palm Cove Beach

Der von Palmen gesäumte Strand von Palm Cove ist einer der schönsten Strände an der Ostküste, mit viel Platz zum Sonnenbaden und Spazieren.

⊨ Übernachten

⌂ Sarayi

Eines der auffälligsten Hotels an der Esplanade, nach Art eines indischen Palastes gebaut. Die günstigsten Zimmer sind die Garden Studios, die genauso gut ausgestattet sind wie die Zimmer im Hauptgebäude, aber keinen Meerblick haben. Auf dem Dach befindet sich ein kleiner Pool mit BBQ. Das hoteleigene Café hat ab 7 Uhr geöffnet. Eine Bushaltestelle befindet sich in Gehweite (120 Meter).
◉ Vom Hwy 44 rechts auf Veivers Rd bis Williams Esplanade ⊜ 95 Williams Esplanade, Palm Cove QLD 4879 ☎ 07-4059-5600 ⊕ info@sarayi.com.au ⊕ www.sarayi.com.au ⊝ Ja ⊕ Ja, auf der anderen Straßenseite (kostenlos) ✆ Garden Studio, Hotelzimmer ★–★★, Ein-Zimmer-Apartment ★★–★★★

⌂ Cairns Beaches Flashpackers

Kleines Hostel mit richtigen Betten (keine Stockbetten) in 2er-, 3er- und 4er-Zimmern, teils mit Klimaanlage. Das Hostel hat einen Pool, Küche und BBQs und liegt nur etwa 100 Meter vom Strand entfernt, gegenüber der lokalen Bushaltestelle.
◉ Vom Hwy 44 rechts auf Veivers Rd ⊜ 19 Veivers Rd, Palm Cove QLD 4879 ☎ 07-4055-3797 ⊕ info@cairnsbeachesflashpackers.com ⊕ www.cairnsbeachesflashpackers.com ⊝ Ja ⊕ Ja ✆ ★

⊞ Palm Cove Holiday Park

Einer der am schönsten gelegenen Campingplätze Australiens direkt an der Esplanade von Palm Cove, mit Kokospalmen und Paperbark-Bäumen. Bis zum Sandstrand, zu Restaurants und Cafés sind es nur ein paar Schritte, bis nach Cairns City fährt man etwa eine halbe Stunde. Eine Bushaltestelle befindet sich in Gehweite (400 Meter).
◉ Vom Hwy 44 rechts auf die Veivers Rd bis Williams Esplanade ⊜ 149 Williams Esplanade, Palm Cove QLD 4879 ☎ 07-4055-3824 ⊕ info@palmcovehp.com.au ⊕ www.palmcovehp.com.au ⊝ Ja ⊜ 53 ◒ 22 ⊕ Nein ⊜ Ja ⊕ Nein ⊗ Wasser, Strom (15 Amp.) ⊕ Nein ✆ $$$

Mit Palm Cove verlassen Sie die nördlichen Vororte von Cairns. Bei Ellis Beach berühren die Berge fast das Meer. Die Küstenstraße schlängelt sich nun am Meer entlang und macht kurz vor Hartley's Crocodile Adventures einen Schlenker in den Wald.

⧚ ELLIS BEACH

Ellis Beach ist der nördlichste Strandvorort und liegt 28 Kilometer von Cairns City entfernt. In dieser Gegend gibt es »nur noch« kilometerlange Strände, einen Pub, einen Surf Club und einen Campingplatz. Wer gerne nackt badet, der biegt nach dem ersten Hügel hinter Palm Cove direkt rechts auf den ersten Strandparkplatz ab (also noch kurz vor Ellis Beach). Von hier aus dann einfach am Strand entlang ein Stück zurück in Richtung Süden laufen.

Blick auf den Dickson Inlet, die Hafeneinfahrt von Port Douglas

HARTLEY'S CROCODILE ADVENTURES

Krokodilfarm mit angeschlossenem Zoo und eigenem See, auf dem mehrmals täglich Bootsfahrten mit Fütterung der bis zu fünf Meter langen Krokodile stattfinden. Rundgänge durch die Krokodilfarm werden täglich um 10 und 13:30 Uhr angeboten. Wer einmal selbst ein Krokodil füttern möchte, zahlt $ 125.

🐊 17 km nördlich von Palm Cove und 26 km südlich von Port Douglas ⊖ Cook Hwy, Wangetti QLD 4879 ☎ 07-4055-3576 @ sales@crocodileadventures.com 🌐 www.crocodileadventures.com 🕐 Tägl. 8:30–17 h ⊙ Erw. $ 37, Kinder $ 18,50

*Auf dem Weg nach Port Douglas besteht die Möglichkeit, die Aussichten aufs Meer vom **Rex Lookout** zu genießen, der auch ein beliebter Absprungort für Drachen- und Gleitschirmflieger ist. In Oak Beach befindet sich das Luxus-Hotel **Thala Beach Resort** (◎ ★★★★). Nach dem unauffälligen Hinweisschild bei den Kokospalmen auf der rechten Seite muss man gut Ausschau halten. Das Restaurant hat Panorama-Aussichten auf die Küste und ist offen für Tagesgäste. Hinter dem Thala Beach Resort ist es dann nicht mehr weit bis nach Port Douglas.*

🏘 PORT DOUGLAS 🔲 🇮 ✕ 🔳 🗓

👫👫👫	3.205	
◆	Palm Cove	43 km
	Mossman	20 km

Ebenso wie Cairns hat Port Douglas die ruhigen Zeiten als Fischerdorf lange hinter sich gelassen. In gleichem Maße, wie Cairns über lange Jahre vorwiegend sparsame Rucksack-Touristen angezogen hat, hat sich Port Douglas auf Luxus-Touristen eingestellt. In Port Douglas ist alles ein bisschen kleiner, exklusiver und teurer als in Cairns. Das gilt für die Boutiquen entlang der Flaniermeile, der **Macrossan Street**, ebenso wie für die Restaurants, die Hotels und die Ausflüge ans Great Barrier Reef. Dafür kann man mit ein bisschen Glück gelegentlich Prominente und Hollywood-Größen sehen: (Nicht nur) Tom Hanks, Bill Gates und die Sängerin Pink haben in »Port« bereits die Seele baumeln lassen.

🅸 TOURISM PORT DOUGLAS & DAINTREE

ⓘ Von der Port Douglas Rd (später Davidson Rd) links in die Macrossan St ⊖ Reef Adventure Centre, 2/32 Macrossan St, Port Douglas QLD 4877 ☎ 07-4099-4588 @ info@visitportdouglasdaintree.com 🌐 www.visitportdouglasdaintree.com

⊙ Orientieren

Port Douglas ist ein kleiner und übersichtlicher Ort, dessen Hauptschlagader die Port Douglas Road ist, die im Ortszentrum in die Davidson Road umbenannt wird. Rechts und links der Straße befinden sich ausgedehnte Resorts, Boutique Hotels und ein Campingplatz. Die Hauptstraße endet an der quer verlaufenden Macrossan Street, der Hauptgeschäftsstraße des Orts. Wenn Sie **links** in die Macrossan Street abbiegen und der Straße bis zum Ende folgen, erreichen Sie den Jachthafen *(Reef Marina)*, von dem auch die Ausflüge ans Great Barrier Reef beginnen. Wenn Sie **rechts** von der Davidson Road in die Macrossan Street abbiegen, mündet die

Straße nach einem Block in die Esplanade, die direkt am Four Mile Beach entlang führt.

Ⓗ Anreise und Transport

Private Bus-Dienstleister fahren mehrmals am Tag von Cairns nach Port Douglas und können über Ihre Unterkunft gebucht werden (◉ Erwachsene $ 70, Kinder kostenlos, Hin- und Rückfahrt). Parken ist in Port Douglas kein Problem, kostenloses Parken ist fast überall möglich.

🛒 Versorgen und einkaufen

Port Douglas hat zwei große Supermärkte: IGA am Ortseingang auf der linken Seite, sowie Coles auf der Macrossan Street im Stadtzentrum. Am Samstag und Sonntag können Sie am Jachthafen frische Garnelen (Prawns) direkt vom Fischerboot kaufen.

✕ Essen und trinken

Die Macrossan Street und die daran anschließende Wharf Street bilden die Restaurant-Meile der Stadt. Hier reihen sich urige Pubs und teure Gourmet-Restaurants aneinander. Zudem gibt es noch eine Reihe von Restaurants in Gehweite des Jachthafens an der Ashford Avenue, die schräg rechts von der Wharf St abzweigt (hinter dem großen Parkplatz).

▶ Bistro H By Harrisons

Gemütliches Restaurant in einem historischen Queenslander Holzhaus mit einer von Mangobäumen beschatteten Terrasse. Es gibt moderne Australische Küche mit Fisch, Steak, Pasta und Gourmet Burger.
Von der Port Douglas Rd (später Davidson Rd) links in die Macrossan St, am Ende links in die Wharf St ◉ *22 Wharf St, Port Douglas QLD 4877* ☎ *07-4099-4011* @ *info@harrisonsrestaurant.com.au* 🌐 *https://bistroh.pagecloud.com/bistroh-home* 🕐 *Täglich Mittag- und Abendessen* ◉ ∗∗∗

▶ Star of Siam

Thailändisches Restaurant mit Tischen direkt an der lebendigen Macrossan Street.
Von der Port Douglas Rd (später Davidson Rd) links in die Macrossan St ◉ *12 Macrossan St, Port Douglas QLD 4877* ☎ *07-4099-6912* 🌐 *www.starof siamportdouglas.com.au* 🕐 *Nov.–März: tägl. 17–22 h, April–Okt.: Mo.–Mi. 7–22 h, Do.–So. 11–22 h* ◉ ∗∗

▶ Courthouse Hotel

Klassischer, weißer Queenslander von 1878 mit schattiger Veranda. Hierher kommen Einheimische und Reisende für ein kühlendes Bier oder eine Pub-Mahlzeit.

Montag bis Mittwoch Specials für $ 18, Mittwoch bis Sonntag Livemusik.
Von der Port Douglas Rd (später Davidson Rd) links in die Macrossan St ◉ *Cnr Wharf/Macrossan St, Port Douglas QLD 4877* ☎ *07-4099-5181* 🌐 *www.courthousehotelportdouglas.com.au* 🕐 *Pub: tägl. ab 11:30 h, Küche: 11:30–15 h & 17–21 h* ◉ ∗∗

▶ The Tin Shed ★

Clubhaus der Jachtclubs von Port Douglas, mit günstigen Mahlzeiten (australische Küche) und Aussichten auf den sehenswerten Dickson Inlet und auf vorbeiziehende Jachten. Freitag bis Sonntag mit klassischem Sonntagsbraten (Roast of the Day, nur am Sonntag auch Frühstück).
Von der Port Douglas Rd (später Davidson Rd) links in die Macrossan St, am Ende links in die Wharf St, dann rechts in die Ashford Ave ◉ *7 Ashford Ave, Port Douglas QLD 4877* ☎ *07-4099-5556* @ *info@thetinshed-portdouglas.com.au* 🌐 *www.thetinshed-portdouglas.com.au* 🕐 *10–22 h, sonntags ab 8 h* ◉ ∗∗

▶ Hemingways Brewery

Boutique Brauerei direkt am Yachthafen mit fünf eigenen Bieren und einem Ingwer-Bier. Auf den Tisch kommen beliebte Highlights wie Seafood und Steak, Burger und Pizza.
◉ *Von der Port Douglas Rd (später Davidson Rd) links in die Macrossan St, am Ende links in die Wharf St* ◉ *44 Wharf St., Port Douglas QLD 4877* ☎ *07-4099-6663* @ *info@hemingwaysbrewery.com* 🌐 *www.hemingwaysbrewery.com* 🕐 *Täglich 7:00 "till late"* ◉ ∗∗–∗∗∗

▶ While Away Bookshop Cafe

In diesem Café vermischen sich der Duft von frisch gebrühtem Kaffee mit neuem Papier zu einem unwiderstehlichen Aroma. Gäste können zwischen den Romanen und Reiseführern sitzen, oder es sich vor dem Café an der frischen Luft gemütlich machen.
◉ *Von der Port Douglas Rd (später Davidson Rd) links in die Macrossan St* ◉ *Shop 2, 43 Macrossan St, Port Douglas QLD 4877* ☎ *07-4099-4066* @ *info@whileaway.com.au* 🌐 *www.facebook.com/whileawaybooks* 🕐 *Tägl. 7–18 h* ◉ ∗

👁 Highlights

▶ Four Mile Beach und Aussichtspunkte

Ein kilometerlanger Strand mit goldenem Sand und Kokospalmen – das ist Four Mile Beach. Einen Überblick bekommen Sie, wenn Sie am nördlichen Ende des Strandes – also hinter dem Ende der Macrossan Street – die Treppen hinaufgehen zum **Flagstaff Hill**. Ein weiterer Aussichtspunkt über den Strand liegt an der Rückseite des Flagstaff Hill, der über die Island Point Road zu erreichen ist.

Four Mile Beach vom Flagstaff Hill aus gesehen

Auch der **Leuchtturm** von Port Douglas ist über die Island Point Road erreichbar. Achten Sie auf ein kleines Hinweisschild an der ersten Rechtskurve; über einen unscheinbaren Fußweg geht es zu einem weißen Leuchtturm mit rotem Käppchen.

Von der Port Douglas Rd (später Davidson Rd) links in die Macrossan St, rechts in die Wharf St, dieser bis zum Ende (nach Norden) folgen. Die Straße mündet dann automatisch in die Island Point Rd.

▶ Anzac Park und Port Douglas Sunday Markets

Der beste Tag, Port Douglas zu besuchen, ist der Sonntag, da dann am Wasser im Anzac Park an der Wharf Street neben der malerischen Hochzeitskapelle **St. Mary's by the Sea** ein Künstlermarkt stattfindet (So. 8–13 h), mit Hüten, Opalen, Lederwaren sowie lokaler Kunst und Kunsthandwerk. Der Anzac Park ist auch während der Woche einen Besuch wert, da man morgens und nachmittags den Ausflugsschiffen zuschauen kann, die am Park vorbei hinaus ans Great Barrier Reef fahren.

Von der Port Douglas Rd (später Davidson Rd) links in die Macrossan St, dieser bis zum Ende folgen

▶ Wildlife Habitat

Der Zoo am Ortseingang von Port Douglas konzentriert sich auf die **Vogelwelt des tropischen Nordens** mit den Lebensräumen Grasland, Mangrovensumpf und Regenwald. Eine Besonderheit sind die seltenen **Baumkängurus**. (In freier Wildbahn kommen Baumkängurus beispielsweise in Malanda vor, ▶ Seite 89). Falls Sie zum Frühstück oder Mittagessen noch nichts vorhaben, das Buffet-Restaurant des Zoos bietet *Breakfast with the Birds* und *Lunch with the Lorikeets* an. Die frei fliegenden Papageien interessieren sich ebenfalls für das Aufgetischte, sodass Gäste bereit sein sollten, ihren Teller zu verteidigen.

Am Ortseingang von Port Douglas Port Douglas Rd, Port Douglas QLD 4877 07-4099-3235 info@wildlifehabitat.com.au www.wildlifehabitat.com.au Tägl. 8–17 h Erw. $ 35, Kinder $ 17,50, Eintritt und Frühstück/Mittagessen: Erw. $ 53/56, Kinder $ 26,50/28

▶ Ausflüge ans Great Barrier Reef

Port Douglas ist im Gegensatz zu Cairns vorwiegend auf Reisende eingestellt, die sich einen gewissen Luxus im Urlaub wünschen und bereit sind, dafür mehr zu zahlen.

Sailaway

Katamaran-Segeltour zum Schnorcheln vor den **Low Isles**, mit Besuch einer Koralleninsel mit Leuchtturm. An Bord sind höchstens 35 Gäste. Tauchen ist nicht möglich. Bei der Nachmittagstour sind Sie zum Sonnenuntergang noch an Bord. Wer nur eine Sunset Cruise unternehmen will, geht erst um kurz vor 17 Uhr an Bord.

Vom Hwy 44 rechts auf Port Douglas Rd, links ab in die Port St, dann dem Straßenverlauf bis zum Hafen folgen Shop 18, Reef Marina, Wharf St, Port Douglas QLD 4877 07-4099-4200 info@sailawayportdouglas.com www.sailawayportdouglas.com Tägl. 8:30–16:30 h (Erw. & Kinder) oder 13:30–18:30 h (nur Erw.), Sunset Cruise 17–18:30 h (nur Erw.) Erw. $ 261,50, Kinder $ 182,50, Sunset Cruise: $ 63,25

Der Anzac Park von Port Douglas in Richtung Mossman

Poseidon

Der Katamaran Poseidon fährt Taucher und Schnorchler zum **Agincourt Reef**, das vor dem Daintree National Park liegt. Dieses Tauchgebiet ist eines der besten, das man auf einem Tagesausflug von der Küste aus erreichen kann.

🔲 Siehe Anfahrt Sailaway 🔲 Reef Marina, Wharf St, Port Douglas QLD 4877 🔲 07-4087-2100 🔲 info@poseidon-cruises.com.au 🔲 www.poseidon-cruises.com.au 🔲 Tägl. 🔲 Schnorcheln Erw. $ 242,50, Kinder $ 172,50, Ausflug mit 2x Tauchen $ 312,50 pro Person

Bootsfahrt mit Krokodilbeobachtung – Lady Douglas River Cruise

Port Douglas gilt vielleicht nicht als Hotspot für die Krokodilbeobachtung, aber die Crew der Lady Douglas zeigt seinen Gästen gerne die Lieblings-Sonnenplätze der einheimischen „Salties" (Leistenkrokodile). Wer also keine Zeit hat, um für die Krokodilbeobachtung in den Daintree National Park zu fahren, der kann auch auf dem Dickson Inlet und Packers Creek bei Port Douglas auf seine Kosten kommen. Telefonische Voranmeldung wird empfohlen.

🔲 Siehe Anfahrt Sailaway 🔲 Berth C13, Reef Marina, Wharf St, Port Douglas QLD 4877 🔲 0408-986-127 🔲 www.ladydouglas.com.au 🔲 Juni–Nov. tägl. 10:30, 12:30, 14:30, 16:30 (1,5 h), den Rest des Jahres auf Anfrage; Juni–Nov. auf Anfrage auch Fr. 18:30 (1 h) 🔲 Erw. $ 35, Kinder $ 15, bei Abendausfahrten keine Kinderpreise

🛏 Übernachten

🏨 Peppers Beach Club 👪★

Das wahrscheinlich schönste Resort in Port Douglas, und eines der besten im Norden Australiens, mit ausgedehnter Poollandschaft mit Sandstrand, Wasserfall und *Day Spa* (Wellness-Center) sowie einem schicken Café direkt neben dem Wasserfall. Die Spa Suites sind die »einfachsten« Zimmer und haben ein Doppelbett sowie eine Whirlpool-Wanne auf dem Balkon, bei einigen Zimmern mit Aussicht auf den Pool.

🔲 Vom Hwy 44 rechts auf Port Douglas Rd, die später zur Davidson St wird. 🔲 20–22 Davidson St, Port Douglas QLD 4877 🔲 07-4087-1000 🔲 portdouglas@peppers.com.au 🔲 www.peppers.com.au/beach-club 🔲 Ja 🔲 Ja 🔲 ★★★★

🏨 Hibiscus Gardens Spa Resort

Verwinkeltes Resort mit viel Holz in einem tropischen Garten, mit zwei Poollandschaften und aboriginal-inspiriertem Day Spa (Wellness Center). Mindestaufenthalt drei Nächte. Unbedingt das Spa Studio mit der Whirlpool-Wanne nehmen!

🔲 Vom Hwy 44 rechts auf die Douglas/später Davidson St, links auf Mowbray St bis Abzweig Owen St 🔲 22 Owens St, Port Douglas QLD 4877 🔲 07-4099-5315 🔲 www.hibiscusportdouglas.com.au 🔲 Ja 🔲 Ja 🔲 ★★–★★★

🏨 Shantara Spa & Resort Port Douglas

Von außen eher unauffälliges, kompaktes Resort mit ansehnlicher Poollandschaft und kleinem Day Spa. Die besten Zimmer sind die Pool Deck Studio Rooms. Von der privaten Terrasse kann man direkt in den Pool springen. Nicht für Kinder geeignet.

🔲 Siehe Anfahrt Peppers Beach Club 🔲 27–31 Davidson St, Port Douglas QLD 4877 🔲 07-4084-1400 🔲 info@shantara.com.au 🔲 www.shantara.com.au 🔲 Ja 🔲 Ja 🔲 ★★

🏨 Port O'Call Eco Lodge (Port Douglas YHA)

Budget Hotel und Backpacker Hostel in einer ruhigen Seitenstraße mit 4er-Zimmern mit Bad, einfachen Backpacker-Doppelzimmern sowie gemütlichen Doppelzimmern mit etwas mehr Komfort. Alle Zimmer mit Klimaanlage. Mit dabei ist eine Gemeinschaftsküche mit Kaffee und Tee. Gäste können sich kostenlos aus Cairns abholen lassen, wenn sie mindestens zwei Nächte bleiben (täglich außer Samstag).

🔲 Vom Hwy 44 rechts auf Port Douglas Rd bis links Abzweig Port St, weiter bis Craven Close 🔲 Cnr Port St/Craven Close, Port Douglas QLD 4877 🔲 07-4099-5422 🔲 portdouglas@yha.com.au 🔲 www.yha.com.au/hostels/qld/cairns-and-far-north-queensland/port-douglas-backpackers-hostel 🔲 Ja 🔲 Ja 🔲 ★

Regenwald am Mossman River

🏕 Glengarry Holiday Park ⛹

Weitläufiger Big-4-Campingplatz mit tropischer Vegetation, zwei Gemeinschaftsküchen und TV-Raum. Für Kinder gibt es einen Pool mit Wasserfall und Rutsche, einen Wasserspielplatz und einen Spielplatz mit überdachtem Trampolin. Die Stellplätze sind einfache Grasplätze oder Ensuite-Plätze mit persönlichem Bad/WC. Nicht-Camper können in einer der Cabins mit bis zu zwei Schlafzimmern übernachten.

📍 9 km südlich von Port Douglas links in Andreassen Rd, dann links in die Mowbray River Rd (ausgeschildert) ⊖ 70 Mowbray River Rd, Port Douglas QLD 4877 ☎ 07-4098-5922 🖥 www.glengarrypark.com.au ⊖ 100 ⊖ 20 ⊖ Ja ⊖ Ja ⊖ Ja ◯ Wasser, Abwasser, Strom (15 Amp.) ⊕ Nein ⊗ $$$, Cabins ★–★★

🏕 Tropic Breeze Van Park

Dieser Platz ist im Vergleich zu dem vorgenannten deutlich kleiner und enger, und nur mit dem Nötigsten ausgestattet. Dafür kann man durch den Hinterausgang direkt zum Strand von Port Douglas, dem Four Mile Beach, gehen. Restaurants, Geschäfte und der Hafen liegen in Gehweite.

📍 Über Port Douglas Rd, die später in Davidson Rd umbenannt wird ⊖ 24 Davidson St, Port Douglas QLD 4877 ☎ 07-4099-5299 @ info@tropicbreeze.com.au 🖥 www.tropicbreeze.com.au ⊖ Ja ⊖ 56 ⊖ 20 ⊖ Ja ⊖ Ja ⊖ Ja ◯ Wasser, Abwasser, Strom (15 Amp.) ⊕ Nein ⊗ $$$

*Von Port Douglas aus geht es weiter über den Cook Highway (Highway 44) nach Norden. Zuckerrohrfelder ziehen rechts und links vorbei, mit grünen Berghängen im Hintergrund. Kurz vor Mossman biegen Sie rechts ab. Sie bleiben auf dem Cook Highway, der hier **Highway 14** heißt.*

🏛 MOSSMAN 🅿 ➕ ✉ 📷

👫👫	1.740
Port Douglas	20 km
Cape Tribulation	64 km

Mossman ist trotz der Nähe zum Daintree National Park vom Tourismus kaum berührt. Der Ort eignet sich daher als letzter Stopp zum Einkaufen vor Cape Tribulation sowie zum Tanken und vielleicht für einen schnellen Snack. Im Ortszentrum gibt es ein Einkaufszentrum mit einem Woolworths Supermarkt (⊖ 63 Front St, direkt an der Hauptstraße). Nördlich von Mossman werden Sie keine so großen Geschäfte und sicher keine so günstigen Preise mehr finden. Und nicht zuletzt finden Sie in Mossman die nördlichste Ampel an der Ostküste Australiens.

👁 Highlight

▶ Daintree National Park mit Mossman Gorge

Die Regenwälder Nord Queenslands sind nicht nur für Australien, sondern für die ganze Welt bedeutend, da sie einige der ältesten Pflanzenarten der Welt beherbergen (»lebende Fossilien«). Experten gehen davon aus, dass der Regenwald über 135 Millionen Jahre alt ist. Im Vergleich dazu ist der Amazonas-Regenwald »nur« 55 Millionen Jahre alt. Mehr als 700 Pflanzen- und 13 Säugetierarten sind endemisch, d.h. es gibt sie nirgendwo anders auf der Welt. Und nicht zuletzt leben im Daintree Regenwald 270 Vogelarten, denen die durchschnittlich 3900 Millimeter Regen im Jahr nicht viel ausmachen.

Der Daintree ist wahrscheinlich der bekannteste Regenwald-Park Australiens. Wenn sich nicht radikale Naturschützer in den 1980er-Jahren an Baggern festgekettet hätten, um gegen den Ausbau der Cape Tribulation Piste nach Cooktown zu demonstrieren, wären die Regenwälder Nord Queenslands möglicherweise in viel größerem Maße abgeholzt worden. Die Piste wurde trotzdem gebaut, allerdings war Australien für das Thema nun sensibilisiert. So wurden später weite Teile der Wälder zwischen Cooktown und Townsville unter Naturschutz gestellt und 1988 als UNESCO-Welterbe geschützt.

Noch bis vor wenigen Jahren war der im Daintree National Park gelegene **Mossman Gorge** eine relativ versteckte Badestelle im Regenwald. Mittlerweile wurde in der Nähe das Mossman Gorge **Aboriginal Centre** gebaut, und Gäste können sich alle 15 Minuten mit einem Shuttlebus die zwei Kilometer zum Wanderweg in der Nähe der Badestelle bringen lassen (⊖ Erw. $ 9,50, Kinder $ 4,70). An der Badestelle beginnt auch der Rainforest Circuit Track (⊖ Leicht, 🕐 Etwa 1 Std.). Außerdem werden von Aboriginals geführte Regenwald-Wanderungen angeboten (⊖ 1,5 Std. Erw. $ 68, Kinder $ 34).

📍 Ausgeschilderter Abzweig am Ortseingang von Mossman (links direkt hinter dem Woolworths) ⊖ 212 Mossman Gorge Rd, Mossman QLD 4873 ☎ 07-4099-7000 @ walk@mossmangorge.com.au 🖥 www.mossmangorge.com.au 🕐 Tägl. 8–18 h

*Von Mossman und vorbei an **Newell Beach** geht es weiter auf dem **Highway 14**, der nun in die **Mossman-Daintree Road** um-*

Blick auf die Mündung des Daintree River vom Alexandra Lookout

benannt wird, 40 Kilometer in Richtung Daintree River. Rechts und links sieht man vereinzelte Farmen in einem Meer aus Zuckerrohr vor grünen Berghängen.

🌲 DAINTREE RIVER

Eine Sache, die Sie sich nicht entgehen lassen sollten, ist eine **Bootsfahrt mit Tierbeobachtung** auf dem Daintree River. Der Daintree River ist bekannt für seine hungrigen Leistenkrokodile, sodass Baden in diesem Fluss definitiv außer Frage steht. Einen Umweg müssen Sie dafür nicht machen – die Stände der Bootsbesitzer finden sich kurz vor der Daintree Fähre an der Landstraße. Uns hat besonders die einstündige Fahrt mit dem **Solar Whisper** gefallen, einem elektrischen Boot, das eine Videokamera an Bord hat, sodass der Kapitän bei schwerer zu entdeckenden Tieren hineinzoomen kann (☻ Erw. $ 28, Kinder $ 14, ☻ 9:30–15:30 h).

Die **Kabelfähre** über den Daintree ist etwas ganz Besonderes – sie ist nicht nur optisch, sondern auch gedanklich eine Überfahrt in eine ganz besondere, vom Regenwald dominierte Welt. Auf der anderen Seite des Flusses haben sich Naturfreunde, Künstler und Aussteiger niedergelassen, die ohne Stromanschluss und Riesen-Supermarkt ihr Leben genießen. Die Fähre fährt täglich von 6 Uhr bis Mitternacht, am 25.12. nur eingeschränkt (☻ Hin- und Rückfahrt $ 25 pro Fahrzeug).

💡 Falls Sie sich lieber nach Cape Tribulation fahren lassen möchten, können Sie sich auch einer ein- oder zweitägigen Tour ab Cairns oder Port Douglas anschließen. Mit dabei ist immer eine Tierbeobachtungsfahrt auf dem Daintree River, einer der *Boardwalks*, die im folgenden im Abschnitt »Wandern« beschrieben werden (▶ Seite 77),

sowie der Aussichtspunkt bei Cape Tribulation. Die Tour mit Tropic Wings ist für jedes Alter geeignet, während The Adventure Company sich eher auf jüngere Erwachsene von 18–35 Jahre konzentrieren.

🌐 *Tropic Wings*, 278 Hartley St, Cairns QLD 4870 ☎ 07-4041-9400 @ daytours@tropicwings.com.au 🌐 www.tropicwings.com.au ☻ Erw. $ 165, Kinder $ 83

🌐 *The Adventure Company*, 287 Draper St, Cairns QLD 4870 ☎ 07-4052-8300 @ reservations@ adventures.com.au 🌐 www.adventurecompany.com.au ☻ Erw. ab $ 115, Kinder ab $ 90

🌲 CAPE TRIBULATION

Auf der Nordseite des Daintree River beginnt die Cape Tribulation Sektion des Daintree National Parks. Dieser Teil des Nationalparks erstreckt sich in einem schmalen Band zwischen Ozean und Bergen über 17.000 Hektar bis hin zum **Bloomfield River**, der 45 Kilometer nördlich von Cape Tribulation liegt. Über die gesamte Strecke ist die Cape Tribulation Road gerade breit genug, dass zwei Fahrzeuge aneinander vorbeifahren können. Ab dem Cape Trib Beach House, das kurz hinter dem Cape Tribulation Aussichtspunkt liegt, ist die Straße nur noch geschottert. Wer mit einem großen Wohnmobil unterwegs ist, wird bereits an der asphaltierten Strecke wenig Freude haben. Mit einem Mietwagen oder kleinen Campervan (Kleinbus) kommt man allerdings gut voran.

Vor allem am Mittag und Nachmittag herrscht viel Verkehr, während es morgens und abends ruhiger zugeht – das ist die beste Zeit für die Tierbeobachtung. An einem späten Nachmittag haben wir sogar einen der seltenen *Cassowaries* (Helmkasuare) mit zwei Küken auf der Cape Tribulation Road gesehen – und waren so beeindruckt, dass wir vor lauter Aufregung erst zu spät daran gedacht haben, ein Foto zu machen. In der Umgebung von Lync Haven (►Seite 78) sieht man die Tiere auch des Öfteren, und es ist offensichtlich, dass sie keine Scheu vor Menschen haben. Mehr über Kasuare erfahren Sie hier (►Seite 94).

🅷 DAINTREE DISCOVERY CENTRE

Dieser weitgehend naturbelassene Regenwald-Park liegt neun Kilometer nördlich der Autofähre und kann durchaus als inoffizielles Nationalpark-Infozentrum bezeichnet werden. Das Highlight ist die Audiotour, die es auch in Deutsch gibt: Bei einem Rundgang durch die verschiedenen Stockwerke des Regenwalds erfahren Sie Interessantes und Wissenswertes über Natur und Tiere. Zum Mitnehmen bekommt man ein kleines Handbuch, in dem man alles noch einmal nachlesen kann. Wenn Sie den 23 Meter hohen Turm besteigen, können Sie einen Blick in die luftige Welt über den Baumkronen werfen. Ebenfalls empfehlenswert ist das Café im Hauptgebäude. Eine Kaffeepause auf dem Balkon mit Aussicht auf den Regenwald und einen kleinen Bach ist sehr entspannend!

🏠 9 km nördlich der Daintree Fähre 🚗 Lot 439 Tulip Oak Rd, Cow Bay QLD 4873 ☎ 07-4098-9171 @ info@discoverthedaintree.com 🌐 www.discover thedaintree.com 🕐 Tägl. 8:30–17 h 💰 Erw. $ 35, Kinder $ 16, Eintritt gilt für 7 Tage

🛒 Versorgen und einkaufen

▶ Rainforest Village

Für Notfälle finden Sie auf der Cape Tribulation Road 16 km nördlich der Fähre die einzige Tankstelle der Region sowie einen kleinen Laden. Außerdem gibt es noch einen Friendly Grocer Laden in Cape Tribulation (Ort).

Hinter dem Daintree River schlängelt sich die Straße über einen Pass und durch unzählige enge Kurven auf den Mount Alexandra. Der erste Abzweig auf der Bergkuppe führt zu einem lohnenswerten Aussichtspunkt.

🌲 MOUNT ALEXANDRA LOOKOUT

Vom breiten Aussichtsbalkon haben Sie bei gutem Wetter weite Aussichten auf den Daintree River und weiter bis fast nach Port Douglas. Aber auch wenn die Fernsicht nicht so gut sind, lohnt sich ein Stopp, da die Farne direkt am Balkon sehr fotogen sind.

🏠 6 km nördlich der Daintree Fähre 🚗 Cape Tribulation Rd, Cape Tribulation QLD 4873

Bis zum ersten Regenwald-Wanderweg, dem Jindalba Boardwalk, sind es noch drei Kilometer über die (einzige) Hauptstraße.

🚶🌲 WANDERN

🚶🌲 Jindalba Boardwalk

Jindalba heißt »Fuß des Berges«, da der Wanderweg auf der Nordseite der Alexandra Range Bergkette liegt. Mit ein bisschen Glück kann man morgens oder gegen Abend Baumkängurus und Cassowaries sehen. Jindalba ist der erste von drei Boardwalks (Jindalba, Marrdja, Dubuji), die entlang der Hauptstraße verteilt sind.

🕐 Ganzj. 🚗 Cape Tribulation Rd, 9 km nördlich der Daintree Fähre, Nähe Daintree Discovery Centre (ausgeschildert) 🕐 45 Min. 🔄 Einfach 📏 650 m

Auf dem Boardwalk (Holzsteg) durch den Regenwald

🚶🌲 Jindalba Circuit Track

Ein wenig abenteuerlicher ist der vom Jindalba Parkplatz erreichbare Circuit Track, ein Rundweg durch den Regenwald, der teils relativ steinig ist und mehrere kleine Bäche durchquert. Wasserstand ist abhängig von der Jahreszeit.

🕐 Ganzj. 🚗 Siehe Jindalba Boardwalk 🕐 1,5 Std. 🔄 Einfach bis moderat 📏 3 km

👁 DAINTREE ICECREAM COMPANY

Auch die Geschmacksknospen können neue Erfahrungen sammeln: In diesem in einem tropischen Garten gelegenen **Eiscafé** stehen originelle Sorten wie *Wattle Seed* (Samen einer Akazienart) oder *Black Sapote* (Schwarze Kaki) zur Auswahl.

📍 *13 km nördl. der Daintree Fähre, Achten Sie auf das Schild auf der linken Straßenseite, hinter dem Abzweig zum Daintree Discovery Centre.* ✉ *Cape Tribulation Rd, Cape Tribulation QLD 4873* 🕐 *Tägl. 11–17 h* ⚪ *

Bereits zwei Kilometer weiter über die Hauptstraße folgt dann ein weiterer sehenswerter Stopp auf der linken Seite.

🏛 LYNC HAVEN

Lync Haven ist ein kleines Resort, das sich auf all das konzentriert, was Touristen suchen: Essen, Schlafen, Natur und Tiere. Im Hauptgebäude gibt es Terrarien mit Reptilien, in einem Freigehege kann man Kängurus und Wallabys streicheln (⚪ Spende). Die Hotelzimmer gibt es als Doppel- und Familienzimmer für bis zu vier Gäste und mit Aussicht auf das Känguru-Gehege. Camper finden einen Platz auf einer von Palmen beschatteten Wiese. Das Restaurant ist täglich von 7:30 bis 19:30 Uhr geöffnet (Australische Küche, ⚪ **). Um die Mittagszeit sollten Sie mit Reisegruppen rechnen, die zum Essen kommen, morgens und abends ist es ruhig.

📍 *15 km nördlich der Daintree Fähre* ✉ *Lot 44 Cape Tribulation Rd, Diwan QLD 4873* ☎ *07-4098-9155* @ *enquiries@lynchaven.com.au* 🌐 *www.lynchaven.com.au* ⓘ *Ja* ⚪ *Ja* ⚪ *Camping $$–$$$, Hotel* **

🌿 DAINTREE TEA COMPANY

Ihre Reise führt nun an den Feldern der Daintree Tea Company vorbei, die mit niedrigen Teebüschen bepflanzt sind. Der kräftige, schwarze Tee von diesen Feldern wird Ihnen wahrscheinlich in Cafés und Geschäften der Gegend noch des Öfteren begegnen. (Für Teefreunde: Der Hochland-Tee von **Nerada** (▶ Seite 90) schmeckt erheblich besser).

📍 *15 km nördlich der Daintree Fähre, etwa 150 m hinter Lync Haven* ✉ *Cape Tribulation Rd, Cape Tribulation QLD 4873*

Den nächsten sehenswerten Regenwald-Wanderweg erreichen Sie nach weiteren elf Kilometern.

🚶🌲 MARRDJA BOARDWALK

Marrdja bedeutet »Regenwald« oder »Dschungel«. Der Rundweg führt durch Regenwald und Mangroven, mit einigen Infoschildern über die Pflanzen dieses Lebensraums.

🕐 *Ganzj.* ✉ *Cape Tribulation Rd zwischen Thornton Beach und Noah Beach (ausgeschildert), 26 km nördlich der Daintree Fähre* ⏱ *45 Min.* ➤ *Einfach* ➤ *1,2 km (Rundweg)*

🚐 NOAH BEACH CAMPGROUND

Der einzige Nationalpark-Campingplatz in dieser Region liegt mitten im Regenwald und nur 50 Meter vom Strand entfernt. Er ist geeignet für kleinere Campervans, nicht für große Wohnmobile, da die Äste ziemlich weit herunterhängen. Da es in dieser Gegend Krokodile gibt, ist es nicht empfehlenswert, nach Einbruch der Dunkelheit noch an den Strand zu gehen. Es gibt keine Duschen und nur Kompost-Toiletten. Trinkwasser muss abgekocht werden. Nur mit Vorbuchung per Telefon oder Internet.

📍 *28 km nördlich der Fähre und 8 km südlich von Cape Tribulation Village* ✉ *Cape Tribulation Rd, Cape Tribulation QLD 4873* ☎ *13-74-68* 🌐 *www.nprsr.qld.gov.au/parks/daintree-cape-tribulation/camping.html* ⚪ *Ja* ⚪ *14* ⚪ *12* ⚪ *Nein* ⚪ *Nein* ⚪ *Nein* ⚪ *Nein* ⚪ *Nein* ⚪ *$*

🚶🌲 DUBUJI BOARDWALK

Dieser Boardwalk (Holzsteg) führt durch Regenwald, Sumpf und Mangroven und ist beschildert mit Infos zu den Pflanzen und Tieren dieser Region. Der Weg hat einen Zugang zum Strand von **Myall Beach**, mit Blick auf das Kap von Cape Tribulation.

✉ *Cape Tribulation Rd, kurz vor Cape Tribulation Village (ausgeschildert)* ⏱ *45 Min.* ➤ *1,2 km (Rundweg)* ➤ *Einf.*

🏛 CAPE TRIBULATION VILLAGE

👫👫	330	
	Mossman	64 km
	Cairns	139 km

Die kleine Ortschaft Cape Tribulation liegt nur 1,5 Kilometer vom eigentlichen Kap entfernt. Der Name »Cape Tribulation« stammt vom Weltreisenden James Cook, dessen Expeditionsschiff Endeavour an einem Riff direkt vor der Küste am 10. Juni 1770 leckgeschlagen war. Nach einer notdürftigen Reparatur mit einem Segel ließ Cook das Schiff allerdings nicht bei Cape Tribulation, sondern an der Mündung des Endeavour River im heutigen Cooktown an Land ziehen und für die Heimreise nach Europa komplett überholen. Heute leben die Bewohner von Cape Tribulation noch ohne festen Stromanschluss und ohne Handy, da es keinen Funkturm in der Nähe gibt (wohl aber Festnetz). Eine Telefonzelle gibt es zwar, das heißt aber nicht, dass sie funktioniert, wenn man sie braucht. In dem kleinen Ort gibt es eine Reihe von Hostels, Restaurants, einen Laden und einen Campingplatz, die teils mit weitem Abstand entlang der Straße verteilt sind.

📍 34 km nördlich der Daintree Fähre entfernt
🚌 Cape Tribulation Rd, Cape Tribulation QLD 4873

🧭 Orientieren

Cape Tribulation Village ist so gut in den Regenwald gebettet, dass es als Ort eigentlich schon gar nicht mehr erkennbar ist. Das Ortszentrum befindet sich im Bereich der Querstraßen Camelot Close, die nach links in Richtung Jungle Surfing abgeht, und Avalon Street, die nach rechts zum Cape Tribulation Camping führt. Etwa 1,5 Kilometer hinter dem Ort befinden sich der Aussichtspunkt und der Strand. Knapp 2 Kilometer weiter, am Cape Trib Beach House, endet die asphaltierte Straße, die dort dann Rykers Road/Bloomfield Track heißt. Weiter geht es nur noch über die Schotterpiste, die für Fahrzeuge ohne Allrad-Antrieb bis zum Emmagen Creek befahrbar ist, der sieben Kilometer hinter Cape Tribulation Village liegt.

👁 Highlights

▶ Cape Trib Exotic Fruit Farm/ B&B/Tours

Im Farmhaus können Gäste in drei Doppelzimmern (💰 *) übernachten, außerdem gibt es zwei Cabins (Holzhäuser) mit Balkon und Aussicht auf den Regenwald und die umliegenden Berge (💰 **). Mit dabei ist ein Frühstück mit tropischen Früchten von der eigenen Farm. Mindestaufenthalt: 2 Nächte.

📍 Im Cape Tribulation Village links auf die Camelot Cl, rechts auf den Nicole Dr 🚌 Lot 5 Nicole Dr, Cape Tribulation QLD 4873 ☎ 07-4098-0042 @ cdgray@bigpond. com 🌐 www.capetribfarm.com.au 🔵 Ja 🔴 Nein

▶ Jungle Surfing Canopy Tours

An einem sicheren Stahlkabel geht es »fliegend« durch die Baumkronen des ältesten Regenwaldes der Welt. Wer möchte, kann noch eine geführte **Nachtwanderung** durch den Regenwald anschließen. Mindestalter für Jungle Surfing 3 Jahre, für die Nachtwanderung 8 Jahre.

🚌 The Snake House, Lot 2 Cape Tribulation Road, Cape Tribulation QLD 4873 ☎ 07-4098-0043 @ info@junglesurfing.com.au 🌐 www.junglesurfing. com.au 🔵 Jungle Surfing: Erw. $ 109, Kinder $ 95, mit Nachtwanderung $ 45 pro Person

▶ Ocean Safari

Auch von Cape Tribulation kann man das **Great Barrier Reef** zum Schnorcheln erreichen. Bei Ocean Safari sind Sie mit einem großen Schlauchboot mit 700-PS-Motor unterwegs, das vom Strand von Cape Tribulation aus ablegt und in nur 25 Minuten zum Riff fährt. Ausflüge zweimal täglich ab 8 und 12 Uhr. Tauchen nicht möglich.

📍 Cape Tribulation Village, gegenüber von PK's Jungle Village 🚌 The Boardwalk Cafe, Cape Tribulation Rd, Cape Tribulation QLD 4873 ☎ 07-4098-0006 🌐 www.oceansafari.com.au 🔵 Schnorcheln: Erw. $ 145, Kinder $ 94

▶ Cape Tribulation Aussichtspunkt und Strand

Cape Tribulation ist eine mit tropischem Regenwald bewachsene Landzunge, die in etwa fünf Minuten über einen 300 Meter langen Boardwalk durch den Wald erreichbar ist. Vom Aussichtspunkt genießt man einen weiten Blick auf den kilometerlangen Cape Tribulation Beach und auf steile, grüne Bergflanken, die an **polynesische Inselparadiese** erinnern. Der Strand eignet sich gut für Spaziergänge, aber wegen der Krokodile nicht zum Schwimmen. Das gilt übrigens auch für die anderen Strände in der Umgebung. **Myall Beach**, der Strand auf der Südseite von Cap Tribulation, ist ebenfalls vom Parkplatz aus in ein paar Minuten erreichbar.

📍 1,5 km nördlich von Cape Tribulation Village und 35 km nördlich der Daintree Fähre

🥾🌲 Wandern

▶ Emmagen Creek

Eine schöne Wanderung führt entlang des Strandes von Cape Tribulation bis nach Emmagen Creek. Da der Strand bei Flut komplett überspült wird, ist es sinnvoll, vorher eine Auskunft über die Tide einzuholen (z. B. bei 🌐 http://tides.willyweather.com. au/qld/far-north/cape-tribulation.html). Das Ziel ist lohnenswert: Der krokodilfreie

Emmagen Creek ist ein flacher, steiniger Regenwaldbach mit glasklarem Wasser. Da der Bloomfield Track nach Cooktown an dieser Stelle ebenfalls den Emmagen Creek kreuzt, lohnt es sich, für ein Bad am Ufer entlang ein wenig landeinwärts zu laufen.

💡 Bei Zeitmangel lässt sich auch die Wanderung erheblich verkürzen, indem Sie am Cape Trib Beach House (YHA Hostel) parken und von dort aus losgehen.

◉ Ganzj. ⊘ In Cape Tribulation Village möglich
🅿 Parkplatz am Cape Tribulation Aussichtspunkt
🕑 3–4 Std. ⊘ Leicht 🔁 4,5 km (Rundweg)

Die Furt über den Emmagen Creek

🛏 **Übernachten**

🏨 **Cape Trib Beach House YHA**
Dieses Resort richtet sich vor allem an Reisende mit kleinerem Budget. Übernachtet wird in Holzhäusern, die im Regenwald verteilt und über asphaltierte Zugangswege erreichbar sind. Die einfachsten Unterkünfte (*Endeavour Dorms*, Mehrbett-Zimmer) liegen am weitesten vom Meer entfernt, also etwa fünf Minuten, während es von den besten Unterkünften, den St. Crispin Cabins, nur 20 Meter bis zum Strand sind. Auf dem Gelände gibt es eine Gemeinschaftsküche, ein Internetcafé, einen Pool sowie ein überdachtes Freiluft-Restaurant. Der Strand ist nur bei Ebbe zugänglich.

📍 1,5 km hinter Cape Tribulation, etwa 3 km hinter Cape Tribulation Village ⊙ Lot 7 Rykers Rd, Cape Tribulation QLD 4873 ☎ 07-4098-0030 @ reservations@capetribbeach. com.au 🌐 www.capetribbeach.com.au 🅿 Ja 🍴 Ja, kostenpflichtig ⊖ Mehrbett-Zimmer *, Doppelzimmer **

Wenn Sie Cape Tribulation erreicht haben, heißt es umdrehen und über dieselbe Strecke zurück in Richtung Cairns, das Sie in etwa drei Stunden erreichen.

💡 Wenn Sie vor der Nebenstrecke Cairns schon besucht haben, brauchen Sie nicht nach Cairns zurückzufahren, sondern können südlich von Smithfield an der Kreuzung vom Highway 44 mit dem Highway 1 (Kennedy Highway) direkt nach Westen Richtung Kuranda starten.

Ende der Nebenstrecke

Nun geht es also endlich richtig los: Von Cairns aus machen Sie als Erstes einen Schlenker über die Berge der Küstenkette und weiter ins Innenland durch die zwischen 500 und 1280 Meter hoch gelegenen Atherton Tablelands.

*Die fruchtbare rote Erde, die vulkanischen Ursprungs ist, und das sonnige und warme Klima der Atherton Tablelands erlauben den Anbau einer Vielfalt an tropischen Pflanzen, darunter Zuckerrohr, Bananen, Macadamias und sogar Tee und Kaffee. Die Tablelands sind tatsächlich die größte Kaffeeanbau Region Australiens. Der nördliche Teil der Tablelands von **Mareeba** bis nach **Walkamin** hat (mit Ausnahme von Kuranda) ein eher trockenes Klima. Die südlichen Tablelands ab **Tolga** und **Atherton** sind hingegen ganzjährig feucht und waren ursprünglich flächendeckend mit Regenwald bewachsen. Einige Überbleibsel des Waldes sind bis heute erhalten. Auch die vor über 10.000 Jahren erloschenen Vulkane, die diese Landschaft geprägt haben, sind in der Region Atherton/ Malanda noch gut sichtbar.*

*Von Cairns aus nehmen Sie den **Cook Highway (Highway 1)** in Richtung Port Douglas/Mossman, und biegen nach 14 Kilometern auf den **Kennedy Highway** (auch hier: **Highway 1**) in Richtung Kuranda und Mareeba ab. An dieser Kreuzung stoßen die Reisenden hinzu, die die Nebenstrecke zum Cape Tribulation gefahren sind.*

Alternativroute von Cairns nach Mission Beach

Wer es eilig hat, der kann die Atherton Tablelands auch auslassen und sofort von Cairns aus über den **Bruce Highway (A1)** in Richtung Mission Beach (140 Kilometer) fahren. Die Fahrtzeit beträgt je nach Verkehr circa zwei bis drei Stunden. Etwa 60 Kilometer südlich von Cairns, also ungefähr auf halber Strecke nach Mission Beach, lohnt sich ein Abstecher in den Regenwald zu den **Babinda Boulders**, die 5,5 Kilometer vom Bruce Highway entfernt liegen. Hierzu folgt man der Hauptstraße durch Babinda (**The Boulders Road**) bis ans Ende. Ein weiterer Abstecher lohnt sich zum **Mamu Rainforest Canopy Walkway** 27 Kilometer westlich von Innisfail (▶ Seite 93). Hinter Innisfail erreichen Sie dann wieder die Hauptroute, die Sie weiter nach Townsville und Airlie Beach bringt.

♨ BABINDA BOULDERS

Dieses Naturschutzgebiet liegt an den Grenzen des Wooroonooran National Parks. Im Park finden sich ein vom Regenwald umgebener, sicherer Badesee sowie ein sehenswerter Wanderweg entlang einer Schlucht.
🔵 Geradeaus durch Babinda, 6 km vom Hwy
⬤ The Boulders Rd, Babinda QLD 4861
🌐 www.babindainfocentre.com.au/what-to-see/attractions/babinda-boulders ⬤ Ganzj. 🔵 Kostenlos

🌲 Devils Pool Walk

Der gut befestigte Weg führt am Babinda Creek vorbei, der sich durch eine schmale, von Felsbrocken eingegrenzte Schlucht zwängt, die man über zwei Aussichtspunkte besser einsehen kann. Eine Aboriginal-Legende besagt, dass der Geist einer unglücklich verliebten Frau auch heute noch junge Männer in die Tiefe zieht. Tatsächlich sind viele, die im Fluss gebadet haben, wegen gefährlicher Strömungen zu Tode gekommen.
🔵 Ganzj. 🔵 Auf dem städtischen Campingplatz von The Boulders ist kostenloses Camping bis zu 72 Stunden lang möglich. Stromanschlüsse sind nicht vorhanden, dafür aber ein WC-Block und kalte Duschen. 🔵 Babinda Boulders Parkplatz 🕐 30 Min. 🔵 Leicht 🔵 1,3 km

Ende der Alternativroute

Falls Sie von Cairns aus noch keinen Tagesausflug mit der **Skyrail**-Gondelbahn unternommen haben, lohnt es sich, einen kurzen Stopp in Kuranda einzulegen. Andernfalls lassen Sie Kuranda einfach links liegen und fahren direkt weiter nach Mareeba.

🏠 KURANDA 🖼🛈➕✖✉🎦

👫👫	1.611		
☀	30 °C		
❄❄	23 °C		
〰〰	330 m		
⛷	Cairns	28 km
	Mareeba	38 km

Die klassische Art, das Regenwald-Dorf Kuranda zu besichtigen, ist auf einer Fahrt mit der **Skyrail** Gondelbahn und der historischen Eisenbahn, der **Kuranda Scenic Railway** (▶ Seite 57). Man kann Kuranda auch mit dem Auto besichtigen (29 Kilometer), jedoch ist die flotte Fahrt über die Passstraße einfach nicht vergleichbar mit einem Flug über den Baumkronen.

Kuranda liegt eingebettet in eine mit tropischem Regenwald bewachsene Berglandschaft, die zum größten Teil als Nationalpark geschützt ist. Am Ortsrand fließt der **Barron River** vorbei, mit den vor allem in der Regenzeit beeindruckenden, 260 Meter hohen Barron Falls Wasserfällen. Bereits seit den 1960er-Jahren haben Hippies, Künstler und andere »Alternative« Kuranda für sich entdeckt. Auch heute noch hat das Dorf im Regenwald ein bisschen von dem langsameren Lebenstempo behalten. Das Ortszentrum besteht aus einer Ansammlung von Restaurants, Pubs und Souvenirläden, die in teils fantasievoll dekorierten Gebäuden untergebracht sind. Die Straßen werden von ausladenden Banyan-Feigenbäumen überschattet, und sogar auf den Gehwegen findet man Kunst aller Art.

🛈 KURANDA VISITOR CENTRE

🔵 Einen kleinen Spaziergang (650 m) von der Eisenbahn und der Skyrail entfernt, auf einer Wiese am Ende der Coondoo St 🔵 Centenary Park, Therwine St/Coondoo St, Kuranda QLD 4881
☎ 07-4093-9311 ✉ info@kuranda.org
🌐 www.kuranda.org 🕐 Tägl. 10–16 h

⊙ Orientieren

Kuranda liegt südlich des Kennedy Highway und ist nur über eine Zugangsstraße – den Rob Veivers Drive – zu erreichen. Die Straße endet an einem Kreisverkehr neben einer dreieckigen Wiese, in deren

81

So schön können die Barron Falls
während der Regenzeit aussehen.

Mitte sich das Visitor Centre befindet. Auf der linken Seite des Kreisverkehrs liegen die **Kuranda Heritage Markets** mit Zoos, Souvenirläden und einem fotogenen Flugzeugwrack (eine ehemalige Filmkulisse), auf der hinteren Seite des Kreisverkehrs die verwinkelten **Original Markets**. Direkt vor der dreieckigen Wiese biegt die **Coondoo Street** nach rechts in Richtung der Skyrail Bergstation und dem Bahnhof ab. Die Coondoo Street ist die Hauptgeschäftsstraße von Kuranda.

Ⓗ Anreise und Transport

Der Bus von Trans North fährt die Strecke von Cairns nach Atherton mindestens zweimal täglich in beide Richtungen ab und hält dabei auch in Kuranda (🖵 www.transnorthbus.com). Parken ist kostenlos in Kuranda.

🛒 Versorgen und einkaufen

Selbstversorger finden einen Foodworks Supermarkt auf der 🖾 16 Thoree Street. Dazu fahren Sie geradeaus am Kreisverkehr am Ende des Rob Veivers Drive.

✕ Essen und trinken

Kuranda lebt von seinen Restaurants – in dem kleinen Regenwalddorf gibt es über dreißig Restaurants, die besten und gemütlichsten davon finden sich im Bereich der »Original Markets«.

▶ Petit Cafe

Beliebt bei den Einheimischen ist dieses französische Café, das sich auf Crêpes (dünne Pfannkuchen) in vielen leckeren sü-

ßen und herzhaften Varianten spezialisiert hat. Empfehlenswert sind – nicht nur – die Crêpes mit Kangaroo Prosciutto.
🖾 *Kuranda Original Markets, Therwine St, Kuranda QLD 4881* ☎ *0421-799-131* 🖵 *www.facebook.com/ThePetitCafeKuranda* 🕐 *Täglich 8–15 h* 💲 *∗–∗∗*

▶ German Tucker ★

Kleines Balkon-Restaurant mit Bratwurst, Sauerkraut, Kartoffelsalat und Weißbier, dazu Schlagermusik und eine immer gut gelaunte, deutschsprachige Crew, mit der man gerne ins Gespräch kommt. Ein Muss in Kuranda.
🖾 *1–3 Coondoo St, Kuranda QLD 4881* ☎ *07-4093-7398* 🖵 *www.germantucker.com* 🕐 *Tägl. 10–15 h* 💲 *∗*

Der German Tucker ist
das einzige deutsche
Restaurant in Kuranda.

👁 Highlights

▶ Barron Falls Lookout

Falls Sie mit der Skyrail oder der historischen Eisenbahn unterwegs sind, sind die Barron Falls einfach über eine der Haltestellen unterwegs zu erreichen. Sollten Sie Kuranda mit dem Auto besuchen statt auf einem Tagesausflug von Cairns, können Sie den Aussichtspunkt an der Barron Falls Haltestelle der Eisenbahn auch in Eigenregie erreichen. Vom Parkplatz geht es etwa zehn Minuten teils über einen Boardwalk bergab durch den Regenwald. Ein Besuch der Wasserfälle lohnt sich vor allem nach einem starken Regenguss. Nach langer Trockenheit – also vor allem in der Zeit von Juni bis November – ist der Wasserfall oft nur ein Rinnsal.

📍 3,3 km südl. von Kuranda über Barron Falls Rd. Folgen Sie den Hinweisschildern zu den Barron Falls.

▶ Koalas, Papageien und Schmetterlinge

Wer sich für australische Tiere interessiert, der kann Koalas streicheln und Krokodile und Wombats in den **Kuranda Koala Gardens** (🌐 www.koalagardens.com) sehen. Bei **Bird World** (🌐 www.birdworldkuranda. com) sehen Sie die nach eigenen Angaben größte Ausstellung frei fliegender Vögel in Australien, und in der Voliere des **Australian Butterfly Sanctuary** (🌐 www.australianbutterflies.com) wird man von Hunderten von bunten Schmetterlingen umschwärmt. Selbst wenn Sie bereits einen ähnlichen Zoo besichtigt haben – die geführte Tour durch das Schmetterlingshaus ist ein echtes Highlight.

📍 Heritage Markets, Rob Veivers Dr, Kuranda QLD 4881 ☎ 07-4093-7575 📧 res@capta.com.au ⏰ Tägl. 9–16 h 💲 Nur Schmetterlinge: Erw. $ 19,50, Kinder $ 9,50, Kombi-Ticket für alle 3 Zoos: Erw. $ 48,50, Kinder $ 24,50

▶ Australian Venom Zoo

Wer es lieber ein bisschen extremer mag: Im Venom Zoo leben die fünf giftigsten Schlangenarten Australiens sowie verschiedene Arten von Skorpionen, Spinnen und Insekten. Das Gift der Tiere wird gesammelt, damit Forscher neue Medikamente für Leiden wie Herzrhythmusstörungen, Gehirntumore oder Arthritis entwickeln können.

📍 8 Coondoo St, Kuranda QLD 4881 🌐 www.tarantulas.com.au ⏰ Tägl. 10–16 h 💲 Erw. $ 16, Kinder $ 11

▶ Rainforestation

Allwetter-Regenwaldpark am Ortsrand von Kuranda mit kleinem Zoo mit australischen Tieren (💲 Erw. $ 16,50, Kinder $ 8,25), Aboriginal Kultur mit Speerwerfen und traditionellen Tänzen (💲 Erw. $ 20,50, Kinder $ 10,25) und Regenwald-Touren mit der »Army Duck«, einem historischen Amphibienfahrzeug (💲 Erw. $ 24, Kinder $ 12). Das Kombiticket für alle Attraktionen kostet für 💲 Erw. $ 49, Kinder $ 24,50. Der Shuttlebus von Kuranda hält alle 30 Min. vor dem Australian Butterfly Sanctuary zwischen 10:45 Uhr und 14:45 Uhr (💲 Erw. $ 12, Kinder $ 6).

📍 1017 Kennedy Highway, Kuranda QLD 4881 📧 res@rainforest.com.au 🌐 www.rainforest.com.au ⏰ Tägl. 9–16 h

🥾🌲 Wandern

▶ Jum Rum Creek Jungle Walk ★

Sehenswerter Spaziergang durch den Regenwald, der von den meisten Touristen übersehen wird. Die Wanderung führt zu einem Bach, an dem man sich gut die Füße abkühlen kann. Auf der anderen Seite geht es bergauf zur Barron Falls Road. Nachdem Sie die Straße überquert haben, gehen Sie hinunter zum breiten Barron River. Der Weg endet an der Treppe am Bahnhof von Kuranda. Um die Mittagszeit warten hier die beiden farbenprächtigen Kuranda-Züge. Vom Bahnhof folgen Sie der Coondoo Street bergauf, bis Sie wieder an der Feuerwehr sind.

⏰ Ganzj.; die Furt über den Bach ist evtl. nach starkem Regen nicht begehbar. 📍 Fußweg neben der Feuerwehr (auffälliges Gebäude) an der Coondoo St ⏱ 1 Std. 📊 Leicht 📏 3 km (Rundweg)

Hinter Kuranda lichtet sich der Regenwald und weicht trockener Savanne mit lichtem Eukalyptuswald. Mareeba erreichen Sie nach etwa 30 Minuten Fahrt über den Kennedy Highway (Highway 1), zwischendurch bietet sich ein kleiner Stopp an.

👁 JAQUES AUSTRALIAN COFFEE

Etwas versteckt gelegenes Café mitten in einer Kaffeeplantage mit tropischem Garten und Springbrunnen. Selbstverständlich wird nur der selbst angebaute und selbst geröstete Kaffee serviert. Außerdem kann man an einer Tour über die Plantage teilnehmen, in der erklärt wird, wie Kaffee angebaut und verarbeitet wird (💲 Erw. $ 15, Kinder $ 8).

📍 Ausgeschildert ab Kennedy Hwy, 7 km östlich von Mareeba und 30 km westlich von Kuranda 📍 232 Leotta Rd, Mareeba QLD 4880 ☎ 07-4093-3284 🌐 www.jaquescoffee.com.au ⏰ Tägl. 10–16 h, Küche geöffnet 11–15 h 💲 ★★

83

MAREEBA 🏠 ℹ️ ➕ ✖️ ☑️ 🖼️

👫👫	6.806
☀️	29 °C
❄️	17 °C
〰️	417 m
Kuranda	38 km
Atherton	34 km

Das 417 Meter hoch gelegene Mareeba ist mit 6.800 Einwohnern nach Atherton die zweitgrößte Stadt auf den Atherton Tablelands. Bereits am Ortseingang sieht man, dass die Einheimischen stolz auf ihre 300 Sonnentage im Jahr sind, was Mareeba zur idealen Basis für Ballonfahrten macht.

ℹ️ MAREEBA HERITAGE MUSEUM AND INFORMATION CENTRE

Das liebevoll von ehrenamtlichen Mitarbeitern gestaltete Visitor Centre und (kostenlose) Museum beschäftigt sich mit der Geschichte dieser Region, angefangen bei den Aboriginals. Mit dabei ist ein Ambulanzfahrzeug, das auf Schienen fährt, sowie eine historische Schmiede. Jeden 2. und 5. Samstag im Monat findet auf dem Gelände des Museums ein Markt statt (🕐 7–12 h).

📍 *Von Kuranda aus über den Kennedy Hwy kommend biegen Sie am Ortseingang rechts in die Mareeba Connection Rd. Die Straße mündet in den Mulligan Hwy (Hwy 81). Das Museum liegt nun direkt auf der linken Seite.* 🏠 *345 Byrnes St, Centenary Park, Mareeba QLD 4880* ☎ *07-4092-5674* 🌐 *www. mareebaheritagecentre.com.au* 🕐 *Tägl. 9–17 h*

⊘ Orientieren

Die Orientierung in Mareeba ist sehr einfach, da sich alles rechts und links der Hauptstraße abspielt. Von Kuranda aus über den Kennedy Highway kommend, biegen Sie am Ortseingang rechts in die Mareeba Connection Road. Die Straße mündet in den Mulligan Highway (Highway 81), der im Ortsbereich von Mareeba Byrnes Street heißt.

Ⓗ Anreise und Transport

Der Bus von Trans North fährt die Strecke von Cairns nach Atherton jeweils mindestens zweimal täglich in beide Richtungen ab und hält dabei auch in Mareeba (🌐 www. transnorthbus.com).

🛒 Versorgen und einkaufen

Der Ort hat mehrere Tankstellen, Supermärkte (darunter Coles sowie IGA an der Byrnes St) und ein Target Warenhaus. Die nächsten Supermärkte gibt es in Atherton (34 km entfernt, nächstes Ziel auf der Route).

✖️ Essen und trinken

Mareeba ist eher weniger auf Tourismus eingestellt, und die Restaurantauswahl entlang der Byrnes Street beschränkt sich vorwiegend auf Fast Food und Takeaway-Imbisse. Für ein schnelles Mittagessen ist **Nina's Kebabs** ein Tipp. Dort gibt es leckere Döner Kebabs, die allerdings anders schmecken, als aus Europa gewohnt (🌐 Ecke Byrnes St/ Atherton St, 🕐 Tägl. außer So.).

▶ Coffee Works

Für eine gute Tasse Kaffee oder einen unwiderstehlichen Eiskaffee empfiehlt sich

Eine Ballonfahrt bei Sonnenaufgang über den Tablelands – einfach unvergesslich

Coffee Works, die lokal angebauten Kaffee selbst rösten und informative Touren zur Kaffeeherstellung anbieten. Im angeschlossenen Laden werden Kaffee, Schokolade und selbst hergestellte Pralinen verkauft. Für die Kaffeeführung bitte voranmelden (◎ Erw. $ 19, Kinder $ 10).

◉ Am Ende der Mareeba Connection Rd schräg links in die Costin St, dann rechts in die Mason St ◎ 136 Mason St, Mareeba QLD 4880 ☎ 07-4092-4101 ◌ www.coffeeworks.com.au ◉ Tägl. 9 – 16 h ◎ ★

👁 Highlights

▶ Kängurus am Golfplatz

Falls Sie morgens früh oder am späten Nachmittag unterwegs sind, lohnt es sich, der Beschilderung in Richtung Dimbulah im Norden von Mareeba zu folgen. Der Golfplatz liegt außerorts am Highway 27 und ist ein beliebter Platz bei grauen Kängurus. Die Tiere können Sie von der Straße aus beobachten.

◉ Vom Kennedy Hwy rechts auf den Hwy 81, im Norden von Mareeba vom Hwy 81 links ab auf den Hwy 27 (Burke Development Rd) ◎ Burke Development Rd (Hwy 27) Richtung Dimbulah

▶ Ballonfahrten zum Sonnenaufgang

Mit 300 Sonnentagen im Jahr ist Mareeba das Ballonfahrer-Zentrum in Norden Australiens. Ballonfahrten werden jeden Morgen bei Sonnenaufgang angeboten und müssen vorgebucht werden. Treffpunkt ist am Mareeba Heritage Museum; alternativ kann man sich in Cairns vom Hotel abholen lassen.

◎ Ecke Esplanade und Shields St, Cairns QLD 4870 (in Mareeba hat Raging Thunder kein Büro) ☎ 07-4030-7990 @ info@ragingthunder.com.au ◌ www.raging thunder.com.au ◎ Ab Mareeba: 30 Min. Flug Erw. $ 220, Kinder $ 145. Ab Cairns: 30 Min. Flug Erw. $ 260, Kinder $ 200

Vorwiegend morgens und gegen Nachmittag halten sich auf dem Golfplatz auch gerne Kängurus auf

▶ Granite Gorge Nature Park

In diesem Naturpark leben die endemischen (nur in dieser Region beheimateten) *Mareeba Rock Wallabys*, eine etwa katzengroße Känguruart, die man aus der Hand füttern kann. Zum Check-in gehen Sie in das Café und zahlen $ 12 Eintrittsgebühr (Kinder $ 6). Wer eine Nacht zwischen Wallabys verbringen will: Auf dem Gelände befindet sich eine Wiese, auf der Camping erlaubt ist (◎ $$). Die Sanitäranlagen sind einfach, aber sauber. Alternativ kann man in Safari-Zelten oder Cabins mit Bad übernachten (◎ ★★★★).

◉ Der Park ist von der Byrnes St in Mareeba aus ausgeschildert über die Rankin St (gegenüber vom McDonald's (Hwy 81)) und liegt 12 km außerorts an der Chewko Rd, mitten im mit Termitenhügeln gespickten Bushland. ◎ 332 Paglietta Rd, Chewko QLD 4880 ☎ 07-4093-2259 @ info@granitegorge. com.au ◌ www.granitegorge.com.au

🛏 Übernachten

🏨 Jackaroo Motel

Im ruhigen Zentrum von Mareeba gelegenes Motel mit 25 Zimmern und einem Apartment, einem Salzwasser-Pool und BBQ. Wer vorher eine Ballonfahrt gebucht hat, kann eine Stunde länger schlafen als die Gäste aus Cairns, da der Treffpunkt genau gegenüber am Heritage Centre liegt.

✉ 340 Byrnes St, Mareeba QLD 4880 ☎ 07-4092-2677 @ relax@jackaroomotel.com 🌐 www.jackaroomotel.com 🅿 Ja 🌐 Ja ⭐ ★★

Sie verlassen Mareeba und folgen weiter dem Kennedy Highway nach Atherton. Die Straße führt über 34 Kilometer fast schnurgerade erst durch trockene Savannenlandschaft und etwa ab Walkamin durch eine sichtlich grünere Umgebung.

👁 MOUNT UNCLE DISTILLERY IN WALKAMIN

Die am Fuße des Mount Uncle Vulkans gelegene Destillerie verkauft selbstgebrannten Rum und Wodka sowie auch Kaffee- und Bananen-Likör. Ebenfalls auf dem Gelände liegt das urige Bridges Café mit australischer Küche, das aus massiven Holz-Brückenpfeilern gebaut ist. Durch ein großes Panoramafenster bieten sich Blicke ins Outback.

📍 18 km südlich von Mareeba und 22 km nördlich von Atherton, vom Kennedy Hwy aus ausgeschildert ✉ 1819 Chewko Rd, Walkamin QLD 4872 ☎ 07-4086-8008 @ info@mtuncle.com 🌐 www.mtuncle.com 🕐 Tägl. 10–16 h ⭐ ★–★★

🚐 ROCKY CREEK WAR MEMORIAL PARK

Ein Teil des Parks dient als Mahnmal für gefallene Soldaten im Ersten Weltkrieg. Die weitaus größere Fläche wird von einem Campingplatz eingenommen. Mehr als eine große Wiese mit einem WC-Block gibt es zwar nicht, dafür kostet es nicht mehr als eine Spende. Wasser ist vorhanden, aber nicht zum Trinken geeignet.

📍 Kennedy Hwy 23 km südlich von Mareeba und 11 km nördlich von Atherton ✉ Kennedy Hwy, Tolga QLD 4882 ❶ Nein ❷ Nein ❸ Nein ❹ Nein ❺ Spende

👁 TOLGA WOODWORKS

Schnitzwerkstatt mit interessanten Souvenirs aus Holz und Keramik sowie angeschlossenem Café mit Sitzecke an der frischen Luft. Auf dem Menü stehen Suppen, Salate und Kuchen, dazu Kaffee aus lokalem Anbau, Tee und frische Säfte.

📍 5,5 km nördlich von Atherton am Ortseingang von Tolga ✉ Cnr Kennedy Hwy/Tostevin St, Tolga QLD 4882 ☎ 07-4225-0686 @ info@tolgawoodworks.com.au 🌐 www.tolgawoodworks.com.au 🕐 Tägl. 8:30–15:30 h, Febr. geschlossen ⭐ ★

🏛 TOLGA HOTEL

Man kann vor der Tür des klassischen Queenslander Holzhauses im Schatten der Sonnenschirme sitzen oder es sich im kühlen Innenraum bequem machen. Serviert werden australische Lieblinge wie Burger und Fish & Chips.

📍 5,5 km nördlich von Atherton, vom Kennedy Hwy links in die Main St ✉ 23 Main St, Tolga QLD 4882 ☎ 07-4095-4106 🌐 www.facebook.com/pages/The-Tolga-Pub/294359313955885 🕐 Geöffnet für Mittag- und Abendessen ⭐ ★–★★

🏙 ATHERTON 🅿🛈➕✖🖭📷🏨

👫	7.068	
☀	25 °C	
❄	15 °C	
〰	752 m	
⚓	Mareeba	34 km
	Malanda	20 km

Atherton ist mit knapp über 7.000 Einwohnern die größte Stadt der Atherton Tablelands, mit einem im Vergleich zur Region Mareeba ganzjährig merklich kühlerem Klima. In manchen Winternächten kann man sogar mit Temperaturen um den Gefrierpunkt rechnen. Wie Mareeba konzentriert sich das 1875 gegründete Atherton weniger auf Tourismus und mehr auf die Versorgung der einheimischen Bevölkerung, von denen viele italienische Wurzeln haben.

ATHERTON INFORMATION CENTRE

Ecke Main/Silo Rd, am Kreisverkehr in Richtung Herberton Silo Rd, Atherton QLD 4883 07-4091-4222 athinfocentre@trc.qld.gov.au www.athertontablelands.com.au Tägl. 9–17 h

Orientieren

Der Kennedy Highway (Highway 1) durch-schneidet Atherton von Nord nach Süd und macht südlich des Stadtzentrums einen Schlenker in Richtung Osten. Im Ortsbereich wird der Highway in Main Street umbenannt. Das Stadtzentrum beginnt am Kreisverkehr Main Street/Cook Street direkt hinter einer großen Grünfläche (dem Rotary Park) und endet drei Blocks weiter am nächsten Kreisel. Von hieraus geht es links zur Silo Road in Richtung Visitor Centre und IGA Shopping Centre und rechts zur Robert Street, der Fortführung des Kennedy Highway (Highway 1) in Richtung Malanda.

Anreise und Transport

Der Bus von Trans North fährt die Strecke von Cairns nach Atherton jeweils mindestens zweimal täglich in beide Richtungen ab und hält dabei auch in Atherton.

Versorgen und einkaufen

In Atherton gibt es mehrere Supermärkte sowie ein Big W Warenhaus. Der am besten sortierte Supermarkt auf den Tablelands ist der IGA, 5 Silo Road (direkt am zweiten Kreisel an der Main Street (Kennedy Highway)).

Essen und trinken

▶ Gallery 5

Gemütliches Café neben dem Visitor Centre im Zentrum von Atherton. Abgesehen von Kaffee und Kuchen bekommt man eine Reihe von kleinen Gerichten, die für Vegetarier und bei Glutenintoleranz geeignet sind.
5 Herberton Rd, Atherton QLD 4883 07-4091-5576 cafe@gallery5.com.au www.gallery5.com.au Mo.–Fr. 8–16 h, Sa. & So. bis 14 h *

▶ Petals and Pinecones

Unauffällig hinter einem Autoladen gelegenes Café mit gemütlichem, altmodischem Dekor und gutem Kaffee.
8/6 Herberton Rd, Atherton QLD 4883 0436-412-559 www.facebook.com/pg/petalsandpinecones Mo.–Do. 9–16:30 h, Fr. bis 19 h, Sa. & So. bis 16 h *

Highlights

▶ Crystal Cave

Mineralien aus aller Welt werden hier im besten Licht präsentiert, darunter auch die größte Amethyst-Geode der Welt. Allein der ans Museum angeschlossene Mineralien-Laden ist eine Schatztruhe für sich. Wer mit Kindern unterwegs ist und den Eintritt ins Museum zu teuer findet: Viele Kinder finden es spannend, im Laden eine Geode auszuwählen, diese mit einer Riesenzange zu knacken und den Schatz mitzunehmen – wie ein geologisches Überraschungsei. Das geht auch ohne Eintritt.
69 Main St, Atherton QLD 4883 07-4091-2365 info@crystalcaves.com.au www.crystalcaves.com.au Mo.–Fr. 9–17 h, Sa., So. & Feiertage 9–16 h, Weihnachten, Neujahr, Karfreitag geschlossen Erw. $ 25, Kinder $ 12,50

▶ Hallorans Hill Conservation Park

Einer der besten Aussichtspunkte über die Berge und uralten Vulkane der Region ist der Hallorans Hill am Ortsrand von Atherton, ein oft von Wind umtoster Vulkankegel. Mit ein bisschen Glück kann man wilde Kängurus sehen, die sich vorwiegend im Unterholz aufhalten. Man kann auf der Hügelkuppe an der Dalziel Avenue parken oder aber den Hügel im Rahmen einer lohnenswerten Wanderung durch Regenwald und lichten Eukalyptuswald besichtigen (1 Std. 20 Min., Moderat, 1,4 km

Weite Aussichten vom Hallorans Hill über Atherton Tablelands

(einfache Strecke). Der Wanderweg beginnt am Priors Creek an der Louise Street (Nähe Cook Street) und führt am Bach entlang und durch Regenwald den Vulkan hinauf.

🌐 *Am Ortseingang von Atherton links in die Cook St. Vorbei am Woolworths Supermarkt und der Straße bis zum Ende folgen. Nun gegenüber am Spielplatz parken. Der Wanderweg beginnt rechts neben dem WC-Häuschen.*
📧 Dalziel Ave, Atherton QLD 4883

▶ Hou Wang Temple

Ein unerwarteter Anblick ist der chinesische Tempel, der sich am Ortsausgang von Atherton in Richtung Herberton am Highway 52 befindet. Der Tempel stammt aus der Zeit, als chinesische Gärtnereien die Siedler in der Region mit Gemüse versorgten. Nachdem sich die Regierung im frühen 20. Jahrhundert entschieden hatte, dass nur westliche Einwanderer willkommen sind, wurden die Chinesen zurückgeschickt. Heute ist nur noch der Tempel vom einstmaligen Chinatown erhalten.

📧 86 Herberton Rd (Hwy 52), Atherton QLD 4883 ☎ 07-4091-6945 📧 info@houwang.org.au 🌐 www.houwang.org.au 🕐 Mi.–So. 11–16 h 💲 Erw. $ 10, Kinder $ 5

▶ Bat Hospital

In Nord-Queensland leben sowohl die in Europa bekannten Fledermäuse *(Microbats)* als auch die erheblich größeren, pflanzenfressenden Flughunde *(Flying Foxes)*. Im Bat Hospital werden verletzte, kranke und verwaiste Tiere wieder gesund gepflegt. Am Nachmittag zur Besuchszeit werden die Tiere gefüttert, und man kann an einer Führung durch das Hospital teilnehmen.

🌐 *In Atherton der Beschilderung nach Herberton folgen (Hwy 52), 6 km außerorts rechts in Carrington Rd in Einfahrt bei Nr. 134* 📧 134 Carrington Rd, Carrington QLD 4883 ☎ 07-4091-2683 📧 jenny@tolgabathospital.org 🌐 www.tolgabathospital.org 🕐 Täglich 15–18 h, Voranmeldung wird empfohlen 💲 Erw. $ 20, Kinder $ 10

💡 *Weitere Tipps für Ausflüge in den Atherton Tabelands finden Sie hier: www.australien-reisetipps.de/australien-cairns/atherton-tablelands-highlights*

🛏 Übernachten

Atherton hat wenige interessante Unterkünfte. Wenn es also nicht dringend notwendig ist, lohnt es sich eher, eine der Regenwald-Unterkünfte auf dem Weg nach Malanda zu wählen und der einheimischen Tierwelt ein wenig näherzukommen.

🏨 Mount Quincan Crater Retreat

Wer schon immer in einem Baumhaus im Re-

genwald an den Hängen eines Vulkankraters übernachten wollte, hat hier die Gelegenheit. Frühstück, Whirlpool-Badewanne und Bademäntel sind mit dabei (Mindestaufenthalt: zwei Nächte). Wem das nicht genug Entspannung ist, der kann zusätzlich noch Massage-Behandlungen buchen. Auf dem Gelände des Retreats leben 14 bis 18 Baumkängurus. Die Wahrscheinlichkeit ist daher hoch, dass Sie bei einem abendlichen Spaziergang ein Exemplar zu Gesicht bekommen – vielleicht sogar mit einem Baby im Gepäck.

🌐 *Auf halber Strecke zwischen Atherton und Malanda (jeweils 19 km). Von Atherton über den Gillies Hwy (Hwy 52) Richtung Yungaburra, nach 14 km rechts in Peeramon Rd, nach 3 km rechts in die Hunt Rd.* 📧 Hunt Rd, Peeramon QLD 4884 ☎ 07-4095-2255 📧 bookings@mtquincan.com.au 🌐 www.mtquincan.com.au 🅿 Ja 🐕 Ja ⭐ ★★★

🏨 Atherton Blue Gum Bed & Breakfast

Das B&B liegt am Stadtrand an den Hängen des Hallorans Hill, einem erloschenen Vulkan. Das ganz aus Holz gebaute Haus hat eine große Terrasse mit Aussicht über einen tropischen Garten, die Zimmer sind einfach ausgestattet. Weiter oben am Gipfel des Vulkans liegen die Summit Apartments in einem großen, komfortabel ausgestatteten Haus mit Küche und Kamin und Platz für zwei bis zehn Gäste. Frühstück ist inbegriffen.

🌐 *Dem Kennedy Hwy durch Atherton bis zum Ortsende (hier Robert St) folgen und rechts ab in die Twelfth Ave* 📧 36 Twelfth Ave, Atherton QLD 4883 ☎ 07-4091-5149 🌐 www.athertonbluegum.com 🅿 Ja 🐕 Ja ⭐ Zimmer mit Frühstück ★, Summit Apartments ★★

🏕 Atherton Woodlands Tourist Park (Big 4)

Sehr ruhig am Ortsrand an einem bewaldeten Berghang gelegener Campingplatz, nicht weit vom Chinesischen Tempel und dem Bat Hospital entfernt. Auf dem Gelände gibt es einen großen Pool mit Wasserfall, einen Spielplatz und eine große Bali-Hütte mit gemütlichen Sofas. Wer lieber nicht campen möchte, der kann in einer der Cabins übernachten, die Platz für zwei bis 6 Personen bieten. Alle Cabins haben ein eigenes Badezimmer.

🌐 *Am Kreisverkehr am Visitor Centre in Atherton in Richtung Herberton abbiegen, dann 2 km dem Straßenverlauf folgen* 📧 141 Atherton-Herberton Road, Atherton QLD 4883 ☎ 07-4091-1407 🌐 www.woodlandscp.com.au 🅿 Ja 🏕 65 ⛺ 4 🐕 Ja 🌐 Ja, kostenlos ⚡ Wasser, Strom (15 Amp.) 🅿 Ja ⭐ $$$, Cabins ★–★★

*Hinter Atherton geht es erst weiter über den Kennedy Highway (Highway 1) in Richtung Süden. Vier Kilometer außerorts nehmen Sie rechts die **Malanda-Atherton Road (Highway 25)** Richtung Malanda, während grüne Hügellandschaften an Ihnen vorbeiziehen.*

Malanda Falls mit kostenlosem Schwimm-bad direkt unterhalb der Wasserfälle

MALANDA ☑🛏➕✖🛒🏛

🚶🚶	1.009	
	Atherton	20 km
	Millaa Millaa	23 km

Da das Wetter in dieser Region ganzjährig kühler und feuchter ist als im restlichen Nord-Queensland, eignen sich die über 700 Meter hoch gelegenen Bergwiesen zwischen Malanda und Millaa Millaa hervorragend für die Milchwirtschaft. Noch vor hundert Jahren haben sich die Pioniere auf die Schulter geklopft für jeden gefällten Baum, heute sind die wenigen verbliebenen Reste des Regenwalds als Conservation Park geschützt.

ℹ MALANDA FALLS VISITOR CENTRE

🌐 Das Visitor Centre befindet sich 1 km vor dem Ort im Malanda Conservation Park. 🚗 Malanda/ Atherton Rd, Malanda QLD 4885 ☎ 07-4096-6957 @ info@malandafalls.com 💻 www.malandafalls.com 🕐 Tägl. 9–16:30 h

🧭 Orientieren

Die Malanda-Atherton Road (Highway 25) führt Sie noch vor dem Ortsbeginn zum Malanda Falls Conservation Park mit Visitor Centre. Direkt daran schließt der örtliche Campingplatz an, der Malanda Falls Caravan Park, gefolgt vom kleinen Ortszentrum. Hier wird die Straße in Park Avenue umbenannt. Am Malanda Dairy Centre biegt der Highway 25 nach Süden ab und heißt nun Millaa Millaa-Malanda Road.

🛒 Versorgen und einkaufen

In Malanda gibt es einen Spar Supermarkt an der 🚗 2–10 English Street. Biegen Sie vom Highway 25 (Malanda-Atherton Road) im Ort rechts auf die English Street.

👁 Highlights

▶ Malanda Falls

Einen Besuch wert sind die Malanda Falls, die sich im Regenwald hinter dem Visitor Centre befinden. Der kleine Teich unterhalb der Wasserfälle ist zum Schwimmbad ausgebaut. In der Dämmerung kommen manchmal Schnabeltiere (Platypus) zum Baden vorbei. 🚗 38 Park Ave (an der Malanda-Atherton Rd), Malanda QLD 4885

▶ Malanda Falls Regional Park

Die Regenwälder Nord-Queenslands beherbergen eine einzigartige Tierwelt, die in mancher Hinsicht mehr mit Neuguinea gemeinsam hat als mit dem Rest Australiens. Das gilt für die in beiden Ländern beheimateten Cassowaries (Helmkasuare, ▶Seite 94) ebenso wie für die ebenfalls seltenen **Baumkängurus** (Tree Kangaroos). Die auf den Atherton Tablelands beheimateten Lumholtz-Baumkängurus können (mit Schwanz) bis zu 130 cm groß werden. Die Tiere sind sehr fotogen und erinnern eher an große Teddybären als an ihre hüpfenden Kollegen auf dem Boden. Ähnlich wie die nur in den trockeneren Regionen Australiens beheimateten Koalas können Baumkängurus sehr gut klettern, sie sind sowohl tag- wie auch nachtaktiv. In den Wintermonaten sonnen sich die Tiere oft in den Baumwipfeln, manchmal sogar direkt an der Hauptstraße, die durch den Park führt.

Im sehenswerten Visitor Centre des Malanda Falls Conservation Parks, das gleichzeitig als Touristeninformation für Malanda dient, erfahren Sie mehr über Vulkane, den Regenwald und Baumkängurus und wo sie zuletzt gesehen wurden. Wir selbst haben Baumkängurus an einem regnerischen Spätnachmittag nur wenige Schritte vom Visitor Centre beobachten können – das Wetter ist also nie zu schlecht für eine Tierbeobachtung! Am Wochenende kann man an einer von einem Aboriginal geführten, 45-minütigen Wanderung teilnehmen (● Jeden Fr., Sa., So. 9:30 & 11 h, ● Erw. $ 20, Kinder $ 10), Voranmeldung wird empfohlen.

● *Malanda Falls Visitor Centre, 38 Park Ave (an der Malanda - Atherton Rd), Malanda QLD 4885* ● *www. nprsr.qld.gov.au/parks/malanda-falls* ● *Kostenlos*

▶ Malanda Dairy Centre

Die Molkerei der Dairy Farmers Kooperative beliefert Cairns und Umgebung täglich mit frischer Milch. Wer sich dafür interessiert, wie die Milch in die Flasche kommt, der kann sich einer 45-minütigen Tour durch die Molkerei anschließen. Im angeschlossenem, kostenlosen Museum mit Gallery Cafe (● * – **) erfährt man mehr über die Geschichte der Region. Dass die Einheimischen stolz darauf sind großflächig den Regenwald (den man früher *scrub* nannte) abgeholzt zu haben, dürfte allerdings nicht für jeden so leicht verdaulich sein.

● *Auf dem Hwy 25 in der Ortsmitte von Malanda*
● *Cnr James St/Millaa Millaa-Malanda Rd, Malanda QLD 4885* ● *07-4095-1234* ● *www.malandadairy centre.com* ● *Museum und Café: Mi. – Fr. 9 – 15 h, Sa. – So. 9 – 15 h* ● *Molkereitouren auf Anfrage*

🧍🌲 Wandern

Kartenmaterial für die folgenden beiden Wanderungen erhalten Sie im Visitor Centre in Malanda oder hier:
● *www.malandafalls.com/wp-content/uploads/ 2013/12/walks.pdf*

> 💡 Insektenmittel wird empfohlen für beide Wanderungen.

▶ Tulip Oak Walk

Tulip Oaks sind riesige Urwaldbäume mit breiten Stützwurzeln. Am WC-Block neben dem Wasserfall beginnt dieser Weg durch den Regenwald, auf dem man mit ein bisschen Glück Baumkängurus sehen kann. Unterwegs geht es vorbei an zwei Aussichtsplattformen über den North John-

stone River. Der Weg macht eine Schleife durch den Regenwald, dann geht es wieder zurück über den Hauptweg zu den Wasserfällen.

● *Ganzj.* ● *Am WC-Block des Wasserfalls, nahe Malanda Falls Visitor Centre* ● *35 Min.* ● *Leicht* ● *1 km*

Baumkänguru mit Baby

▶ Rainforest Walk

Auf der anderen Straßenseite, gegenüber des Visitor Centre führt dieser botanische Rundweg entlang des North Johnstone River durch den Regenwald, mit einem Schildkrötenaussichtspunkt über den Fluss. Mit ein bisschen Glück können Sie hier Schnabeltiere (*Platypus*) sehen.

● *Ganzj.* ● *Auf der anderen Straßenseite vom Visitor Centre* ● *30 Min.* ● *Leicht* ● *1,5 km (Rundweg)*

▶ Nerada Tea Plantation

Die Nerada-Plantage zwischen Malanda und Tarzali (Abzweig Glen Allyn Road) ist nach eigenen Angaben die größte Teeplantage Australiens. Nerada produziert pestizidfreien Tee für die großen australischen Supermärkte. Führungen mit Voranmeldung möglich, außerdem können Sie sich im hauseigenen Café bei einer Tasse echten Aussie-Tees stärken.

> 💡 In der Umgebung der Plantage sind schon öfter Baumkängurus beobachtet worden. Fragen Sie einfach vor Ort nach, wann und wo zuletzt Tiere gesichtet wurden.

● *17 km östlich von Malanda. Auf der Millaa Millaa-Malanda Rd (Hwy 25) Richtung Tarzali, nach 1 km links in die Glen Allyn Rd und der Beschilderung folgen.* ● *933 Glen Allyn Rd, Malanda QLD 4885* ● *07-4096-8328* ● *visitorscentre@neradatea.com.au* www.neradatea.com.au ● Mo.–Fr. 9–16 h, an Feiertagen und im Februargeschlossen ● Erw. $ 12,50, Kinder: frei

▶ Australian Platypus Park

Das **Schnabeltier (Platypus)** ist ein eierlegendes Säugetier, das bis zu 45–55 cm groß werden kann. Ein guter Ort, um garantiert Schnabeltiere zu sehen, ist der Platypus Park (● Erw. $ 8, Kinder $ 6). Im Smokehouse Café am Seeufer kann man den vor Ort gezüchteten Barramundi kosten (● $ 12–22) sowie geräucherten Fisch zum Mitnehmen kaufen.

Schnabeltiere fürchten sich vor Regenschirmen – das erfährt man im Platypus Park.

💡 Camper mit Wohnwagen oder Zelt können auf dem Gelände übernachten (● *, Duschen $ 2,50), allerdings gibt es keinen Strom und kein Wasser.

● 3 km südlich von Malanda Richtung Millaa Millaa ● Lot 3, Millaa Millaa-Malanda Rd, Malanda QLD 4885 ● 07-4097-2713 ● info@tarzalilakes.com ● www.australianplatypuspark.com ● Tägl. 9–16 h

🛏 Übernachten

🏠 Rose Gums Wilderness Retreat

In den Außenbereichen des **Wooroonooran National Park**, etwa 19 Kilometer östlich von Malanda, befinden sich neun in den Regenwald gebaute Baumhäuser für jeweils bis zu sechs Gäste, die weit genug auseinanderstehen, dass man nichts von seinen Nachbarn zu sehen bekommt. Jedes Baumhaus hat eine Whirlpool-Badewanne und einen Kamin sowie eine voll ausgestattete Küche. Am Resort beginnen mehrere Wanderwege von 20 Minuten bis zwei Stunden Gehzeit, u.a. zum Butchers Creek, wo man mit ein bisschen Glück in der Dämmerung Schnabeltiere (Platypus) sehen kann.

● 17 km östlich von Malanda. Von Malanda über die Malanda-Lake Barrine Rd in Richtung Lake Barrine fahren. Nach 6 km rechts in die Topaz Rd, nach 2 km links in die Heidke Rd, nach 2,5 km rechts in die Russell Rd, und nach 3,5 km links in die Land Rd. ● 324 Land Rd, Malanda QLD 4885 ● 07-4096-8360 ● info@rosegums.com.au ● www.rosegums.com.au ● Ja ● Kostenloses WiFi an der Rezeption ● ★★★–★★★★

🛏 Malanda Falls Caravan Park

Ideal in Gehweite vom Wasserfall, dem Conservation Park und dem Malanda Dairy Centre gelegener Campingplatz mit einer großen Wiese, die direkt an den Regenwald angrenzt. Der Platz hat eine Gemeinschaftsküche und mehrere BBQs. Nicht-Camper können in einer der Cabins übernachten. Die Units sind für bis zu vier Gäste geeignet, die freistehenden Villen haben eigene Terrassen und sind für bis zu sechs Gäste ausgelegt.

● 38 Park Ave, Malanda QLD 4885 ● 07-4096-5314 ● www.malanda-falls.com.au ● Ja ● 60 ● Unmarkiert (ca. 60 Plätze) ● Ja ● Ja ● Nein ● Wasser, Strom (15 Amp.) ● Nein ● $–$$, Cabins ★

Von Malanda geht es weiter über die Millaa Millaa-Malanda Road (Highway 25) nach Millaa Millaa.

🏢 MILLAA MILLAA ▮ ➕ ✕ ▭ ▦

🚶🚶🚶	289	
	Malanda	23 km
	Mission Beach	105 km

Der kleine Ort mit 250 Einwohnern ist umgeben von grünen Hügeln und Milchfarmen. Mit ca. 3.500 mm Regen im Jahr gehört Millaa Millaa zu den nassesten Orten Australiens.

ℹ MILLAA MILLAA HISTORICAL MUSEUM & VISITOR INFORMATION CENTRE

Die Touristeninformation befindet sich im historischen Museum (🔄 Kostenlos) auf der Hauptstraße von Millaa Millaa. Im Museum finden sich vor allem Fotos und Ausstellungsstücke, die sich mit der Holz- und Milchwirtschaft beschäftigen.

🔄 *Main St, Millaa Millaa QLD 4886* ☎ *07-4097-2725* 🌐 *www.millaamillaa.com* 🕐 *Tägl. 9–12 h*

✪ Orientieren

Millaa Millaa ist ein sehr übersichtlicher Ort: Die Main Street biegt direkt von der Millaa Millaa-Malanda Road ab, die an dieser Kreuzung in Palmerston Highway umbenannt wird. Die Main Street ist nur wenige hundert Meter lang, aber es gibt Cafés, ein Immobilienbüro, ein historisches Museum und eine Tankstelle mit Wandbild, das die Geschichte des Ortes darstellt. Die eigentlichen Highlights der Region – der verbliebene Regenwald und die Wasserfälle – befinden sich außerorts am Palmerston Highway.

✖ Essen und trinken

▶ Millaa Millaa Tea House

Queenslander Holzhaus von 1930 an der Eingangsstraße zum Waterfalls Circuit. Von der Terrasse an der Rückseite des Hauses genießt man Aussichten auf grüne Hügel. Das Tea House eignet sich gut für eine Kaffeepause.

📍 *1 km nach dem Abzweig zur Main St über den Palmerston Hwy weiter bis links die Theresa Creek Rd abzweigt* 🔄 *Lot 1, Theresa Creek Rd, Millaa Millaa QLD 4886* ☎ *07-4097-2237* 🌐 *thefallsteahouse@bigpond.com* 🌐 *www.fallsteahouse.com.au* 🕐 *Tägl. außer donnerstags 9–16 h* 🔄 ***

▶ Mungalli Creek Biodynamic Dairy

Die 120 Hektar große Milchfarm wurde 1920 gegründet und liegt etwa zehn Kilometer von Millaa Millaa entfernt auf 800 Metern Höhe, mit schönen Aussichten auf Queensland höchsten Berg, Mount Bartle Frere (1.622 m). Mungalli ist die einzige biozertifizierte Molkerei in Queenslands Norden und hat für ihre Produkte bereits viele Preise gewonnen. Im ehemaligen Farmhaus können Sie frischen Käse und Joghurt kosten, außerdem werden Biokäse, Joghurt, Milch und Eis verkauft.

📍 *9 km hinter dem Abzweig zur Main St über den Palmerston Hwy weiter bis links die Brooks Rd abzweigt* 🔄 *251 Brooks Rd, Millaa Millaa QLD 4886*

☎ *07-4097-2232* 🌐 *info@mungallicreekdairy.com.au* 🌐 *www.mungallicreekdairy.com.au* 🕐 *Tägl. 10–16 h, 25./26.12, Karfreitag sowie im Februar geschlossen*

👁 Highlight

▶ Waterfall Circuit

Auf den Atherton Tablelands gibt es eine Reihe von sehenswerten Wasserfällen, aber nirgendwo anders liegen gleich mehrere fotogene Fälle aufgereiht wie an einer Perlenschnur. Der *Waterfall Cicuit* beginnt nur drei Kilometer außerhalb von der Ortschaft Millaa Millaa (ist ausgeschildert). Die ersten Wasserfälle auf dem Rundkurs sind die **Millaa Millaa Falls**, die zwar nicht zu den höchsten, wohl aber zu den schönsten Wasserfällen Australiens gehören. Das ganze Jahr über ergießt sich der von tropischer Vegetation eingerahmte Wasserfall wie ein feiner Schleier in einen natürlichen kleinen See. Das Wasser ist eiskalt, Baden ist erlaubt. Die beste Zeit ist vom späten Vormittag bis zum frühen Nachmittag, da der Wasserfall früh morgens und spät am Nachmittag im Schatten liegt. Wenn Sie dem Waterfall Circuit entlang der Theresa Creek Road weiter folgen, erreichen Sie die **Zillie Falls** nach 7,5 Kilometern und die **Ellinjaa Falls** nach weiteren drei Kilometern. Der gesamte Rundkurs beläuft sich auf etwa 20 Kilometer.

📍 *1 km hinter dem Abzweig zur Main St weiter über den Palmerston Hwy, am Tea House links abbiegen* 🔄 *Theresa Creek Rd, Millaa Millaa QLD 4886*

Die Millaa Millaa Falls: Baden ist erlaubt, aber das Wasser ist eiskalt.

Auf dem Mamu Canopy Walk kann man den tropischen Regenwald aus der Vogelperspektive erleben.

Von Millaa Millaa aus fahren Sie über den **Palmerston Highway (Highway 25)** *weiter Richtung Osten durch die Berge, vorbei an Kuhweiden und schließlich in die Regenwälder des Wooroonooran National Park.*

🌲 MAMU CANOPY WALK

Nachdem im Jahr 2006 Zyklon Larry eine breite Schneise in die Regenwälder des Wooroonooran National Parks gezogen hat, wurde an dieser Stelle ein Naturlehrpfad der besonderen Art eröffnet. Hier kann man den tropischen Regenwald nicht nur wie gewohnt von unten, sondern auch von oben über einen Skywalk auf bis zu 15 Metern Höhe erleben. Um alles zu sehen, sollten Sie etwa 1 bis 1,5 Stunden einplanen, der Rundweg ist etwa 2,5 Kilometer lang.

📍 26,5 km östlich von Millaa Millaa an Palmerston Hwy (Hwy 25) ✉ Palmerston Hwy, Innisfail QLD 4860 ☎ 07-4064-5294 @ info@mamutropicalskywalk.com.au 🌐 www.mamutropicalskywalk.com.au 🕐 Tägl. 9:30–17:30 h 💲 Erw. $ 24, Kinder $ 13

Weiter geht es über den Palmerston Highway (Highway 25) in Richtung Osten, bis sich schließlich der Regenwald lichtet. Nach etwa 27 Kilometern ist der **Bruce Highway (A1)** *bei Innisfail erreicht.*

Ganz gleich, ob Sie die Route über die Tablelands genommen haben oder sofort von Cairns aus nach Süden gefahren sind, Sie werden auf jeden Fall schließlich den **Bruce Highway (A1)** *erreichen. Der Highway ist fast über die gesamte Strecke von Cairns bis kurz vor Brisbane zweispurig ausgebaut, eine Spur für jede Richtung. Es gibt nur selten Überholspuren, und vor allem auf der Strecke zwischen Cairns und Townsville ist die Straße gewunden und man wird oft* von Baustellen aufgehalten. *Falls Sie eine elektronische Routenführung nutzen, sollten Sie wissen, dass die Zeitangaben außerhalb von Brisbane und Sydney nicht annähernd so genau sind wie aus Europa gewohnt. Sie werden daher zumeist länger brauchen als vorhergesagt (rechnen Sie mit dem 1,5-fachen Zeitbedarf).*

Ihre Route führt Sie durch die von Zuckerrohrfeldern und Bananenplantagen geprägten Stadt Innisfail. Wenn Sie ein bisschen Zeit haben, können Sie noch einen Abstecher nach **Mena Creek** *zum Paronella Park machen (19 km, ausgeschildert), einem schlossartigen Gebäude mitten im Regenwald (🕐 Tägl. außer 25.12. 9–19:30 h, 💲 Erw. $ 45, Kinder $ 24). Bei El Arish verlassen Sie den Bruce Highway (A1) und reisen über die* **El Arish Mission Beach Road** *in Richtung Küste nach Mission Beach. Die Gesamtlänge der Strecke von El Arish über Mission Beach und zurück zum Highway nach Tully ist etwa 44 Kilometer lang.*

Falls Sie Mission Beach nicht besuchen möchten, bleiben Sie einfach bei El Arish weitere 17 Kilometer auf dem Bruce Highway bis nach Tully. Sie sparen damit etwa 27 Kilometer – und verpassen einen der schönsten Strände an der Ostküste.

🏛 MISSION BEACH 🛈 ✕ 🖼 📅

👫👫	515
☀	27 °C
❄❄	19 °C
〰〰	10 m
↗	Millaa Millaa	105 km
	Tully	28 km

Sonnenaufgang in Mission Beach

Mission Beach besteht aus mehreren Strandsiedlungen, nämlich South Mission Beach, Wongaling Beach, Mission Beach, Bingil Bay und Garners Beach, die sich an eine Reihe der schönsten tropischen Strände von Queensland schmiegen, die zudem über Jahre hinweg als Kulisse für die australische TV-Serie *Sea Patrol* gedient hat. Mission Beach ist einer der wenigen Orte in Australien, wo zwei UNESCO-Welterbe-Gebiete – nämlich der Regenwald und das Great Barrier Reef – aneinander angrenzen.

Die Regenwälder rund um Mission Beach gelten (u.a. zusammen mit dem Daintree Regenwald ▶ Seite 75) als eines der letzten Rückzugsgebiete der **Southern Cassowaries**, oder Helm-Kasuare. Hierbei handelt es sich um flugunfähige, emuähnliche Vögel mit blauen Köpfen und zotteligem, schwarzem Gefieder. Weibliche Kasuare können bis zu beeindruckenden zwei Metern groß werden. Die Männchen sind etwas kleiner und kümmern sich allein um die Aufzucht der Küken. Die Vögel sind wichtig für den Regenwald, da sie die einzige Tierart sind, die sehr große Früchte fressen kann. Ohne sie würden einige Regenwald-Baumarten aussterben. Es wird geschätzt, dass nur noch 2.000 Kasuare in Australien leben, darunter eine recht große und nicht sehr scheue Population rund um Mission Beach. Die nördlichen Verwandten, die Northern Cassowaries, leben übrigens in Neuguinea.

Bei der Anfahrt nach Mission Beach fährt man automatisch quer durch den Lebensraum dieser Spezies. Mit ein bisschen Glück kann man die großen Vögel außerhalb der heißen Mittagsstunden am Straßenrand sehen, oder auch auf einem der Wanderwege rund um Mission Beach. Sollten Sie einem Cassowary auf einer Wanderung begegnen, sollten Sie damit rechnen, dass die Vögel möglicherweise aggressiv reagieren. Eine gute Idee ist es daher, langsam zurückzuweichen, möglichst ohne den Tieren den Rücken zuzudrehen. Auch das Zeigen der leeren Hände als Beweis, dass man kein Futter dabei hat, kann sich in so einer Situation lohnen.

🛈 MISSION BEACH TOURISM AND VISITOR INFORMATION CENTRE

📧 Porter Promenade, Verlängerung der El Arish Mission Beach Rd, Mission Beach QLD 4852 ☎ 07-4068-7099 @ info@missionbeachtourism.com 🌐 www.missionbeachtourism.com 🕐 Mo.–Sa. 9–16:45 h, So. 10–16 h

⊘ Orientieren

In El Arish am Bruce Highway (A1) geht es nach links in die El Arish Mission Beach Road, der Sie über 16 Kilometer folgen. Am Ortseingang von Mission Beach wird die Straße in Seaview Street umbenannt. Etwa 500 Meter weiter gabelt sich die Straße; die linke Straße führt auf die **Porter Promenade**, die Hauptstraße von Mission Beach. Wenn Sie der Porter Promenade weiter nach Norden folgen, erreichen Sie die nördlichen Ortsteile Bingil Bay und Garners Beach sowie den Clump Mountain National Park.

Von der El Arish Mission Beach Road geht es kurz vor dem Ortseingang Mission Beach nach **rechts** in die Tully-Mission Beach Road, die zu den Ortsteilen Wongaling Beach und South Mission Beach sowie zum Djiru National Park führt.

(H)   Anreise und Transport

Mission Beach ist eine Haltestelle auf der Cairns-Brisbane-Route der Greyhound-Busse. Der Bus hält am Transit Centre in Wongaling, Ecke Tully-Mission Beach Road/ Wongaling Beach Road (neben dem Woolworths Supermarkt). Der nächste Flughafen befindet sich in Cairns. Der nächste Bahnhof befindet sich in Tully (34 Kilometer).

🛒   Versorgen und einkaufen

Es gibt einen Woolworths Supermarkt (sonntags geschlossen) in Wongaling Beach an der Tully-Mission Beach Road, Abzweig nach links von der El Arish Mission Beach Road.

✕   Essen und trinken

Das kompakte Zentrum von Mission Beach mit seiner originellen Standuhr liegt an der Porter Promenade, Ecke Campbell Street. In den rund um die Uhr verteilten Restaurants und Pubs trifft man vor allem jüngere Reisende, aber auch viele Einheimische. Die Restaurants in dieser Ecke wechseln manchmal alle paar Monate ihren Namen oder den Besitzer. Millers Beach Bar & Grill in Wongaling, und der Purple Pub In Bingil Bay sind allerdings schon seit Jahren etabliert.

▶   Millers Beach Bar & Grill

Großes, offenes Restaurant mit Aussichten aufs Meer und auf Dunk Island. Gut geeignet für einen Cocktail oder ein kühlendes Bier bei Sonnenuntergang, oder auch für ein Abendessen in entspannter Atmosphäre. Serviert wird australische Küche.
🌐 *Von der El Arish Mission Beach Rd kurz vor dem Ortseingang Mission Beach nach rechts in die Tully-Mission Beach Rd. Links in die Wongaling Beach Rd, dann dem Straßenverlauf folgen. 6 km südlich von Mission Beach Zentrum* 🔵 *1 Banfield Parade, Wongaling Beach QLD 4852* @ *millersbeachbar@bigpond. com.au* ☎ *07-4068-8177* 🌐 *www.millersbeachbar. com.au* 🕐 *Di.–Fr. 15 h »till late«, Sa.–So. 12 h »till late«* 🔵 ✶✶–✶✶✶

▶   Bingil Bay Cafe

Sehr originell – und beliebt bei den Einheimischen – ist das Bingil Bay Cafe, das aufgrund seiner lila Farbe auch als *The Purple Pub* bekannt ist. Das Restaurant hat für alle Mahlzeiten geöffnet, nach dem Motto »*always open*«, und serviert Kaffee und Kuchen sowie Burger und andere australische Favoriten. Für Durstige gibt es deutsches Bier.
🌐 *Ab Mission Beach erreichbar über die Porter Promenade, die am Ortseingang in Alexander Dr umbenannt wird* 🔵 *403 Alexander Dr, Bingil Bay*

QLD 4852 ☎ *07-4068-7146* 🌐 *www.facebook.com/ pages/The-Bingil-Bay-Cafe/178315422204904* 🕐 *Mo.–Fr. 6:30–22 h, Sa. & So. 7–22 h, Mahlzeiten: 7–20:30 h* 🔵 ✶

👁   Highlights

▶   Der Strand

Das Highlight von Mission Beach ist der 14 Kilometer lange Palmenstrand. Wer morgens bereits zum Sonnenaufgang auf den

Das auffällige Bingil Bay Cafe

Beinen ist (je nach Jahreszeit etwa fünf bis sechs Uhr), der sieht den mit Kokospalmen bewachsenen Strand und die vorgelagerte Dunk Island von ihren schönsten Seiten.

▶   Rafting im Regenwald

Der Tully River im Hinterland von Mission Beach gehört mit seinen Stromschnellen vom Grad 3 bis 4 zu den wildesten Bergbächen in Australien und ist daher eines der Topziele in Sachen Wildwasser-Rafting. Ausflüge werden typischerweise in 7er-Gummibooten durchgeführt und dauern von 7:30 bis 16 Uhr (mit Abholung ab Hotel). Das Mindestalter beträgt 13 Jahre. Wer keine Gelegenheit hat, nach Mission Beach zu kommen, der kann sich für $ 20 Aufpreis auch in **Cairns** abholen lassen.
☎ *07-4030-7900* @ *info@ragingthunder.com.au* 🌐 *www.ragingthunder.com.au* 🔵 *$ 189*

▶   Fallschirmsprung über Mission Beach

Für den richtigen Nervenkitzel sorgt ein Fallschirmsprung im Tandem zusammen mit einem Fallschirmlehrer. Nach der Abholung vom Hotel in Mission Beach (oder auch ab Cairns) geht es zum Sportflughafen nach Tully. Gesprungen wird dann aus knapp über 4.000 Metern Höhe über dem Strand von Mission Beach (Mindestalter: 12 Jahre).
🌐 *Von der El Arish Mission Beach Rd kurz vor dem Ortseingang Mission Beach nach rechts in die Tully-Mission Beach Rd, dann links in die Wongaling Beach Rd.*

95

Blick von der Clump Point Jetty in Richtung Festland

5 km von Mission Beach Zentrum ☎ 1 Wongaling Beach Rd, Wongaling Beach QLD 4852 ☎ 13-0080-0840 @ info@australiaskydive.com 🌐 www.skydive.com.au/en/mission-beach ☎ $ 309

► Kajakfahrten an der tropischen Küste

Coral Sea Kayaking organisiert halbtägige Kajaktouren entlang der Küste (☎ $ 80), ganztägige Touren zur vorgelagerten **Dunk Island** (☎ $ 136) sowie geführte 3- und 7-Tages-Touren in die Umgebung (☎ ab $ 975), Mindestalter: 13 Jahre.

🚗 Von der El Arish Mission Beach Rd kurz vor dem Ortseingang Mission Beach nach rechts in die Tully-Mission Beach Rd, dann links in die South Mission Beach Rd. Dem Straßenverlauf folgen entlang der Kennedy Esplanade. Rechts ab in die Jackey St, dann direkt rechts. 11 km von Mission Beach Zentrum ☎ 2 Wall St, South Mission QLD 4852 ☎ 07-4068-9154 @ info@coralseakayaking.com 🌐 www.coralseakayaking.com

🚶‍♂️🌲 Wandern

► Clump Point/Cutton Bros. Trail

Ein guter Start für längere Spaziergänge ist die Clump Point Jetty, ein Betonpier für Sportfischer. Vom Pier aus kann man mit ein bisschen Glück Schildkröten im klaren Wasser beobachten. Von der Jetty sind es etwa 25 Minuten zu Fuß bis zum Clump Point, dem kleinen Jachthafen von Mission Beach. Der Weg führt durch den Regenwald zwischen der ruhige Strandstraße und dem Meer entlang, und folgt später einem schmalen Fahrweg durch den Regenwald..

🕐 Ganzj. ☎ Parkplatz an der Clump Point Jetty, Alexander Dr, Mission Beach QLD 4852, 3 km von Mission Beach Zentrum. 🕐 50 Min. ☎ Leicht ☎ 3,6 km

► Bicton Hill Trail (Clump Mtn Nat. Park)

Der Clump Mountain National Park liegt im Norden von Mission Beach und schützt den Bicton Hill (210 m), einen mit tropischem Regenwald bewachsenen Berg. Der Pfad führt in eher weniger steilen Windungen den Berg hinauf, und verzweigt sich später zu einem Rundweg mit mehreren Aussichtspunkten. Die Aboriginals dieser Region haben den Berg als Ausguck verwendet, und auch heute noch eignet sich der Bicton Hill als Aussichtspunkt über den Regenwald, Bingil Bay, Dunk Island bis hin nach Hinchinbrook Island im Süden.

🕐 Ganzj. ☎ Parkplatz an der Strandstraße (Alexander Dr) zwischen Clump Point Jetty und Bingil Bay, ca. 5 km von Mission Beach Zentrum. 🕐 2–2,5 Std. ☎ Moderat ☎ 3,9 km

► Djiru National Park

Der Nationalpark deckt fast das gesamte Hinterland zwischen South Mission Beach und Bingil Bay ab. An zwei Stellen ist der Park für Wanderer zugänglich: Am Lacey Creek an der El Arish Mission Beach Road, der Zufahrtsstraße nach Mission Beach (Zentrum), sowie im Süden am Beginn der Straße von Wongaling Beach nach Tully, der Tully-Mission Beach Road.

Lacey Creek Circuit Track

Vom Parkplatz am Lacey Creek windet sich ein einfacher Rundweg durch den Regenwald und vorbei am Lacey Creek Bach. Die Nationalpark-Verwaltung empfiehlt, erst zum Infohäuschen zu gehen und die Infos zu den Cassowaries zu lesen, und danach den Weg gegen den Uhrzeigersinn zu laufen.

🕐 Ganzj. ☎ Lacey Creek Day-Use Area, 9,5 km nach El Arish und 6,5 km vor Mission Beach auf El Arish Mission Beach Rd 🕐 45 Min. ☎ Einfach ☎ 1,5 km (Rundweg)

Dreaming Trail

Der teils relativ steile Wanderweg führt in einem weiten Bogen durch den Regenwald und wieder auf die Hauptstraße, die nach etwa 3,2 Kilometer erreicht ist. Es werden mehrere Bäche überquert, je nach Jahreszeit muss mindestens einer durchwatet werden. Am Ende des Weges kann man denselben Weg zurückgehen oder über die ruhige Hauptstraße zum Parkplatz zurücklaufen.

⊙ *Ganzj.* ➲ *Auf der anderen Straßenseite des Lacey Creek Day-Use Area, 9,5 km nach El Arish und 6,5 km vor Mission Beach auf der El Arish-Mission Beach Rd.* 🕐 *1 Std. 30 Min.* ➲ *Einfach* ➲ *3,2 km*

Fan Palm Walk ★
Wer nicht so gut zu Fuß ist und nur eine kleine Runde durch den Regenwald gehen möchte, der kann ein sehenswertes Wäldchen mit Wedelpalmen *(Licuala Fan Palms)* erkunden. Der Grundwasserspiegel liegt hier sehr flach – ideal für diese besonders durstige Palmenart. Für Kinder gibt es neben dem Fan Palm Walk einen 400-Meter-Rundweg, den *Children's Discovery Walk*, auf dem man den Fußabdrücken eines Kasuaren bis hin zu seinem »Nest« folgen kann.

⊙ *Ganzj.* ➲ *Licuala Day Use Area, 8 km südlich von Mission Beach auf der Tully-Mission Beach Rd und 21 km von vor Tully. Zufahrt über eine schmale, aber gepflegte Schotterstraße.* 🕐 *20 Min.* ➲ *Einfach* ➲ *1,3 km*

Edmund Kennedy Walk ★
Einer der schönsten Wanderwege in Mission Beach beginnt am Südende von South Mission Beach, ganz am Ende der Strandpromenade. Der abwechslungsreiche Weg führt über den mit sehenswerten Pandanus Palmen (Schraubenpalmen) bewachsenen Strand an der Lugger Bay zu den Mangroven umgebenen **Meiji Creek** (Gehzeit etwa 50 Minuten) und schließlich bis zum Tam O'Shanter Point mit Aussichten auf Dunk und Bedarra Island (60 Minuten). Dies ist bereits eine sehr lohnenswerte Wanderung. Wer noch mehr Zeit hat, der kann noch weiter bis zur Mündung des Hull River laufen (🕐 2 Std.). Zurück geht es dann über denselben Weg.

Wichtig: Es empfiehlt sich, die Wanderung abgeschlossen zu haben, wenn die Flut reinkommt. (📶 Tide: www.bom.gov.au/australia/tides/#!/qld-clump-point)

➲ *Von der El Arish Mission Beach Rd kurz vor dem Ortseingang Mission Beach nach rechts in die Tully-Mission Beach Rd, dann links in die South Mission Beach Rd. Dem Straßenverlauf folgen entlang der Kennedy Esplanade bis zum Parkplatz am Südende des Strandes.* 🕐 *Bis Tam O'Shanter Point 1 Std., bis Hull River 2 Std. (jeweils eine Strecke)* ➲ *Einfach* ➲ *Bis Hull River 7 km*

🛏 Übernachten

🏨 Sealords
Balinesisch inspiriertes B&B mit einer Cabin (Ferienwohnung im Garten mit zwei Schlafzimmern) sowie zwei Gästezimmern, jeweils mit Bad. Eines der Zimmer hat als Besonderheit ein Himmelbett, das andere eine Whirlpool-Badewanne. Die Besitzer sind ein sehr gastfreundliches Ehepaar. Preise gelten für Zimmer mit Frühstück.

📍 *Zwischen Bingil Bay und Clump Point, 3,5 km nördlich von Mission Beach Zentrum über die Porter Promenade, die am Ortsende in Alexander Dr umbenannt wird* 🏠 *4 James Rd, Mission Beach QLD 4852* ☎ *07-4088-6444* ✉ *Cptn@sealords.com.au* 🌐 *www.sealords.com.au* 🅿 *Ja* 🍴 *Ja* 💰 ★★

🏨 Boutique Bungalows
Drei 50 m² große, klimatisierte Bungalows mit Mini-Küche und Terrasse in einem tropischen Garten mit Pool. Die Bungalows sind für zwei Erwachsene geeignet (keine Kinder). *Afternoon Tea* und Frühstück sind inbegriffen.

📍 *Von El Arish Mission Beach Rd kurz vor dem Ortseingang Mission Beach rechts in die Tully-Mission Beach Rd. Links in die Wongaling Beach Rd, links auf Coolibah St bis Spurwood Cl. 5,6 km südlich von Mission Beach Zentrum* 🏠 *3 Spurwood Close, Wongaling Beach QLD 4852* ☎ *07-4068-9996* ✉ *boutiquebungalows@bigpond.com* 🌐 *www.boutiquebungalows.com.au* 🅿 *Ja* 🍴 *Ja* 💰 ★★

🏨 Mission Beach Retreat
Das Hostel liegt im Zentrum von Mission Beach, nur wenige Schritte von Restaurants und Geschäften und nur einen Spaziergang vom Strand entfernt. Das einstöckige Gebäude macht einen familiären Eindruck und hat eine zum Garten hin offene Küche sowie einen Pool im Vorgarten. Zur Auswahl stehen Doppel-, Zweibett-, 4er- und 9er-Zimmer.

🏠 *49 Porter Promenade, Mission Beach QLD 4852* ☎ *07-4088-6229* ✉ *missionbeachretreat@yha.com.au* 🌐 *www.missionbeachretreat.com.au* 🅿 *Ja* 🍴 *Ja, kostenpflichtig* 💰 ★

🚐 Mission Beach Council Caravan Park
Städtischer Campingplatz mit Strandzugang und Kokospalmen. Der Sanitärblock ist älteren Datums, aber dafür sind die Duschen heiß und es gibt eine Gemeinschaftsküche. Bis zu den Restaurants von Mission Beach geht man nur wenige Minuten. Besonders schön ist, dass man nachts vom Zelt (oder Wohnmobil) aus das Meer hören kann.

📍 *Porter Promenade, Mission Beach QLD 4852* ☎ *07-4030-2222 (Tel. Nr. der Stadtverwaltung)* 🌐 *www.cassowarycoast.qld.gov.au/caravan-parks1* 🛏 *Nein* 🏕 *28* 🚐 *40* 🛁 *Nein* 📶 *Ja* 🍴 *Nein* ⚡ *Wasser, Strom (15 Amp), Abwasser* 🐕 *Ja* 💰 $$

🛏 Bingil Bay Campground

Kleiner Campingplatz am Nordende des Alexander Drive, mit nur acht Stellplätzen direkt am Meer. Kein Strom, dafür aber ein WC-Block mit Duschen. Nur geeignet für Fahrzeuge unter 5,18 Metern Länge. Der *Purple Pub* liegt in Gehweite. Reservierung ist nicht möglich – der Platzwart empfiehlt, sich am besten schon morgens einen Platz zu sichern.

💡 Der Platz ist auch für Tagesgäste empfehlenswert, mit Picknicktischen, Gas-BBQ und eigenem Strandzugang.

📍 Ab Mission Beach Zentrum über die Porter Promenade, die am Ortsende in Alexander Dr umbenannt wird 🌐 *Alexander Dr, Bingil Bay QLD 4852* ☎ 07-4030-2222 (Stadtverwaltung) 🌐 *www.cassowarycoast.qld.gov.au/caravan-parks1* 🔌 Nein 🚿 8 🍴 Nein 🚽 Ja 🔌 Nein ⭕ Nein 📶 Nein 💲 $–$$

Ausflug zur Dunk Island und zum Family Islands National Park

🏔 FAMILY ISLANDS NATIONAL PARK

Die Family Islands sind eine vorwiegend mit Regenwald bewachsene, (abgesehen von Bedarra Island) unbewohnte Inselgruppe, die einstmals zum Festland gehörte. Die größte Insel ist die zehn Quadratkilometer große Dunk Island. Nachdem Zyklon Yasi im Jahr 2011 das Dunk Island Resort komplett zerstört hat, wird die Insel vorwiegend von Tagesgästen besucht. Das Resortgelände ist nicht öffentlich zugänglich; das Jetty Cafe am Bootssteg ist samstags und sonntags ab zehn Uhr geöffnet. Dunk Island erreicht man per **Water Taxi** ab Wongaling Beach, das die 4,5 Kilometer lange Überfahrt in zehn Minuten schafft. Nationalparkgebühren werden nicht berechnet.

Mission Beach Dunk Island Water Taxi

Fährüberfahrten drei Mal täglich nach Dunk Island (🔹 Erw. $ 40, Kinder $ 20), außerdem am Montag, Mittwoch und Freitag Besuch von drei Inseln in drei Stunden, Abfahrt um 12:30 Uhr (🔹 Erw. $ 50, Kinder $ 25).

💡 Am Büro des Wassertaxis kann man auch Fähräder leihen für $ 15 am Tag sowie Kajaks (🔹 ab $ 25 pro Stunde) und andere Wassersportgeräte.

📍 Von der El Arish Mission Beach Rd kurz vor dem Orts-

eingang Mission Beach rechts in die Tully-Mission Beach Rd. Links in die Wongaling Beach Rd, dann dem Straßenverlauf folgen. 6 km südlich von Mission Beach Zentrum 🌐 *71 Banfield Parade, Wongaling Beach QLD 4852* ☎ 07-4068-8310 🌐 *www.missionbeachwatertaxi.com* 🕐 *Abfahrten 9, 10 & 11 h, Rückfahrten 12 & 15:30 h*

🚶🌲 Wandern

▶ Muggy Muggy Beach Track

Leichte Wanderung über Sandstrand, durch Regenwald und Mangroven zum Muggy Muggy Beach, der sich gut zum Schnorcheln eignet. Bei besonders hoher Flut ist der Weg eventuell nicht begehbar. (Tide: 🌐 www.bom.gov.au/australia/tides/#!/qld-dunk-island) 🕐 Ganzj. 🏕 Dunk Island Campground 🏁 Strand an der Fähranlegestelle ⏱ 40 Min. 📊 Leicht 📏 3 km

▶ Mount Kootaloo (271 m)

Der Wanderweg zum höchsten Punkt der Insel, dem 271 m hohen Mount Kootaloo, führt wie zuvor am Strand entlang Richtung Muggy Muggy Beach. Später geht es durch Regenwald, in höheren Lagen sieht man auch Eukalyptusbäume. In der Nähe des Gipfels finden sich die Ruinen einer Radarstation aus dem Zweiten Weltkrieg. Vom Gipfel aus bieten sich Ausblicke auf die umliegenden Inseln und das Festland. Wer nicht denselben Weg zurückgehen möchte, der kann den Rückweg über den **Coconut Beach** nehmen, der die Wanderung auf drei bis vier Stunden verlängert. 🕐 Ganzj. 🏕 Dunk Island Campground 🏁 Strand an der Fähranlegestelle ⏱ 2,5–3 Std. 📊 Moderat 📏 7 km

▶ Coconut Beach

Die Südseite der Insel erkunden Sie bei diesem Strandspaziergang, vorbei am Dunk Island Resort, das vielleicht in den nächsten Jahren aus dem Dornröschenschlaf geweckt wird. Später geht es über Felsen und durch Mangroven bis zum Coconut Beach. 🕐 Ganzj. 🏕 Dunk Island Campground 🏁 Strand an der Fähranlegestelle ⏱ 2,5 Std. 📊 Moderat 📏 7,5 km

🛏 Übernachten

🛏 Dunk Island Campground

Der Insel-Campingplatz liegt an **The Spit**, einer Landzunge im Westen der Insel, die vom Wassertaxi angefahren wird. Acht Plätze liegen direkt am Strand, ein weiterer Gruppenplatz im Wald. Alle Plätze sind ohne Strom, aber mit BBQs und Picknicktischen ausgestattet, auch heiße Duschen gibt es auf der Insel. Die Preise sind günstig, wie von Nationalparkplätzen gewohnt. Buchung ist nur im Voraus über die Insel-Webseite möglich.

Blick vom Council Caravan Park auf den Strand und Dunk Island

✉ Dunk Island, Dunk QLD 4852 🌐 www.dunk-island.com
🅿 Ja (zwingend erforderlich) 🛏 8 ⊖ Nein ⊖ Ja
⊖ Nein ⊙ Nein ♿ Nein ♨ $

Ende des Ausflugs

🐟 Bedarra Island

Die Öko-Luxus-Insel mit neun im Regenwald gelegenen Villen (mit Ventilator, aber ohne Klima) für jeweils zwei Gäste ist der kleinere Nachbar von Dunk Island und liegt nur 10 km vor der Küste von Mission Beach. Die Insel wird von dort aus täglich einmal vom Boot des Bedarra Resorts angefahren (♨ $ 350 hin und zurück) oder kann per Helicopter (♨ $ 500 hin und zurück) erreicht werden. Im Preis inbegriffen sind kleine Motorboote (Dinghies), um z. B. die Nachbarinseln zu erkunden, außerdem Angelausrüstung, Tennis, Schnorcheln, Seekajaks und SUPs (Stand Up Paddle Boards). Ebenfalls mit dabei sind alle Mahlzeiten inkl. Alkohol. Einige der Zutaten kommen sogar aus dem eigenen Garten. Preise liegen bei $ 1.075 bis $ 2.075 pro Nacht für eine Villa. Das Resort ist geschlossen von Mitte Januar bis Ende März.
🌐 www.bedarra.com.au

Nach Mission Beach lassen Sie das Strandpanorama hinter sich, es geht über die Tully-Mission Beach Road zurück zu den Bananen- und Zuckerrohrfeldern rund um Tully am Bruce Highway (A1), den Sie nach etwa 24 Kilometern erreichen. Bis Tully sind es dann noch vier Kilometer.

🏙 TULLY 🅿 ℹ ➕ ✕ 🛍 🏧

👫	1.250	
📍	Mission Beach	28 km
	Cardwell	44 km

Die Ortschaften **Babinda**, **Innisfail** und **Tully** kämpfen schon seit dem Jahr 1970 um den Titel der nassesten Stadt Australiens. Als Wandertrophäe wird ein Gummistiefel herumgereicht, der zumeist von Babinda gewonnen wird. Tully sieht das allerdings anders und hat seine Hauptstraße, die Butler Street, mit einem **Golden Gummistiefel** verschönert. Der Stiefel ist 7,9 Meter hoch, weil es im Jahr 1950, dem nassesten Jahr in der Geschichte, ganze 7.900 mm geregnet hatte (zum Vergleich: Berlin bringt es durchschnittlich auf etwa 550 mm pro Jahr). Abgesehen von dem Gummistiefel gibt es in Tully allerdings nichts Bemerkenswertes zu sehen.

Auf dem Weg in Richtung Süden ziehen nun vor allem Bananen- und Zuckerrohr-Felder an Ihnen vorbei.

🚐 BILYANA REST AREA

22 Kilometer südlich von Tully liegt neben dem Bruce Highway (A1) bei Bilyana ein *Driver Reviver* Parkplatz, der tagsüber als Rastplatz für Reisende benutzt wird, und auf dem Übernachten erlaubt ist. Mit dabei sind ein WC-Block und Picknicktische, aber keine Duschen.
✉ Am Bruce Hwy in Bilyana QLD 4854 ⊖ Nein
⊖ Nein ⊖ Nein ⊙ Nein ♨ Kostenlos

Von Bilyana sind es dann noch einmal 22 Kilometer bis nach Cardwell.

CARDWELL ⬛⬛⬛⬛⬛

👥	1.250	
🌣	32 °C	
❄	25 °C	
〰	5 m	
Tully		44 km
Ingham		53 km

Das 1864 gegründete Cardwell ist nach Bowen die zweitälteste Stadt in Nord Queensland, und liegt fast genau auf halbem Wege zwischen Cairns und Townsville. Cardwell ist der einzige Ort zwischen Cairns und Brisbane, an dem der Bruce Highway (A1) direkt am Meer entlang verläuft. Der Ort ist 2011 vom Zyklon Yasi hart getroffen worden, danach ist die gesamte Strandpromenade als Parklandschaft neu gestaltet worden.

🛈 RAINFOREST & REEF INFORMATION CENTRE ⭐

Das Herzstück von Cardwell ist das Rainforest & Reef Information Centre, in dem unter anderem auf großflächigen 3-D-Wandgemälden der tropische Regenwald, die Küste und seine Inseln sowie lokale Pflanzen und Tiere vorgestellt werden. Außerdem kann man sich mit Reiseinfos und Broschüren eindecken sowie Touren nach Hinchinbrook Island und Campingplätze in Queenslands Nationalparks vorbuchen.

📍 142 Victoria St, (Bruce Hwy 1A) Cardwell QLD 4849 ☎ 07-4066-8601 @ info@greatgreenwaytourism.com ◉ www.greatgreenwaytourism.com/rainforestreef ◷ Mo.–Fr. 8:30–17 h, Sa. & So. 9–13 h

🧭 Orientierung

Cardwell ist eine lang gestreckte Siedlung, die sich an den Bruce Highway (hier: Victoria Street) schmiegt, der in der Ortsmitte direkt am Meer vorbeiführt. Landeinwärts erstreckt sich der Ort nur über maximal vier Blocks, dann beginnt schon die Natur. Am nördlichen Ortsende zweigt die ruhige Marine Parade von der Hauptstraße ab, die der leicht geschwungenen Bucht von Cardwell folgt.

Ⓗ Anreise und Transport

Cardwell ist eine Haltestelle auf der Cairns-Brisbane-Route der Greyhound-Busse. Der Bus hält am Seaview Cafe direkt auf dem Bruce Highway im Ortszentrum. Die nächsten Flughäfen befinden sich in Cairns und Townsville. Cardwell wird außerdem von Queensland Rail angefahren.

🛒 Versorgen und einkaufen

Cardwell hat einen IGA Supermarkt, der an der Hauptstraße auf der linken Seite liegt.

✕ Essen und trinken

▶ Cardwell Marine Hotel

Gemütlicher, moderner Pub an der Hauptstraße von Cardwell, der vor allem bei Einheimischen beliebt ist, mit günstigen Mittagsmenüs ab $ 10. Von der überdachten Terrasse aus kann man aufs Meer schauen, das auf der anderen Straßenseite liegt. Freitag abends und Sonntag nachmittags mit Live Musik. Freitagabends und sonntagnachmittags mit Live-Musik.
● 59–61 Victoria St, Cardwell QLD 4849 ☎ 07-4066-8662 ◉ www.facebook.com/marinehotelbistro1/?rf=263598643724335 ◷ So.–Do. 10–0 h, Fr. & Sa. bis 2 h, Küche geöffnet 12–14 & 18–20:30 h ● ⋆

👁 Highlights

▶ Hinchinbrook Island National Park

Die unbewohnte Insel Hinchinbrook Island ist mit einer Größe von 39.900 Hektar eine der größten Nationalparkinseln Australiens, mit dem höchsten Berg des Great Barrier Reefs, dem Mount Bowen (1.121 m). Die Insel liegt acht Kilometer vor der Küste und ist mit Regenwald, Mangroven und Eukalyptus bewachsen. Zum Festland hin läuft Hinchinbrook Island in einem Mangrovensumpf aus, auf der Ostseite liegen viele schöne Sandstrände. Der 32 Kilometer lange **Thorsborne Trail** an der Ostküste gilt als einer der schönsten und entlegensten Wanderwege des Landes (ohne Handy-Empfang). Für die gesamte Strecke braucht man mindestens vier Tage und drei Nächte. Es dürfen nur max. 40 Wanderer insgesamt auf dem Wanderweg unterwegs sein, daher sollte man unbedingt rechtzeitig vorbuchen, evtl. sogar schon einige Monate im Voraus (mehr dazu hier: ◉ www.nprsr.qld.gov.au/parks/hinchinbrook-thorsborne). Überfahrten ab Cardwell oder dem südlich der Insel gelegenen Ort Lucinda kosten für Erwachsene $ 190, Kinder $ 170 (hin und

Von Cardwell aus ist Hinchinbrook Island immer in Sicht.

zurück). Halb- und Tagesausflüge nach Hinchbrook Island ab Cardwell oder Lucinda: Erwachsene $ 110–150, Kinder $ 90–150. Buchungen sind über **Hinchinbrook Island Cruises** (🌐 www.hinchinbrookislandcruises. com.au) und **Absolute North Charters** (🌐 www.absolutenorthcharters.com.au) möglich. Aktuelle Informationen erhalten Sie zudem bei der Besucherinformation, dem Rainforest & Reef Information Centre.

▶ Cardwell Foreshore Walk

Die gesamte Uferpromenade entlang der Bucht von Cardwell ist über knapp 6 km zum Spazieren ausgebaut, mit Aussichten auf die umliegenden Inseln und auf Hinchinbrook Island. Das Nordende des Cardwell Foreshore Walk erreichen Sie, wenn Sie direkt am Ortseingang links in die White Street abbiegen und der Straße bis zum Ende folgen. Dort finden Sie auch WCs, einen Spielplatz sowie das Coral Sea Battle Memorial, das an den Pazifikkrieg im Zweiten Weltkrieg erinnert. In der Ortsmitte führt die Uferpromenade direkt am Visitor Centre und der Cardwell Jetty vorbei, weiter im Süden dann an dem weiter unten beschriebenen Picknickplatz. Zuletzt geht es durch den Wald bis zum Nachbarort Port Hinchinbrook. Zurück über denselben Weg.

▶ Cardwell Jetty

Gleich neben dem Rainforest & Reef Information Centre befindet sich die Jetty, ein 189 Meter langer Betonpier, der von den Einheimischen vorwiegend zum Fischen verwendet wird. Von der Jetty aus hat man weite Aussichten auf den Strand von Cardwell, auf Hinchinbrook Island sowie auf eine Reihe von kleineren Inseln in der Umgebung. Obwohl die Jetty kein erhöhter Punkt ist, ist sie einer der besten Aussichtspunkte in der Umgebung.

▶ Picknickplatz in Cardwell

An der Südseite von Cardwell, am (einzigen) Kreisverkehr der Stadt, befindet sich ein Park direkt am Meer, mit Kokospalmen und Blick auf Hinchinbrook Island. Ebenfalls finden sich dort Sanitäranlagen und Picknicktische. Übernachten ist nicht erlaubt, allerdings eignet sich der Platz gut für ein Picknick mit schöner Aussicht.

🛏 Übernachten

🏨 Cardwell Beachcomber
🏕 Motel & Tourist Park

Am Meer gelegener Campingplatz mit angeschlossenem Hotel. Wer im zweistöckigen Motel bleibt, hat schöne Aussichten aufs Meer und den Cardwell Foreshore Walk, der direkt auf der anderen Straßenseite liegt. Meerblick und Platz für bis zu sieben Gäste haben auch die Ocean View Villen, während die Camper zu Fuß ans Meer gehen müssen, um das Panorama zu genießen. Mit Salzwasserpool und Gemeinschaftsküche.
📍 43a Marine Parade, Cardwell QLD 4849 ☎ 07-4066-8550 @ info@cardwellbeachcomber.com.au 🌐 www.cardwellbeachcomber.com.au 🅿 Ja 🛜 76 🔌 4 ⚡ Ja 🐕 Ja ⚙ Ja, kostenpfl. 💧 Wasser, Abwasser, Strom (15 Amp), TV 📺 Ja 💰 $$, Motel ★, Cabins ★–★★

Nach Cardwell geht es auf dem Bruce Highway (A1) an Hinchinbrook Island vorbei bis hin zur Cardwell Range, eine mit Regenwald bewachsene Bergkette.

🌲 HINCHINBROOK LOOKOUT

Am höchsten Punkt der Cardwell Range, dem **Dalrymple Gap**, liegt ca. 37 Kilometer südlich von Cardwell ein sehenswerter Aussichtspunkt über den Regenwald und auf die Nationalparkinsel Hinchinbrook Island. Von hier aus kann man auch den auf der Insel gelegenen, höchsten Berg des Great Barrier Reefs sehen, den Mount Bowen (1.121 m).

Hinter dem Aussichtspunkt geht es wieder steil bergab ins Tal, wo der Regenwald wieder von Zuckerrohrfeldern abgelöst wird.

🏛 INGHAM ⬖ ➕ ✖ ◰ 🖼

👫👫	4.600	
📍	Cardwell	53 km
	Saunders Beach	92 km

Ingham liegt inmitten von weiten Zuckerrohrfeldern an der Südseite der Cardwell
Range. In der an den Ufern des Herbert
River und des Palm Creek gelegenen kleine
Stadt ist das ganze Jahr über üppig grün,
ganz im Gegensatz zu den nördlichen Stränden von Townsville, die nur wenige Kilometer weiter im Süden liegen.

⊙ Orientieren

Der Bruce Highway durchkreuzt die Stadt,
und alle Highlights – ebenso wie ein Woolworths Supermarkt (Ecke Bruce Highway/
Francis St, sonntags geschlossen) – liegen
praktischerweise direkt an der Hauptstraße.

Ⓗ Anreise und Transport

Ingham ist eine Haltestelle auf der Cairns-
Brisbane-Route der Greyhound-Busse. Der
Bus hält bei Kelly's Theatre (😊 76 Townsville
Rd). Die nächsten Flughäfen befinden sich in
Cairns und Townsville. Ingham wird außer-
dem von Queensland Rail angefahren.

✖ Essen und trinken

▶ Casa Pasta
Serviert werden Ravioli, Gnocchi, Fettucci-
ne und Spaghetti aus eigener Produktion.
Man kann sich die leckeren Nudeln und
Saucen auch tiefgekühlt mitnehmen, da
Casa Pasta auch für die Kühlregale der Supermärkte der Region produziert.
😊 108 Lannercost St, Ingham QLD 4850 ☎ 07-4776-
2520 🌐 www.casapasta.net.au ⓦ Nudelverkauf
8–15 h, Küche geöffnet Mo.–Fr. 11–13:30 h ⊙ ∗

⊙ Highlights

▶ Tyto Wetlands
Am südlichen Ortsausgang von Ingham
liegt dieser 120 Hektar große Park mit
Feuchtwiesen, mehreren Seen und einer
Reihe von Spazierwegen. Naturfreunde
können neben der namensgebenden Eastern Grass Owl (lateinisch: Tyto Capensis)
bis zu 240 Vogelarten beobachten, darun-

ter Pelikane, Seeadler und verschiedene
Kakadu-Arten. Mit ein bisschen Glück kann
man morgens oder abends auch Wallabys
(kleine Kängurus) sehen. Das direkt an
der Straße gelegene Besucherzentrum
fungiert zudem als lokale Touristeninformation. Die Wetlands lohnen sich nicht
zuletzt als Picknickplatz, mit Picknickbänken direkt hinter dem Besucherzentrum
an den Ufern eines Seerosen-Teiches. Eine
Karte des Parks findet sich hier: 🌐 www.tyto
wetlands.com.au/images/experience/map.pdf
📍 Dem Bruce Highway durch Ingham folgen, kurz vor
dem Ortsausgang auf der linken Seite 😊 Cooper St/
Bruce Highway, Ingham QLD 4850 ☎ 07-4776-4792
@ tourism@hinchinbrook.qld.gov.au 🌐 www.tyto.
com.au ⓦ Wetlands Centre: Mo.–Fr. 9–17 h, Sa.–
So. bis 16 h, der Park ist rund um die Uhr geöffnet
⊙ Eintritt frei

⊨ Übernachten

🛏 Tyto Wetlands
Ein Aufenthalt von 48 Stunden ist auf dem
Parkplatz hinter dem Tyto Wetlands Centre
erlaubt, mit schönen Aussichten auf die
Wasserlandschaften (Achtung: Mücken!).
Zelte sind nicht erlaubt. Es gibt einen Was-
serhahn, an dem man seinen Tank auffül-
len kann, allerdings keine festen Wasseran-
schlüsse.
🌐 Wie Tyto Wetlands 😊 Cooper St/Bruce Highway,
Ingham QLD 4850 ☎ Nein 🚻 Nicht markiert ⊙ Ja
⊙ Nein ⊙ Nein ⊙ Keine ⊙ Kostenlos

👁 FROSTY MANGO

Sehr beliebt vor allem bei Familien mit Kindern ist die Frosty Mango, die nur knapp
zwei Kilometer vor dem Abzweig nach Paluma und 57 Kilometer südlich von Hinchinbrook Lookout liegt. Frosty Mango verkauft
nicht nur Mangoeis aus Früchten der eigenen Plantage, sondern auch andere tropische Früchte und kalte Getränke.
😊 Bruce Hwy (A1), Mutarnee QLD 4816 ☎ 07-4770-
8184 🌐 www.frostymango.com.au ⓦ Tägl. 8–18 h ⊙ ∗

*Kurz hinter der Frosty Mango/Mutarnee
bietet sich noch über einen kleinen Ausflug
eine Gelegenheit für ein kühles Bad in den
Flüssen des Paluma National Parks oder
für eine Wanderung im Regenwald, bevor
es weiter in Richtung des fast ganzjährig
eher trockenen Townsville geht.*

Ausflug zum Paluma Range National Park

🌲 **PALUMA RANGE NATIONAL PARK**

Die etwa 1.000 Meter hohe Bergkette der Paluma Mountains mit dem Big Crystal Creek und Little Crystal Creek bildet die Südgrenze des **Wet Tropics World Heritage Area** (UNESCO Welterbegebiet). Hier haben Sie noch einmal die Gelegenheit, in tropischem Regenwald zu wandern und sich in einem kühlen Bach zu erfrischen, während es weiter südlich, in Richtung Townsville, erheblich trockener werden wird. Die einzige Siedlung, Paluma, liegt in den Bergen mitten im Regenwald und besteht aus einer Reihe einzelner Häuser, die nicht selten in undurchdringlichen Nebel gehüllt sind. Falls also schon vom Tal aus zu sehen ist, dass die Berge in den Wolken liegen, sollte man in Paluma mit Nebel rechnen. Paluma ist mit öffentlichen Verkehrsmitteln nicht erreichbar.

Der Big Crystal Creek liegt noch im Tal, nicht weit von Mutarnee, versteckt in einem trockenen Eukalyptuswald.

Auf dem Bruce Highway hinter der Frosty Mango biegen Sie direkt hinter der Brücke über den Crystal Creek rechts ab auf die **Barrett Road** *nach Mutarnee. Nach 1,5 km geht es rechts ab in die* **Spiegelhauer**

Kristallklares Wasser am Big Crystal Creek

Road. *Die Straße ist über ein kurzes Stück zwischen dem Nationalparkschild und dem Parkplatz nicht asphaltiert, dafür aber planiert und in einem guten Zustand.*

🌲 **BIG CRYSTAL CREEK** ⭐

Der Big Crystal Creek eignet sich sowohl für ein Picknick, für ein Bad im **Paradise Waterhole** wie auch für eine Übernachtung auf dem (einzigen) Campingplatz des Nationalparks, der sechs Kilometer vom Bruce Highway entfernt ist. Das Paradise Waterhole liegt nur 100 Meter vom Parkplatz entfernt, mit glasklarem, smaragdgrün schimmerndem Wasser umgeben von riesigen Felsbrocken in einem lichten Eukalyptuswald. Im Wasser gibt es viele Fische, daher lohnt sich der Besuch auch für Schnorkler.

🚶🌲 **Wandern**

▶ **Rockslides Walking Track**
Die Rockslides sind eine Reihe von Wasserlöchern in einem mehrstufigen Wasserfall. Baden ist erlaubt, allerdings ist es zu gefährlich, von den Felsen ins Wasser zu springen. Die ersten 200 Meter des Wanderweges sind asphaltiert, danach geht es weiter auf einem Schotterweg.
🌐 Ganzj. ❷ Big Crystal Creek Camping Area ❷ 2 km hinter dem Paradise Waterhole, am Ende der Spiegelhauer Rd 🕐 40 Min. ❷ Leicht ❷ 800 m

🛏 **Übernachten**

🏕 **Big Crystal Creek Camping Area**
Der einzige Campingplatz an der Paluma Range liegt nicht weit vom Bruce Highway (A1) auf dem Gelände des Big Crystal Creek. Übernachtet wird in einem lichten Eukalyptuswald auf einer Wiese ohne markierte Stellplätze, mit WC-Block, kalten Duschen und Feuerstellen. Wasser muss abgekocht werden.
📍 S.o. ✉ Spiegelhauer Rd, Crystal Creek QLD 4816 ☎ 13-74-68 ✉ camping.support@nprsr.qld.gov.au (Nur für Anfragen, keine Reservierungen) 🌐 www.nprsr.qld.gov.au/parks/paluma-mount-spec/camping.html ❷ Ja (erforderlich) ❷ Nein ❷ Ja ❷ Nein ❷ Nein ❷ Nein ❷ $

Zurück geht es auf gleicher Strecke. Etwa einen Kilometer vor Erreichen des Bruce Highway (A1) zweigt nach rechts die **Barrett Road** *zum Little Crystal Creek und Paluma ab, und im weiteren Verlauf nochmal rechts die* **Mount Spec Road**.

*Historische Brücke am
Little Crystal Creek*

Falls Sie den Big Crystal Creek vorher nicht besuchen möchten, können Sie auch vom Bruce Highway (A1) direkt die **Mount Spec Road** nehmen und dem Straßenverlauf nach Paluma folgen.

Vom lichten Eukalyptuswald reisen Sie nun in dichten, tropischen Regenwald.

🌲 LITTLE CRYSTAL CREEK ⭐

Der Little Crystal Creek ist ein von Felsbrocken eingerahmter Bach mitten im Regenwald. Mit einem großen Wohnmobil kommt man bis zur beliebten Badestelle an der historischen Brücke. Weiter bergauf nach Paluma zu fahren ist für Fahrzeuge, die länger als ein Minibus sind, nicht empfehlenswert.

Dem Straßenverlauf der Mt. Spec Rd über 10 km folgen bis zur Brücke.

*Regenwaldspaziergang in
Paluma – natürlich mit Nebel*

🏛 PALUMA 🏛

Über weitere elf Kilometer geht es nun bergauf über die Mount Spec Road bis nach

Paluma. In Paluma gibt es eine Reihe von einfachen Regenwald-Wanderwegen, wie den **Paluma Rainforest Walk** gegenüber der Town Hall (680 Meter, 30 Minuten), den Weg zum **Witts Lookout**, bei klarem Wetter mit Aussichten bis zum Meer (drei Kilometer, 1,5 bis 2 Stunden), sowie den **Cloudy Creek Walk** mit mehreren kleineren Wasserfällen (vier Kilometer, 2,5 Stunden). Alle Wanderwege beginnen an der einzigen Hauptstraße von Paluma und sind ausgeschildert. Bei klarem Wetter lohnt sich auch ein Besuch des **McClellands Lookout** (300 Meter, 15 Minuten), ein Picknickplatz mit BBQs und mit weiten Aussichten über den Regenwald bis auf die Küste.

Nach dem Besuch in Paluma fahren Sie über dieselbe gewundene Bergstraße wieder ins Tal und zurück zum Bruce Highway (A1).

Ende des Ausflugs

*Von Abzweig nach Paluma bei Mutarnee geht es nun weitgehend schnurgerade über den **Bruce Highway (A1)** durch trockenen Eukalyptuswald in Richtung Townsville. Nur fünfzehn Kilometer südlich von Mutarnee haben Sie bereits die nördlichen Strandvororte der Stadt erreicht, die jeweils nur über Stichstraßen zu erreichen sind.*

🏘 SAUNDERS BEACH

👥	400	
📍	Ingham	92 km
	Townsville	34 km

Saunders Beach ist der stadtnächste Vorort von Townsville mit einem kostenlosen Rastplatz. Der kleine Strandort ist auch ohne Camping einen Blick und einen Spaziergang wert, mit seinem kilometerlangen Sandstrand, der teils mit Kokospalmen bewachsen ist, und den Aussichten auf Inseln wie Palm Island und Magnetic Island und auf die Berge von Townsville im Süden. Geschäfte und Restaurants gibt es nicht, dazu muss man nach Townsville fahren.

🧭 Orientieren

Saunders Beach erreichen Sie über eine einzige Zufahrtsstraße, die Saunders Beach

Blick auf Townsville vom Aussichtsberg Castle Hill

Road, die in die Reef Street mündet. Die Reef Street wird im Verlauf zur Cay Street und führt parallel zum Strand entlang.

🛏 Übernachten

🚐 Saunders Beach Park

Im Saunders Park ist Übernachten im Fahrzeug erlaubt. Der schön gelegene Park befindet sich am nördlichen (linken) Ende der Reef Street, ist mit Bäumen beschattet und hat Meerblick. Duschen gibt es nicht, dafür ist das Meer nur Schritte entfernt. Außerdem gibt es Picknicktische, BBQs und einen Spielplatz.

📍 *Vom Bruce Hwy (Hwy A1) links auf die Saunders Beach Rd, bis zum Ende der Straße* 📧 *Reef St, Saunders Beach QLD 4818* 🔘 *Nein* 🌐 *www.findacamp. com.au/camp-site.php?camp=864* 💲 *Nein* 💲 *Nein* 🔘 *Nein* 🔘 *Ja* 🔘 *Kostenlos*

*Zwölf Kilometer vor Townsville verlassen Sie die A1, die als Ortsumgehung dient, und nehmen stattdessen den **Highway 14** (der auch hier **Bruce Highway** heißt) in Richtung Townsville City.*

Das 1866 gegründete Townsville ist die größte Stadt des tropischen Nordens Queenslands und sieht sich selbst – nicht zuletzt aufgrund seines Containerhafens, der vielen Regierungsbüros und des Haupt-Campus der James Cook Universität – als die »Hauptstadt des Nordens«. Im Zweiten Weltkrieg waren in Townsville um die 50.000 amerikanische Soldaten stationiert, die von hier aus in den Krieg gegen Japan zogen. Übrig geblieben davon ist bis heute die an den Flughafen angeschlossene Royal Air Force Basis sowie die Jezzine Barracks, das lokale Militärmuseum. In den 1980er-Jahren, bevor im weiter nördlich gelegenen Cairns der internationale Flughafen eröffnet wurde, standen alle Zeichen darauf, dass Townsville die »Hauptstadt des Great Barrier Reefs« werden würde. Daher wurde beispielsweise auch das Reef HQ Aquarium hier gebaut. Die internationalen Reisenden bevorzugten das grüne Cairns gegenüber dem vor allem im Winter sehr trockenen Townsville, und auch heute lassen Touristen die sonnige Stadt gerne links liegen, um eilig weiter nach Airlie Beach zu fahren. Aber auch Townsville hat eine ganze Reihe von Highlights zu bieten, für die es sich lohnt, mindestens einen Tag einzuplanen.

🧭 Orientieren

Kurz vor Townsville macht der Bruce Highway (A1) einen Schlenker um die Stadt. Sie wechseln auf den Highway 14, der hier Woolcock Street heißt, um ins Stadtzentrum zu kommen. Die Fahrt führt Sie durch ein größeres

🏛 TOWNSVILLE 📷🛏➕❌🚗🏛

👪	196.219	
☀	29 °C	
❄	20 °C	
〰	4 m	
•	Saunders Beach	34 km
•	Ayr	88 km

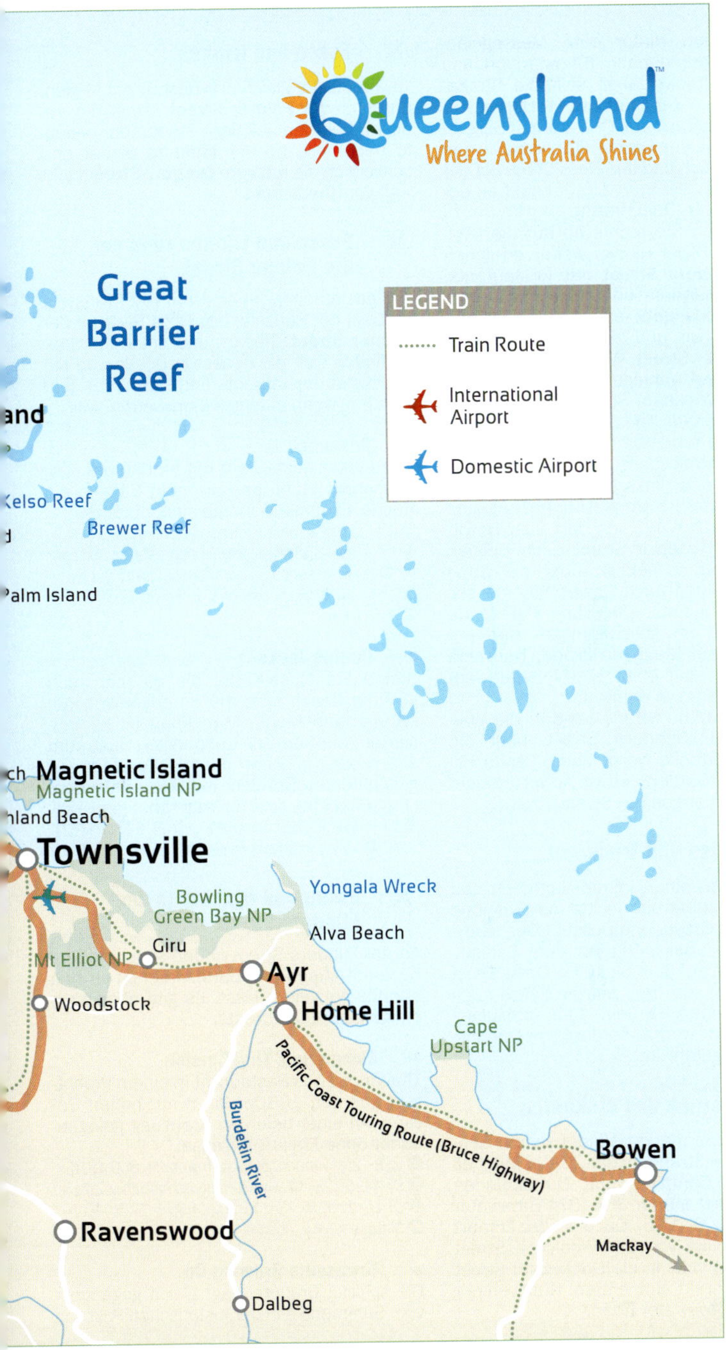

Great Barrier Reef

...and

Kelso Reef

Brewer Reef

Palm Island

LEGEND

······ Train Route

✈ International Airport

✈ Domestic Airport

ch **Magnetic Island**
Magnetic Island NP

hland Beach

Townsville

Bowling Green Bay NP

Yongala Wreck

Mt Elliot NP

Giru

Alva Beach

Woodstock

Ayr

Home Hill

Cape Upstart NP

Pacific Coast Touring Route (Bruce Highway)

Burdekin River

Bowen

Ravenswood

Mackay

Dalbeg

Industriegebiet. Hinter dem Messegelände mit Hunderennbahn (Showground and Greyhound Track) gabelt sich die Straße, und Sie folgen der Sturt Street (Highway 9) nach links ins Zentrum. Den größten Berg im Stadtzentrum, den Castle Hill, haben Sie nun links neben sich und den Ross Creek auf der rechten Seite. Die Sturt Street endet an der Denham Street (Querstraße).

Hier biegen Sie rechts ab auf die Denham Street. Zwei Blocks weiter erreichen Sie die **Flinders Street** mit Restaurants, Museum, Aquarium und dem Visitor Centre, geradeaus geht es über die Brücke des Ross River und zur Restaurantmeile an der Palmer Street. Wenn Sie links in die Flinders Street abbiegen und dann wieder links in die Wickham Street, haben Sie die Strandpromenade The Strand erreicht.

Rechts ab führt Sie **The Strand** zum Sir Leslie Drive mit dem Fährterminal nach Magnetic Island, links ab geht es über einige Kreisverkehre am Wasser entlang zum Stadtteil North Ward, von dort über Howitt Street und Bundock Street nach Belgian Gardens und schließlich über die Cape Pallarenda Road nach Rowes Bay mit seinem Campingplatz. Die Cape Pallarenda Road endet am gleichnamigen Kap mit Aussichten auf Magnetic Island. Nun sind Sie schon wieder etwa 10 Kilometer vom Townsville Zentrum entfernt.

Parallel zu The Strand verläuft die Warburton Street/Bundock Street, über die man die Stadtteile North Ward, Castle Hill und Belgian Gardens etwas flotter erreicht als über die »langsame« Strandstraße.

(H) Anreise und Transport

Townsville hat einen Inlandsflughafen und ist ein Haltepunkt auf der Cairns–Brisbane Route der Greyhound-Busse. Der Greyhound hält dabei direkt vor dem Sealink-Fährterminal auf dem Sir Leslie Drive. Es ist also möglich, vom Bus auf die Fähre nach Magnetic Island (▶Seite 112) umzusteigen. Die Stadt wird außerdem von Queensland Rail angefahren.

Versorgen und einkaufen

Ein Coles Supermarkt befindet sich in Gehweite von The Strand an der 26–28 Mitchell Street. Der Camping- und Outdoorladen Anaconda liegt an der 364–374 Bayswater Road (◉ Tägl. 9–17 h). Dazu bei der Anfahrt nach Townsville von der Woolcock Street (Highway 14) links in die Duckworth Street und dann direkt am ersten Kreisverkehr links in die Bayswater Road.

✕ Essen und trinken

Townsville hat gleich drei Restaurant-Meilen, darunter die **Palmer Street** sowie die vor allem bei den lokalen Studenten beliebte Partymeile an der **Flinders Street** und schließlich die ruhigere **Gregory Street** nicht weit von **The Strand**.

✕ Essen und trinken rund um die Palmer Street

Das gastronomische Zentrum von Townsville liegt auf der Südseite des Ross River an der **Palmer Street**. Rechts und links der Straße finden sich die neuesten Hotels und die schicksten Restaurants der Stadt. Hier geht man hin, wenn man gesehen werden will.

▶ Seasoned

Oberklasse-Restaurant mit modernem australischem Menü und offenem Blick in die Küche. Fast alle Gerichte sind glutenfrei.
◉ 13 Palmer St, South Townsville QLD 4810 ☎ 07-4724-5866 @ eat@seasonedrestaurants.com.au ● www.seasonedrestaurants.com.au ◉ Lunch: Do. & Fr. ab 11:30 h, Dinner Mo.–Sa. ab 17:30 h ◉ ✱✱–✱✱✱

▶ Cactus Jacks

Kleine Franchise-Kette, die es u.a. auch in Airlie Beach gibt, mit amerikanisch-mexikanischem Menü. Man kann im klimatisierten, mexikanisch dekorierten Gastraum sitzen oder auch an der frischen Luft auf geflochtenen Stühlen mit Mosaiktischen. Einige Gerichte sind für Vegetarier geeignet.
◉ 21 Palmer St, South Townsville QLD 4810 ☎ 07-4721-1478 ● www.cactusjacks.com.au ◉ Tägl. ab 17 h ✱✱

✕ Essen und trinken an der Flinders Street

An der Flinders Street finden sich eine Reihe von Kneipen und Bars, in denen es sich abends gut feiern lässt. Es gibt aber auch einige gute Restaurants:

▶ Summerie's Thai Cuisine

Thailändisches Restaurant in einem Prachtbau aus den 1880er-Jahre mit hohen Decken. An einer belebten Kreuzung gelegen, daher ohne Freiluft-Terrasse.
◉ 228–232 Flinders St East, Townsville QLD 4810 ☎ 07-4420-1281 ● www.summeriesthaicuisine.com.au ◉ Di 17–21 h, Mi.–So. 11:30–14:30 & 17:30–21 h ◉ Mittags ✱–✱✱, abends ✱✱

▶ Townsville Brewing Co.

Die schicke Brauerei liegt gleich gegenüber vom Summerie's in der historischen Post von

The Strand mit Magnetic Island im Hintergrund

1886, mit Uhrenturm, Holzboden und gemütlichem, dunklem Dekor. Durch ein Fenster kann man auf die Edelstahltanks der eigenen Brauerei schauen, außerdem gibt es eine kleine, allerdings nicht ganz ruhige Terrasse. Auf den Tisch kommt vor allem Australisches.
📍 252 Flinders St, Townsville QLD 4810 ☎ 07-4724-2999 ✉ venue@townsvillebrewery.com.au 🌐 www.townsvillebrewery.com.au 🕐 Pub Mo.–Sa. 11:30 h »till late«; Küche 12–14 & 18–22 h, So. geschlossen 💲 ★★–★★★

▶ Molly Malones Irish Pub ★
Ein Tipp auch für Leute, die irischem Bier vielleicht sonst nichts abgewinnen können: Gemütlicher Pub mit Hausmannskost und Riesenportionen. Mit Livemusik/DJs freitags und samstags abends.
📍 87-95 Flinders St, Townsville QLD 4810 ☎ 07-4771-3428 🌐 www.mollymalonesirishpub.au 🕐 Pub Mo.–Do. 11:30-0 h, Fr. 11:30-3 h, Sa. 16–3 h, So. geschlossen; Küche Mo.–Do. 11:30–14 h, Fr. & Sa. 11:30–21 h 💲 ★–★★

✕ Essen und trinken rund um die Gregory Street/The Strand

Nördlich des Stadtzentrums, in der Region rund um die Gregory Street und The Strand finden sich vorwiegend einfache Imbisslokale mit Plastikstühlen vor der Tür, darunter die griechische **Souvlaki Bar** oder **Harolds Seafood**, bei denen es Fish & Chips mit Meerblick gibt (beides 💲 ★–★★). Folgt man der Gregory Street weiter bergauf, reihen sich verschiedene asiatische Imbisse in der gleichen Preisklasse aneinander, darunter Thailänder, Inder und eine asiatische Nudelbar.

▶ Juliette's
Französisch angehauchtes Café, in dem man nicht nur gut frühstücken, sondern auch heiße Tage mit einem kühlen Eis verschönern

kann. Die Sitzplätze draußen befinden sich unter einem uralten Banyan-Feigenbaum mit ausladenden Stützwurzeln. Juliette hat außerdem noch eine Außenstelle an der Meerseite von The Strand, *Juliette's on The Beach* (📍 Ecke The Strand/Landsborough St), mit weißen Strandmöbeln, Aussichten auf Magnetic Island und einem verkürzten Menü nur mit Eis und italienischem Kaffee.
📍 7/58 The Strand, North Ward QLD 4810 ☎ 07-4721-5577 ✉ juliette@juliettes.com.au 🌐 www.facebook.com/Juliettes.for.lovers.of 🕐 So.–Do. 6–21:30 h, Fr. & Sa. bis 22 h 💲 ★

👁 Highlights – The Strand

▶ Strandpromenade *The Strand*
Die 2,2 Kilometer lange, mit Kokospalmen und ausladenden Banyan-Feigenbäumen bepflanzte Strandpromenade hat einfach alles, was Spaß macht: ein Salzwasser-Schwimmbad (*Rock Pool*) ganz im Norden, einen Sandstrand mit Rettungsschwimmern etwa in der Mitte, Beach Volleyball-Netze, mehrere Kinderspielplätze und traumhafte Aussichten auf Magnetic Island. Nicht zuletzt gibt es unzählige Picknicktische, einige davon mit BBQs, einen Wasserspielplatz mit Riesen-Kippeimer und ein öffentliches Freibad (*Tobrook Memorial Baths*) am Südende. Bis auf das Tobrook Freibad (🕐 Erw. $ 5, Kinder $ 3) ist alles kostenlos. Vor allem gegen Abend gehen die Townsviller an der Promenade gerne Joggen oder Spazieren, nach Einbruch der Dunkelheit ist der Weg beleuchtet. Außerdem kann man nachts in den Bäumen mit ein bisschen Glück auch Possums – kleine Beuteltiere mit Greifschwanz – herumklettern sehen. In den Sommermonaten hört man tagsüber oft lärmende schwarze Kakadus in den Bäumen, die wegen der (leider nicht für Menschen) schmackhaften Nüsse hierherkommen.

Aussichtskanzel auf dem Castle Hill mit Blick in Cape Pallarenda

Schräg gegenüber vom Tobrook Pool, an der Felswand auf der anderen Seite der Strandstraße, findet sich ein sehenswerter Wasserfall.

► Kissing Point ★

Wenn man am Nordende von The Strand vor dem Eingang des Rockpool Restaurants steht, geht an der linken Seite ein steiler Weg mit einigen Stufen in etwa fünf bis zehn Minuten den Hügel zum Kissing Point hinauf. Von hier aus hat man Aussichten auf die Stadt, auf Magnetic Island und den Castle Hill, und nicht nur bei Sonnenuntergang eignet sich der Platz gut für Menschen mit Sinn für Romantik. Ursprünglich diente der schön gelegene Hügel als Verteidigungsfort, das im ausgehenden 19. Jahrhundert als Schutz gegen Russland gebaut wurde und auch in den beiden Weltkriegen noch bemannt war – dann aber als Schutz gegen Übergriffe der Japaner. Einige Reste des Forts und zwei Kanonen sind noch erhalten. Neu ist zudem der Ethno-Botanical Trail, auf dem man mehr über das traditionelle Leben der Aboriginals in dieser Gegend erfährt.

📍 *Parken ist möglich am Rockpool Ecke Howitt St/ The Strand, oder am Battalion Car Park. Hierzu folgt man dem Straßenverlauf von The Strand, bis diese in den Jezzine Way mündet.*

► Army Museum of North Queensland

Die Jezzine Barracks wurden seit den 1880er Jahren als Army Stützpunkt genutzt und dienen heute als militärgeschichtliches Museum. Eintritt ist frei (Spenden willkommen).

📍 *Folgen Sie dem Straßenverlauf von The Strand nach Norden, bis dieser in den Jezzine Way mündet.*
📧 *Jezzine Barracks, Mitchell St, North Ward QLD 4810* ☎ *07-4721-1495* 🌐 *www.armymuseumnorth queensland.webs.com* 🕐 *Mi., Fr. & So. 9–13 h*

👁 Highlights im Stadtzentrum

Auch das Stadtzentrum von Townsville hat kulturell einiges zu bieten. Das Aquarium und das Museum liegen dabei nebeneinander.

► Reef HQ Great Barrier Reef Aquarium ★

In diesem Korallenriff-Aquarium können Besucher die Tiere und Pflanzen des Great Barrier Reefs sehen und fotografieren, ohne nass zu werden. Zu den Highlights gehört ein 18 Meter breites Becken, in dem über 150 Fischarten und 120 verschiedenen Korallenarten leben. Mit dabei sind Clownfische (»Nemos«) sowie ein Unterwassertunnel mit Haien.

📧 *2–68 Flinders St, Townsville QLD 4810* ☎ *07-4750-0800* 🌐 *www.reefhq.com.au* 🕐 *Tägl. 9.30–17 h* 💲 *Erw. $ 28, Kinder $ 14*

► Museum of Tropical Queensland

Das Museum konzentriert sich vorwiegend auf das Wrack der *HMS Pandora,* ein Kriegsschiff, das die Schuldigen der »Meuterei auf der Bounty« nach England zurückbringen sollte, aber auf der Heimfahrt mitsamt seiner 14 Gefangenen gesunken ist. Wechselnde Ausstellungen informieren zudem zu Themen, die die Natur und Geschichte des Landes betreffen, wie etwa Dinosaurier oder Zyklone.

📧 *70–102 Flinders St, Townsville QLD 4810* ☎ *07-4726-0600* 📧 *info.mtq@qm.qld.gov.au* 🌐 *www. mtq.qm.qld.gov.au* 🕐 *Tägl. 9:30–17 h* 💲 *Erw. $ 15, Kinder $ 8,80*

► Castle Hill ★

Der mitten im Zentrum der Stadt gelegene, 282 Meter hohe Aussichtsberg wird von den Townsvillern typischerweise im Laufschritt erobert. Es ist allerdings erlaubt, über die einspurige Straße bis zum Gipfel zu fahren und dort zu parken. Besonders schön ist der Castle Hill zum Sonnenuntergang, wenn die Landschaft rundherum zu glühen beginnt. Den ganzen Tag über hat man zudem weite Ausblicke über Townsville, die umliegenden Berge und auf Magnetic Island.

📍 *Von Townsville Zentrum über The Strand oder der parallel verlaufenden Warburton St nach Norden (Belgian Gardens). Es geht links ab in die Gregory St, die genau auf den Berg zuhält, dann rechts in die Stanley St W, die automatisch in die Bergstraße mündet.*
📧 *Castle Hill Rd, Castle Hill QLD 4810*

👁 Weitere Highlights

▶ Townsville Palmetum

Dieser ausgedehnte, 25 ha große botanische Garten liegt elf Kilometer südlich des Stadtzentrums und konzentriert sich auf die Palmen dieser Welt. Alle sechs Unterfamilien werden vorgestellt, insgesamt über 300 verschiedene Palmenarten, die in ihren natürlichen Lebensräumen vorgestellt werden: Wüste, trockene Savanne, Regenwald und Sumpflandschaft. Im Park finden sich außerdem eine Reihe von Picknicktischen sowie ein Café.

🕐 *Vom Zentrum über Hwy 14 (Woolcock St) Richtung Ingham (Westen), dann links auf den Hwy 13. Der Eingang zum Park befindet sich hinter der Brücke über den Ross River.* 📍 *Nathan St, Annandale QLD 4814* 🌐 *www. soe-townsville.org/parks/palmetum.html* 🕐 *Tägl. von Sonnenauf- bis Sonnenuntergang* 💲 *Eintritt frei*

▶ Tauchausflug zum Wrack der SS Yongala

Das 110 Meter lange Wrack der SS Yongala ist gewissermaßen die »Titanic von Australien«. Das Dampfschiff ist 1911 einige Kilometer vor der Küste gesunken (etwa vor der Stadt Ayr/Alva Beach), alle 122 Gäste kamen ums Leben. In Taucherkreisen gilt das in 28 Meter Tiefe gelegene Schiff als einer der besten Wrack-Tauchplätze Australiens. **Adrenalin Dive** fährt immer Mittwoch und Sonntag mit einem 14 Meter langen Boot ab Townsville und Nelly Bay (Magnetic Island) zur Yongala. Dienstag, Donnerstag, Freitag und Sonntag geht es nur ab Townsville zu anderen Riffen ans Great Barrier Reef (\$ 359 für zwei Tauchgänge inklusive Ausrüstung).

🕐 *Von der Sturt St (Hwy 9) seitlich des Castle Hill links in die Stanley St, dann links in die Walker St* 📍 *Adrenalin Dive, 252 Walker St, Townsville QLD 4810* ☎ *1300-664-600 oder 07-4724-0600* 🌐 *www.adrenalindive.com.au*

🛏 Übernachten

🏨 Seagulls Resort ★

In einer ruhigen Seitenstraße gelegenes Resort mit tropischem Garten und sehenswerter Poolanlage. Ein Teil der Standardzimmer geht zum Parkplatz raus (motelähnlich), einige befinden sich im Garten. Wenn Sie eines der Gartenzimmer möchten, dies bei der Buchung angeben. Die Preise sind stark saisonabhängig: In der Nebensaison zahlt man teils nur ein Drittel des Hauptsaison-Preises.

🕐 *4,5 km vom Stadtzentrum über Warburton St (Hwy 16) Richtung Norden* 📍 *74 The Esplanade, Belgian Gardens QLD 4810* ☎ *07-4721-3111* @ *resort@seagulls.com.au* 🌐 *www.seagulls.com.au* 🅿 *Ja* 🍴 *Ja, kostenpflichtig* 💲 ** – ****

🏨 Ocean Breeze by The Strand

Vierstöckiges, weißes Apartmentgebäude mit großzügig geschnittenen Ferienwohnungen, alle mit Küche und Balkon. Fast alle Apartments haben seitlichen Meerblick. Auf dem Gelände befindet sich ein Pool und ein BBQ, zum Strand geht man etwa zwei Minuten, Restaurants befinden sich in Gehweite.

🕐 *Von Townsville Zentrum über The Strand in Richtung Norden, links in die Gregory St und dann direkt rechts in die Mitchell St* 📍 *81 Mitchell St, North Ward QLD 4810* ☎ *07-4729-8100* @ *enquiries@ocean breezebythestrand.com.au* 🌐 *www.oceanbreezeby thestrand.com.au* 🅿 *Ja* 🍴 *Ja* 💲 ** – ***

🏨 Grand Chancellor Townsville

Zentral gelegenes 20-stöckiges, rundes Hotel aus den 70er-Jahren in Form eines Zuckerstreuers; von hier aus kann man alles zu Fuß erkunden. Alle Zimmer sind renoviert und gemütlich eingerichtet, Balkone gibt es ab dem 10. Stock, Pool auf dem Dach im 20. Stock. In der Lobby befindet sich ein Café, weitere Cafés und Restaurants in Gehweite. Parken kostet \$ 12,50 pro Tag in einem nahe gelegenen Parkhaus.

📍 *334 Flinders St, Townsville QLD 4810* ☎ *07-4729-2000* 🌐 *www.grandchancellorhotels.com/hotel-grand-chancellor-townsville* 🅿 *Ja* 🍴 *Ja* 💲 ** – ***

🏨 Yongala Lodge by The Strand

Über zwei Gebäude verteiltes, zweistöckiges Motel, das sich hinter einem historischen Queenslander-Holzhaus befindet (eigentlich ein Restaurant, leider bis auf Weiteres geschlossen). Das Motel liegt in einer ruhigen Seitenstraße, in Gehweite des Wasserspielplatzes an der Strandpromenade. Die klimatisierten Hotelzimmer und Apartments sind 2014 renoviert worden, außerdem gibt es einen Pool.

🕐 *Von Townsville Zentrum über The Strand in Richtung Norden, gegenüber vom Wasserspielplatz links in Fryer St* 📍 *11 Fryer St, North Ward QLD 4810* ☎ *07-4729-4633* @ *info@historicyongala.com.au* 🌐 *www.historic yongala.com.au* 🅿 *Ja* 🍴 *Nein* 💲 ** – ***

🏨 Rambutan Townsville YHA (Hostel und Camping)

Brandneues 58-Zimmer-Hostel in der Restaurant- und Partymeile an der Flinders Street mit gemütlichem Poolbereich und Restaurant im 3. Stock. Einfache Mehrbettzimmer mit Stockbetten (darunter auch klimatisierte 5er »Ladies only«-Zimmer) sowie einige Zimmer mit Hotelkomfort. Wer mit dem Wohnmobil unterwegs ist, kann auf dem Parkplatz des Hostels oder in der Tiefgarage sein Lager aufschlagen (mit Stromanschluss) und die Einrichtungen des Hostels nutzen.

Wie eingangs unter »Orientieren« beschrieben
113–119 Flinders St, Townsville QLD 4810 07-4771-6915 enquiries@rambutantownsville.com
www.rambutantownsville.com.au Ja Ja
Camping: $$$, Mehrbett: ∗, Hotelzimmer: ∗–∗∗

Rowes Bay Beachfront Holiday Park

In einem ruhigen Vorort gelegener Campingplatz in schöner Lage direkt gegenüber vom Strand von Rowes Bay, der sich gut für Spaziergänge eignet. Auf dem mit Palmen und anderen Schatten spendenden Bäumen bewachsenen Gelände gibt es einen Salzwasserpool, Tennisplatz, BBQs und Gemeinschaftsküche. Zelte können auf einer langgestreckten, unmarkierten Wiese aufgestellt werden. Die 42 Cabins sind buchbar in sechs Varianten für zwei bis sechs Personen, einige davon haben Meerblick. Eine Bushaltestelle befindet sich direkt vor dem Eingang.

4,5 km nördlich vom Stadtzentrum über Hwy 16 (Bundock bzw. Warburton St) 46 Heatley Parade, Rowes Bay QLD 4810 07-4771-3576 info@rowesbaycp.com.au www.rowesbayholidaypark.com.au Ja 100 Unmarkiert Ja Ja Ja, kostenpflichtig Wasser, Strom (15 Amp.) Ja
$$–$$$, Cabins ∗–∗∗

Ausflug nach Magnetic Island

MAGNETIC ISLAND ⊠ ☑ ☷

Magnetic Island liegt vor der Küste von Townsville, und ist nicht nur ein fotogener Anblick aus der Ferne, sondern auch ein Tipp für Wanderer, Schnorchler, Taucher, Kajakfahrer und Tierfreunde. Magnetic Island ist 52 km² groß – groß genug für 20 Buchten und Strände und vier Dörfer (Horseshoe Bay, Arcadia, Picnic Bay und Nelly Bay) mit insgesamt etwa 2.100 Einwohnern – und liegt nur acht Kilometer vom Festland entfernt. Die Insel hat wie Townsville ein trockenes Klima mit 320 Sonnentagen im Jahr und ist mit Eukalyptus-Wald und kurios aussehenden *Hoop Pines* (Neuguinea-Araukarien) bewachsen. Zudem kann man ohne große Anstrengung Koalas, Rock-Wallabys und Possums beobachten. Oft sieht man auch schwarze und gelbe Kakadus, Seeadler und Papageien. Mehr als die Hälfte von Magnetic Island ist als Nationalpark geschützt, und ein großer Teil der Insel, inklusive des 495 m hohen **Mount Cook**, ist gar nicht erschlossen.

Schwarze Kakadus beim Nüsseknacken auf einer Wiese an der Strandpromenade von Townsville

Das Wanderwegenetz ist zwar nur zwölf Kilometer kurz, die Wege führen aber zu einigen der schönsten Plätze der Insel.

Ⓗ Anfahrt und Transport

Die bergige Insel ist klein genug, um das Wichtigste an einem Tag zu erkunden, und groß genug, dass sich eine Übernachtung lohnt. Sie wird von zwei Fährbetreibern mindestens fünfzehn Mal (**Sealink**, nur Fußgänger) bzw. mindestens sieben Mal (**Fantasea**, Fußgänger und Fahrzeuge) täglich angefahren. Die Überfahrt von Nelly Bay dauert mit Sealink etwa 25 Minuten, mit der langsameren Autofähre von Sealink etwa 45 Minuten, Gepäck kann in Schließfächern im Sealink-Fährgebäude in Townsville oder in Nelly Bay eingeschlossen werden.

Sealink

Breakwater Terminal, Sir Leslie Thiess Dr, Townsville QLD 4810 07-4726-0800 www.sealinkqld.com.au
Fußgänger-Tickets: Erw. $ 33 ($ 30 bei Online-Buchung), Kinder $ 16 (Hin- und Rückfahrt), Parken: $ 7,50 Pkw, $ 8,50 Wohnmobil pro Tag

Fantasea

Ross St, South Townsville QLD 4810 07-4796-9300 www.fantaseacruisingmagnetic.com.au
Fußgänger-Tickets: Erw. $ 26, Kinder $ 14 (Hin- und Rückfahrt), Fahrzeuge inkl. 4 Passagiere: $ 193, Parken: kostenlos

Die zehn Kilometer lange Hauptstraße von Picnic Bay im Süden nach Horseshoe Bay im Norden wird stündlich von einem Linienbus befahren, ein eigenes Fahrzeug ist daher nicht dringend notwendig. Für ein Tagesticket bezahlt man beim Fahrer als Erwachsener $ 7,40, Kinder $ 3,80. Die Höchstgeschwindigkeit auf der Insel beträgt übrigens 60 km/h, aber nicht jeder hält sich daran. Wer sich lieber die Insel bei einer **ge-**

führten **Tour** anschauen möchte, der kann sich beispielsweise in den offenen 9-sitzigen Stretch-Jeep von **Tropicana** einbuchen, die Insel-Touren ab Nelly Bay über drei, fünf oder acht Stunden (◉ $ 79, $ 132, $ 198, Kinder jeweils die Hälfte) anbieten.

Tropicana Guided Adventure Company
◉ *PO Box 4249, Kirwan QLD 4817* ◉ *07-4758-1800* @ *info@tropicanatours.com.au* ◉ *www.tropicanatours.com.au*

▶ Fahrradverleih
Magnetic Island ist auch ein lohnenswertes Ziel für Fahrradfahrer. Für die bergige Insel sollte man allerdings schon ein wenig Fitness mitbringen. Mountain Bikes bekommt man – mitsamt kostenloser Abholung ab Fähranleger – ab $ 20 für 6 Stunden/$ 28 für 24 Stunden.

Fish'n N Fuel'n
◉ *36 Mandalay Ave, Nelly Bay QLD 4819* ◉ *www.fishnnfueln.com.au/magnetic-island-bike-hire*

🛒 Versorgen, einkaufen, essen und trinken

Neben der Fähre in Nelly Bay gibt es einen IGA Supermarkt, außerdem einen Foodworks (◉ 55 Sooning St in Nelly Bay) und einen *Convenience Store* (Mini-Laden) an der Strandpromenade in Horseshoe Bay. Die Preise sind allerdings nicht so wie vom Festland gewohnt.

Horseshoe Bay ist der schönste Ort auf der Insel, um gemütlich Essen zu gehen oder für entspannte Sunset Drinks mit Aussicht auf die in der Bucht untergehende Sonne.

❶ Nachfolgend werden die einzelnen Stationen auf der Insel in Reihenfolge der Hauptstraße von Picnic Bay nach Horseshoe Bay aufgeführt. Die Fähren legen in Nelly Bay an.

🏘 PICNIC BAY

Picnic Bay im Süden von Magnetic Island ist die älteste Siedlung der Insel. Hierher sind bereits die Townsviller im 19. Jahrhundert für ein Sonntags-Picknick gekommen – daher der Name. Heute ist Picnic Bay ein kleines Dorf mit einigen Ferienwohnungen, einem weißen Holzsteg *(Jetty)* für Angler sowie dem R&R Bar & Restaurant mit Aussichten aufs Wasser (◉ Frühstück, mittags *–**, abends **–***, ◉ Küche

Die Jetty an der Picnic Bay

geöffnet 9–20:15 h). Am Südende des Strandes, in der Nähe des SLS Clubs (Rettungsschwimmer), wo im Sommer ein Stinger-Netz gegen Quallen aufgespannt ist, geht eine unauffällige Treppe die Felsen hinauf. Von hier aus kann man schöne Fotos über die Bucht machen. Auch zum Schnorcheln entlang der Felsen ist der Platz gut geeignet. Im Sommer wird ein *Stinger*-Netz gegen Quallen am Strand aufgespannt.
❶ *Bushaltestellen befinden sich entlang der Birt St am Ortseingang, an der Granite St und an der der Yule St, Ausstieg empfohlen an der Endstation, gleich gegenüber vom Picnic Bay Hotel.*

🚶🌲 HAWKINGS POINT ⭐

Moderater Wanderweg mit vielen Felsbrocken durch einen dichten Eukalyptuswald. Der Pfad führt vorbei an mehreren Aussichtspunkten in Richtung Picnic Bay zur Rechten und Nelly Bay zur Linken. Vom Gipfel bietet sich ein 360°-Panorama auf den Mount Cook (495 m), die umliegenden Buchten und auf Townsville in der Ferne. Selten wird man für so wenig Anstrengung so belohnt.
❶ *Bushaltestelle an der Polizeistation, Ecke Granite St/Picnic St, von hier aus rechts in die Picnic St und dieser bis zum Ende folgen (ca. 450 m)* ◉ *Ganzj.* ◉ *Am Nordostende der Picnic St in Picnic Bay* 🕐 *45 Min.–1 Std.* ◉ *Moderat* ◉ *1,2 km*

🏘 NELLY BAY

Nelly Bay ist der Hauptort der Insel mit dem Fähranleger von Sealink und Fantasea, und dem »Busbahnhof« für die einzige Linie der Insel. Die Gegend rund um den Hafen ist eher nüchtern, mit viel Beton und Stahl. Schöner wird es, wenn man den Strand nach links herunter Richtung Picnic Bay läuft, mit einer schönen Strandpromenade mit Kokospalmen, Picknicktischen und Münz-BBQs. Am Ende des Strandes von Nelly Bay liegt das Base Backpackers Resort, das berühmt-berüchtigt ist für seine *Full Moon Parties*. Wer gerne feiert, der sollte in einer Vollmondnacht vorbeischauen, zu anderen Zeiten lohnt sich ein Besuch zum Schnorcheln am Riff vor dem Hostel.

🛏 Übernachten

🏨 Base Backpackers

Auf den Felsen und den Sandstrand am Nordende der Bucht von Nelly Bay gebautes Backpacker-Resort. Übernachtet wird in kleinen Spitzdach-Häuschen im Mehrbettzimmer oder in einem der fünf Doppelzimmer. Zwei davon sind ohne Bad, drei mit Bad und liegen am weitesten weg von der Kneipe. Sie sind also – wenn nicht gerade die *Full Moon Party* gefeiert wird – eher ruhig gelegen. Von der Terrasse der Doppelzimmer aus, die über dem Wasser liegen, kann man weit über den Strand schauen. Bis zur benachbarten Picnic Bay läuft man etwa 20 Minuten, bis zur Fähre etwa 30 Minuten am Strand entlang.
🚏 *Nelly Bay Rd (Inselhauptstraße), 2 km südlich vom Fähranleger* 🚌 *Eine Bushaltestelle befindet sich vor dem Eingang.* ✉ *1 Nelly Bay Rd, Nelly Bay QLD 4819* ☎ *07-4778-5777* @ *magnetic@stayatbase.com* 🌐 *www.stayatbase.com/hostels/australia-hostels/base-magnetic-island* 🅿 *Ja* 🍴 *Ja, kostenpflichtig* 📶 ★

🥾🌲 STRANDWANDERWEG NACH HORSESHOE BAY

Ab dem Parkplatz bei The Forts *(The Forts Carpark)* kann man eine Reihe von Stränden erwandern, die sich hervorragend zum Baden eignen. Bis zur ersten Bucht, der **Arthur Bay**, läuft man etwa einen Kilometer (15 Minuten). Dieser Strand gilt als besonders lohnenswert für Schnorchler. Bis nach **Florence Bay** sind es ab dem Parkplatz 1,8 Kilometer (30 Minuten), bis nach **Radical Bay** drei Kilometer (eine Stunde). Von hier aus führt ein Weg weiter bis nach **Horseshoe Bay**. Bis Radical Bay ist der Weg für Fahrräder und Kinderwagen geeignet. Die letzte Etappe ab Radical Bay geht steil über zwei Bergrücken und ist ziemlich anstrengend, aber landschaftlich sehr schön. Über die gesamte Strecke läuft man

Nelly Bay vom Hawkings Point aus gesehen

7,5 Kilometer oder zwei Stunden. Zurück geht es dann beispielsweise mit dem Bus.
🚌 *Eine Bushaltestelle befindet sich am Parkplatz zu The Forts* 🕐 *Ganzj.* 🚗 *The Forts Carpark (Parkplatz) an der Straße zwischen Arcadia und Horseshoe Bay* 🕐 *Arthur Bay 30 Min, komplette Strecke bis nach Horseshoe Bay 2 Std.* 🏃 *Bis Arthur Bay leicht, im weiteren Verlauf moderat* 🔁 *Bis Arthur Bay 2 km (Hin- und Rückweg), komplette Strecke bis Horseshoe Bay 7,5 km (einfache Strecke)*

💡 Zum Wandern unbedingt Sonnenhut und viel Trinkwasser mitnehmen.

🥾🌲 FORTS WALK

Der beliebteste Wanderweg auf der Insel hat gleich mehrere Highlights: weite Aussichten auf sehenswerte Strände im Norden und Osten der Insel, Koalas in den Bäumen und seltene Überreste von Verteidigungsbunkern aus dem Zweiten Weltkrieg.

💡 Die besten Chancen, Koalas zu sehen, hat man gegen Abend. Den Rest des Tages ruhen die Tiere fast unbeweglich in den Baumkronen. Nehmen Sie am besten eine Taschenlampe für den Rückweg mit.

🚌 *Eine Bushaltestelle befindet sich am Parkplatz zu The Forts* 🕐 *Ganzj.* 🚗 *The Forts Carpark (Parkplatz) an der Straße zwischen Arcadia und Horseshoe Bay* 🕐 *1,5 Std.* 🏃 *Moderat* 🔁 *4 km*

🏛 ARCADIA

Arcadia liegt etwa auf halbem Wege zwischen dem Fährhafen in Nelly Bay und der

Horseshoe Bay. Der Ort hat zwei Strände: **Alma Bay** ist eine von Felsbrocken eingerahmte Bucht, mit einem Spielplatz, einigen Picknicktischen und Aussicht auf das bergige Festland und das Kap von Cape Cleveland südlich von Townsville. Der Strand bei **Geoffrey Bay** ist sehr flach und bei Ebbe nicht übermäßig ansehnlich.

🛏 Übernachten

🏛 Hotel Arcadia
Gegenüber der Alma Bay gelegenes Hotel und das inoffizielle Stadtzentrum von Arcadia, mit Zeitungsladen, Souvenir- und Alkoholladen *(Bottle Shop),* Pub (mit Live Musik am Freitag und Samstag), Bistro und italienischem Restaurant mit Pizza und Eis. Außerdem gibt es einen Waschsalon, zwei Pools und etwas zurückversetzt das über mehrere Gebäude verteilte Hotel. Die Zimmer wurden 2014 renoviert und befinden sich in einem Garten mit zwitschernden Papageien in den Bäumen. Zimmer 14 bis 28 liegen im zweistöckigen Hauptgebäude und haben Meerblick. Bis zu den Wallabys am **Bremner Point** läuft man nur 5 Minuten.
🚌 *Eine Bushaltestelle befindet sich direkt vor dem Hotel* 📍 *7 Marine Parade, Arcadia Bay, Magnetic Island QLD 4819* 📞 *07-4778-5177* 📧 *info@hotel arcadia.com.au* 🌐 *www.arcadiavillage.com.au* 🅿 *Ja* 🛜 *Ja, kostenpflichtig* ♿ *

👁 Highlights

▶ Schnorcheln am Bremner Point
Wenn man seitlich an der Geoffrey Bay zum ehemaligen Bootsanleger am Bremner Point rausläuft (die Straße beginnt gegenüber des Arcadia Hotels) kommt man direkt ans tiefere Wasser. Wer ein bisschen Brot mitbringt, kann die Fische füttern, die sich hier in großer Zahl aufhalten, oder zum Wrack der *Moltke* hinausschnorcheln.
🚌 *Wie Hotel Arcadia*

Wer keine Ausrüstung dabei hat: Die an der Geoffrey Bay gelegenen **Pleasure Divers** organisieren geführte Schnorcheltouren (♿ $ 50) und geführte Tauchgänge vom Strand aus (♿ $ 95). Schnorchel-Ausrüstung kann man man auch ohne Tour ausleihen (♿ $ 15). Außerdem werden Ausfahrten ans Great Barrier Reef oder zum weiter im Süden gelegenen Wrack der *Yongala* angeboten (♿ Mit Ausrüstung jeweils ab $ 264).
🚌 *Wie Hotel Arcadia* 🚐 *Pleasure Divers Magnetic Island, 10 Marine Parade, Arcadia QLD 4819* 📞 *07-4778-5788* 🌐 *www.pleasuredivers.com.au*

▶ Wallabys am Bremner Point ★
Ein weiteres Highlight am gleichen Ort sind die Rock Wallabys, etwa katzengroße Kängurus, die auf und zwischen den Felsen rund um das Wartehäuschen der alten Magnetic Island Fähre leben. Man kann die Tiere eigentlich den ganzen Tag über sehen, am besten ist es in der Dämmerung. Wer nach Einbruch der Dunkelheit kommt, kann manchmal auch die nachtaktiven Possums antreffen. Das Füttern der Tiere ist nicht erlaubt, aber die meisten Besucher halten sich nicht daran.

✕ Essen und trinken

▶ Stage Door Theatre Restaurant
Ein Drei-Gänge-Abendessen zusammen mit einer *Cabaret Show* bekommt man im luftigen Stage Door Theatre. Das milde Inselklima erlaubt es, dass die Gäste auf einer seitlich offenen, aber überdachten Terrasse sitzen können.
📍 *In Arcadia, schräg hinter dem Arcadia Hotel* 🏠 *5 Hayles Ave, Arcadia QLD 4819* 📞 *07-4778-5448* 📧 *info@stagedoortheatre.com.au* 🌐 *www.stagedoor theatre.com.au* 🕐 *Fr. & Sa., 18:45–22:15 h* 💲 *$ 85 pro Person*

🏛 HORSESHOE BAY ⭐

Am Nordende von Magnetic Island liegt die größte Bucht der Insel, Horseshoe Bay. Sie ist ideal zum Schwimmen (im Sommer mit *Stinger*-Netz gegen Quallen), zum Sonnenbaden und für Wassersport wie Kajakfahren oder Jetski geeignet, daher trifft man am Strand an den Wochenenden und in den Ferien Vermieter von Wassersportgeräten an. Das Beste an Horseshoe Bay sind die Sonnenuntergänge über dem Meer.
🚌 *Der Bus fährt die Horseshoe Bay Rd über seine gesamte Länge ab. Fahren Sie am besten bis zur Endstation, die direkt am Strand auf dem Pacific Dr liegt.*

✕ Essen und trinken

▶ Noodies Latin Bar & Cafe ★
Mexikaner mit bunten Stühlen und Tischdecken. Frühstück und italienischer Kaffee sind den ganzen Tag verfügbar, außerdem gibt es eine Mittags- und Abendkarte.
🏠 *2/6 Pacific Dr, Horseshoe Bay QLD 4819* 📞 *07-4778-5786* 🌐 *www.noodiesonthebeach.com* 🕐 *Täglich außer Mi. & Do. für Mittag- und Abendessen, am Wochenende und an Feiertagen auch fürs Frühstück geöffnet* ♿ *Frühstück *-**. Mittags, abends ***

► Barefoot Art Food & Wine

Interessante Kombination aus Restaurant und Galerie, in der Werke von australischen Künstlern vorgestellt werden. Auf der Karte stehen Seafood und Steak sowie australische, neuseeländische und französische Weine.

⊜ 5 Pacific Dr, Horseshoe Bay QLD 4819 ☎ 07-4758-1170 @ barefootartfoodwine@hotmail.com
🌐 www.facebook.com/Barefoot-Art-Food-Wine-111100682289113 🕐 11:30–15 h & 17:30–21 h
✪ ✱✱–✱✱✱

👁 Highlights

► Magnetic Island Sea Kayaks

Magnetic Island Sea Kayaks organisiert täglich Touren ab 8 Uhr, mit Rückkehr gegen 12 Uhr (✪ $ 85 pro Person im Doppel-Kajak). Zweistündige Sunset-Kajaktouren täglich, im Winter ab 15:45 h, im Sommer ab 16:30 h (✪ $ 60).

⊜ Magnetic Island Sea Kayaks, PO Box 130, Magnetic Island QLD 4819 ☎ 07-4778-5424 @ magnetic island@seakayak.com.au 🌐 www.seakayak.com.au

► Horseshoe Bay Ranch

Erkunden Sie Magnetic Island zu Pferde und baden Sie zusammen mit dem Pferd im Meer. Ausritte dauern zwei Stunden und führen durch Bushland und an den Strand – und ins Wasser. Auch für Anfänger geeignet. Ausritte: Täglich 8:30 Uhr und 14:30 Uhr

⊜ 38 Gifford Street, Horseshoe Bay QLD 4819
☎ 07-4778-5109 🌐 www.horseshoebayranch.com.au
✪ $ 120 pro Person

► Bungalow Bay Koala Sanctuary

Wer beim Wandern in Sachen Koalas noch kein Glück hatte, der kann die grauen Beuteltiere im Koala Sanctuary besuchen, das gleich neben dem YHA Hostel liegt. Besucher können den Park nur auf einer zweistündigen Tour besichtigen, die jeweils um 10, 12 und 14:30 Uhr beginnt. Wer sich mit einem Koala fotografieren lassen möchte, zahlt $ 18 Aufpreis. Diese Einnahmen werden für die Pflege von kranken, verletzten und verwaisten Inseltieren verwendet. Jeden Mittwoch, Freitag und Sonntag kann man den Tag mit einem kräftigen Bush-Tucker-Frühstück am Lagerfeuer beginnen (unbedingt vorbuchen). Treffen ist 8:30 Uhr, das Frühstück geht bis 10 Uhr.

📍 400 m vom Strand an der Horseshoe Bay Rd
⊜ 40 Horseshoe Bay Rd, Horseshoe Bay QLD 4819
☎ 07-4778-5577 @ info@bungalowbay.com.au
🌐 www.bungalowbay.com.au/magnetic-island-koala-park-wildlife-tours ✪ Erw. $ 29, Kinder: $ 13

🛏 Übernachten

🏠 Bungalow Bay Koala Village (YHA)

Das YHA Hostel liegt unter Kokospalmen und Paperbark-Bäumen gleich neben dem Koala Sanctuary. Übernachtet wird in einem der 25 Spitzdach-Holzhäuser (Doppelzimmer mit und ohne Bad) oder einem der fünf großen Bungalows mit 3er-, 6er- und 8er-Zimmern. Alternativ können Gäste ihr mitgebrachtes Zelt im Garten aufstellen – übrigens die einzige Campingmöglichkeit auf der Insel. Das Hostel hat eine Gemeinschaftsküche, Waschsalon und einen Pool mit Hängematten. Ein Restaurant befindet sich nebenan, ebenso eine Bushaltestelle.

📍 400 m vom Strand von Horseshoe Bay an der Horseshoe Bay Rd ⊜ 40 Horseshoe Bay Rd, Horseshoe Bay QLD 4819 ☎ 07-4778-5577 @ info@bungalowbay.com.au 🌐 www.bungalowbay.com.au ⓟ Ja ⊜ Ja, kostenpflichtig ✪ Hotel ✱, Camping ✱✱

🏠 Magnetic Sunsets B&B

Zweistöckiges Holzhaus mit Palmengarten in Gehweite des schönsten Strandes von Magnetic Island. Alle Zimmer sind Doppelzimmer und haben ein eigenes Bad. Mit Zugang zur Gemeinschaftsküche und Pool. Wer die teureren Resort Apartments bucht, kommt in einem anderen Gebäude unter, das direkt am Strand liegt (7 Pacific Drive).

📍 350 m von Strand in Horseshoe Bay an der Horseshoe Bay Rd ⊜ 100 m bis zur nächsten Bushaltestelle ⊜ 48 Horseshoe Bay Rd, Horseshoe Bay QLD 4819 ☎ 07-4758-1900 🌐 www.magneticsunsets.com.au ⓟ Ja ⊜ Ja ✪ B&B ✱, Resort Apartments ✱✱

Ende des Ausflugs

Mit Cairns und Townsville haben Sie die beiden größten Städte nördlich des Ballungsgebietes Brisbane/Gold Coast gesehen. Vor Ihnen liegt nun viel Natur mit manchmal eintönigen, dann auch wieder atemberaubenden Landschaften. Die schönsten davon werden Sie im Laufe Ihrer Weiterreise bald besuchen.

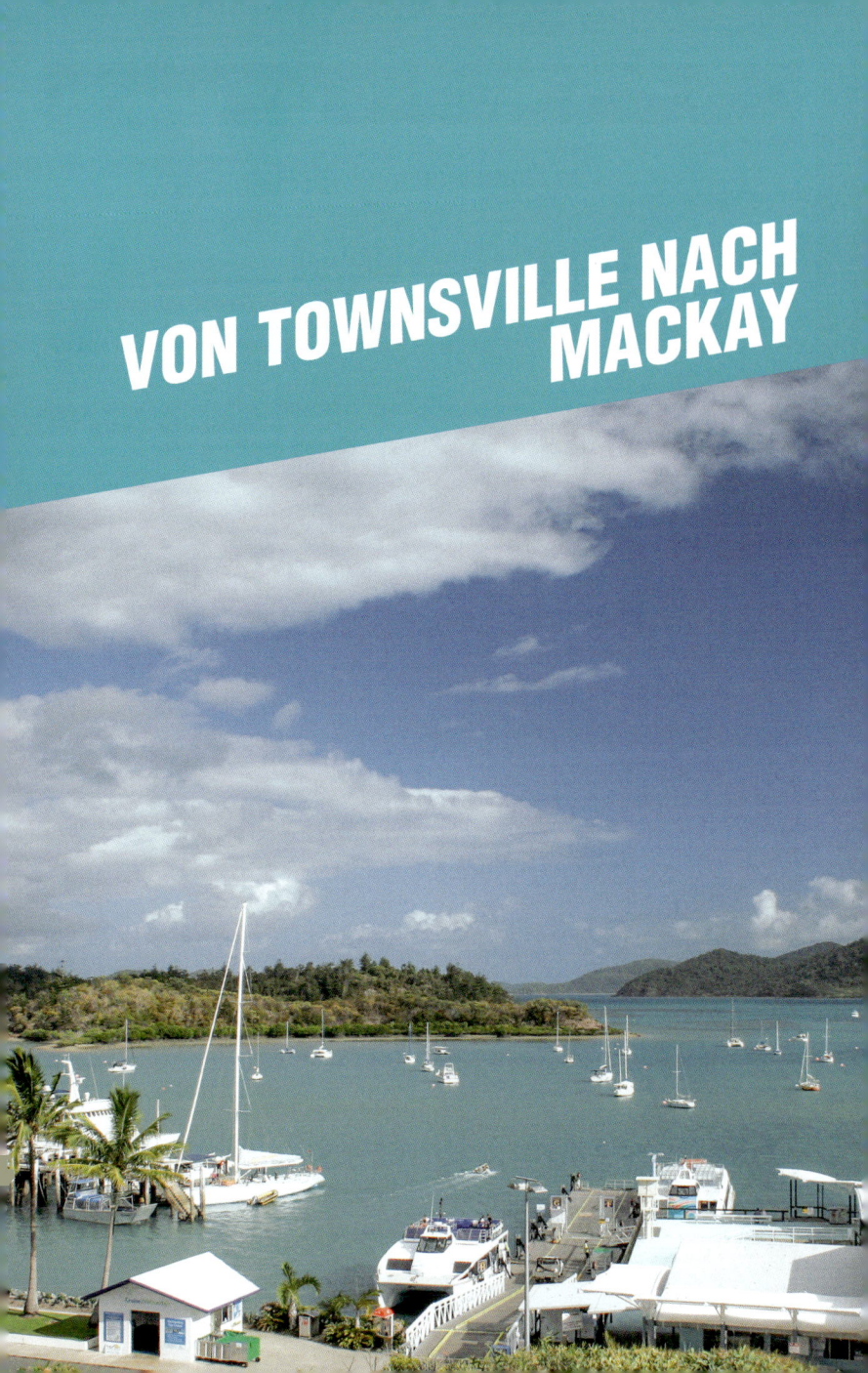

VON TOWNSVILLE NACH MACKAY

Von Townsville nach Mackay

*Aus dem Zentrum von Townsville heraus führt Sie der Highway 16, der an den Stadtgrenzen wieder auf den **Bruce Highway (A1)** trifft. Der Highway führt als einfache, zweispurige Landstraße durch fast ganzjährig trockenes Buschland in Richtung Südosten. Etwa 20 Kilometer südlich von Townsville passieren Sie das Billabong Sanctuary, das unübersehbar gleich an der Landstraße liegt.*

💡 Für Wohnmobile: An der großen BP Tankstelle am südlichen Ortsende von Townsville ist ein Aufenthalt von maximal 24 Stunden möglich (keine Zelte). Der Platz ist weder schön noch ruhig, daher nur für Notfälle geeignet.

👁 BILLABONG SANCTUARY

In dem an den Ufern eines *Billabongs* (See) gelegenen Zoos leben über 50 australische Tierarten, darunter Koalas, Krokodile, Wombats, Dingos, Pythons und die blauköpfigen *Cassowaries* (Helmkasuare). Auch Kängurus sind mit dabei, die im Park frei herumhüpfen und den Gästen aus der Hand fressen. Um die Mittagszeit kann man zuschauen, wie die Krokodile gefüttert werden. Ein kleines Café sorgt fürs leibliche Wohl der Menschen.

💡 Abholung ist auch ab **Townsville** möglich (🚌 Bus und Eintritt: Erw. $ 57, Kinder $ 41)

🚗 Bruce Hwy, Nome QLD 4816 ☎ 07-4778-8344 @ admin@billabongsanctuary.com.au 🌐 www.billabongsanctuary.com.au ⏱ Tägl. 9–17 h 🎟 Erw. $ 36, Kinder $ 23

Die vor allem in der Zeit von Juni bis Dezember sehr trockene Landschaft wird zunehmend grüner, sobald Sie in die Umgebung von Ayr kommen.

🏛 AYR ⊞ 🛈 ➕ ✖ 🚩 🌐

👪	8.093	
	Townsville	88 km
	Bowen	116 km

Die in den 1880er-Jahren gegründete 8.000-Seelen-Kleinstadt Ayr liegt 88 Kilometer südöstlich von Townsville und ist eingebettet in weite Zuckerrohrfelder, eine kleine grüne Insel zwischen Townsville und Bowen. Wer hier eine Pause einlegt, der findet ein fotogenes Postamt sowie eine Reihe von farbenfrohen Gebäuden aus dem frühen 20. Jahrhundert, darunter auch einige Gebäude im Art-déco-Stil.

🛈 BURDEKIN VISITOR INFORMATION CENTRE

🚌 Plantation Park, 11–15 Kennedy St (Bruce Hwy), Ayr QLD 4807 ☎ 07-4783-5988 🌐 www.burdekin.qld.gov.au/community/visitor-information ⏱ Tägl. 9–16 h

Fotogene Brücke im Plantation Park von Ayr

⊙ Orientieren

Ayr ist eine nach einem rechtwinkligen Raster aufgebaute Ortschaft. Der Bruce Highway (A1) führt mitten durch die Stadt und heißt hier Edwards Street. Im Ortszentrum macht er einen Knick nach rechts (Südwesten) und heißt nun Queen Street. Wenn Sie am Kreisverkehr links abbiegen, sind Sie gleich am Woolworths Supermarkt.

Ⓗ Anreise und Transport

Ayr wird von Queensland Rail angefahren und ist ein Haltepunkt auf der Cairns-Brisbane-Route der Greyhound-Busse mit einer Haltestelle am Rotary Park, Graham Street.

🥄 Versorgen und einkaufen

Der lokale Woolworths liegt an der ⊜ Ecke Queen Street (Highway A1)/Parker Street, ein Coles Supermarkt auf der ⊜ 118 Edwards Street (Highway A1).

✕ Essen und trinken

Im selben Block, indem sich der Woolworths befindet – also rechts und links der Queen Street – finden Sie eine Reihe von Cafés und Imbissen.

👁 Highlight

▶ Plantation Park

Reste von Regenwald finden sich am südlichen Ortsende im Plantation Park. Der Regenwaldpark ist einfach zu erkennen; die meterlange bunte Pythonskulptur am Eingang ist das Totem der Aboriginals dieser Gegend. Im Park gibt es Picknicktische, ein Café (◉ Tägl. 8–14 h) und das lokale Visitor Centre.

🛏 Übernachten

🏨 Home Hill Comfort Stop

Auf der Südseite des Burdekin River, etwa elf Kilometer südlich von Ayr, liegt der kleine Ort Home Hill, in dem man kostenlos übernachten kann. Der Comfort Stop ist ein Rastplatz für Wohnmobile gleich neben der Touristeninformation, mit kostenlosen heißen Duschen, WCs und sogar einer offenen Küche. Ein Dump Point befindet sich zwei Straßen weiter an der 6th Street. Zwei Pubs – das Commercial Hotel und das Crown Hotel – liegen zwei Minuten zu Fuß entfernt am Bruce Highway.
⊜ Eighth Ave, Home Hill QLD 4806 (neben dem Bruce Hwy) ⊜ Nein ⊜ Ja ⊜ Nein ⊙ Nein ⊙ Kostenlos

Zwischen Ayr und dem rund 116 Kilometer entfernten Bowen beginnt die Whitsundays Region, die als eines der besten Segelgebiete der Welt gilt. Gerade in der Zeit zwischen etwa Juni bis Dezember lässt die trockene Landschaft rund um den Bruce Highway kaum erahnen, welche Schönheit vor der Küste liegt. Aber nur Geduld, dazu kommen wir noch.

🏘 **BOWEN** 📷 ℹ ➕ ✕ ✉ 📅		
👫👫	10.260	
☀	32 °C	
❄❄	26 °C	
〰	5 m	
• Ayr		116 km
Airlie Beach		79 km

Die 1861 gegründete Stadt Bowen ist die älteste Stadt in Nord-Queensland und die nördlichste Stadt der Whitsundays Region. Der Bergbau und die Landwirtschaft, vor allem mit Mangos und Tomaten, ist in der Region Bowen ein wichtigerer Faktor als der Tourismus. Passend dazu kann man auch kein Nachtleben wie in Airlie Beach erwarten. Bowen diente als Filmkulisse für *Australia – The Movie* (2008) mit Nicole Kidman und Hugh Jackman, aufgrund seiner vielen, gut erhaltenen Gebäude im Art-déco-Stil. Der Wasserspeicher auf dem

Eines der vielen Wandgemälde in Bowen

119

Bowen Hill trägt daher stolz die Aufschrift »*Bowenwood*«. Zudem sind 19 Wandgemälde *(Murals)* mit historischen Szenen im Ortszentrum verteilt, darunter einige auf der Herbert Street wie etwa am North Australian Hotel oder der Bank of New South Wales. Genauere Infos zu den Standorten der Gemälde erhalten Sie im Visitor Centre.

🛈 BOWEN INFORMATION BOOTH

📍 Front Beach, Bowen QLD 4805 ☎ 07-4786-2602
@ info@tourismbowen.com.au 🌐 www.tourismbowen. com.au 🕐 Mo.–Fr. 10–17 h

🧭 Orientieren

Bowen ist ein recht ausgedehnter, vorwiegend brettflacher Ort, der sich östlich des Don River und nördlich des Bruce Highway (A1) erstreckt. Vom Sportflughafen am Ortseingang bis zum am weitesten entfernten Strand an der Rose Bay sind es immerhin acht Kilometer. Um Bowen zu besuchen, verlassen Sie kurzzeitig den Bruce Highway und biegen am Flughafen links in die Bowen Connection Road, die später in Don Street umbenannt wird, ins Stadtzentrum. An der Leichhardt Street fahren Sie über zwei Blocks nach rechts, bevor es links auf die Livingstone Street geht und später **rechts** in die **Herbert Street**, die die Hauptgeschäftsstraße des Ortes bildet. Die Herbert Street mündet in die Santa Barbara Parade, der Strandpromenade von Bowen Zentrum. Hier findet sich auch ein Kiosk mit der Visitor Info. Die anderen Strände von Bowen erreichen Sie, wenn Sie der **Herbert Street nach links** (Norden) folgen und später rechts auf die The Soldiers Road biegen. Dort finden Sie auch den Woolworths Supermarkt.

🏨 Anreise und Transport

Bowen ist ein Haltepunkt auf der Cairns-Brisbane-Route der Greyhound-Busse und wird von Queensland Rail angefahren. Der Bus hält bei Bowen Travel, 40 William Street, einen halben Block von der Herbert Street und drei Blocks vom Strand entfernt.

🛒 Versorgen und einkaufen

Es gibt einen Woolworths Supermarkt (Ecke Herbert Street/The Soldiers Road), der sonntags geschlossen hat. Der nächste Supermarkt befindet sich im 76 Kilometer entfernten Cannonvale bei Airlie Beach.

Wer sein Steak am liebsten frisch vom Metzger mag, der sollte bei Bowen Meat Supply reinschauen (🕐 Mo.–Fr. 8–17:30 h, Sa. 7–12 h, 📍 Ecke Herbert St/Kennedy St, Bowen QLD 4805).

✕ Essen und trinken

▶ The Cove Restaurant

Das Restaurant liegt im Coral Cove Hotel und hat mit die besten Aussichten in Bowen, mit Blick auf den Resort-Pool und über die Horseshoe Bay. Auf den Tisch kommen Gerichte aus China und Thailand.
🚗 *Auf der Herbert St stadtauswärts (nach Norden) fahren, dann rechts in die The Soldiers Rd. Am Ende der Straße rechts auf die Horseshoe Bay Rd bis zu einem auffälligen Apartment-Block links am Strand. 4 km von Bowen Zentrum entfernt.* 📍 2B Horseshoe Bay Rd, Bowen QLD 4805 ☎ 07-4786-3842
@ stay@coralcoveapartments.com.au
🌐 www.thecoverestaurant.com.au
🕐 Mi.–Mo. 11–15 h & 17–22 h 💲 ★★

Ein erfrischender Wasserspielplatz in Bowen

▶ Grandview Hotel

Ein bei den Einheimischen beliebter Pub, vor allem am Sonntagabend, wenn der Sonntagsbraten *(Sunday Roast)* serviert wird. Dann trifft sich die ganze Stadt im Grandview, und es sind kaum Tische zu bekommen.
◉ 5 Herbert St, Bowen QLD 4805 ◉ 07-4786-4022
◉ www.grandviewhotelbowen.com ◉ 10 h bis Mitternacht ◉ ★ − ★★

👁 Highlights

Wer sich die Zeit nimmt und die Strände von Bowen besucht, der wird sehen, dass Bowen tatsächlich zur Whitsundays Region gehört − so schöne Strände wie in Bowen hat nicht einmal Ihr nächstes Ziel Airlie Beach (▶ Seite 123) zu bieten.

▶ Front Beach und Water Park

Die Strandpromenade entlang der **Santa Barbara Parade** ist in einem mehrjährigen Großprojekt zu einer Parklandschaft umgebaut worden, mit vielen Picknicktischen und BBQs. Ein Kiosk beherbergt die lokale Touristeninformation. Direkt nebenan findet man Bowens zweite Riesenmango sowie eine Tafel mit Hintergrundinformationen zum Film *Australia,* der 2007 in Bowen mit Nicole Kidman und Hugh Jackman gedreht wurde. Für Kinder jeden Alters gibt es an der Strandpromenade den kostenlosen und nichtschwimmerfreundlichen Wasserpark mit Wasserrutschen, einer beweglichen Wasserkanone und einem Wassereimer, der langsam vollläuft und dann unerwartet umkippt.

▶ Flagstaff Hill

Einer der besten Aussichtspunkte an der Whitsundays-Küste »versteckt« sich auf dem Flagstaff Hill. Von hier aus hat man weite Ausblicke auf das sonnige Bowen mit seinen Holzhäusern, den Mangroven, den langen Stränden und den felsigen Inseln vor der Küste.
◉ Am Südende der Herbert St links auf die Santa Barbara Parade, am Kreisverkehr geradeaus auf den Peter Wyche Dr, danach die erste links in die Kings Beach Rd und die erste rechts in den Margaret Reynolds Dr.
◉ 1 Margaret Reynolds Dr, Bowen QLD 4805

▶ Horseshoe Bay

Der schönste Strand von Bowen liegt auf einem Kap am nordöstlichsten Zipfel der Stadt und ist eingerahmt von glatt polierten Felsblöcken, schattenspendenden Kokospalmen und *Coastal She-Oaks* (Kasuarinen). Der Strand ist ganzjährig ohne Quallen/*Stinger*-Netz, im November bis Mai sollte man beim Baden also besser einen Surf- oder Tauchanzug tragen. Wer sich mit Maske und

Rose Bay im Morgensonnenschein

Schnorchel herauswagt, der kann den einen oder anderen tropischen Fisch entdecken.
◉ Wie The Cove Restaurant, 4 km von Bowen Zentrum
◉ Horseshoe Bay Rd, Bowen QLD 4805

▶ Rose Bay

Badestrand mit Aussicht Richtung Südosten über die nördlichsten Whitsundays Inseln. Da Horseshoe und Rose Bay in unterschiedliche Richtungen weisen, ist immer einer der beiden Strände vom Wind geschützt.
◉ Wie The Cove Restaurant, jedoch von der Horseshoe Bay Rd rechts in die Rose Bay Rd, 6 km von Bowen Zentrum. ◉ Am Ende der Rose Bay Rd, Bowen QLD 4805

▶ Queens Beach

Dieser mehrere Kilometer lange Strand schließt westlich an die Horseshoe Bay an und eignet sich gut für lange Spaziergänge. Er ist zwar nicht so reizvoll wie die beiden vorgenannten Strände, allerdings kann man in der Zeit von November bis Februar mit ein bisschen Glück nachts **Schildkröten** bei der Eiablage oder beim Schlüpfen beobachten.
◉ Auf der Herbert St stadtauswärts (nach Norden) fahren, dann rechts in die The Soldiers Rd. Am Kreisverkehr links in die Tollington Rd. Folgen Sie dem Straßenverlauf, das Meer taucht schließlich zu Ihrer Rechten auf. 5 km von Bowen Zentrum entfernt. ◉ Queens Beach Esplanade, Bowen QLD 4805

🚶🌲 Wandern

▶ Horseshoe Bay nach Rose Bay

Das Kap zwischen Horseshoe Bay und Rose Bay ist fast unbebaut und als **Edgecumbe Heights Recreation Reserve** geschützt. Ein

Aussicht aufs Meer an der Murrays Bay

Wanderweg führt durch Felslandschaften und Eukalyptusbuschland und verbindet die beiden Strände. Die Wanderung lässt sich abkürzen, wenn Sie mit dem Auto zur in der Mitte gelegenen Murrays Bay fahren. An der Ecke Horseshoe Bay Road/Murrays Bay Road befindet sich eine große Tafel mit ausführlichen Infos zum Wanderweg.

Siehe Anfahrt nach Horseshoe Bay oder Rose Bay *Ganzj.* *Nein* *Parkplatz an der Horseshoe Bay oder Rose Bay* *2 Std.* *Moderat* *Horseshoe Bay–Murrays Bay 1,1 km, Murrays Bay–Rose Bay 1,2 km (einf. Strecke)*

🛏 Übernachten

🏨 Coral Cove Hotel

Fünfstöckiger, luxuriöser Resortkomplex, seitlich an der Horseshoe Bay gelegen, mit Pool mit Meerblick und Restaurant. Das Resort hat einen eigenen Strand, außerdem kann man zu Fuß in fünf Minuten zum »offiziellen« Strand der Bay auf der anderen Seite des Kaps laufen. Alle Zimmer haben Balkone mit Meerblick und eine Küche. Die 1-Bedroom-Apartments haben ein Schlafzimmer für maximal zwei Gäste, die größten Apartments drei Schlafzimmers für bis zu sechs Personen. Über Ostern gilt drei Nächte Mindestaufenthalt, über Weihnachten fünf.

Wie The Cove Restaurant *2B Horseshoe Bay Rd, Bowen QLD 4805* *07-4791-2000* *stay@coralcoveapartments.com.au* *www.coralcoveapartments.com.au* *Ja* *Ja* *★★★*

🏨 Rose Bay Resort ⭐

Eines unserer Lieblingsresorts in Queensland, am Strand der Rose Bay gelegen. Alle Zimmer haben Aussichten auf das Meer und die nördlichen Whitsundays Islands. Wenn man mit offenem Fenster schläft, hat man das Gefühl, das Bett steht direkt auf dem Strand. Die günstigsten Zimmer sind die Studio Apartments, die im Vergleich zu den 1-Bedroom-Apartments nur eine Mini-

Küche haben, Alternativen sind 2-Bedroom-Apartments sowie 2-Bedroom-Penthouses.

Siehe Anfahrt nach Rose Bay *2 Pandanus St, Bowen QLD 4805* *07-4786-9000* *info@rosebayresort.com.au* *www.rosebayresort.com.au* *Ja* *Ja* *Studio ★★, Apartments ★★★*

🏕 Coral Coast Beachfront Holiday Park

Am Queens Beach gelegener Big-4-Campingplatz mit Gemeinschaftsküche, Salzwasserpool und überdachten Picknickplätzen am Strand. Nicht-Camper können in einer der 21 Cabins übernachten, zehn davon liegen am Meer, die anderen Cabins neben dem Pool.

Auf der Herbert St stadtauswärts (nach Norden) fahren, dann rechts in die The Soldiers Rd. Dieser bis zum Ende folgen. *Cnr Horseshoe/The Soldiers Rd, Bowen QLD 4805* *07-4785-1641* *stay@big4bowen.com.au* *www.big4bowen.com.au* *Ja* *43* *6* *Ja* *Ja* *Ja, kostenpflichtig* *Wasser, Abwasser, Strom (15 Amp.)* *Nein* *$$$, Cabins ★★*

ℹ️ BIG MANGO BOWEN VISITOR INFORMATION CENTRE

Die zehn Meter hohe Riesenmango der lokal angebauten Sorte Kensington Pride sehen Sie knapp fünf Kilometer südlich von Bowen am Bruce Highway (A1). Hier findet sich auch das Bowen Visitor Information Centre, wo man sich mit Infos und Karten zu den Attraktionen in der Umgebung eindecken kann.

Bruce Hwy, Bowen QLD 4805 *07-4786-4222* *info@tourismbowen.com.au* *www.tourismbowen.com.au* *Mo.–Fr. 8–17 h, Sa. & So. 10:30–17 h*

🛏 Übernachten

🏕 Bowen Rest Area

Gegenüber der Big Mango liegt ein Rastplatz mit WC-Block, auf dem Übernachten erlaubt ist. Der Parkplatz liegt am Highway und ist daher nicht besonders ruhig.

📍 *5 km südlich von Bowen am Hwy A1* 🚗 *Bruce Hwy, Bowen QLD 4805* ❌ *Nein* ❌ *Nein* ❌ *Nein* ✓ *Nein* ♻ *Kostenlos*

Bowen verlässt man auf dem Bruce Highway in südlicher Richtung. Der nächste Ort **Airlie Beach** *ist nicht direkt über den Bruce Highway (A1) zu erreichen. Stattdessen fährt man einige Kilometer vor Proserpine (etwa 54 km von Bowen entfernt) auf die schmale* **Gregory-Cannon Valley Road** *Richtung Küste und nach etwa 14 Kilometern links auf die* **Shute Harbour Road***, die durch einige kleinere Orte direkt nach Airlie Beach führt.*

🏛 AIRLIE BEACH 📷 ℹ ➕ ✉ 🚕 🏨

👪	7.868	
☀	32 °C	
❄❄	11 °C	
〰	10 m	
📍	Bowen	79 km
	Proserpine	26 km

Airlie Beach zählt zusammen mit Cairns zu den Top-Touristenorten in Queensland. Und das hat seinen Grund: Die sich landschaftlich schön an einen steilen Berghang schmiegende Stadt liegt mitten in der Whitsundays-Region, die als eines der besten Segelreviere der Welt gilt. Zudem ist Airlie Beach vor allem bei jüngeren Reisenden als Partymeile bekannt.

Die **Abell Point Marina** ist der größte Hafen in der Region und liegt am Ortseingang von Airlie Beach. Hier startet täglich eine Vielzahl von Ausflügen in die Inselwelt der Whitsundays, die meisten davon statten auch dem Traumstrand Whitehaven Beach einen Besuch ab. Im Zentrum von Airlie Beach finden sich Hotels, Restaurants, Kneipen, Buchungsbüros, Souvenirläden und Geschäfte mit Strandmoden. Da Airlie Beach keinen Strand hat, von dem man gerne schwimmen möchte (der Grund ist zu schlammig), gibt es mitten im Ort eine ausgedehnte Badelandschaft mit der *Lagoon*, die auch nachts beleuchtet ist (Eintritt frei).

💡 Ein lohnenswerter Spazierweg direkt am Wasser entlang verbindet das Ortszentrum Airlie Beach mit der Abell Point Marina. Der Weg beginnt an der Broadwater Ave neben der *Lagoon*, führt vorbei am Coral Sea Resort und an der Sorrento Bar und endet schließlich an der Abell Point Marina.

Im Zentrum von Airlie Beach gibt es noch einen zweiten Jachthafen, den **Port of Airlie**. Hier legen die Fähren zu den umliegenden Inseln an, außerdem beginnen hier alle Ausflüge des Veranstalters Cruise Whitsundays.

💡 Cruise Whitsundays ist der größte Veranstalter für Tagesausflüge ab Airlie Beach und der einzige Anbieter für fahrplanmäßigen Fährverkehr zu den Inseln. Daher wird der Name in diesem Kapitel noch des Öfteren auftauchen.

ℹ PARKS AND WILDLIFE SERVICE

Infos zu den Nationalparks in der Umgebung und Vorbuchung von Campingplätzen in Queenslands Nationalparks.

📍 *Auf der Shute Harbour Rd zwischen den Ortsteilen Jubilee Pocket und Mandalay, 3 Kilometer hinter Airlie Beach Zentrum* 🚗 *Cnr Mandalay/ Shute Harbour Rd, Mandalay QLD 4802* ☎ *07-4967-7352* ✉ *camping.support@nprsr.qld.gov.au (Nur für Anfragen, Reservierung per E-Mail nicht möglich)* 🌐 *www.nprsr.qld.gov.au/experiences/over-counter-permits.html* 🕐 *Mo.–Fr. 9–16:30 h*

⊚ Orientieren

Die Shute Harbour Road ist die Hauptverkehrsader der Region, über sie lassen sich alle Ortsteile von Airlie Beach erreichen: Zuerst geht es durch das touristisch eher we-

Die Partymeile von Airlie Beach

niger interessante **Cannonvale** mit seinen zwei großen Shopping Centern und dem Abzweig zum (alten) Jachthafen **Abell Point Marina**. Nach einer Fahrt über einen Hügel erreichen Sie Airlie Beach, das touristische Zentrum der Region, mit seinem neuen Jachthafen **Port of Airlie**. In den benachbarten östlichen Vororten Jubilee Pocket und Mandalay findet man einige ruhige Wohngebiete. Flame Tree beherbergt den lokalen Sportflugplatz und einen Campingplatz. Die Shute Harbour Road führt zum gleichnamigen Ort und wird nun in Whitsunday Drive umbenannt. Auch hier gibt es noch einen Jachthafen, die Shute Harbour Marina. Die Straße endet schließlich im sehenswerten exklusiven Villenviertel Shute Haven.

Ⓗ Anreise und Transport

Für Reisende, die sich die lange Fahrt von Cairns ein wenig abkürzen möchten: Airlie Beach hat keinen eigenen **Flughafen**. Anflug von Cairns (oder Brisbane, Sydney, Melbourne) ist nur möglich über den Inlandsflughafen **Hamilton Island**. Von Hamilton Island benötigt man noch ein Fährticket nach Airlie Beach (☎ $ 53,50 pro Person (ab 1.4.2018 $ 55), 🌐 www.cruisewhitsundays.com). Der Whitsunday Coast Airport bei Proserpine wird nur von Brisbane aus angeflogen. Von Proserpine fahren mehrmals täglich Shuttlebusse nach Airlie Beach (☎ Erw. $ 20, Kinder $ 10, 🌐 www.whitsundaytransit.com.au).

Airlie Beach ist außerdem ein Haltepunkt auf der Cairns-Brisbane-Route der **Greyhound-Busse**. Das Transit Terminal befindet sich am Port of Airlie, direkt neben dem Maritime Terminal, von dem auch die Fähren und Ausflugsboote u.a. von Cruise Whitsundays ablegen. Wer mit dem Zug unterwegs ist, muss in Proserpine in einen Anschlussbus umsteigen. Der **Nahverkehr** wird über eine Buslinie (Route 1) bedient, die die gesamte Shute Harbour Road von Proserpine bis Shute Harbour abfährt. Der Bus hält an den beiden großen Shopping Centern in Cannonvale sowie an den beiden Jachthäfen Abell Point Marina und Port of Airlie (Fahrplan: 🌐 www.whitsundaytransit.com.au/timetables).

☛ Versorgen und einkaufen

Im Vorort Cannonvale findet man entlang der Shute Harbour Road Supermärkte, Tankstellen, einige Campingplätze und auch einen Strand, der im Sommer mit einem Netz gegen mögliche Quallen geschützt wird *(Stinger Net)*. Im Whitsunday Shopping Centre (☎ 226 Shute Harbour Rd) gibt es einen Coles Supermarkt, im Centro Whitsundays (☎ 8 Galbraith Park Dr) einen Woolworths. Auch Airlie Beach hat mittlerweile einen eigenen Woolworths, der sich schräg hinter dem Magnums Backpackers befindet. Der Woolworths hat sogar kostenloses Wi-Fi. (☎ Ecke Shute Harbour Rd/Waterson Way, Airlie Beach QLD 4802 ◐ Mo.–Fr. 8–20 h, Sa. bis 17:30 h, So. 9–18 h)

✕ Essen und trinken

Die Restaurantlandschaft in Airlie Beach ist zweigeteilt: Auf der Landseite der **Shute Harbour Road** finden sich mehrere Hostels und Pubs, die rund um die Uhr geöffnet haben und sich vorwiegend auf junges Publikum konzentrieren. Dazu gehören das Base mit der **Down Under Bar**, das **Nomads**, das **Beaches** und das **Magnums**, die alle mehr oder weniger nebeneinander liegen. Alle servieren günstige Pub-Mahlzeiten (☎ *) und bieten abends oft Livemusik und andere Unterhaltung. Hier geht es immer laut und gesellig zu. Etwas weiter in Richtung Meer, an der schicken **Esplanade** von Airlie Beach, findet man eine Reihe von gemütlichen Restaurants mit überdachten Terrassen.

▶ La Tabella Trattoria

Das La Tabella liegt an einer der schönsten Ecken von Airlie Beach, unter einer überdachten Terrasse und fast direkt am Wasser (das Meer liegt auf der anderen Straßenseite). Auf den Tisch kommt vorwiegend Italienisches – also Pizza und Pasta, aber auch Steak & Fisch. Frühstück/Brunch wird ab 7:30 Uhr serviert, Abendessen ab 17 Uhr.
📍 *Die Esplanade biegt links ab von der Shute Harbour Rd im Zentrum von Airlie Beach* ☎ *The Esplanade, Airlie Beach QLD 4802* ☎ *07-4948-1888* 🌐 *www.latabella.com.au* ◐ *Mo–Fr. 9–0 h, am Sa. & So. ab 7:30–0 h* ☎ **

▶ Coffee Club

Dieses Café ist ein schöner Platz zum Frühstücken mit Aussicht auf die Segeljachten im neuen Jachthafen. Der Coffee Club ist zudem Treffpunkt für eine Reihe von Segeltouren, die am Port of Airlie beginnen.
📍 *Am Port of Airlie an der Shute Harbour Road am Ortsausgang von Airlie Beach, auf der Wasserseite des Mantra Hotels* ☎ *Shop F9, The Boathouse, Port Dr, Airlie Beach QLD 4802* ☎ *07-4948-2501* 🌐 *www.coffeeclub.com.au/stores/airlie-beach* ◐ *Mo. –So. 7–15:30 h* ☎ $$

▶ Sorrento Restaurant

Das seitlich an der Abell Point Marina gelegene italienisch-australische Restaurant

Der Jachthafen von Shute Harbour

bietet Aussichten auf grüne Hügel und eine Vielzahl von Jachten. Es ist vor allem gegen Sonnenuntergang ein schöner Platz. Täglich von 15 bis 16 Uhr gibt es Specials wie 2-für-1-Pizza und $ 15-Pasta.

Man kann mit dem Auto auf den kostenpflichtigen Parkplatz der Abell Point Marina fahren oder alternativ von Airlie Beach aus über den eingangs beschriebenen Fußweg am Wasser entlanggehen. Von der Shute Harbour Rd am Ortsende von Cannonvale links in den Shingley Dr Shop 22 Shingley Dr, Abell Point Marina, Airlie Beach QLD 4802 07-4946-7454 www.sorrentowhitsunday.com 12 – 21 h ✶ – ✶✶

👁 Highlights

▶ Great Barrier Reef

Das Great Barrier Reef liegt in der Region Airlie Beach etwa 40 Seemeilen (72 Kilometer) vom Festland entfernt, also außerhalb der Whitsundays Inselkette. Die Anfahrt ist daher auch im schnellen Motor-Katamaran sehr lang. Cruise Whitsundays bietet täglich Tagesausflüge an eine am Riff verankerte Plattform an, mit etwa vier Stunden Aufenthalt für Schnorchler und Taucher. Wer länger bleiben möchte: Beim *Reef Sleep* übernachten jeweils zwölf Gäste auf der Plattform im *Swag* (Mini-Zelt) oder im (einzigen) Doppelzimmer. Frühzeitige Buchung wird empfohlen.

Shute Harbour Rd am Ortsende von Airlie Beach links in den Port Dr Cruise Whitsundays, Maritime Terminal, Port of Airlie, 24 The Cove Rd, Airlie Beach QLD 4802 07-4946-4662 info@cruisewhitsundays.com www.cruisewhitsundays.com Tagesausflug Erw. $ 245, Kinder $ 120 (ab 1.4.2018: Erw. $ 259, Kinder $ 125), Reef Sleep: Pro Person $ 499 (ab 1.4.2018 $ 525)

▶ Segeln in den Sonnenuntergang

Der Zweimaster *Providence V* bietet neben Tagesausflügen nach Whitehaven Beach (Tägl. 7:30 – 17:30 h) auch zweistündige Segeltouren in den Sonnenuntergang an (Di., Fr., Sa. & So. mit Abfahrt um 17 h). Shute Harbour Rd am Ortsende von Cannonvale links in den Shingley Dr 0427 882 062 www.providencesailing.com.au Tagestouren: Erw. $ 165, Kinder $ 80, Sunset Tour: $ 75 für alle ab 13 Jahre

▶ Shute Harbour

Shute Harbour liegt zehn Kilometer östlich von Airlie Beach an der Shute Bay, die von den Wäldern des **Conway National Park** umgeben ist. Wenn Sie bis zum Ende der Shute Harbour Road und dann den Hügel hinauf auf den Parkplatz oberhalb der Shute Harbour Marina (Jachthafen) fahren, bieten sich weite Blicke über die Bucht mit ihren bewaldeten Bergen, Segelbooten und Kokospalmen.

Am Ende der Shute Harbour Rd, 10 km östlich von Airlie Beach

▶ Die Whitsundays im Kajak erkunden

Salty Dog verleiht Kajaks für Tages- oder Mehrtagesausflüge (Einzel $ 60/90, Doppel $ 90/120 für einen halben bzw. ganzen Tag) sowie Campingausrüstung. Außerdem werden geführte, vierstündige Touren zum vor Shute Harbour gelegenen **White Rock** angeboten (ab 8:30 h, Erwachsene $ 90, Kinder $ 80). Ganztagestouren besuchen White Rock und die Sandy Bay auf **South Molle Island** (ca. acht Stunden, etwa 10 bis 15 Kilometer paddeln, $ 145)

Am Hafen von Shute Harbour, 10 km östlich Airlie Beach Salty Dog Sea Kayak, Whitsunday Dr, Shute Harbour QLD 4802 07-4946-1388 www.saltydog.com.au

► Bootsfahrt mit Krokodilen

Die Goorganga Plain an der Flussmündung des Proserpine Rivers steht als wichtiges Feuchtgebiet unter Naturschutz. Auf einer Bootsfahrt auf dem Proserpine River können Sie Krokodile und Wasservögel beobachten. Mit Abholung ab Airlie Beach oder Proserpine (►Seite 141).

📍 *Eigene Anfahrt nicht möglich* ✉ *Whitsunday Crocodile Safari, PO Box 568, Airlie Beach QLD 4802* ☎ *07-4948-3310* @ *info@crocodilesafari.com.au* 🌐 *www.crocodilesafari.com.au* ⏱ *Ab Airlie Beach gegen 8:30 h, ab Proserpine 8:55 h* 💲 *Erw. $ 129, Kinder $ 69*

🚶‍♂️🌲 Wandern im Conway National Park

In diesem Nationalpark wird das größte Gebiet von zusammenhängendem tropischem Regenwald außerhalb von Nord-Queensland geschützt, ebenso Mangrovenwälder und feuchte Paperbarkwälder (Myrtenheiden). Zusammen mit den umliegenden State und Conservation Parks sind an die 33.000 Hektar Wald unter Schutz gestellt. Einige lohnenswerte Wanderwege liegen an der Shute Harbour Road zwischen Airlie Beach und Shute Harbour. Campen im Park ist möglich und muss vorgebucht werden (🌐 www.nprsr.qld.gov.au/parks/conway/camping.html).

► Coastal Fringe Circuit und Hayward Gully

Rundweg durch Küstenregenwald und über einen kleinen Bach. Wer will, kann die Regenwaldwanderung noch ein bisschen ausweiten und bis zum Hayward Gully laufen.

⊙ *Ganzj.* ⊘ *Nein* ⊙ *Conway Picnic Area, Picknickplatz an der Shute Harbour Rd auf der rechten Seite, etwa 7 km östlich von Airlie Beach* ⊘ *Leicht* ⊕ *1,2 km/1,6 km (Rundweg)*

► Swamp Bay

Am Fuß des Mount Rooper entlang geht es zum Korallenstrand von Swamp Bay mit Aussicht auf die Molle-Inselgruppe. An der Bay gibt es einen Campingplatz mit vier Plätzen (die nicht mit dem Auto erreichbar sind) – der wahrscheinlich abgeschiedenste Campingplatz der Region. Leider ist der Fußweg zum Campingplatz der Swamp Bay an manchen Tagen nur bei Ebbe erreichbar.

⊙ *Ganzj.* ⊘ *Swamp Bay Camping Area, 4 Plätze (⊙ *)* ⊙ *Mt. Rooper Parkplatz, auf der linken Seite der Shute Harbour Rd (ausgeschildert)* ⊘ *Moderat* ⊕ *4,2 km*

► Mount Rooper

Der Aufstieg auf den Mount Rooper belohnt mit weitem Ausblick über die Whitsunday Islands. Bis zum ersten Aussichtspunkt, dem Conway Outlook, sind es nur 800 Meter. Alternativ geht es weiter durch den Wald bis zum Gipfel mit Aussicht auf Daydream und North Molle Island. Auf dem Rückweg kommen Sie automatisch am zuvor beschriebenen **Swamp Bay Track** vorbei. Wenn Sie noch einen Abstecher einlegen möchten, wird die Wanderung etwa 1,8 Kilometer länger.

⊙ *Ganzj.* ⊙ *Swamp Bay Camping Area, 4 Plätze (⊙ *)* ⊙ *Mt Rooper Parkplatz, auf der linken Seite der Shute Harbour Rd (ausgeschildert)* ⊘ *Moderat* ⊕ *5,4 km (Rundweg)*

► Coral Beach

Dieser Weg führt durch lichten Eukalyptuswald zu einem versteckten Korallenstrand. Unterwegs hat man durch die Bäume immer wieder Aussicht auf das türkisblaue Wasser von Shute Harbour. Wer will, kann die Wanderung noch ein bisschen verlängern und über den Strand bis zum Aussichtspunkt *The Beak* laufen.

⊙ *Ganzj.* ⊙ *Von Shute Harbour folgen Sie dem Whitsunday Dr nach Shute Haven (1,5 km). Der Parkplatz liegt am Ortseingang (Ecke Passage Ave) und ist nicht zu übersehen.* ⊘ *Moderat* ⊕ *2,2 km, mit The Beak 3,5 km*

► Airlie Creek Track

Der neueste Wanderweg in Airlie Beach führt steil entlang der Schlucht des Airlie Creek, am Anfang durch lichten Wald, zum Schluss durch dichten Regenwald. Auf dem Rückweg kann man hier und da auch das türkisblaue Wasser der Bucht von Airlie Beach sehen. Mit ein bisschen Glück lässt sich unterwegs auch ein seltenes Proserpine Rock Wallaby (kleines Känguru) sehen.

⊙ *Ganzj.* ⊙ *Direkt am Kreisverkehr am Ortseingang von Airlie Beach (hinter dem Hügel) rechts auf dem Waterson Way. Der Parkplatz befindet sich an der rechten Seite der Straße.* ⏱ *60 Min.* ⊘ *Leicht bis mittel* ⊕ *1,8 km*

🛏 Übernachten

🏢 Summit Apartments

Moderner, an einem Berghang gelegener Apartmentblock mit Aussicht auf die Bucht von Airlie Beach, zehn Minuten zu Fuß vom Stadtzentrum entfernt. Alle 60 Apartments sind komplett ausgestattete Ferienwohnungen mit einem oder zwei Schlafzimmern und Balkon. Mindestaufenthalt zwei Tage, an Ostern drei Tage, fünf Tage rund um Weihnachten und Neujahr.

📍 *Von der Shute Harbour Rd am Kreisverkehr am Ortseingang von Airlie Beach rechts auf den Waterson Way, dann die dritte Straße rechts auf den Seaview Dr und dann links in den Flame Tree Court* ✉ *15 Flame Tree Court, Airlie Beach QLD 4802* ☎ *07-4946-3400* @ *stay@summitairliebeach.com.au* 🌐 *www.summitairliebeach.com.au* ⊙ *Ja* ⊙ *Ja* ⊙ *** – **** (saisonabhängig)*

🏨 Coral Point Lodge

Kleines Hotel an einer der schönsten Plätze in den Whitsundays, sehr ruhig gelegen und nicht weit entfernt vom Wanderweg zum Coral Beach, wenn auch nicht in Gehweite von Restaurants. Mit Pool, Terrasse und BBQ. Die Zimmer haben Balkone mit Blick auf die Bucht von Shute Harbour und den Conway National Park.

🚩 *11 km südöstlich von Airlie Beach über Shute Harbour Rd, die hinter Shute Harbour in die Harbour Ave umbenannt wird* 🏠 *54 Harbour Ave, Shute Harbour QLD 4802* ☎ *07-4946-9500* @ *info@coralpoint lodge.com* 🌐 *www.coralpointlodge.com* Ⓟ *Ja* 🗓 *Nein* 💲 *** – ****

🏨 Coral Sea Resort

»The Island Holiday you can drive to« schreibt das Hotel über sich selbst. Das hat schon seine Berechtigung, da die dreistöckige Anlage auf einer Halbinsel in einem ruhigen Teil von Airlie Beach in Gehweite der Abell Point Marina liegt und sogar einen Bootsanleger hat. Die einfachsten Zimmer sind die Garden View Rooms mit Aussicht auf den tropischen Garten. Die Ocean View Rooms haben die gleiche Ausstattung, plus Balkon und Meerblick. Im resorteigenen Restaurant mit Aussicht auf den 25 Meter langen Pool und das Meer sind übrigens auch Reisende willkommen, die nicht im Resort übernachten.

> 💡 Das Strand-Restaurant des Coral Sea Resort ist auch ein schöner Ort für einen kühlen Drink zum Sonnenuntergang.

🚩 *Von der Shute Harbour Rd am Kreisverkehr am Ortseingang von Airlie Beach links in die Broadwater Ave, die in die Oceanview Ave mündet* 🏠 *25 Oceanview Ave, Airlie Beach QLD 4802* ☎ *07-4964-1300* @ *stay@coralsearesort.com* 🌐 *www.coralsearesort.com* Ⓟ *Ja* 🗓 *Ja, kostenpflichtig* 🛏 *Garden View Room ** – ***, Ocean View Room ****

🏨 Parkwood B&B

Gemütliches B&B an einem Berghang mit einem Doppelzimmer und einer Ferienwohnung für bis zu vier Personen, beide mit Balkon und Meerblick. Frühstück im Preis inbegriffen. Die Gastgeberin stammt aus der Schweiz.

🚩 *4 km vor Airlie Beach in Cannonvale, Zufahrt von der Shute Harbour Rd rechts über den Manooka Dr, später Illawong St* 🏠 *35 Parkwood Terrace, Cannonvale QLD 4802* ☎ *07-4948-1356* @ *ugsimak@ bigpond.com* 🌐 *www.parkwoodairliebeach accommodation.com.au* Ⓟ *Ja* 🗓 *Nein* 💲 ****

🏨 Kipara Tropical Rainforest Retreat

Ferienanlage im Regenwald für Budget-Reisende mit 78 einfachen Hotelzimmern sowie einer Reihe von Cabins und Villas, alle mit TV und Klimaanlage. Die *Private Rooms* haben ein eigenes Bad und ein Bett, das nur 106 cm breit ist und daher bedingt für zwei Personen geeignet ist. Die Cabins haben etwas mehr Platz, mit einem Doppelbett und Stockbetten sowie einer Mini-Küche; die Family Villas bieten Platz für bis zu fünf Personen und haben eine voll ausgestattete Küche. Mit dabei sind außerdem ein Pool, BBQs, zwei Gemeinschaftsküchen, Gemeinschaftsraum und Waschsalon.

🚩 *3 km südöstlich von Airlie Beach, Ecke Shute Harbour Rd/Cedar Cnr* 🏠 *2614 Shute Harbour Rd, Jubilee Pocket QLD 4802* ☎ *07-4946-6483* 🌐 *www.kipara.com.au* Ⓟ *Ja* 🗓 *Ja, kostenpflichtig* 💲 ***

Die meisten Hostels in Airlie Beach – darunter **Magnums**, **Beaches** und **Base** (@ alle: Shute Harbour Rd, Airlie Beach QLD 4802, 💲 ***) – leben vorwiegend von ihren großen Pubs mit günstigen Mahlzeiten und Bier, typischerweise mit Live Musik am Abend. Hostelgäste sollten also damit rechnen, dass die Abende lang und die Nächte kurz werden. Eine Ausnahme ist das YHA.

🏨 Airlie Beach YHA

Das klimatisierte Hostel liegt am Rande des Zentrums von Airlie Beach und hat einen Pool. Übernachtet wird in Doppel-, 4er-, 6er- und 8er-Zimmern, jeweils mit Balkon. Alleinreisende Frauen können in einem der *Female-only-*6er-Zimmer unterkommen, die Doppelzimmer sind mit oder ohne Bad buchbar. Es gibt nur begrenzt Parkplätze.

🏠 *394 Shute Harbour Rd, Airlie Beach QLD 4802* ☎ *07-4946-6312* @ *airliebeach@yha.com.au* 🌐 *www.yha.com.au/hostels/qld/townsville-whit sundays/airlie-beach* Ⓟ *Ja* 🗓 *Ja* 💲 ***

🚐 Airlie Cove Resort & Van Park 🏕

Im Regenwald gelegener Campingplatz mit drei Gemeinschaftsküchen, Tennisplatz sowie tropischem Pool mit Wasserrutsche und Trampolin. 16 Stellplätze haben ein eigenes Badezimmer *(Ensuite)*, Nicht-Camper können eine der 32 Cabins in verschiedenen Varianten mit und ohne Badezimmer mieten. Frühaufsteher werden belohnt, da morgens um acht Uhr die lokalen **Rainbow Lorikeets** (Papageien) gefüttert werden.

🚩 *3 km östlich von Airlie Beach* 🏠 *Lot 2, Shute Harbour Rd, Jubilee Pocket QLD 4802* ☎ *07-4946-6727* @ *admin@airliecove.com.au* 🌐 *www.airliecove.com.au* 🏠 *Ja* 🏠 *72* 🏕 *9* 🗓 *Ja* Ⓟ *Ja* 🗓 *Ja, kostenpflichtig* 🔌 *Wasser, Abwasser, Strom (15 Amp.)* Ⓟ *Ja* 💲 *$$$, Cabins ohne Bad *, Cabins mit Bad ***

🏠 Flametree Tourist Village

Der Platz liegt mitten im Grünen, grenzt an den Sportflugplatz von Airlie Beach und ist mit Palmen und anderen tropischen Pflanzen verschönert. Neben den Stellplätzen kann man zehn Cabins mit Klimaanlage und Küche mieten. Auf dem Gelände befinden sich BBQs, eine Gemeinschaftsküche, ein Waschsalon und ein Pool. Für Restaurants und Geschäfte muss man nach Airlie Beach fahren.

📍 Auf der Landstraße zwischen Airlie Beach (6 km) und Shute Harbour (4 km) 🚌 2955 Shute Harbour Rd, Flametree QLD 4802 📞 07-4946-9388 📧 admin@flametreevillage.com.au 🌐 www.flametreevillage.com.au 🔵 Ja 🔵 70 🔵 30 🔵 Ja 🔵 Ja 🔵 Ja 🔵 Wasser, Abwasser, Strom (15 Amp.) 🔵 Ja 🔵 $$–$$$, Cabins ✶

- -

Ausflug zu den Whitsunday Islands

Die geschützten Gewässer rund um die Whitsunday Islands gehören zu den schönsten Segelrevieren der Welt. Aber auch die zum größten Teil unbewohnten Inseln selbst sind einen Besuch wert. Hier findet sich etwas für jeden Geschmack, von Bettenburgen auf **Hamilton Island** bis hin zu abgeschiedenen Campingplätzen in ungezähmter Natur auf **South Molle** oder **Hook Island**. Am einfachsten ist es, eine der fahrplanmäßigen Katamarane zu den Hotelinseln Hamilton Island und Daydream Island zu nehmen oder sich einer organisierten Tour anzuschließen. Wer abenteuerlicher gestimmt ist, der kann sich mit einem privaten Bootstransfer auf einer unbewohnten Insel absetzen lassen und eine Nacht – oder ein paar Tage – wie Robinson leben.

🏕 WHITSUNDAY ISLANDS

Die Whitsunday Islands wurden im Jahr 1770 vom Weltumsegler James Cook benannt. Die vor über 10.000 Jahren untergegangene Bergkette besteht aus Dutzenden von Inseln und Inselchen, die teils von Korallenriffen umgeben sind. Ganz genau weiß keiner, wie viele Inseln die Whitsundays einschließen, daher hat man sich darauf geeinigt, dass die 74 größten Inseln als Zahl angenommen werden. Die Inselgruppe erstreckt sich über etwa 200 Kilometer von Bowen im Norden bis hin nach Mackay im Süden. Die meisten Inseln sind unbewohnt, viele kaum mehr als ein Felsen im Wasser (daher auch die

Schwierigkeit: Wie groß muss ein Felsen sein, um als Insel zu zählen?). Einige Inseln sind groß genug, um Resorts zu beherbergen. Die meisten davon liegen im Einzugsbereich von Airlie Beach, was dazu geführt hat, dass Airlie Beach als Tor zu den Whitsundays bekannt ist. Die größte Insel ist die namensgebende **Whitsunday Island**.

👁 Highlights

▶ Segeltouren mit Übernachtung

Explore Whitsundays und Whitsunday Sailing Adventures vermitteln Plätze auf Rennjachten, Katamaranen und klassischen Segelschiffen, mit Ausfahrten ab Airlie Beach von ein bis drei Nächten. Mit dabei ist immer ein Besuch von **Whitehaven Beach**. Einzelbetten sind – soweit nicht gerade Weihnachten oder Ostern ist – oft noch kurzfristig zu haben, Doppelkabinen hingegen sind oft schon Monate im Voraus ausgebucht. Das Mindestalter für Segeltouren liegt abhängig vom Boot zwischen 3 und 18 Jahren. Gut geeignet für kleinere Kinder sind etwa die Solway Lass und die Prima von Explore Whitsundays. Die meisten Jachten segeln ab Abell Point Marina.

Explore Whitsundays

📍 Von der Hauptstraße (Shute Harbour Rd) im Zentrum links ab auf die Esplanade 🚌 Shop 1, 4 The Esplanade, Airlie Beach QLD 4802 📞 07-4946-5782 📧 res@explorewhitsundays.com 🌐 www.explorewhitsundays.com 🔵 Segeltouren 1 Nacht ab $ 389, 2 Nächte ab $ 479

Whitsundays Sailing Adventures

📍 Am östlichen Ortsausgang, direkt auf der Hauptstraße 🚌 402 Shute Harbour Road, Airlie Beach 📞 07-4940-2000 📧 bookings@whitsailing.com 🌐 www.whitsundayssailingadventures.com.au 🔵 Segeltouren 1 Nacht ab $ 395, 2 Nächte ab $ 525

▶ "Ride to Paradise" – statt Segeltour

Wer die Whitsundays erkunden, aber lieber nicht auf einem Boot übernachten möchte, der kann sich bei »Ride to Paradise« die Inselwelt anschauen. Die Gäste sind unterwegs in einem knallroten Katamaran und übernachten in einem teils im Regenwald gelegenen, balinesisch inspiriertem Hostel mit einem mehrere hundert Meter langen eigenen Strand. An Bord und im Resort sind höchstens 30 Gäste. Abfahrten jeweils Mo., Mi., Sa. um 14:30 Uhr, zurück 2 Tage später um 12 Uhr, außerdem Fr. 13 Uhr bis Sa. 13 Uhr.

📍 Wie Whitsunday Sailing 🔵 Mehrbettzimmer 2 Nächte $ 589/1 Nacht $ 299, Doppelzimmer 2 Nächte $ 699–799 / 1 Nacht $ 349–399

Whitehaven Beach mit schneeweißem Sand

► Inseltransfers für Zelter – Scamper

Abenteuerlustige Reisende, die sich nicht einer Tour anschließen möchten, können einen der täglichen Transfers über den Anbieter Scamper ab Shute Harbour starten. Mit dabei ist Trinkwasser sowie auf Wunsch die komplette Campingausrüstung mit Zelt, Matten etc. (⏱ $ 40 erste Nacht, danach $ 20 pro Nacht). Eine Campingerlaubnis müssen Gäste selbst auf der Webseite der Nationalparkverwaltung vorbuchen (⏱ etwa $ 6 pro Person und Tag). Die zehn Meter lange Fähre ist im Vergleich zu den anderen Ausflugsbooten, die durch die Whitsundays kreuzen, relativ klein, daher sollte man schon ein bisschen seefest sein. Wer ein Kajak mitnehmen möchte: der Vermieter Salty Dog hat ein Abkommen mit Scamper und erlaubt, Kajaks mitzunehmen.
📍 *Am Hafen von Shute Harbour, 10 km östlich von Airlie Beach. Busse ab Airlie Beach alle 30 Min., Parken ca. $ 8 pro Tag.* ⏱ *Whitsunday Island Camping Connection (Scamper), Shute Harbour Marina, Whitsunday Dr, Shute Harbour QLD 4802* ☎ *07-4946-6285* 🌐 *www.whitsundaycamping.com.au* ⏱ *Je nach Entfernung vom Festland $ 65–160 hin und zurück (keine Kinderpreise)*

► Transfers nach Long Island

Dieses „Wassertaxi" konzentriert sich auf Transfers zum Palm Bay Resort of Long Islands. Es werden mehrere Abfahrten täglich angeboten, sodass man die Insel auch als Tagesgast besichtigen kann.
📍 *Wie Scamper* ⏱ *Island Transfers, Shute Harbour Transit Facility, Whitsunday Dr, Shute Harbour QLD 4802* ☎ *04-8802-2868* 🌐 *www.islandtransfers.com, Video vom Boot: www.seitnotiz.de/nprau117* ⏱ *Tagesausflug Erw. $ 75, Kinder $ 40; Einzeltransfers $ 30–55*

► Rundflüge Whitsundays und Great Barrier Reef

Air Whitsunday bietet Rundflüge im Wasserflugzeug über die Inselwelt der Whitsundays an. Ein Flug nach **Whitehaven Beach** mit 2,5 Stunden Aufenthalt am Strand kostet für Erwachsene $ 295, Kinder $ 250, für

einen einstündigen Rundflug mit Blick auf die Inseln und das Great Barrier Reef mitsamt dem herzförmigen **Heart Reef** zahlen Erwachsene $ 330, Kinder $ 290.
📍 *Shute Harbour Rd zwischen Airlie Beach und Shute Harbour* ⏱ *Terminal One, Whitsunday Airport, Air Whitsunday Rd, Airlie Beach QLD 4802* ☎ *07-4946-9111* 🌐 *www.airwhitsunday.com.au*

🌲 WHITSUNDAY ISLAND (NATIONAL PARK) UND WHITEHAVEN BEACH ★

Whitsunday Island ist bekannt für einen der schönsten Strände Australiens: **Whitehaven Beach**. Die sieben Kilometer reinweißer, feinkörniger Sand, umgeben von türkisblauem Wasser bieten einen Anblick, den man so schnell nicht vergisst. Der Sand ist so weiß, dass man ohne Sonnenbrille »schneeblind« werden kann, während man mit nackten Füßen bei 30 Grad im Sand steht. Der Strand liegt an der Ostseite der größten Whitsundays-Insel, die ganze 275 Quadratkilometer umfasst. Ein weiteres unvergessliches Highlight ist der **Hill Inlet Lookout**, ein Aussichtspunkt auf einer Landzunge, die von der benachbarten Tongue Bay Meeresbucht aus erreichbar ist. Vom hoch auf einem Hügel gelegenen Aussichtspunkt schaut man auf eine breite Flussmündung, bei der türkisblaues Wasser und weißer Sand ein ständig wechselndes Farbenspiel bieten.

💡 Nur kleinere Boote mit Sondergenehmigung dürfen in der Tongue Bay ankern, daher ist der Aussichtspunkt nicht bei allen Whitehaven Beach Ausflügen mit dabei.

ℍ Anreise und Transport

Es gibt kein Resort auf Whitsunday Island, keine Straßen und keinen regelmäßigen **129**

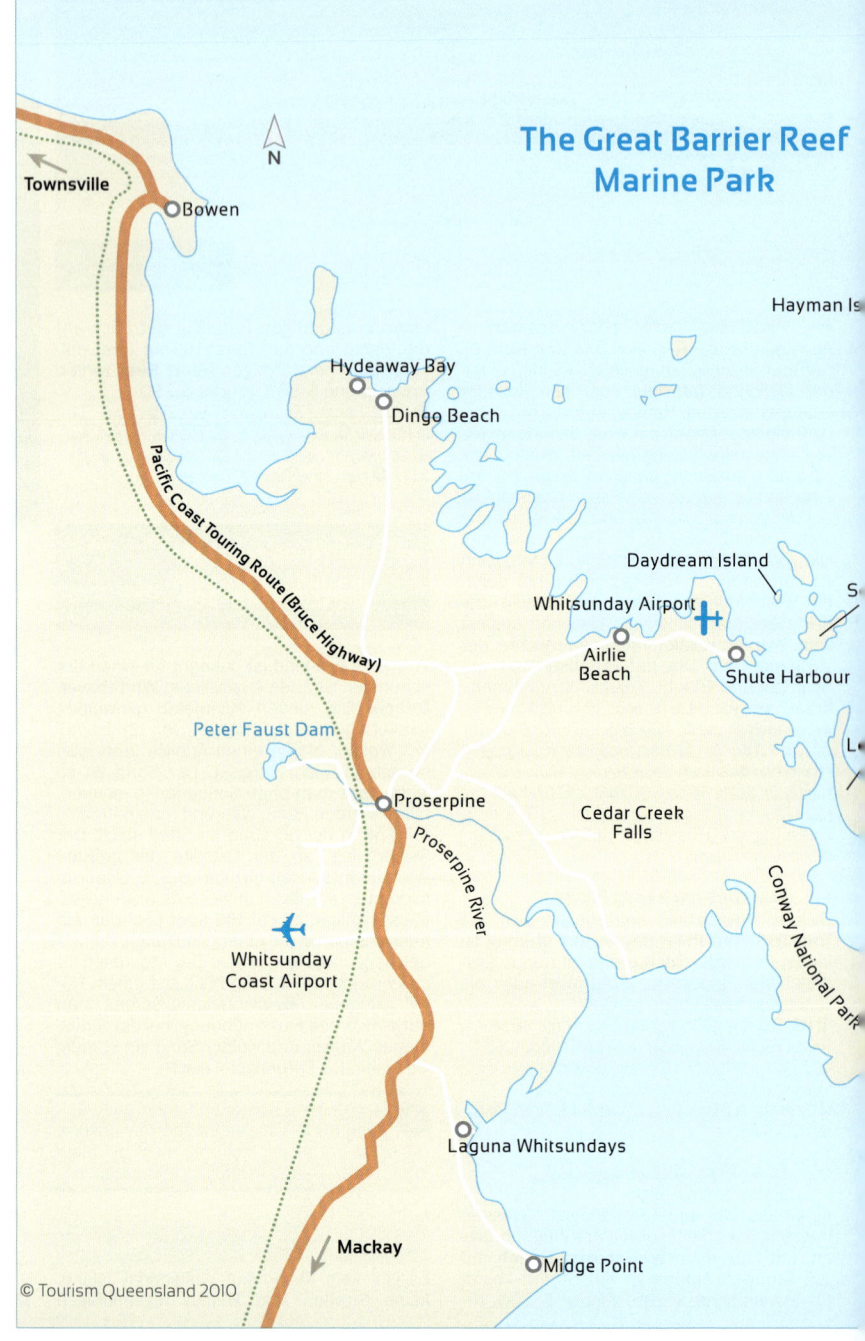

The Great Barrier Reef
Marine Park

Townsville

Bowen

N

Hayman Is

Hydeaway Bay

Dingo Beach

Daydream Island

Whitsunday Airport

S

Airlie
Beach

Shute Harbour

Pacific Coast Touring Route (Bruce Highway)

Peter Faust Dam

L

Proserpine

Cedar Creek
Falls

Proserpine River

Conway National Park

Whitsunday
Coast Airport

Laguna Whitsundays

Mackay

Midge Point

© Tourism Queensland 2010

Hamilton Island aus der Vogelperspektive

Fährverkehr. Man kann die Insel daher nur im Rahmen eines Tagesausflugs oder einer mehrtägigen Segeltour ab Airlie Beach erreichen. Whitehaven Beach ist sehr beliebt, daher sollte man vor allem gegen Nachmittag im schlimmsten Fall mit einigen Hundert Gästen rechnen. Wer mit einer mehrtägigen Segeltour unterwegs ist, der geht typischerweise morgens schon früh zum Strand, wenn es noch ruhig ist. Tagesausflüge ab Airlie Beach, Hamilton Island und Daydream Island werden täglich von **Cruise Whitsundays** angeboten. Kleinere Veranstalter wie **Whitehaven Xpress** (klassisches Motorboot) oder der brandneue **Thundercat** (halboffener Katamaran) fahren nur ab Airlie Beach. Wer auf der Insel übernachten möchte, kann einen Transfer von Shute Harbour über **Scamper** buchen. Island Transfers fährt zwar nach Whitsunday Island, nicht aber nach Whitehaven Beach.

Cruise Whitsundays
Siehe Ausflug Great Barrier Reef (▶ Seite 125)
Erw. $ 180–210, Kinder $ 105

Whitehaven Xpress
Shute Harbour Rd am Ortsende von Cannonvale links in den Shingley Dr Berth K2, Abell Point Marina, Shingley Dr, Airlie Beach QLD 4802 07-4946-1585 bookings@whitehavenxpress.com.au www.whitehavenxpress.com.au Tägl. 8:30–17 h Erw. $ 175, Kinder $ 90

Thundercat
Siehe Whitsundays Sailing (▶ Seite 128) Täglich 9–17 h Erw. $ 179, Kinder $ 139

🛒 Versorgen und einkaufen
Whitsunday Island ist unbewohnt. Wer iier übernachten will, muss alles selbst mitbringen – das schließt Trinkwasser mit ein.

🧗🌲 Wandern

▶ **Solway Circuit**
Von Whitehaven Beach geht es durch einen lichten Eukalyptuswald und vorbei an Gras-

und Farnbäumen zu einem Aussichtspunkt mit Blick über das Meer und verschiedene Inseln. Der Rundweg führt den Berg hinunter zurück nach Whitehaven Beach.
Ganzj. Whitehaven Beach Campground
Moderat 1,2 km (Rundweg)

▶ **Chance Bay Track**
Dieser Weg beginnt mit dem Solway Circuit am Whitehaven Beach. Etwa auf halbem Wege zweigt ein Pfad in Richtung Chance Bay ab und führt durch den Wald zu einer Bucht an der Südostseite der Insel, die von Touristen eher selten besucht wird.
Ganzj. Whitehaven Beach Campground
Moderat 3,6 km

🛏 Übernachten

🏕 **Whitehaven Beach Campground**
Fast direkt am Strand von Whitehaven Beach gelegener Campingplatz mit sieben Zeltplätzen und einem WC-Häuschen.
Whitehaven Beach, Whitsunday Island QLD 4802 13-74-68 camping.support@nprsr.qld.gov.au (Nur für Anfragen, Reservierung per E-Mail möglich) www.nprsr.qld.gov.au/parks/whitsunday-islands/camping.html Ja (zwingend erforderlich)
7 Nein Nein Nein $

🏔 HAMILTON ISLAND 🛈➕❌✉🖥

🛈 HAMILTON ISLAND TOUR DESK
Infozentrum und Buchungsbüro für Ausflüge ab Hamilton Island, kostenloses Kartenmaterial zu Wanderwegen der Insel.
Hamilton Island Resort Centre, Resort Drive, Hamilton Island QLD 4803 07-4946-8305
tourbookings@hamiltonisland.com.au
www.hamiltonisland.com.au/contact-us 7–19 h

Die in touristischer Hinsicht wichtigste bewohnte Insel der Whitsundays ist Hamilton Island. Die fünf Quadratkilometer große In-

sel hat um die 1.400 Einwohner, die in und um das Resort leben, das in den 1980er-Jahren gebaut wurde, als man sich noch keine Gedanken um Umweltschutz und andere »Nebensächlichkeiten« gemacht hat. Daher finden sich auf dieser Insel die höchsten Hoteltürme der Region, ein Jachthafen mit 245 Plätzen für »normale« wie auch für »Superjachten« und eine Landebahn verläuft quer über die Insel. Im Grunde ist es nicht notwendig, überhaupt Hamilton Island zu verlassen, um die Whitsundays zu erleben: Man kann einfach von der Landebahn ins Hotelzimmer oder an den Strand gehen. Auf der Insel gibt es zudem alles, was Australiern Spaß macht: Golf, Mini-Golf und Gokarts, Kajaks und Jetboot-Touren sowie Wasserski, Windsurfen, Angeln, Parasailing und schließlich Bars und Discos für Jugendliche (13–17 Jahre) wie auch für Erwachsene.

🧭 Orientieren

Die Hotels befinden sich alle auf dem nordwestlichen Zipfel der Insel. Der Flughafen liegt im Südwesten, der Jachthafen an der Westseite der Insel direkt nördlich der Landebahn. Der bewohnte Teil der Insel ist mit einem insgesamt eher unübersichtlichen Netz von Straßen überzogen, der Rest der Insel – also das Zentrum und der Osten – ist zu Fuß über Wanderwege erreichbar.

💡 Karten, Audiotouren, Shuttlebus-Fahrpläne und vieles mehr finden Sie in der Hamilton Island Smartphone App: 🖥 www.hamiltonisland.com.au/about-the-island/app

Ⓗ Anreise und Transport

Neben dem Inlandsflughafen ist die Insel per Fähre von Airlie Beach und Daydream aus erreichbar (🎫 Erw. $ 52–61, Kinder $ 25–38 pro Strecke). Tagesgäste sind willkommen und können Kombitickets bekommen, darunter auch zusammen mit Whitehaven Beach (🎫 Erw. $ 140–180, Kinder $ 75–105).
🖥 www.cruisewhitsundays.com

Das Standard-Fortbewegungsmittel auf der Insel ist der **Golf Buggy** (🎫 $ 46 pro Std., $ 87 für 24 Std.) oder der kostenlose **Resort-Shuttlebus**, der täglich von 7 bis 23 Uhr unterwegs ist. Karte und Abfahrtszeiten findet man in der Hamilton Island App. Noch bequemer geht es mit dem *Resort Link* (Taxi) für $ 8 pro Person und Fahrt (nur 7 bis 17 Uhr). Das Nachttaxi von 23:30 bis 2 Uhr ist kostenlos.

🛒 Versorgen und einkaufen

Neben dem lokalen Bäcker, Bobs Bakery, gibt es noch den Hamilton Island IGA Supermarket (📍 beides Front St, in Gehweite vom Jachthafen), der einzige Supermarkt auf den Whitsunday Inseln (🕐 Tägl. 8:30–20:30 h).

✕ Essen und Trinken

Auf Hamilton Island finden sich über ein Dutzend Restaurants, Bars und Cafés für jedes Budget und jeden Geschmack, die Mehrzahl liegt direkt nebeneinander rund um den Jachthafen. Ein Tipp ist die **Marina Tavern** (🎫 **, 🕐 11:30–21 h, 📍 Front St/Jachthafen) sowie ein Cocktail oder ein kühles Bier am **Bommie Deck** (🕐 16–21 h) an der Nordwestende des Jachthafens.

Oder verknüpfen Sie eine Mahlzeit mit einem besonderen Erlebnis, etwa ganz schick im **Clubhouse** auf dem Golfplatz der Nachbarinsel Dent Island mit weiten Aussichten über die Whitsundays Inseln (🎫 $ 69 mit Fährüberfahrt und Hamilton Island Golf Club Rundgang, 🕐 11–15 Uhr, nur mit Voranmeldung 🖥 www.hamiltonisland.com.au/bars-and-clubs/clubhouse-restaurant, Dresscode: keine Jeans oder Bademode, für Männer Hemden mit Kragen). Ebenfalls stilvoll ist eine Bootstour in den Sonnenuntergang mit **Sunset Cruise & Dine** von 17 bis 21 Uhr, und einem klassischem australischen 3-Gänge-Menü (🎫 Erw. $ 125–155, Kinder $ 65–95, Vorbuchung am Tour Desk).

Catseye Beach

👁 Highlights

▶ Wassersport

In Hamilton Island dreht sich alles um das Meer: Gäste der Resorts können kostenlos Schnorchelausrüstung, Kajaks, Hobie Cats (kleine Katamarane), Paddleboards und Windsurfbretter ausleihen. Wer Segeln oder Windsurfen erlernen möchte, der zahlt etwa $ 25 pro Stunde für den Unterricht. Geführte Schnorcheltouren kosten $ 30 für Erwachsene und $ 20 für Kinder.

▶ Village Trail

Mit einer kostenlosen deutschsprachigen Audiotour können Sie die Resortlandschaft von Hamilton Island erkunden. Die Audiotour finden Sie in der Hamilton Island App.

▶ Wild Life Hamilton Island

Kleiner Zoo mit australischen Tieren wie Koalas, Wombats, Dingos, Kängurus und einem Krokodil. Geführte Touren finden täglich statt. Außerdem kann man morgens von 7 bis 10 Uhr im Café mit Koalas frühstücken.

📧 Resort Drive, Hamilton Island QLD 4803 ☎ 07-4946-9078 📧 wlhinfo@merlinentertainments.com.au 🌐 www.wildlifehamiltonisland.com.au 🕐 8–17 h, geführte Tour 10 & 16 h 🐾 Nur Zoo: Erw. $ 25, Kinder $ 15, Koala-Frühstück ohne Zoo: Erw. $ 36, Kinder $ 15,50, Koala-Frühstück mit Zoo: Erw. $ 50, Kinder $ 28

▶ Ausflüge ab Hamilton Island

Tägliche Ausflüge nach Airlie Beach, Daydream Island, Whitehaven Beach oder ans Great Barrier Reef zum Schnorcheln und Tauchen können im Resort gebucht werden.

🚶 Wandern

Hamilton Island ist kein Nationalpark, allerdings gibt eine Reihe von Wanderwegen, die am Beginn des Scenic Trail hinter dem Reef View Hotel sowie am Ende des Catseye Beach am Start des Hideaway Bay Trail beginnen. Alle Wanderwege sind von Sonnenauf- bis Sonnenuntergang geöffnet. Eine Wanderkarte bekommen Sie am Tour Desk von Hamilton Island (▶ Seite 132).

💡 In den offiziellen Wanderinformationen von Hamilton Island finden Sie den Hinweis, dass einige Wege am Conference Centre beginnen. Einfacher zu finden ist allerdings das Reef View Hotel, in dem sich das Konferenz Zentrum befindet. Die Wege beginnen an der Rückseite des Hotels.

▶ Passage Peak ★

Dieser Wanderweg führt auf die höchste Erhebung der Insel, den **Passage Peak** (239 m). Der Passage Peak bietet mit die schönsten Aussichten in Australien und ist die Anstrengung unbedingt wert. Der Weg führt vorbei an den Stränden der Catseye und Hideway Bay, bevor er nach Süden und später nach Osten schwenkt, um die steile Bergflanke zu erklimmen. Eine deutschsprachige Audiotour dazu finden Sie in der Hamilton Island App.

🕐 Ganzj. 📍 Ostseite des Catseye Beach am Beginn des Hideaway Bay Trail 🕐 3 Std. 🔵 Moderat 📏 4,3 km

▶ Mangrove Flats/Escape Beach

Dieser Weg beginnt ebenfalls am Ende des Catseye Beach und führt nach der Überquerung eines Bergrückens (Saddle) zu einem Mangrovenwald, der mit seinen Luftwurzeln auch im salzigen Meerwasser zurechtkommt. **Escape Beach** liegt weiter südlich in einer versteckten Bucht. Zurück geht es denselben Weg. Wenn Sie dann noch fit sind – vom Saddle aus ist es nicht mehr weit bis zum Aussichtspunkt am Passage Peak (239 m).

🕐 Ganzj. 📍 Ostseite des Catseye Beach am Beginn des Hideaway Bay Trail 🕐 3 Std. 15 Min. 🔵 Moderat 📏 6,6 km

▶ Resort Lookout

An der Rückseite des Reef View Hotels beginnt ein Wanderweg zum zweithöchs-

ten Punkt der Insel, dem **Resort Lookout** (195 m), mit Blick in Richtung Norden auf das Resort, den Flughafen und die Küste.
🕐 Ganzj. 🔗 Scenic Trail neben dem Conference Centre ⏱ 2 Std. ⚡ Moderat 📏 5 km

► Coral Cove
Der geschützte Strand der Coral Cove liegt an der Westseite eines langgezogenen »Fjords«, der von der Rückseite des Reef View Hotels in etwa 95 Minuten zu erreichen ist. Unterwegs bietet sich ein Abstecher zum Resort Lookout an, bevor Sie weiter zur Coral Cove gehen, die Aussichten nach Süden bis nach Lindemann Island bietet. Zurück gehen Sie, wie Sie gekommen sind, oder via Palm Valley und Shuttlebus.
🕐 Ganzj. 🔗 Scenic Trail neben dem Conference Centre ⏱ 3 Std. 10 Minuten ⚡ Moderat 📏 6,8 km

🛏 Übernachten
Auf Hamilton Island gibt es vier Hotels, keines davon eignet sich für Budget-Reisende. Das **Qualia** ist das Top-Hotel mit Preisen ab $ 1.100 pro Zimmer und Nacht. Danach folgt der **Beach Club**, in dem es sich für ab $ 680 pro Nacht schlafen lässt. Beim **Reef View Hotel**, den **Palm Bungalows** und den privaten **Ferienhäusern** sind Zimmer ab $ 370 die Nacht möglich.

🏠 Reef View Hotel
18-stöckiges Hotel mit 363 Zimmern am Catseye Beach, das 2014 renoviert wurde. Um zum Strand zu gehen, muss man nur die Straße überqueren. Alle Zimmer sind großzügig geschnitten und haben einen Balkon; die Coral Sea View Rooms (5.–18. Stock) sowie alle Suites haben Meerblick. Mit dabei ist ein 35 Meter langer Pool, ein Fitness Center, ein Restaurant und eine Bar.
📧 Reef View Hotel, 12 Resort Dr, Hamilton Island QLD 4803 ☎ 02-9433-0444 ✉ vacation@hamilton island.com.au 🌐 www.hamiltonisland.com.au/reef-view-hotel Ⓟ Nein 🍴 Ja ⭐ ★★★★

🏠 Palm Bungalows
Die gemütlichen Holzhäuser liegen neben dem Reef View Hotel, haben allerdings keine Aussichten auf das Meer, da sie etwas zurückversetzt vom Strand (etwa zwei Minuten zu Fuß) liegen. Die Bungalows sind geeignet für zwei Erwachsene und ein Kind und liegen ähnlich wie bei einem Campingplatz in Reihen nebeneinander. Sie haben eine Mini-Küche und eine Terrasse mit Sitzmöbeln. Ein großer Resort-Pool und das Koala Cafe befinden sich in Gehweite. Kostenloses WiFi gibt es an verschiedenen Orten auf der Insel, jedoch nicht in den Bungalows.

📧 Palm Bungalows, Resort Dr, Hamilton Island QLD 4803 ☎ 02-9433-0444 ✉ vacation@hamilton island.com.au 🌐 www.hamiltonisland.com.au/accommodation/palm-bungalows-resort Ⓟ Nein 🍴 Nein ⭐ ★★★★

🏠 Privatunterkünfte
Auf Hamilton Island gibt es über 100 Privatapartments ab einem Schlafzimmer und Häuser mit bis zu vier Schlafzimmern, teilweise auch mit Meerblick. Vermietet wird über einen zentralen Vermittlungsdienst. Die Mindest-Mietzeit liegt bei drei Tagen, Preise beginnen bei etwa $ 310 pro Nacht.
☎ 02-9433-0444 ✉ vacation@hamiltonisland.com.au 🌐 www.hamiltonisland.com.au/accommodation/holiday-homes Ⓟ Nein 🍴 Nein ⭐ ★★★★

Auf Daydream Island kann man alles bequem zu Fuß erreichen.

🏔 DAYDREAM ISLAND ⊠ 📅

Die Insel, die ursprünglich »West Molle Island« hieß, aber als Daydream Island bekannt ist, ist nur einen Kilometer lang, 400 Meter breit und zum Großteil von einem familienfreundlichen Resort (► Seite 136) belegt. Der Rest der hügeligen Insel ist naturbelassen und mit Wald bewachsen. Auf Daydream Island geht es ruhiger zu als auf Hamilton Island, und die Aktivitäten sind weniger an Action als an Natur und Entspannung orientiert. Zu den kostenlosen Aktivitäten gehört etwa Paddleboard- und

Kajakfahren, Badminton, Yoga, Tennis, Beach Volleyball und Bogenschießen.

 ## Orientieren

Das Resort mit Restaurants, einer Poollandschaft und dem **Mermaids Beach** befindet sich an der Nordspitze der Insel, ebenso wie der Bootsanleger für die Fähren und Ausflugsboote von Airlie Beach. Im Nordwesten – hinter den Hotelgebäuden – liegt der kleine Strand namens **Lovers Cove**. Ein Spazierweg führt an der Ostseite der Insel von der Marina am Strand und an einem Wäldchen vorbei zur Südspitze der Insel. Parallel dazu verläuft ein zweiter Spazierweg, der **Rainforest Walk**. Am Südende von Daydream Island finden sich ein Tennisplatz, Minigolf, Outdoorkino und weitere Restaurants.

 ## Versorgen und einkaufen

Auf der Insel gibt es keinen Supermarkt.

✕ Essen und trinken

Daydream Island hat insgesamt acht Restaurants und Cafés, die sich jeweils am Nord- und am Südende der Insel verteilen.

Am Südende finden sich eher weniger anspruchsvolle Restaurants wie das **Boathouse**, ein ganztägig (ab 9:30 h) geöffnetes Café mit Sandwiches, Wraps und *Meat Pies* (Fleischpasteten), sowie Kaffee und Kuchen. Das benachbarte **Fishbowl**, ein Bistro/Pub, hat ab 17:30 Uhr geöffnet (⊙ ****–*****). Unser Favorit liegt im Norden von Daydream Island: Das **Mermaids** ist ein Freiluftrestaurant mit Blick auf den Strand und die Meerjungfrauen-Skulptur am Wasser. Das Restaurant ist für Mittag- (⊙ ******) und Abendessen (⊙ *******) geöffnet und konzentriert sich mittags auf Burger, Sandwiches und Salate und abends vorwiegend auf Seafood. Ebenfalls einen Besuch wert ist das **Waterfalls Restaurant**. Hier gibt es Frühstück (6:30–10 h) und Abendessen (⊙ ab 17:30 h, nicht täglich geöffnet/wird saisonal angepasst). Auf dem Buffet finden sich wechselnde Gerichte wie Seafood, Aussie-BBQ, Braten *(Carvery)* oder internationale Küche (⊙ *******).

👁 Highlights

▶ Living Reef

Abgesehen von einer ausgedehnten Poollandschaft für die Menschen gibt es im Norden der Insel (am Hauptgebäude) das *Living Reef,* eine 2.650 Quadratmeter große künstliche Lagune, in der 140 Fischarten – darunter auch Haie und Stachelrochen – sowie 83 Korallen-Arten leben. Um 10 und 14:30 Uhr werden die Fische gefüttert, während Tierpfleger mehr über das Leben am Great Barrier Reef erzählen.

▶ Lovers Cove

Die Lovers Cove ist ein kleiner Sandstrand mit Liegestühlen auf der Nordwestseite der Insel. Hier kann man, wenn der Wind richtig steht und das Wasser klar ist, ein sehr schönes Schnorchelerlebnis bekommen. Ausrüstung kann auf der Insel ausgeliehen werden. Bei unserem Besuch sind wir an der Lovers Cove sogar von Wallabys besucht worden, die im Wald in der Mitte der Insel leben.

▶ Open-Air-Kino und Minigolf

Direkt am Strand im Süden der Insel liegt das Outdoorkino, wo abends für die Gäste aktuelle Kinofilme gezeigt werden (kostenlos). Am nahegelegenen 19 Loch Minigolf-Parcours können sich die Spieler auf eine Reise durch ganz Australien begeben (⊙ Erw. $ 10, Kinder $ 6).

 ## Übernachten

🏛 Daydream Island Resort ⚹⚹

❗ Das Resort ist seit Anfang 2017 für Renovierungen geschlossen und soll ab Mitte 2018 wiedereröffnet werden. Zimmerpreise standen bei Redaktionsschluss noch nicht fest.

◆ LONG ISLAND ✕ 🗓

Long Island ist neun Kilometer lang und am breitesten Punkt etwa zwei Kilometer breit. Sie ist damit groß genug, um Platz für mehrere Hotels zu bieten und zudem noch viel Natur übrig zu lassen. Die Insel ist vorwiegend mit Eukalyptuswald bewachsen, an einigen geschützten Plätzen mit Regenwald sowie mit Grasland an exponierten Lagen. Mit ganzen 20 Kilometern Wanderwegen ist Long Island ein attraktives Ziel für Wanderer. Ein Korallenriff liegt an der Happy Bay, etwa 150 Meter vor dem Long Island Resort.

 ## Orientieren

Das Long Island Resort liegt im Norden der Insel. Das Palm Bay Resort liegt zwei Buchten weiter südlich, das Paradise Bay Island

Resort nimmt die Südspitze der Insel ein. Die Hotels sind nur über Wanderwege miteinander verbunden.

ⓗ Anreise und Transport

Campinggäste können einen Transfer zu einem der Insel-Plätze oder dem **Palm Bay Resort** über Scamper oder zum **Long Island Resort** mit Island Transfers (beides ▶ Seite 129) buchen. Auf der Insel sind motorisierte Fahrzeuge nicht erlaubt.

🛒 Versorgen und einkaufen

Auf Long Island gibt es keinen Supermarkt.

🌲 Wandern

▶ Long Island Circuit
Sehenswerter Waldwanderweg rund um den Nordzipfel der Insel, mit den besten Aussichten auf die Happy Bay mit dem Long Island Resort und die umliegenden Inseln.
🕐 Ganzj. 🏖 Sandy Bay (4,1 km von Happy Bay)
🚩 Am Strand des Long Island Resorts, der Happy Bay
↗ Moderat 📏 3,5 km (Rundweg)

▶ Pandanus Bay
Dieser Weg führt von der Happy Bay an der Westseite der Insel zur Pandanus Bay, einem Strand an der Ostseite, der von den sehenswerten Pandanuspalmen (Schraubenpalmen) umgeben ist. Wer vom Campingplatz von Sandy Bay aus wandert, hält

sich Richtung Happy Bay und erreicht bereits vorher die Pandanus Bay.
🕐 Ganzj. 🏖 Sandy Bay (3,3 km von Happy Bay)
🚩 Am Strand des Long Island Resorts ↗ Moderat
📏 3,5 km

🛏 Übernachten

🏠 Palm Bay Resort
Die Ferienanlage liegt an einer Meerenge zwischen zwei Stränden und hat insgesamt 23 Bungalows, Villen und Suites für höchstens 45 Gäste. Alle Unterkünfte haben eine eigene Terrasse mit Hängematte, die Bungalows zudem eine Mini-Küche. Auf dem Gelände befindet sich eine Gemeinschaftsküche, ein Pool, ein Tennisplatz und ein Kajak-Verleih. Ein Restaurant gibt es nicht, wohl aber eine Resort Bar. Im Kiosk kann man sich mit Snacks, Alkohol und gefrorenen Mahlzeiten eindecken.
📍 Siehe »Anreise und Transport« 🚩 Palm Bay Resort Long Island, Whitsunday Passage QLD 4802
☎ 1-300-655-126 ✉ reception@palmbayresort.com.au
🌐 www.palmbayresort.com.au 💲 Nein ⭐ ✶✶–✶✶✶✶

🏠 Long Island Resort
Das Resort liegt im Norden der Insel an einer der schmalsten Stellen der langgezogenen Insel, mit Zugang zu gleich zwei Stränden: Happy Bay und Pandanus Bay. Das Resort ist über mehrere Gebäude verteilt. Die besten Zimmer liegen nur wenige Meter vom Wasser entfernt, mit Ausblick auf Sandstrand und Kokospalmen. Das Resort wird seit An-

Happy Bay, Long Island

fang 2015 vollständig renoviert und soll 160 zusätzliche Zimmer bekommen. Ein Datum für die Neueröffnung ist zum Redaktionsschluss noch nicht angekündigt worden.
🌐 www.longislandresort.com.au

Sandy Bay Campground

Maximal nur sechs Gäste dürfen gleichzeitig auf dem Strand von Sandy Bay zelten, der seitlich von Mangroven eingegrenzt wird. Duschen gibt es nicht, dafür aber ein WC. Verpflegung und Trinkwasser müssen mitgebracht werden.

🛈 Siehe »Anreise und Transport« (▶ Seite 129). Die Bucht von Sandy Bay ist sehr flach, daher können Boote nur während der Flut landen. 📍 Sandy Bay, Long Island QLD 4802 📞 13-74-68 @ camping. support@nprsr.qld.gov.au (Nur für Anfragen, Reservierung per E-Mail nicht möglich) 🌐 www.nprsr.qld. gov.au/parks/molle-islands/camping.html#sandy_ bay_long_island 💰 Ja (es muss vorreserviert werden) 🚫 Keine markierten Plätze, max. 6 Gäste 🚿 Nein 🚽 Nein 💲 $

HAYMAN ISLAND ✕

Eine der exklusivsten Resorts der Whitsundays liegt auf der 12 km² großen Insel Hayman Island, an der nördlichen Außenseite der Whitsunday Islands und nicht weit vom äußeren Great Barrier Reef. Das familienfreundliche Resort wurde an einem zwei Kilometer langen Sandstrand gebaut und ist in drei Bereiche aufgeteilt: den Hayman Wing mit Aussicht auf einen Seerosenteich, den Pool Wing mit Blick auf den riesigen Resortpool und den Beachside Wing mit Blick aufs Meer. Für Kinder von sechs Wochen bis zu zwölf Jahren gibt es den Kids Club, für die Erwachsenen ein Spa mit Wellnessbehandlungen. Zum Resort gehören fünf Restaurants mit internationaler Küche sowie eine Beachbar, eine Poolbar und eine Cocktailbar. Das Resort wird zurzeit renoviert und soll zum 1. März 2019 wiedereröffnen.

⊙ Orientieren

Das Hayman Island Resort befindet sich an einer weiten Bucht auf der Südseite der Insel mit einem kleinen Hafen an der Südwestseite. Der Rest von Hayman Island ist unbebaut.

🌊 SOUTH MOLLE ISLAND 🏛

Die Vegetation der 4.66 km² großen Insel South Molle besteht ähnlich wie auf Long Island vorwiegend aus Eukalyptuswald, durchsetzt von einigen Regenwald-Resten und Grasland. South Molle hat schon eine lange Geschichte als Resortinsel: Das erste Hotel wurde bereits 1937 eröffnet. Naturfreunden stehen an die zehn Kilometer Wanderwege zur Verfügung, die zu schönen Stränden und interessanten Aussichtspunkten führen.

Die Nationalpark-Behörde erlaubt sogar, ein Fahrrad mit auf die Insel zu nehmen, da sich die Wanderwege auch als Mountainbike-Pisten eignen. Viele Fahrradfahrer werden Sie hier aber wahrscheinlich nicht sehen.

⊙ Orientieren

South Molle ist eine der kleineren Inseln der Whitsundays, von der Sandy Bay im Südwesten bis zum Spion Kop Aussichtspunkt im Nordosten sind es nur vier Kilometer. South Molle Island ist unbebaut bis auf ein Backpacker Resort mit eigenem Bootssteg, das eine weite Bucht, die Bauer Bay, im Norden der Insel einnimmt. Die beiden Nationalpark-Campingplätze liegen jeweils an der Nordwest-Spitze und im Südwesten der Insel.

Ⓗ Anreise und Transport

Die Insel liegt kaum vier Kilometer vor Queenslands Küste, ist aber nicht über einen regelmäßigen Fährdienst erreichbar. Camper können sich mit der Fähre von **Scamper** (▶ Seite 129) an einem der Nationalpark-Campingplätze absetzen lassen.

🍴 Versorgen und einkaufen

Auf South Molle Island gibt es keine Supermärkte.

🥾🌲 Wandern

▶ Spion Kop

Wanderweg durch Grasland, Eukalyptus- und Regenwald zu einem Aussichtshügel im Nordosten der Insel mit Ausblick auf das Resort und die Whitsundays. Ab Bauer Bay geht man etwa zwei Stunden hin und zurück, von den anderen Stränden entsprechend länger.
🌀 *Ganzj.* 🔵 *Sandy Bay oder Paddle Bay* 🔄 *Moderat*
🔄 *4,2 km ab Sandy Bay, 3,3 km ab Paddle Bay, 2 km ab Bauer Bay*

▶ Mount Jeffreys

Wanderung zum höchsten »Berg« der Insel, den 194 Meter hohen Mount Jeffreys. Von hier aus bietet sich ein Rundumblick in Richtung Whitsundays und aufs Festland.
🌀 *Ganzj.* 🔵 *Sandy Bay oder Paddle Bay* 🔄 *Moderat*
🔄 *4 km ab Sandy Bay, 2,9 km ab Paddle Bay, 2,6 km ab Bauer Bay*

▶ Sandy Bay

Ziel der Wanderung ist ein langer Sandstrand im Südwesten der Insel. Von der Nordküste geht es quer über die Insel, durch Regenwald, Eukalyptuswald und vorbei an Grasbäumen zu der mit *Coastal She-Oaks* (Kasuarinen) bewachsenen Sandy Bay.
🌀 *Ganzj.* 🔵 *Sandy Bay oder Paddle Bay* 🔄 *Moderat*
🔄 *4,4 km ab Paddle Bay, 3,9 km ab Bauer Bay*

▶ Balancing Rock

Wanderung zum Balancing Rock, einem im Norden der Insel gelegenen Felsen mit Aussichten über die umliegenden Wälder. Der Aufstieg auf den Felsen wird bei nassem Wetter nicht empfohlen.
🌀 *Ganzj.* 🔵 *Sandy Bay oder Paddle Bay* 🔄 *Moderat*
🔄 *3,4 km ab Sandy Bay, 1,7 km ab Paddle Bay, 800 m ab Bauer Bay*

▶ Paddle Bay

Durch Eukalyptus- und Regenwald führt dieser Weg außen am Resort an der Bauer Bay vorbei bis zum Campingplatz an der Paddle Bay mit Blick auf Daydream Island. Zwei Stunden vor und nach der Ebbe kann man bis zur benachbarten **Mid Molle Island** laufen. Wer die Zeiten verpasst, muss die ca. 300 Meter zurückschwimmen – oder auf die nächste Ebbe warten.
🌀 *Tide: www.bom.gov.au/australia/tides/#!/qld-molle-i*
🌀 *Ganzj.* 🔵 *Sandy Bay oder Paddle Bay* 🔄 *Moderat*
🔄 *4,4 km ab Sandy Bay, 1,9 km ab Bauer Bay*

▶ Lamond Hill

Vom Lamond Hill hat man weite Aussichten in Richtung Festland sowie auf das unter-

Wandern auf South Molle Island

an der Bauer Bay sind es nur 1,9 Kilometer. Es gibt keine abgesteckten Plätze und keine Duschen, dafür aber einfache WCs und Picknicktische. Maximal zwölf Gäste sind auf dem Campingplatz erlaubt. Trinkwasser und Verpflegung muss jeder selbst mitbringen.

○ *Paddle Bay, South Molle Island QLD 4802* ☎ *13-74-68* @ *camping.support@nprsr.qld.gov.au (Nur für Anfragen, Reservierung per E-Mail nicht möglich)* ○ *www.nprsr.qld.gov.au/parks/molle-islands* ○ *Ja (erforderlich)* ○ *Max. 12 Personen* ○ *Nein* ○ *Nein* ○ *$*

🏕 Sandy Bay

Am Südwestende der Insel, an einem langen Sandstrand liegt dieser einfache Campingplatz. Es gibt keine abgesteckten Plätze, insgesamt 36 Gäste sind erlaubt. Ohne Duschen, aber mit Picknicktischen und WCs. Trinkwasser und Verpflegung muss jeder selbst mitbringen.

○ *Sandy Bay, South Molle Island QLD 4802* ☎ *13-74-68* @ *camping.support@nprsr.qld.gov.au (Nur für Anfragen, Reservierung per E-Mail nicht möglich)* ○ *www.nprsr.qld.gov.au/parks/molle-islands* ○ *Ja (zwingend erforderlich)* ○ *Max. 36 Personen* ○ *Nein* ○ *Nein* ○ *Nein* ○ *$*

halb des Ausgucks gelegene Resort an der Bauer Bay.

○ *Ganzj.* ○ *Sandy Bay oder Paddle Bay* ○ *Moderat* ○ *4,4 km ab Sandy Bay, 1,9 km ab Paddle Bay, 1,8 km ab Bauer Bay*

🛏 Übernachten

🏕 Paddle Bay

Strand-Campingplatz im Nordwesten der Insel mit Aussicht auf die benachbarte **Daydream Island**. Bis zum ehemaligen Resort

⛰ HOOK ISLAND UND LINDEMAN ISLAND

Die Resorts auf Hook Island und Lindeman Island waren bei Redaktionsschluss bis auf Weiteres geschlossen und wurden nicht vom täglichen Fährverkehr angefahren. Laut Gerüchten soll **Lindeman Island** in den nächsten Jahren für den chinesischen Markt renoviert werden. Wer auf

Wer auf den Whitsundays campen möchte, muss den Transport selbst organisieren, z.B. über Scamper.

Hook Island einfach nur zelten möchte, der kann sich von **Scamper** oder **Island Transfers** (►Seite 129) übersetzen lassen und sich in einen der Nationalpark Campingplätze einbuchen – Ruhe ist hier garantiert!
🌐 www.hookislandresort.com
🌐 www.lindemanisland.org

....

Mit oder ohne Ausflug auf eine der Whitsunday Islands geht es von Airlie Beach über die Shute Harbour Road, vorbei am Conway National Park und an Zuckerrohrfeldern nach Proserpine (ca. 26 Kilometer). Drei Kilometer vor Proserpine erreichen Sie wieder den **Bruce Highway (A1)**.

🏘️ **PROSERPINE** 🅿️ ℹ️ ➕ ❌ 🗂️ 📷

👫👫	3.390	
	Airlie Beach	26 km
	Mackay	154 km

Von Airlie Beach aus fährt man automatisch an Proserpine vorbei. Für Reisende gibt es hier nicht viel zu sehen, wenn man einmal vom Whitsunday Coast Airport absieht, der sich südlich von Proserpine befindet. Wer hier landet, der steigt typischerweise in den Shuttlebus oder Mietwagen und fährt sofort nach Airlie Beach.

ℹ️ WHITSUNDAY REGION INFORMATION CENTRE
📍 Main St (Bruce Hwy A1), Proserpine QLD 4800
☎ 07-4945-3967 @ info@wmdl.com.au 🌐 www.tourismwhitsundays.com.au 🕐 Tägl. 10–17 h

🧭 Orientieren

Proserpine liegt auf der Südwestseite des Bruce Highway. Wenn man nicht rechts auf die **Main Street**, die Hauptstraße von Proserpine, abfährt, fliegt der Ort schnell an einem vorbei. Das lokale Einkaufszentrum mit einem Woolworths befindet sich nur einen Block vom Highway entfernt, Ecke Main und Blair Street.

ℹ️ Anreise und Transport

Proserpine wird von Queensland Rail angefahren und ist ein Haltepunkt auf der Cairns-Brisbane-Route der Greyhound-Busse. Die Haltestelle befindet sich an der Blair Street, gegenüber der BP Tankstelle. Der Flughafen von Proserpine, der Whitsunday Coast Airport, liegt 14 Kilometer südlich der Stadt mitten im Grünen.

🛒 Versorgen und einkaufen

Proserpine hat ein größeres Shopping Centre am Ortseingang, Ecke Main/Blair Street. Weitere Cafés und Restaurants findet man entlang der Main Street.

👁 Highlights

► **Bootsfahrt mit Krokodilen**
Bootsfahrt auf dem Proserpine River mit Krokodil-Beobachtung. Abholung möglich ab Hotels in Proserpine oder Airlie Beach (►Seite 125).
🚗 *Eigene Anfahrt nicht möglich* 🌐 *Whitsunday Crocodile Safari, PO Box 568, Airlie Beach QLD 4802* ☎ *07-4948-3310* @ *info@crocodilesafari.com.au* 🌐 *www.crocodilesafari.com.au* ⏰ *Ab Airlie Beach gegen 8:30 h, ab Proserpine 8:55 h* 💲 *Erw. $ 129, Kinder $ 60*

Nach Proserpine geht es in gemütlichem Tempo von 80 bis 100 km/h über den Bruce Highway (A1) weiter in Richtung Mackay. Nach 79 Kilometer verlassen Sie bei Mount Ossa die Landstraße und fahren über die **Mount Ossa-Seaforth Road** *durch Eukalyptuswald und an Pferdeweiden vorbei wieder in Richtung Küste. Nach fünfzehn Kilometern geht es rechts auf die* **Yakapari-Seaforth Road** *und nach knapp einem Kilometer links auf die* **Cape Hillsborough Road**.

🌲 CAPE HILLSBOROUGH NATIONAL PARK ❌ 📷

Zu den Top-Fotos, die man aus dem Urlaub mitbringen kann, gehören Kängurus an einem der Traumstrände Australiens. Im Cape Hillsborough National Park kann man tatsächlich beides zusammen erleben. Ein bisschen Glück muss allerdings dabei sein, da es sich bei den lokalen Wallabys nicht um Zootiere handelt. Die Tiere trifft man beim Morgengrauen sowie vor Sonnenuntergang am Strand vor dem Tourist-Park,

VON TOWNSVILLE NACH MACKAY

Kängurus am Strand von Cape Hillsborough

manchmal auch in der Umgebung der in der Nähe gelegenen Picknickplätze. Unabhängig davon hat der 1.012 Hektar große Nationalpark eine Reihe von ganz unterschiedlichen Landschaftsformen zu bieten, mit zerklüfteten Felsen, Regenwald und Mangroven sowie Riffen vor der Küste.

⊙ Orientieren

Die Cape Hillsborough Road ist die Zufahrtsstraße zum Nationalpark. Zum Nationalpark-Campingplatz am Smalleys Beach biegen Sie bereits kurz vor dem Parkeingang links ab (ist ausgeschildert). Geradeaus geht es durch den Wald und weiter zum Strand und dem privaten Tourist-Park. Die Cape Hillsborough Road wird in Strandnähe in Risley Parade umbenannt.

ⓗ Anreise und Transport

Cape Hillsborough ist nicht über öffentliche Verkehrsmittel erreichbar, allerdings sind von Mackay aus Tagestouren mit **Reeforest** buchbar (⊙ $ 180 pro Person, ▶ Seite 149)

🛒 Versorgen und einkaufen

Im näheren Umkreis des Nationalparks gibt es keine Supermärkte. Es lohnt sich daher, spätestens in **Proserpine** einen Stopp bei Woolworth einzulegen oder den Einkauf bis nach **Mackay** zu vertagen. Ein Kiosk am Eingang des Tourist-Parks verkauft Eis, kalte Getränke und andere Kleinigkeiten.

🚶🌲 Wandern

> 💡 Bei den folgenden Wanderungen sollten Sie Insektenmittel und Sonnencreme nicht vergessen.

▶ Diversity Boardwalk

Rundweg durch die verschiedenen Lebensräume des Nationalparks mit sumpfigen Paperbark-Wäldern und Mangroven, mit lichtem Eukalyptus- und tropischem Regenwald.
⊙ *Ganzj.* ⊙ *Smalleys Beach (5,5 km) oder im Tourist-Park* ⊙ *Parkplatz an der Cape Hillsborough Rd, etwa 1 km hinter dem Parkeingang (ausgeschildert)* ⊙ *40 Min.* ⊙ *Leicht* ⊙ *1,2 km (Rundweg)*

▶ Beachcomber Cove Track

Vom Nordende des Picknickplatzes aus geht es durch eine abwechslungsreiche Landschaft mit Eukalyptus- und Regenwald, vorbei an *Hoop Pines* (**Araukarien**), Farnen und zerklüfteten Felsen zum Strand an der **Beachcomber Cove**. Bei Ebbe können Sie über den Strand zurücklaufen, andernfalls geht es denselben Weg wieder zurück.
⊙ *Tide: www.bom.gov.au/australia/tides/#!/qld-mackay-outer-harbour* ⊙ *Ganzj.* ⊙ *Smalleys Beach (5,5 km) oder im Tourist-Park* ⊙ *Risley Parade, Picknickplatz am Strand von Cape Hillsborough, nördliches Ende (linke Seite)* ⊙ *1,5 Std.* ⊙ *Moderat* ⊙ *2,2 km*

▶ Andrews Point Track

Anspruchsvoller Wanderweg über einen Bergrücken mit mehreren Aussichtspunkten. Es lohnt sich, morgens früh loszugehen, bevor es heiß wird, da der Gipfel kaum Schatten bietet. Bei Ebbe kann man über den Strand zurückgehen, und eventuell noch die benachbarte Insel Wedge Island besuchen. Bei Flut ist der Strand überspült, und es geht denselben Weg wieder zurück.
⊙ *Siehe Beachcomber Cove Track* ⊙ *Ganzj.* ⊙ *Smal-*

leys Beach (5,5 km) oder im Tourist-Park ☉ Risley Parade, Bootsrampe am Südende (rechte Seite) des Strandes von Cape Hillsborough ☉ 2 Std. ☉ Moderat bis schwierig ☉ 5,2 km, 2,8 km bei Rückweg über den Strand

▶ **Yuibera Yuwi Trail** ★

Die Wanderung beginnt entweder am Parkplatz vor dem Tourist-Park, alternativ kann man die 1,1 Kilometer lange Schotterstraße bis zum Anfang des Wanderweges fahren (ausgeschildert). Der Wanderweg folgt der Küste und bietet schöne Ausblicke auf das Meer. Bei Ebbe hat man weite Aussichten auf ein exponiertes Riff. Nach einer Schleife durch den Regenwald gehen Sie über dieselbe Route wieder zurück.

☉ Ganzj. ☉ Smalleys Beach (5,5 km) oder im Tourist-Park ☉ Parkplatz in der Nähe des Tourist-Parks (ausgeschildert) ☉ 40 Min., 60 Min. ab Resort ☉ Einfach ☉ 1,5 km, 3,7 km ab Parkplatz vor dem Tourist-Park

🛏 **Übernachten**

Im Bereich des Nationalparks befinden sich genau ein Nationalpark-Campingplatz sowie ein kommerzieller Tourist-Park. Wer die Ruhe schätzt, sollte sich rechtzeitig für den Nationalpark-Campingplatz anmelden.

🚐 **Cape Hillsborough Nature Tourist Park**

Langgezogener, aber ziemlich dicht gepackter Campingplatz mit einer Reihe von Cabins, die nicht alle den von Hotels gewohnten Standard erreichen. Der Platz hat einen eigenem Strandzugang, einen Pool, mehrere BBQs sowie eine Gemeinschaftsküche. Das Highlight sind die Wallabys, die man morgens und abends vor dem Campingplatz am

Yuibera Yuwi Trail mit Aussichten auf türkisblaues Meer

Strand oder in der Nähe der BBQs im Wald hinter dem Strand antreffen kann.

☉ 51 Risley Parade, Cape Hillsborough QLD 4740 ☎ 07-4959-0152 @ enquiries@capehillsborough-resort.com.au 🌐 www.capehillsboroughresort.com.au ☐ Ja 🚐 73 ☐ 15 ☐ Ja ☐ Ja ☐ Nein ☐ Wasser, Strom (15 Amp.) ☐ Nein ☐ $$$, Cabins ★–★★

🚐 **Smalleys Beach**

Nationalpark-Campingplatz mitten im Wald. Jeder der elf Stellplätze ist geeignet für Wohnmobile oder Zelte und hat einen eigenen Strandzugang. Es gibt keine Duschen und keinen Strom, aber immerhin eine einfache WC-Anlage, Picknicktische und Trinkwasser. Im Gegensatz zum Tourist-Park herrscht hier absolute Ruhe, man ist allein mit sich und dem Ozean.

☞ Die Zufahrt ist ausgeschildert und liegt 4 km vor dem Parkeingang von Cape Hillsborough. Danach geht es über eine gepflegte Schotterstraße zum Campingplatz. ☉ Smalleys Beach, Cape Hillsborough NP, Cape Hillsborough QLD 4740 ☎ 13-74-68 @ camping.support@nprsr.qld.gov.au (Nur für Anfragen, Reservierung per E-Mail nicht möglich) 🌐 www.nprsr.qld.gov.au/parks/cape-hillsborough/camping.html ☐ Ja (zwingend erforderlich) ☐ 11 ☐ Nein ☐ Nein ☐ Nein ☐ Nein ☐ Nein ☐ $

*Von Cape Hillsborough geht es über die Cape Hillsborough Road zurück bis zur Kreuzung mit der **Yakapari-Seaforth Road**, auf die man nach links einbiegt. Nach etwa 20 Kilometern erreicht man wieder den bekannten Bruce Highway (A1), dem man mit relativ wenig Abwechslung erneut gute 20 Kilometer nach Mackay folgt.*

🏠 **MACKAY** ☐🛈➕✖️☐🔲

👥	74.219	
☀️	27 °C	
❄️	18 °C	
〰️	20 m	
⬩	Proserpine	154 km
	Sarina	37 km

Mackay* ist mit knapp 75.000 Einwohnern noch vor Rockhampton die größte Stadt in Zentral-Queensland. Größer sind nur noch das 390 Kilometer im Norden gelegene

---

* Der Name Mackay wird auf der zweiten Silbe betont, ebenso wie einige andere Ortsnamen in Australien, darunter Rockhampton, Maroochydore und Mooloolaba.

Townsville und das 885 Kilometer im Süden gelegene Ballungsgebiet der **Sunshine Coast**. In Queensland sind die Städte eben klein und die Entfernungen groß!

Mackay wurde in den 1860er-Jahren als Verschiffungshafen für Rinder, Schafe und später vorwiegend für Zucker gegründet. Nachdem ein Zyklon 1918 einen Großteil der Stadt zerstört hatte, wurde das Stadtzentrum im Art-déco-Stil wieder neu aufgebaut. Diese Gebäude befinden sich vorwiegend südlich des Pioneer River in einem Viereck, das von der River Street im Norden, von der Gordon Street im Süden, von der Gregory Street im Westen und der Sydney Street im Osten eingrenzt wird. Weitere finden sich entlang der gesamten Victoria Street.

ℹ MACKAY VISITOR INFORMATION CENTRE

📍 *Bruce Hwy (Hwy A1) am südlichen Ortsausgang von Mackay bei Ooralea, kurz vor dem Abzweig nach Eungella* 🏠 *The Mill, 320 Nebo Rd, Mackay QLD 4740* ☎ *07-4944-5888* @ *bookings@mackayregion.com* 🌐 *www.mackayregion.com* 🕐 *Tägl. 9–17 h*

ℹ QUEENSLAND PARKS AND WILDLIFE SERVICE

Informationen zu Nationalparks in der Umgebung sowie Buchung von Nationalpark-Campingplätzen.

📍 *Von Norden kommend am Rechtsknick des Bruce Hwy links auf die Gordon St, später rechts auf die Tennyson St* 🏠 *30 Tennyson St, Mackay QLD 4740* ☎ *13-74-68* @ *camping.support@nprsr. qld.gov.au (Nur für Anfragen, Reservierung per E-Mail nicht möglich)* 🌐 *www.nprsr.qld.gov.au/ contactus/regionalqpws.html* 🕐 *Mo.–Fr. 8–17 h*

⊙ Orientieren

Mackay liegt an der Mündung des breiten **Pioneer River**. Das Stadtzentrum liegt direkt am Südufer des Flusses und hat einen eigenen Strand (City Beach), der allerdings nicht sehr einladend ist. Die Strandvororte Shoal Point, Bucasia, Dolphin Heads und Blacks Beach liegen auf der **Nordseite** des Flusses und sind erreichbar über die Mackay-Bucasia Road, die noch vor dem Stadtzentrum vom Bruce Highway abbiegt. Der Strandort Slade Point sowie der kombinierte Industrie- und Jachthafen liegen ebenfalls nördlich des Zentrums. Vom Bruce Highway nimmt man hierzu die Sams Road und später die Mackay-Slade Point Road.

Das **Stadtzentrum** erreicht der Bruce Highway direkt hinter der Brücke über den Pioneer River. Die Straße macht hier einen Schlenker nach Süden. Hier zweigt auch die Hauptgeschäftsstraße, die **Gordon Street**,

vom Highway ab. Von hier aus geht es direkt links weiter auf die Milton Street. Wenn man dem Straßenverlauf folgt, kommt man zum größten Shoppingcenter von Mackay und dem kostenlosen Freibad, der *Lagoon*.

Parallel zur Gordon Street verläuft die **Victoria Street**, ebenfalls eine der Hauptgeschäftsstraßen der Stadt.

Ⓗ Anreise und Transport

Mackay hat einen Inlandsflughafen, wird von Queensland Rail angefahren und ist ein Haltepunkt auf der Cairns-Brisbane-Route der Greyhound-Busse. Der Bus hält an der Caltex Tankstelle an der Ecke Victoria Street/Tennyson Street an der Ostseite des Stadtzentrums. In Mackay gibt es zwar einige Buslinien, die u.a. auch die Strände im Norden der Stadt anfahren. Allerdings fahren die Busse schon während der Woche nur sehr selten, und am Sonntag gar nicht. Eine Übersicht über die Fahrpläne finden Sie hier: 🌐 www. mackaytransit.com.au/public-transport/routes

Historisches Straßenbild in Mackay

Thoopara
Laguna Quays
Midge Point
Bloomsbury
Brampton Island
rompton
Yalboroo
Mt Macartney +
Wagoora
St Helens Beach
Pindi Pindi
Camerons Pocket
Seaforth
Cape Hillsborough NP
St Bees Island
Eungella NP
Mount Ossa
Mt Jukes
Buscasia
Mt Charlton
East
Eimeo
Habana
Blacks Beach
Eungella
Finch Hatton
Mt Martin
Slade Point
Farleigh
Mackay
Crediton
Gargett
Marian
Walkerston
Great Barrier Reef Marine Park
Mt Bruce +
Pinnacle
Marani
Teemburra Dam
Kinchant Dam
Bakers Creek
Septimus
Eton
Hay Point
Mt Bryden +
Alligator Creek
Mt Andrew +
Grasstree Beach
Homevale NP
Hannaville
Sarina
Peak Downs Highway
Shinfield
Prospect Creek
Epsom
Cape Palmerston NP
Colston Park
Blue Mtn
Koumala
Nebo Creek
Mt Funnel
Back Creek
Nebo
Funnel Creek
Ilbilbie
Marion Creek
Peak Downs Highway
West Hill NP
Coppabella
Carmila West
Carmila
Mt Marion +
Mt Flora +
Dipperu NP
Mt Toobier
Cattle Creek
Devlin Creek
Murray Creek
Clairview
Swapy Creek
Clairview Creek
Scrubby Creek
Collaroy Creek
Hill 60
oxens Peak
Fort Arthur
Creek
Rosewood Island
Connors Hump
St Lawrence
Pacific Coast Touring Route (Bruce Highway)
Styx River
ysart
Connors River
Rockhampton

Queensland
Where Australia Shines

🛒 Versorgen und einkaufen

Im Caneland Shopping Centre an der Ecke Mangrove Road/Victoria Street gibt es einen Woolworths und einen Coles Supermarkt sowie die Warenhäuser Target und Big W.
🌐 *Vom Bruce Hwy links auf die Gordon St, dann direkt links auf die Milton St und dem Straßenverlauf folgen.*

✕ Essen und trinken

Eine Reihe von guten Restaurants liegen sowohl entlang der **Victoria Street** im Zentrum von Mackay wie auch an der Promenade entlang der **Mackay Marina** im Norden der Stadt. Die australischen Klassiker (Steak und Seafood) gibt es zahlreich, unsere Empfehlungen greifen vor allem asiatische Einflüsse auf, die man außerhalb der Touristenzentren eher nicht so oft findet.

▶ George's Thai on the Marina

Dieser Thailänder liegt an der Hafenpromenade von Mackay und hat eine überdachte Terrasse mit Aussicht auf die Boote im Hafen. Es gibt eine extra Karte mit Gerichten zum Mitnehmen (🌐 *, nur 17.30–20.30 h).
🌐 *Vom Bruce Hwy über die Sams Rd und die Mackay-Slade Point Rd, 6,5 km nördlich von Mackay* 🌐 *Mulherin Dr, Mackay Marina Village, Mackay QLD 4740* ☎ *07-4955-5778* 🌐 *www.facebook.com/Georges-Thai-on-the-marina-193077554061658* 🕐 *Tägl. 12–14:30, abends tägl. ab 18 h* 🌐 ★★–★★★

▶ Kevin's Place

Singapur-Küche mitten in Mackay in einem klassischen Gebäude der Jahrhundertwende.
🌐 *Vom Bruce Hwy in Mackay links auf die Woods St, dann rechts auf die Victoria St* 🌐 *79 Victoria St, Mackay QLD 4740* ☎ *07-4953-5835* 🌐 *www.facebook.com/pages/Kevins-Place/623779314329170* 🕐 *Mo.–Fr. 11:30–14:30 h, Mo.–Sa. 18–23:30 h* 🌐 *Mittags ★, abends ★★*

▶ Eimeo Pacific Hotel ★

Dieser historische Pub liegt ein wenig außerhalb vom Mackay auf einem felsigen Kap, und ist den Umweg unbedingt wert. Vom Balkon und den rund um das Gebäude verteilten Tischen bieten sich Aussichten auf die südlichen Whitsunday Inseln und die umliegenden Strände. Serviert werden Brunch (nur Samstag & Sonntag), Bistro-Mahlzeiten sowie Kaffee und Kuchen.
🌐 *16 km nördlich von Mackay über Mackay-Bucasia Rd, die vom Bruce Hwy nach Norden abzweigt, nahe Blacks Beach* 🌐 *Eimeo Pacific Hotel, 1 Mango Ave, Eimeo QLD 4740* ☎ *07-4954-6106* 🌐 *www.eimeohotel.com.au* 🕐 *Tägl. 10–22 h, Küche mind. bis 20 h geöffnet* 🌐 ★–★★

👁 Highlights

▶ Bluewater Lagoon 🚻

Die *Lagoon* ist ein kostenloses Freibad im Stadtzentrum von Mackay. Der Pool verläuft über zwei Ebenen mit Wasserfall und Wasserspielplatz für kleinere Kinder. BBQs und ein Café befinden sich auf dem Gelände.
🌐 *Vom Bruce Hwy links auf die Gordon St, dann direkt links auf die Milton St und dem Straßenverlauf folgen.* 🌐 *32 River St, Mackay QLD 4740* 📧 *council@mackay.qld.gov.au* 🌐 *www.mackay.qld.gov.au/bluewaterlagoon* 🕐 *Mai–August 9–16:45 h, September–April 9–17:45 h*

▶ Civic Centre Precinct/Jubilee Park

Im Jubilee Park liegt das kulturelle Herz von Mackay mit der Bücherei *(City Library)*, dem Kunstmuseum Artspace Mackay (🌐 kostenlos, 🕐 Di.–Fr. 10–17 h, Sa. & So. bis 15 h) und dem MECC (Mackay Entertainment and Convention Centre) mit Theater, Musicals, Konzerten und anderen Veranstaltungen.
🌐 *Ecke Gordon/Macalister St* 🌐 *www.artspacemackay.com.au*

▶ Mackay Regional Botanic Gardens

Botanischer Garten an den Ufern einer langgestreckten Lagune, der sich vor allem auf die Flora der Region Mackay mit tropischen Pflanzen und Farnen konzentriert. Mit dabei ist zudem ein japanischer Garten, ein Südseebereich mit einer landestypischen Hütte sowie ein maltesischer Garten. Auf dem Gelände liegt außerdem ein Café mit Kunstgalerie.
🌐 *Am Bruce Hwy am Südende der Stadt, 4 km vom Zentrum entfernt* 🌐 *9 Lagoon St, West Mackay QLD 4740* ☎ *07-4952-7300* 📧 *botanic@mackay.qld.gov.au* 🌐 *www.mackayregionalbotanicgardens.com.au* 🕐 *5–21 h (nachts beleuchtet), Café und Galerie geöffnet Mi.–Fr. 9–15 h, Sa. & So. bis 16 h* 🌐 *Kostenlos*

▶ Mackay Marina Village

Der Jachthafen der Stadt befindet sich sieben Kilometer nordöstlich des Stadtzentrums und hat Platz für die 500 Boote. Die fotogene, mit Palmen bepflanzte Promenade ist bald noch sehenswerter als die Innenstadt und verläuft entlang der geankerten Jachten, moderner Apartmentblocks und einer Reihe von Restaurants bis hin zum **Pine Islet Lighthouse**, einem der letzten funktionsfähigen Kerosin-Leuchttürme der Welt. Südlich an die Marina schließt der Harbour Beach an, der sich gut für lange Spaziergänge eignet, weiter nördlich liegt der weniger attraktive Industriehafen.

Leuchtturm am Marina Village in Mackay

🛏 Übernachten

🏠 Clarion Hotel Mackay Marina

Eines der am schönsten gelegenen Hotels in Mackay, direkt an der Promenade des Jachthafens gelegen. Alle Zimmer haben Balkone und eine Mini-Küche. Der Preis orientiert sich weniger an der Ausstattung als vielmehr am Ausblick: Die Deluxe Studios haben Platz für maximal zwei Gäste, aber keine nennenswerten Aussichten. Die größeren Executive Queen Suites haben ihre Fenster in Richtung Industrie-, die Executive King Suites auf den schicken Jachthafen. Das hoteleigene Restaurant Latitude 21 bietet Aussicht auf die Marina und ist für alle Mahlzeiten geöffnet.

🚗 *Vom Bruce Hwy über die Sams Rd und die Mackay-Slade Point Rd, 6,5 km nördlich von Mackay* 🏠 *Mulherin Dr, Mackay Harbour, QLD 4740* 📞 *07-4955-9400* 📧 *res@mackaymarinahotel.com* 💻 *www. mackayaccommodation.com.au* 🅿 *Ja* 🛜 *Ja* 💲 *Deluxe Studio ★★–★★★, Executive Queen ★★★, Executive King ★★★–★★★★*

🏠 The Shores Holiday Apartments

Apartmentanlage in einem ruhigen Vorort von Mackay. Das Resort liegt in einem tropischen Garten mit Pool und Zugang zum sechs Kilometer langen Sandstrand. Alle Wohnungen haben eine voll ausgestattete Küche und Platz für bis zu sechs Gäste. Wer länger als eine Nacht bleibt, erhält einen Rabatt.

🚗 *Vom Bruce Hwy über Mackay-Bucasia Rd, später rechts in die Eimeo Beach Rd und danach rechts in die Blacks Beach Rd. Am Ende der Straße rechts in den Pacific Dr, 17 km nördlich von Mackay.* 🏠 *9 Pacific Dr, Blacks Beach QLD 4740* 📞 *07-4954-9444* 💻 *www.theshores.com.au* 🅿 *Ja* 🛜 *Ja* 💲 *★★–★★★*

🏠 Quest Mackay

Vor allem bei Geschäftsleuten beliebtes, zentral gelegenes Apartmenthotel, daher sind die Preise am Wochenende günstiger als während der Woche. Alle Apartments haben eine Küche, außerdem gibt es einen Dachgarten sowie einen Pool. Die kleinen Studios eignen sich für maximal zwei Gäste. Die erheblich größeren 1- und 2-Bedroom-Apartments haben einen Balkon und Platz für bis zu drei bzw. fünf Gäste.

🚗 *Vom Bruce Hwy links auf die Gordon St, später links auf die Macalister St* 🏠 *38 Macalister St, Mackay QLD 4740* 📞 *07-4829-3500* 📧 *questmackay@ questapartments.com.au* 💻 *www.questapartments. com.au/properties/qld/mackay/quest-mackay* 🅿 *Ja* 🛜 *Ja* 💲 *★★–★★★★*

🏠 International Lodge

Neben dem Quest Hotel gelegenes, zweistöckiges Motel mit 20 Zimmern. Die Parkplätze liegen klassisch gleich vor den Zimmern. Ein Pool oder ein Restaurant sind nicht mit dabei, allerdings liegt das Motel sehr zentral, sodass man auch zu Fuß schnell ein Café oder das kostenlose Lagoon erreichen kann.

🚗 *Siehe Quest Mackay* 🏠 *40 Macalister St, Mackay QLD 4740* 📞 *07-4951-1022* 📧 *internationallodge@ bigpond.com* 💻 *www.internationallodge.com.au* 🅿 *Ja* 🛜 *Ja* 💲 *★★*

🏠 Gecko's Rest Budget Accommodation

Zentral gelegene Backpacker-Unterkunft mit 19 klimatisierten Zimmern für insgesamt 48 Gäste. Mit dabei ist eine Gemeinschaftsküche, ein Waschsalon, eine Dachterrasse mit BBQ sowie ein Gemeinschaftsraum mit Billardtisch. Alleinreisende können in Einzel-, 3er- oder 4er-Zimmern übernachten, außerdem gibt es zehn Zimmer mit Doppel- oder zwei Einzelbetten.

📍 Vom Bruce Hwy links auf die Gordon St, später links auf Sydney St 📧 34 Sydney St, Mackay QLD 4740 ☎ 07-4944-1230 @ info@geckosrest.com.au 🌐 www.geckosrest.com.au 🅿 Ja 🐾 Ja, kostenpflichtig 🐾 ★

🚐 **Mackay Blacks Beach Holiday Park**
Campingplatz am Strand mit an die 100 Stellplätzen und 13 Holzhäusern oder Villas, jeweils mit ein bzw. zwei Schlafzimmern und voll ausgestatteter Küche. Wer mit dem Zelt unterwegs ist, der kann vorne am Strand übernachten, muss allerdings das Fahrzeug ein Stück weiter hinten abstellen. Mit dabei sind eine Gemeinschaftsküche und ein Pool sowie eine Fünf-Meter-Leinwand für Sport- und Kinoabende.
📍 Vom Bruce Hwy über Mackay-Bucasia Rd, später rechts in Eimeo Beach Rd, danach rechts in die Blacks Beach Rd, und schließlich links in die Bourke St,16 km nördlich von Mackay 📧 16 Bourke St, Blacks Beach QLD 4740 ☎ 07-4954-9334 @ info@mbbhp.com.au 🌐 www.mackayblacksbeachholidaypark.com.au 🅿 Ja 🚐 87 🏕 12 🐾 Ja 🐾 Ja 🐾 Ja 💧 Wasser, Abwasser, Strom (15 Amp.) 🐾 Nein 🐾 $$$

Eine letzte Gelegenheit, die tropischen Regenwälder Australiens zu besuchen, haben Sie im Bergland von Mackay. Vor allem in den heißesten Monaten des Jahres kann man sich in den Bergen schön abkühlen, und nicht zuletzt haben Sie in dieser Gegend gute Chancen, Schnabeltiere (Platypus) in freier Wildbahn zu beobachten.

·······································

Ausflug in den Eungella National Park nach Eungella

*Im Süden von Mackay verlassen Sie den Bruce Highway (A1) und biegen bei **Ooralea** rechts auf den **Peak Downs Highway (Highway 70)** ab. Nach etwa sieben Kilometern geht es rechts auf die **Mackay-Eungella Road**. Sie durchqueren das weite Pioneer Valley und fahren vorbei an Mangopflanzungen, Zuckerrohrplantagen, zwei Zuckerfabriken und einer Reihe von kleineren Orten. Das Tal endet abrupt an einer Passstraße, die in vielen Schleifen steil den Talabschluss nach Eungella hinaufklettert. Mit jedem Höhenmeter wird der Wald dichter. Je nach Wetter taucht man unterwegs in die Wolken ein, und es besteht die Möglichkeit, dass die Berge über Tage hinweg nebelverhangen sind. Wenn Sie nach guten 77 Kilometern schließlich das Bergplateau bei Eungella auf etwa 800 Höhenmetern erreicht haben, biegen Sie links ab auf die **Eungella Dam Road**.*

🌲 **EUNGELLA NATIONAL PARK**
🅿 ℹ ✖ 🏛

👥	422	
◆	Abzweig Peak Downs Highway im Süden von Mackay	0 km
	Eungella	77 km
	Broken River	83 km
	Zurück zum Bruce Highway	166 km

In den Wäldern rund um Eungella verläuft die Grenze zwischen tropischem und subtropischen Regenwald, was zu einem besonderen Artenreichtum mit an die 860 Pflanzenarten geführt hat. Ein großer Teil des Parks, dessen Höhenlagen über 1.200 Meter hinaus reichen, ist unzugänglich.

Würgefeige im Regenwald

ℹ BROKEN RIVER INFORMATION CENTRE

Die Ranger Station liegt fünf Kilometer südwestlich der Ortschaft Eungella an der Eungella Dam Rd, die in Eungella nach Süden abzweigt (die Mackay-Eungella Road endet im Ort). Hier kann man sich mit Infos zu Wanderwegen in der Umgebung versorgen. Im Kiosk nebenan werden Eis, Getränke und Kaffee verkauft.

● Eungella Dam Rd, Eungella QLD 4757
⊕ www.nprsr.qld.gov.au/parks/eungella
◐ Mi.–So. 9:30–15:30 h

⊙ Orientieren

Die Ortschaft Eungella ist auf den ersten Blick kaum als solche zu erkennen, da die Häuser ungewohnt weit auseinander stehen. Sobald die Passstraße das Plateau erreicht, finden Sie direkt rechts an den Klippen den lokalen Campingplatz (Explorers Haven) an der North Street sowie das **Chalet** an der linken Seite der Klippen an der Chelmer Street, einem Abzweig der Eungella Dam Road. Ansonsten spielt sich alles im Nationalpark entlang der Eungella Dam Road ab, und auch das Visitor Centre finden Sie hier. Die Zufahrten zu den Wanderwegen in den Regenwald wie auch zur Platypus Aussichtsplattform am Broken River sind von der Straße aus ausgeschildert.

Ⓗ Anreise und Transport

Eine regelmäßige Busverbindung ist nicht vorhanden, man benötigt also einen Mietwagen oder sollte sich einer geführten Tour wie etwa von **Reeforest** aus **Mackay** (▶ Seite 143) anschließen, die immer mittwochs und sonntags um 11 Uhr ab Hotels in Mackay beginnen (weitere Termine auf Anfrage).

● P.O. Box 8373, Mt. Pleasant, Mackay QLD 4740
☎ 07-4959-8360 @ reeforest@matilda.net.au
⊕ www.reeforest.com.au ◐ $ 180 pro Person bei 2 gebuchten Personen

🛒 Versorgen und einkaufen

Noch im Tal, auf der Zufahrtsstraße nach Eungella finden sich eine Reihe von General Stores, wo Sie sich mit kalten Getränken und Eis versorgen können. Für einen größeren Einkauf lohnt es sich, vorher in Mackay vorzusorgen. Die Eungella am nächsten gelegene Tankstelle befindet sich noch im Tal bei Finch Hatton, das etwa 50 Kilometer vom Abzweig bei Ooralea liegt. Günstiger ist es, wenn man vorher in Mackay getankt hat.

✕ Essen und trinken

▶ Eungella Chalet

Auf der Terrasse des 1933 erbauten Chalets hat man die besten Aussichten, da das Restaurant/Hotel oberhalb der Passstraße liegt. Auf den Teller kommen Burger, Sandwiches und Steak sowie eine Reihe von glutenfreien Gerichten. Ein Besuch lohnt auch nur für Kaffee und Kuchen oder ein kühlendes Bier auf der Aussichtsterrasse.

● Oben links am Ende der Passstraße (Mackay-Eungella Rd) in Eungella ● 1 Chelmer St, Eungella QLD 4757
☎ 07-4958-4509 @ info@eungellachalet.com.au
⊕ www.eungellachalet.com.au ◐ Frühstück ab 8 h, Mittagessen 12–14 h, Abendessen 18–20 h, dazwischen Kaffee und Kuchen ◐ *–**

▶ Possums Table

Dieses Restaurant liegt im Broken River Mountain Resort, in Gehweite der Platypus-Aussichtsplattform. Das Possums Table Restaurant heißt nicht umsonst so: Hier finden sich gerne kleine Possums (vorwiegend nachtaktive, auf Bäumen lebende Beuteltiere mit Greifschwanz) ein, um von den Gästen gefüttert zu werden. Das Menü ist kurz gehalten und auf den australischen Geschmack abgestimmt, mit einigen Gerichten für Kinder. Jeden Samstagabend im Juli gibt es außerdem ein festliches Menü nach dem Motto »Christmas in July«.

● Eungella Dam Rd (ca. 5 km südlich von Eungella), Eungella QLD 4757 ☎ 07-4958-4000 @ enquiries@ brokenrivermr.com.au ⊕ www.brokenrivermr.com.au/ cuisine ◐ 7:30–9 h, 18:30–21 h, Bar ab 17 h für Drinks geöffnet ◐ Frühstück **, Abendessen ***

👁 Highlights

Um die schönsten Highlights des Eungella National Parks zu sehen, bedarf es keiner großen Anstrengung: Aussichtspunkte ins Tal und auf die Schnabeltiere liegen nur wenige Minuten von der Hauptstraße entfernt.

▶ Sky Window Lookout

Dieser Aussichtspunkt liegt nur 250 Meter vom Sky Window Parkplatz entfernt. Der Weg führt durch dichten Regenwald mit Palmen, Ingwerpflanzen, Baumfarnen und Epiphyten (in den Bäumen lebende Pflanzen, etwa Farne, Orchideen, Bromelien) zu einem Ausguck in Richtung Eungella (Ortschaft) sowie zu einem weiteren Aussichtspunkt in Richtung Pioneer Valley. Unterwegs erfährt man auf Infotafeln mehr zur Geschichte der Region und des Nationalparks.

● Eungella Dam Rd, kurz hinter dem Abzweig zur Diggings Rd (ausgeschildert)

Hier geht's zur Platypus Aussichtsplattform am Ufer des Broken River.

▶ Broken River mit Platypus-Beobachtung

Schnabeltiere *(Platypus)* gehören zu den kuriosesten Tieren Australiens: Sie sind eine uralte Art, die schon seit mindestens 20 Millionen Jahren existiert, und noch nahe mit den Reptilien verwandt ist. Schnabeltiere sind etwa 50 Zentimeter lange (mit Schwanz) Säugetiere und haben ein Fell und einen elektrosensitiven Schnabel, der beim Fischen nach kleinen Tieren hilft. Schnabeltiere leben in klaren Bächen oder Seen an der Ostküste Australiens etwa zwischen Cairns und Melbourne, aber auch in Neuguinea. Sie sind Einzelgänger und vorwiegend nachtaktiv. Der Broken River ist ein guter Platz, um die Tiere in freier Wildbahn zu beobachten, am besten früh morgens oder gegen Abend. Gute Beobachtungsplätze sind der Fußgängerweg unter der Broken River-Brücke sowie die in der Nähe gelegene *Viewing Platform* (Holzplattform), die vom Parkplatz am Broken River aus ausgeschildert ist.

📍 *5 km südlich von Eungella* 🚗 *Eungella Dam Rd, Eungella QLD 4757*

🌲🌲 Wandern

▶ Pine Grove Circuit

Wanderweg durch den Regenwald mit Aussichten ins Pioneer Valley. Zurück geht es denselben Weg oder entlang der wenig befahrenen Parkstraße.

🕐 *Ganzj.* 🔄 *Fern Flat* 🚗 *Eungella Dam Rd, Pine Grove Parkplatz am Ortsrand von Eungella* 🕐 *45 Min.–1 Std.* 🔄 *Leicht bis moderat* ↔ *1,6 km (Rundweg)*

▶ Granite Bend Circuit

Weitgehend ebener Rundwanderweg durch den Regenwald, vorbei an Livistona-Palmen (Fächerpalmen) und dem Broken River.

🕐 *Ganzj.* 🔄 *Fern Flat* 🚗 *Eungella Dam Rd, Parkplatz gegenüber der Ranger Station an der Picknickwiese (5 km von Eungella)* 🕐 *40–55 Min.* 🔄 *Leicht* ↔ *1,6 km (Rundweg)*

▶ Wishing Pool Circuit

Rundwanderweg durch den Regenwald mit vielen Palmen und Farnen sowie Aussichten auf den Broken River.

🕐 *Ganzj.* 🔄 *Fern Flat* 🚗 *Ca. 3 km südlich von Eungella über die Eungella Dam Rd, dann auf die Crediton Rd weitere 3 km bis zum kleinen Parkplatz* 🕐 *35–40 Min.* 🔄 *Leicht* ↔ *1,7 km (Rundweg)*

🛏 Übernachten

🏠 Eungella Chalet

Zum 1933 errichteten Chalet gehören zehn Cabins, die alle unterschiedlich ausgestattet sind, sowie eine Reihe von Hotelzimmern im Hauptgebäude. Die Hotelzimmer sind für maximal zwei Erwachsene geeignet, die Cabins haben ein oder zwei Schlafzimmer und eine Küche und sind auch für Familien passend. Einige der Cabins und Zimmer bieten Aussichten ins Tal. An das Chalet angeschlossen ist ein Restaurant, das den ganzen Tag geöffnet ist.

📍 *Oben links am Ende der Passstraße (Mackay-Eungella Rd) in Eungella* 🚗 *1 Chelmer St, Eungella QLD 4757* ☎ *07-4958-4509* ✉ *info@eungellachalet.com.au* 🌐 *www.eungellachalet.com.au* 🅿 *Ja* 🔌 *Nein* 🛏 *Hotelzimmer ∗, Cabins ∗∗*

Broken River Mountain Resort

Das Resort liegt am Ufer des Broken River, gegenüber der Ranger Station und in Gehweite der Platypus-Aussichtsplattform. Übernachtet wird in einer Reihe von Holzhäusern mit einem oder zwei Schlafzimmern, die im weitläufigen Garten verteilt sind. Alle Unterkünfte haben mindestens eine Mini-Küche sowie eine Heizung oder einen Holzofen für kalte Winternächte. Auf dem Gelände gibt es BBQs, einen Pool, einen Gemeinschaftsraum mit einer zentralen Feuerstelle sowie eine kleine Bücherei mit Bestimmungsbüchern und Gesellschaftsspielen. Ein Shuttlebus bringt Wanderer auf Wunsch zu Wanderwegen in der Umgebung, außerdem werden geführte Spaziergänge in den Regenwald angeboten. Zum Resort gehört das Possums Table Restaurant, das für Frühstück und Abendessen geöffnet ist.

Eungella Dam Rd, Eungella QLD 4757 07-4958-4000 enquiries@brokenrivermr.com.au www.brokenrivermr.com.au Ja Ja, kostenpflichtig ✱✱–✱✱✱

Fern Flat Camping Area

Der Nationalpark-Campingplatz liegt 400 Meter von der Broken River Ranger Station entfernt. Auf dem Platz gibt es Kompost-WCs. Wasser ist vorhanden, muss aber abgekocht werden. Picknicktische und BBQs befinden sich an der Ranger Station.

Eungella Dam Rd, Eungella QLD 4757 13-74-68 camping.support@nprsr.qld.gov.au (Nur für Anfragen, Reservierung per E-Mail nicht möglich) www.nprsr.qld.gov.au/parks/eungella/camping.html Ja (zwingend erforderlich) 8 Nein Nein Nein $

Nach Ihrem Besuch des Eungella National Park fahren Sie auf der Mackay-Eungella Road etwa 77 Kilometer wieder zurück zum Peak Downs Highway, der Sie nach weiteren sieben Kilometern zum Bruce Highway (A1) zurück bringt. Diesem folgen Sie nun weiter gen Süden.

Ende des Ausflugs

Wedelpalme auf dem Wishing Pool Circuit Sky Window Lookout

Whitsunday Islands National Park
Whitsunday Island
Hill Inlet

Whitehaven Beach

VON MACKAY NACH MARYBOROUGH

Von Mackay nach Maryborough

Nach etwa 30 Kilometern auf dem Bruce Highway (A1) erreichen Sie die Stadt Sarina.

🏛 SARINA UND SARINA BEACH
🅿 ℹ ➕ ✖ 🚗 📅

👪	5.730	
	Mackay	37 km
	Rockhampton	299 km

Sarina bildet den letzten Stopp im tropischen Norden Australiens, bevor es über 300 einsame Kilometer durch trockene Outbacklandschaft in Richtung Rockhampton geht, das am südlichen Wendekreis (engl.: *Tropic of Capricorn*) liegt. Rund um Sarina erstrecken sich kilometerweite Zuckerrohrfelder, eine Zuckerfabrik dominiert das Stadtzentrum. An der Küste liegt die Nachbargemeinde Sarina Beach, etwa 14 km vom Zentrum Sarinas entfernt.

ℹ SARINA TOURIST ART & CRAFT CENTRE
📧 *Railway Square, Bruce Highway, Sarina QLD 4737*
☎ *07-4956-2251* @ *sarinainfo@mackay.net.au*
🌐 *www.mackayregion.com* 🕐 *Tägl. 9–17 h*

✈ Orientieren

Der Bruce Highway (A1) führt von Nord nach Süden mitten durch Sarina und heißt im Ortsbereich **Broad Street**. Alles Wichtige liegt direkt an der Straße – die Greyhound-Haltestelle, der Woolworths Supermarkt, Cafés und Fast Food und schließlich die Zuckerfabrik mit Museum, daran angeschlossen die Visitor Info. Sarina Beach erreicht man nach 14 Kilometern ab Sarina über die nach Osten abzweigende Sarina Beach Road.

Ⓗ Anreise und Transport

Die Greyhound-Busse halten in Sarina an der BP Tankstelle, Ecke Broad Street und Venton Street. Die Stadt wird außerdem von Queensland Rail angefahren. Der nächste Flughafen befindet sich in Mackay.

🛒 Versorgen und einkaufen

Ein IGA Supermarkt befindet sich direkt am Beginn der Sarina Beach Road, ein Woolworths an der Ecke Broad Street/East Street.

✖ Essen und trinken

▶ Palms Restaurant & Cocktail Bar
Versteckt gelegenes Restaurant am Ende einer Sackgasse, nur Meter vom Strand von Sarina Beach entfernt, mit einer Bar, einem klimatisierten Gastzimmer und einer überdachten Terrasse. Auf dem Menü stehen Austern, Seafood und Steak.
📍 *In Sarina Beach links auf Owen Jenkins Dr*
📧 *44 Owen Jenkins Dr, Sarina Beach QLD 4737*
☎ *07-4956-6266* @ *admin@sarinabeachmotel.com.au*
🌐 *www.sarinabeachmotel.com/restaurant*
🕐 *Tägl. ab 17 h* ⭐ *★★★*

👁 Highlights

▶ Sugar Shed
Wer sich für die süße Industrie interessiert: Im **Sugar Shed** wird an einem funktionsfähigem Miniaturmodell erklärt, wie der Zuckeranbau und die Verarbeitung bis hin zur Rum-Destillerie funktioniert.
📧 *Railway Sq (am Hwy 1A), Sarina QLD 4737*
☎ *07-4943-2801* @ *info@sarinasugarshed.com.au*
🌐 *www.sarinasugarshed.com.au* 🕐 *Einstündige Touren tägl. 9:30, 11, 12:30 & 14 h* 💲 *Erw. $ 22, Kinder $ 12*

▶ Sarina Beach
Der vorgelagerte Strandort **Sarina Beach** bietet eine letzte Gelegenheit für einen Strandbesuch im tropischen Norden von Queensland. Der 1,5 Kilometer lange Sandstrand ist mit Kokospalmen und den kiefernähnlichen *Coastal She-Oaks* (Kasuarinen) bewachsen. Bei Ebbe zieht sich das Wasser weit zurück, und Spaziergänger

Morgenstimmung
in Sarina Beach

haben den Strand oft für sich allein. Von Oktober bis März wird Sarina Beach von **Schildkröten** als Brutplatz benutzt, die allerdings nur nachts an den Strand kommen (und auch nicht jede Nacht – manchmal muss man einfach Geduld und Glück haben). Der Strand wird an der Südseite von einem Hügel begrenzt, der weite Aussichten auf die Bucht von Sarina (Sarina Inlet) und die umliegenden Berge bietet.

🛏 Übernachten

🏠 Sarina Beach Motel
Zweistöckiges Hotel mit Meerblick, sehr ruhig gelegen am Ende einer Sackgasse. Das Palms Restaurant liegt auf der anderen Straßenseite und kann Frühstück aufs Zimmer liefern.
🏠 Am Ende der Sarina Beach Rd links über die Esplanade zum Owen Jenkins Dr 🔵 44 Owen Jenkins Dr, Sarina Beach QLD 4737 ☎ 07-4956-6266 ✉ admin@sarinabeachmotel.com.au 🌐 www.sarina beachmotel.com.au 🅿 Ja 🔵 Ja ❌ ★★

🏠 Sarina Beach Fernandos Hideaway B&B
Auf einem Hügel hoch über Sarina Beach gelegenes B&B mit Meerblick. Im B&B finden sich originelle Souvenirs, darunter eine komplette Ritterrüstung.
🏠 Am Ende der Sarina Beach Rd rechts auf den Captain Blackwood Dr 🔵 26 Captain Blackwood Dr, Sarina Beach QLD 4737 ☎ 07-4956-6299

✉ bookings@sarinabeachbb.com 🌐 www.sarina beachbb.com 🅿 Ja 🔵 Nein ❌ ★★

🛖 Sarina Palms Caravan Village
Im Ortszentrum von Sarina gelegener Campingplatz mit Palmen und anderen schattenspendenden Bäumen, mit überdachten BBQs und Picknicktischen. Alle Stellplätze haben Strom und sind auch für Zelte geeignet. Neben den Stellplätzen gibt es noch Cabins in drei verschiedenen Komfortklassen.
🏠 Im Ortszentrum Sarina rechts vom Bruce Hwy (A1) auf die Anzac St 🔵 31 Anzac St, Sarina QLD 4737 ☎ 07-4956-1892 ✉ info@sarinapalms.com.au 🌐 www.sarinapalms.com.au 🔵 Ja 🔵 40 🔵 Ja 🔵 Ja 🔵 Nein 🔵 Wasser, Abwasser, Strom (15 Amp.) 🔵 Nein ❌ $$, Cabins ★

Die Strecke von Sarina nach Rockhampton ist eine der anstrengendsten der ganzen Route – und das, obwohl sie weitgehend geradeaus geht. Die Route zieht sich über rund 300 Kilometer mit wenig Abwechslung durch eine vor allem zwischen Juli und Dezember sehr trockene Landschaft. Neben vereinzelten Eukalyptusbäumen und unzähligen Rindern kommt nur selten ein Haus in Sicht. Unterwegs gibt es kaum ein Ort, an dem man für eine Pause anhalten mochte. Daher lohnt es sich, die Strecke weitestgehend in einem Rutsch zu fahren. Eine Übernachtungsmöglichkeit und ein kleines Highlight werden unterwegs allerdings geboten:

155

FLAGGY ROCK COMMUNITY CENTRE

Der einzige Campingplatz zwischen Sarina und dem Großraum Rockhampton, den man guten Gewissens empfehlen kann, liegt etwa 73 Kilometer südlich von Sarina und 230 Kilometer nördlich von Rockhampton. Vom Abzweig nach Flaggy Rock geht es nach links eine Straße den Berg hinauf. Am Community Centre befindet sich eine weitläufige Wiese (Stellplätze sind nicht markiert) mit Picknickplätzen, dem städtischen Freibad und einem Duschblock. Eine Reservierung ist nicht notwendig.

📧 Flaggy Rock Rd, Carmila QLD 4739
🌐 www.flaggyrock.com 🔵 Nein 🔵 Ja 🔵 Nein
🔵 Nein 🔵 $

ren sind auf Anfrage möglich und müssen vorgebucht werden.

📍 Am Bruce Hwy, 29 km nördlich von Rockhampton, Zufahrt über Barmoya Rd 📧 30 Olsen Caves Rd, The Caves QLD 4702 ☎ 07-4934-2883 📧 admin@capricorncaves.com.au 🌐 www.capricorncaves.com.au 🕐 Touren täglich zu jeder vollen Stunde von 9–16 h 💲 Erw. ab $ 32, Kinder ab $ 16

🛏 Übernachten

🏕 Capricorn Caves Tourist Park

Im Wald gelegener Campingplatz mit wilden Kängurus, nicht weit von den Capricorn Caves entfernt, mit BBQs, Pool, Waschsalon und Restaurant. Neben den Stellplätzen gibt es Cabins in drei Ausführungen für bis zu fünf Gäste, jeweils mit Küche und Bad.

📧 30 Olsen Caves Rd, The Caves QLD 4702

Trockenes Bushland bei Flaggy Rock, zwischen Sarina und Rockhampton

Der nächste Stopp am Bruce Highway (A1) ist das Höhlensystem der **Capricorn Caves** *(Abzweig im Ort The Caves), die 280 Kilometer südlich von Sarina liegen, und damit bereits im nördlichen Außenbereich von Rockhampton.*

☎ 07-4934-2883 📧 admin@capricorncaves.com.au
🌐 www.capricorncaves.com.au 🔵 Ja 🔵 12 🔵 12
🔵 Nein 🔵 Ja 🔵 Ja 🔵 Wasser, Strom (15 Amp.), TV
🔵 Nein 🔵 $$$, Cabins ✶✶

🏛 Henderson Park Farm Retreat

Eine gute Gelegenheit, um eine richtige Rinderfarm (Cattle Station) mit 1.200 Rindern und umso mehr Kängurus zu erleben, bietet sich bei einer Übernachtung auf dieser Farm. Vermietet werden zwei gemütliche Cabins, die an einem Bach liegen, sowie vier Zimmer in der weitläufigen Headlow Lodge.

📍 Von den **Caves** der Barmoya Rd 4,5 km folgen, dann rechts auf E Barmoya Rd, am Ende links, insgesamt 19 km östlich von The Caves 📧 Henderson Park, 88 C H Barretts Rd, Barmoya QLD 4703 ☎ 07-4934-2794 📧 info@hendersonpark.com.au 🌐 www.hendersonpark.com.au 🔵 Ja 🔵 Nein 🔵 ✶✶–✶✶✶

🌲 CAPRICORN CAVES ⊠ 🏛

Die ganzjährig angenehm temperierten Höhlen wurden 1882 vom Norweger John Olsen entdeckt. Die Höhlen lassen sich auf ein 390 Millionen Jahre altes Korallenriff zurückführen und können nur auf einer geführten Tour erkundet werden. Die Standardtour dauert eine Stunde und führt durch eine Reihe von Tropfsteinhöhlen zur **Cathedral Cave**, die aufgrund ihrer guten akustischen Eigenschaften auch für Musikveranstaltungen genutzt wird. Längere Tou-

Die letzten 30 Kilometer geht es von The Caves schnurstracks über den Bruce Highway (A1) nach Rockhampton.

ROCKHAMPTON

👥	61.724	
☀	28 °C	
❄	16 °C	
〰	10 m	
	Sarina	299 km
	Gladstone	109 km

Nach der langen Fahrt durchs Outback, vorbei an Tausenden von Rindern, ist es kaum verwunderlich zu hören, dass Rockhampton als »Rinderhauptstadt« Australiens gilt (der Name Rockhampton wird übrigens auf der 2. Silbe betont). Wer sich also für ein gutes Steak begeistern kann, der hat in »Rocky« (so nennen viele Australier die Stadt) einiges an Auswahl. Zu einer Rinderfarm (Cattle Station) gehören auch die Cowboys oder Stockmen, die sich natürlich nicht ohne das passende Zubehör aufs Pferd setzen können. Daher finden sich in Rockhampton viele Geschäfte für Reitzubehör; einige davon werden Sie auf dem Weg durch die Stadt rechts und links der Straße sehen.

Rinderverladung am Stadtrand von Rockhampton

In den drei Blocks zwischen der **Quay Street** am Fitzroy River und der East Street finden sich eine Reihe von sehenswerten Gebäuden, die noch aus Rockhampton's Goldrauschzeit zwischen 1880 und 1900 stammen. Die Stadt ist allerdings noch ein bisschen älter, sie wurde bereits 1858 gegründet, da es hier Weiden für Rinder und einen Fluss (den Fitzroy River) mit genügend Frischwasser für die Tiere gab. Als im Jahr 1882 Gold im 35 Kilometer entfernten Mount Morgan gefunden wurde, wurde ein Teil der Reichtümer in der Umgebung rund um die Quay Street verbaut.

Im Visitor Centre kann man sich mit einer Karte für einen Spaziergang zu den interessantesten Gebäuden versorgen. Wer weniger Zeit hat, der geht oder fährt einfach die Quay Street entlang, wo sich das Zollgebäude (Customs House), das Gericht (Supreme Court) sowie verschiedene historische Hotels befinden.

THE SPIRE VISITOR INFORMATION CENTRE ROCKHAMPTON

Das im südlichen Teil von Rockhampton gelegene Besucherzentrum ist selbst eine Sehenswürdigkeit: Gleich vor der Tür steht das Denkmal »The Spire«, das auf die Lage Rockhamptons am südlichen Wendekreis hinweist, der auf Englisch Tropic of Capricorn heißt, also Wendekreis des Steinbocks. Hier enden die Tropen und beginnen die Subtropen, mit im Winter zumeist kühleren Temperaturen und insgesamt weniger Niederschlag als im Norden des Landes. Das Visitor Centre ist gut mit Infos zu Ausflügen in der Umgebung und Karten zu National Parks der Region ausgestattet. Nebenan befindet sich der schattige Curtis Park mit Picknicktischen.

176 Gladstone Rd (Hwy 1A), Rockhampton QLD 4700 07-4921-2311 info@capricorntourism.com.au www.capricornholidays.com.au/destinations/rockhampton Tägl. 9–17 h

Orientieren

Der gesamte Stadtbereich von Rockhampton erstreckt sich vom Norden bei Gleenlee über knapp 20 Kilometer bis nach Fairy Bower im Süden. Der Bruce Highway (A1) führt mitten durch die Stadt, macht allerdings eine Reihe von gut ausgeschilderten Schlenkern. Am Vorort Gleenlee wird der Highway in **Yaamba Road** umbenannt und führt vorbei am Rockhampton Heritage Village, am Dreamtime Cultural Centre und am nördlichen Abzweig der Umgehungsstraße nach Yeppoon, der Yeppoon Road

157

(Highway 10) an der Central Queensland University (CQU).

Sie folgen der Yaamba Road in Richtung Rockhampton Zentrum, bis Sie das große Stockland Einkaufszentrum im Ortsteil Park Avenue erreichen. Hier biegt der Highway nach rechts (Richtung Westen) ab auf die **Moores Creek Road**, die den weiten Fitzroy River überquert. Nun haben Sie das historische Zentrum Rockhamptons erreicht. Zur Quay Street geht es gleich links hinter der Brücke. Wenn Sie weiter geradeaus fahren, bleiben Sie auf dem Bruce Highway (A1), der hier **Albert Street** heißt, und nach einigen Blocks links in die **George Street** (nach Süden) abbiegt. Die George Street führt an der Westseite des Stadtzentrums vorbei. Von hier aus ist über die Fitzroy Street in nordöstliche Richtung der südliche Teil der Umgehungsstraße (Rockhampton-Emu Park Road) nach Yeppoon (Highway 10) erreichbar.

Der Bruce Highway (A1) biegt am wenig bemerkenswerten Central Park schräg rechts in die **Gladstone Road** ab. Nun haben Sie auch das Visitor Centre und The Spire erreicht, ein Denkmal, das den südlichen Wendekreis markiert. Danach geht es ortsauswärts weiter in Richtung Süden.

Ⓗ Anreise und Transport

Rockhampton hat einen Inlandsflughafen, wird von Queensland Rail angefahren und ist ein Haltepunkt auf der Cairns-Brisbane-Route der Greyhound-Busse. Die Haltestelle befindet sich am Coach Terminal, Ecke George Street (Bruce Highway) und Fitzroy Street im Stadtzentrum.

🛒 Versorgen und einkaufen

Das Stockland-Einkaufszentrum mit den Supermärkten Coles und Woolworths, einem Big W Warenhaus, einem Medical Centre, Outdoor-Mode, Kinos und Fast Food (◉ 9–17:30 h) findet sich auf der ◷ 120–331 Yaamba Road (Kreuzung Moores Creek Road/Bruce Highway) auf der Zufahrt zur Stadtmitte.

✗ Essen und trinken

▶ Ascot Stonegrill

Das Ascot gehört zu den Oberklasse-Steakhäusern der Stadt; hier wird das Beste vom Rind auf einem heißen Vulkanstein serviert. Auf dem Menü stehen auch australische Highlights wie Känguru, Krokodil und Seafood.

🔆 *Am Stockland Shopping Center von der Yaamba Rd (Bruce Hwy) geradeaus in die Musgrave St* ☎ *177 Musgrave St, Rockhampton QLD 4701* 🖨 *07-4922-4719* @ *info@ascothotel.com.au* 🌐 *www.ascothotel.com.au* 🕐 *Mo.–Sa. 10–22 h, So. 10–14 h* 💰 *★★★*

▶ Great Western Steak House

Eine gute Gelegenheit, um ein Steak zu essen und sich gleichzeitig ein Rodeo anzuschauen, bietet sich im Great Western, das zu den fotogensten historischen Pubs der Stadt gehört. Nach eigenen Angaben hat das 1862 eröffnete Steak House eine der größten Indoor-Arenen Australiens. Rodeoveranstaltungen finden zumeist am Mittwoch und Freitag statt, entweder als Übung oder als Veranstaltung in der australischen Rodeoliga. Genaue Termine finden sich auf der Webseite.

🔆 *Von der Gladston Rd (Bruce Hwy) am Südende des Stadtzentrums links in die Stanley St* ☎ *39 Stanley St, Rockhampton QLD 4700* 🖨 *07-4922-1862* @ *manager@greatwesternhotel.com.au* 🌐 *www.greatwesternhotel.com.au* 🕐 *Mo.–Do. 10–0 h, Fr.–Sa. 10–3 h, So. 11–0 h* 💰 *Mittags ★–★★, abends ★★–★★★, Rodeo: Erw. $ 15, Kinder $ 10*

▶ Punjabi Indian Tandoori Restaurant

Das Restaurant liegt im Stadtzentrum, direkt hinter der Quay Street, und hat sich auf Spezialitäten aus dem Tandoori-Ofen konzentriert, außerdem gibt es viele Gerichte für Vegetarier.

🔆 *Links ab von der Albert St (Bruce Hwy) und weiter ab dem Bruce Hwy bis zur Fitzroy St, dieser nach Norden folgen bis zur East St* ☎ *137 East St, Rockhampton QLD 4701* 🖨 *07-4921-2990* 🌐 *www.punjabiindiantandoori.com.au* 🕐 *Tägl. 11–14:30 h, abends 17–21:30 h, Laden: 11–21:30 h* 💰 *Mittags ★, abends ★★*

👁 Highlights

▶ Rockhampton Heritage Village

In diesem Freilichtmuseum erfahren Sie mehr über das Leben in der Zeit von 1850 bis 1950. Zu sehen ist eine richtige kleine Stadt mit Wohnhäusern, Krankenhaus, Kirche, Schmiedewerkstatt, einer Feuerwehr mitsamt Einsatzfahrzeugen sowie einem General Store, der heute als Café dient.

🔆 *Am Ortseingang von Rockhampton auf der linken Seite (ausgeschildert vom Bruce Hwy)* ☎ *296 Boundary Rd, Parkhurst QLD 4702* 🖨 *07-4936-8688* @ *rhv@rrc.qld.gov.au* 🌐 *www.rockhamptonregion.qld.gov.au/FacilitiesRecreation/Heritage-Village* 🕐 *Tägl. 9–18 h* 💰 *Erw. $ 14,50, Kinder $ 11,50*

Historische Straßen-
front an der Quay Street

▶ Dreamtime Cultural Centre

Das Aboriginal Centre liegt schräg gegenüber vom Heritage Village. Hier erfahren Sie
mehr über das traditionelle Leben der Ureinwohner aus Zentral-Queensland und der
Torres Strait (nördlich von Cairns zwischen
Australien und Neuguinea). Außerdem werden verschiedene einheimische Pflanzen
und ihre Nutzung durch die Aboriginals vor-
geführt. Sie können den zwölf Hektar großen Park im Rahmen einer anderthalbstündigen, geführten Tour (◔ Mo.–Fr. 10:30 h)
oder im Alleingang erkunden.
🚗 *Am Ortseingang von Rockhampton (Bruce Hwy)
auf der rechten Seite, man kommt automatisch daran
vorbei.* 🏠 *Bruce Hwy, Parkhurst QLD 4701*
☎ *07-4936-1655* 🌐 *www.dreamtimecentre.com.au*
◔ *Mo.–Fr. 9–15:30 h* 💲 *Erw. $ 15,50, Kinder $ 7,50*

▶ Rockhampton Botanic Gardens mit Rockhampton Zoo ★

Rockhampton hat einen ausgedehnten Botanischen Garten, der als grüne Oase dient
in einer Stadt, die über viele Monate im Jahr
kaum Regen bekommt. Der Park ist groß genug, dass man mit dem Auto hineinfahren
darf, und wurde im späten 19. Jahrhundert
angelegt, um zu testen, welche Pflanzen
sich für den Anbau in diesem Klima eignen.
Heute gehören der japanische Garten und
der Palmengarten zu den Highlights sowie
ein kostenloser Zoo mit Wombats, Koalas
und Krokodilen.
🚗 *Von The Spire und dem Visitor Centre an der
Gladstone Rd (Bruce Hwy) Richtung Westen in die
Ferguson St, rechts in die Dawson St, dann direkt
wieder links in die Spencer St. Dieser bis zum Ende
folgen.* 🏠 *Spencer St, Rockhampton QLD 4700*

🌐 *www.rockhamptonregion.qld.gov.au/Facilities-and-
Recreation/Rockhampton-Zoo* ◔ *Botanischer Garten:
ganzj., Zoo: tägl. 8–16:30 h* 💲 *Frei*

▶ Mount Archer National Park

Hoch über Rockhampton liegt der Aussichtsberg **Mount Archer** (604 m), der
höchste Gipfel der fantasievoll benannten
Berserker Range. Der Gipfel ist direkt mit
dem Auto zu erreichen und mit Picknicktischen und BBQs ausgestattet. Unterwegs
können Sie an mehreren Aussichtspunkten anhalten. Im Nationalpark, der vorwiegend mit lichtem Eukalyptuswald und mit
einigen Regenwaldresten bewachsen ist,
kann man oft schwarze Kakadus sehen
und mit ein bisschen Glück morgens und
abends auch Rock Wallabys. Camping ist
nicht erlaubt.
🚗 *Am Ortseingang südlich vom Rockhampton
Heritage Village vom Bruce Hwy links auf Hwy 10
(Yeppoon Rd), nach 800 m rechts auf Norman Rd,
nach 3,6 km (kurz nach Überqueren des Moores
Creek) im Kreisverkehr die Erste links auf Frenchville
Rd, nach 3 km rechts auf Pilbeam Dr.*

🥾🌲🌲 Wandern

Alle Wanderungen starten auf dem Gipfel
des Mount Archer.

▶ Walking Track Circuit

500 Meter Rundkurs zu zwei Aussichtspunkten, nach Westen auf Rockhampton
sowie nach Osten bis hin zur 30 Kilometer
entfernten Pazifikküste.
◔ *Ganzj.* 🅿 *Am WC-Block auf dem Gipfel* ◔ *20 Min.*
📊 *Leicht* 📏 *500 m (Rundweg)*

159

► Bracken Fern Way

Von der Südseite des Picknickplatzes führt ein Wanderweg zum **Grasstree Lookout**, mit Aussichten in Richtung Osten zu den drei Gipfeln von Mount Badger, Sleipner und Berserker. Zurück geht es, wie Sie gekommen sind.

Ⓒ Ganzj. Ⓟ Picknickplatz auf dem Gipfel Ⓒ 45 Min. Ⓢ Leicht Ⓢ 1,4 km

► Zamia Walk

Wer möchte, der kann auch den gesamten Mount Archer über einen Wanderweg erkunden. Hierbei sollte man zwei Autos unterwegs sein – das eine Auto parkt am Gipfel, das andere am unteren Parkeingang an der German Street. Der relativ schwierige Weg führt über vierzehn Kilometer den Berg hinunter und empfiehlt sich nur für Geübte.

Ⓒ Ganzj. Ⓢ Auf dem Gipfel Ⓒ 5 Std. Ⓢ Schwierig Ⓢ 14 km

🛏 Übernachten

Rockhampton liegt etwa 30 Kilometer von der Küste entfernt. Das macht sich vor allem im Sommer bemerkbar, wenn die Temperaturen tagsüber die 35-Grad-Grenze übersteigen können. Sollten Sie mit dem Wohnmobil unterwegs sein, macht es daher Sinn, die 30 Kilometer über die Nebenstrecke (►Seite 161) nach Yeppoon oder Emu Park zu fahren und dort zu übernachten. Aber auch in Rockhampton und Umgebung gibt es einige interessante Unterkünfte:

🏨 Denison Boutique Hotel ★

Eines der schönsten Hotels in Queensland – zwar nicht mit Meerblick, dafür mit edlen Zimmern mit Whirlpool und Himmelbett. Alle Zimmer liegen im ehemaligen Zollgebäude aus dem Jahr 1885 und haben sich den Flair der alten Zeit erhalten, ohne dabei beim Luxus Abstriche zu machen. Frühstück ist im Preis inbegriffen. Wer mit dem Zug oder vom Flughafen kommt, kann sich von einem 1938er-Rolls-Royce abholen lassen.

Ⓣ Von der Albert St (Hwy A1) 600 m nach dem Central Park links auf Stanley Street, nach 850 m links auf Denison St Ⓢ 233 Denison St, Rockhampton QLD 4700 Ⓣ 07-4923-7378 Ⓐ contact@denisonhotel.com.au Ⓦ www.denisonhotel.com.au Ⓟ Ja Ⓢ Ja Ⓢ ★★

🏨 Citywalk Motel

Zweistöckiges Motel mit Parkplätzen direkt vor der Tür. Moderne Zimmer mit gemütlichen Betten und Mini-Küche.

Ⓣ Vom Bruce Hwy links auf die William St, 750 m bis zur historischen Quay St Ⓢ 129 William St, Rockhampton QLD 4700 Ⓣ 07-4922-6009 Ⓐ stay@citywalkmotorinn.com.au Ⓦ www.citywalkmotorinn.com.au Ⓟ Ja Ⓢ Ja Ⓢ ★−★★

Stilvoll übernachten in Rockhampton

🏨 Rockhampton YHA

In einem Wohngebiet etwa zwei Kilometer nördlich des Stadtzentrums gelegenes Hostel mit klimatisierten Doppel-, 4er-, 6er- und 8er-Zimmern. Für alleinreisende Frauen gibt es separate 4er-Zimmer. Die Greyhound-Haltestelle liegt etwa 2,5 Kilometer entfernt; zwischen 6:15 und 19:45 Uhr kann man sich von einem kostenlosen Shuttlebus abholen lassen.

Ⓣ Am Stockland Shopping Centre von der Yaamba Rd (Bruce Hwy) geradeaus in die Musgrave St, später links in die Macfarlane St Ⓢ 60 MacFarlane St, North Rockhampton QLD 4701 Ⓣ 07-4927-5288 Ⓐ rockhampton@yha.com.au Ⓦ www.yha.com.au/Hostels/QLD/Fraser-Capricorn-Coasts/Rockhampton Ⓟ Ja Ⓢ Ja (kostenloser Hotspot an der Rezeption) Ⓢ ★

🏕 Discovery Holiday Parks Rockhampton 👪

Familienfreundlicher Campingplatz mit Pool, Fitnessstudio und Tennisplatz sowie einem Games Room mit Xbox, Tischtennis, TV und Baby-Spielecke. Alle Plätze haben Strom und sind auch für Zelte geeignet. Für Reisende, die Cabins bevorzugen, gibt es eine Reihe von Ausführungen, vom einfachen Studio mit Mini-Küche für zwei Personen bis hin zu Ferienhäusern für bis zu acht Personen.

Ⓣ Am Bruce Hwy, 4,5 km nördlich des Stadtzentrums Ⓢ 394 Yaamba Rd (Bruce Hwy), Rockhampton QLD 4701 Ⓣ 07-4926-3822 Ⓦ www.discoveryholidayparks.com.au/qld/capricorn/rockhampton/info Ⓟ Ja Ⓢ 84 Ⓢ Ja Ⓢ Ja Ⓢ Ja Ⓦ Wasser, Abwasser, Strom (15 Amp.) Ⓟ Ja Ⓢ $$$, Cabins ★−★★★

Nebenstrecke an die Capricorn Coast nach Yeppoon und nach Emu Park

*Ein lohnenswerter Abstecher an die Küste der Capricorn Coast bietet sich ab dem nördlichen Ortseingang von Rockhampton. Der **Highway 10** (**Yeppoon Road**, später: **Scenic Highway**) zweigt kurz hinter dem Heritage Village und dem Dreamtime Centre in Richtung Küste ab. Die Nebenstrecke macht nur Sinn, wenn Sie einen vollen Tag zur Verfügung haben, da es entlang der Capricorn Coast so einiges zu erkunden gibt. Die Strecke führt südlich des Stadtzentrums von Rockhampton wieder auf die Hauptroute (Bruce Highway/Highway A1).*

Der Highway 10 schlängelt sich Richtung Küste, die nach etwa 30 Kilometern erreicht ist – ebenso wie die Stadt Yeppoon.

 YEPPOON 🏘️🛈➕❌🔄🏛️

👪	13.285
☀️	26 °C
❄️	18 °C
🌊	6 m
Rockhampton	37 km
Emu Park	20 km

Der 13.000-Seelen-Ort Yeppoon ist das touristische Zentrum der passend zum südlichen Wendekreis benannten **Capricorn Coast**. Hier gibt es alles, was man sich von einem Strandort erwartet: Geschäfte und Hotels für jedes Budget, Restaurants mit Meerblick, lange Strände und sehenswerte Inseln. Die 18 Inseln der **Great Keppel Islands** verteilen sich vor der Küste zwischen Yeppoon und Emu Park und sind von der **Keppel Bay Marina** südlich von Yeppoon aus erreichbar. Einheimische wie auch Touristen schätzen an diesem Küstenabschnitt besonders, dass es ganzjährig keine Quallen gibt (anders als weiter im Norden), ebenso wenig gibt es die gefährlichen weißen Haie, die man eher weiter im Süden antrifft. Nicht zuletzt hat das Meer bei schönem Wetter zumeist die Farbe, die man sich für seine Urlaubsfotos wünscht: Türkisblau.

🛈 YEPPOON VISITOR INFORMATION CENTRE

📍 *Ross Creek Roundabout, Scenic Highway, Yeppoon QLD 4703* ☎ *07-4939-4888* 📧 *yeppoon@ capricorntourism.com.au* 🌐 *www.capricornholidays. com.au/destinations/yeppoon* 🕐 *Tägl. 9–17 h*

⊙ Orientieren

Der Küstenort Yeppoon liegt nördlich des aus Rockhampton kommenden Highway 10 (Yeppoon Road). Der **erste** Kreisverkehr in Yeppoon führt nach links auf die Tanby Road, die Sie direkt zum großen Shopping Center Yeppoon Central bringt. Wenn Sie alternativ dem Highway 10 zum **zweiten** Kreisverkehr folgen, dem **Ross Creek Roundabout**, und nun links auf den Appleton Drive fahren, erreichen Sie automatisch die Strandpromenade von Yeppoon, die Anzac Parade. Hier finden sich eine Reihe von Restaurants und Cafés, ebenso wie an der Normanby/James Street, die am Surfclub bergauf von der Anzac Parade abzweigt. Folgen Sie dem Ross Creek Roundabout nach rechts, bleiben Sie auf dem Highway 10, der nun **Scenic Highway** heißt und vorbei an die Keppel Bay Marina bis nach Emu Park führt.

Blick auf die südlichen Vororte von Yeppoon vom Wreck Point Lookout

Anreise und Transport

Greyhound hat eine Haltestelle in Rockhampton. Von dort aus geht es weiter mit dem lokalen Bus, etwa mit Young's Bus, der die Küste von Yeppoon bis nach Emu Park abfährt (www.youngsbus service.com.au).

Versorgen und einkaufen

An der Park Street am Rand des Stadtzentrums finden Sie das große Yeppoon Central Shopping Centre mit einem Woolworths Supermarkt und einem BIG W Warenhaus (42 Park St, Yeppoon QLD 4703).

Essen und trinken

Die Mehrheit der Restaurants liegt entlang der Strandpromenade, der Anzac Parade, sowie an der James Street, die am nördlichen Ende der Promenade via Normanby Street abzweigt.

Rekordverdächtiger Burger in Yeppoon

▶ The Clubhouse/Keppel Bay Sailing Club

Auf dem Strand gelegenes Clubhaus des lokalen Segelvereins mit großem, überdachtem Holzdeck und Aussichten aufs Meer und die **Keppel Bay Islands**. Auf dem Menü stehen Seafood, Salate, Steaks, Pizza und Tapas. Am Wochenende auch fürs Frühstück geöffnet.
Vom zweiten Kreisverkehr in Yeppoon links auf den Appleton Dr, der in die Anzac Pde mündet ☺ Anzac Parade, Yeppoon QLD 4703 ☎ 07-4939-9500 www.kbsc.com.au ☺ So.–Do. 8:30–20:30 h, Fr. & Sa. bis 21 h ☺ Frühstück *, mittags & abends **–***

▶ Thai Tanee Yeppoon

In Gehweite vom Strand gelegener Thailänder mit Riesenauswahl, darunter über ein Dutzend Gerichte für Vegetarier.
Vom zweiten Kreisverkehr in Yeppon links auf den Appleton Dr, der in die Anzac Pde mündet, danach die zweite links in die James St ☺ 28 James St, Yeppoon QLD 4703 ☎ 07-4939-1173 www.thaitaneerestaurant. com.au ☺ Tägl. 11–14:30 h, 17–20:30 h ☺ **

▶ Yogolicious Gluten-free Cafe

Kleines Café nicht weit vom Strand, mit klimatisiertem Gastraum und Terrasse mit Gartenmöbeln. Auf der Karte finden sich Burger, Sandwiches, guter Kaffee, Milchshakes, Kuchen und Smoothies. Vom dicken YoBurger kann man gut zu zweit satt werden.
Wie Thai Tanee Yeppoon ☺ 13 James St, Yeppoon QLD 4703 ☎ 07-4930-2626 www.facebook.com/ Yogolicious ☺ Tägl. 7–15:30 h ☺ *

Highlights

▶ Wreck Point Lookout

Sicher der beste Aussichtspunkt an der Capricorn Coast befindet sich am südlichen Ende von Yeppoon im Ortsteil Cooee Bay. Von hier aus hat man weite Aussichten über all das, was Yeppoon so schön macht: Main Beach im Norden, Lammermoor Beach im Süden von Yeppoon und Great Keppel Island im Osten.
Am zweiten Kreisverkehr in Yeppon rechts weiter dem Hwy 10 folgen, dann die erste links in den Matthew Flinders Dr ☺ Matthew Flinders Dr, Cooee Bay QLD 4703

▶ Keppel Bay Marina

Der Jachthafen der Capricorn Coast liegt neun Kilometer südlich von Yeppoon, etwa auf halbem Wege zwischen Yeppoon und Emu Park. Der Hafen ist recht übersichtlich; an der Zufahrt liegt ein kleines Resort mit Bistro. Im Hafen ankern eine Reihe von Segelbooten, die Ausfahrten zum Great Barrier Reef sowie Sunset Cruises anbieten, außerdem gibt es einige Restaurants.
Am zweiten Kreisverkehr in Yeppon rechts weiter dem Hwy 10 folgen, später links in den Vin E Johnes Memorial Dr, am Kreisverkehr links in den Breakwater Dr und am nächsten Kreisverkehr rechts in den Waterline Way. 9 km von Yeppoon entfernt. ☺ 1 Waterline Way, Rosslyn Bay QLD 4703

▶ Keppel Bay Islands per Fähre

Die 18 Inseln und Inselchen in der Keppel Bay sind – bis auf die größte Insel, Great Keppel Island – als Nationalpark geschützt und liegen im Bereich des Great Barrier Reefs. Die Nationalpark-Inseln werden nicht über den normalen Fährverkehr angefahren, wohl aber die 15 Kilometer vor der Küste gelegene, 14,5 Quadratkilometer große Great Keppel Island. Auf der Insel mit ihren 17 Strän-

Keppel Bay Marina mit Double Head National Park

den befinden sich eine Reihe von Hotels und einfachen Unterkünften. In den nächsten Jahren soll zudem ein 600-Millionen-Dollar-Mega-Resort mit Jachthafen gebaut werden. Die Überfahrt mit **Freedom Fast Cats** dauert nur 30 Minuten. Gäste haben die Wahl zwischen einfachen Fährtickets sowie *Cruise Tickets* mit Schnorchelausrüstung, Glasbodenboot und Mittagsbuffet.

Siehe Anfahrt Marina ◎ *Pier One, John Howes Dr, Rosslyn Bay QLD 4703* ☎ *07-4933-6888* ✉ *info@ freedomfastcats.com* 🌐 *www.freedomfastcats.com* 🕐 *Mo. & Di. ab 10:30 h, Mi.–So. ab 9:15 h* ⦿ *Nur Inseltransfers: Erw. $ 55, Kinder $ 35, Cruise: Erw. $ 78–138, Kinder $ 50–93*

▶ Keppel Bay Islands per Segeljacht

Ausflug mit einem 17 Meter Segelkatamaran ans Great Barrier Reef und zu den Great Keppel Islands. An Bord sind bis zu 12 Gäste.

Siehe Anfahrt Marina ◎ *Funtastic Cruises, Vin E. Jones Dr, Rosslyn Bay QLD 4703* ☎ *0438-909-502* ✉ *funtasticcruises@hotmail.com* 🌐 *www.funtasticcruises. com* 🕐 *Tägl. 9–17:30 h* ⦿ *Erw. $ 98, Kinder $ 80*

🛏 Übernachten

🏨 The Coast Motel

Direkt am Scenic Highway (Highway 10) gelegenes, modernes, zweistöckiges Motel am Ortsrand von Yeppoon (10 Minuten zu Fuß vom Wreck Point Lookout) mit Pool und Bali-Hütte. Mit gemütlichen Doppel- und 3er-Zimmern sowie Familienzimmern für bis zu fünf Personen. Frühstück ist zusätzlich buchbar.

◎ *52 Scenic Hwy, Yeppoon QLD 4703* ☎ *07-4930-2325* ✉ *stay@thecoastmotel.com.au* 🌐 *www. thecoastmotel.com.au* 🅿 *Ja* 🚭 *Ja* 🛏 *Doppel- und 3-Bett-Zimmer* ∗∗, *Familienzimmer* ∗∗∗

🏨 Surfside Motel Yeppoon

Zentral gelegenes Motel mit Pool an der Strandpromenade von Main Beach in Yeppoon. Alle Zimmer haben eine Mini-Küche für Selbstversorger; Frühstück kann dazu bestellt werden. Die Familienzimmer sind für fünf Personen geeignet.

◎ *30 Anzac Parade, Yeppoon QLD 4703* ☎ *07-4939-1272* 🌐 *www.yeppoonsurfsidemotel.com.au* 🅿 *Ja* 🚭 *Ja* 🛏 ∗∗

🏕 Capricorn Palms Holiday Village 👪

In der Mitte zwischen Yeppoon und Emu Park gelegener Campingplatz. Für Kinder gibt es einen Games Room und einen Pool mit einer Riesen-Wasserrutsche, für die Größeren eine Outdoor-Kinoleinwand. Nicht-Camper können in Cabins für zwei bis sechs Personen übernachten, jeweils mit überdachter Terrasse und Klimaanlage.

📍 *10 km südlich von Yeppoon am Hwy 10 (Scenic Hwy) Richtung Emu Park, 3,5 km südlich der Keppel Bay Marina* ◎ *Wildin Way, Yeppoon QLD 4703* ☎ *07-4933-6144* ✉ *stay@big4capricornpalms.com. au* 🌐 *www.big4.com.au/caravan-parks/qld/capricorn/ capricorn-palms-holiday-village* 🅿 *Ja* 🚿 *25* 🚽 *19* ⚡ *Ja* 🔥 *Ja* 🚭 *Ja* ⦿ *Wasser, Abwasser, Strom (15 Amp.), TV* 📶 *Ja* $$$, *Cabins* ∗∗

163

Double Head
National Park

🚶🌲 Wandern im Capricorn Coast National Park

Der Capricorn Coast National Park schützt die schönsten Küstenstreifen entlang des Scenic Highway (Hwy 10) und rund um die Keppel Bay Marina. Die Felsen entlang der Küste sind vorwiegend vulkanischen Ursprungs und an die 80 Millionen Jahre alt.

▶ Double Head Trail

Der relativ steile Wanderweg, der am Meer beginnt, führt zu zwei Aussichtspunkten, dem **Fan Rock Lookout** (ursprünglich der Schlot eines alten Vulkans) und dem **Rosslyn Bay Lookout**. Genießen Sie die Aussichten auf die Inseln der Keppel Bay, Yeppoon und die Berge der Byfield Ranges im Norden.
🌞 Ganzj. 🅿 Parkplatz an der Keppel Bay Marina
🕐 40 Min. 📊 Moderat 🔁 700 m

▶ Bluff Point Circuit

Die Wanderung beginnt mit einem steilen Aufstieg zum **Turtle Lookout**. Mit ein bisschen Glück kann man an diesem Aussichtspunkt tatsächlich Schildkröten im Meer sehen. Es geht weiter bis zum **Ritamada Outlook** mit Aussichten über die Küste, bevor der Weg durch Grasland und Regenwald zurück zum Ausgangspunkt führt.
🌞 Ganzj. 🅿 Scenic Hwy, etwa 1 km hinter dem Abzweig zur Marina 🕐 1,5 km 📊 Moderat 🔁 2,3 km (Rundweg)

*Sie verlassen die Region Yeppoon über den Scenic Highway (Highway 10) Richtung Emu Park. Elf Kilometer südlich von Yeppoon erreichen Sie den **Causeway Lake**, eine unter Naturschutz gestellte Wasserlandschaft, die Ebbe und Flut unterworfen ist. Die Landstraße führt über zwei lange Brücken über die Mündung des Sees, die bei Anglern wie auch bei Pelikanen sehr beliebt sind, und man fühlt sich fast wie nach Florida versetzt. Danach sind es noch einmal neun Kilometer bis nach Emu Park.*

🏘 EMU PARK 🖥🛏🍴✉🚻📷

🚶‍👥 2.021

Yeppoon   20 km
Rockhampton   43 km

Emu Park liegt am südlichen Abschluss des Scenic Highway (Highway 10) und ist ein ruhiger Strandort, an dem es früher tatsächlich Emus gegeben hat. Die großen Laufvögel sind leider so selten geworden, dass auch die Einheimischen sie nicht mehr zu Gesicht bekommen. Während sich Yeppoon noch wie eine richtige Stadt anfühlt, lebt es sich in Emu Park eher wie in einem Dorf, in dem man allerdings auf nichts verzichten muss: Im übersichtlichen Stadtzentrum am Ende der Hill Street finden sich ein IGA Supermarkt, eine Bank, eine Apotheke sowie eine Reihe von einfachen Takeaway Restaurants. Eine Visitor Info gibt es nicht.

⊘ Orientieren

Der Scenic Highway (Highway 10) leitet direkt ins Stadtzentrum von Emu Park und heißt innerorts Pattison Street. Der Highway führt vorbei am ruhigen Bell Park Caravan Park und macht dann einen Knick nach rechts in die Hill Street wieder zurück Richtung Rockhampton. Wenn Sie an dieser Stelle links abbiegen, sehen Sie auf der rechten Seite den IGA Supermarkt, Restaurants und schließlich auf dem Hügel das »singende Schiff«. Hier endet dann auch die Straße an einem Parkplatz mit Meerblick.

Ⓗ Anreise und Transport

Die Greyhound-Busse haben eine Haltestelle in Rockhampton. Von dort aus geht es weiter mit dem lokalen Bus, etwa mit Young's Bus, der die Küste von Yeppoon bis nach Emu Park abfährt ( www.youngsbusservice.com.au).

👁 Highlight

▶ Singing Ship

Vom Ortszentrum an der Hill Street aus geht man in wenigen Minuten den örtlichen Hügel hinauf, auf dessen Kuppe mit Meerblick seit 1970 das »Singende Schiff« seinen Platz hat, sicher eines der interessantesten Kunstwerke an Queenslands Küste. Abhängig von der Stärke des Windes kann man das Schiff tatsächlich »singen« hören. Vom Hügel aus bieten sich zudem fotogene Aussichten auf Emu Park.

📍 Am Ende der Hill St, Emu Park QLD 4710

Das »Singende Schiff« im Abendlicht

🛏 Übernachten

🏨 Endeavour Inn Emu Park

Budget-Hotel mit 20 Zimmern, im ruhigen Ortszentrum von Emu Park gelegen und nur etwa 250 Meter vom **Singenden Schiff** und dem langen Strand entfernt. Die Zimmer haben eine Mini-Küche und eine Terrasse oder einen Balkon. Auf dem Gelände gibt es einen Pool mit BBQs.

📍 Ecke Pattison St und Hill St am Rechtsknick des Hwy 10 🏠 18–20 Hill St, Emu Park QLD 4710 ☎ 07-4939-6777 ✉ endinn@bigpond.net.au 🌐 www.endeavourinn.com.au 🛏 Ja 🍴 Ja ⚓ Studio, 1-Bedroom-Apartment ★, 2-Bedroom-Apartment ★★

🚐 Bell Park Caravan Park

Dieser einfache Campingplatz mit großzügig geschnittenen Stellplätzen ist vom Meer nur durch eine mit Gebüsch bewachsene Düne getrennt. Die Büsche halten den Wind ab und dienen den lokalen Flughunden als Schlafplatz. Der Campingplatz hat Strandzugang, und man kann über den Strand ins Zentrum von Emu Park und zum Singenden Schiff laufen. Alle Plätze haben Stromanschluss und können von Zelten wie von Wohnmobilen genutzt werden. Für Nicht-Camper gibt es eine Reihe von Cabins für maximal drei Gäste.

📍 Direkt am Scenic Hwy (Hwy 10) kurz vor dem Ortszentrum 🏠 67 Pattison St, Emu Park QLD 4710 ☎ 07-4939-6202 ✉ bellpark@iprimus.com.au 🌐 www.bellparkcaravanpark.com.au 🛏 Ja 🍴 110 🚿 Ja 🔌 Ja ⚓ Nein 💧 Wasser, Abwasser, Strom (15 Amp.) ⚓ Nein 💲 $$$, Cabins ★

*Vom Zentrum von Emu Park bis nach Rockhampton zurück sind es etwa 43 Kilometer über den Highway 10, der hier **Rockhamp-***

ton-Emu Park Road heißt. Die Straße führt durch eine hügelige Landschaft mit lichtem Eukalyptuswald und Rinderweiden. Nach etwa 15 Kilometern bietet sich die Möglichkeit, eine Krokodilfarm zu besichtigen, die 6,5 Kilometer abseits des Highway 10 liegt.

🌲 KOORANA CROCODILE FARM

Koorana wurde 1981 eröffnet und gehört zu den ältesten Krokodilfarmen in Queensland. Die Krokodilfarm kann man nur auf einer geführten Tour besuchen, die täglich von 10:30 bis 12 Uhr und von 13 bis 14:30 Uhr stattfinden. Unterwegs erfährt man mehr über die Eigenheiten der Krokodile, die auch in dieser Gegend in freier Wildbahn vorkommen. Im angeschlossenen Restaurant stehen (selbstverständlich) Gerichte mit Krokodilfleisch auf dem Menü.

📍 15 km über Hwy 10 südlich von Emu Park links in die Coowonga Rd, nach 5,5 km links in die Savages Rd, dann noch 1 km geradeaus 🏠 65 Savages Rd, Coowonga QLD 4702 ☎ 07-4934-4749 ✉ admin@koorana.com.au 🌐 www.koorana.com.au 🕐 Tägl. 10–15 h 🎫 Erw. $ 30, Kinder $ 13

Mit oder ohne Krokodilerfahrung geht es danach weiter über den Scenic Highway (Highway 10) nach Rockhampton. Im Stadtgebiet überquert man den Fitzroy River über Fitzroy Street, von der aus man wenig später links auf den bekannten Bruce Highway (A1) und wieder auf die Hauptroute stößt.

Ende der Nebenstrecke

*Von Rockhampton aus fahren Sie durch weiterhin fast ganzjährig sehr trockene Landschaften über den zweispurigen **Bruce Highway (A1)** in Richtung Südosten nach Gladstone.*

*Etwa 75 Kilometer nach Verlassen von Rockhampton biegen Sie in Mount Larcom auf den **Port Curtis Way (Highway 58)**, um nach weiteren 34 Kilometern Gladstone zu erreichen.*

GLADSTONE UND HERON ISLAND

32.359	
28 °C	
18 °C	
11 m	
Rockhampton	109 km
Bundaberg	183 km

Nach vielen Kilometern durch Landschaften, die durch Eukalyptusbusch und Rinderweiden geprägt sind, kommt der Anblick von Gladstone eher überraschend: rechts und links der Straße ziehen sich Industrieanlagen, Förderbänder und ein Netz von Eisenbahnschienen. Gladstone ist der größte Rohstoff-Exporthafen Queenslands. Jährlich werden 150 Millionen Tonnen Steinkohle verschifft, und von der vorgelagerten Insel Curtis Island 20 Millionen Tonnen Flüssiggas. Die Rohstoffe stammen aus dem Outback Queenslands.

Ein Besuch von Gladstone lohnt sich vorwiegend für Reisende, die einen Ausflug nach Heron Island planen. Falls Sie Selbstversorger sind und planen, die nachfolgend empfohlene Nebenstrecke (▶Seite 169) nach Agnes Water und Seventeen Seventy (1770) zu fahren, empfiehlt sich Gladstone für einen größeren Einkauf.

ℹ GLADSTONE VISITOR CENTRE

📍 *Von der Hanson Rd (Hwy 58) links in die Lord St, die Dritte links zur Brücke über den Auckland Creek auf den Bryan Jordan Dr.* 🅿 *Marina Ferry Terminal, 72 Bryan Jordan Dr, Gladstone QLD 4680* ✉ *07-4972-9000* 📧 *gladstonevic@gapdl.com.au* 🌐 *www.gladstoneregion.info/visitor-information/visitor-information-centres* 🕐 *Mo.–Fr. 8:30–16:30 h, Sa. & So. 9–13 h*

⊘ Orientieren

Vom Bruce Highway geht es links auf den **Highway 58** Richtung Gladstone durch fast schon ausufernde Industrielandschaften. Der Highway führt über mehrere Brücken über den Calliope River und den Auckland Creek. Hinter dem Auckland Creek wird der Highway in **Hanson Road** umbenannt. An der Lord Street geht es links ab, und schon sind Sie im unerwartet freundlichen Stadtzentrum angelangt. Zum Hafen geht es die Dritte links und dann über eine weitere Brücke über den Auckland Creek auf den Bryan Jorden Drive. Der Jachtclub liegt noch diesseits der Brücke im Zentrum, von der Lord Street die Vierte links bis zum Ende der Straße.

Ⓗ Anreise und Transport

Die Greyhound-Haltestelle liegt an der BP Tankstelle an der Dawson Road (Ecke Highway 58/60), der Inlandsflughafen am Highway 60 in Richtung Calliope. Außerdem wird die Stadt von Queensland Rail angefahren und hat einen eigenen Inlandsflughafen.

🛒 Versorgen und einkaufen

Das Gladstone Shopping Centre liegt am südlichen Ortsende Ecke Phillip Street und Dawson Highway (Highway 60). Zweigen Sie in Gladstone rechts auf den Highway 60 ab und folgen Sie diesem bis zur Philip Street. Auf dem Gelände gibt es einen Woolworths Supermarkt, die Warenhäuser KMart und Big W. sowie einige Fast-Food-Imbisse. Den nördlichsten Aldi Supermarkt Australiens finden Sie an der 🚌 54 Boles St, West Gladstone. Den nächsten Aldi finden Sie erst wieder weiter südlich in Bundaberg.

✕ Essen und trinken

▶ Gladstone Yacht Club

Der Jachtclub liegt an einer Sackgasse am Fluss und ist einer der besten Aussichtsplätze in der Stadt. Das große, klimatisierte Restaurant hat eine überdachte Terrasse zum Auckland Inlet hin, von der man den vorbeiziehenden Booten nachschauen kann. Im Club trifft man vor allem Einheimische – bei der Speisekarte auch kein Wunder: Das umfangreiche Angebot umfasst einfach alles, was Australier gerne essen.
📍 *Vom Hwy 58 (Hanson Rd) links auf Lord St und die Vierte links ab (nicht über die Brücke fahren)* 🅿 *1 Goondoon St, Gladstone QLD 4680* ✉ *07-4972-2294* 🌐 *www.gyc.com.au* 🕐 *Mo.–Do. ab 11 h, Fr.–So. ab 10 h* 💲 ★★–★★★

Gladstone bietet interessante Kontraste aus Natur und Industrie

▶ Thai Classic
Familienbetrieb, der sich auf authentische thailändische Küche spezialisiert hat. Das Restaurant ist relativ klein, daher ist es eventuell ratsam, einen Tisch zu reservieren.
📍 Siehe Scotties Restaurant 🛒 Shop 3/100 Goondoon St, Gladstone QLD 4680 ☎ 07-4972-1647 💻 www.thai-classic-restaurant.com 🕐 Mo.–Fr. 11:30–14:30 h, Abendessen tägl. ab 18 h 💰 ∗–∗∗

👁 Highlights

▶ Gladstone Marina
Gladstone hat einen kleinen Jachthafen, der allerdings nicht mit den schicken Häfen von Mackay oder Airlie Beach mithalten kann. Hier liegen eine Reihe von Segelbooten sowie die tägliche Fähre nach Heron Island. Auf dem Gelände des Hafens befindet sich außerdem das Visitor Centre der Stadt.
📍 Von der Hanson Rd (Hwy 58) links in die Lord St, die dritte links zur Brücke über den Auckland Creek und auf den Bryan Jordan Dr 🛒 Bryan Jordan Dr, Gladstone QLD 4680

▶ Spinnaker Park
Ein schöner Platz für ein Picknick ist der Spinnaker Park. Hierzu fahren Sie mit dem Uhrzeigersinn um die Gladstone Marina, bis Sie das Ende der Straße erreicht haben. Vom Park mit seinen Picknickbänken und BBQs aus haben Sie zur Meerseite hin interessante Aussichten auf die Riesenfrachter, die gerade mit Kohle beladen werden, sowie nach Süden hin auf den Jachthafen.
📍 Von der Hanson Rd (Hwy 58) links in die Lord St, die dritte links zur Brücke über den Auckland Creek und auf den Bryan Jordan Dr. Nach dem Marina Gebäude rechts ab auf den Alf O'Rourke Dr, diesem bis zum Ende folgen

▶ Auckland Lookout
Ein Ausguck der anderen Art liegt im James Cook Park. Von einem kleinen Hügel aus eröffnen sich Ausblicke über die trotz der Industrieanlagen landschaftlich reizvolle Bucht von Port Curtis und auf langsam vorbeiziehende Kohlefrachter.
📍 Von der Hanson Rd (Hwy 58) links in die Lord St, am Ende der Straße links in die Auckland St, dieser bis zum Ende folgen

🧭 HERON ISLAND

Die Koralleninsel gilt als eines der besten Tauchgebiete am Great Barrier Reef, beherbergt aber auch eines der exklusivsten Resorts, **das keine Tagesgäste erlaubt**. Die 18 Hektar große Insel liegt 89 Kilometer vor Gladstone und ist per Katamaran am Montag, Mittwoch, Freitag, Samstag und Sonntag in etwa zwei Stunden erreichbar (💰 Erw. $ 64, Kinder $ 32 pro Strecke), oder per Wasserflugzeug in 25 Minuten 💰 ($ 349 pro Person und Strecke). Tauchen und Schnorcheln ist das ganze Jahr lohnenswert; das Riff liegt gleich vor der Insel. Wenn Sie zwischen Oktober und März kommen, können Sie mit ein bisschen Glück **Schildkröten bei der Eiablage** oder beim Schlüpfen zusehen, von Juni bis September ist **Walsaison**. Zudem lohnt es sich, nach Sonnenuntergang die Sterne anzuschauen: An kaum einem Ort der Welt werden Sie so viele Sterne sehen wie hier.

🛏 Übernachten

🏨 Heron Island Resort
Das Resort hat 109 Zimmer mit Balkon oder Terrasse. Die Zimmer haben zwar weder Telefon noch Fernseher und kein Handy-Empfang, aber immerhin gibt es Wireless Internet für alle. Mit zum Resort

Heron Island aus der Vogelperspektive

gehören ein Restaurant, eine Bar, sowie ein Spa, in dem Wellness-Behandlungen angeboten werden.

Wer auf Luxus verzichten kann, nicht aber auf das Inselerlebnis, für den ist Lady Elliot Island ab Hervey Bay oder Bundaberg eine Alternative (▶Seite 177).

Heron Island Resort via Gladstone QLD 4680 03-9426-7550 www.heronisland.com Ja ★★★★

Übernachten Gladstone

Park View Motel
Zweistöckiges, modern eingerichtetes 15-Zimmer-Motel mit Pool und Gas-BBQs auf dem Gelände. Alle Zimmer sind Doppel- oder 2-Bett-Zimmer.

Vom Hwy 58 (Hanson Rd,) hinter dem Mc Donald's links Roseberry Street 42 Roseberry Street, Gladstone QLD 4680 07-4972-3344 park.view. motel@bigpond.com.au www.parkviewmotelglads-tone.com.au Ja Ja ★

Gladstone Backpackers
Zentral gelegen in einem klassischen Queenslander Holzhaus mit überdachter Terrasse, Gemeinschaftsküche, Pool und BBQs. Übernachtung möglich im Fünf-Bett-Zimmer, im Einzelbett im Zweierzimmer oder im Doppelzimmer. Kostenloser Abhol-dienst ab Busbahnhof, Bahnhof oder Heron Island Fähre.

Vom Hwy 58 (Hanson Rd) links auf die Lord St, danach direkt rechts auf die Rollo St 12 Rollo St, Gladstone QLD 4680 07-4972-5744 contactus@

gladstonebackpackers.com.au www.gladstone backpackers.com.au Ja Ja, kostenpflichtig ★

Kin Kora Village Tourist and Residential Home Park
Das industriell geprägte Gladstone ist kein idealer Platz fürs Camping. Für Notfälle lohnt ein Blick auf diesen 5 Hektar großen Platz. Einige Stellplätze haben ein eige-nes Badezimmer *(Ensuite)*. Nicht-Camper können in Cabins für maximal vier Gäste übernachten. Der Campingplatz liegt neben dem Flughafen von Gladstone und neben einer Bahnlinie.

5,5 km südwestlich des Stadtzentrums, auf dem Dawson Hwy (Hwy 60) in Richtung Calliope, am Golf Club links auf die Olsen Ave Olsen Ave, Kin Kora QLD 4680 07-4978-5461 kinkoravillage@ bigpond.com www.caravanqld.com.au/parks/ caravan-parks/region/park-details.aspx?park_id=1582 Ja 72 25 Ja Ja Ja, kostenpflichtig Wasser, Strom (15 Amp.) Ja $$$, Cabins ★

Boyne River Rest Area
Die nächste Übernachtungsmöglichkeit südlich von Gladstone befindet sich in der Nähe der Ortschaft **Benaraby**, etwa 23 Kilometer entfernt. Man kommt dort nach Verlassen von Gladstone auf der Haupt-route vorbei. Der kostenlose Rastplatz liegt neben dem Bruce Highway (A1) in Gehwei-te des Boyne River und hat Picknicktische, WCs und kalte Duschen.

Boyne River Rest Area, Bruce Hwy, Benaraby QLD 4680 Nein Ja Nein Nein Kostenlos

Gladstone verlassen Sie auf dem Highway 58, fahren Richtung Süden weiter und tref-fen nach etwa 20 Kilometern automatisch wieder auf den Bruce Highway (A1). Insge-

samt sind es von Gladstone knapp 67 Kilometer durch trockenen Eukalyptuswald bis nach Miriam Vale, wo Sie den geschäftigen **Bruce Highway** verlassen und auf die ruhigere **Tableland Road (Highway 16)** in Richtung Bundaberg abbiegen.

Diese Gegend ist kaum bewohnt, man hat die Straße nicht selten für sich allein. Folgen Sie der Tableland Road für etwa 25 Kilometer bis zur einzigen Kreuzung in dieser Region. An der Kreuzung haben Sie die Gelegenheit, einen sehr lohnenswerten Abstecher über die **Round Hill Road** nach Agnes Water und Seventeen Seventy (1770) zu machen – etwa 72 Kilometer für Hin- und Rückfahrt – oder sofort weiter nach Bundaberg zu fahren.

Nebenstrecke nach Agnes Water und Seventeen Seventy (1770)

Der Abstecher nach Agnes Water und Seventeen Seventy (1770) gehört zu den Top-Highlights auf dieser Route, der von vielen Reisenden aufgrund seiner Abgeschiedenheit gerne übersehen wird. Die beiden Orte am Meer sind dabei in gewisser Weise das genaue Gegenteil von Gladstone: Hier geht es nur um die Natur, das Meer und das Wohl der durchreisenden Gäste; Industrie ist nirgendwo in Sicht. Der ***Round Hill Head*** *– das ist das Kap, auf dem sich Agnes Water und Seventeen Seventy (1770)*

befinden – gehört sicher zu den schönsten Aussichtspunkten in Queensland und entschädigt ausreichend für den kleinen Umweg. Und nicht zuletzt ist 1770 einer der wenigen Orte an der Ostküste, an denen man die Sonne stimmungsvoll im Meer untergehen sehen kann.

Sie fahren durch trockenes Buschland, bis schließlich die ersten im Wald versteckten Häuser ankündigen, dass es bis zum Ferienort Agnes Water nicht mehr weit ist.

AGNES WATER UND SEVENTEEN SEVENTY (1770)

👥	1.900	
☀	27 °C	
❄	16 °C	
〰	11 m	
	Abzweig vom Highway 16	0 km
	Agnes Water und Seventeen Seventy (1770)	36 km
	Zurück zum Highway 16	36 km

Agnes Water ist eine Kleinstadt mit einer Reihe von Hotels, Cafés, einem Shopping

So schön wohnt man in 1770.

Der langezogene Strand von Agnes Water

Centre mit einem IGA und einigen privaten Ferienhäusern. Das Highlight ist allerdings der fünf Kilometer lange Strand. Mit seinem weißen Sand, dem türkisblauem Wasser und der kräftigen Brandung ist er nicht nur gut für ein Wellenbad geeignet, sondern auch der nördlichste Surfstrand an der Ostküste. Wer also im ganzjährig warmen Wasser (23 °C im Juni, 27 °C im Januar) surfen lernen möchte, der ist hier genau richtig. Der Strandzugang in Agnes Water liegt etwas versteckt über eine Fußgängerbrücke im Tom Jeffrey Memorial Park an der Agnes Street. Der Park hat einen Sanitärblock mit Duschen und WCs sowie schattige Picknicktische und BBQs.

Von Agnes Water geht es über den Captain Cook Drive weiter nach **Seventeen Seventy (1770)**. Der Ort hieß bis 1970 Round Hill und wurde zur 200-Jahr-Feier von James Cooks erstem Landgang im heutigen Queensland umgetauft. 1770 ist noch kleiner als Agnes Waters, kaum mehr als einige weit verteilte Häuser und Hotels entlang des Captain Cook Drive.

🛈 AGNES WATER AND TOWN OF 1770 VISITOR INFORMATION CENTRE

📧 Agnes Water Community Centre, 71 Springs Rd, Agnes Water QLD 4677 ☎ 07-4902-1533
📧 agneswatervic@gapdl.com.au 🌐 www.gladstone region.info/destinations/seventeen-seventy
🕐 Mo.–Fr. 9–17 h, Sa. & So. 10–14 h

❗ Die weiteren Highlights und Tipps verteilen sich auf beide Ortschaften.

☉ Orientieren

Die Round Hill Road, die Zufahrtsstraße von **Agnes Water** und 1770 endet mitten im ruhigen Agnes Water, seitlich vom einzigen Shopping Centre in der Region. Weiter geradeaus geht es auf die Springs Road mit einigen Hotels, nach links auf den Captain Cook Drive, der Zugangsstraße nach **Seventeen Seventy (1770)**. Das inoffizielle Ortszentrum gruppiert sich um das einzige Restaurant mit Meerblick, das **The Tree House**. Gegenüber befindet sich ein Park mit Picknicktischen, BBQs und Aussichten aufs Wasser. Ein bisschen weiter erreichen Sie den **1770 Camping Ground**, und am Ende der Straße liegt der Joseph Banks Conservation Park.

ⓗ Anreise und Transport

In Agnes Water hält der Greyhound-Bus an der Ecke Round Hill Road/Captain Cook Drive. Der nächste Flughafen befindet sich in Gladstone.

🛒 Versorgen und einkaufen

In Agnes Water gibt es einen **Spar** und einen **Foodworks** Supermarkt. Beide haben täglich geöffnet und liegen an der 🚘 Ecke Round Hill Road/Captain Cook Drive. Die Preise sind allerdings höher als beispielsweise in Gladstone oder Bundaberg.

✕ Essen und trinken

► The Tree Restaurant ★

Restaurant mit großer Terrasse und Meerblick – ein guter Platz für einen Drink bei Sonnenuntergang. Gekocht wird moderne australische Küche mit Zutaten aus der Region, darunter auch Seafood.
📍 576 Captain Cook Dr, Seventeen Seventy QLD 4677
☎ 07-4974-7446 📧 bookings@restaurant1770.com
🌐 www.restaurant1770.com.au 🕐 Ganztägig
💰 ★★–★★★

► Plantation Bar and Restaurant

Das Restaurant befindet sich in einem Resort, das an der Straße zwischen 1770 und Agnes Water liegt. Auf dem Tisch – der sich übrigens in der schicken Pool Landschaft des Resorts befindet – kommt alles, was dem Australischen Gaumen behagt: Mittags Burger und Fish & Chips, abends Steak und Fisch.

🕑 *Captain Cook Dr in Richtung 1770, dann rechts in den Beaches Village Circuit, 3 km außerhalb von Agnes Water* 🖂 *Lagoons 1770 Resort & Spa, Cnr Beaches Village Circuit & Captain Cook Drive, Agnes Water QLD 4677* ☎ *07-4974-1655* 🌐 *www.lagoons1770.com.au/plantation/bar-and-restaurant* 🕐 *Tägl. für Frühstück und Abendessen geöffnet, Mittagessen Fr.–So., in den Schulferien täglich* 💲 ***–****

👁 Highlights

▶ Panorama-Aussichten an der Elliot Street

Wenn Sie in 1770 kurz vor dem The Tree Restaurant die Elliot Street den Berg hinaufgehen oder -fahren, haben Sie fantastische Aussichten über den Round Hill Creek, dessen türkis-weißes Farbenspiel gerade bei Ebbe an den Hill Inlet auf Whitsunday Island erinnert, sowie auf den Eurimbula National Park im Norden. Vor allem gegen Abend ist der Blick grandios.

🖂 *Elliot St, Seventeen Seventy QLD 4677*

▶ Joseph Banks Conservation Park ★

Dieser Naturpark liegt an der Nordspitze des Round Hill Head und ist nach dem Botaniker Joseph Banks benannt, der den Forscher James Cook auf seiner ersten Weltreise be-

gleitet hat. Am Parkeingang findet sich der James-Cook-Gedenkstein, der an den ersten Landgang der Engländer in Queensland im Jahr 1770 erinnert. Ganz am Ende der Parkstraße führt ein 300 Meter langer Spazierweg durch Grasland und Wald zum Aussichtspunkt an der Spitze des Round Hill Head.

🕑 *Folgen Sie dem Captain Cook Dr nach Norden bis zum Ende* 🖂 *Endeavour St, Seventeen Seventy QLD 4677*

▶ Kajaktouren und -verleih

Liquid Adventures bietet geführte Kajaktouren mit Hotelabholung sowie einen Kajakverleih. Die Sunset Tour (💲 $ 55 pro Person) dauert 2,5 Stunden und beginnt täglich gegen 16 Uhr. Für Kinder unter zwölf Jahren gibt es eine spezielle zweistündige Family Fun Tour, die um 8:30 Uhr (💲 Erw. $ 40, Kinder $ 30) startet. Die dreistündige Creek-Tour durch die Mangroven (💲 $ 60) ist abhängig von den Gezeiten, hierzu sollte man vorher anrufen.

🖂 *1770 Marina, 535 Captain Cook Dr, Seventeen Seventy QLD 4677* ☎ *04-2895-6630* 📧 *info@1770liquidadventures.com.au* 🌐 *www.1770liquidadventures.com.au* 🕐 *Der Veranstalter ist Sa. & So. sowie täglich in den Schulferien (💻 Kalender: http://education.qld.gov.au/public_media/calendar/holidays.html) den ganzen Tag an der Marina anzutreffen, an anderen Tagen telefonisch vorbuchen.* 💲 *Nur Verleih: Solo-Kajaks $ 30, 2er-Kajaks $ 40 für 2 Std.*

▶ Amphibientouren mit dem LARC

Das rosafarbige LARC (*Lighter Amphibious Resupply Cargo*) ist ein ehemaliges Militärfahrzeug, eine Art Boot mit Rädern, das

Schöne Aussichten vom Hügel an der Elliot Street in 1770

sowohl auf dem Land wie auch auf dem Wasser zu Hause ist. Die Lunch-Tour besucht die Strände des **Eurimbula National Parks**, der auch mit dem Geländewagen von 1770 nicht so schnell erreichbar ist (⊙ 11–13 h, ⊙ Erw. $ 77, Kinder $ 37). Die einstündige Sunset-Tour unternimmt eine verkürzte Fahrt durch den Nationalpark und beginnt abhängig von der Jahreszeit zwischen 15 und 16:30 Uhr (Erwachsene $ 38, Kinder $ 17). Wer Lust auf mehr hat, kann sich der Tagestour anschließen, die auch den **Bustard Head Leuchtturm** besucht (⊙ Mo., Mi., Sa. 9–16 h, Erw. $ 156, Kinder $ 96). *⊙ 1770 Marina, 535 Captain Cook Dr, Seventeen Seventy QLD 4677 ⊙ 07-4974-9422 ⊕ www.1770larctours.com.au*

🛏 Übernachten

🏨 Agnes Water Beach Club

Modernes dreistöckiges Hotel mit Pool und 36 schicken Ferienwohnungen mit einem oder zwei Schlafzimmern – gut geeignet für Selbstversorger, da gleich neben dem IGA Supermarkt gelegen. Bis zum Strand sind es nur etwa fünf Minuten zu Fuß. *⊙ Der Round Hill Rd durch Agnes Water folgen, bis die Straße im Ortszentrum in die Springs Rd umbenannt wird. Hier die Erste links in die Agnes St. ⊙ 3 Agnes St, Agnes Water QLD 4677 ⊙ 07-4974-7355 ⊙ reservations@agneswaterbeachclub.com.au ⊕ www.agneswaterbeachclub.com.au ⊙ Ja ⊙ Ja, kostenpflichtig ⊙ ★★–★★★*

🏨 Mango Tree Motel

Einfaches, aber ordentliches Motel älteren Datums, zwar ohne Pool, dafür aber in bester Lage nur 100 Meter vom Strand entfernt und mitten im Zentrum von Agnes Water. Zimmer für zwei bis fünf Personen. *⊙ Siehe Agnes Water Beach Club ⊙ 7 Agnes St, Agnes Water QLD 4677 ⊙ 07-4974-9132 ⊙ info@ mangotreemotel.com.au ⊕ www.mangotreemotel.com ⊙ Ja ⊙ Ja ⊙ ★★*

🏨 Southern Cross Backpackers

Resortanlage für Backpacker auf einem riesigen Grundstück mit eigenem See. Es gibt Zimmer für zwei bis sechs Personen mit eigenem Bad oder Bad auf dem Gang. Alle Zimmer haben einen Balkon, teils mit Aussicht auf den Pool oder den Garten. Frühstück ist mit dabei. Ein Shuttle nach Agnes Water und zum Strand fährt alle zwei Stunden. *⊙ An der Zufahrtsstraße (Round Hill Rd), 3 km vor Agnes Water ⊙ 2694 Round Hill Rd, Agnes Water QLD 4677 ⊙ 07-4974-7225 ⊙ info@1770southerncross.com ⊕ www.1770southerncross.com ⊙ Ja ⊙ Ja ⊙ ★*

🛏 Agnes Water Beach Caravan Park ★

Den besten Platz in Agnes Water hat der örtliche Campingplatz: direkt am Strand. Abgesehen von den Stellplätzen gibt es zwölf komfortable *Chalets,* gemütlich ausgestattete Safarizelte mit Betten und Badezimmer, teils mit Meerblick, sowie neun Beach Houses für bis zu sechs Personen mit Meerblick. *⊙ Der Round Hill Rd durch Agnes Water folgen, bis die Straße im Ortszentrum in die Springs Rd umbenannt wird. Hier die Erste links in die Agnes St. Am Ende rechts. ⊙ Jeffery Court, Agnes Water QLD 4677 ⊙ 07-4974-7279 ⊕ www.agneswaterbeach.com.au ⊙ Ja ⊙ 64 ⊙ Wiese mit ca. 6 unmarkierten Zeltplätzen ⊙ Ja ⊙ Ja ⊙ Nein ⊙ Wasser, Strom (15 Amp.) ⊙ Nein ⊙ $$$, Chalets ★★, Beach Houses ★★–★★★*

🛏 1770 Camping Ground 🚻

Einfacher Campingplatz mit eigenem Sandstrand fast am Ende des Captain Cook Drive in Seventeen Seventy. Der Platz ist beliebt bei Familien mit kleinen Kindern und daher vor allem in den Ferienzeiten sehr belebt. Mit dabei ist eine Gemeinschaftsküche, ein BBQ sowie ein Bistro am Strand. Die Wasserhähne reichen nicht für alle Camper aus, daher werden Gäste angehalten, das Wasser zu teilen. Einen Dump-Point gibt es an der Hauptstraße, zwei Kilometer in Richtung Agnes Water. *⊙ 641 Captain Cook Dr, Seventeen Seventy QLD 4677 ⊙ 07-4974-9286 ⊕ www.1770campingground. com.au ⊙ Ja ⊙ 89 ⊙ 8 ⊙ Nein ⊙ Ja ⊙ Ja ⊙ (Wasser), Strom (15 Amp.) ⊙ Nein ⊙ $$$*

🛏 Worksmans Beach Camping Area

Der Campingplatz liegt etwa einen Kilometer südlich von Agnes Water in einem Waldstück nahe Agnes Water Skate Park an einer unbefestigten Zufahrtsstraße, und eignet sich für Zelte und kleinere Wohnmobile. Der Platz hat keinen Strom, kalte Duschen, WCs und BBQs. Über einen Waldweg kann man vom Campingplatz zum Worksmans Beach laufen. Reservierung nicht möglich; der Platzwart kommt abends, um die Gebühr einzusammeln. *⊙ Der Round Hill Rd durch Agnes Water folgen, bis die Straße im Ortszentrum in die Springs Rd umbenannt wird. Dem Straßenverlauf folgen und auf ein Schild links in den Wald achten. ⊙ Springs Rd, Agnes Water QLD 4677 ⊙ 07-4970-0700 (Telefonnummer der Stadtverwaltung) ⊕ www.gladstone.qld.gov. au/camping ⊙ Nein ⊙ 38 ⊙ Nein ⊙ Ja (nur kalte Duschen) ⊙ Nein ⊙ Nein ⊙ Nein ⊙ $*

Von Agnes Water/1770 fahren Sie nun über die Round Hill Road denselben Weg wieder zurück zur Tableland Road (36 km).

Menschenleere Strände im Deepwater National Park

💡 Alternativroute für Geländewagen über Deepwater National Park

Der Deepwater National Park zieht sich entlang des Strandes südlich von Agnes Water in Richtung Bundaberg. Dazu folgen Sie der Round Hill Road durch Agnes Water, bis die Straße im Ortszentrum in die Springs Road umbenannt wird. Bleiben Sie auf der Straße, die dann als Wreck Rock Road durch den Park führt, bis schließlich der Deepwater National Park beginnt. Die einzige Parkstraße führt durch Eukalyptuswald und subtropischen Regenwald und besteht vorwiegend aus lockerem Sand. Sie ist daher nur für Geländewagen befahrbar. Wer im Allradfahrzeug unterwegs ist, der kann sich mit einer Fahrt durch den Deepwater National Park die Reise ein wenig versüßen und später über die **Fernfield Road** und **Hills Road** wieder auf die **Tablelands Road (Highway 16)** stoßen, etwa 24 Kilometer südlich der Kreuzung mit der Round Hill Road, an der diese Nebenstrecke gestartet ist.

Im Deepwater National Park gibt es zwei Campingplätze hinter den Dünen, die spätestens am Parkeingang telefonisch bei der Nationalparkverwaltung gebucht werden müssen (kein Handyempfang im Park). Wanderwege gibt es nicht, allerdings haben die Campingplätze Zugang durch die Dünen zum Strand für erholsame Spaziergänge in der Einsamkeit.
🌐 www.nprsr.qld.gov.au/parks/deepwater

Ende der Nebenstrecke

*Vom Abzweig an der Tableland Road stehen Ihnen bis Bundaberg noch 91 Kilometer Fahrt über die **Tableland Road (Highway 16)** bevor, die nach etwa 27 Kilometern nach einem Linksknick in **Bundaberg-Lowmead Road** umbenannt wird. Die Reise führt Sie durch einen fast unbewohnten, hügeligem Landstrich, der mit trockenem Eukalyptuswald bewachsen ist.*

🚐 AVONDALE HOMESTEAD TAVERN

An der Bundaberg-Lowmead Road (Highway 16) kann man kostenlos auf dem Gelände der Avondale Homestead Tavern übernachten und die WCs und heißen Duschen nutzen. Die Tavern ist ein Pub/Restaurant mit Pizza, Pasta und Steak & Chips (💲 *–**) und vermietet auch Zimmer (💲 *).
📍 Ecke Bundaberg-Lowmead Rd/Avondale Rd, 26 km nördlich von Bundaberg 🏠 4 Avondale Rd, Avondale QLD 4670 🌐 www.facebook.com/pages/Avondale-Homestead-Tavern/356561564434422
🚻 Nein 🚿 Ja 🔌 Nein ⭕ Nein 💲 Kostenlos

*Etwa 20 Kilometer vor Bundaberg wird es wieder brettflach und saftig grün. Rundum breiten sich weite Zuckerrohrfelder aus, um den Grundstoff für Bundabergs bekanntestes Produkt zu liefern: Rum. Kurz vor der Stadt endet der Highway 16. Biegen Sie links ab auf den **Highway 3** Richtung Bundaberg.*

🏙 BUNDABERG ▢ ▯ ➕ ✖ ✉ 🗓

👫👫	67.341	
☀	27 °C	
❄❄	16 °C	
〰	8 m	
⌄ Gladstone	183 km	
Childers	57 km	

Bundaberg liegt in den Flussauen des Burnett River, etwa dreizehn Kilometer von der Küste entfernt. Zuckerrohr und Rum sind die wichtigsten Einnahmequellen, eher weniger die durchreisenden Touristen, die sich etwa für die Schildkröten interessieren, die die weiter außerhalb gelegenen Strände in den Sommermonaten besuchen.

🛈 BUNDABERG VISITOR INFORMATION CENTRE

📍 Vom Hwy 3 nach Überqueren des Burnett River auf der rechten Seite 📧 271 Bourbong St, Bundaberg QLD 4670 ☎ 07-4153-8888 📧 info@ bundabergregion.org 🌐 www.bundabergregion.org 🕐 Tägl. 9–17 h

⊘ Orientieren

Wenn Sie von Agnes Water kommen, nähern Sie sich der Stadt von Norden her über den Highway 16. Bei Oakwood geht es über den Highway 3 Richtung Bundaberg, die hier Mount Perry Road heißt. Im Norden der Stadt passieren Sie den Botanischen Garten, bevor der Highway einen Knick in Richtung Süden macht und nun Hinkler Avenue heißt. Die Hinkler Avenue überquert den breiten Burnett River, danach haben Sie endlich das Stadtzentrum und die Bourbong Street erreicht. Hinter der Brücke auf dem Gelände des Krankenhauses finden Sie auch die Touristeninformation. Biegen Sie nun **links** auf die Bourbong Street ab, erreichen Sie auch das alte Postamt mit seinem prächtigen Turm (Ecke Barolin Street). Die Post ist ein guter Startpunkt für einen Spaziergang durch den historischen Stadtkern. In den Straßen rund um das Postamt finden sich viele gemütliche Straßencafés sowie eine Reihe von sehenswerten Gebäuden aus der Jahrhundertwende. Bleiben Sie nach der Flussüberquerung hingegen auf dem Highway 3, geht es schnell wieder aus der Stadt hinaus und weiter bis nach Childers.

Die historische Post von Bundaberg

Ⓗ Anreise und Transport

Bundaberg hat eine Greyhound-Haltestelle an der 📧 66 Targo Street, die nur drei Blocks südlich der Bourbong Street liegt, sowie einen Inlandsflughafen. Zudem wird die Stadt von Queensland Rail angefahren.

🛒 Versorgen und einkaufen

Günstig im Stadtzentrum gelegen gibt es einen **Aldi** (📧 19 Maryborough St) sowie schräg gegenüber einen **Woolworths** (📧 16 Maryborough St). Beide Supermärkte haben täglich geöffnet.

✖ Essen und trinken

► Café 1928

Das Café liegt mitten im Botanischen Garten und hat eine Terrasse mit Blick auf den Rosengarten und das Hinkler Museum. Auf dem Menü stehen Kaffee und Kuchen, Frühstück mit Eiern und Speck sowie zum Mittag Burger, Fish & Chips und Pizza.

© Tourism Queensland 2010

📍 Im Norden von Bundaberg Zentrum, direkt am Hwy 3/Mount Perry Rd 📮 Young St, Bundaberg Botanic Gardens, Bundaberg QLD 4670 ☎ 07-4153-1928 🌐 www.bundabergcafe.com.au 🕐 Tägl. 9–16 h 💲 *

▶ Spicy Tonight

Thailändisch-indisches Restaurant in einem historischen Bau aus der Jahrhundertwende, nicht weit vom Burnett River, allerdings ohne Outdoorbereich. Mo.–Sa. Mittagsspecials für $ 10,50.

📍 Vom Hwy 3 nach Überqueren des Burnett River links auf die Bourbong St, später rechts in die Targo St 📮 1 Targo St, Bundaberg QLD 4670 ☎ 07-4154-3320 📧 spicesplus@bigpond.com 🌐 www.spicytonight.com.au 🕐 Mo.–Sa. 11–14:30 h, tägl. 17–21 h, So. nur 17–21 h 💲 **

👁 Highlights

▶ Bundaberg Botanic Gardens

Wenn Sie von Norden aus in die Stadt fahren, kommen Sie automatisch am ausgedehnten Botanischen Garten vorbei. Der Park ist mit 27 Hektar groß genug, dass es erlaubt ist, mit dem Auto hineinzufahren und den Wagen etwa an einem der vielen Picknicktische abzustellen. Im Park finden sich ein Rosengarten, ein Regenwald, ein japanischer Garten sowie mehrere Seen. Man kann Ibisse, Papageien, Enten, Gänse, Noisy Miners und andere einheimische Vögel beobachten, die sich in den ausgedehnten Parkanlagen (freiwillig) niedergelassen haben. Der Park beherbergt mehrere Museen.

📍 Im Norden von Bundaberg Zentrum, direkt am Hwy 3/Mount Perry Rd 📮 Mt. Perry Rd, Bundaberg QLD 4670 ☎ 07-4130-4400 🗺 Plan: www.seitnotiz.de/NPRAU115 🌐 www.bundaberg.qld.gov.au/discover/local-visitor-attractions/botanic-gardens 🕐 Sept.–April 5:30–18:45 h, Mai–Aug. 6:30–18 h

Hinkler House und Hinkler Hall of Aviation

Im Hinkler House lebte Flugpionier Bert Hinkler von seiner Geburt im Jahre 1892 bis 1913, als er nach England ging, um Testpilot zu werden. Hinkler war ein gebür-

Die Hinkler Hall of Aviation im botanischen Garten von Bundaberg

tiger Bundaberger und der erste Pilot, der im Jahr 1928 alleine von England nach Australien flog. Nebenan liegt die Hinkler Hall of Aviation, die mehr über sein Leben und seinen tragischen Tod nach einem Flugunfall erzählt, sowie einen Flugsimulator und mehrere Replikas von historischen Flugzeugen beherbergt (◉ Tägl. 9–15 h, ◎ Erw. $ 18, Kinder $ 10).

Historical Museum und Fairymead House
Ebenfalls auf dem Gelände liegen das Bundaberg & District Historical Museum (◉ Tägl. 10–16 h, ◎ Erw. $ 5, Kinder $ 2) und das Fairymead House, ein altes Farmhaus aus dem Jahr 1890, in dem die Geschichte der lokalen Zuckerindustrie präsentiert wird (◉ einstündige Führungen So.–Fr. 11 h, ◎ Erw. $ 6, Kinder $ 2,50).

Historische Zuckerrohrbahn
Nicht zuletzt sind im Botanischen Garten ein Kilometer Schienen mit 61 cm Spurbreite verlegt worden. Hier ziehen historische, dampfbetriebene Zuckerrohr-Eisenbahnen mit offenen Passagierwagen jeden Sonntag zwischen 10 und 16 Uhr ihre Runden, in den Schulferien auch am Mittwoch. Mit dabei ist auch die »Old Germany«, die 1914 in Deutschland gebaut wurde.

▶ Bundaberg Regional Art Gallery
Während sich die Museen im Botanischen Garten eher auf die Geschichte von Bundaberg konzentrieren, erhält dieses Museum die Kunst der Region. Das ehemalige Zollgebäude von 1902 mit seiner auffällig bunten Fassade beherbergt über 400 Gemälde sowie wechselnde Ausstellungen zu regionalen und internationalen Themen.
🚗 *Vom Hwy 3 nach Überqueren des Burnett River links auf die Bourbong St (Isis Hwy) bis zum Abzweig Barolin St links* ◎ *1 Barolin St, Corner Quay St, Bundaberg QLD 4670* ☎ *07-4130-4750* @ *hellobrag@ bundaberg.qld.gov.au* 🌐 *www.bundabergregional*

galleries.com.au ◉ *Mo.–Fr. 10–17 h, Sa. & So. 9–13 h* ◎ *Frei*

▶ Bundaberg Distilling Company
Das Rum-Museum ist an die eigentliche Rumbrennerei direkt angeschlossen; schon in einiger Entfernung ist der süßliche Rumgeruch in der Luft zu bemerken. Die Destillerie wurde 1888 gegründet, da die lokalen Farmer ihre Melasse-Überproduktion sinnvoll verwerten wollten. Damals gab es den Eisbären noch nicht, der heute jede Flasche Bundy Rum ziert – darauf ist erst ein Marketingexperte im Jahr 1961 gekommen. Besucher können sich das Rummuseum im Alleingang anschauen (◎ Erw. $ 19, Kinder $ 9,50) oder an einer Führung teilnehmen (◎ Erw. $ 28,50, Kinder $ 14,25). Geführte Touren beginnen jeweils zur vollen Stunde.

In Bundaberg gibt es Rum direkt von der Quelle.

 Vom Hwy 3 nach Überqueren des Burnett River links auf die Bourbong St. Folgen Sie der Bourboung St durch Bundaberg Richtung Osten, am Ende rechts in die Scotland St, links in die Princess St, links in die Cross St und direkt rechts in die Alexandra St, danach links in die Avenue St. 3 km vom Stadtzentrum entfernt Avenue St, Bundaberg QLD 4670 07-4131-2999 webstore@bundabergrum.com www.bundabergrum.com.au/tours Mo.–Fr. 10–15 h, Sa. & So. 10–14 h

► Bargara Beach

Für einen Besuch am Strand empfiehlt sich der Vorort Bargara Beach, der mit dem Nielsen Park Beach und Kellys Beach gleich zwei Strände zu bieten hat. Kellys Beach wird zwischen September und Mai täglich, Nielsen Park Beach an Wochenenden und in den Ferien von Rettungsschwimmern beaufsichtigt.

 Vom Hwy 3 nach Überqueren des Burnett River links auf die Bourbong St. Folgen Sie der Bourboung St durch Bundaberg Richtung Osten, am Ende rechts in die Scotland St, links in die Princess St/Bargara Rd und nun dem Straßenverlauf bis zum Ende folgen. 14 km von Bundaberg entfernt.

► Mon Repos Conservation Park und Mon Repos Turtle Centre ★

Am Strand von Mon Repos, der sich am Ortsrand von Bargara befindet, liegt die geschäftigste Meeresschildkröten-Kinderstube der Ostküste Australiens. Vor allem für die vom Aussterben bedrohte *Loggerhead Turtle* (Unechte Karettschildkröte) ist dies der wichtigste Nistplatz im Südpazifik. 300 bis 400 Loggerheads kommen jedes Jahr zum Nisten hierher, aber es sind auch regelmäßig *Green Turtles* (Suppenschildkröten) and *Flatback Turtles* (Wallriffschildkröten) zu sehen. Die Tiere kommen ab November nachts für die Eiablage an den Strand. Bis zum Schlüpfen dauert es acht Wochen. Etwa ab Mitte Januar können Besucher sowohl Schildkröten beim Legen wie auch beim Schlüpfen zusehen. Der Strand ist daher in der Zeit von November bis März von 18 bis 6 Uhr gesperrt. Wer Schildkröten beobachten möchte, der muss sich einer von einem Ranger geführten Tour anschließen und diese vorbuchen. Touren beginnen täglich um 19 Uhr, mit Ausnahme vom 24., 25. und 31. Dezember. Die Besucher werden in Gruppen zum Strand geführt; rechnen Sie mit Wartezeiten von bis zu zwei Stunden. Tickets werden im Bundaberg Visitor Centre verkauft (telefonisch oder persönlich). Wer tagsüber nach Mon Repos kommt, der kann bis 18 Uhr kostenlos den Strand und das Informationszentrum besuchen und mehr über das Leben der Schildkröten erfahren.

 Anfahrt wie nach Bargara Beach, allerdings kurz vor dem Ort Bargara links auf die Potters Rd. 15 km von Bundaberg entfernt. Mon Repos Rd, Mon Repos QLD 4670 07-4159-1652 info@bundabergregion.org www.nprsr.qld.gov.au/parks/mon-repos Info Centre: Nov.–März 8–17 h, April–Okt. Mo.–Fr. 8–15:30 h Tagsüber kostenlos, Nov.–März nachts Erw. $ 12, Kinder $ 6,25

► Tauchen rund um Bundaberg

Hoffmans Rock vor Bargara Beach und Barolin Rocks vor Coral Cove (beide liegen in zehn Metern Tiefe) sind im Rahmen des **Great Sandy Marine Park** unter Naturschutz gestellt. Außerdem gibt es acht Schiffs- und Flugzeugwracks am Cochrane Artificial Reef vor Eliott Heads. Die Wracks wurden in den 1990er-Jahren vor der Küste versenkt und liegen in 15 bis 20 Metern Tiefe. Strandtauchgänge am Hoffmans Rock und Barolin Rocks kosten $ 105 für zwei Tauchgänge, Wracktauchgänge $ 180 bis 220.

 Vom Hwy 3 nach Überqueren des Burnett River links in die Bourbong St Aqua Scuba, 239 Bourbong St, Bundaberg QLD 4670 04-6708-8060 julian@aquascuba.com.au www.aquascuba.com.au

► Lady Musgrave Island ★

Das unbewohnte Korallenatoll am südlichen Great Barrier Reef ist von Bundabergs Hafen (Port of Bundaberg) aus in knapp über zwei Stunden mit dem 27 Meter langen Motor-Katamaran Main Event von **Lady Musgrave Experience** erreichbar. Täglich außer donnerstags von 7:30 bis 17 Uhr (Erw. $ 215,50, Kinder $ 115,50), Aufenthalt am Riff ca. 4,5 Stunden. Tauchen gegen Aufpreis möglich. Donnerstags wird von Juli bis Mitte Oktober Whale Watching von 10 bis 14 Uhr angeboten (Erw. $ 110, Kinder $ 65).

 18 km von Bundaberg via Baragara Rd/Burnett Heads Rd/Port Rd Bundaberg Port Marina, 15–17 Marina Dr, Port Bundaberg QLD 4670 0427 00 99 22 info@ladymusgraveexperience.com.au www.ladymusgraveexperience.com.au

► Lady Elliot Island ★

Lady Elliot Island ist die südlichste Koralleninsel am Great Barrier Reef. Die nur einen halben Quadratkilometer große Insel liegt etwa 80 Kilometer nordöstlich von Bundaberg und ist per Flugzeug als Tagesausflug ab **Bundaberg**, **Hervey Bay** (Erw. $ 375, Kinder $ 220 inkl. Flug), **Brisbane** oder den **Gold Coast** (Erw. $ 849, Kinder $ 449) zu erreichen. Im Gegensatz zum weiter nördlich gelegenen Luxusresort Heron Island (►Seite 167) geht es im Eco-Resort auf Lady Elliot weniger elitär zu, auch wenn sich das Resort natürlich mitnichten auf Budgetlevel bewegt. Neben gemütlichen Hotelzimmern mit Meerblick gibt es auch einfache Zelte mit Stockbetten mit Platz für bis zu 4 Gäste (◎ ****). Für Übernachtungsgäste sind Frühstück und Abendessen inklusive. Zu sehen sind über vierzig Mantarochen, *Green Turtles* (Suppenschildkröten) und *Loggerhead Turtles* (Unechte Karettschildkröten), die von November bis März nachts zur Eiablage kommen. Die Schildkrötenbeobachtung wie auch das Tauchen bleibt den Übernachtungsgästen vorbehalten. Für die Zeit der australischen Schulferien ist das Inselhotel oft schon mehrere Monate im Voraus komplett ausgebucht.

◎ *Nur per Flugzeug erreichbar, ab Bundaberg ca. 30 Minuten* ◎ *PO Box 348, Runaway Bay QLD 4216* ◎ *07-5536-3644* ◎ *reservations@ladyelliot.com.au* ◎ *www.ladyelliot.com.au* ◎ *Ja, kostenpflichtig*

⮕ Übernachten

🏨 Burnett Riverside Motel
Am Burnett River gelegenes, modernes Hotel. Wer einen Balkon mit Aussicht auf den Fluss haben möchte, sollte einen Riverside Room wählen. Die Kitchenette Rooms, Family Rooms und die 1–2-Schlafzimmer-Apartments haben zwar keine Aussicht über den Fluss, dafür aber eine Küche für Selbstversorger. Das angeschlossene Restaurant bietet Flussblick.

◎ *Vom Hwy 3 nach Überqueren des Burnett River links in die Bourbong St, an der Post links ab in die Barolin St, rechts ab in die Quay St* ◎ *7 Quay St, Bundaberg QLD 4670* ◎ *07-4155-8777* ◎ *burnett@burnettmotel.com.au* ◎ *www.burnettmotel.com.au* ◎ *Ja* ◎ *Ja* ◎ *** − ***

🏨 Bundaberg City Motor Inn
Einstöckiges 17-Zimmer-Motel mit Parkplätzen gleich vor der Tür, nicht weit vom Stadtzentrum (etwa fünf Minuten zu Fuß). Die Zimmer haben ein Doppelbett, einige Zimmer zusätzlich ein weiteres Einzelbett. Auf dem Gelände gibt es einen Pool und BBQs.

◎ *Vom Hwy 3 nach Überqueren des Burnett River links in die Bourbong St* ◎ *246 Bourbong St, Bundaberg QLD 4670* ◎ *07-4152-5011* ◎ *bundycitymotorinn@bestwestern.com.au* ◎ *www.bestwestern.com.au/bundaberg/hotels/best-western-bundaberg-city-motor-inn* ◎ *Ja* ◎ *Ja* ◎ * − ***

🏕 Big 4 Cane Village Holiday Park
Campingplatz mit tropischer Vegetation 5 km vom Stadtzentrum entfernt, in Gehweite zu einem Einkaufszentrum. Alle Stellplätze haben Strom und sind für Wohnmobile und Zelte geeignet. Nicht-Camper können eine Reihe von Cabins für zwei bis sechs Gäste buchen. Der Campingplatz hat zwei Gemeinschaftsküchen, einen Salzwasserpool mit Liegestühlen sowie BBQs.

◎ *5 km südlich vom Stadtzentrum, am Hwy 3 in Richtung Childers* ◎ *94 Twyford St, Bundaberg QLD 4670* ◎ *07-4155-1022* ◎ *canevillagebig4@bigpond.com* ◎ *www.big4.com.au/155* ◎ *Ja* ◎ *100* ◎ *Ja* ◎ *Ja* ◎ *Ja, kostenpflichtig* ◎ *Wasser, Abwasser, Strom (15 Amp.)* ◎ *Ja* ◎ *$$$, Cabins * − ***

🏕 Hinkler Lions Park
Dieser Rastplatz befindet sich am Ende der Landebahn des Flughafens von Bundaberg am Isis Highway (Highway 3) in Richtung Childers. Es gibt einen WC-Block, Picknicktische und einen Spielplatz. Die Einfahrt zur Central Queensland Universität liegt nebenan.

◎ *5,5 km südlich von Bundaberg Zentrum am Hwy 3* ◎ *Cnr University Dr/Isis Highway (Hwy 3), Bundaberg QLD 4670* ◎ *Nein* ◎ *Nein* ◎ *Nein* ◎ *Nein* ◎ *Kostenlos*

*Von Bundaberg geht es im südlichen Stadtgebiet vom Highway 3 links auf die Walker Street und dann rechts auf die **Barolin Street**, die später in **Goodwood Road** umbenannt wird, in Richtung Hervey Bay. Sie nähern Sie nun der Fraser Coast: Fraser Island liegt bereits vor der Küste, wenn auch außer Sichtweite. Nach 36 Kilometern bietet sich bei Goodwood ein Abstecher über die **Woodgate Road** zum gleichnamigen Strandort Woodgate mit dem **Burrum Coast National Park** an (19 Kilometer/einfache Strecke). Wenn Sie den Ausflug nicht machen möchten, fahren Sie auf der Goodwood Road weiter Richtung Süden.*

Ausflug nach Woodgate und zum Burrum Coast National Park

Nach dem Abzweig auf die Woodgate Road Richtung Osten fahren Sie etwa 18 Kilometer, bis Sie Woodgate erreicht haben.

🏛 WOODGATE ➕ ✖ 📱 🏠

🚶	941
⚖	Abzweig Woodgate Rd	0 km
	Woodgate	18 km
	Zurück zum Abzweig Woodgate Road	36 km

Der Strandort Woodgate ist vom **Burrum Coast National Park** umgeben und besteht aus drei (sehr langen) Straßen und einer vier Kilometer langen Strandpromenade mit Picknicktischen, kalten Duschen und WCs. Da

Unterwegs im Burrum Coast National Park

Fraser Island bereits in der Ferne vor der Küste liegt, ist die Brandung zumeist nicht stark. Woodgate ist so ruhig gelegen, dass sich auch Kängurus nicht selten im Ort sehen lassen. Wir haben Kängurus nachmittags an der Wiese auf der Rückseite des Campingplatzes an der 6th Avenue beobachten können.

⊘ Orientieren

Die Zufahrtsstraße Woodgate Road endet direkt am Strand von Woodgate Beach. Rechts ab geht es auf die Esplanade mit Campingplatz, Mini-Laden und Tankstelle.

👁 Highlight

► **Burrum Coast National Park**
Im Nationalpark lässt sich bereits die Nähe zu Fraser Island erahnen: Die gesamte Vegetation lebt auf Sand. Der Park ist ein Refugium für viele Vogelarten, die anderswo aufgrund der Zerstörung ihres natürlichen Lebensraums vertrieben wurden, darunter die vom Aussterben bedrohten Sturmvögel (verwandt mit den Albatrossen) sowie die Zwergseeschwalben, die als kleine Möwen mit schwarzen »Sturmfrisuren« erinnern. Aber auch Kängurus und Sumpf-Wallabys, Bandicoots (mausähnliche Beuteltiere) und Schnabeligel leben im Nationalpark. Die **Kinkuna Section** des Parks **links** (nördlich) der Strandzufahrtsstraße (Woodgate Road) ist nur für Geländewagen erreichbar. Im Park finden sich einige Sandpisten sowie eine Campingmöglichkeit hinter den Dünen am Strand.
Die Kinkuna Section beginnt direkt am Nationalpark-Infohäuschen, kurz vor dem Ortseingang an der Woodgate Rd. Hier biegen Sie links in die Woppis Rd ab. Karte: www.nprsr.qld.gov.au/parks/burrum-coast/pdf/burrum-coast-np-map.pdf

Der sehenswerte Boardwalk (Holzsteg) und der Banksia Track an der **Woodgate Section** des Parks, **rechts** (südlich) der Strandzufahrtsstraße ist für alle Fahrzeuge erreichbar. Camping ist am Burrum Point möglich, der nur für Geländewagen erreichbar ist (mehr dazu hier ⊕ www.nprsr.qld.gov.au/parks/burrum-coast/camping.html). Wer keinen Geländewagen hat: Woodgate hat auch einen privaten Campingplatz.
Die Woodgate Section erreichen Sie, wenn Sie bei der Anfahrt nach Woodgate hinter den Eisenbahnschienen rechts in die Heidkes Rd abbiegen (nur für Geländewagen). Alternativ können Sie auch bis in den Ort fahren, rechts in die Acacia St und dann der Beschilderung zum Parkplatz des Banksia Track folgen (Zufahrt für alle Fahrzeuge geeignet). Am Ende der Acacia St gibt es einen weiteren Zugang für Geländewagen über die Walkers Point Rd.

🚶🌲 Wandern

► **Banksia Track**
Der Wanderweg beginnt an einem (auch für Wohnmobile erreichbaren) Parkplatz an der Acacia Street, die die Ortschaft an der vom Meer abgewandten Seite begrenzt. Auf einem 800 Meter langen Holzsteg startet der Weg über eine fotogene Feuchtwiese mit Paperbark-Bäumen. Wenn Sie nicht viel Zeit haben, lohnt sich auch nur ein kurzer Spaziergang über den Holzsteg. Am Ende des Stegs beginnt der eigentliche Rundwanderweg durch Küstenheidelandschaft und lichten Eukalyptuswald mit Banksien, Farnen und Wedelpalmen. Der Weg ist sandig, lässt sich aber gut begehen.

💡 **Die beste Jahreszeit ist zur Wildblumenblüte von August bis Oktober.**

Am Ortseingang von der Woodgate Rd rechts auf die Acacia St, dann dem Straßenverlauf folgen (ist ausgeschildert) *Ganzj. Burrum Point, Woodgate Beach Tourist Park Parkplatz an der Acacia St, Nähe 6th Ave 2 Std. Leicht 5,2 km (Rundweg)*

179

🛏 Übernachten

🏕 Woodgate Beach Tourist Park

Der drei Hektar große Campingplatz liegt im Ortszentrum und hat 100 Plätze, auf Wunsch mit oder ohne Strom, die für Wohnmobile und Zelte geeignet sind. Einen Pool gibt es nicht (das Meer liegt auf der anderen Straßenseite), dafür aber eine Küche, BBQs und eine Waschsalon. Nicht-Camper können in einer der 24 Cabins übernachten, von einfachen Hütten ohne Bettwäsche und ohne Bad bis hin zur 2-Bedroom-Beachfront-Villa mit Meerblick. An den Park angeschlossen sind ein Café (◉ Tägl. 8–18 h) und ein Mini-Laden mit Tankstelle (◉ Tägl. 6–18 h).

◉ 88 Esplanade, Woodgate Beach QLD 4660 ☎ 07-4126-8802 @ info@woodgatebeachtouristpark.com 🌐 www.woodgatebeachtouristpark.com ⛺ Ja ◉ 100 🚻 Ja 🚿 Ja 🍽 Ja, kostenpflichtig ○ Wasser, Strom (15 Amp.) 🛜 Nein ◎ $$ – $$$, Cabins ✶ – ✶✶

Von Woodgate aus geht es denselben Weg zurück zur Goodwood Road, wo Sie Ihre Fahrt in Richtung Süden fortsetzen.

Ende des Ausflugs

. . . .

Nach 21 weiteren Kilometern auf der Goodwood Road erreichen Sie in Childers wieder den Bruce Highway (A1). Childers ist eine von der Landwirtschaft geprägte Siedlung mit auffällig roter Erde. In dieser Region werden vorwiegend Zuckerrohr und Macadamianüsse angebaut.

🏛 CHILDERS 📷 ❶ ➕ ❌ 🍴 🏨

👪	1.410	
☀	27 °C	
❄	15 °C	
〰	109 m	
⚓	Bundaberg	57 km
	Hervey Bay	68 km

In Childers sieht man viele einstöckige Queenslander-Holzhäuser und einige viktorianische Gebäude. Die Ortschaft ist vorwiegend auf Landwirtschaft eingestellt, trotzdem findet man auch einige interessante Highlights, darunter einen Vogel- und einen Reptilienpark.

❶ CHILDERS VISITORS INFORMATION CENTRE

Die Besucherinfo befindet sich auf dem Gelände des Palace Backpackers Memorial Building. Hier ist im Jahr 2000 ein Hostel abgebrannt (durch Brandstiftung), 15 Gäste sind dabei umgekommen.

🚩 Von der Goodwood Rd rechts auf den Bruce Hwy (A1), der im Ortsbereich Churchill St heißt.
◉ 72 Churchill St, Childers QLD 4660 ☎ 07-4153-8888 🌐 www.bundabergregion.org ◉ Mo.–Fr. 9–16 h, Sa. & So. 9–13 h

Die historische Post von Childers

⊘ Orientieren

Die Goodwood Road mündet am südöstlichen Stadtrand in den Bruce Highway (A1), der im Ortsbereich **Churchill Street** heißt. Wenn Sie Childers besuchen möchten, fahren Sie daher ungewohnterweise wieder in Richtung Norden/Rockhampton zurück, allerdings nur für 1,5 Kilometer, dann sind Sie schon mitten im Ort.

Ⓗ Anreise und Transport

Childers hat eine Greyhound-Haltestelle am Parkplatz an der Crescent Street, nördlich des Bruce Highway mitten im Ortszentrum. Die nächsten Inlandsflughäfen befinden sich in Bundaberg und Hervey Bay.

🛒 Versorgen und einkaufen

Ein Woolworths Supermarkt liegt in Sichtweite des Bruce Highway an ◉ 111–115 Churchill Street (📍 Ecke Hwy 1/52 mitten im Ort). Einen guten Kaffee bekommt man nebenan bei **The Drunk Bean** (◎ ✶, ◉ 7–16 h).

👁 Highlights

▶ Flying High Bird Sanctuary

»Australiens größte Vogelvoliere«, sagt Flying High von sich selbst. Der Vogelpark beherbergt verschiedene Papageien- und Kakaduarten aus Australien und Südamerika, wie auch Kängurus und Emus. Einige Papageien lassen sich aus der Hand füttern.

📍 5,5 km westlich von Childers am Bruce Hwy (A1) 🏠 Cnr Bruce Highway/Old Creek Rd, Apple Creek QLD 4660 ☎ 07-4126-3777 🌐 http://flyinghighbirds.wixsite.com/mysite 🕐 So.–Fr. 7:30–17 h 💲 Erw. $ 20, Kinder $ 10

▶ Snakes Downunder

Reptilienpark am südlichen Ortsausgang von Childers mit Schlangen, Krokodilen und anderen australischen Reptilien wie Waranen, Leguanen und Schildkröten, aber auch Koalas und Kängurus. Jeden Morgen gibt es Vorstellungen zum Thema Schlangen, die Krokodile werden um die Mittagszeit gefüttert.

📍 2,5 km südöstlich von Childers, vom Bruce Hwy links in die Lucketts Rd, dann noch 500 m 🏠 51 Lucketts Rd, Childers QLD 4660 ☎ 07-4126-3332 @ info@snakesdownunder.com 🌐 www.snakesdownunder.com 🕐 Do.–Di. 9:30–15 h, Mittwochs geschlossen 💲 Erw. $ 22, Kinder $ 14

🛏 Übernachten

🏠 Childers Oasis Motel

Mitten im Ortszentrum, aber vom Highway etwas zurück versetztes (ruhigeres) Hotel mit Gemeinschaftsküche, tropischem Garten und Pool, BBQ-Grill und Waschsalon. Restaurants und Geschäfte liegen in Gehweite.

🏠 17 Macrossan Street, Childers QLD 4660 ☎ 07-4126-2244 🌐 www.childersoasismotel.com 🅿 Ja 🛜 Ja 🌟 ★–★★

🏕 Apple Tree Creek Rest Area

Ein kostenloser Rastplatz liegt schräg gegenüber vom Bird Sanctuary in Apple Creek. Der Parkplatz hat einen WC-Block und ist nur etwa 100 Meter vom Highway entfernt; es ist daher nicht besonders ruhig.

📍 6 km nördlich von Childers am Bruce Hwy 🏠 2 Drummond St, Apple Tree Creek, Childers QLD 4660 🚫 Nein 🚫 Nein 🚫 Nein 🚫 Nein 💲 Kostenlos

Dem Bruce Highway (A1) folgen Sie nun für die nächsten 35 Kilometer in Richtung Südosten. Bei Torbanlea verlassen Sie die geschäftige Landstraße und nehmen die **Torbanlea-Pialba Road** *in Richtung Hervey Bay. Nach 21 Kilometern geht es links ab*

auf die **Hervey Bay Road (Highway 57)***, Hervey Bay selbst haben Sie nach weiteren zwölf Kilometern erreicht.*

🏠 HERVEY BAY 🅿🚻➕✖✉🏠

🚶	48.680	
☀	30 °C	
❄	22 °C	
〰	13 m	
🔺	Childers	68 km
	Maryborough	34 km

Hervey Bay präsentiert sich gerne als das »Tor zu Fraser Island«, zur größten Sandinsel der Welt, die von der UNESCO als Welterbe geschützt ist. Der kleine Ort am Meer ist noch für eine weitere Sache bekannt: **Whale Watching**. Jeden Winter, von Mitte Juli bis Ende Oktober, kommen die Wale in die warmen Gewässer zwischen Hervey Bay und Fraser Island, um sich von ihrer langen Wanderung entlang der Küste auszuruhen. Trotz diesem Highlight ist Hervey Bay ruhiger, als man erwarten würde.

Das liegt vielleicht auch daran, dass der Ort keine Platzprobleme hat: Hervey Bay liegt an einem immerhin dreizehn Kilometer langen Strand. Das gefühlte »touristische« Zentrum liegt in Torquay in der Umgebung Torquay Beachfront Tourist Park (ein Campingplatz), während sich das Geschäftszentrum des Ortes vorwiegend um die Main Street in Urraween und Pialba konzentriert.

ℹ HERVEY BAY VISITOR INFORMATION CENTRE

📍 Am Hwy 57 am Ortseingang von Hervey Bay auf der linken Seite 🏠 227 Maryborough-Hervey Bay Rd, Hervey Bay QLD 4655 ☎ 07-4196-9600 @ tourism@visitfrasercoast.com 🌐 www.visitfrasercoast.com 🕐 Tägl. 9–17 h

🧭 Orientieren

Der Name Hervey Bay beschreibt weniger einen bestimmten Ort als einen Zusammenschluss einer Reihe von Ortschaften entlang der Bucht von Hervey Bay, direkt genüber von Fraser Island. Von West nach Ost sind dies die Strandorte Dundowran Beach, Point Vernon, Pialba, Scarness, Torquay und Urangan.

Am Jachthafen (Marina) von Hervey Bay

Auf Ihrer Reise Richtung Brisbane fahren Sie über die Nordroute, die **Torbanlea-Pialba Road** nach Hervey Bay ein, die in die Hervey Bay Road (Highway 57) mündet. Am Kreisverkehr im Ortsteil Eli Waters, der direkt südlich an Point Vernon anschließt, macht der Highway 57 einen Knick nach rechts (Osten). Hier beginnt der **Boat Harbour Drive**, eine der Hauptgeschäftsstraßen der Stadt. Alle Stichstraßen, die vom Boat Harbour Drive nach links (Norden) abzweigen, enden schließlich an der **Charlton Esplanade**, der Strandpromenade von Hervey Bay. Folgen Sie dem Boat Harbour Drive bis zum Ende, erreichen Sie schließlich die Sandy Straits Marina, den Jachthafen im Ortsteil Urangan.

ⓗ Anreise und Transport

Hervey Bay hat eine Greyhound-Haltestelle im Stockland Shopping Centre an der Ecke Boat Harbour Drive und Central Avenue im Ortsteil Urraween sowie einen Inlandsflughafen. Wer mit dem Zug unterwegs ist, muss in Maryborough (▶ Seite 193) aussteigen und einen Anschlussbus nach Hervey Bay nehmen.

🛒 Versorgen und einkaufen

Ein **Aldi** Supermarkt befindet sich Ecke Main Street/Boat Harbour Drive (Highway 57), ein Stockland Shopping Centre mit den Supermärkten Coles und IGA sowie den Warenhäusern KMart und Taget einen Block vorher an der Ecke Boat Harbour Drive und Central Avenue. Am Fishermans Park (⊜ Lot 1, Boat Harbour Dr) in der Nähe des Jachthafens kann man bei **Urangan Fisheries** täglich Fisch quasi direkt vom Kutter kaufen. Praktischerweise befindet sich nebenan eine Picknickwiese, wo man seinen »Fang« zubereiten kann. Der Fishermans Park liegt am östlichen Ende des Boat Harbour Drive (Highway 57). Entlang der **Charlton Esplanade**, die parallel zum Boat Harbour Drive verläuft, gibt es unzählige Campingtische und Bänke, teils mit BBQs, an denen man mit schönen Aussichten aufs Wasser speisen kann. In **Torquay** wurden die Picknicktische sogar gegenüber der Restaurantmeile aufgestellt.

✕ Essen und trinken

Aufgrund der Länge der **Charlton Esplanade** sind die Restaurants mit relativ weitem Abstand zueinander verteilt. Etwas konzentrierter liegen die Restaurants in Torquay gegenüber des Torquay Beachfront Caravan Park (Ecke Fraser Street) wie auch an der Great Sandy Straits Marina (Jachthafen) am Buccaneer Drive.

▶ Café Tapas

Modern designtes Restaurant an der Charlton Esplanade, teils auch mit Sofas ausgestattet, das sich auf kleine Gerichte spezialisiert hat. Der Fokus liegt eher weniger auf Spanien, sondern vor allem auf australischem und asiatischem Seafood. Nachmittags werden Kaffee und Kuchen serviert. Einige Gerichte sind vegetarisch oder glutenfrei.

⊜ 417 Charlton Esplanade (Ecke Bidefort St),Torquay QLD 4655 ☎ 07-4125-6808 ⊜ info@cafetapas.com.au 🌐 www.cafetapas.com.au ⏰ Mo.–So. 11 h bis Mitternacht 💲 ∗–∗∗

▶ Torquay Hotel Hervey Bay

Gemütlicher Pub mit großem, überdachtem Freiluftbereich an der Charlton Esplanade mit täglichen Specials ab $ 10. Am Freitag und Samstag Livemusik ab 20 Uhr, am Sonntag 14 bis 18 Uhr.

421 Torquay Terrace (Ecke Charlton Esplanade), Torquay QLD 4655 07-4125-2266 office@torquayhotelhb.com.au www.torquayhotelhervey bay.com.au Mo.–Do. 11–21 h, Fr. & Sa. 11–22 h ∗–∗∗

▶ Wild Lotus Restaurant & Bar

Kleines Eckrestaurant an der Esplanade von Hervey Bay. Moderne australische Küche mit Zutaten aus der Region, vor allem Seafood, aber auch Lamm und Steak. Einige Gerichte sind glutenfrei. Montag bis Mittwoch mit $-15-Dinner-Specials – allerdings nur mit vorheriger Reservierung.

433 Charlton Esplanade (Ecke Fraser St), Torquay QLD 4655 07-4125-3278 info@wild lotusrestaurant.com www.wildlotusrestaurant.com

Di.–Sa. 11–14:30 h, Mo.–Sa. 17:30–22 h, So. geschlossen ∗–∗∗∗

▶ Café Balaena

Outdoorcafé am Jachthafen von Hervey Bay mit Aussichten auf die Segelboote und den Leuchtturm. Morgens Buffetfrühstück, mittags und abends u.a. mit Tapas und Steaks (auch vom Känguru).

Am Ostende des Boat Harbour Dr links auf die Charlton Esplanade, dann gleich wieder rechts auf den Buccaneer Dr Great Sandy Straits Marina, 7 Buccaneer Dr, Urangan QLD 4655 07-4125-4799 www.cafebalaena.com.au Mo.–Sa. für alle Mahlzeiten geöffnet, So. bis 15 h ∗–∗∗

Die beeindruckende Walstatue vor dem Jachthafen (Marina) von Hervey Bay

👁 Highlights

▶ Great Sandy Straits Marina

Der Jachthafen von Hervey Bay ist die Basis der Whale-Watching-Boote, wenn auch nicht für die Fähren nach Fraser Island, die vom Nachbarort River Heads abfahren (▶ Seite 186). Auch wenn keine Walsaison ist, ist die Marina mit ihren schicken Booten und den Restaurants am Wasser einen Besuch wert.

🚩 *Am Ostende des Boat Harbour Dr links auf die Charlton Esplanade, dann rechts auf den Buccaneer Dr*

▶ Whale Watching ★

Hervey Bay gilt ist einer der besten Ausgangspunkte für Whale-Watching-Ausfahrten in Australien, da sich die Tiere in den geschützten Gewässern zwischen Fraser Island und dem Festland auf ihrer langen Wanderung entlang der Ostküste ausruhen. Die **Walsaison** läuft typischerweise von **Juli bis Oktober**. Auf den Ausfahrten sieht man oft auch Delfine, Schildkröten und *Dugongs* (Seeelefanten).

Blue Dolphin Marine Tours

Walbeobachtungstouren mit dem Segelkatamaran werden Mitte Juli bis Ende Oktober angeboten, und zwar täglich von 7:30 bis 15:30 Uhr (🕐 Erw. $ 150, Kinder $ 120). Den Rest des Jahres unternimmt das Segelboot **Delfintouren**, täglich von 8:30 bis 12:30 Uhr (🕐 Erw. $ 80, Kinder $ 50). Ausfahrten in den Sonnenuntergang werden von November bis Juli angeboten, täglich von 17 bis 18:30 Uhr (🕐 Erw. $ 60, Kinder $ 35), maximal 24 Gäste finden an Bord Platz. Vorher zu reservieren, ist empfehlenswert.

🚩 *Am Ostende des Boat Harbour Dr links auf die Charlton Esplanade, dann rechts auf den Buccaneer Dr*
✉ *Berth B7, Great Sandy Straights Marina, Buccaneer Dr, Urangan QLD 4655* ☎ *07-4124-9600*
🌐 *www.bluedolphintours.com.au*

Freedom Whale Watch

Freedom Whale Watch ist mit einem 18 Meter langen Motor-Katamaran mit Platz für 40 Gäste unterwegs, während der Saison (🕐 Mitte Juli–Ende Okt.) täglich von 8:30 bis 15:30 Uhr (🕐 Erw. $ 130, Kinder $ 90).

🚩 *Siehe Blue Dolphin Marine Tours* ☎ *Buccaneer Dr, Great Sandy Straits Marina, Hervey Bay QLD 4655*
☎ *07-4125-1996 oder 1300-879-960 (geb. frei)*
@ *enquiries@freedomwhalewatch.com.au*
🌐 *www.freedomwhalewatch.com.au*

▶ Urangan Pier

Der 880 Meter lange Holzpier eignet sich hervorragend, um einen Überblick über Hervey Bay zu bekommen. Es ist zwar nicht der einzige Holzsteg in der Stadt, aber bei Weitem der längste.

🚩 *Boat Harbour Dr Richtung Osten, links in die Elizabeth St, rechts in die Shell St, dann links in die Pier St*

▶ Wet Side Water Education Park 👫

Wasserpark speziell für Kinder, mit separatem Bereich für die ganz Kleinen und mit künstlichen Wellen zum Surfen für alle ab 120 cm Körpergröße. Der Eintritt ist frei, nur fürs Wellenreiten mit dem BoardRider zahlt man $ 6.

🚩 *Vom Boat Harbour Dr bei den Einkaufszentren links auf die Main St und weiter bis zur Charlton Esplanade* ☎ *Ecke Main St und Charlton Esplanade, Pialba QLD 4655* ☎ *1300-808-888 (Tel. Nr. der Stadtverwaltung)* 🌐 *www.frasercoast.qld.gov.au/wetside* 🕐 *Schwimmbad Mi.–So. 10–17 h, BoardRider nur am Sa. Während der Schulferien Schwimmbad und BoardRider täglich 10–17 h.*

▶ Reefworld Aquarium

Kleines Meerwasseraquarium, in dem Korallen und Fische des Great Barrier Reef vorgestellt werden. Um 11 Uhr werden die Schildkröten gefüttert, um 14 Uhr die Haie.
🌐 *Boat Harbour Dr Richtung Osten, später links in die Pulgul St, rechts in die Kent St und durch den Dayman Park bis zum Wasser* 💬 *Dayman Park, Cnr Kent/Pulgul St, Urangan QLD 4655* ☎ *07-4128-9828* ✉ *reefworld herveybay@gmail.com* 🌐 *www.facebook.com/pages/ REEF-WORLD-HERVEY-BAY/119644441381136* 🕐 *Tägl. 9:30–16 h* 💲 *Erw. $ 20, Kinder $ 10*

▶ Lady Elliot Island

Auch das Great Barrier Reef kann man von Hervey Bay aus erreichen: Zweimal täglich fliegt Seair in etwa 40 Minuten zur Koralleninsel Lady Elliot Island, wo Sie das Riff rund um die Insel im Glasbodenboot und mit Maske und Schnorchel erkunden können. Wer Tauchen möchte, muss über Nacht bleiben (▶Seite 177).

🛏 Übernachten

🏨 Mantra Hervey Bay

Eines der am besten gelegenen Hotels, mit zwei sechsstöckigen Gebäuden an der Great Sandy Straits Marina. Vom Balkon aus bieten sich Aussichten über das Wasser und die vor Anker liegenden Jachten, im Whirlpool kann man entspannen. Zum Hotel gehört ein Restaurant mit Terrasse zum Wasser hin. Fürs Frühstück zahlt man $ 20 Aufpreis.
🌐 *Am Ostende des Boat Harbour Dr links auf die Charlton Esplanade, dann rechts auf den Buccaneer Dr* 💬 *Buccaneer Dr, Urangan QLD 4655* ☎ *07-4197-8200* 🌐 *www.mantraherveybay.com.au* 🅿 *Ja* 📶 *Ja, kostenpflichtig* 💲 *★ – ★★★*

🏨 Boat Harbour Resort

Anlage mit zweistöckigem Hauptgebäude und 16 Zimmern sowie vier Holzhäusern (Bungalows) mit Parkplätzen direkt vor der Tür. Die Hotelzimmer kommen mit Mini-Küche, die Bungalows jeweils mit zwei Schlafzimmern und voll ausgestatteter Küche. Einige Zimmer haben eingeschränkten Blick aufs Meer. Auf dem Gelände gibt es einen Pool, BBQs und Spielplatz mit Sandkasten. Das Resort liegt in einer Sackgasse in einer ruhigen Ecke von Hervey Bay. In Gehweite befindet sich die Great Sandy Straits Marina, an der auch die Whale-Watching-Ausfahrten beginnen.
🌐 *Am Ostende des Boat Harbour Dr rechts auf die Charlton Esplanade* 💬 *651 Charlton Esplanade, Urangan QLD 4655* ☎ *07-4125-5079* ✉ *boatharbour resorthb@bigpond.com* 🌐 *www.boatharbourresort. com.au* 🅿 *Ja* 📶 *Ja* 💲 *Hotelzimmer ★, Bungalows ★★*

🏨 Emeraldene Inn

Freundliches 14-Zimmer-Hotel auf riesigem Grundstück am Ortsrand von Hervey Bay, mit Zwölf-Meter-Pool und BBQ. Die Deluxe Suites sind für maximal vier Gäste geeignet, die Superior Suites für maximal drei Gäste und die Family Rooms für bis zu fünf Gäste. Alle Zimmer haben mindestens eine Mini-Küche; das ist auch gut so, da es keine Restaurants in der näheren Umgebung gibt. Eine Bushaltestelle befindet sich vor dem Krankenhaus nebenan.
🌐 *Bei der Einfahrt nach Hervey Bay von Hwy 57 rechts in die Urraween Rd (Beschilderung zum Hospital). 4,5 km von der Charlton Esplanade entfernt.* 💬 *166 Urraween Rd, Urraween QLD 4655* ☎ *07-4124-5500* ✉ *relax@emeraldene.com.au* 🌐 *www. emeraldene.com.au* 🅿 *Ja* 📶 *Ja* 💲 *★*

🏨 Flashpackers Hervey Bay

Modernes Hostel, nur 300 Meter vom Strand von Hervey Bay entfernt. Für Paare gibt es Doppel- und Zweibett-Zimmer mit Bad, für Alleinreisende 4er-, 6er- und 8er-Zimmer sowie *Female-only*-Zimmer für Frauen. Mit Gemeinschaftsküche, Pool mit Sandstrand, Liegestühlen, BBQ, Kinoraum. Frühstück und Abholservice ab Busbahnhof Hervey Bay sind mit dabei (nicht zwischen 0 und 6 Uhr).
🌐 *Boat Harbour Dr links auf die Denmans Camp Rd bis Torquay Terrace* 💬 *195 Torquay Terrace, Torquay QLD 4655* ☎ *07-4124-1366* 🌐 *www.flash packersherveybay.com* 🅿 *Ja* 📶 *Ja* 💲 *★*

🏕 Camping

Hervey Bay hat etwa ein Dutzend Campingplätze. Die Strandgrundstücke sind dabei den städtischen Campingplätzen vorbehalten, alle anderen (privaten) Plätze liegen weiter im Binnenland.

🏕 Torquay Beachfront Tourist Park

Der Campingplatz ist relativ ruhig direkt am Meer gelegen, gleichzeitig finden sich auf der anderen Straßenseite eine Reihe von Restaurants. Der Platz wird beschattet von Eukalpytusbäumen, die bei den einheimischen Papageien sehr beliebt sind. Mit Gemeinschaftsküche, BBQ und Strandzugang. Wer am Strand in der ersten Reihe campen will, zahlt einen Aufpreis.
🌐 *Vom Boat Harbour Dr links auf die Bideford St zur Charlton Esplanade, rechts zum Tourist Park* 💬 *Charlton Esplanade (zwischen Fraser St und Macks Rd), Torquay QLD 4655* ☎ *07-4125-1578* ✉ *torquay@beachfronttouristparks.com.au* 🌐 *www. beachfronttouristparks.com.au/our-parks/torquay caravan-park* 🅿 *Ja* 🛏 *92* 🔥 *5* 💬 *Ja* 📶 *Ja* 💬 *Ja, kostenpflichtig* ⚡ *Wasser, Abwasser, Strom (15 Amp.)* 📶 *Nein* 💲 *$$ – $$$*

🏕 Scarness Beachfront Tourist Park

Mit dem Nötigsten ausgestatteter Campingplatz mit zwei Gemeinschaftsküchen, in einer ruhigen Ecke von Hervey Bay und am Strand gelegen. Camper mit Zelt können auch die meisten Wohnmobilplätze nutzen, müssen dann aber die Preise einer *Powered Site* zahlen. Wer an einer der 36 Plätze am Strand in der ersten Reihe übernachten will (Zelte nicht erlaubt), zahlt einen Aufpreis.

🚗 Vom Boat Harbour Dr links auf die Queens Rd zur Charlton Esplanade, rechts zum Tourist Park
✉ Charlton Esplanade (zwischen Frank St und Denmans Camp Rd), Scarness QLD 4655 ☎ 07-4128-1274 @ scarness@beachfronttouristparks.com.au
🌐 www.beachfronttouristparks.com.au/our-parks/scarness-caravan-park 🛏 117 ⬤ 3 ⬤ Ja ⬤ Ja ⬤ Ja, kostenpflichtig ⬤ Wasser, Abwasser, Strom (15 Amp.)
⬤ Nein ⬤ $$–$$$

Viele Australier besuchen Hervey Bay, weil dies ein hervorragender Ausgangspunkt für die Walbeobachtung ist. Außerhalb Australiens ist Hervey Bay allerdings viel bekannter für eine ganze andere Sache: Sand, viel Sand. Die größte Sandinsel der Welt, Fraser Island, liegt nur eine kurze Fährfahrt entfernt direkt vor der Küste.

Die Insel ist groß genug, um dafür einen oder auch mehrere ganze Tage einzuplanen. Je mehr Zeit Sie mitbringen, umso mehr werden Sie sich in ihren Wäldern, ihren Seen und an ihren endlos langen Stränden entspannen können.

Ihr Auto können Sie nur mitnehmen, wenn Sie einen Geländewagen haben (bei Mietwagen Erlaubnis des Vermieters einholen!). Alternativ kann man Fraser Island auch als Fußgänger besuchen.

Ausflug nach Fraser Island zum Great Sandy National Park

🏘 RIVER HEADS ✉ 🛏

Die Fähren nach Fraser Island fahren vom etwa 20 Kilometer von Hervey Bay entfernten Fährterminal in **River Heads** oder ab **Inskip Point** bei Rainbow Beach (▶ Seite 199). Entlang der Hauptstraße, der River Heads Road/Ariadne Street, hat sich eine kleine Siedlung entwickelt, der es zurzeit noch an Restaurants und Übernachtungsmöglichkeiten fehlt.

🚗 Man erreicht River Heads von Hervey Bay über die vom Boat Harbour Dr nach Süden abzweigende Main St, am Ende der Main St links auf die Booral Rd, später rechts auf die River Heads Rd bis zu den Fähranlegern.

▶ Fähren nach Fraser Island

Die Fähre **Kingfisher Bay** verbindet River Heads mit dem Kingfisher Bay Resort an der Westseite von Fraser Island. Die Fähre fährt von Montag bis Freitag mindestens fünfmal täglich zwischen 6:45 und 18:30 Uhr, mit zusätzlichen Abfahrten am Freitag, Samstag und in den Ferien. Die **Fraser Venture** Fähre verbindet River Heads mit Wanggoolba Creek, das ebenfalls an der Westseite von Fraser Island liegt, einige Kilometer südlich des Kingfisher Bay Resorts. Abfahrten dreimal täglich zwischen 8:30 und 17 Uhr, in den Ferien zusätzliche Verbindungen. Vorbuchung wird dringend empfohlen, vor allem in Ferienzeiten. Für Hin- und Rückfahrt für einen Geländewagen mit Fahrer werden je nach Saison $ 175 bis 200 berechnet, weitere Passagiere jeweils $ 5.

🚗 Am Ende der River Heads Rd/Ariadne St
✉ Ariadne St, River Heads QLD 4655 ☎ 07-4194-9300
@ reservations@fraserislandbarges.com.au
🌐 www.fraserislandferry.com.au

🌲 FRASER ISLAND, GREAT SANDY NATIONAL PARK 🅿 ✉ 🏛

Fraser Island ist die größte Sandinsel der Welt, ihr Ökosystem ist komplett auf Sand aufgebaut. Dieser Sand wurde über die letzten zwei Millionen Jahre von Wind und Wellen aus der mehrere Hundert Kilometer südlich gelegenen Coffs Harbour Region an die Küste zwischen der Gold Coast und Hervey Bay getragen. Der Sand bildet die Grundlage für eine Reihe von Inseln, von denen Fraser Island die nördlichste und bei Weitem die größte ist. Die 123 Kilometer lange und bis zu 25 Kilometer breite Insel ist seit 1992 als UNESCO-Welterbe geschützt – und das aus gutem Grund: Auf Fraser Island finden sich nicht nur Dünen und Küstenheidelandschaften, sondern auch über hundert Süßwasserseen und sogar subtropische Regenwälder. Das ist etwas ganz Besonderes: Nur auf Fraser Island und im Great Sandy National Park (▶ Seite 198) wächst Regenwald direkt auf Sand – das gibt es sonst nirgendwo anders in der Welt.

Fraser Island ist zudem ein Refugium für Vögel, Reptilien und Säugetiere wie etwa

Pademelons (Mini-Kängurus, die im Wald leben), Echnidas (Schnabeligel) und Possums (vorwiegend auf Bäumen lebende Beuteltiere). Nicht zuletzt sollen hier die reinrassigsten **Dingos** (Wildhunde) Australiens leben, die allerdings dafür berüchtigt sind, nachts Campingplätze nach Essbarem zu durchstöbern.

Leider hat die Insel auch den Ruf erlangt, von Natur liebenden Touristen »zu Tode geliebt« zu werden. Vor allem an den Wochenenden und in den Ferienzeiten wird Fraser Island geradezu von Menschenmassen mit Geländewagen überrollt, und man findet kaum einen ruhigen Fleck. Jedes Jahr kommen mindestens 350.000 Gäste auf die Insel, allein am Osterwochenende 2014 sollen etwa 60.000 Gäste die Insel besucht haben. Über die Zeit von Weihnachten bis Neujahr kann man mit einem ähnlichen Besucheraufkommen rechnen.

► Allgemeine Informationen

► Infos zur Straßenlage

Auf Fraser Island gibt es keine Straßen, sondern nur Sandpisten, die oft recht tief eingegraben sind, sodass man nur mit einem Geländewagen mit hohem Bodenabstand wie etwa einem Toyota Prado, Land Cruiser, Troop Carrier oder Nissan Patrol vorankommt. Im Allgemeinen gilt: Der Zustand der Pisten im Binnenland ist abhängig davon, wie lange es vorher nicht geregnet hat. Nach langer Trockenheit ist der Sand oft schwierig zu befahren, und das Fahrzeug gräbt sich schneller ein. Die Beschaffenheit des Untergrunds am 75 Mile Beach ist abhängig von den Gezeiten und daher täglich unterschiedlich, vor allem da einige Strandabschnitte während der Flut komplett überspült werden. Daher ist es wichtig, sich rechtzeitig bei der Nationalpark-Verwaltung über den Pistenzustand zu informieren.

Falls Sie nicht sowieso mit einem Geländewagen unterwegs sind, ist eine geführte Tour nach Fraser Island für die meisten eine gute Idee. Ein Hop-on-Hop-off-Shuttle oder sonstige öffentliche Verkehrsmittel gibt es nicht.

► Fährtickets für Fußgänger

Die günstigste Option, Fraser Island zu erkunden, sind »Day Away«-Fährtickets für Fußgänger (Erw. $ 59, Kinder $ 29) mit der Autofähre zum Kingfisher Bay Resort. Wer nur einen Tag Zeit hat, der kann die sandigen Wanderwege rund um das Resort erkunden, bei Ebbe einen Strandspaziergang am Kingfisher Beach unternehmen oder an einer geführten Kajaktour teilnehmen (⊚ $ 20). Wer länger Zeit hat, der kann sich im **Kingfisher Bay Resort** einmieten. Es besteht zwar die Möglichkeit, sich mit Rucksack und Zelt vom Fähranleger in Kingfisher Bay oder **Wanggoolba Creek** aus zu Fuß auf Inselerkundung zu begeben, allerdings sollten sich Wanderer über die weiten Entfernungen auf der Insel im Klaren sein und sämtliche Verpflegung – abhängig von der Route auch Trinkwasser – selbst mitbringen.

► Geländewagen mieten

Wer sich lieber nicht einer Tour anschließen will, der kann sich nach etwa zwei Stunden Einweisung auch selbst hinter das Steuer setzen. Manche Hostels stellen Gruppen für Self Drive Tours zusammen, bei denen sechs oder acht Reisende zusammengewürfelt werden. Abhängig vom Fahrzeug müssen einige der Gäste dabei hinten im Fahrzeug auf einer seitwärts gerichteten Bank sitzen oder auf den Notsitzen die Beine einziehen. Alternativ dazu kann man auch bei einem Geländewagen-Vermieter ein Fahrzeug mit Kartenmaterial und Tipps für die Routenplanung für sich alleine bekommen. Die Mieten und Fährgebühren sind relativ teuer, daher spart man im Vergleich zur geführten Tour nur dann, wenn man mit mehr als zwei Personen im Fahrzeug unterwegs ist und mindestens eine Nacht auf der Insel bleibt. In Hervey Bay gibt es eine Reihe von Vermietern, darunter **Fraser Magic** (⊕ www.fraser4wdhire.com.au) und

Dingos auf Fraser Island zu sehen, ist für viele ein Highlight der Reise.

Sandpiste im Zentrum von Fraser Island

Safari (www.safari4wdhire.com.au). Die Fahrzeuge sind fast immer älteren Datums, aber zumeist in technisch gutem Zustand. Rechnen Sie mit etwa $ 400 Miete für ein Fahrzeug für 2 Kalendertage (in den Schulferien teils 3–4 Tage Minimum-Mietzeit). Hinzu kommen noch die üblichen Kosten für Fahrzeugfähre, Vehicle Access Permit, Treibstoff und Campingerlaubnis oder Hotel.

► Mit dem eigenen Fahrzeug auf die Insel

Falls Sie ein geländetaugliches Fahrzeug besitzen oder ein Fahrzeug außerhalb von Hervey Bay gemietet haben, benötigen Sie noch eine *Fraser Island Vehicle Access Permit*. Außerdem sollten Sie mit Ihrem Vermieter absprechen, ob Fahrten nach Fraser Island erlaubt sind. Eine Campingerlaubnis bekommen Sie in Queenslands Nationalpark-Infozentren, etwa in **Tewantin** bei Noosa (Moorindil St, Tewantin QLD 4565), in **Rainbow Beach** (Rainbow Beach Rd, Rainbow Beach QLD 4581) oder direkt in **River Heads** bei Hervey Bay im Büro von Kingfisher Bay (River Heads Shopping Village, 56 Ariadne St, River Heads QLD 4655). Die *Fraser Island Vehicle Access Permit* kostet $ 49,90 und gilt für maximal einen Monat. Camping kostet $ 6,15 pro Person und Nacht. Weitere Nationalparkgebühren fallen nicht an.

► Geführte Touren im Geländewagen

Es gibt eine große Anzahl von Anbietern in den unterschiedlichen Preiskategorien, im Folgenden daher nur ein paar Tipps zu Veranstaltern, die uns gut gefallen haben. Bei allen Touren ist die Abholung ab Hotel, Hostel oder Campingplatz inklusive, soweit im Stadtgebiet von Hervey Bay.

Fraser Explorer Tours

Ein-Tages-Touren ab Hervey Bay oder Rainbow Beach in größeren Gruppen mit in Stoßzeiten auch schon mal über 40 Gästen (saisonabhängig, Erw. $ 185–205, Kinder $ 125–135) oder als Premiumvariante mit höchstens 18 Gästen, allerdings dann nur ab Hervey Bay (saisonabhängig, Erw. $ 219–235, Kinder $ 165–185). Außerdem werden 2- und 3-Tages-Touren mit Hotel im Doppel- oder Mehrbettzimmer im Eurong Resort angeboten.

> Es gibt zwar keine deutschsprachigen Touren auf Fraser Island, allerdings können Sie gegen $ 20 Pfand einen iPod mit deutschem Kommentar mieten.

River Heads Shopping Village, 56 Ariadne St, River Heads QLD 4655 07-4194-9222 reservations@fraserexplorertours.com.au www.fraserexplorertours.com.au

Cool Dingo Tours

Fraser-Island-Touren über zwei oder drei Tage, geeignet für alle ab 18 Jahren. Die Touren werden vorwiegend von Rucksackreisenden unter 35 Jahren gebucht und beginnen in **Hervey Bay** oder **Rainbow Beach**. Für zwei Tage zahlt man im 4-Bett-Zimmer $ 375, im 2-Bett-Zimmer $ 430. Für drei Tage im 4-Bett-Zimmer $ 490 und im 2-Bett-Zimmer $ 555. Übernachtet wird in einem Hostel mit Gemeinschaftsbad in der Nähe des Kingfisher Bay Resorts.
River Heads Shopping Village, 56 Ariadne St, River Heads QLD 4655 07-4120-3333 reservations@kingfisherbay.com www.cooldingotour.com

Fraser Experience

Tagesausflüge ab Hervey Bay in kleiner Gruppe bis 16 Gästen (Saisonabhängig Erw. $ 185–200, Kinder $ 134–144), oder ganz exklusiv zu viert im Hummer Geländewagen (Erw. $ 273, Kinder $ 230).
Am Ortseingang von Hervey Bay, vom Boat Harbour Dr links auf die Nissen St, dann rechts auf die Islander Rd 4/75 Islander Rd, Hervey Bay QLD 4655 07-4124-4244 info@fraserexperiencetours.com.au www.fraserexperiencetours.com.au Abfahrten tägl.

Orientieren

Auf Fraser Island gibt es keine befestigten Straßen. Die einzige Straße, die man eine

Sand und Meer
auf Fraser Island

Hauptstraße nennen könnte, ist der Strand von 75 Mile Beach, der fast die gesamte Ostküste der Insel entlang verläuft und der bei Flut zumeist nicht befahrbar ist (die Flut ist abhängig von der Mondphase unterschiedlich hoch. Infos zur Tide: 🌐 www. bom.gov.au/australia/tides/#!/qld-waddy-point-fraser-island).

Wenn Sie die Fähre nach **Kingfisher Bay** oder **Wanggoolba Creek** nehmen, landen Sie an der Westküste von Fraser Island. Um zum 75 Mile Beach zu kommen, müssen Sie also erstmal die Insel über eine der Inlandspisten durchqueren. Von **Kingfisher Bay** aus können Sie etwa die Route über Lake McKenzie oder Lake Wabby nehmen und erreichen den 75 Mile Beach dann am Strandabschnitt »Cornwells« einige Kilometer nördlich des Eurong Beach Resorts.

Vom weiter südlich gelegenen **Wanggoolba Creek** können Sie eine Route mit Abstechern bei Lake Birrabeen oder Lake McKenzie fahren und erreichen den 75 Mile Beach dann direkt am Eurong Beach Resort.

🛒 Versorgen und einkaufen

Auf Fraser Island leben knapp 200 Menschen, die vorwiegend in der Umgebung der Inselresorts wohnen. Eine richtige Stadt gibt es also nicht, und Verpflegung und Treibstoff erhalten Reisende nur in den Resorts. Die größten Resorts sind das **Kingfisher Bay Resort** an der Westküste und das **Eurong Beach Resort** an der Ostküste. Eine Tankstelle, ein Café, einen Lebensmittelladen

und einen privaten Campingplatz gibt es zudem in den kleineren Resorts bei **Cathedral Beach** und **Happy Valley**, die beide an der Ostküste liegen. Aufgrund der hohen Preise lohnt es sich, vorher in Hervey Bay einzukaufen (Mückenmittel nicht vergessen!) und zu tanken, damit man später auf der Insel nur das Nötigste besorgen muss.

👁 Highlights

Fraser Island hat viele schöne Plätze, die eine Reise wert sind. Die fünf beliebtesten Highlights, die man nicht auslassen sollte, werden im Folgenden beschrieben. Sie werden auf den meisten geführten Touren angefahren und sind auch mit dem eigenen Geländewagen problemlos erreichbar.

▶ Lake Mackenzie/Lake Birrabeen

Lake Mackenzie liegt in der Mitte der Insel etwa zwischen Wanggoolba Creek und dem Eurong Resort. Er ist bereits auf vielen Postkarten verewigt worden als tiefblauer See mit weißem Sandstrand und wird während der Hochsaison von bis zu 2000 Menschen täglich besucht. Lake Mackenzie ist nur einer von vielen sehenswerten Süßwasserseen auf der Insel, aber bei Weitem der bekannteste. Baden ist erlaubt. Alternativ dazu ist auch der weißsandige **Lake Birabeen** einen Besuch wert. Hier bekommt man als Bonus die Tannine der Teebäume, die am Ufer wachsen und die das Wasser besonders angenehm für die Haut machen.

Sonnenaufgang am 75 Mile Beach

► Central Station Rainforest

Das ehemalige Waldarbeitercamp, das mitten im auf Sand gebauten Regenwald liegt, dient heute als Infocenter, Picknick- und Campingplatz. Central Station ist der Startpunkt für mehrere Wanderungen, wie etwa zum Wanggoolba Creek und zum Pile Valley.

Der **Wanggoolba Creek** ist ein mitten im Regenwald gelegener Bach, der lautlos auf einem Sandbett fließt. Das Wasser ist so sauber, dass Gäste angehalten werden, nicht einmal die Hand ins Wasser zu stecken, da etwa Sonnencreme und Kosmetika schädlich für die Natur sein können (☉ Rundweg 0,9 km, ⏱ 30–60 Min., ◐ Leicht). Auch das **Pile Valley** mit seinen Mammutbäumen, die man sonst nur in Kalifornien erwarten würde, ist einen Besuch wert (☉ Rundweg 4,6 km, ⏱ 1,5–2 Std., ◐ Leicht).
📍 9 km östlich von Wanggoolba Creek, 8 km westlich vom Eurong Resort

► 75 Mile Beach

Der 75 Mile Beach ist tatsächlich 94 Kilometer lang, müsste also treffender 60 Mile Beach heißen. Der Sandstrand zieht sich fast über die gesamte Ostküste der Insel entlang und ist die schnellste und einfachste Nord-Süd-Verbindung. Damit ist 75 Mile Beach die »Autobahn« von Fraser Island – mit vergleichsweise viel Verkehr und einem höheren Unfallrisiko als anderswo auf der Insel. Entlang des 75 Mile Beach liegen Highlights wie **Eli Creek**, das Schiffswrack des Kreuzfahrtschiffs **Maheno** und die **Coloured Sands**, vielfarbige Sandklippen entlang der Küste.
📍 Siehe Orientieren

► Indian Head

Der östlichste Punkt der Insel schließt gleichzeitig den 75 Mile Beach nach Norden hin ab und ist der Aussichtspunkt, den man einfach nicht auslassen kann. Von dem felsigen Kap aus bieten sich 360 °-Aussichten über Geländewagen, Sanddünen, Strände und bis weit hinaus aufs Meer. Im Winter kann man mit ein bisschen Glück vorbeiziehende Wale beobachten.

► Eli Creek

Eli Creek fließt etwa in der Mitte des 75 Mile Beach über den Strand ins Meer. Der kurze Bach hat eine starke Strömung, von der man sich bequem mittragen lassen kann, und ist ein guter Platz für eine Pause. Mit dem Geländewagen kann man die Flussmündung nur bis zu zwei Stunden vor und nach der Ebbe passieren.

🌲🌲 Wandern

Fraser Island ist ein Paradies für Wanderer. Die Insel ist mit beeindruckenden zweitausend Kilometern Geländewagen-Tracks und Wanderwegen überzogen, die noch aus alten Holzfällerzeiten stammen. Daher ist es unmöglich, alle Wege vorzustellen, ohne den Rahmen des Reiseführers zu sprengen. Die nachfolgenden Empfehlungen orientieren sich an den weiter unten aufgeführten Unterkünften.
🌐 Karte: www.seitnotiz.de/NPRAU102

► Trail zur Mündung des Dundonga Creek
☉ Kingfisher Bay Resort ⏱ 1–1,5 Std. ◐ Leicht ☉ 3 km

► Loop-Trail zu McKenzie's Jetty
☉ Kingfisher Bay Resort ⏱ 2–3 Std. ◐ Leicht ☉ 6,6 km

► Lake McKenzie
☉ Kingfisher Bay Resort ⏱ 4–6 Std. ◐ Moderat, nur für Geübte ☉ 12,7 km

► Wungul Sandblow Sanddüne
☉ Dundubara Camping Area ⏱ 45 Min. ◐ Leicht ☉ 2 km

► **Wungul Circuit**
◯ Dundubara Camping Area ◷ 2–3 Std. ◯ Leicht
◯ 5,5 km

► **Waddy Point Headland**
◯ Waddy Point Top Camping Area ◷ 45 Min.
◯ Leicht ◯ 1,8 km

🛏 **Übernachten**

🏨 **Kingfisher Bay Resort**
Das beste Resort auf der Insel mit großem Wohlfühlfaktor, das gleichzeitig ein Eco Resort ist. Das Kingfisher besteht aus einer Reihe von Gebäuden, die auf einem weitläufigen Gelände im Wald verteilt sind. Die günstigsten Zimmer sind die Resort Hotel Rooms für maximal drei Gäste, mit Balkon und Aussichten auf den Wald. Im Hauptgebäude befindet sich ein Restaurant, daran angeschlossen zwei Pools (der größere wird nachts stimmungsvoll beleuchtet) sowie ein großer Teich, der mit einheimischen Bäumen und Wildblumen bepflanzt ist. In der Nähe der Bootsanlegestelle gibt es ein Café sowie einen weiteren Pool mit Beachbar. Am Kingfisher Bay Resort beginnen eine Reihe von Wanderwegen (siehe oben).

💡 Vom Resort aus werden täglich Geländewagentouren in entferntere Ecken von Fraser Island angeboten (Saisonabhängig ◯ Erw. $ 195–215, Kinder $ 125–135). Im Winter kann man von hier aus auch zum Whale Watching in See stechen (◯ Erw. $ 120, Kinder $ 75).

Blick vom Indian Head in Richtung Norden

Per Fähre von River Heads direkt nach Kingfisher Bay. Von Inskip Point bei **Rainbow Beach** (▶ Seite 199) mit Fähranleger bis Hook Point fahren Sie (bei Ebbe) am 75 Mile Beach entlang (alternativ über die Hook Point Inland Rd nach Norden), vorbei am Eurong Beach Resort. Am Strandabschnitt Cornwells links ab. Durchqueren Sie die Insel Richtung Westen bis Sie Kingfisher Bay erreichen. Kingfisher Bay Resort, Fraser Island QLD 4655 07-4194-9300 reservations@kingfisherbay.com www.king fisherbay.com Ja Ja ★★–★★★

🏨 Eurong Beach Resort

Das im Vergleich zum Kingfisher Bay nicht mehr ganz so frische, aber ebenfalls weitläufige Eurong Beach Resort liegt am südlichen Drittel des 75 Mile Beach, nur Schritte vom Strand entfernt. Das Resort ist nicht direkt per Fähre erreichbar; man muss sich einer Tour anschließen oder benötigt einen Geländewagen. Die Zimmer haben mindestens eine Mini-Küche sowie eine Terrasse oder einen Balkon mit Sitzmöbeln, nach Zimmern mit Klimaanlage muss man allerdings extra fragen. Von allen Zimmern aus hört man das Meer rauschen. Auf dem Gelände, das fast schon an ein Dorf erinnert, befinden sich zwei Pools, Tennisplätze, ein Buffet-Restaurant, eine Beach Bar, eine Pizzeria (nur in den Schulferien), eine Bäckerei, eine Tankstelle und ein Mini-Laden für Selbstversorger.

Etwa in der Mitte des 75 Mile Beach Eurong Beach Resort, Fraser Island QLD 4655 07-4120-1600 enquiries@eurong.com www.eurong.com.au Ja Nein ★★–★★★

🏕 Übernachten – Camping auf Fraser Island

Fraser Island hat ein volles Dutzend sehr einfach ausgestatteter Nationalpark-Campingplätze, die sich im Inneren der Insel befinden. Zudem sind einige Strandabschnitte an der West- wie auch an der Ostküste fürs Camping freigegeben. Wie immer in Queenslands Nationalparks gilt, dass ein Campingplatz zwingend vorgebucht werden muss. Sie sollten sich also bereits vor dem Inselbesuch Ihre geplante Route überlegen. Die größten Campingplätze mit der besten Ausstattung (inklusive Dingo-Zaun als Schutz für kleinere Kinder) sind Central Station, Dundubara und Waddy Point Top. Alle Plätze sind ohne Strom.

🏕 Central Station Camping Area

Campingplatz mit 60 Plätzen in einem Regenwaldgebiet im Zentrum der Insel. Bei besonders windigem Wetter wird der Platz manchmal kurzfristig geschlossen, um Unfälle durch herunterfallende Äste zu vermeiden. Mit heißen Münzduschen und WCs mit Wasserspülung. Auf dem auch für Nicht-Camper zugänglichen Picknickplatz nebenan gibt es Tische und Gas-BBQs. Trinkwasser muss selbst mitgebracht werden.

9 km östlich von Wanggoolba Creek, 8 km westlich vom Eurong Resort 13-74-68 (auch für Reservierungen) camping.support@nprsr.qld.gov.au (Nur für Anfragen, Reservierung per E-Mail nicht möglich) www.nprsr.qld.gov.au/parks/fraser/camping.html Ja (zwingend erforderlich) 60 Nein Ja, kostenpflichtig Nein Nein Nein $

🏕 Dundubara Camping Area

Dieser Campingplatz hat 45 Plätze, teils mit Gras oder sandiger Oberfläche, und liegt im Wald hinter den Dünen an der Nordostküste in der Nähe des **Indian Head**. Mit dabei sind heiße Münzduschen, WCs mit Wasserspülung, Picknicktische, Gas-BBQs und Lagerfeuerplätze (Holz muss selbst mitgebracht werden). Trinkwasser ist vorhanden, muss aber abgekocht werden. Entsorgungsstelle für tragbare WCs vorhanden.

75 km nördlich von Hook Point, 19 km südlich von Indian Head 13-74-68 (auch für Reservierungen) camping.support@nprsr.qld.gov.au (Nur für Anfragen, Reservierung per E-Mail nicht möglich) www.nprsr.qld.gov.au/parks/fraser/camping.html Ja (zwingend erforderlich) 45 Nein Ja, kostenpflichtig Nein Nein Nein $

🏕 Waddy Point Top Camping Area

Bereits hinter dem Indian-Head-Aussichtspunkt liegt Waddy Point mit 36 Plätzen auf grasigem oder sandigem Untergrund. Mit dabei sind heiße Münzduschen, WCs mit Wasserspülung, Picknicktische und Lagerfeuerplätze (Holz muss selbst mitgebracht werden) sowie Gas-BBQs. Trinkwasser ist vorhanden, muss aber abgekocht werden.

100 km nördlich von Hook Point, 5 km nördlich von Indian Head 13-74-68 (auch für Reservierungen) camping.support@nprsr.qld.gov.au (Nur für Anfragen, Reservierung per E-Mail nicht möglich) www.nprsr.qld.gov.au/parks/fraser/camping.html Ja (zwingend erforderlich) 36 Nein Ja, kostenpflichtig Nein Nein Nein $

Ende des Ausflugs

Von Hervey Bay ist es nun nicht mehr weit bis nach Maryborough, dem kleinen Nachbarn im Binnenland. Nehmen Sie die **Hervey Bay Road (Highway 57)** *aus dem Stadtzentrum heraus gen Süden und Sie erreichen Maryborough nach etwa einer halbe Stunde (34 Kilometer).*

MARYBOROUGH ⌂ ⓘ ✚ ✕ ◨ ⌖

👪	21.501	
☀	30 °C	
❄	22 °C	
〰	10 m	
	Hervey Bay	34 km
	Gympie	100 km

Maryborough liegt 34 Kilometer von der Pazifikküste entfernt und ist Hervey Bays nächster Nachbar, trotzdem liegen Welten zwischen dem entspannten Küstenort und dem vom Tourismus fast vergessenen Farmerstädtchen Maryborough. Das war allerdings früher ganz anders: Maryborough wurde 1847 gegründet und gehört damit zu den ältesten (weißen) Siedlungen in Queensland. Die Stadt war ein wichtiger Einwandererhafen für mehr als 22.000 Immigranten aus der ganzen Welt, darunter auch aus Deutschland. Für eine Weile war die Stadt sogar der größte Hafen in Queensland. Heute erinnert nur noch der übersichtliche, aber sehenswerte historische Stadtkern rund um die Wharf Street an die glänzenden alten Zeiten.

ⓘ MARYBOROUGH/FRASER ISLAND VISITOR INFORMATION CENTRE

Neben allgemeinen Reiseinformationen erhält man hier auch Fahrerlaubnisse (Vehicle Access Permits) für Fraser Island und den Cooloola National Park und kann Campingplätze in Queenslands Nationalparks vorbuchen.

📍 Vom John St (Hwy 57) links auf die Kent St ✉ Maryborough City Hall, 388-396 Kent St, Maryborough QLD 4650 ☎ 07-4120-5600 ✉ tourismmb@visitfrasercoast.com ⌨ www.visitfrasercoast.com/destinations/maryborough 🕐 Tägl. 9–17 h

⊙ Orientieren

Wenn Sie von Hervey Bay aus kommen, fahren Sie über die **John Street** (Highway 57) von Nordosten in die Stadt ein. Der Highway mündet direkt in die Hauptstraße des Ortes, die **Kent Street**. Zweigen Sie nun nach **links** ab, kommen Sie direkt zum Rathaus und der Touristeninformation. Die Wharf Street mit dem historischen Hafenviertel verläuft direkt einen Block nördlich der Kent Street und ist erreichbar etwa über die

Bazaar Street, vorbei am Post Office Hotel.

Wenn Sie von Norden kommend direkt **rechts** auf die Kent Street abbiegen, bleiben Sie auf dem Highway 57, der am nächsten Knick nach Südwesten über die Ferry Street verläuft und später zum Bruce Highway (A1) führt.

Ⓗ Anreise und Transport

Maryborough wird von Queensland Rail angefahren und hat eine Greyhound-Haltestelle Ecke Lennox Street und Kent Street. Der nächste Flughafen befindet sich in Hervey Bay.

⚒ Versorgen und einkaufen

Einen IGA Supermarkt gibt es an der ✉ Ecke Alice Street/Richmond Street (📍 John St/Hwy 57 links auf die Kent St, die Vierte rechts in die Richmond St), und einen Woolworths Supermarkt an der ✉ Ecke Adelaide Street/Sussex Street (📍 John St/Hwy 57 links auf die Sussex St).

✕ Essen und trinken

Wenn die Sonne untergeht, werden in Maryborough die Bürgersteige hochgeklappt. Es findet sich daher kaum ein Restaurant, in dem man abends noch etwas zu Essen bekommt, mit Ausnahme von Fast Food.

▶ Mudday Waters Café

Das Restaurant liegt im historischen Gebäude des Zollvorstehers (Customs House Residence) und hat für alle Mahlzeiten geöffnet. Gekocht wird australisch mit Schwerpunkt auf Seafood.

📍 John St (Hwy 57) links auf die Sussex St bis zum Abzweig Wharf St ✉ 133 Wharf St, Maryborough QLD 4650 ☎ 07-4121-5011 ✉ mikeandmia@muddywaterscafe.com.au ⌨ www.muddywaterscafe.com.au 🕐 Für alle Mahlzeiten geöffnet ◈ ∗–∗∗

▶ Post Office Hotel

Uriger Pub aus dem Jahr 1899 an einer Straßenecke, mit überdachten Tischen an der Straße, im Gastraum läuft den ganzen Tag über Sport auf riesigen Plasmabildschirmen. Die Gerichte sind typische Pub-Mahlzeiten zu günstigen Preisen.

✉ Cnr Wharf & Bazaar St, Maryborough QLD 4650 ☎ 07-4121-3289 ⌨ www.claytonenterprises.com.au/our-hotels.php 🕐 10–0 h ◈ ∗

▶ 71 Wharf

Restaurant mit Terrasse und schönen Aussichten über die Boote am Mary River. Australische Küche, geöffnet für alle Mahlzeiten.

193

Als das Post Office Hotel 1889 eröffnet wurde, hielten hier noch die Postkutschen.

📍 Vom John St (Hwy 57) links auf die Sussex St bis zum Abzweig Wharf St 🏠 71 Wharf St, Maryborough QLD 4650 🌐 https://www.facebook.com/71-Wharf-181643472017693 🕐 Täglich 9–21 h ⭐ ★★

👁 Highlights

▶ Stadtrundgang durch Maryborough

Bei gutem Wetter werden von Montag bis Samstag ab City Hall (Rathaus und Touristeninformation) kostenlose Stadtrundgänge angeboten. Der Tourguide trägt passend ein Kostüm aus dem 19. Jahrhundert.

📍 Von John St (Hwy 57) links auf die Kent St 🏠 City Hall, Cnr Kent St/Lennox St, Maryborough QLD 4650 ☎ 07-4190-5722 ✉ kelli.sauer@frasercoast.qld.gov.au 🌐 www.seitnotiz.de/NPRAU111 🕐 Mo.–Sa. 9 h 💰 Kostenlos

💡 Der Portside Pass bietet für $ 15 für Erwachsene (Kinder frei) Eintritt in das Customs House, Bond Store Museum und Military and Colonial Museum.

▶ Customs House (Portside Centre)

Das ehemalige Zollgebäude aus dem Jahr 1900 liegt an der Ecke Wharf/Richmond Street und ist ein guter Startpunkt für einen historischen Rundgang, da man in dem interaktiven Museum mehr über Maryborough, seine Geschichte und seine Einwanderer erfährt.

📍 Von John St (Hwy 57) links auf die Sussex St bis zum Abzweig Wharf St 🏠 101 Wharf St, Maryborough QLD 4650 ☎ 07-4190-5730 ✉ portside@frasercoast.qld.gov.au 🌐 www.maryboroughportside.com.au 🕐 Mo.–Fr. 10–16 h, Sa. & So. 10–13 h 💰 Erw. $ 2, Kinder $ 1

▶ Bond Store Museum

Der Bond Store liegt neben dem Portside Centre und beherbergt ein Museum, das die Geschichte der Stadt anhand von an die 5.000 Exponaten vorstellt.

🏠 101 Wharf St, Maryborough QLD 4650 ☎ 07-4190-5722 🌐 www.ourfrasercoast.com.au/Portside/Bond-Store 🕐 Mo.–Fr. 9:30–15:30 h, Sa. & So. 9:30–12:30 h 💰 Erw. $ 2, Kinder $ 1

▶ Maryborough Military and Colonial Museum

Australier interessieren sich sehr für die Konflikte dieser Welt – und vor allem für diejenigen, an denen sie selbst beteiligt waren. In einem Gebäude von 1857 ist das Militärmuseum untergebracht, das Ausstellungsstücke von den Burenkriegen bis Afghanistan vorstellt. Dazu gehören Orden, Uniformen und einige Fahrzeuge. Das Museum liegt ebenfalls nur wenige Schritte vom Portside Centre entfernt.

🏠 106 Wharf St, Maryborough QLD 4650 ☎ 07-4123-5900 🌐 www.maryboroughmuseum.org 🕐 Mo.–Fr. 9:30–15:30 h, Sa. & So bis 12:30 h 💰 Erw. $ 10, Kinder $ 4

▶ Queens Park

Der Stadtpark von Maryborough beginnt am nördlichen Ende der Wharf Street. Er wurde im Jahr 1873 eröffnet und ist damit einer der ältesten Botanischen Gärten Australiens. Viele Bäume im Park stammen noch aus dieser Zeit. Im Park finden sich ein Seerosenteich mit Wasserfall, ein denkmalgeschützter Pavillon sowie eine Dampfeisenbahn mit einer Spurweite von 13 Zentimetern, die von Enthusiasten am letzten Sonntag eines jeden Monats wiederbelebt wird. Dann spielt auch die städtische Musikkapelle im Pavillon.

Jachten statt Einwanderer-schiffe am Mary River

🔘 *Vom John St (Hwy 57) links in die Sussex St* 📧 *Cnr Lennox/Sussex St, Maryborough QLD 4650* ☎ *07-4190-5742* @ *tourism@frasercoast.qld.gov.au* 🌐 *www.visitfrasercoast.com/destinations/maryborough/attractions/queens-park-in-maryborough* 🕐 *Ganzj.*

▶ Mary Poppins Statue

Maryborough ist die Heimatstadt der Autorin P. L. Travers, die die von Disney verfilmten Mary-Poppins-Romane geschrieben hat. An der Ecke Kent/Richmond Street finden sich neben einer Bronzestatue der Dame mit dem Regenschirm auch diverse Stelen mit Zitaten.

💡 Jedes Jahr Ende Juni findet in Maryborough das Mary Poppins Festival statt, natürlich mit Musik vom Mary Poppins Musical sowie Kunstausstellungen und Workshops.

🔘 *Vom John St (Hwy 57) links auf die Kent St, rechts in die Richmond St* 📧 *Cnr Kent/Richmond St, Maryborough QLD 4650* 🌐 *www.marypoppinsfestival.com.au*

▶ Brennan & Geraghtys Store

Dieser General Store aus dem Jahr 1871 ist ein typisches Beispiel für einen Gemischtwarenladen aus dem 19. Jahrhundert. Sogar Originalverpackungen stehen noch in den Regalen. Das Museum liegt etwa 15 Minuten zu Fuß von der Wharf Street entfernt.

🔘 *Vom John St (Hwy 57) links auf die Kent St, danach rechts auf die Lennox St bis zum General Store* 📧 *64 Lennox St, Maryborough QLD 4650* ☎ *07-4121-2250* 🌐 *www.nationaltrust.org.au/qld/BrennanGeraghtysStore* 🕐 *Tägl. 10–15 h* 💰 *Erw. $ 5,50, Kinder $ 2*

▶ Fraser Coast Wildlife Sanctuary

Das Wildlife Sanctuary entstand hier 2004, nachdem der Zoo von Hervey Bay geschlossen worden war, und ein Heim für die Tiere gefunden werden musste. Freiwillige kümmern sich nun um den kleinen Zoo und um die Pflege kranker und verwundeter Tiere. Um 14 h werden die Kängurus, Wallabys und Emus gefüttert.

🔘 *Hwy 57 (Ferry St) in Maryborough auf Hwy 86 Richtung Oakhurst, dann links in die Mungar St, ca. 8 km vom Stadtzentrum* 📧 *31 Mungar Road Maryborough QLD 4650* ☎ *07-4122-2080* 🌐 *http://frasercoastwildlifesanctuary.org.au* 🕐 *Tägl. 10–17 h* 💰 *Erw. $ 12, Kinder $ 7,50*

🛏 Übernachten

🏠 B&B on Sunrise

Das langgestreckte weiße Queenslander Holzhaus steht auf einem 8.000 m² großen Grundstück, direkt neben einem Park. Die drei Doppelzimmer sind modern eingerichtet, haben einen privaten Balkon und sind inklusive Frühstück. Auf dem Gelände gibt es einen überdachten Salzwasserpool, Billardtisch und Tennisplatz.

🔘 *Vom Hwy 57 (Ferry St) nach Überqueren des Mary River links auf die McGregor St/Sunrise Dr* 📧 *21 Sunrise Dr, Maryborough QLD 4650* ☎ *07-4122-4222* 🌐 *www.bandbonsunrise.com.au* 🛏 *Ja* 🚫 *Nein* 💰 *★★*

🏠 Best Western Kimba Lodge

Renoviertes Motel an der Hauptstraße in Richtung Hervey Bay (Highway 57), mit gemütlichen Zimmern mit Balkon. Auf dem Gelände gibt es einen Pool und eine Bar.

🔘 *An der John St (Hwy 57) noch nördlich des*

Blick aufs Meer von 1770 aus
(Joseph Banks Conservation Park)

Stadtzentrums ☎ 177 John St, Maryborough QLD 4650 ☏ 07-4123-3999 ✉ ki98729@bigpond.net.au 🌐 www.bestwestern.com.au/maryborough/hotels/best-western-kimba-lodge-motel 🅿 Ja 🍴 Ja ☼ ★★

🛏 Wallace Motel & Caravan Park

Nicht weit vom Ortszentrum am Ufer des Mary River. Einige Stellplätze haben ein eigenes Badezimmer *(Ensuite)*. Mit Gemeinschaftsküche, BBQs und Pool. Für Nicht-Camper gibt es Cabins und Motelzimmer.
📍 2 km südlich des Zentrums über Hwy 57, noch vor der Brücke über den Mary River ☎ 22 Ferry St, Maryborough QLD 4650 ☏ 07-4121-3970 ✉ info@wallacecaravanpark.com.au 🌐 www.wallacecaravanpark.com.au 🅿 Ja 🚐 45 🛏 45 🍴 Ja 🅿 Ja ☼ Ja ⚡ Wasser, Abwasser, Strom (15 Amp.) 🐾 Nein ☼ $$ – $$$, Cabins, Motel ★

*Nun haben Sie den **tropischen Norden** hinter sich gelassen, die Inselwelten der **Whitsundays** und die größte Sandinsel der Welt, **Fraser Island**. Auch im weiteren Verlauf Ihrer Reise werden Sie noch viel Natur sehen, wenn auch nicht mehr in so dünn besiedelten Gebieten. Die **Sunshine Coast** liegt nun vor Ihnen, die von vielen Australiern geschätzt wird, weil man sich hier auch in den Wintermonaten richtig schön aufwärmen kann und trotzdem keine Einschränkungen in Sachen Luxus und gutem Essen hinnehmen muss. Aber auch für Naturfreunde und Abenteuerlustige gibt es eine ganze Reihe von Nationalparks und Allrad-Pisten, die wir Ihnen im Folgenden vorstellen werden.*

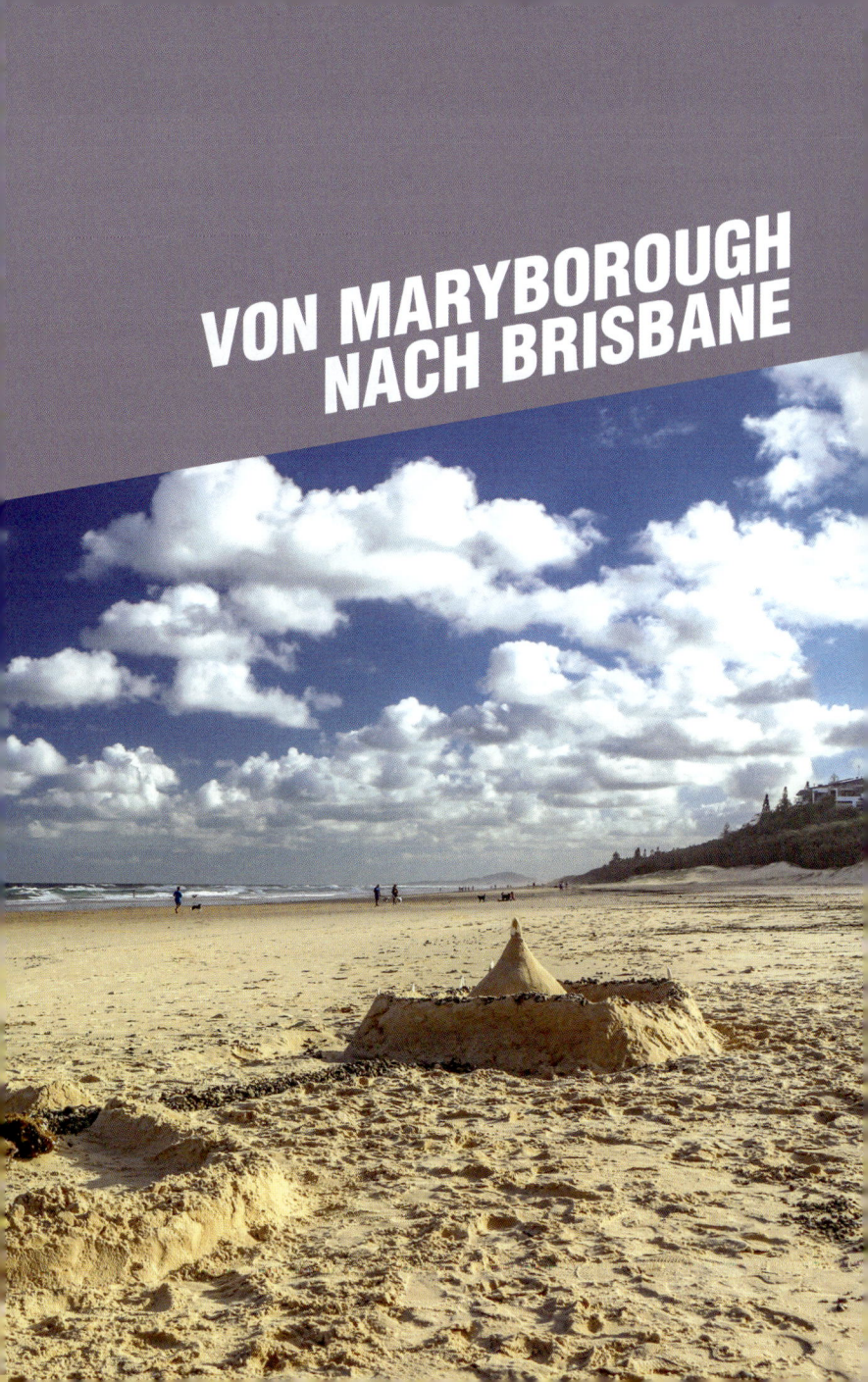

VON MARYBOROUGH NACH BRISBANE

Von Maryborough nach Brisbane

Alternativroute nach Gympie

*Wenn die Zeit drängt, können Sie von Maryborough aus über den **Bruce Highway (A1)** sofort nach Gympie weiterfahren (87 Kilometer, ▶ Seite 204).*

Ende der Alternativroute

*Um der empfohlenen Route zu folgen, fahren Sie im Zentrum von Maryborough auf die Kent Street (Abzweig links vom Highway 57) gen Südosten und nach etwa 1,6 Kilometern links auf die Tiger Street, die den Mary River überquert. Nach etwa 650 Metern geht es rechts auf die Cambridge Street, die im weiteren Verlauf erst zur Boonooroo Road und dann zur **Cooloola Coast Road** wird. Die Straße führt durch unbewohntes Gebiet mit Kiefernplantagen und Eukalyptuswald. Mit ein bisschen Glück kann man Brumbies (Wildpferde) sehen, die am Wegesrand grasen. Ein lohnenswerter Abstecher an den Strand von Rainbow Beach bietet sich nach 60 Kilometern am Ende der Cooloola Coast Road an. Dazu biegt man nach links ab, alle anderen fahren rechts in Richtung Gympie, das nach circa 40 Kilometern erreicht ist.*

Ausflug nach Rainbow Beach (66 km)

*Biegen Sie für den Ausflug am Ende der Cooloola Coast Road links auf die **Tin Can Bay Road** mit Fahrtrichtung Rainbow Beach ab, nach drei Kilometern geht es rechts in die **Rainbow Beach Road**.*

	Abzweig Tin Can Bay Rd	0 km
	Rainbow Beach	33 km

⬩ COOLOOLA RECREATION AREA (GREAT SANDY NATIONAL PARK)

Die Cooloola Recreation Area (kurz: Cooloola RA) gehört zusammen mit Fraser Island zum Great Sandy National Park und schützt eine Landschaft, deren Boden nur aus Sand besteht. Hierzu gehören Sanddünen, Heidelandschaften, lichte Eukalyptuswälder und sogar subtropischer Regenwald. Das Cooloola-Gebiet ist von Fraser Island nur durch einen schmalen Durchlass getrennt, der mehrmals täglich von einer Autofähre am Inskip Point bei Rainbow Beach überbrückt wird.
 Karte: www.nprsr.qld.gov.au/parks/cooloola/pdf/cooloola-great-sandy-map.pdf

Diese Zweiteilung des Nationalparks hat Konsequenzen: Während Fraser Island gerade in den Ferienzeiten und am Wochenende von Touristen geradezu überrollt wird, bleibt es auf dem Festland fast ganzjährig vergleichsweise ruhig. Und das, obwohl die Landschaft in beiden Regionen sehr ähnlich ist. Ebenso wie auf Fraser Island sind die meisten Straßen in der Cooloola RA nur per Geländewagen befahrbar – es gibt aber auch einige Highlights, die man mit jedem Fahrzeug erreichen kann

⊙ Orientieren

Auf dem Weg von Hervey Bay nach Rainbow Beach durchkreuzen Sie zwangsläufig die Cooloola RA, da diese von der einzigen Zufahrtsstraße, der Rainbow Beach Road, durchschnitten wird. Acht Kilometer vor Rainbow Beach erreichen Sie erst den Parkplatz von Searys Creek, drei Kilometer weiter dann den Abzweig zum Regenwald und Picknickplatz bei Bymien. Wer einen Geländewagen fährt, kann von Bymien aus weiter über Sandpisten bis zum Meer fahren.

👁 Highlights

▶ Searys Creek

Auf dem Weg nach Rainbow Beach kommen Sie automatisch am Searys Creek vorbei, dem ersten für alle Fahrzeuge zugänglichen Teil der Cooloola RA. Von hier aus können Sie mit wenig Aufwand einen kristallklaren Bach mit sandigem Bett sehen, der durch Heideland und lichten Eukalyptuswald fließt. Der Weg ist einfach und führt über 200 Meter in zehn Minuten über einen Holzsteg zum Bach.

▶ Bymien Picnic Area

Dieser Picknickplatz liegt mitten im auf Sand fußenden Regenwald. Zusammen mit Fraser Island ist Bymien einer der wenigen Plätze auf der Welt, an dem man dieses Naturwunder erleben kann. Belohnt werden Besucher mit einem Urwald aus Lianen, Würgefeigen und bis zu zwanzig Meter hohen Piccabeen-Palmen. In der Weihnachtszeit überraschen weiße Orchideen. Bis zum Bymien Picnic Area ist die Zufahrt frei. Erst hinter dem Picknickplatz wird eine Fahrerlaubnis *(Vehicle Access Permit)* benötigt, die man etwa im Nationalpark-Infocenter in Rainbow Beach kaufen kann.

📍 *5 km südlich von Rainbow Beach, ab Rainbow Beach Rd rechts Richtung Bymien, dann 3 km (5 Min.) über eine Schotterpiste bis zum Bymien Picnic Area.*

Regenwald mit Würgefeige an der Bymien Picnic Area

Vom Abzweig bei Bymien fahren Sie noch fünf Kilometer weiter durch eine breite Waldschneise, bis Sie schließlich Rainbow Beach erreichen.

🏙 RAINBOW BEACH 📷 ℹ️ ➕ ✖ 🚲 🏛

👪	1.103	
☀️	29 °C	
❄️	22 °C	
〰️	14 m	
🔷	Abzweig Tin Can Bay Road	33 km
	Rückweg zum Abzweig Tin Can Bay Road	33 km

Die kleine Stadt Rainbow Beach gibt es erst seit 1969, sie wurde gegründet als Versorgungsort für den Sandabbau in der Umgebung. Seit 1976 das Abbaggern von Sand aufgegeben wurde, hat man sich auf den Tourismus konzentriert. Rainbow Beach bietet zusammen mit Hervey Bay die einzige Zufahrtsmöglichkeit nach Fraser Island. Der kleine Ort ist vor allem bei jungen Rucksacktouristen wie auch bei Naturfreunden mit Geländewagen sehr beliebt, während Hervey Bay eher älteres Publikum anspricht.

ℹ️ QUEENSLAND PARKS AND WILDLIFE SERVICE (QPWS)

Das Informationszentrum für die Cooloola RA und den Fraser Island National Park liegt am Ortseingang an der linken Seite. Hier kann man sich über Wandermöglichkeiten informieren und Fahrerlaubnisse für Geländewagen und Nationalpark-Campingplätze bekommen. Die Fahrerlaubnis kostet nur für Cooloola Recreation Area $ 12,55 (online) oder $ 18,85 (vor Ort), für bis zu 1 Woche $ 31,70 und für bis zu 1 Monat $ 49,90. Wenn Sie nur Fraser Island besuchen wollen, zahlen Sie $ 49 für Aufenthalte bis zu einem Monat. Das Kombi-Ticket für beide Parks kostet $ 80 für einen Monat. Camping schlägt mit $ 6,15 pro Person und Nacht zu Buche. Sollte das Büro geschlossen sein, liegen Hefte mit Informationen für die Selbstregistrierung aus.

📧 *Rainbow Beach Rd, Rainbow Beach QLD 4581* ☎ *13-74-68* 🌐 *www.nprsr.qld.gov.au/experiences/over-counter-permits.html* 🕐 *Mo.–Fr. 8–16 h*

Badevergnügen nicht ohne Auto am Strand von Rainbow Beach

ⓘ Orientieren

Rainbow Beach ist nur über eine einzige Zufahrtsstraße erreichbar, die **Rainbow Beach Road**, die an der Strandstraße, der **Wide Bay Esplanade**, endet. Der Ort ist sehr übersichtlich und man kann ihn zu Fuß in einem Spaziergang von einer halben Stunde erkunden. Entlang der Rainbow Beach Road reihen sich Restaurants, Cafés und Surfshops aneinander. Im Ort verteilt finden sich zudem eine Reihe von Hotels, mehrere einfache Hostels sowie ein Campingplatz. Zum Einkaufen gibt es einen IGA und einen Foodworks Supermarkt. An der Shell-Tankstelle können Sie sich über Ebbe und Flut für die nächsten Tage informieren, im selben Gebäude finden Sie auch eine Bäckerei und einen Souvenirladen. Einen originellen Anblick bietet der Badestrand von Rainbow Beach, der in zwei Zonen eingeteilt ist, nämlich die »Fußgängerzone« und die »Geländewagenzone«, in der jeder ohne besondere Erlaubnis mit seinem Fahrzeug auf den Strand fahren und gleich daneben sein Badetuch auslegen kann. Im Gegensatz zu Hervey Bay grenzt der Strand von Rainbow Beach ans offene Meer, das Wasser ist also grundsätzlich klarer und hat eine stärkere Brandung.

Ⓗ Anreise und Transport

Die Greyhound-Busse halten in Rainbow Beach direkt vor den Hostels an der Spectrum Street, parallel zur Rainbow Beach Road. Der nächste Flughafen befindet sich in Hervey Bay bzw. an der Sunshine Coast.

✕ Essen und trinken

Rainbow Beach ist zwar kein kulinarischer Hotspot, aber immerhin gibt es entlang der Rainbow Beach Road eine Reihe von Cafés und einfachen Restaurants, in denen man gut verpflegt wird.

▶ Rainbow Beach Hotel
Bildschöner Pub im Queenslander Stil, direkt an der Hauptstraße von Rainbow Beach. Gekocht wird mit Zutaten aus der Region, und zwar vorwiegend Pizza, Pasta und Steaks. Am Samstagnachmittag wird das Bier ganz traditionell aus einem Holzfass gezapft.
✉ 1 Rainbow Beach Rd, Rainbow Beach QLD 4581 ☎ 07-5486-9090 @ adam@rainbowhotel.com.au 🌐 www.rainbowhotel.com.au ⏱ Ab 10 h für Getränke, ab 11:30 h fürs Mittagessen, ab 17:30 h fürs Abendessen 💰 ★★

▶ Royal Palace Indian Cuisine
Dieses indische Restaurant liegt neben dem IGA Supermarkt und ist vielleicht nicht das gemütlichste Restaurant in der Stadt, aber das Essen ist lecker und kann auch zum Mitnehmen bestellt und dann am Strand gegessen werden (z. B. an den Picknicktischen rechts neben dem Surfclub).
✉ 1/48 Rainbow Beach Rd, Rainbow Beach QLD 4581 ☎ 07-5486-3452 ⏱ Tägl. ab 16:30 h 💰 ★★

▶ Rainbow Beach Surf Life Saving Supporter's Club Restaurant ★
Der Surf Club ist das einzige Restaurant, das auf dem Strand liegt, mit einem großen Panoramafenster zum Wasser hin auf vorbeiziehende Geländewagen. Auf den Teller kommen typisch australische Pub-Mahlzeiten, außerdem gibt es Kaffee und Kuchen, Milchshakes und Eis.
✉ Wide Bay Esplanade, Rainbow Beach QLD 4581 ☎ 07-5486-3249 @ manager@rainbowbeachsurf.com.au 🌐 www.rainbowbeachsurf.com.au ⏱ Tägl. 10–20:30 h, länger am Wochenende und in der Hochsaison 💰 ★–★★

👁 Highlights

▶ Double Island Point

Der Leuchtturm an der Nordost-Spitze der Cooloola RA ist einer der schönsten Aussichtspunkte weit und breit, mit weiten Blicken über die Küste in Richtung Rainbow Beach und Fraser Island sowie nach Süden über den 50 Kilometer langen Sandstrand von **Teewah Beach**. Der weiße Leuchtturm mit seiner roten Mütze wurde 1884 erbaut und liegt 96 Meter hoch auf einem Hügel. Wer einen Geländewagen hat, der kann bei Ebbe beispielsweise über Bymien und Teewah Beach selbst bis zum Parkplatz fahren und von dort aus in einer halben Stunde zum Leuchtturm laufen (nur mit *Vehicle Access Permit*). Alternativ werden von Rainbow Beach aus geführte Touren im Geländewagen angeboten, abhängig von der Tide morgens oder am Nachmittag.

Surf and Sand Safaris
🌐 Surf and Sand Safaris, PO Box 40, Rainbow Beach QLD 4581 ☎ 07-5486-3131 ✉ bookings@surfand sandsafaris.com.au 🌐 www.surfandsandsafaris.com.au 💰 Erw. $ 85, Kinder $ 50

Man kann den Leuchtturm auch vom Kajak aus betrachten, auf einer dreistündigen Tour. Hier geht es von Rainbow Beach mit dem Geländewagen nach Süden über den Strand bis nach Double Island Point und danach weiter mit dem Kajak aufs Meer hinaus. Der Bonus sind die vielen Delfine, die sich in dieser Region aufhalten. Von Juni bis Oktober kann man mit ein bisschen Glück auch Wale sehen.

Epic Ocean Adventures
🌐 1/6 Rainbow Beach Rd, Rainbow Beach QLD 4581 ☎ 04-0873-8192 ✉ info@rainbowbeachsurfschool.com 🌐 www.epicoceanadventures.com.au 💰 $ 75 pro Person

▶ Tauchen am Wolf Rock

Für Taucher, die den gewissen Nervenkitzel lieben, lohnt sich eine Ausfahrt zum Wolf Rock, eine Felsformation, die etwa zwei Kilometer vor der Küste im Great Sandy Marine Park in der Nähe des Double Island Point Leuchtturms liegt. Wolf Rock ist ein Sammelplatz für die um die drei Meter langen *Grey Nurse Sharks* (Sandtigerhaie), die aufgrund ihrer schaurig aussehenden Zähne in den 1960er- und 70er-Jahren fast bis zum Aussterben gejagt wurden. Ebenfalls zu sehen sind *Queensland Groper* (Riesenzackenbarsche), Mantarochen sowie verschiedene Arten von Hochseefischen.

Zwischen Juni und Oktober kann man vorbeiziehende Buckelwale singen hören und manchmal auch sehen. Tauchgänge sind erlaubt in der Zeit von 6 bis 18 Uhr und nur etwas für erfahrenere Taucher, da die Tauchtiefe mindestens 18 Meter beträgt.
🌐 Rainbow Beach Rd stadteinwärts links in die Carlo Rd, dann die zweite rechts in die Karoonda Rd 🌐 20 Karoonda Rd, Rainbow Beach QLD 4581 ☎ 07-5486-8004 ✉ wolfrockdive@bigpond.com 🌐 www.wolfrock dive.com.au 💰 Zwei Tauchgänge $ 250

▶ Surfen lernen

Rainbow Beach ist ein guter Ort, um Surfen zu lernen. Einheimische behaupten, hier gäbe es die längsten Surfwellen Australiens. Ebenfalls für Rainbow Beach spricht, dass das Wasser mit 22 bis 26 °C ganzjährig um einiges wärmer ist als an den Surfstränden weiter im Süden.
🌐 Rainbow Beach Surf Center, 1/6 Rainbow Beach Rd, Rainbow Beach QLD 4581 ☎ 04-0873-8192 ✉ info@rainbowbeachsurfschool.com 🌐 www.epic oceanadventures.com.au 💰 3-Stunden-Kurs $ 65

▶ Delfine von Tin Can Bay

Tin Can Bay gehört neben Moreton Island zu den einzigen Plätzen an der Ostküste, an der wilde Delfine legal gefüttert werden dürfen. Die Delfinfütterung beginnt täglich ab acht Uhr und zieht sich so lange hin, wie die Delfine Lust auf Kontakt mit den Menschen haben. Am bequemsten sind die Delfine mit der Fähre von Rainbow Beach aus zu erreichen, die morgens gegen sieben Uhr in 35 Minuten nach Tin Can Bay fährt. Unterwegs sieht man oft auch *Dugongs* (Seekühe), Schildkröten und Seeadler.
🌐 Rainbow Beach Rd stadteinwärts links in die Carlo Rd, dieser bis zum Ende folgen 🌐 Dolphin Ferry Cruises, Carlo Point, Rainbow Beach QLD 4581 ☎ 04-2883-8836 💰 Erw. $ 35, Kinder $ 20, plus $ 5 Eintritt ins Delfin Centre

▶ Fraser Island

Falls Sie von Hervey Bay aus noch keine Gelegenheit hatten, Fraser Island zu besuchen, können Sie sich auch von Rainbow Beach aus geführten Touren anschließen oder alternativ mit dem eigenen Geländewagen über die Fähre bei Inskip Point nach Fraser Island übersetzen. Der Veranstalter **The Discovery Group** fährt z. B. von Noosa über Rainbow Beach nach Fraser Island (▶ Seite 212).

🚶 Wandern

Da Rainbow Beach von der Cooloola Recreation Area (Great Sandy National Park) umgeben ist, lassen sich vom Ort aus einige interessante Ziele erreichen.

► Carlo Sandblow

Der Carlo Sandblow ist eine 120 Meter hohe Riesendüne, die durch Aufwinde, die Sandpartikel mit sich bringen, immer weiter in die Höhe wächst. Der Parkplatz liegt am Ende des Cooloola Drive, von hier aus sind es noch etwa 600 Meter durch ein schattiges Waldstück mit kniehohen Farnen. Der Weg – wie auch der Wald – enden an einer hölzernen Aussichtsplattform mit weitem Blick über die Riesendüne, das Meer und die Tin Can Bay in der Ferne. Vor allem bei Sonnenuntergang ist es sehr schön. Dieser Platz ist auch ein beliebter Absprungpunkt für Gleitschirmflieger, die bei gutem Wetter über Rainbow Beach ihre Runden ziehen. Wer selbst einmal mit dabei sein möchte: Paragliding Rainbow bietet Tandemsprünge an, etwa 30 Minuten (in der Luft) für $ 200 (● www.paraglidingrainbow.com).

💡 Wer die Wanderung ein wenig ausdehnen möchte, kann auch vom QPWS Centre an der Rainbow Beach Road oder vom Surf Club aus losziehen (Weg ist ausgeschildert).

◉ *Ganzj.* ● *Rainbow Beach Rd stadteinwärts rechts in den Double Island Dr, dann links in den Cooloola Dr und diesem bis zum Ende folgen (rechts halten)* ◐ *20 Min. ab Parkplatz, 1:30 Std. ab QPWS am Ende der Rainbow Beach Rd* ● *Leicht* ● *600 m ab Parkplatz, 3,8 km ab QPWS*

► Coloured Sands

Rainbow Beach wurde nach den mehrfarbigen Sanddünen benannt, die sich in der Cooloola RA an der Ostseite des Ortes befinden. Das Farbenspiel beginnt bereits am Ortsrand (Richtung Südosten) und wird schöner, je weiter man sich am Ufer entlang wagt. Gehen Sie am besten nicht bei einkommender Flut (Tide: ● www.bom.gov.au/australia/tides/#!/qld-elbow-point).

◉ *Ganzj.* ● *Strand von Rainbow Beach* ◐ *Ca. 2 Std.* ● *Leicht* ● *Ca. 6 km*

🛏 Übernachten

🏨 Plantation Resort

Das neueste und dem Strand am nächsten gelegene Resort in Rainbow Beach, gegenüber vom Surf Club. Alle Apartments sind voll ausgestattete Ferienwohnungen mit Whirlpool-Badewanne und einem bis drei Schlafzimmern.

● *1 Rainbow Beach Rd, Rainbow Beach QLD 4581* ● *07-5486-9000* ● *stay@plantationresortatrainbow.com.au* ● *www.plantationresortatrainbow.com.au* ℗ *Ja* ● *Ja* ✪ *★★★ – ★★★★*

🏨 Debbies Place

Kleines B&B in einem einstöckigem Queenslander Holzhaus in einer ruhigen Seitenstraße von Rainbow Beach. Von hier aus kann man alles bequem zu Fuß erreichen, auch bis zum Strand sind es nur 500 Meter. Zur Auswahl stehen Motelzimmer oder Ferienwohnungen mit Küche. Die Besitzerin Debbie ist sehr gastfreundlich und kümmert sich persönlich um alle Gäste.

📍 *Rainbow Beach Rd stadteinwärts links in die Carlo Rd, dann direkt rechts in die Kurana St* ● *30 Kurana St, Rainbow Beach QLD 4581* ● *07-5486-3506* ● *debbielang1@bigpond.com.au* ● *www.rainbowbeachaccommodation.com.au* ℗ *Ja* ● *Ja* ✪ *Motel ★, Ferienwohnung ★★*

Die farbigen Sandklippen bei den Coloured Sands

So schön sind die Aussichten vom Double Island Point.

🏨 Hostels in Rainbow Beach

Die Hostels von Rainbow Beach liegen an der Spectrum Street nebeneinander aufgereiht. Ein YHA-Hostel gibt es nicht, dafür aber eine Reihe von anderen Hostels, deren Einrichtung durch die Bank nicht mehr ganz frisch ist.

🏨 Dingos Resort

Dieses Hostel hat uns soweit am besten gefallen. Es hat eine Poollandschaft mit Bali-Hütte und Hängematten. Die Schlafzimmer – also 7-Bett-Zimmer sowie ein Doppelzimmer, jeweils mit Klimaanlage – befinden sich in einem anderen Gebäude. Wenn abends in der Bar Musik gemacht wird, wird ab 22 Uhr die Tür zugemacht, um Lärm zu vermeiden. Morgens gibt es kostenlos Pfannkuchen zum Frühstück, abends Mahlzeiten ab $ 6.

🌐 *Rainbow Beach Rd stadteinwärts links in die Cypress Ave, dann rechts in die Spectrum St* 📍 *20 Spectrum St, Rainbow Beach QLD 4581* ☎ *1800-111-126* 🌐 *www.dingosresort.com* 🅿 *Ja* 🍴 *Ja* ☼ ✱

🏕 Rainbow Beach Holiday Village

Dieser Campingplatz liegt mitten im Ort; bis zum Strand sind es maximal 100 Meter. Einige der *Powered Sites* befinden sich an der anderen Seite der Strandstraße. Wer nicht campen will, der kann eine der Cabins mieten (Mindestaufenthalt zwei Tage, ein Tag nur in Ausnahmefällen), von einfachen Studio-Villas für zwei Personen bis hin zu luxuriösen 4-Sterne-Chalets für fünf Personen.

📍 *13 Rainbow Beach Rd, Rainbow Beach QLD 4581* ☎ *07-5486-3222* ✉ *info@Rainbowbeachholidayvillage. com* 🌐 *www.rainbowbeachholidayvillage.com* 🔥 *Ja* 🛏 *68* 🚿 *18* 🅿 *Ja* 🍴 *Ja* 🛒 *Ja, kostenpflichtig* ⚡ *Wasser, Abwasser, Strom (15 Amp.)* 🐕 *Nein* 💲 *$$$, Cabins ✱ – ✱✱*

Alternativroute nach Noosa über Teewah Beach

Wer einen Geländewagen besitzt, der kann sich die Strecke von Rainbow Beach nach Noosa ohne Umweg über Gympie mit einer Fahrt über den etwa 50 Kilometer langen Strand von Teewah Beach in der Cooloola RA versüßen. Teewah Beach erreichen Sie, indem Sie direkt über den Strand von Rainbow Beach in Richtung Double Island Point fahren und dann dem Verlauf der Piste rund um Double Island Point nach Teewah Beach folgen. Diese Route ist nur bei Ebbe, also höchstens zwei Stunden vor/nach dem tiefsten Punkt, empfehlenswert, da es einige Engpässe gibt. Im Zweifelsfall besser vorher bei der Nationalparkverwaltung in Rainbow Beach anrufen.

🌐 *Tide: www.bom.gov.au/australia/tides/#!/qld-noosa-head*

Sicherer ist folgende Route: Von Rainbow Beach über die Rainbow Beach Road nach Bymien, und über die Freshwater Road (Sandpiste) durch den Wald nach Teewah Beach. Dann bei Ebbe der Küste nach Süden folgen. Rechnen Sie mit einer Fahrzeit von etwa drei bis vier Stunden.

Neben der Fahrerlaubnis (Vehicle Access Permit) sollten Sie $ 7 für die Autofähre von Noosa North Shore nach Noosa einplanen. Die Fähre fährt Sonntag bis Donnerstag 5:30 bis 22:20 Uhr und Freitag & Samstag 5:30 bis 0:20 Uhr. In der Cooloola RA kann man auch am Strand campen, solange man daran gedacht hat, seinen Platz im Voraus zu buchen.

Ende der Alternativroute

Wenn Sie mit einem Standard-Fahrzeug unterwegs sind, fahren Sie die Rainbow Beach Road über 33 Kilometer wieder zurück, wie Sie gekommen sind. Die Straße mündet schließlich in die Tin Can Bay Road. Von dort geht es dann weiter Richtung Gympie (40 Kilometer). Wenn Sie kurz vor Gympie auf die Gympie Connection Road wechseln, die im Ortsbereich auch Horsehoe Bend Road/Channon Street heißt, erreichen Sie automatisch in Gympie den Bruce Highway (A1).

Ende des Ausflugs

🏘 GYMPIE ⬚⬚⬚⬚⬚⬚⬚

👫👫👫	18.602
☀	27 °C
❄ ❄	14 °C
〰	65 m
	Maryborough	100 km
⦁—⦁	Cooran	29 km

Der Bruce Highway schlängelt sich durch das Herz der ehemaligen Goldgräberstadt, die als »die Stadt, die Queensland rettete« bekannt ist. Das hat auch seinen Grund: 1859 wurde die britische Kolonie Queensland von New South Wales unabhängig. Die Kassen der neuen Kolonialregierung waren leer und blieben dies auch bis 1867, als in Gympie Gold gefunden wurde. Das war der Beginn für den Rohstoffboom, der bis heute nicht geendet hat, wenn auch heutzutage eher Kohle und Gas für den Reichtum zuständig sind. Gympie ist zwar kein klassischer Urlaubsort, allerdings liegen eine Reihe von Attraktionen bequem am Highway, die man auf der Fahrt leicht »mitnehmen« kann.

ℹ DESTINATION GYMPIE REGION VISITOR INFORMATION CENTRE

🖙 24 Bruce Hwy, Lake Alford, Gympie QLD 4570
☏ 1800-444-222 @ tourism.info@gympie.qld.gov.au
🌐 www.visitgympieregion.com.au ⏲ Tägl. 9–16 h, Sa. & So. 10–14 h

⊙ Orientieren

Der Bruce Highway (A1) führt etwa in Nord-Südrichtung quer durch Gympie. Am Nord-ende des Ortes liegt das Woodworks Museum direkt am Bruce Highway, Lake Alford und das Goldmuseum liegen am Südende der Stadt.

Ⓗ Anreise und Transport

Der Greyhound hat eine Haltestelle in Gympie an der 13 River Road hinter dem Albert Park, und auch die Züge von Queensland Rail halten hier. Der nächste Flughafen liegt in Hervey Bay bzw. an der Sunshine Coast.

🍴 Versorgen und einkaufen

Ein Woolworths befindet sich im Gympie Central Shopping Centre direkt am Bruce Highway, Ecke Excelsior/Perseverance Street. Ein Aldi liegt direkt auf der anderen Seite des Highways (🖙 47 Hyne St).

✕ Essen und trinken

Auf der Fahrt durch den Ort werden Sie automatisch an verschiedenen Fast-Food-Imbissen vorbeikommen. Etwas mehr Stil hat Emilias Café:

▶ Emilias Café
Gemütliches italienisches Café, teils mit Bioprodukten. Es gibt italienischen Kuchen und Gebäck, frisch gerösteten Kaffee, Salate, belegte Panini sowie hausgemachte Marmelade.
🖙 Von der Gympie Connection Rd (Channon St) links in die Mary St 🖙 201 Mary St, Gympie QLD 4570 ☏ 07-5482-8885 🌐 www.facebook.com/emiliascafe ⏲ Mo.–Fr. 8–17 h, Sa 9–13 h 🖙 *

👁 Highlights

▶ Woodworks Museum
Dieses Museum ist ein Aushängeschild der australischen Holzindustrie und zeigt u.a. anhand einer funktionstüchtigen dampfbetriebenen Sägemühle, wie man bis in die 1920er-Jahre hinein Holz verarbeitet hat und wie verantwortungsvoll die australische Holzindustrie heutzutage sein will.
🖙 Von der Gympie Connection Rd (Channon St) **rechts** auf den Bruce Hwy (A1) und ca. 3,5 km nach Norden 🖙 Cnr Fraser Rd/Bruce Hwy, Gympie QLD 4570 ☏ 07-5483-6535 🌐 www.woodworksmuseum.com.au ⏲ Mo.–Sa. 9/10–16 h 🖙 $ 5 pro Person

▶ Mary Valley Heritage Railway
Die auch als *Valley Rattler* bekannte historische Eisenbahn von Gympie fährt zu besonderen Anlässen durch die westlich des Bruce Highways und südlich von Gympie

Das Gold Mining Museum in Gympie war ursprünglich eine echte Goldmine.

gelegenen Ortschaften des Mary Valley – Dagun, Anamoor, Kandanga und Imbil. Das Eisenbahngelände und die beiden historischen Züge, die »Silver Bullet« und die »Red Rocket«, können im Rahmen von geführten Touren besichtigt werden.

📍 Von der Gympie Connection Rd direkt am Ortseingang links in Tozer St ⬛ Tozer St, Gympie QLD 4570 ☎ 07-5482-2750 ✉ rattler@mvhr.org.au 🌐 www.thevalleyrattler.com ⏰ Mo.–Fr. 9–17 h

▶ Lake Alford Park und Gold Mining Museum

Der Stadtpark von Gympie mit einem See und weiten Wiesen mit schattigen Picknickplätzen liegt im südlichen Teil der Stadt neben dem Bruce Highway. Auf dem hinteren Teil des Geländes befindet sich das **Gold Mining and Historical Museum**, das das Leben während der Goldgräberzeit vorstellt. Das Freilichtmuseum liegt auf dem Gelände der früheren No. 2 South Great Eastern Goldmine, einige der Gebäude stehen hier seit den Zeiten des Goldrauschs. Das Museumscafé ist ohne Eintritt zugänglich. Hier kann man seinen Kaffee mit Aussichten auf den Stadtpark genießen.

📍 Vom Bruce Hwy im Süden von Gympie am Alford Park links über den Nicholas Christopher Dr zur Brisbane Rd ⬛ 215 Brisbane Rd, Gympie QLD 4570 ☎ 07-5482-3995 ✉ info@gympiegoldmuseum.com.au 🌐 www.gympiegoldmuseum.com.au ⏰ Tägl. 9–16 h 💲 Erw. $ 10, Kinder $ 5

🛏 Übernachten

🚐 Chatsworth Park

Dieser kostenlose Rastplatz liegt fünf Kilometer nördlich von Gympie am Bruce Highway. Es geht daher nachts nicht sehr leise zu, allerdings ist die Übernachtung kostenfrei. Auf dem Gelände gibt es WCs, einen See mit Wasservögeln sowie einen Spielplatz für Kinder.

📍 Bruce Hwy (A1), 5 km nördlich von Gympie ➌ Nein ➌ Nein ➋ Nein ➊ Nein ⬤ Ja ✖ Kostenlos

🚐 Six Mile Creek Rest Area

Auch südlich von Gympie gibt es einen Rastplatz, auf dem Übernachten erlaubt ist. Der Platz liegt ebenfalls am Highway. Zur Ausstattung gehören ein WC-Block mit Dump Point, Picknicktische und BBQs.

📍 Bruce Hwy (A1), 6 km südlich von Gympie ➌ Ja ➌ Nein ➋ Nein ➊ Nein ✖ Kostenlos

*Der Bruce Highway (A1) bringt Sie gen Süden aus Gympie heraus. Für ein wenig Entspannung vom Verkehr verlassen Sie den viel befahrenen Highway an der **Traveston Road**, etwa 18 Kilometer südlich von Gympie. Nach elf Kilometern haben Sie **Cooran** erreicht – eine gute Alternative für eine Pause, falls Ihnen Gympie zu hektisch erschien.*

🏘 COORAN ✖ 🏛	
👥	1.457
☀	27 °C
❄	14 °C
〰	65 m
⬩ Gympie	29 km
Noosa	38 km

In Cooran, das 29 Kilometer südlich von Gympie liegt, und nur noch 145 Kilometer vor Brisbane, beginnt die Region der »Sunshine Coast«. Australier lieben die Küste mit ihren langen Sandstränden und guten Surfwellen wie auch das Hinterland mit seinen guten Restaurants, seinen Weinen, Gourmetprodukten und nicht zuletzt seiner abwechslungsreichen Landschaft.

Bereits bei Cooran, das zum Hinterland der Sunshine Coast gehört, fallen zudem die ersten eigenwillig geformten **Vulkankegel**

In Cooran beginnt die Sunshine Coast.

auf, die einen Vorgeschmack auf die weiter südlich gelegenen Glass House Mountains geben. Cooran bietet mit seinen historischen weißen Holzhäuschen, der liebevoll begrünten King Street (die Verlängerung der Traveston Road) und den Picknicktischen im Pioneer Park einen angenehmen Kontrast zum eher nüchternen Gympie. Gut gefallen hat uns das an der King Street neben der Post gelegene **Hinterland Restaurant**, das sich für Kaffee und Kuchen auf der überdachten Veranda oder auch für eine volle Mahlzeit im gemütlich eingerichteten Gastraum eignet (🏠 16 King St, Cooran QLD 4569, ⏰ *–**). Darüber hinaus bietet der kleine Ort keine touristische Infrastruktur.

Ⓗ Anreise und Transport

Cooran und die nachfolgende Gemeinde Pomona gehören bereits zum Translink Verbundsystem, das den Süden von Queensland bedient (💻 www.translink.com.au). Cooran ist von Brisbane oder Gympie aus mit der Zuglinie *Nambour and Gympie North* oder von Noosa aus mit Bus Nr. 632 zu erreichen.

In Cooran geht es von der King Street in einer Linkskurve auf die Bridge Street, die wiederum in die **Queen Street** *übergeht. Nach einigen hundert Metern wird die Straße zur* **Greenridge Pinbarren Road***, von der Sie im nächsten Ort,* **Pinbarren***, rechts auf die* **Pomona Kin Kin Road** *abbiegen. Die gewundene Straße mit sanften Hügeln bringt Sie nach Süden ins benachbarte, sechs Kilometer entfernte* **Pomona***. Hier gibt es einige Cafés, eine Pizzeria sowie einen einfachen Campingplatz.*

🏛 POMONA ☒ 🏚

🛏 Übernachten

🏕 Pomona Showgrounds

Einfacher Campingplatz auf einer großen Wiese mit Blick auf einen Vulkankegel. Der Platz ist öffentlich zugänglich, solange er nicht für Veranstaltungen genutzt wird (was eher selten vorkommt). Reservierung nicht notwendig. Die Übernachtungsgebühr wird vor Ort von einem Mitarbeiter eingezogen.

🚗 *Von der Pomona Kin Kin Rd (später Pound Rd) links auf die Exhibition St, danach links auf die Pavilion St* 🏠 *Pavilion St, Pomona QLD 4568* ☎ *07-5485-2331* @ *secretary@noosashowsociety.org.au* 🌐 *www.noosa showsociety.org.au/caravan-park* 🅿 *Ja* 🛜 *Unmarkiert* 🚿 *Unmarkiert* 🅿 *Ja* 🍽 *Ja* ❌ *Nein* 🔌 *Wasser, Strom (15 Amp.)* 🐕 *Nein* 💲 *$$*

In Pomona geht es links auf die Hill Street bis zur **Yurol Forest Road***, der Sie über zehn Kilometer nach Südosten folgen. Auf halber Strecke geht die Straße über in die* **Elm Street***, die Sie schließlich nach Cooroy bringt. Von dort führt die Hauptroute weiter Richtung Noosa und an die Strände der Sunshine Coast.*

Wer keine Zeit hat, um Noosa und die Sunshine Coast zu besuchen, der kann an dieser Stelle die Route ein wenig abkürzen. In Sippy Downs (ca. 40 Kilometer weiter südlich) treffen Alternativ- und Hauptroute wieder zusammen.

Alternativroute von Cooroy nach Sippy Downs

In Cooroy folgen Sie dem Highway noch knapp zwei Kilometer bis zum Bruce Highway. In dieser Region verbreitet sich die Landstraße zum ersten Mal in eine richtige Autobahn (Freeway), die Ihnen nun bis hinter Ballina in New South Wales erhalten bleiben wird. Passend dazu wird die Straße von A1 auf M1 umgetauft, heißt aber wie bisher Bruce Highway. Richtig aufs Gas treten kann man auch hier nicht: 110 km/h ist das Maximum.

EUMUNDI

1.924	
Cooroy	9 km
Nambour	25 km

Eumundi liegt neun Kilometer südlich von Cooroy, und ist auch für Gäste aus Noosa noch einen Abstecher wert. Das historische Dorf hat eine sehenswerte Hauptstraße, den **Memorial Drive**, mit vielen gut erhaltenen Holzhäusern aus dem frühen 20. Jahrhundert. Hier reihen sich New-Age-Läden, Galerien (auch mit Aboriginal-Kunst), verschiedene Cafés und Restaurants und sogar ein Bio-Metzger aneinander. Gut gefallen hat uns etwa das **CIA Café** am hinteren Ende des Memorial Drive (◐ 7–16:30 h), das sich auf Frühstück und Kaffee und Kuchen konzentriert (✪ *).

Der Publikumsmagnet in Eumundi sind die **Markets**, die mittwochs 8 bis 13:30 Uhr und samstags 7 bis 14 Uhr auf dem Memorial Drive stattfinden. Hier darf nur verkauft werden, was selbstgemacht wurde, darunter Kunst und Kunsthandwerk, Brot, Gemüse und deutsche Bratwurst sowie Schmuck und Glaswaren.

 Am Montag ist Ruhetag, dann haben fast alle Geschäfte und die meisten Restaurants in Eumundi geschlossen.

⊘ Orientieren

Vom Bruce Highway (M1) nehmen Sie die Ausfahrt Eumundi/Memorial Drive und folgen dem Straßenverlauf. Damit kommen Sie automatisch ins Ortszentrum.

Nach der kurzen Stippvisite geht es zurück zum Bruce Highway (M1) und weiter nach Süden.

Ebenfalls einen Besuch wert ist die **Ginger Factory** mit tropischem Garten und Museumseisenbahn am Freeway in **Yandina**, etwa zehn Kilometer südlich von Eumundi (www.gingerfactory.com.au ◐ Tägl. 9–17 h). Auf der anderen Straßenseite liegt **Nutworks** (www.nutworks.com.au ◐ Tägl. 9–17 h), wo man Macadamia-Nüsse in verschiedenen Geschmacksrichtungen probieren und durch ein Fenster in die »Küche« schauen kann.

Als Nächstes passieren Sie Nambour, und der erste Abzweig auf die Nambour Connection Road zieht nun an Ihnen vorbei. Diesen bitte ignorieren. Südlich von Nambour haben Sie eine Gelegenheit, Australiens größte Ananas zu sehen. Dazu verlassen Sie den Bruce Highway (M1) an der Ausfahrt Maroochydore Road/Nambour Connection Road, die etwa 20 Kilometer südlich von Eumundi in Richtung Nambour abzweigt.

NAMBOUR

14.645	
Eumundi	25 km
Slippy Downs	16 km

Die 16 Meter hohe Ananas, die *Big Pineapple,* liegt wenige Minuten vom Bruce Highway (M1) entfernt, direkt an der Nambour Connection Road. Innen findet sich eine Museum zum Thema Ananas, über eine Treppe kann man auf einen Balkon steigen. Im Gebäude nebenan gibt es einige Souvenirläden sowie einen Food-Court, indem u.a. auch Kaffee und Kuchen verkauft werden, die man auf dem luftigen Balkon mit Blick auf ein Ananasfeld genießen kann. Jeden Samstagmorgen findet ein Wochenmarkt statt (◐ 6:30–13 h).

Zurück auf dem Bruce Highway (M1) fahren Sie nun bis nach Sippy Downs, dort endet Ihre Alternativroute.

Ende der Alternativroute

Der Aussichtsberg Mount Tinbeerwah liegt nur wenige Kilometer außerhalb von Noosa.

*Für die Hauptroute biegen Sie in Cooroy auf die **Cooroy-Noosa Road (Highway 6)** Richtung Noosa ab. Die Landstraße führt nach Osten und automatisch am Tewantin National Park bei Tinbeerwah vorbei, der unter anderem subtropischen Regenwald sowie einen sehenswerten Aussichtsberg schützt.*

🌲 MOUNT TINBEERWAH LOOKOUT TRACK

Mount Tinbeerwah befindet sich im **Tewantin National Park** und ist ein 265 Meter hoher Berg, der genau wie die Glass House Mountains aus den Überresten eines uralten Vulkans besteht. Vom überdachten Aussichtsturm auf dem Gipfel bieten sich Aussichten auf das etwa fünfzehn Kilometer entfernte Noosa, auf die Flüsse und Seen der von Noosa auch mit dem Boot erreichbaren Cooloola Recreation Area (▶ Seite 212), auf das grüne Hinterland der Sunshine Coast und bei klarem Wetter sogar bis zu den Glass House Mountains (▶ Seite 221) im Süden. Selten wird man für so wenig Anstrengung so sehr belohnt! Wer nicht so gut zu Fuß ist, der kann auch einfach nur die ersten 130 Meter zum unteren Aussichtspunkt gehen, bis dorthin ist der Weg sogar für Kinderwagen geeignet.
◉ *Ganzj.* ➔ *3,5 km über die Tinbeerwah Rd (Vom Hwy 6 als Lookout ausgeschildert)* ⏱ *Ca. 45 Min.* ➔ *Leicht* ↔ *1 km*

Von Tinbeerwah sind es dann noch einmal dreizehn Kilometer über die Cooroy-Noosa Road (Highway 6) nach Noosa, erst durch Wald und später durch die Vororte der Stadt.

🏙 NOOSA 🏨 ℹ ➕ ✖ 🚻 🎞

👪	52.000 (mit allen Vororten)	
☀	29 °C	
❄❄	21 °C	
〰	8 m	
📍	Cooran	38 km
	Maroochydore	37 km

Noosa ist die bekannteste Stadt an der Sunshine Coast und ohne Zweifel die am schönsten gelegene. Die Ortschaft, die insgesamt als »Noosa« bekannt ist, besteht eigentlich aus einer Reihe von Ortschaften und Strandvororten, die durch den Highway 6 miteinander verbunden sind. Das Besondere an Noosa ist, dass die Landschaft durch den Noosa River und durch mehrere Seen und Kanäle in eine Wasserlandschaft verwandelt wird, die man – ähnlich wie Venedig – auch per Boot erkunden kann.

Eingebettet ist das Arrangement in gleich mehrere Nationalparks: Der Tewantin National Park und State Forest grenzen die Region zum Westen hin ab, die Cooloola Recreation Area, Teil des Great Sandy National Park, liegt im Norden, und entlang der Küste im Osten zieht sich der Noosa National Park. Vor der Küste schließlich liegen fantastische Surfgebiete. Kein Wunder also, dass Noosa und die Sunshine Coast zu den vielseitigsten und interessantesten Urlaubsregionen auf dieser Reise zählt.

ℹ NOOSA VISITOR INFORMATION CENTRE

Das sehr gut sortierte Noosa Visitor Information Centre liegt fast direkt am Kreisverkehr am Beginn der Hastings Street neben dem Surf Club und dem Strand.

Hwy 6 links ab auf den Noosa Dr, diesem bis zum Ende in Noosa Heads folgen, am Kreisverkehr rechts in die Hastings St ▣ 61 Hastings St, Noosa Heads QLD 4567 ▣ 07-5430-5000 ▣ info@ visitnoosa.com.au ▣ www.visitnoosa.com.au ▣ Tägl. 9–17 h

ℹ QUEENSLAND PARKS AND WILDLIFE SERVICE (QPWS)

Den ersten Vorort, den Sie auf dem Highway 6 auf dem Weg nach Noosa durchqueren, heißt Tewantin. Hier befindet sich das Büro des Nationalpark-Services, das Sie besuchen sollten, wenn Sie (bei Süd-Nord-Fahrtrichtung) noch Infos oder eine Fahr- und Campingerlaubnis für Fraser Island oder die Cooloola Recreation Area benötigen.

Vom Hwy 6 in Tewantin links auf die Moorindil St, weiter Richtung Norden bis kurz vor der Autofähre nach Noosa North Shore ▣ 240 Moorindil St, Tewantin QLD 4565 ▣ 13-74-68 ▣ camping. support@nprsr.qld.gov.au (Nur für Fragen, Reservierung per E-Mail nicht möglich) ▣ www.nprsr. qld.gov.au/experiences/over-counter-permits.html ▣ Tägl. 8–16 h

ⓗ Anreise und Transport

Die Noosa Junction Bus Station an der Sunshine Beach Road (Highway 6) in Noosa Heads ist ein Haltepunkt auf der Cairns-Brisbane-Route der Greyhound-Busse. Wer mit Queensland Rail unterwegs ist, muss in Nambour oder Caboolture auf lokalen Transport umsteigen. Noosa gehört außerdem zum Translink-Verkehrsverbund.

Eine Karte der Busverbindungen an der Sunshine Coast finden Sie hier:
▣ *www.seitnotiz.de/NPRAU116*

💡 Die gesamte Region der Sunshine Coast über Brisbane bis hin nach Coolangatta an der Gold Coast/Grenze zu New South Wales gehört zum Translink-Verkehrsverbund. Falls Sie planen, in dieser Region über mehrere Tage mit Öffentlichen Verkehrsmitteln zu fahren, lohnt sich die elektronische Fahrkarte **GoCard** (▶Seite 226). Mit dieser fährt man erheblich günstiger als mit einem Papierticket.

Am schönsten ist es allerdings, Noosa mit der Fähre direkt vom Wasser aus zu erkunden (▶Seite 211).

⊙ Orientieren

Der Highway 6 ist die Hauptschlagader von Noosa: Wenn Sie von Westen aus in die Stadt einfahren, geht es nacheinander durch die Ortsteile Tewantin, Noosaville und Noosa Heads, sowie im weiteren Verlauf zu den Stränden Sunshine Beach, Sunrise Beach und Castaways Beach. Der Vorort Tewantin beherbergt den Jachthafen und endet kurz vor der Kreuzung mit dem Highway 12 nach Süden. Der Highway 6 führt nun durch Noosaville am Flussufer des Noosa River entlang und heißt **Gympie Terrace**. Entlang der Straße finden sich viele Restaurants, Cafés und Hotels. Der Bootssteg für Touren in die Noosa Everglades liegt direkt hinter der auffälligen Pelikanskulptur an der Wasserseite der Gympie Terrace.

An der Mündung des Noosa River

Abendstimmung am Noosa River in Noosaville

Am Kreisverkehr am Ostende der Gympie Terrace macht der Highway 6 einen Knick nach Süden und mündet in die **Weyba Road**, die den Verlauf des Weyba Creek am Südufer folgt. Hinter der Brücke über den Weyba Creek haben Sie schließlich Noosa Heads erreicht. Der Highway 6 heißt nun ganz schlicht **Noosa Drive**.

In Noosa Heads zweigt der Noosa Drive am dritten Kreisverkehr an der zweiten Ausfahrt vom Highway 6 ab (es geht also geradeaus weiter) und mündet schließlich am Strand, dem Main Beach, in die schicke Hastings Street ein. Biegt man am Kreisel allerdings **rechts** ab, bleibt man auf dem Highway 6. Nun geht es über die **Sunshine Beach Road** (später **David Low Way**) über einen Hügel und durch den Noosa National Park in Richtung Osten, wo man die kilometerlangen Pazifikstrände erreicht.

▶ Tewantin

Tewantin liegt gut sechs Kilometer westlich von Noosa Heads und ist in touristischer Hinsicht ein eher wenige interessanter Vorort von Noosa. Wer allerdings eine Bootsfahrt mit dem schwimmenden Restaurant oder eine Flusserkundung mit der Noosa Ferry plant, ist hier genau richtig.
🕐 *Am Hwy 6 – Tewantin ist gleich der erste Ort in der Region Noosa*

▶ Noosaville

Entlang des ruhigen Noosa River, an der Gympie Terrace, findet man das zweite Ortszentrum von Noosa, mit einem langen Spazierweg und mehreren Parks mit Picknicktischen am Flussufer sowie gleich mehreren Verleihstationen von Kajaks, Booten und Angelausrüstung *(Bait and Tackle)*. Auf der anderen Straßenseite sind über die gesamte Promenade Hotels, Restaurants und *Take-Away*-Imbisse verteilt, manche auch mit Aussichten auf den Noosa River.
🕐 *Dem Verlauf des Hwy 6 durch Tewantin folgen, bis Sie die am Noosa River gelegene Gympie Terrace erreichen.*

▶ Noosa Heads

Das Zentrum von Noosa liegt auf einer schmalen Landzunge, dem **Noosa Spit**, zwischen dem Ozean und dem Noosa River. Die östliche Hälfte der Landzunge wird von der Hastings Street belegt, die sicher zu den schönsten Flaniermeilen in Queensland gehört. Hier findet man eine gute Mischung aus Restaurants, Straßencafés, Souvenirs, Surf- und Designermode. Einige der Cafés und Restaurants auf der Meerseite haben eine Terrasse zum Meer hin, bei den anderen kann man es sich auf überdachten Terrassen auf dem Bürgersteig gemütlich machen und das Treiben auf der Hastings Street beobachten. Die westliche Hälfte des Noosa Spit wird von einem Waldstück belegt, der **Noosa Spit Recreation Reserve**. Im Park gibt es BBQs und Picknicktische mit Aussichten auf den Noosa River.

Der Strand von Noosa Heads, **Main Beach**, weist nach Norden hin und zieht sich entlang der Hastings Street bis hin zum Spit. Lebensretter kontrollieren am Strand vor dem Surfclub im Ortszentrum. Main Beach ist gut geeignet zum Baden und Surfen und sogar zum Schnorcheln. Bei unserem Besuch während der Weihnachtsferien haben wir trotz der vielen Badegäste Hunderte von Fischen nur wenige Meter vom Strand entfernt gesehen.
🕐 *Folgen Sie dem Verlauf des Noosa Dr in Noosa Heads bis Sie die Hastings St erreichen, nun links ab.*

🛒 Versorgen und einkaufen

Ein guter Ort für einen Großeinkauf ist die nicht weit von der Gympie Terrace gelegene Weyba Road mit einem **Aldi Supermarkt** (🏠 201 Weyba Rd, 🕐 direkt am Hwy 6) sowie rundherum mit Restaurants, Cafés und einer Bäckerei. Ein Woolworths wie auch ein Big W Warenhaus befinden sich im Noosa Civic Shopping Centre (🏠 Eenie Creek Rd, Noosaville, 🕐 Vom Hwy 6 in Noosaville auf den Hwy 12 abbiegen, im vierten Kreisverkehr links in die Eenie Creek Rd). Coles findet man im Noosa Fair Shopping Centre (🅟 Ecke Noosa Dr/Sunshine Beach Rd, 🅟 Am Hwy 6 in Noosa Heads).

✕ Essen und trinken in Noosaville

Alle Restaurantempfehlungen liegen entlang der Gympie Terrace; der Noosa River liegt auf der anderen Straßenseite (🅟 Von Tewantin dem Verlauf des Hwy 6 folgen bis Gympie Terrace).

► Moondoggie's Cafe
Gemütliches Café am Noosa River mit Fruchtsalaten, Croissants, Pfannkuchen, Omeletts sowie über 20 Teesorten. Besser noch als die Aussicht von der Terrasse vorne ist die Sitzecke hinten an einem kleinen Seerosenteich.
🔘 187 Gympie Terrace, Noosaville QLD 4566 ☎ 07-5449-9659 🌐 www.moondoggys.com.au ⏰ Tägl. 7–16 h 💲 *

► Rasa Modern Asian Cuisine
Asiatisches BYO-Lokal (Alkoholisches selbst mitbringen) mit überdachter Terrasse in Richtung Noosa River, das auch bei den Einheimischen beliebt ist. Gekocht werden Highlights aus ganz Asien, darunter auch aus Thailand oder Indien.
🔘 2/255 Gympie Terrace, Noosaville QLD 4566 ☎ 07-5474-0263 🌐 www.restaurantsnapshot.com/ Rasa ⏰ Tägl. 17–20:30 h 💲 **

✕ Essen und trinken Noosa Heads

Alle Restaurantempfehlungen liegen entlang der Hastings Street (🅟 Hwy 6 geradeaus auf Noosa Dr, am Ende links ab).

► Bistro C
Mit die besten Aussichten in Noosa hat dieses Bistro: Es liegt am Strandweg auf der Meerseite von Noosa Heads. Serviert wird australische Küche mit mediterran-asiatischer Note, zubereitet mit Zutaten aus der Region.
🔘 49 Hastings St, Noosa Heads QLD 4567 ☎ 07-5447-2855 🌐 www.bistroc.com.au ⏰ Ab 7:30 h »till late« 💲 Frühstück **, mittags **–***, abends ***

► Noosa Heads Surf Lifesaving Club
Dieser Surfclub hat den Preis für den besten australischen Surfclub im Jahr 2013 gewonnen. Bei dem Ausblick ist das auch kein Wunder: Vom offenen Balkon aus kann man aufs Meer schauen und die Badegäste beob

achten. Der Blick reicht den Strand entlang in Richtung Noosa National Park. Auf den Tisch kommen Seafood, Salate und Burger, am Wochenende auch Frühstück. Freitag, Samstag & Sonntag abends Livemusik, manchmal zusätzlich am Mittwoch und Donnerstag.
🔘 69 Hastings St, Noosa Heads QLD 4567 ☎ 07-5447-3055 @ restaurant@noosasurfclub.com 🌐 www.noosasurfclub.com.au ⏰ Mo.–Fr. 11–20:30 h, Sa. & So. 8–20:30 h 💲 Frühstück *–**, mittags und abends **

► Noosa Heads Montezuma's Restaurant
Restaurant mit Balkon und Aussicht über die Hastings Street. Man sitzt auf geschnitzten Holzstühlen und bekommt überraschend authentische mexikanische Gerichte mit gutem Preis-Leistungs-Verhältnis.
🔘 Shop 27 Bay Village, 18 Hastings St, Noosa Heads QLD 4567 ☎ 07-5447-2222 @ montezumasnoosa@ gmail.com 🌐 www.montezumas.com.au/B/Locations/ NoosaHeads.html ⏰ Tägl. 12–14 h, Mo.–Fr. 17:30–20 h, Sa. & So. bis 20:30 h 💲 **

👁 Highlights Tewantin

► Noosa Marina
Der am Parkyn Court in Tewantin gelegene Jachthafen ist der Ausgangspunkt für die meisten Rundfahrten über den Noosa River. Rund um die geankerten Jachten gruppieren sich Cafés und Restaurants sowie Galerien, Wellness- und Schönheitssalons; außerdem gibt es einen Wasserspielplatz und eine Skateboard-Rampe.
🅟 Von Norden kommend vom Hwy 6 in Tewantin kurz vor der Brücke links 🔘 Parkyn Court, Tewantin QLD 4565

► Noosa Cruising Restaurant
Schwimmendes Restaurant, das eine Mahlzeit mit einer Rundfahrt auf dem Noosa River verbindet. Theoretisch könnten Sie den ganzen Tag auf dem Wasser verbringen, angefangen mit dem Frühstück um 10 Uhr (1,5 Stunden, 💲 $ 35), anschließend das Mittagessen mit Steak und Seafood um 12:30 Uhr (2 Stunden, 💲 $ 65), und schließlich die Sunset Cruise mit drei Gängen à la Carte (2,5 Stunden, 💲 $ 85, ⏰ Abfahrten werden an die Jahreszeit angepasst). Eine Rundfahrt ohne Mahlzeiten kostet $ 25, Kinder die Hälfte.
🔘 Noosa Marina, Tewantin QLD 4565 ☎ 04-1921-6236 @ info@noosacruisingrestaurant.com.au 🌐 www.noosacruiser.com

► Noosa Ferry
Die Fähre durchkreuzt die Wasserlandschaften des Noosa River mit sieben Hal

testellen von Tewantin über Noosaville bis hin zum (öffentlichen) Bootssteg am Sheraton Resort in Noosa Heads. Die Route wird mindestens sechsmal am Tag in etwa 35 Minuten abgefahren; öfter an Sonntagen und während der Schulferien. Für einen Tagespass, der nicht für die Sunset Cruise gilt, zahlen Erwachsene $ 25 und Kinder $ 7. Die Sunset Cruise dauert eine Stunde, und beginnt abhängig von der Zeit des Sonnenuntergangs immer dienstags bis samstags ab Sheraton Jetty in Noosa Heads (👁 Erw. $ 25, Kinder $ 10). Für Abfahrtszeiten und Buchungen bitte anrufen.

📍 Noosa Marina, 7/2 Parkyn Court, Tewantin QLD 4565 ☎ 07-5449-8442 🌐 www.noosaferry.com

👁 Highlights Noosaville

▶ Noosa Thriller Ocean Adventures
Actionreiche Fahrt vom Noosa River zum Noosa National Park im 9 Meter langen, 500 PS starken Jetboot mit Platz für 12 Gäste. Zu sehen gibt es verschiedene Highlights, die man ansonsten nur bei einer Tageswanderung durch den Nationalpark sehen würde, darunter Hells Gates und Paradise Caves. Unterwegs sieht man oft Delfine, in der Zeit von Juli bis November oft auch Buckelwale und Zwergwale. Abfahrtszeiten sind abhängig vom Wetter und den Gezeiten. Nicht geeignet für Schwangere oder Menschen mit Rückenbeschwerden. Kostenlose Abholung ab den meisten Hotels in Noosa.

📍 Dem Verlauf des Hwy 6 folgen bis etwa zur Mitte der Gympie Terrace (Nähe Robert St) 📍 194, Gympie Terrace, Noosaville QLD 4566 ☎ 07-5447-3042 🌐 http://noosathriller.com 💲 $ 70 pro Person

Per Kanu unterwegs im Cooloola Recreation Area an der Noosa North Shore

▶ Noosa North Shore und Cooloola Recreation Area
Die Cooloola Recreation Area, die auf der Nordseite des Noosa River beginnt, ist eine mit Fraser Island verwandte Landschaft aus Sand und Wasser. Wer einen Geländewagen mit hoher Bodenfreiheit wie einen Toyota Landcruiser oder Nissan Patrol dabei hat, der kann in Tewantin (▶ Seite 209) eine Fahrerlaubnis (Vehicle Access Permit) bekommen (👁 für 1 Tag $ 12,55 (online) oder $ 18,85 (vor Ort), für bis zu 1 Woche $ 31,70), bevor es mit der Fähre zur North Shore hinübergeht (👁 $ 7). Alternativ bieten **Surf & Sand Safaris** (▶ Seite 201) Geländewagentouren u. a. mit Spaziergang zum Leuchtturm am Double Island Point (👁 Erw. $ 135, Kinder $ 95). Auch ohne Geländewagen ist die Cooloola Recreation Area erreichbar, und zwar vom Wasser aus. **The Discovery Group** bietet verschiedene Kombinationen aus Bootsfahrt und Kanutour an, darunter eine Lunch Cruise auf Wunsch mit zusätzlicher Kanufahrt (👁 10:30–16:30 h) sowie eine Nachmittagsausfahrt ohne Kanu (👁 12:50–17 h). Zwei-Tages-Kanutouren mit Ausrüstung, aber ohne Verpflegung werden täglich angeboten. Abfahrt ist am Bootsanleger in Noosaville.

The Discovery Group
📍 Dem Verlauf des Hwy 6 folgen bis etwa zur Mitte der Gympie Terrace/Nähe Thomas St Kreisverkehr 📍 Jetty 186, Gympie Terrace, Noosaville QLD 4566 ☎ 07-5449-0393 🌐 www.thediscoverygroup.com. au 👁 Lunch Cruise ohne Kanufahrt Erw. $ 120, Kinder $ 85, mit Kanufahrt Erw. $ 135, Kinder $ 95; Nachmittagsfahrt ohne Kanufahrt Erw. $ 79, Kinder $ 65; 2-Tages-Kanutour pro Person $ 199

▶ Fraser Island
Die größte Sandinsel der Welt ist nicht nur von Hervey Bay oder Rainbow Beach aus erreichbar, sondern auch von Noosa auf einer 1- oder 2-Tages-Tour. Abholung ist möglich ab allen Ortsteilen in Noosa.

The Discovery Group
📍 Siehe oben ☎ Siehe oben 🌐 www.thediscovery group.com.au 👁 Tagestour tägl., 2-Tages-Tour ab Mo., Mi. & Fr. 💲 Tagestour Erw. $ 185, Kinder $ 130, 2-Tages-Tour ab $ 345 pro Person

👁 Highlights Noosa Heads

▶ Laguna Lookout
Der beste Aussichtspunkt in Noosa liegt am Ende der Viewland Road, ganz am Rand des Noosa National Park. Von hier aus bieten sich weite Aussichten über Noosa Heads

Sonnenuntergang
am Laguna Lookout

und den Noosa River in Richtung Noosaville und Tewantin. Besonders schön ist es gegen Abend!

📍 *Vom Noosa Dr rechts auf den Viewland Dr bis zum Ende* 🏠 *Viewland Dr, Noosa Heads QLD 4567*

▶ Noosa National Park

Eigentlich steht die hügelige Landzunge bei Noosa, das Noosa Headland, schon seit 1879 unter Naturschutz und ist seit 1939 ein Nationalpark. Allerdings wäre der Park in den 1960er-Jahren beinahe durch ein Wohngebiet ersetzt worden, wenn sich keine Bürgerinitative für den Erhalt des Naturschutzgebiets gegründet hätte. Der mittlerweile auf 4.000 Hektar angewachsene Nationalpark beherbergt eine Vielfalt von Lebensräumen, darunter Sandstrände, Küstenheidelandschaften, Eukalyptuswälder und sogar subtropischen Regenwald und bietet eine Heimat für gefährdete Tierarten wie Koalas, Braunkopfkakadus und den *Red Goshawk,* der mit Habichten verwandt ist.

Im Nationalpark-Kiosk neben dem Parkplatz bekommt man Kaffee (☕ *), kostenlose Wanderbroschüren und Tipps, wo man Koalas beobachten kann. Auf dem Gelände gibt es Picknicktische, auf einem außen am Gebäude angebrachten Bildschirm läuft tagsüber ein Film über den Park. Interessant ist auch die Freiluftausstellung über den Nationalpark, seine Geschichte, Pflanzen und Tiere.

📍 *Vom Noosa Dr rechts in die Hastings St, dann direkt die nächste links in die Park Rd, dieser bis zum Ende folgen* 🏠 *Wanderwege: www.nprsr.qld.gov.au/ parks/noosa/pdf/noosa-headland-map.pdf*

Wandern

Palm Grove Circuit

Einen Hain mit subtropischem Regenwald erkunden Sie bei diesem kurzen Rundweg. Der Weg beginnt am Parkplatz neben dem Nationalpark-Kiosk und nimmt kaum eine halbe Stunde in Anspruch.

🕐 *Ganzj.* 📍 *Am Nationalpark-Kiosk* ⏱ *15–30 Min.* 🥾 *Leicht* 📏 *1 km (Rundweg)*

Coastal Track

Der Track beginnt am Nationalpark-Kiosk und führt am Meer entlang über 5,4 km bis nach Sunshine Beach. Danach geht es über den Strand in 20 min bis zum Surf Club. Zurück nach Noosa kommen Sie mit dem Taxi oder dem Linienbus Nr. 620. Der Coastal Track bietet Aussichten auf Noosa und seine Strände. Die Wanderung lohnt auch, wenn Sie nur einen Teil des Weges gehen möchten. Der Beginn des Coastal Track ist asphaltiert, erst ab Hells Gate wird es schwieriger.

🕐 *Ganzj.* 📍 *Nationalpark-Kiosk* ⏱ *2–3 Std.* 🥾 *Leicht bis Dolphin Heads, moderat bis Hells Gate, schwierig bis Sunshine Beach* 📏 *5,4 km (einf. Strecke)*

▶ Noosa Spit Recreation Reserve

Der Park ist ein schöner Ausgangspunkt für eine Erkundung von Noosa Heads. Dazu folgen Sie der Hastings Street durch Noosa Heads bis zum Ende und weiter durch den Wald, bis Sie den Noosa River erreichen. Wenden Sie sich nach rechts und gehen Sie bis zum Turm der Küstenwache an der Mündung des Flusses. Über den Strand von Main Beach geht es nun am Ozean entlang bis zum Surf Club, wo Sie wieder auf die Hastings Street stoßen.

🕐 *Ganzj.* 📍 *Hastings St oder Parkplatz im Wald am Noosa Spit* ⏱ *45–60 Min.* 🥾 *Leicht* 📏 *3,5 km (Rundweg)*

▶ Sunshine Beach

Ein guter Ausgangspunkt für Spaziergänge ist der Sunshine Beach, der südlich an den Noosa National Park anschließt. Wenn man etwa am Surf Club parkt, kann man entspannt in 20 Minuten bis zum Beginn des Nationalparks an der Südseite des Noosa Headlands laufen. Am Fuße des Berges endet der zuvor beschriebene **Coastal Track**. Wenn Sie den Weg in Angriff nehmen wollen, sollten Sie gut zu Fuß sein, da es vom Strand über eine Treppe steil bergauf geht.

📍 *Hwy 6 bis nach Sunshine Beach, links ab in die Hill St, dem Straßenverlauf folgen bis zum Sunshine Beach Surf Club*

🛏 Übernachten Noosaville

🏠 Noosa Backpackers Resort

Dieses Hostel ist nicht mehr ganz so frisch wie das Flashpackers in Sunshine Beach, dafür liegt es an einer ruhigen Seitenstraße in Gehweite der Gympie Terrace mit vielen Restaurants. Es gibt gemischte 6er-Zimmer, 6er-Zimmer nur für Frauen sowie einige Doppelzimmer mit Platz für genau ein Doppelbett und einen Stuhl. Alle Zimmer sind ohne Klimaanlage und mit Bad auf dem Gang. Das Hostel hat ein Restaurant mit tropischem Ambiente. Surfboards, Bodyboards und Kajaks können kostenlos ausgeliehen werden.

🚗 *Hwy 6 bis Gympie Terrace, bei Erreichen des Weyba Creek direkt links ab in die Noosa Parade, danach die zweite links William St* 📍 *9–13 William St, Noosaville QLD 4566* ☎ *07-5449-8151* 🌐 *www.noosabackpackers.com* 💳 *Ja* 🛏 *Ja* ✱

🏕 Noosa River Holiday Park

Städtischer Campingplatz mit eigenem Strand am Noosa River. Besonders gut hat uns die offene Campingküche gefallen: Bei den Aussichten auf das türkisblaue Wasser vergisst man fast, dass man eigentlich kochen wollte. Die Plätze mit der besten Aussicht direkt am Fluss sind die Zeltplätze ohne Strom.

Campingplatz in Noosa mit eigenem Strand

🚗 *Hwy 6 bis Gympie Terrace, bei Erreichen des Weyba Creek direkt links ab in die Noosa Parade, danach die dritte links Russell St* 📍 *4 Russell St, Noosaville QLD 4566* ☎ *07-5449-7050* ✉ *noosariver@noosaholidayparks.com.au* 🌐 *www.noosaholidayparks.com.au/ noosa-river* 🚗 *Ja* 🛏 *87* 🛏 *44, davon 6 mit Stromanschluss* 💳 *Ja* 🛏 *Ja* 🛏 *Ja, kostenpflichtig* 🔌 *Wasser, Abwasser, Strom (15 Amp.)* 🔌 *Nein* 💲 *$$$*

🏨 Anchor Motel

19-Zimmer-Motel über zwei Etagen mit kleinem Pool, etwa 15 Minuten zu Fuß vom Zentrum von Noosaville entfernt an der Gympie Terrace. Das Motel schaut zur Hauptstraße, der Weyba Road, hinaus. Mit ein bisschen Glück kann man zwischen den Bäumen den Noosa River sehen. Alle Zimmer sind für maximal drei Personen geeignet.

📍 *223 Weyba Rd (Hwy 6), Noosaville QLD 4566* ☎ *07-5449-8055* ✉ *reception@anchormotelnoosa. com.au* 🌐 *www.anchormotelnoosa.com.au* 💳 *Ja* 🛏 *Ja* ✱ *–* ✱✱

🛏 Übernachten Noosa Heads

🏠 Culgoa Point

Resortanlage mit eigenem Strand am Noosa River. Alle Zimmer sind voll ausgestattete Ferienwohnungen. Die 1-Schlafzimmer-Apartments haben ein zweites, normalerweise verschlossenes Schlafzimmer und werden während der Hochsaison nur als 2-Schlafzimmer-Apartments vermietet. Fast alle Apartments haben Aussicht auf den Noosa River.

🚗 *Hwy 6 bis Gympie Terrace, bei Erreichen des Weyba Creek direkt links ab in die Noosa Parade, nach der Brücke über den Weyba Creek links ab in den Quamby Pl* 📍 *5 Quamby Pl, Noosa Heads QLD 4567* ☎ *07-5449-6400* ✉ *reception@culgoapoint. com.au* 🌐 *www.culgoapoint.com.au* 💳 *Ja* 🛏 *Ja, kostenpflichtig* ✱✱ *–* ✱✱✱

🏠 Flashpackers Noosa

Hostel mit Resortatmosphäre, mit kostenlosem Abholservice ab Busbahnhof Noosa sowie einem Shuttlebus nach Noosa (das Hostel liegt außerhalb an einer Hauptstraße). Ebenfalls im Preis mit inbegriffen sind ein tägliches Frühstück, freitags abendliches Würstchengrillen, Internet, Surf- und Boogieboards. Übernachtet wird in klimatisierten Doppelzimmern mit Bad, alternativ gibt es 4er- und 6er-Zimmer sowie 6er-Zimmer nur für Frauen.

🚗 *Hwy 6 durch Noosa folgen bis nach Sunshine Beach, am Ortseingang auf der linken Straßenseite, eigentlich noch auf dem David Low Way (Hwy 6) direkt am Anfang der Pacific Ave* 📍 *102 Pacific Ave, Sunshine Beach QLD 4567* ☎ *07-5455-4088* ✉ *bookings@flashpackersnoosa.com* 🌐 *www.flashpackersnoosa.com* 💳 *Ja* 🛏 *Ja* ✱

Peregian Beach zwischen Noosa und Mooloolaba

*Von Noosa Heads folgen Sie der Sunshine Beach Road/**David Low Way** (Highway 6) weiter über Sunrise Beach in Richtung Süden. Unterwegs ziehen eine Reihe von Strandorten an Ihnen vorbei, darunter auch Peregian Beach, das zwölf Kilometer südlich von Noosa Heads liegt.*

PEREGIAN BEACH ➕ ✖ ☑ ⌂

Peregian Beach ist die letzte Siedlung ohne große Apartmenttürme, bereits im benachbarten **Coolum Beach** finden sich die ersten Bauwerke mit dreizehn und mehr Stockwerken. Peregian Beach ist ein langer Sandstrand, der durch eine Düne vom eigentlichen Ort getrennt wird. Vom Strand aus kann man einen letzten Blick nach Norden auf das entfernte Noosa Headland werfen.

*Im 17 Kilometer weiter südlich gelegenen **Pacific Paradise** macht der Highway 6 einen Schlenker nach Osten, um die weite Flussmündung des Maroochy River zu überbrücken. Damit erreichen Sie den südlichen Teil der Sunshine Coast.*

MAROOCHYDORE UND MOOLOOLABA 📷 ℹ ➕ ✖ ☑ ⌂

👪👪	47.645	
☀	26 °C	
❄❄	16 °C	
〰	3 m	
🔸	Noosa	37 km
	Glass House Mountains	66 km

Die Ortschaften **Maroochydore** (mit Ortsteil Cotton Tree), **Alexandra Headland** und **Mooloolaba** (Betonung auf der zweiten Silbe)

belegen den fünf Kilometer langen Strand zwischen der Mündung des South Maroochy River und des Mooloolah River. Jeden Winter kommen sonnenhungrige Australier aus dem kalten Süden um Sonne zu tanken, an den Stränden zu surfen, eine Runde Golf zu spielen oder mit ihren Kajaks und Segeljachten die Wasserwege zu erkunden.

Das war aber nicht immer so: Die Region rund um das heutige Mooloolaba/Maroochydore war im 19. Jahrhundert vorwiegend für Holzfäller und Zuckerrohrfarmer interessant. Die erste Holzlieferung ging 1863 per Schiff nach Brisbane, ab 1865 begann der Zuckerrohr-Boom im benachbarten Buderim. In den 1880er-Jahren erkannten die Farmer, dass man sich an den goldenen Sandstränden der Sunshine Coast gut von der harten Arbeit erholen kann. In den 1920ern wurde der erste Club für Rettungsschwimmer gegründet, das erste Hotel eröffnete 1924. Mit dem Tourismus ging es dann stetig bergauf, und auch der Stacheldraht an den Stränden während des Zweiten Weltkriegs hielt die Besucher nicht ab. 1969 wurde schließlich der Jachthafen von Mooloolaba eröffnet, in dem sich heute das Sea Life Aquarium befindet.

Die Ortsnamen Mooloolaba und Maroochydore wurden übrigens aus der Sprache der Aboriginals dieser Region übernommen: „mulu" ist der Name einer Fischart, „mullu" der Name einer Schlange, der Rotbäuchigen Schwarzotter (red-bellied black snake). Maroochydore hingegen bedeutet „Platz der roten Schnäbel". Damit sind schwarze Schwäne gemeint, die einen roten Schnabel haben.

💡 Jedes Jahr findet in Mooloolaba etwa eine Woche vor Weihnachten abends die „Christmas Boat Parade" statt, mit fantasievoll geschmückten und beleuchteten Booten (🌐 www.christmasboatparade.net).

ℹ MAROOCHYDORE VISITOR INFORMATION CENTRE

📍 *Vom Hwy 6 (Aerodrome Rd) in Maroochydore links auf die Sixth Ave* ✉ *Cnr Melrose Parade/Sixth Ave,*

Maroochydore QLD 4558 ☎ 07-5458-8842 @ visit@
SCDL.com.au 🖰 www.visitsunshinecoast.com/
Corporate/About-us/Visitor-Information-Centres ◷ Mo.–
Fr. 9–16 h, Sa. & So 9–15 h

**🅱 MOOLOOLABA VISITOR
INFORMATION CENTRE**

Die Visitor Info von Mooloolaba ist nur ein
Mini-Kiosk, eine größere Auswahl an Prospekten bekommen Sie im zuvor genannten Büro in Maroochydore.

🚗 Vom Hwy 6 (Walan St) in Mooloolaba links auf
die Brisbane Rd bis zur First Ave 🖃 Brisbane Rd/
Cnr First Ave, Mooloolaba QLD 4557 ☎ 07-5458-
8844 @ visit@scdl.com.au 🖰 www.visitsunshine
coast.com/Corporate/About-us/Visitor-Information-
Centres ◷ Tägl. 9–15 h

⊕ Orientieren

Der Highway 6 führt als Bradman Avenue und
Duporth Avenue am Maroochy River entlang
durch **Maroochydore**. Kurz vor Überquerung
des Cornmeal Creek zweigt der Highway 6
leicht nach rechts (Süden) ab und heißt nun
Beach Road, nach der Brücke dann Horton
Parade/Aerodrome Road. Nördlich der Aerodrome Road liegt der ruhige Ortsteil Cotton
Tree mit Aussichten auf den Maroochy River,
einen am Ufer gelegenen Riesen-Camping-
platz und einige Restaurants.

Sobald der Highway 6 den Strand im Stadtteil **Alexandra Headland** erreicht, wird die
Straße passend in **Alexandra Parade** umbenannt. An der Stadtgrenze von **Mooloolaba**

Mooloolaba ist ein beliebter
Ferienort; das macht sich
auch in der Höhe der
Strandhotels bemerkbar.

heißt die Strandstraße (Highway 6) nun **Mooloolaba Esplanade**, hier beginnt die schicke
Hotel- und Restaurantmeile der Stadt.

Der Highway 6 biegt nun in einer Rechtskurve vom Strand weg in die Venning Street,
wird danach zur Walan Street, bis er nach
einer weiteren Rechtskurve zur Brisbane
Road wird, die schließlich wieder aus Mooloolaba herausführt und über den Highway
70 zurück auf den Bruce Highway geleitet.

Ⓗ Anreise und Transport

Maroochydore und Mooloolaba sind Halte-
punkte auf der Cairns-Brisbane-Route der
Greyhound-Busse. Der Bus hält in Maroochydore an der Touristeninformation und
in Mooloolaba am Bowls Club an der Brisbane Road, etwa einen Kilometer von der
Esplanade entfernt. Wer mit dem Zug von
Queensland Rail unterwegs ist, muss in Caboolture (63 km südlich von Mooloolaba)
auf Busse von Translink (🖰 http://translink.
com.au) umsteigen. Der Flughafen der Sunshine Coast befindet sich in Marcoola, neun
Kilometer nördlich von Maroochydore.

🛒 Versorgen und einkaufen

Alles was, man braucht – darunter auch
einen **Aldi** Supermarkt – findet man im
Sunshine Plaza, mit 220 Geschäften das
größte Shopping Centre an der Sunshine
Coast. Das täglich geöffnete Einkaufszentrum liegt am Hwy 6, hinter der Brücke
über den Maroochy River (🖃 154-164 Horton Parade). Die meisten Restaurants und
Cafés des Sunshine Plaza liegen rechts
und links des Maroochy River.

✕ Essen und trinken
Maroochydore

In Maroochydore und dem angeschlossenen
Ortsteil Cotton Tree gibt es eine Reihe von
ruhigeren Restaurants und Cafés, in denen
man gemütliche Stunden verbringen kann.

▶ The Boat Shed ★

Direkt neben dem Cotton Tree Caravan Park
gelegenes Restaurant mit weiten Aussichten über die sehenswerte Flussmündung
des Maroochy River. Auf den Teller kommen
internationale Gerichte mit einem Schwerpunkt auf Seefood. Mittagessen 12–14 Uhr
(am Wochenende länger), Abendessen ab
18 Uhr; in den Nachmittagsstunden werden nur Getränke serviert. Am „Take Away"
Fenster an der Seite kann man Schnellge-
richte zum Mittagessen bestellen, geöffnet
von 11 Uhr bis in die Abendstunden.

Der Jachthafen von Mooloolaba mit seinem auffälligen blauen Turm

Von der Horton Parade (Hwy 6) nach Überqueren des Cornmeal Creek links auf die First Ave, rechts auf die Esplanade und auf dieser bis zum Freibad folgen 🚗 2 Cotton Tree Parade, Cotton Tree, Maroochydore QLD 4558 ☎ 07-5443-3808 @ boatshed@bigpond.net.au 🌐 www.theboatshed.com.au 🕒 Geöffnet für Mittag- und Abendessen 🍴 Restaurant: ∗∗−∗∗∗, Take Away: ∗−∗∗

▶ The Beach Street Deli
Gemütliches Strand-Café mit bunten Möbeln und viel Atmosphäre, direkt gegenüber vom Maroochy Surf Club. Wenn man den Hals lang macht, kann man auf der anderen Straßenseite sogar das Meer sehen. Auch glutenfreie und vegetarische Gerichte verfügbar.
🚗 Vom Aerodrome Rd (Hwy 6) nach Überqueren des Cornmeal Creek links in die Fifth Ave und der Straße bis zum Ende folgen 🚗 1 Beach Parade, Maroochydore QLD 4558 ☎ 07-5479-5619 🕒 Tägl. 6−15 h 🍴 ∗

✕ Essen und trinken Mooloolaba

Die Mooloolaba Esplanade hat ein ähnliches Urlaubsflair wie Noosa, wenn auch die Gebäude in dieser Gegend um einige Stockwerke höher sind. Die Restaurantmeile zieht sich etwa vom Ende der Venning Street bis hin zur River Esplanade.
🚗 Dem Hwy 6 durch Maroochydore und Mooloolaba folgen, bis der Highway von der Mooloolaba Esplanade in die Venning St nach rechts (Süden) abbiegt.

▶ The Surf Club Mooloolaba
Der 1922 gegründete Surf Club markiert das Herz von Mooloolaba und ist – wie so oft entlang der Küste – das einzige Restaurant direkt auf dem Strand. Vom langen Balkon aus kann man auf den Turm der Strandaufsicht und auf die Badegäste schauen. Das Restaurant ist für alle Mahlzeiten geöffnet. Auf den Tisch kommen Steak, Seafood, Pasta und Salate sowie Weine aus Australien, Neuseeland und Frankreich.
🚗 Dem Hwy 6 durch Maroochydore und Mooloolaba folgen, bis der Highway von der Mooloolaba Esplanade in die Venning St nach rechts (Süden) abbiegt. Hier links weiter am Strand entlang der Beach Terrace/ Mooloolaba Esplanade folgen bis zum Surf Club 🚗 Cnr Mooloolaba Esplanade/River Esplanade, Mooloolaba QLD 4557 ☎ 07-5444-1300 @ supporters@thesurfclub.com.au 🌐 www.thesurfclub.com.au 🕒 Mo.−Do. 7−22 h, Fr.−So. bis 0 h 🍴 ∗∗−∗∗∗

Gegenüber des Surf Club gruppieren sich verschiedene Restaurants vom einfachen Imbiss bis hin zum schicken Oberklasse-Restaurant, überschattet von den Hoteltürmen Mooloolabas.

▶ Augellos
Die möglicherweise beste Pizza der Welt (Gewinner 2012, 2014 immerhin »Beste Pizza Australiens«) kommt bei Augellos auf den Tisch. Man sitzt im Freien unter einem Sonnendach mit Meerblick oder auf dem Balkon im ersten Stock.
🚗 Peninsular Beachfront Resort, Cnr Esplanade/Brisbane Rd, Mooloolaba QLD 4557 ☎ 07-5478-3199 🌐 www.augellos.com.au 🕒 Tägl., Espresso Bar ab 8 h, Küche geöffnet 12 h »till late« 🍴 ∗∗−∗∗∗

▶ Karma Waters
Portugiesisches Restaurant mit überdachter Terrasse an der Strandstraße von Mooloolaba. Gekocht wird mit lokalen Zutaten, auch für Vegetarier und glutenfrei. Wer seinen eigenen Wein mitbringt, zahlt $ 6 *corkage fee* pro Flasche. Gäste können kostenlos im Parkhaus des Mantra Hotels parken.
🚗 Mantra Hotel, 7 Venning St (Ecke Mooloolaba Esplanade), Mooloolaba QLD 4557 ☎ 07-5452-6722 @ info@karmawatersrestaurant.com.au 🌐 www.karmawatersrestaurant.com.au 🕒 Täglich 7:30 h »till late« 🍴 ∗∗−∗∗∗

▶ The Wharf Tavern
Gemütlicher Aussie-Pub auf dem Gelände der Mooloolaba Wharf, mit Sofas im Innenbereich und Balkon mit Aussichten auf den Jachthafen. Montag bis Freitag mit Lunch-Specials wie Burger und Fish and Chips. Freitags bis sonntags oft mit Live-Musik in der angeschlossenen Disco „The Helm", alternativ legen freitags DJs RnB-Musik auf (🕒 Do.−Sa. ab 21:00 h).

👁 Anfahrt wie Mooloolaba Wharf ◎ Cnr River Esp & Parkyn Pde Mooloolaba QLD 4557 ☎ 07-5444-8383 🌐 www.wharftavern.com.au 🕐 Täglich 10–3 h (morgens), Küche geöffnet 11:30–14:30, 17:00–20:30 h 💰 **–***

👁 Highlight Maroochydore

▶ Cruise Maroochy

Bootsfahrten mit Tierbeobachtung auf dem Maroochy River, auf einem sehr leisen 15-Meter-Katamaran.

👁 Direkt neben der Kreuzung von Hwy 6 und Hwy 70 ◎ 270 Bradman Ave (Hwy 6), Maroochydore QLD 4558 ☎ 04-0733-3242 📧 shorty@cruisemaroochyeco.com.au 🌐 www.cruisemaroochyeco.com.au 🕐 Sa. 15–17 h, Ausfahrten Di.–Fr. auf Anfrage 💰 Erw. $ 84, Kinder $ 48

👁 Highlights Mooloolaba

▶ Loo with a View

Das »Klo mit Aussicht« am Sandstrand von Mooloolaba sieht nicht nur geschmackvoll aus (für ein WC-Haus), das Dach der Sanitärblocks dient zudem als Aussichtsterrasse über den Strand. Und damit man auch auf dem Dach etwas zu gucken hat, finden sich dort noch zwei eigenwillige Windradskulpturen.

👁 Siehe Surf Club Mooloolaba ◎ Cnr The Esplanade/Brisbane Rd, Mooloolaba QLD 4558

▶ Mooloolaba Wharf

Eine der ältesten Attraktionen in dieser Gegend ist der 1969 eröffnete Jachthafen von Mooloolaba mit seinem leicht altmodisch wirkenden, hellblauen Holz-Aussichtsturm, der gerade deswegen Charme hat. In der Wharf sind verschiedene Souvenir-, Bademoden- und Surfläden untergebracht sowie Restaurants für alle Budgets. Jeden Freitag ab 16 Uhr finden hier die Twilight Markets statt.

👁 Dem Hwy 6 durch Maroochydore und Mooloolaba folgen, bis der Highway von der Mooloolaba Esplanade in die Venning St nach rechts (Süden) abbiegt. Hier links weiter am Strand entlang der Beach Terrace/Mooloolaba Esplanade folgen. Am Surf Club links in die Parkyn Parade. ◎ Cnr River Esp & Parkyn Pde Mooloolaba QLD 4557

▶ Sea Life 👫

Queenslands größtes Aquarium und Ozeanarium liegt am Rande der Mooloolaba Wharf. Das Aquarium beherbergt einen Rockpool mit Seesternen sowie Seeotter, Seelöwen und sogar ein fantasievolles »Schiffswrack«. Das Highlight ist der Unterwassertunnel mit seinen sieben Haiarten und vielen Rifffi-

schen. Wer mit den Haien tauchen möchte, ist etwa 30 Minuten im Wasser und benötigt keine Vorkenntnisse (🐟 Taucher $ 175, Nichttaucher $ 280, 10 % Rabatt bei Online-Buchung). Während der Schulferien wird gelegentlich Sleep under the Sea angeboten, ein Abendrundgang mit Übernachtung im Aquarium (🐟 $ 90 pro Person).

👁 Siehe Mooloolaba Wharf ◎ Parkyn Parade, Mooloolaba QLD 4557 ☎ 07-5458-6280 📧 reservations@underwaterworld.com.au 🌐 www.underwaterworld.com.au 🕐 Tägl. 9–17 h 💰 Erw. $ 39, Kinder $ 26, Rabatt bei Online-Buchung

▶ Hire Hut / Mooloolaba Sunshine Coast Adventure Centre

Hier kann man einfach alles ausleihen, was Spaß macht: Fahrräder (ab $ 19 für 2 Stunden), Kajaks (ab $ 25 für 2 Stunden), Paddelboards (ab $ 35 für 2 Stunden) sowie kleine Boote, die man auch ohne Bootsführerschein fahren darf (ab $ 42 pro Stunde). Ausflugstipps und Kartenmaterial gibt's kostenlos dazu.

👁 Siehe Mooloolaba Wharf ◎ 123 Parkyn Parade, Mooloolaba QLD 4557 ☎ 07-5444-0366 🌐 http://hirehut.com.au 🕐 Tägl. 9–17 h in der Hochsaison, ansonsten 10–16 h

▶ Tauchen an der HMAS Brisbane

Die HMAS Brisbane ist ein 133 Meter langer Zerstörer der australischen Marine, der 2005 in 27 m Tiefe als künstliches Riff versenkt wurde. Das Wrack ist einfach zu erreichen (ab ca. 15 Meter Tiefe) und daher auch für wenig erfahrene Taucher ein Tipp. Ausfahrten werden z. B. von Scubaworld angeboten. 2 Tauchgänge mit Ausrüstung und Dive Guide kosten $ 269, die Anfahrt zum

Campingplatz in Cotton Tree mit eigenem Strand

Wrack dauert ca. 20 Minuten. Sunreef Mooloolaba berechnet für 2 Tauchgänge $ 255.

📍 Siehe Mooloolaba Wharf ✉ Parkyn Parade, Mooloolaba QLD 4557

Scubaworld
📞 07-5444-8595 @ info@scubaworld.com.au
🌐 www.scubaworld.com.au ⏰ Mo., Mi, Fr. 8–13 h, Sa.–So. 6:45–12 & 11:30–16:30 h

Sunreef Mooloolaba
📞 07-5444-5656 @ dive@sunreef.com.au 🌐 www.sunreef.com.au ⏰ Täglich nach Absprache

▶ Schnorcheln mit Buckelwalen
In der Zeit von Anfang Juli bis Ende Oktober bietet Sunreef Mooloolaba Ausflüge zum Whale Watching an, bei denen man Wale (zumeist Buckelwale) bei einer Schnorcheltour in ihrem eigenen Element erleben kann. Vierstündige Touren kosten $ 149 pro Person. Nicht geeignet für Schwangere oder Kinder unter 8 Jahren. Rechnen Sie mit Wassertemperaturen von 17° bis 23° Grad und bis zu 30 Meter Sichtweite. (Kontakt und Anfahrt wie voriges Highlight)

▶ Whale Watching mit Whale One
In der Walsaison von Anfang Juni bis Anfang Nov. werden täglich um 9 Uhr dreistündige Ausfahrten zur durchgeführt. Zu anderen Zeiten im Jahr werden zu verschiedenen Terminen Ausfahrten mit Delfinbeobachtungen und Sunset Cruises angeboten (Termine und Preise siehe Webseite).

📍 Siehe Mooloolaba Wharf ✉ Shop 4, The Wharf Mooloolaba, 123 Parkyn Parade, Mooloolaba QLD 4557 📞 1-300-942531 💲 Erw. $ 119, Kinder $79 🌐 http://whaleone.com.au

▶ Strandspaziergänge ab »Loo with a View«
Vom Aussichtspunkt aus bieten sich lohnenswerte Strandspaziergänge an. In Richtung Süden geht es über den breiten Sandstrand zu **The Spit**, dem südlichen Ausläufer von Mooloolaba Beach. Zurück gehen Sie denselben Weg (⏱ Ca. 4 km 🕐 40 Min. Hin und zurück). Richtung Norden kann man teils über den Sandstrand, teils über einen Spazierweg parallel zum Strand über den Hügel von **Alexandra Headland** bis hin zur Mündung des Maroochy River in Maroochydore spazieren. Unterwegs bieten sich verschiedene Möglichkeiten zum Einkehren, darunter der Beach Kiosk in Alexandra Headlands oder das Beach Street Cafe am Surf Club von Maroochydore. Ein lohnenswertes Ziel ist auch das Restaurant **The Boat Shed** (▶Seite 216) an der Mündung des Maroochy River. Zurück geht es denselben Weg. Alternativ nehmen Sie den Bus Nr.

165 vom Sunshine Plaza (📍 154-164 Horton Parade) oder ein Taxi. Diese Route eignet sich auch gut für Fahrradfahrer; einen Fahrradverleih finden Sie z. B. an der Moolooba Wharf (⏱ 4 km 🕐 Ca. 1,5 Std., vom Loo with a View bis The Boat Shed ⏱ 5,5 km bis Sunshine Plaza ➡ Leicht).

🛏 Übernachten Maroochydore

🏨 Maroochydore Beach Motel
Einstöckiges Motel ca. 5 Minuten zu Fuß vom Strand entfernt. Außen gewollt altmodisch, innen modern und freundlich eingerichtet. Jedes der 18 Zimmer ist anders dekoriert und hat seinen eigenen Charakter. Auf dem Gelände gibt es einen Pool und Gasgrills.

📍 Vom Hwy 6 (Aerodrome Rd) links auf die Sixth Ave ✉ 69 Sixth Ave, Cotton Tree, Maroochydore QLD 4558 📞 07-5443-7355 @ info@maroochydorebeachmotel.com 🌐 www.maroochydorebeachmotel.com 🅿 Ja ➡ Nein ⭐ ★★

🏨 Sundeck Gardens Beachfront Holiday Apartments
Dreistöckige Anlage mit zwei Pools, an der ruhigen Strandstraße gelegen. Alle Ferienwohnungen sind 2-Schlafzimmer-Apartments, großzügig geschnitten und fast identisch ausgestattet. Der Preisunterschied begründet sich mit der Aussicht. Auf der anderen Straßenseite befinden sich ein Spielplatz sowie Picknick-Hütten mit Gasgrills.

📍 Von der Aerodrome Rd (Hwy 6) links auf die Sixth Ave, danach rechts auf die Kingsford Smith Parade, am Kreisel rechts in die Alexandra Parade ✉ 70-78 Alexandra Parade, Cotton Tree QLD 4558 📞 07-5409-7555 @ holiday@sundeck.com.au 🌐 www.sundeck.com.au 🅿 Ja ➡ Ja, kostenpflichtig ⭐ ★★★

🏨 Maroochydore Backpackers Hostel
In einem ruhigen Wohngebiet am Ortsrand von Maroochydore gelegenes Hostel, etwa sieben Kilometer von der Mooloolaba Esplanade entfernt, mit Pool und Gemeinschaftsküche mit Pizzaofen. Übernachtet wird im Mehrbettzimmer sowie in Doppel- und Einzelzimmern mit Gemeinschaftsbad, jeweils ohne Klimaanlage. Fahrräder, Kajaks, Bodyboards und Angelausrüstung können geliehen werden. Mit Frühstück und Shuttleservice ab Busbahnhof. Wer zum Australia Zoo (▶Seite 223) möchte, der kann sich von einem kostenlosen Bus abholen lassen.

📍 Von der Bradman Ave (Hwy 6) rechts auf die O'Connor St, danach links auf die Broadwater Ave, dann Straßenverlauf folgen bis Schirrmann Dr ✉ 24 Schirrmann Dr, Maroochydore QLD 4558 📞 07-5443-3151 @ mail@maroochydorebackpackers.com 🌐 www.maroochydorebackpackers.com 🅿 Ja ➡ Nein ⭐ ★

Die Glass House Mountains vom Aussichtspunkt an der Mary Cairncross Scenic Reserve aus gesehen

Cotton Tree Holiday Park

Vor allem in den Ferienzeiten ist dieser städtische Campingplatz am Nordende von Maroochydore sehr beliebt bei Familien mit Kindern, da er gleich zwei Strände hat: zur Nordseite an einer ruhigen Flussmündung und zur Ostseite hin zum Ozean. Nicht zuletzt liegen vor dem Parkeingang eine ganze Reihe von Cafés und Restaurants, sodass die Gemeinschaftsküche gerne kalt bleiben kann. Für Nicht-Camper gibt es neun Cabins.

Von der Horton Parade (Hwy 6) nach Überqueren des Cornmeal Creek links auf die Second Ave, rechts auf die Esplanade, dem Straßenverlauf folgen Cotton Tree Parade, Cotton Tree, Maroochydore QLD 4558 07-5459-9070 cottontree@sunshine coastholidayparks.com.au www.sunshinecoast holidayparks.com.au/holiday_parks/cotton_tree_ holiday_park 372 29 ohne Strom, etwa 100 mit Strom Ja Ja Ja, kostenpflichtig Wasser, Abwasser, Strom (15 Amp.) Nein $$$, Cabins ★★

Maroochydore Beach Holiday Park

Städtischer Platz, nur einige Straßen südlich vom Cotton Tree CP in Richtung Mooloolaba gelegen und direkt an den Ozean angrenzend. Alle Stellplätze haben Stromanschluss; die Zeltplätze liegen in der ersten Reihe am Wasser. Für Nicht-Camper gibt es sechs Cabins. Ein Spielplatz liegt in einem kleinen Park direkt vor dem Eingang.

Vom Hwy 6 (Aerodrome Rd) links auf die Sixth Ave, rechts zur Melrose Parade Melrose Parade, Maroochydore QLD 4558 07-5443-1167 maroochydore@sunshinecoastholidayparks.com.au www.sunshinecoastholidayparks.com.au/holiday_parks/maroochydore_beach_holiday_park Ja 96 17 Ja Ja Ja, kostenpflichtig Wasser, Abwasser, Strom (15 Amp.) Nein $$$–$$$$, Villas ★★–★★★

🛏 Übernachten Mooloolaba

Mantra Mooloolaba Beach Resort

Schickes Hotel mit besten Aussichten an der Esplanade von Mooloolaba. Von hier aus kann man alles zu Fuß erkunden, und auch bis zum Sea Life Aquarium ist es nicht weit. Alle Zimmer sind Apartments mit separater Küche und Wohnzimmer. Ans Hotel angeschlossen sind gleich vier Restaurants: das Karma Waters (portugiesisch), Cracked Pepper, 4th Floor Restaurant (beides *Modern Australian*) und O'Malleys (irischer Pub).

Cnr Venning St/Mooloolaba Esplanade, Mooloolaba QLD 4557 07-5452-2600 mooloolaba.res@ mantra.com.au www.mantramooloolababeach. com.au Ja Ja ★★★–★★★★

Mooloolaba Motel

Ein wenig nüchternes, aber sauberes Motel mit großem Pool, in Gehweite zum Mooloolaba Beach (500 m) und Sealife Aquarium (550 m). Eine Alternative für Reisende, die sonst in ein Hostel gehen würden, es aber ein wenig ruhiger mögen.

Am Hwy 6 am Ortsausgang von Mooloolaba 46-56 Brisbane Rd, Mooloolaba QLD 4557 07-5444-2988 webmail345@mooloolabamotel. com.au www.mooloolabamotel.com.au Ja Ja, kostenpflichtig ★–★★

Mooloolaba Beach Backpackers

Nur 700 m vom Strand und vom Sea Life gelegenes Hostel mit Pool. Moderne Zimmer mit Metallbetten, auch als Doppelzimmer mit eigenem Bad buchbar. Alleinreisende haben keine Garantie auf ein Zimmer nur für Frauen oder Männer, aber die Reservierung versucht, dies nach Möglichkeit einzurichten. Surfboards und Bodyboards können kostenlos geliehen werden, Frühstück ist inbegriffen. Der Greyhound Bus hält direkt vor der Tür. Für Kinder nicht geeignet.

Am Hwy 6 am Ortsausgang von Mooloolaba 75 Brisbane Rd, Mooloolaba QLD 4557, Australia 07-5444-3399 info@mooloolababackpackers.com www.mooloolababackpackers.com Ja Ja ★

Mooloolaba Beach Holiday Park

In Mooloolaba gibt es zwei kleine Campingplätze: Der an der Ecke Mooloolaba Esplanade/Venning St ist nur für Wohnmobile geeignet. Er liegt direkt am Strand und hat weite Aussichten über die Küste. Der an der Parkyn Parade gelegene Platz ist größer und liegt geschützter hinter den mit Wald

bewachsenen Dünen. Direkt gegenüber vom Eingang befindet sich das Sea Life. Dieser Platz ist auch für Zelte geeignet.

📍 Siehe Mooloolaba Wharf/Sea Life ✉ Parkyn Parade, Mooloolaba QLD 4557 (gegenüber Sea Life) 🏠 Cnr Venning St/Mooloolaba Esplanade, Mooloolaba QLD 4557 ☎ 07-5444-1201 📧 mooloolaba@ sunshinecoastholidayparks.com.au 🌐 www.sunshine coastholidayparks.com.au/holiday_parks/mooloolaba_ beach_holiday_park 🅿 Ja 🛏 Parkyn Parade: 51, Esplanade: 34 🚐 Parkyn Parade: 25, Esplanade: 0 🐕 Nein 📶 Ja 🏊 Ja, kostenpflichtig (nur an der Parkyn Parade) 🔌 Wasser, Abwasser, Strom (15 Amp.) 🦽 Nein 💲 $$$–$$$$

Im Süden von Mooloolaba verlassen Sie den Highway 6 und fahren in flottem Tempo über den **Sunshine Motorway (Highway 70)** *für zehn Kilometer ins Landesinnere nach Sippy Downs, wo Sie wieder den bekannten* **Bruce Highway (M1)** *erreichen. In* **Sippy Downs** *gibt es nicht viel zu sehen, daher folgen Sie dem Bruce Highway (M1) schnurstracks weiter nach Süden. Nach drei Kilometern zieht links ein sehenswerter Pub vorbei, der früher als* **Ettamogah Pub** *bekannt war, aber auch heute noch einen Stopp wert ist.*

👁 PUB UND AUSSIE WORLD 🚸

Der urige Pub mit seinen schrägen Proportionen stammt ursprünglich aus einem Comic aus den 1950er-Jahren. Das komplett aus Holz gebaute Haus ist vier Stockwerke hoch und mit vielen lustigen Details dekoriert. Der eigentliche Pub liegt im Erdgeschoss, mit einem Aussichtsbalkon im zweiten Stock. Im dritten und vierten Stock befindet sich ein Restaurant, wo kräftige Mahlzeiten wie Steaks und Fish & Chips serviert werden (**). Interessanter für Kinder ist sicher der hinter dem Gebäude gelegene **Aussie World** Vergnügungspark mit Riesenrad und Rollercoaster.

🏠 73 Frizzo Rd, Bruce Hwy (Ausfahrt Glenview/Palm-view), Palmview QLD 4553 ☎ 07-5494-5444 📧 fun@ aussieworld.com.au 🌐 www.aussieworld.com.au

👁 Pub: Tägl. ab 9 h, Restaurant: 11–20 h, Aussie World: 9–17 h 💲 Pub/Restaurant: Eintritt frei, Aussie World: $ 40 pro Person

Fünf Kilometer südlich vom ehemaligen Ettamogah Pub verlassen Sie den geschäf-tigen Bruce Highway (M1). Ein Abstecher führt Sie nun in die Berge des Hinterlandes der Sunshine Coast zu den Glass House Mountains. Sie folgen dem Highway 6, der nun Steve Irwin Way heißt, nach Westen bis nach Landsborough und Maleny.

Landsborough ist zwar kein Highlight für sich, wohl aber ein guter Platz zum Einkau-fen und Übernachten.

🌲 GLASS HOUSE MOUNTAINS
🎟 ℹ ➕ ✖ 📷 📅

Als Captain Cook bei seiner ersten Weltreise im Jahre 1770 an der Küste Queenslands entlang segelte, sollen ihn die auffälligen Felsformationen in dieser Gegend an die Glashäuser seiner englischen Heimat erin-nert haben. Der Name ist geblieben, und heute weiß man auch, dass es sich bei den 16 Bergen um die Überreste von an die 20 Millionen Jahre alten Vulkanen handelt – und zwar nicht um Vulkankegel, sondern um Magma, das die erkaltenden Vulkane wie einen Pfropfen abgeschlossen hat. Die Vulkane sind über ein relativ weites Gebiet verteilt, so-dass nicht die ganze Region, sondern nur die einzelnen Berge als Nationalparks geschützt sind. Die höchsten Gipfel sind Mount Beer-wah (556 m) und Mount Coonowrin (377 m). Mount Tibrogargan ist 364 m hoch, Mount Beerburrum 280 m und Mount Ngungan 253 m. Am besten sieht man die Berge von den im Folgenden beschriebenen Aussichtspunk-ten aus – oder wenn Sie sie selbst besteigen.

Ⓗ Anreise und Transport

Diese Region ist nur mit dem Mietfahrzeug oder per lokalem Transport (Translink) erreichbar. Die nächsten Greyhound-Haltestellen befinden sich in Maroochydore oder Nambour. Die Bahnhöfe Beerwah und Landsborough werden z. B. von Brisbane, Nambour und Gympie aus angefahren.

🛒 Versorgen und einkaufen

Einen IGA Supermarkt finden Sie an der Mill Street in Landsborough (Zufahrt vom Highway 23), einen Woolworths an der Kilcoy-Beerwah Road in Beerwah (ca. sechs Kilometer südlich von Landsborough am Highway 6) und einen Aldi an der Simpson Street, ebenfalls in Beerwah.

🛏 Übernachten

🏕 Landsborough Pines Caravan Park

Knapp vier Hektar großer Campingplatz auf bewaldetem Gelände mit eigenem See, Pool, BBQ und Gemeinschaftsküche. Ein Großteil des Platzes ist von Dauercampern belegt. Alle Stellplätze haben Stromanschluss. Für Nicht-Camper gibt es eine Reihe von Cabins in verschiedenen Ausführungen von zwei bis sechs Personen.

🚗 3 km nördlich vom Australia Zoo (▶ Seite 223), am südlichen Ortsrand von Landsborough; bis zum Bahnhof und Busbahnhof sind es 300 m 🏠 Steve Irwin Way, Landsborough QLD 4550 ☎ 07-5494-1207 🌐 http://allswell.com.au/community/landsborough-pines/?holiday=1 🅿 Ja 🛏 16 🕐 7 🅿 Ja 🚭 Nein 🔌 Wasser, Abwasser, Strom (15 Amp.) 🐕 Nein 💰 $$$, Cabins ★

Landsborough haben Sie auf der Landsborough-Maleny Road (Highway 23) schnell durchquert, es geht weiter nach Westen Richtung Maleny. Die Glass House Mountains liegen noch weit im Süden, allerdings werden Sie bald die besten Aussichten auf die uralten Vulkane genießen.

👁 MALENY MOUNTAIN WINES

Der Weinkeller befindet sich in einem originellen, acht Meter hohen Weinfass, mitten in einem Weinberg. Verkauft werden Wein und Sekt aus eigenem Anbau für $ 15–20 pro Flasche.

🚗 Ca. 9 km westlich von Landsborough. Wenn man von Landsborough zum Aussichtspunkt bei Mary Cairncross fährt, kommt man automatisch vorbei. 🏠 787 Landsborough-Maleny Rd, Maleny QLD 4552 ☎ 07-5429-6300 @ info@malenymountainwines.com.au 🌐 www.malenymountainwines.com.au 🕐 Tägl. 10–17 h

👁 MARY CAIRNCROSS SCENIC RESERVE

Einen ersten Überblick über die Glass House Mountains können Sie sich am besten von diesem Park aus verschaffen. Die Mountain View Road beginnt knapp 6 km östlich von Maleny. Vom Aussichtspunkt an der Hauptstraße schaut man aus großer Höhe auf die Mountains hinunter, die ein ähnlich spektakuläres Panorama wie die Felsen des Monument Valley bieten. Wer noch ein bisschen Zeit über hat: Ebenfalls sehenswert ist der 55 Hektar große subtropische Regenwald auf der anderen Straßenseite, der von einem zwei Kilometer langen Spazierweg durchkreuzt wird (🕐 Tägl. 7–18 h, Eintritt gegen Spende). Ein Café befindet sich direkt nebenan.

🚗 10 km westlich von Landsborough 🏠 148 Mountain View Rd, Maleny QLD 4552 🌐 www.mary-cairncross.com.au

✕ Essen und trinken

▶ King Ludwigs German Restaurant ★

Während man auf der Terrasse des King Ludwigs sitzt, hat man das unvergessliche Panorama der Glass House Mountains ständig im Blick. Die klassisch bayerische Speisekarte lässt ebenfalls nichts zu wünschen übrig; das Jägerschnitzel mit Spätzle & Gemüse ist sehr lecker. Auf der Bierkarte finden sich 35 Biere aus Deutschland und Österreich. Oktoberfest wird ab Ende September gefeiert. Vorbuchung ganzjährig empfohlen.

🚗 13 km westlich von Landsborough, westlich der Mary Cairncross Scenic Reserve 🏠 401 Mountain View Rd, Maleny QLD 4552 ☎ 07-5499-9377 🕐 10–16 h 🌐 www.kingludwigs.com.au 🍴 Mi–So. ab 10 h fürs Mittagessen, Fr. & Sa. fürs Abendessen 💰 ★★–★★★

🛏 Übernachten

🏨 Morning Star Motel

Budget-Motel in Gehweite der Mary Cairncross Scenic Reserve mit nicht mehr ganz frischer Ausstattung, dafür aber mit schönen Aussichten in Richtung Küste von allen Zimmern aus. Rund um das Hotel liegen mehrere Restaurants, ein Antiquitätenladen sowie eine Kunstgalerie.

🚗 Zufahrt über die Mountain View Rd, rechts auf die Mary Cairncross Ave bis zum Panorama Pl. 9 km östlich von Landsborough 🏠 2 Panorama Place, Cairncross Corner, Maleny QLD 4552 ☎ 07-5494-2944 @ enjoy@morningstarmotel.com 🌐 www.morningstarmotel.com 🅿 Ja 🚭 Nein 💰 ★

Schöne Aussichten auf die Glass House Mountains von der Südseite der Berge.

*Nach dem Abstecher in Richtung Maleny geht es denselben Weg zurück nach Landsborough. Von Landsborough aus sind es noch vier Kilometer gen Süden über den **Steve Irwin Way (Highway 6)** bis zum anderen Highlight dieser Region: dem in Beerwah gelegenen Australia Zoo.*

👁 AUSTRALIA ZOO 🐾 ⭐

Der Name des Zoos ist eigentlich irreführend: Zum einen ist dieser Zoo nicht der offizielle Zoo Australiens, zum anderen werden Tiere aus aller Welt vorgestellt. Mit dabei sind u.a. Geparden, Giraffen und Lemuren, aber auch australische Lieblinge wie Koalas, Dingos, *Cassowaries*, Tasmanische Teufel und natürlich Krokodile, die den verstorbenen »Crocodile Hunter« Steve Irwin berühmt machten. Die Show in der Crocoseum-Arena um 12 Uhr sollten Sie nicht verpassen. Der Greyhound Bus hält direkt vor der Tür, falls Sie einen Ausflug von Brisbane oder der Sunshine Coast aus unternehmen möchten (Tickets vorbuchen!). 🚌 *1638 Steve Irwin Way, Beerwah QLD 4519* 📞 *07-5436-2000* 🌐 *www.australiazoo.com.au* 🕐 *Tägl. 9–17 h* 💲 *Erw. $ 59, Kinder $ 35*

*Die Hauptroute folgt nach dem Zoobesuch dem Steve Irwin Way (Highway 6) nach Süden. In **Beerwah** (ca. drei Kilometer südlich des Zoos) knickt der Highway 6 nach Westen ab (umbenannt in **Kilcoy-Beerwah Road**), dort findet sich auch eine außergewöhnliche Übernachtungsempfehlung. Ihre Reiseroute folgt allerdings dem Steve Irwin Way (hier ohne Highway-Nummer) weiter nach Süden.*

🏛 BLACKWATTLE FARM

B&B mit nur einem Zimmer und einer Ferienwohnung für zwei Gäste auf einer ehemaligen Ananasfarm, in einem Gebäude aus dem frühen 20. Jahrhundert. Vom Zimmer aus bieten sich Aussichten auf die Glass House Mountains. Frühstück ist im Preis inbegriffen. Für Kinder nicht geeignet. 🚗 *Ca. 3 km südlich des Australia Zoo in Beerwah rechts auf Kilcoy-Beerwah Rd (Weiterführung Highway 6), ca. 6 km nach Westen, danach links auf Old Peachester Rd* 🏠 *123 Old Peachester Rd, Beerwah QLD 4519* 📞 *07-5494-9205* 📧 *enquiries@blackwattlefarm.com.au* 🌐 *www.blackwattlefarm.com.au* 🅿 *Ja* 🍴 *Ja* 💲 ****

*Als Nächstes erreichen Sie den passend benannten Ort **Glass House Mountains**, der acht Kilometer südlich vom Australia Zoo liegt. Neben einer Visitor Info können Sie vom Ort aus einen interessanten Aussichtspunkt auf die nahe gelegenen Berge erreichen.*

🏔 GLASS HOUSE MOUNTAINS

👪	5.543
📍 Maroochydore	66 km
Brisbane	82 km

ℹ GLASS HOUSE MOUNTAINS VISITOR AND INTERPRETIVE CENTRE

Visitor Centre und kleines Museum mit Infos zur Geschichte der Region

🕐 *7,5 km südlich vom Australia Zoo am Hwy 6* 🏠 *Cnr Bruce Parade/Steven Irwin Way, Settler's Rotary Park, Glass House Mountains QLD 4518* 📞 *07-5458-8848* 📧 *visit@SCDL.com.au* 🌐 *www.visitsunshinecoast.com/Travel-guides/Visitor-Information/Visitor-Information-Centres* 🕐 *Täglich 9–16 h*

👁 Highlight

▶ **Glass House Mountains Lookout**
Dieser Aussichtspunkt liegt sehr ruhig abseits der Straße in einem Park mit einer

223

überdachten Hütte, Picknicktischen und einem WC-Block. Da Sie von Süden her auf die Berge schauen, bietet sich ein völlig anderer Blickwinkel als vom weiter im Norden gelegenen Mary Cairncross Park (►Seite 222).

☞ Vom Steve Irwin Way rechts auf die **Reed Street**. Nach etwa 600 Metern, am Ende der Straße, links auf die **Coonowrin Road**. Nach vier Kilometern links auf die **Old Gympie Road** (von dort auch ausgeschildert) ab, und nach zwei Kilometer rechts auf die **Glass House-Woodford Road**. Den Aussichtspunkt haben Sie nach weiteren drei Kilometern erreicht. ☞ Glass House-Woodford Rd, Glass House Mountains QLD 4517

✕ Essen und trinken

▶ Glass House Mountains Lookout Café ★

Ebenfalls auf die Glass House Mountains schaut man von der überdachten Aussichtsterrasse dieses Cafés, wenn auch aus einem leicht anderen Blickwinkel. Mit ein bisschen Glück kann man auf der Wiese unterhalb des Cafés im Schatten der Bäume lagernde Kängurus sehen. Frühstück wird bis elf Uhr serviert, außerdem gibt es Scones (süße Brötchen), selbstgebackenen Kuchen und einige leichte Mahlzeiten.

☞ Wie Glass House Mountains Lookout – man kommt unterwegs automatisch am Café vorbei ☞ 182 Glass House-Woodford Rd, Glass House Mountains QLD 4517 ☎ 04-9847-1232 🌐 www.glassonglasshouse. com.au/cafe.html 🕐 Tägl. 9–15 h, Sa. & So. länger, wenn viel los ist

Den Ort **Glass House Mountains** verlassen Sie auf dem Steve Irwin Way Richtung Süden bis nach **Beerburrum**. Wenn Sie den Aussichtspunkt besucht haben, können Sie abkürzen: Biegen Sie vom Lookout kommend von der Beerburrum-Woodford Road rechts auf die Old Gympie Road, die Sie nach drei Kilometern in die Ortschaft Beerburrum bringt.

🏠 BEERBURRUM

Beerburrum liegt am südlichen Ende der Glass House Mountains und ist ein guter Ausgangspunkt für Wanderungen.

🚶 Wandern

Die einzelnen Gipfel der 25 Millionen Jahre alten Vulkane der Glass House Mountains bilden kein zusammenhängendes Naturschutzgebiet, sondern sind jeweils als separate Sektionen des Nationalparks geschützt. In den Parks leben Koalas, Kakadus, Schnabeligel (Echidnas) und graue Kängurus. Einer Legende der Aboriginals nach repräsentieren die Berge Menschen, mit dem »Vater« Mount Tibrogargan und der »Mutter« Mount Beerwah, die anderen Berge sind die Kinder der Familie. Die im Folgenden beschriebenen Wanderungen gehören zu den leichteren und bieten schöne Aussichten auf die Umgebung.

▶ Rund um den Mount Tibrogargan (364 m)

Vom Parkplatz des Vulkangipfels Mount Tibrogargan an der Marshs Road zwischen Beerburrum und der Ortschaft Glass House Mountains geht es in wenigen Minuten (400 Meter) zum **Mountain View Lookout** mit Aussichten auf die umliegenden Vulkangipfel Mount Beerwah, Mount Coonowrin, Mount Tibberoowuccum und Mount Tunbubudla. Die Wanderung führt weiter rund um die Basis des Vulkans.

💡 Wenn Sie gutes Schuhwerk dabei haben, fit und trittsicher sind, können Sie auch den Gipfel des Mount Tibrorgargan erklimmen (🕐 3–4 Std. ☞ 3 km ☞ schwierig)

☞ Ganzj. ☞ Verlassen Sie Beerburrum in Richtung Süden über die Beerburrum Rd, rechts ab in die Beerburrum-Woodford Rd, nach 4 km weiter in die Old Gympie Rd und nach 3 km rechts in die Marshs Rd. Etwa 9 km nordwestlich von Beerburrum. 🕐 Bis Mountain View Lookout 20 Min. (hin und zurück), rund um den Vulkan 1:30 h ☞ Leicht bis moderat ☞ Mountain View Lookout 800 m (hin und zurück), Mt. Tibrogargan Rundweg 3,2 km

▶ Mount Beerburrum (278 m)

Der 278 m hohe Vulkangipfel liegt im Beerburrum West State Forest und gehört zu den am einfachsten erreichbaren Aussichtsbergen dieser Gegend. Vom Parkplatz aus geht es in Serpentinen steil den Berg hinauf. Vom Gipfel aus bieten sich Aussichten auf die Glass House Mountains.

☞ Ganzj. ☞ Etwa 1 km westlich von Beerburrum über die Beerburrum Rd Richtung »Lookout«, Zufahrt über eine gut gepflegte Schotterstraße (etwa 2 Min.) 🕐 1 Std. ☞ Moderat ☞ 1,4 km

🛏 Übernachten

🏠 Glass on Glass House

Auf dem Gelände befinden sich mehrere moderne Designer Cottages mit viel Glas, die so weit auseinander liegen, dass die Gäste die Aussichten auf die Kängurus und die beiden höchsten Berge der Glass House Mountains für sich allein haben. Zum Entspannen gibt es in jedem Cottage

Stadtzentrum mit Kurilpa-Fußgänger-
brücke von der South Bank aus gesehen

eine Whirlpool-Wanne für zwei sowie einen gemütlichen Kamin für kalte Winterabende. Frühstück ist im Preis mit inbegriffen. Freitag und Samstag Mindestaufenthalt zwei Nächte, an Feiertagen minimal drei Nächte.

Von Beerburrum der Beschilderung zum »Lookout« folgen, s.o. Der Eingang zum Gelände befindet sich neben dem Lookout Café, 9 km westlich von Beerburrum.
182 Glass House-Woodford Rd, Glass House Mountains QLD 4518 ☎ 07-5496-9608 @ info@glasson glasshouse.com.au ⬤ www.glassonglasshouse.com.au
Ⓟ Ja ⬤ Ja ✪ ★★★★

*Hinter Beerburrum mündet der **Steve Irwin Way** nach fünf Kilometern automatisch in den **Bruce Highway (M1)**. Nun sind es nur noch knapp 60 Kilometer, bis Sie Brisbane erreicht haben.*

Hier heißt es nun: Abschied nehmen vom Bruce Highway, der im Norden von Brisbane, am Autobahndreieck M3/M1, sein Ende nimmt.

*Wenn Sie zum Flughafen müssen, können Sie dem M1 zwar weiter folgen, allerdings wird die Straße nun in **Gateway Motorway** umbenannt.*

*Falls Ihr nächstes Ziel das Zentrum von Brisbane ist, wechseln Sie an dieser Stelle auf die **Gympie Arterial Road (M3/A3)** und folgen der Beschilderung bis ins Stadtzentrum von Brisbane, wo die Route schließlich in **Pacific Motorway (M3)** umbenannt wird.*

🏙 BRISBANE 📷 ℹ ➕ ❌ 🗺 🏛

👪	2,3 Mio.
☀	26 °C
❄❄	16 °C
〰	4 m
⛰	Glass House Mountains 82 km
	Surfers Paradise (Gold Coast) 81 km

Brisbane ist die nördlichste Millionenstadt Australiens und die einzige Landeshauptstadt in der subtropischen Zone. Die Winter sind daher erheblich milder als in den anderen Hauptstädten des Landes, die Sommer aber auch heißer und feuchter. Zugleich ist die Region »Greater Brisbane« eine Metropole mit gigantischen Ausmaßen – der nördliche Ortsrand reicht bis **Beerburrum**. Von dort bis nach Pimpama im Süden sind es immerhin an die 110 Kilometer. Ein Großteil dieser Fläche ist mit Einfamilienhäusern mit Garten belegt, allerdings gibt es auch über 200 Meter hohe Bürotürme im Stadtzentrum, das CBD *(Central Business District)* genannt wird.

Brisbane wurde als Gefängniskolonie im Jahr 1824 von 14 Soldaten und 29 Sträflingen gegründet. Den Staat Queensland gab es noch nicht, die gesamte Ostküste gehörte damals noch zu New South Wales. Ab 1838 kamen dann die ersten freien Siedler in die Stadt am Brisbane River, darunter auch einige deutsche Missionare. Am 6. Juni 1859 spaltete sich Queensland von New South Wales ab und wurde eine eigenständige Kolonie, mit Brisbane als Hauptstadt. Finanziell lief es die ersten Jahre nicht so gut, bis 1867 in Gympie Gold gefunden wurde. Während der Weltwirtschaftskrise wurde in Brisbane als Arbeitsbeschaffungsmaßnahme kräftig gebaut: das **Rathaus** wurde 1930 fertiggestellt und die **Story Bridge** 1940. Im Zweiten Weltkrieg war Brisbane das Hauptquartier der amerikanischen Armee an der Ostküste. Die Amerikaner waren nicht bei allen willkommen, da sie im Ruf standen, mit ihren schicken Uniformen den Einheimischen die Frauen wegzuschnappen.

Nach dem Zweiten Weltkrieg hatte Brisbane lange den Ruf, eine provinzielle Stadt zu sein, die den Kulturmetropolen wie Melbourne und Sydney nicht das Wasser reichen könnte. Ein bisschen ist dieses Stigma heute noch zu spüren, und das, obwohl die **South Bank** von Brisbane viele hervorragende Museum zu bieten hat ebenso wie ein florierendes Kulturleben.

ℹ ALLGEMEINES

Im Stadtzentrum von Brisbane gibt es mehrere Informationszentren, darunter ein kleines in der Innenstadt auf der Queen Street Mall (Fußgängerzone) und ein größeres an der South Bank in der Nähe von Streets Beach. Hier können Sie sich mit Broschüren und kostenlosen Stadtkarten eindecken. Alternativ gibt es noch zwei Infoschalter am Flughafen.

ℹ BRISBANE VISITOR INFORMATION AND BOOKING CENTRE

📍 *Pacific Motorway (M3), Ausfahrt Elizabeth St, links in die George St, rechts in die Queen St (nur für Fußgänger)* ✉ *Queen St (zwischen Albert und Edward St), Brisbane QLD 4000* ☎ *07-3006.6290* @ *visit@brisbanemarketing.com.au* 🌐 *www.visit brisbane.com.au* 🕐 *Mo.–Do. 9–17:30 h, Fr. 9–19 h, Sa. & So. 9–17 h*

ℹ SOUTH BANK VISITOR INFORMATION AND BOOKING CENTRE

📍 *Über die Victoria Bridge nach Westen, links ab in die Grey St, links in die Earnest St bis zum Ende* ✉ *Stanley St Plaza, South Brisbane QLD 4101* ☎ *07-3156-6366* @ *vicsouthbank@brisbane marketing.com.au* 🌐 *www.visitsouthbank.com.au* 🕐 *Tägl. 9–17 h*

ℹ BRISBANE AIRPORT VISITOR INFORMATION CENTRE

Zwei kleinere Informationsschalter finden Sie auch am Flughafen von Brisbane, einmal am Domestic Terminal auf Level 1 (🕐 Mo.–Sa. 7–14:45 h, So. 8:15 –12:15 h) sowie ein weiteres im International Terminal auf Level 2 (🕐 Täglich 5–2 h morgens).

☎ *07-3406-3190* @ *enquiries@sgt.com.au* 🌐 *www.queensland.com/en-in/information/brisbane-airport-international-visitor-information-centre*

⟳ Orientieren

Der Bruce Highway (M1) führt im Norden an der Redcliffe Halbinsel mit seinen Strandvororten Scarborough, Redcliffe und Margate vorbei und teilt sich dann hinter der Brücke über den North Pine River für eine Weile in zwei Arme: Die M1 führt an Sandgate und Shorncliffe zum Flughafen (Brisbane Airport), die A3/M3 führt hingegen direkt durch das Stadtzentrum von Brisbane. Am Südende von Brisbane laufen die beiden Straßen wieder zusammen. Um Brisbane-Mitte zu erreichen, nehmen Sie die A3/M3 und verlassen diese an der Elizabeth Street. Hier tauchen Sie ein in das schachbrettartige Stadtzentrum mit vielen engen Einbahnstra-

ßen, in denen der Verkehr nicht selten nur im Schneckentempo vorankommt.

Sie befinden sich nun in einer Flussschleife des Brisbane River, mit dem Stadtzentrum von Brisbane (kurz: **CBD**) mit **Queen Street Mall** (Fußgängerzone) und dem Ortsteil Spring Hill zur Linken und dem Botanischen Garten direkt am Fluss zur Rechten. Das Stadtzentrum wird von hohen Apartment- und Büroblocks dominiert. Die George Street wird etwa auf Höhe der Victoria Bridge in den nächsten Jahren komplett saniert. Zu den neuen Bauten wird u. a. ein 262 m hoher Appartment-Turm gehören, der damit eines der höchsten Gebäude in Brisbane sein wird (Eröffnung voraussichtlich 2017). Hier gibt es viele Geschäfte und Restaurants, für die Kultur muss man auf das andere Flussufer an die **South Bank** wechseln. Dazu nehmen Sie die **Victoria Bridge**, die von der Elizabeth Street/William Street aus über den Fluss führt. South Bank ist darauf ausgelegt, dass man es zu Fuß erkundet, daher parken Sie am besten im Parkhaus unter dem Cultural Centre an der Stanley Street.

Für Unterhaltung und gutes Essen gehen die Brisbaner gerne ins **Fortitude Valley**, das direkt nordöstlich ans CBD anschließt, oder ins **West End**, das westlich an die South Bank Parklands angrenzt. Gegenüber des Brisbane River gibt es dann auch im Osten mit dem Stadtteil **Kangaroo Point**, der ebenfalls in einer Flussschleife liegt. Hier findet man vorwiegend Wohnblocks sowie einen Wanderweg von der Story Bridge am Wasser entlang bis zu den South Bank Parklands.

Ⓗ Anreise und Transport

Brisbane hat einen Inlands- und einen Internationalen **Flughafen** und ist von Europa aus mit einem Zwischenstopp im Nahen Osten oder in Asien erreichbar. Es gibt keinen öffentlichen Bus vom Flughafen in die Stadt. Wer daher nicht gleich seinen Mietwagen abholt, der kann einen Flughafenshuttle nehmen (💲 ab $ 20 pro Person bei zwei oder mehr Personen, zum Beispiel: 🌐 www.con-x-ion.com), oder auch mit dem Zug *(Airtrain)* in die Stadt fahren (💲 $ 22, Kinder bis 14 Jahre kostenlos). Für ein Taxi sollten Sie um die $ 50 rechnen.

Brisbane hat drei **Greyhound-Bushaltestellen**: am Domestic und am International Airport sowie ein Stopp im Brisbane Transit Centre an der Roma Street. Die Busse von Premier halten nur an der Roma Street im CBD.

Wer mit dem Auto nach Brisbane fährt, der sollte wissen, dass Brisbanes Autobahnen nicht kostenlos sind. Alle **Bezahl-Autobahnen und Brücken** sind mit dem Schlag-

ⓘ 🚌 City loop map

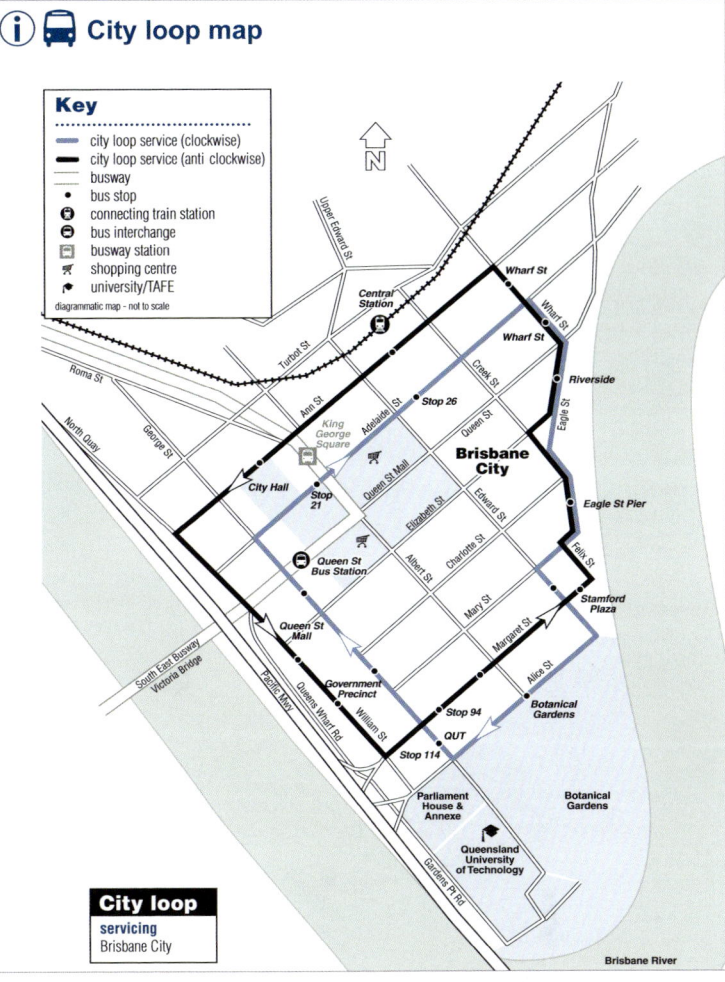

Key
- —— city loop service (clockwise)
- —— city loop service (anti clockwise)
- —— busway
- • bus stop
- 🚉 connecting train station
- 🚏 bus interchange
- 🚉 busway station
- 🛒 shopping centre
- 🎓 university/TAFE

diagrammatic map - not to scale

City loop
servicing
Brisbane City

Brisbane River

wort *TOLL* (Maut) markiert. Wenn Sie einen Mietwagen u. a. von Budget, Europcar, Thrifty oder Hertz haben, sollte die Abrechnung automatisch über Ihren Vermieter ablaufen. Bei einem Wohnmobil sollten Sie bei Ihrem Vermieter nachfragen, ob die Maut automatisch eingezogen wird, um nach dem Urlaub einen Strafzettel zu vermeiden (diese werden auch außerhalb Australiens verschickt). Bei Bedarf können Sie bis 3 Tage später online die Mautgebühren zahlen (🌐 http://queenslandtollroads.com.au) Die Kosten liegen je nach Route zwischen ⚙ $ 1,66 und $ 5,30 pro Strecke. Man kann die Bezahl-Autobahnen und Brücken umgehen, sollte dann aber damit rechnen, dass es aufgrund des dichten Verkehrs und der vielen Ampeln nur langsam voran geht.

Parken in Brisbane ist teuer, und Parkplätze sind rar – unabhängig davon, ob Sie mit dem Mietwagen oder dem Wohnmobil unterwegs sind. Wenn Sie einen freien Platz an einer Parkuhr an der Straße finden sollten, zahlen Sie bis zu $ 4,40 pro Stunde fürs Kurzzeit-Parken (mehr dazu hier 🌐 www.brisbane.qld.gov.au/traffic-transport/parking-permits/parking-meters-fees/parking-meter-fees-cars). In Parkhäusern

KINGSBURY

OVEREND ST

WALDO ST
WENDELL ST

NORMAN CRESENT

NORMAN CRS

NORMAN AVE

BODALLA ST

GILLAN ST

WALTER AVE

BURLIN

HEIDELBER

NORTHCOTE STREET

STAFFORD STREET

LATROBE STREET

GEELONG STREET

MANILLA STREET

BLACKALL

KENNEDY TCE

WELLINGTON ROAD

VULTUR

THE GABBA
(BRISBANE
CRICKET
GROUND)

GIBBON ST

STANLEY STREET

HUBERT ST

REID ST

WILTON ST

HENRY ST

IPSWICH ROAD

SOUTH EAST FREEWAY

Gold Coast

JAMES STREET

LAMINGTON ST

POWERHOUSE

DIXON ST

NEW FARM
PARK

NEW FARM
PARK

HEAL ST

ANNIE STREET

BROWNE STREET

VILLERS STREET

MERTHYR ROAD

WELSBY STREET

SYDNEY STREET

ELYSTAN RD

OXLADE DRIVE

LAIDLAW PDE

K STREET

BARKER ST

MORAY STREET

LANGSHAW ST

MORETON ST

MERTHYR RD

BOWEN TERRACE

MARK STREET

ABBOTT STREET

TURNER AVENUE

New Farm

MORAY STREET

LL EWELLYN ST

MONTFORD RD

SARGENT STREET

GRIFFITH STREET

SYDNEY ST

HAZELWOOD STREET

OXLADE DRIVE

WHARF ST

BAILDON ST

ROTHERHAM ST

GOODWIN ST

FERRY ST

DEAKIN ST

SYDNEY STREET

MOWBRAY PARK

MAIN STREET

BRADFIELD HIGHWAY

MACDONALD STREET

DOCKSIDE

LAMBERT ST

THORNTON STREET

SHAFSTON AVENUE

Kangaroo Point

RIVER TERRACE

PATON ST

THOMAS ST

SINCLAIR ST

BELL ST

DUKE ST.

TOOHEY ST

PRINCESS ST

LINTON ST.

DUKE ST

BELL STREET

LLEWELLYN ST

WALMSEY ST

LOCKERBIE ST.

ANGELSEY ST

MAIN STREET

BROMLEY ST

MARGARET STREET

ALICE STREET

CITY
BOTANIC
GARDENS

LEOPARD STREET

LOWER RIVER TCE

ELLIS ST.

PARLIAMENT
HOUSE

QUEENSLAND
UNIVERSITY OF
TECHNOLOGY

GARDENS POINT

CAPTAIN COOK BRIDGE

SOUTH EAST FREEWAY

RIVER

GOODWILL BRIDGE
CYCLE & FOOTBRIDGE

SOUTH BANK 3

RIVER PLAZA

STANLEY STREET

REID ST

Clem Jones Promenade

SOUTH BANK
PARKLANDS

VULTURE STREET

STANLEY STREET

RAYMOND ST.

GRAHAM ST.

TRINITY LANE

MERTON ROAD

ANNERLEY ROAD

GREY STREET

ERNEST ST

SOUTH BANK
STATION

TRIBUNE ST

South Bank

kann man auch länger parken, Wohnmobile müssen wegen der niedrigen Einfahrten zumeist passen. Einen Überblick über aktuelle Preise und die Höhe der Parkeinfahrten gibt es beim Parkhausbetreiber Wilson (🌐 www.wilsonparking.com.au/go/regions/brisbane).

Falls Sie Ihre Reise in Brisbane beginnen, lohnt es sich daher, das Fahrzeug erst abzuholen, wenn Sie Brisbane verlassen – oder umgekehrt eventuell schon eher das Auto abzugeben und die Stadt mit öffentlichen Verkehrsmitteln zu erkunden.

Der Vollständigkeit halber wird bei Zielen innerhalb von Brisbane auch die Anfahrt mit dem Auto erklärt. Allerdings würden wir Ihnen unbedingt empfehlen, öffentliche Ver-

kehrsmittel zu benutzen um sich Zeit, Geld und Nerven zu sparen. Brisbane gehört zum **Translink-Verkehrsverbund** mit einem dichten Netz aus Zügen, Bussen, und Flussfähren. Einzeltickets kosten ab $ 4,80. Wer eine wiederverwendbare Plastikkarte, die *GoCard* kauft, bekommt günstigere Tarife ab $ 2,68 für dieselbe Strecke (🌐 http://translink.com.au/tickets-and-fares/go-card ⏱ $ 10).

👁 Kostenlos Brisbane erkunden

Kostenlos sind die drei Loop-Busse, die ihre Runden durch das CBD ziehen.

Die beiden Busse der **Brisbane City Loop** fahren mit bzw. entgegen dem Uhrzeiger-

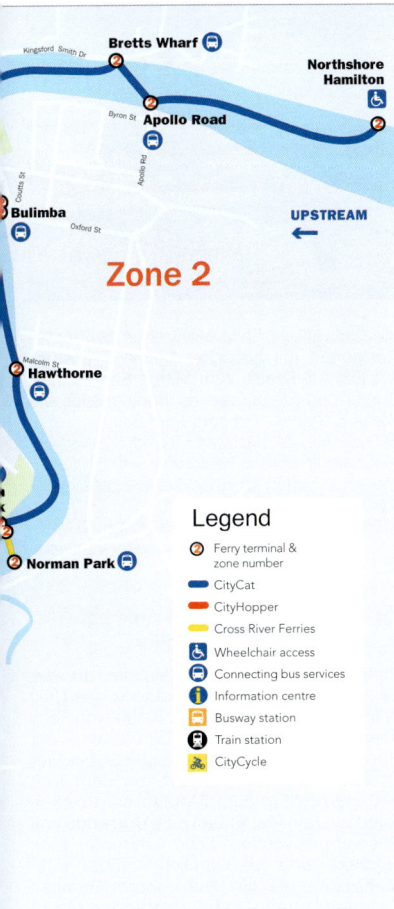

Legend

⊙ Ferry terminal & zone number
▬ CityCat
▬ CityHopper
▬ Cross River Ferries
♿ Wheelchair access
🚌 Connecting bus services
ℹ Information centre
🚏 Busway station
🚂 Train station
🚴 CityCycle

Bretts Wharf
Kingsford Smith Dr
Northshore Hamilton
Byron St **Apollo Road**
Apollo Rd
Coutts St
Bulimba
Oxford St
UPSTREAM ←
Zone 2
Malcolm St
Hawthorne
Norman Park

Upper Edward Street zurück ins Stadtzentrum zur Edward Street und Queen Street. Achten Sie auf gelb markierte Bushaltestellen. Der Bus fährt von Montag bis Freitag alle 10 Minuten von 8:10 bis 18:05 Uhr.

💡 Fast schon ein Highlight für sich ist die kostenlose, **rote City-Hopper-Fähre** (Inner City Ferry), die über den Brisbane River fährt. Die Route beginnt an der Sydney Street in New Farm, führt über mehrere Haltestellen an der Halbinsel von Kangaroo Point zum Eagle Street Pier (Ostseite CBD) und zur South Bank und endet schließlich am North Quay am Ende an der Elizabeth Street. Die Route eignet sich gut für die Stadterkundung, da die meisten Highlights der Stadt mit dieser Fähre erreichbar sind. Der City Hopper fährt täglich alle halbe Stunde von 6 Uhr bis Mitternacht. Die kostenpflichtige **blaue City-Cat-Fähre** deckt einen noch größeren Bereich von Hamilton im Osten bis zur University of Queensland im Westen ab.

🌐 http://jp.translink.com.au/travel-information/ network-information/ferries/T/cityhopper

👁 Brisbane per Fahrrad

Mit den städtischen **CityCycle-Mietfahrrädern** kann man die Innenstadt und die Fahrradwege rund um den Brisbane River erkunden. Wenn Sie Fahrräder leihen wollen, sollten Sie die eher umständliche Registrierung für die Mitgliedschaft (⊙ 1 Tag $ 2, als Abo monatlich $ 5) vielleicht schon am Vortag erledigen. Die ersten 30 Minuten jeder einzelnen Fahrt sind kostenlos, danach zahlt man $ 2,20 für die 31. bis 60. Minute und $ 6,05 für die 60. bis 90. Minute. Die Fahrräder können jederzeit an einer der 150 Stationen ausgetauscht werden. Mindestalter: 17 Jahre. Es besteht Helmpflicht – nehmen Sie daher nur ein Fahrrad, bei dem ein Helm mit dabei ist.
🕐 150 Stationen im Abstand von max. 500 m zwischen St. Lucia im Süden und dem Fortitude Valley im Norden ☎ 1300-229-253 (nur für allgemeine Fragen; Registrierung nur online) 🌐 www.citycycle. com.au ✉ Karte der Stationen: www.citycycle.com. au/All-Stations/Station-Map ⊙ Ganzj.

👁 Stadtrundfahrten

▶ River City Cruises

Wer Brisbane in ca. 1,5 Stunden vom Wasser erkunden will, der kann an einer der täglichen Bootsfahrten über den Brisbane River teilnehmen. Tickets können beim Fahrer gekauft werden.

sinn. Ein Bus fährt immer mit dem Uhrzeigersinn entlang der Route George Street – Adelaide Street – Eagle Street Pier – Alice Street (mit Botanischem Garten). Der andere Bus fährt gegen den Uhrzeigersinn über die Route Margaret Street – Eagle Street Pier – Ann Street – William Street. Die Busse fahren von Montag bis Freitag alle 10 Minuten von 7 bis 18 Uhr.

Der **Spring Hill Loop Bus** zieht seine Runden durch das CBD und das nördlich davon gelegene Spring Hill. Hier beginnt die Route an der Queen Street (Fußgängerzone), führt entlang der Creek Street über die Wickham Terrace auf die Upper Edward Street und über die Boundary Street und

St. Pier mit Aussichten auf Brisbane
River und Story Bridge

Westlich der Victoria Bridge links ab in Grey St, links in Russell St ⛴ South Bank Parklands, Jetty A (am Riesenrad), South Brisbane QLD 4101 🚇 South Bank (City Hopper Fähre), South Brisbane (Zug), Cultural Centre (Bus) 📞 04-2827-8473 🌐 www.rivercitycruises.com.au 🕐 Tägl. 10:30 & 12:30 h 💲 Erw. $ 29, Kinder $ 15

🛒 Versorgen und einkaufen

Wenn Sie im Stadtzentrum untergebracht sind, haben Sie mehrere Supermärkte zur Auswahl: Woolworths an der ⛴ 259 Queen Street sowie Coles an der ⛴ Ecke Queen Street/Edward Street (Queens Plaza, Untergeschoss). Jeden Mittwoch findet auf der Queen Street, Nähe Victoria Bridge, von 10 bis 18 Uhr ein **Farmers Market** statt, u.a. mit einem Stand mit deutschem Brot vom »King of Cakes«. Einen **Aldi** finden Sie u.a. an der ⛴ 650 Wickham Street im Fortitude Valley oder im Toombul Centro Shopping Centre (⛴ 1015 Sandgate Rd) in der Nähe des Flughafens. Beim Save the Koala Shop (⛴ Basement, 40 Charlotte Street 🕐 Di.–Fr. 10–17 h) kann man sich mit Souvenirs eindecken und dabei die **Australian Koala Foundation** unterstützen.

🍽 Essen und trinken im Central Business District (CBD)

▶ Queen Street Mall

Brisbanes Fußgängerzone verläuft entlang der Queen Street von der Victoria Brücke bis zur Edward Street und schließt in Nord-Südrichtung die Albert Street mit ein. Mitten hineingebaut wurde eine Reihe von überdachten Straßencafés, in denen man recht gemütlich sitzen kann.
Pacific Motorway (M3), Ausfahrt Elizabeth St, links in die George St 🚇 Stop 21 Adelaide St (City Loop Bus)

▶ Pig 'n' Whistle

Überdachtes Freiluftrestaurant in der Fußgängerzone auf dem Rathausplatz mit Blick auf die City Hall. Für alle Mahlzeiten geöffnetes Restaurant mit britischer Küche: Frühstück mit Eiern & Speck, zum Mittag Sandwiches, Burger und Steak, abends Traditionelles wie Steak & Guiness Pie oder Pork Belly.
Pacific Mwy (M3), Ausfahrt Elizabeth St, links in die George St, rechts in die Adelaide St 🚇 City Hall, Adelaide St Stop 21 (City Loop Bus) ⛴ King George Square, 100 Adelaide St, Brisbane QLD 4000 📞 07-3106-3193 ✉ queenst@pignwhistle.com.au 🌐 www.pignwhistle.com.au/king-george-square/dining-menus 🕐 7 h »till late« 💲 ★★

🍽 Essen und trinken rund um den Eagle Street Pier

Rund um die Bootsanlegestelle an der Eagle Street an der Nordostseite des CBD befinden sich eine ganze Reihe von teils über 200 Meter hohen Bürotürmen mit Hunderten von Büros. Der Eagle Street Pier ist daher ein beliebter Ort, an dem sich die Angestellten zum Mittagessen treffen. Rund um den Pier finden sich Dutzende von Restaurants von Fast Food – darunter auch Asiatisch und Mexikanisch – über Pub-Mahlzeiten bis hin zum Gourmettempel. Viele Restaurants haben Mittagsmenüs zu verbilligten Preisen.
Pacific Motorway (M3), Ausfahrt Elizabeth St. Dieser bis zum Ende folgen, dann rechts in die Eagle St 🚇 City Hopper Fähre und City Loop Bus: Eagle St Pier

▶ Jade Buddha

Geschmackvoll eingerichtetes, asiatisch angehauchtes Restaurant mit guten Aussichten auf den Brisbane River und die Story Bridge. Mittags mit $ 10-Gerichten wie Burger und Fish & Chips, abends Seafood und Asiatisches wie Butter Chicken und balinesisches Lamm.
⛴ 1 Eagle St, Brisbane QLD 4000 📞 07-3221-2888 ✉ info@jadebuddha.com.au 🌐 www.jadebuddha.com.au 🕐 Mittag- und Abendessen 💲 Mittags ★–★★, abends ★★–★★★

► Kookaburra River Queens

Die Schaufelraddampfer verbinden eine Rundfahrt auf dem Brisbane River mit einer Buffetmahlzeit. Sonntagmittag mit Live-Jazz, manchmal auch abends mit Livemusik. Die Ausfahrten dauern zwei bis zweieinhalb Stunden.

🚢 Eagle St Pier, 45 Eagle St, Brisbane QLD 4000
📞 07-3221-1300 🌐 www.kookaburrariverqueens.com
🕐 Do. & Fr.-So. 12 h, Sa. 15:30 h, Do., Fr. & Sa. 18:30 h
💰 Mittags Erw. $ 49, Kinder $ 29, nachmittags Erw. $ 55, Kinder $ 25, abends Erw. $ 69-79, Kinder $ 49-59

Deutsch Essen & Trinken in Brisbane

Deutsche Küche und deutsches Bier sind in Brisbane sehr beliebt. Von der einfachen Wurstbude bis zum Aussichtsrestaurant am Eagle Street Pier mit Ausschank von Paulaner, Franziskaner & Co. ist hier alles dabei. Hier ein paar Tipps im Stadtzentrum:

Nähe Queen St. Mall (Stadtzentrum)

German Sausage Hut

Versteckt gelegener deutscher Imbiss mit dem Motto »Best Wurst in Town« im Erdgeschoss des Queen Adelaide Building.

🚪 Queen AdelaideBuilding, 90-92 Queen St (Auf der Rückseite zur Burnett Lane hin), Brisbane QLD 4000
🌐 www.germansausagehut.com.au ✪ ✱

Nähe Roma St, Bahnhof und Fortitude Valley

Brat Haus

Deutsches Bier und Bratwurst – auch als Curry- und vegane Wurst – in gemütlicher Gasthausatmosphäre mitten im Fortitude Valley (🚪 3/354 Brunswick St, Fortitude Valley). Eine weitere Filiale liegt nur 450 Meter von der Hostel-Meile an der Roma Street entfernt (🚪 34-36 Caxton Street).
✪ ✱

Am Eagle St Pier

Bavarian Bier Cafe

Im großräumigen bayerischen Lokal im oberen Stockwerk des Eagle-Street-Pier-Gebäudes sitzt man draußen auf dem Balkon mit schönen Aussichten auf den Brisbane River.
🚪 Level 1, 45 Eagle St, Eagle St Pier, Brisbane QLD 4000 🌐 www.bavarianbiercafe.com/venue/eagle-street-pier ✪ ✱✱-✱✱✱

✕ Essen und trinken in den South Bank Parklands

An der Südseite des Brisbane River finden sich Dutzende von Restaurants für jedes Budget. Im mittleren Bereich der Parklands liegen die **Central Cafes**, eine Art Food-Court unter freiem Himmel, mit Döner Kebab, Pizza, Eis und frisch gepresste Säften. Das Schöne dabei: Hier haben sogar die Fast-Food-Lokale Aussicht auf Springbrunnen und pinkfarbige Bougainvillea-Ranken, und es gibt auch keinen störenden Verkehr.

📍 Von der Victoria Bridge links ab in die Grey St, links in die Ernest St

Die folgenden Restaurants sind alle wie folgt mit öffentlichen Verkehrsmitteln zu erreichen:

🚉 South Bank (City Hopper Fähre), South Brisbane (Zug), Cultural Centre (Bus)

► Mado Cafe and Restaurant

Preisgekröntes türkisches Restaurant mit Terrasse sowie Innenbereich mit stimmungsvoller nahöstlicher Dekoration. Gekocht wird auf dem Holzkohlengrill, darunter Lamm-Kebab und gemischte Grillplatten. Wer eine Flasche Wein mitbringen möchte, zahlt $ 10 *Corkage*. Freitag bis Sonntagabend Bauchtanz-Vorführung ab 20:30 Uhr.

📍 Von der Victoria Bridge links ab in die Grey St, links in die Tribune St 🚪 15 Tribune St, Brisbane QLD 4101
📞 07-3844-7111 ✉ bookings@madorestaurant.com.au
🌐 www.madorestaurant.com.au 🕐 Tägl. 11:30 h »till late« ✪ ✱✱-✱✱✱

► Stokehouse Q/Stoke Bar

Gemütliche Bar mit angeschlossenem Restaurant mit viel Holz und Aussichtsterrasse über den Fluss und Blick auf die Goodwill-Brücke und vorbeiziehende Boote. Gut geeignet für Sunset Drinks! Am Sonntagmittag legen DJs Musik auf.

Im Fortitude Valley gibt es eine Vielzahl an interessanten Lokalen, darunter das Cloudland.

Von der Victoria Bridge links ab in die Grey St, links in die Sidon St. Neben dem Maritime Museum ☎ Sidon St, South Brisbane QLD 4101 ☎ 07-3020-0600 ✉ www.stokehouseq.com.au ⏰ Mo.–Do. 12 h »till late«, Fr.–So. 11 h »till late« ⏱ ∗∗–∗∗∗

► **San Kai Modern Japanese**

Japanisches Restaurant gegenüber vom Mantra Hotel und in Gehweite von Streets Beach, mit gemütlichen Ledersitzecken, einem überdachten Außenbereich und günstigen Mittagsmenüs.

Von der Victoria Bridge links ab in die Grey St ☎ 164 Grey St, South Brisbane QLD 4101 ☎ 07-3846-5978 ✉ info@sankai.com.au ✉ www.sankai.com.au ⏰ Mo.–Fr. 11:30–15 h, 17:30–22 h, Sa.& So. 11:30–22:30 h ⏱ ∗–∗∗

💡 Südlich der South Bank Parklands schließt parallel die Stanley Street an. Auch hier findet sich eine große Auswahl an Cafés und Restaurants.

✕ **Essen und trinken im West End**

Egal ob Griechisch, Indisch, Mexikanisch oder Vietnamesisch – im West End findet sich ein Restaurant für jeden Geschmack. Diese Viertel ist vor allem dann eine gute Idee, wenn Sie gemütlich Essen möchten und Ihnen die Restaurants an der South Bank zu teuer sind.

Von der Victoria Bridge geradeaus weiter nach Westen auf die Melbourne St, später links in die Boundary St ⏺ South Brisbane (Bahnhof), Bus 192 ab Adelaide St

✕ **Essen und trinken im Fortitude Valley (»The Valley«)**

Für den schnellen Hunger finden sich im *Valley* eine Reihe von Fast-Food-Imbissen sowie ein Foodworks Lebensmittelladen im Bahnhof. Weitere Schnellrestaurants und Straßencafés liegen schräg gegenüber des Bahnhofs in der Brunswick Street Mall, einer kleinen Fußgängerzone, die genau einen Block lang ist. Parallel zur **Brunswick Street Mall**, auf der Duncan Street, verläuft die kurze Fußgängerzone von **Chinatown** mit einigen asiatischen Restaurants.

Pacific Motorway (M3), Ausfahrt Turbot St. An der Ortsgrenze zum Fortitude Valley wird die Straße in Wickham St umbenannt. ⏺ Fortitude Valley (Bahnhof)

► **Royal George Hotel / Fat Boys / Rics Cafe Bar**

Den ganzen Tag über geöffneter Aussie Pub mit mehreren Sitzecken plus Biergarten in der Fußgängerzone der Brunswick Mall.

Das 1930 eröffnete Rathaus (City Hall)

Vor allem die Frühstückskarte ist beeindruckend mit über einem Dutzend (auch vegetarischen) Gerichten. Täglich Specials.

M3, Ausfahrt Fortidue Valley, rechts in die Brookes St (Hwy 10), rechts in Ann St, rechts in die Brunswick St ⏺ Fortitude Valley (Bahnhof) ☎ 327 Brunswick St, Fortitude Valley QLD 4006 ☎ 07-3252-2524 ✉ www.royalgeorgehotel.com.au ⏰ Täglich 7–21 h ⏱ ∗–∗∗

► **Green Tea Restaurant**

In der Chinatown-Fußgängerzone gelegenes asatisches Restaurant mit einem Schwerpunkt auf vietnamesischen Gerichten, mit großen Portionen zu anständigen Preisen. Fragen Sie nach der „Sizzling" Variante – hier bekommt man das Essen brutzelnd auf einer gußeisernen Platte.

M3, Ausfahrt Fortidue Valley, rechts in die Brookes St (Hwy 10), rechts in Ann St, rechts in die Duncan Street ☎ Shop 1B, 31 Duncan Street, Fortitude Valley QLD 4006 ⏺ Fortitude Valley (Bahnhof) ☎ 07-3252 4855 ✉ www.greentearestaurant.com.au ⏰ Täglich für Mittag- und Abendessen geöffnet ⏱ ∗∗

► **Cloudland** ★

Fantastisch dekorierte Bar mit orientalischem Flair und vielen gemütlichen Sitzecken. Die Wände sind mit 5.000 Pflanzen begrünt, zudem gibt es einen Wasserfall, eine futuristische Theke aus 19.000 Kristallkugeln und ein Sonnendach, das geöffnet werden kann. Mit dabei ist außerdem ein Restaurant mit asiatisch angehauchten Gerichten. Mehrmals wöchentlich mit Liveunterhaltung.

🚉 *Fortitude Valley (Bahnhof)* 🚗 *M3, Ausfahrt Fortidue Valley, rechts in die Brookes St (Hwy 10), rechts in Ann St* 📍 *641 Ann St, Fortitude Valley QLD 4006* ☎ *07-3872-6600* 📧 *reception@katarzyna.com.au* 🌐 *http://katarzyna.com.au/venues/cloudland* 🕐 *Di. ab 17 h, Mi. & Do. ab 15 h, Fr.–So. ab 11 h* 💲 *★–★★★*

👁 Highlights im Brisbane CBD

Im Stadtzentrum von Brisbane finden Sie vorwiegend Bürotürme, Geschäfte und Restaurants, daher halten sich Sehenswürdigkeiten eher in Grenzen. Für Kulturelles lohnt es sich daher, den Blick in Richtung South Bank zu werfen.

▶ City Hall und Museum of Brisbane

Das Rathaus der Stadt wurde 1930 eröffnet und von 2010 bis 2013 für gigantische 215 Millionen Dollar komplett renoviert und erweitert. Das Gebäude dient auch als Veranstaltungszentrum und Museum für Stadtgeschichte. Das Museum befindet sich im dritten Stock, von dort aus kann man mit dem Aufzug bis in den 92 Meter hohen Uhrenturm hinauffahren, der bis 1968 der höchste Turm der Stadt war. Kostenlose 45-Minuten-Touren durch das Rathaus finden täglich um 10:30, 11:30, 13:30, 14:30 und 15:30 Uhr statt. Besucht wird dabei auch das *Auditorium* mit seinem eindrucksvollen Kuppeldach mit tausenden von LED-Lämpchen. Im Rathaus gibt es zwei Cafés, darunter rechts im Erdgeschoss das urige **Shingle Inn** (🕐 *Täglich 9–16 h*, 💲 *★–★★*), in dem Gäste unter Kronleuchtern im 30er-Jahre-Ambiente von Kellnerinnen mit Spitzenhäubchen bedient werden.

💡 *Jeden Dienstag von 12 bis 13 Uhr finden im Auditorium kostenlose Konzerte statt.*

🚏 *City Hall, Adelaide St Stop 21 (City Loop Bus)* 🚗 *Pacific Motorway (M3), Ausfahrt Elizabeth St, links in die George St, rechts in die Adelaide St* 📍 *Cnr Adelaide/Ann St, Brisbane QLD 4000* ☎ *07-3403-8463* 📧 *info@museumofbrisbane.com.au* 🌐 *www.museumofbrisbane.com.au* 🕐 *Tägl. 10–17 h* 💲 *Eintritt frei*

▶ Brisbane Customs House

Das denkmalgeschützte Gebäude mit der großen, mit Kupfer gedeckten Kuppel liegt direkt am Brisbane River und stammt noch aus dem Jahr 1889. Das Customs House lag früher direkt am Hafen (den es heute hier nicht mehr gibt), hier wurden die Importzölle für alle angeschifften Waren gezahlt. Das ehemalige Zollgebäude dient heute vorwiegend als Restaurant, mit zusätzlichen Banketträumen für Hochzeiten und für größere Empfänge. Besucher können eine Reihe von Räumen mit Gemälden und Erinnerungsstücken aus der guten alten Zeit auch ohne Einladung besichtigen. Im *The Long Room* werden unter dem Motto »Sunday at Customs House« während des Semesters sonntags um 11:30 Uhr kostenlose Konzerte angeboten (Programm: 🌐 https://customshouse.com.au/about-us/concerts).

🚏 *Eagle St (City Hopper), Riverside (City Loop Bus)* 🚗 *Pacific Motorway (M3), Ausfahrt Turbot St, rechts in die Wharf St, links in die Queen Street* 📍 *399 Queen St, Brisbane QLD 4000* ☎ *07-3365-8999* 📧 *info@customshouse.com.au* 🌐 *www.customshouse.com.au* 🕐 *Tägl. ab 9 h* 💲 *Eintritt frei*

Die Grey Street Bridge ist eine 1932 im Art-Deco-Stil erbaute Betonbrücke, die 498 m lang ist.

235

► Commissariat Store

Das 1829 erbaute, vergleichsweise schlichte Gebäude wurde von Sträflingen *(Convicts)* als Lager für Nahrung, Bekleidung und andere Dinge erbaut und gehört zu den ältesten Gebäuden der Stadt. Nachdem die Strafkolonie geschlossen und die Stadt für freie Siedler freigegeben wurde, wurden im Obergeschoss für eine Weile auch Einwanderer untergebracht, später wurde das Gebäude u.a. von der Polizei genutzt. Heute ist die Royal Historical Society of Queensland hier untergebracht sowie eine Dauerausstellung zur Geschichte der *Convicts* in dieser Region. Ein Teil des Gebäudes dient wechselnden Ausstellungen zu Queenslands Geschichte, mit Themen wie »Queensland im Ersten Weltkrieg« oder »Die Fliegerei in Queensland«.

🚌 *City Loop Bus: Government Precinct, City Hopper Fähre: North Quay* 🚗 *Pacific Motorway (M3), Ausfahrt Elizabeth St, rechts in die William St* 🏠 *115 William St, Brisbane QLD 4000* ☎ *07-3221-4198* @ *info@ queenslandhistory.org.au* 🌐 *www.commissariatstore. org.au* ⏱ *Di.–Fr. 10–16 h* 💲 *Erw. $ 7, Kinder $ 3*

► City Botanic Gardens

Der botanische Garten von Brisbane liegt an der Spitze einer Halbinsel, eingegrenzt im Norden vom Brisbane CBD, im Süden vom Brisbane River. Von den Ufern des Gartens hat man Aussichten über die davor geankerten Segeljachten und die Klippen von **Kangaroo Point** auf der anderen Seite des Flusses.

Der Botanische Garten ist der älteste aller öffentlichen Gärten der Stadt. Seine Anfänge gehen zurück auf das Jahr 1828, als man noch die neu »importieren« Sträflinge versorgen musste. Seit 1855 ist der Garten ein offizieller Botanischer Garten, für eine Weile stand aber auch hier noch die praktische Nutzung im Vordergrund: Es sollten Pflanzen gefunden werden, die sich für den Anbau in den Subtropen eignen. Dazu gehörten etwa Ananas, Mangos, aber auch Tabak und Kaffee. Heute gehören zu den Highlights neben den Aussichten auf den Fluss etwa der Bambushain mit seinen 23 verschiedenen Arten, die Weeping Fig Avenue (»Trauerfeigenstraße«), die bereits in den 1870er-Jahren gepflanzt wurde, sowie ein Regenwaldgarten. Kostenlose, einstündige Rundgänge beginnen an der Rotunda (runder Platz nicht weit von der Ecke Alice Street/Albert Street) um 11 und 13 Uhr von Montag bis Samstag und müssen nicht vorgebucht werden. Zum Ausruhen und Erfrischen gibt es den **City Gardens Club**. Das Café hat täglich von 8 bis 16 Uhr geöffnet.

🚌 *Alice St, George St (City Loop Bus)* 🚗 *Pacific Motorway (M3), Ausfahrt Elizabeth St, rechts in die George St, dieser bis zum Ende folgen (Main Dr)* 🏠 *Eingänge befinden sich an der Alice St und am*

Main Dr 🌐 *www.brisbane.qld.gov.au/facilities-recreation/ parks-and-venues/parks/city-botanic-gardens/index.htm* ⏱ *Sonnenauf- bis Sonnenuntergang*

► Brisbane Greeters

Kostenlose Stadtführungen durch Brisbane, täglich um zehn Uhr mit Treffpunkt an der Brisbane City Hall in kleinen Gruppen mit maximal sechs Gästen. Die Touren dauern max. 4 Stunden. Bitte mindestens drei Tage vorher anmelden. Wer sich eine Woche vorher meldet, kann sich sogar selbst eine Route wünschen. Alle Touren finden auf Englisch statt.

🏠 *City Hall, Adelaide St (City Hopper, City Loop Bus)* 🚌 *Cnr Adelaide/Ann St, Brisbane QLD 4000, Eingang King George Square (am Rathaus)* ☎ *07-3156-6364* @ *brisbanegreeters@brisbanemarketing.com.au* 🌐 *www.brisbanegreeters.com.au* ⏱ *Tägl. 10 h oder nach Absprache* 💲 *frei*

► Brisbanes Brücken erleben

Die Innenstadt (CBD) ist in eine in eine Flussschleife des Brisbane River eingebettete Halbinsel. Es gibt eine Reihe von Brücken, die das CBD an den Rest der Stadt anbinden, darunter auch zwei reine Fußgänger- und Radfahrerbrücken, die Goodwill Bridge und die Kurilpa Bridge. Eine der auffälligsten Brücken der Stadt ist sicher die **Kurilpa-Brücke**, die 2009 eröffnet wurde. Das preisgekrönte, 470 Meter lange Konstrukt mit seinen vielen »Stäbchen« bietet nicht nur weite Aussichten über den CBD und die South Bank Parklands, sondern ist auch bei Nacht mit stimmungsvoller Beleuchtung sehr fotogen.

🚌 *William St (City Loop Bus)* 🚗 *Pacific Motorway (M3), Ausfahrt Turbot St* 🏠 *Ecke Quay und Tank Street*

Ebenfalls sehenswert ist die 777 Meter lange **Story Bridge**, eines der Wahrzeichen der Stadt. Die Brücke wurde während der Finanzkrise der 1930er-Jahre gebaut und 1940 eröffnet. Heute saust der Verkehr mit 70.000 Autos am Tag zwischen dem **Fortitude Valley** und **Kangaroo Point** hin und her, mit einem aussichtsreichen Fußgängerweg an der Seite. Wer hoch hinaus will, der kann sich einer Kletterexpedition auf die 80 Meter hohe Brücke anschließen und sich an manchen Terminen auch nachher abseilen. Von oben kann man in den Norden bis auf die Glass House Mountains und nach Süden bis zum Lamington National Park blicken. Der Ausflug dauert mitsamt Einweisung etwa 2,5 Stunden. Mindestalter: 10 Jahre.

🚌 *Holman St (City Hopper Fähre)* 🏠 *Story Bridge Adventure Climb, 170 Main St (Cnr Wharf/Main St), Kangaroo Point QLD 4169* ☎ *07-3514-6900* @ *climbs@ sbac.net.au* 🌐 *www.sbac.net.au* ⏱ *Mehrmals tägl., Sa. bereits ab Sonnenaufgang* 💲 *Erw. $ 99–119, Kinder/Stud. $ 85–102*

Das Wheel of Brisbane befindet sich inmitten der South Bank Parklands.

👁 Highlights South Bank

Eines von Brisbanes schönsten Stadtvierteln ist das Südufer – oder South Bank – des Brisbane River. Die über zwei Kilometer langen South Bank Parklands bieten Highlights wie *the Arbour,* ein ein Kilometer langer, mit pinkfarbigen Bougainvillea-Ranken bepflanzter Spazierweg, sowie eine Holzpagode aus Nepal im Regenwaldteil des Parks. Freunde der Kultur und des guten Essens finden hier eine Reihe von Museen sowie Dutzende von Restaurants.

🚍 Von der Victoria Bridge links ab in die Grey St, links in die Stanley St 🚆 *South Bank (City Hopper Fähre), South Brisbane (Zug), Cultural Centre (Bus)* ✉ *South Bank Parklands, Stanley Street Plaza, South Brisbane QLD 4101*

💡 Wer mit dem Auto kommt: Unter dem Cultural Centre, der Queensland Art Gallery/Queensland Museum und der State Library of Queensland kann man für $ 15 den ganzen Tag parken (Einfahrthöhe jeweils maximal 2 Meter). Das ist für Brisbane ein sehr guter Preis!

▶ Streets Beach 🛝

Die Gegend rund um Streets Beach ist für Kinder sicher das Highlight der South Bank Parklands, mit einer langgestreckten Schwimmlagune mit Sandstrand und Badeaufsicht sowie nebenan einem (trockenen) Spielplatz und einem Wasserspielplatz. Der Eintritt ist kostenlos. Umkleidekabinen und Schließfächer befinden sich in Gehweite, ebenso wie eine Reihe von Restaurants.

🕐 *Siehe oben* ✉ *South Bank Parklands, Cnr Ernest/ Stanley Street Plaza, South Brisbane QLD 4101*

▶ Wheel of Brisbane

Eingebettet in die grüne Parklandschaft am Südufer des Brisbane River und mit weiten Aussichten über den Fluss in Richtung Innenstadt liegt das 60 Meter hohe Riesenrand.

Die Gondeln haben Platz für maximal sechs Erwachsene und zwei Kinder. Während der Fahrt läuft eine Audiotour, die erklärt, welche Gebäude man aktuell im Blick hat. Wer online vorausbucht, erhält einen Rabatt.

🚍 *Von Victoria Bridge links ab in Grey St, links in Russell St* 🕐 *Siehe oben* ✉ *Russell St, South Brisbane QLD 4101* ☎ *07-3844-3464* ✉ *info@thewheelofbrisbane. com.au* 🌐 *www.thewheelofbrisbane.com.au* 🕐 *So.–Do. 10–22 h, Fr. & Sa. bis 23 h* 💲 *Erw. $ 20, Kinder $ 14*

▶ Kajak- und Sportgeräteverleih

Das am Brisbane River gelegene **Riverlife** bietet eine große Zahl von Aktivitäten an wie etwa Klettern oder Abseilen an den Klippen von Kangaroo Point (💲 $ 49–55) sowie geführte Kajak- (💲 $ 49) oder Sedgeway-Touren. Außerdem kann man Fahrräder, Inlineskater, Kajaks und Kick-Bikes – Fahrrädern ohne Pedale – leihen. Auf dem Gelände gibt es keine Parkplätze, man muss also in der Nähe einen Parkplatz suchen oder kommt am besten mit öffentlichen Verkehrsmitteln.

🕐 *Thornton St (City Hopper Fähre)* 🚍 *M3/M41/M15 nach Kangaroo Point, links in die Thomas St, rechts in die River Terrace. Parken Sie oben an den Klippen von Kangaroo Point, z. B. am The Cliffs Cafe, gehen Sie die Treppen hinunter, dann noch einmal 150 Meter zu Fuß.* ✉ *Naval Stores Lower River Terrace, Kangaroo Point, Brisbane QLD 4169* ☎ *07-3891-5766* ✉ *info@ riverlife.com.au* 🌐 *www.riverlife.com.au* 🕐 *Tägl.*

An der South Bank findet sich die wichtigste Kulturmeile der Stadt. Hier zeigt sich das Ungleichgewicht, das typisch ist für Australien: Die Landeshauptstädte geben so viel Geld für ihr Kulturprogramm aus, dass für die anderen Städte im Land kaum noch etwas übrig bleibt. Entsprechend wird auf der Museumsmeile auch einiges geboten:

▶ Queensland Art Gallery (QAG)/ Gallery of Modern Art (QAGOMA)

Die beiden Museen beherbergen an die 15.000 Exponate, von denen typischer-

237

weise um die 1.000 ausgestellt sind. Der Schwerpunkt liegt v.a. auf Kunst aus Australien und der Pazifikregion. Wer sich für Kunst vor 1970 interessiert, sollte sich die QAG genauer anschauen, während die QAGOMA sich auf Neueres konzentriert. Arbeiten von Aboriginals finden sich in beiden Galerien, allerdings vorwiegend im Bereich der neueren Kunst. Zur QAGOMA gehört das Programmkino *Cinémathèque* mit zwei Filmsälen (◉ Programm: www.qagoma.qld. gov.au/whats-on/cinema). Auf dem Gelände gibt es ein Restaurant und ein Café.

◉ *Stanley Pl, Cultural Precinct South Bank, South Brisbane QLD 4101* ☎ *07-3840-7303* ◉ *gallery@ qagoma.qld.gov.au* ◉ *www.qagoma.qld.gov.au* ◷ *Tägl. 10–17 h* ◉ *Eintritt frei, Ausnahme: Sonderausstellungen*

▶ Queensland Museum ♂♀

Dieses naturwissenschaftliche Museum beschäftigt sich mit der Vergangenheit und der Gegenwart Australiens aus einem wissenschaftlichen Blickwinkel. Themen sind etwa »Entdecke Queensland« und Dinosaurier. Das Museum hat ein eigenes Café mit Freilufterrasse und Aussichten über den Fluss.

◉ *Cnr Grey/Melbourne St, South Bank, South Brisbane QLD 4101* ☎ *07-3840-755* ◉ *www.qm.qld. gov.au* ◷ *Tägl. 9:30–17 h* ◉ *Eintritt frei (Ausnahme: Sonderausstellungen)*

▶ Sciencentre ♂♀

Dieses Museum befindet sich im ersten Stock des Queensland Museum. Es richtet sich an »Kinder jeden Alters«, die sich für ein wissenschaftliches Museum zum Anfassen interessieren. Themen sind u.a. Schall und Geräusche, Lebensretter und der menschliche Körper.

◉ *Cnr Grey/Melbourne St, South Bank, South Brisbane QLD 4101* ☎ *07-3840-7555* ◉ *www.sciencentre.qm.qld. gov.au* ◷ *Tägl. 9:30–17 h* ◉ *Erw. $ 14,50, Kinder $ 11,50*

💡 Das gesamte Südufer des Brisbane River ist bis weit über die Grenzen der Parklands als Spazierweg ausgebaut. Der Weg beginnt an der QAGOMA an der Grey Street Bridge und führt über 4,5 km – an Anlegestellen des City Hoppers vorbei – bis zur historischen Story Bridge. So kann so man in etwa einer Stunde die schönsten Seiten der Stadt erkunden und schließlich mit der kostenlosen Fähre beispielsweise ab Holman Street zurückfahren.

👁 Highlight West End

Das West End liegt nur wenige Minuten zu Fuß hinter den South Bank Parklands. Dieses Viertel ist vor allem beim jüngeren

Publikum sehr beliebt, seine vielen gemütlichen Kneipen (teils mit Livemusik) und Restaurants entlang der **Boundary Street** bedienen alle Budgets. Ein Tipp in Sachen **Livemusik** ist Max Watt's Brisbane (◉ Cnr Boundary St/Wilson St, West End QLD 4101, ◉ www.maxwatts.com.au). In diesem Club treten internationale Bands aller Musikrichtungen vor kleinem Publikum auf.

👁 Highlight Fortitude Valley und Chinatown

Während die South Bank Parklands vor allem tagsüber ein Publikumsmagnet sind, ist das **Fortitude Valley (kurz »The Valley«)** ein Highlight des Brisbaner Nachtlebens. In diesem Viertel finden sich Schallplatten und schräge Mode, Imbissbuden und gute Restaurants, Nachtclubs und Peepshows und nicht zuletzt Livemusik von Pop bis Metal. Regelmäßig Livemusik gibt es etwa im **The New Globe Theatre** (◉ 220 Brunswick St, ◉ www.thenewglobetheatre.com) oder in der **Crowbar** (◉ 243 Brunswick St, ◉ www. crowbarbris.com).

Für einen Spaziergang durch Brisbanes weniger angepasstes Stadtviertel bietet es sich an, mit dem Bus oder Zug etwa ab Roma Street (Brisbane Transit Centre) oder Central Station in wenigen Minuten nach **Fortitude Valley** zu fahren, von dort durch die kleine Duncan Street Mall, in der sich **Brisbanes Chinatown** befindet, und weiter über die **Story Bridge** nach Kangaroo Point zu laufen (◉ 2,5 km, 🕐 ca. 30 Min.). Von hier aus geht mit der Fähre nach Brisbane City zurück (z. B. ab Holman Street) oder weiter zu Fuß bis zum Beginn der **South Bank Parklands** (◉ weitere 2,5 km, 🕐 ca. 30 Min.).

👁 Highlight Milton

▶ XXXX Brewery Tour

XXXX ist Queenslands Bier, und das ist es schon seit den 1870er-Jahren. Mehr über die Geschichte des Bierbrauens wie auch über das XXXX-Bier und seine deutschen Wurzeln erfahren Sie auf dieser etwa 90-minütigen Brauerei-Tour. Die beste Zeit für eine Tour ist von Montag bis Freitag morgens, da am Wochenende nicht alle Maschinen laufen.

💡 Direkt um die Ecke, an der Park Road, liegen eine Reihe von Cafés und Restaurants unter einer nicht ganz original großen Replika des Eiffelturms.

Mount Coot-Tha mit weiten Aussichten
auf Brisbanes Innenstadt (CBD)

🚌 *Bus 475 ab Elizabeth St oder Quay St, ca. 10
Min.* 🚗 *M3 bis Ausfahrt Milton Rd (Hwy 32), die vier
riesigen Buchstaben sind nicht zu übersehen* 📍 *Cnr
Black/Paten St, Milton QLD 4064* ☎ *07-3361-7597*
@ *alehouse.enquiries@xxxx.com.au* 🌐 *www.xxxx.
com.au/thexxxxalehouse/xxxx-brewery-tours*
🕐 *Touren Mo.–Fr. 11, 13, 15, 17 h, Sa. ab 11 h jede
halbe Stunde bis 14 h, außerdem um 15 und 17 h*
💲 *Erw. $ 32, Kinder $ 18*

👁 Highlights in Brisbanes Norden

Brisbane ist nicht gerade für außergewöhnliche Strände bekannt, allerdings finden
sich in den nördlichen Vororten einige interessante Strandorte mit schönen Aussichten
und einigen sehenswerten historischen
Bauten, darunter Shorncliffe, Sandgate und
Redcliffe.

▶ Shorncliffe und Shorncliffe Pier

Shorncliffe ist ein ruhiger Strandvorort, der
etwa 22 km nördlich von Brisbane-Mitte
liegt. Das Highlight ist der bildschöne **Holzpier** mit weißem Geländer und Pavillon. Der
ursprünglich – im Jahr 1880 für die – mittlerweile eingestellte – Fähre zum weiter
nördlich gelegenen Redcliffe gebaute Pier
wurde 2014–2016 ersetzt und ist heute ein
beliebtes Ziel für Spaziergänger und Angler.
Vom Ende des 350 m langen Holzpiers hat
man bei gutem Wetter weite Aussichten auf
die Moreton Bay und in Richtung Nordwesten bis zu den Glass House Mountains.

Seit 1948 beginnt am Shorncliffe Pier
jedes Jahr am Karfreitag die "**Brisbane to
Gladstone**" Regatta. Der Rekord für die
Strecke liegt bei beeindruckenden 20 Stunden und 25 Minuten für die etwa 600 km.

▶ Spaziergang Shorncliffe Station bis Shorncliffe Pier

Ein lohnenswerter Spaziergang, der Shorn-
cliffes schönste Seiten vorstellt, beginnt am
Bahnhof, der von Brisbane-Zentrum aus
einfach mit dem Zug (Shorncliffe Train, ca.
40 Minuten) erreichbar ist. Vom Bahnhof in

Shorncliffe gehen Sie nach rechts über die
Railway Parade und weiter geradeaus auf die
Swan St, vorbei an an einigen historischen
Holzhäusern, bis Sie nach 500 m die Park
Parade mit dem Shorncliffe Park erreichen.
An der Ecke befindet sich das Cafe on the
Park, mit kleinen Tischen unter einer schat-
tigen Holzveranda (📍 *6 Park Parade* 🕐 *Mo–
Do 9–16:30 h, am Wochenende länger*).
Überqueren Sie die Wiese im Shorncliffe Park
und gehen Sie den steilen Weg hinunter zum
Ufer. Unten befindet sich ein Spielplatz mit
Picknicktischen, dahinter sieht man schon
das Shorncliffe Pier, das weit in die Moreton
Bay hinausragt. Nach einem Besuch des
Piers geht es über einen Weg zurück zur Park
Parade und zum Bahnhof Shorncliffe schräg
links weiter via Pier Avenue (insgesamt ca.
1,5 Kilometer, ca. 30 Minuten, leicht).
🚗 *Bruce Highway (M1) bis Depot Rd / Abzweig 120,
danach Hwy 27 Richtung Shorncliffe, am Kreisverkehr rechts ab in die Rainbow St, rechts in die Friday
St., rechts in die Railway Parade.* 🚆 *Shorncliffe Train*
📏 *1,5 km* 🕐 *30 min.* 👍 *leicht*

▶ Historischer Spaziergang über den Lovers Walk von Shorncliffe nach Sandgate

Beginnen Sie wie zuvor beschrieben. Vom
Shorncliffe Pier folgen Sie dem Lovers
Walk – der seinen Namen übrigens einem
Tippfehler verdankt – am Wasser entlang
nach Sandgate. Der Weg mündet in die Flinders Parade, der Promenade von Sandgate. Hier sehen Sie die 1887 erbaute **weiße
Holzkirche** mit dem roten Dach, die heute
als Kindergarten dient (vormals Sandgate
Baptist Church). Es geht weiter entlang ei-
ner ganzen Reihe von sehenswerten Strand-
villen, Fish & Chips Restaurants und Cafés
(Tipp: Baaia, 📍 *94 Flinders Parade* 🕐 *Tägl.
7–15 Uhr*). Das Baden an Brisbanes Küste
ist nicht immer einladend, daher kann man
sich im Sommer gut im Sandgate Aquatic
Centre abkühlen (📍 *231 Flinders Parade*
🕐 *Mitte Sept.–Mitte April* 💲 *Erw. $ 5,40,
Kinder $ 3,90*). Vom Schwimmbad gehen
Sie die Flinders Parade wieder ein Stück zu-

239

rück (ca. 750 m) bis zum Abzweig zur Second Avenue. Am Ende der Second Avenue sehen Sie links die **Sandgate Town Hall** aus dem Jahr 1912. Vor Ihnen liegt nun der **Memorial Park**. Der Bahnhof von Sandgate liegt hinter dem Park am Ende der Bowser Parade. Nehmen Sie den Zug zurück nach Brisbane oder fahren Sie weiter nach Shorncliffe, falls Sie Ihr Fahrzeug dort geparkt haben.

🚗 wie vorige 🔵 ca. 5 Kilometer 🕐 1:30 Std. 🔵 leicht

▶ **Highlights Redcliffe / Suttons Beach**

Die Redcliffe Halbinsel wurde bereits im Jahr 1799 besiedelt, aber ein Mangel an Trinkwasser und ein Reichtum an Aboriginals, die mit den Neuankömmlingen nicht einverstanden waren, überzeugte die Briten, ihre Strafkolonie an die Ufer des gut 30 km südlich gelegenen Brisbane River zu verlegen. Redcliffe wurde erst in den 1880er-Jahren permanent besiedelt und ist heute ein beliebtes Naherholungsziel für die Brisbaner, die sich in den heißen Sommermonaten am Sandstrand Suttons Beach in die Wellen wagen. Entlang der sehenswerten Strandpromenade finden sich Picknicktische und überdachte Spielplätze. Auch der **Suttons Beach Pavilion** ist ein echter Hingucker: Ein weißes Art Déco Gebäude aus dem Jahr 1937 (🔵 50 Marine Parade 🔵 ab 7 Uhr für alle Mahlzeiten 🔵 * – **).

🚗 M1 bis Ausfahrt 133, Hwy 71 (Anzac Ave) Richtung Redcliffe, in Rothwell rechts af Hwy 26, in Redcliffe links auf Hwy 71 (Anzac Ave). Dem Straßenverlauf bis zum E 🔵 Redcliffe Peninsula Train bis Kippa-Ring (ca. 53 Min.), danach Bus 696 (ca. 15 Min.). Der Bus fährt einen Rundkurs durch Redcliffe.

👁 **Highlights in Brisbanes Westen**

▶ **Mount Coot-tha**

Mit 287 Meter ist Mount Coot-tha die höchste Erhebung in Brisbane, und damit der beste Platz für weite Aussichten auf die Skyline der Stadt bei Tag und auf ein Lichtermeer bei Nacht. Bereits die Anfahrt auf den Hügel ist eine Reise für sich: Der Bus Nr. 471 fährt durch ein ruhiges Villenviertel mit vielen sehenswerten Queenslander Holzhäusern. Von der Hügelkuppe bieten sich Aussichten über die Stadt bis hin nach **Moreton Island** und **North Stradbroke Island**. Ebenfalls von der schönen Lage profitieren der Souvenirladen, das Summit Restaurant (🔵 ***) und das Kuta Café (🔵 **), die im Stil des frühen 20. Jahrhunderts errichtet sind und große Aussichtsterrassen haben.

🔵 Ab Wickham Terrace Stop 157 (Nähe Turbot St) oder Adelaide St mit Bus 471, ca. 15 Min. 🚗 M3 bis Ausfahrt Milton Rd (Hwy 32). Dem Verlauf des Hwy 32 stadtauswärts folgen. Am Kreisel geradeaus weiter auf Hwy 5, dann rechts auf Mt. Coot-Tha Rd 🔵 Mt. Coot-Tha Rd, Toowong QLD 4066

▶ **Brisbane Botanic Gardens Mount Coot-tha**

Etwa 2,4 Kilometer unterhalb des Mount Coot-tha Aussichtspunkts befindet sich ein sehenswerter Botanischer Garten, der Pflanzen aus verschiedenen Klimazonen vorstellt. Gut gefallen haben uns etwa der Duftgarten, das Tropenhaus, das Farnhaus und auch der japanische Garten mit sehenswertem Wasserfall. Das **Botanical Restaurant** liegt am Rande des Gartens und hat eine überdachte Terrasse mit Aussicht über einen Seerosenteich. Der Eiskaffee ist sehr lecker!

🔵 🚗 Siehe Mount Coot-tha ☎ 07-3403-2535 🌐 www.brisbane.qld.gov.au/facilities-recreation/parks-and-venues/parks/brisbane-botanic-gardens-mt-coot-tha 🔵 Karte: www.seitnotiz.de/NPRAU104 🕐 8 – 17:30 h, geführte Touren Mo. – Sa. um 11 & 13 h mit Treffpunkt am Information Centre 🔵 Frei

▶ **Sir Thomas Brisbane Planetarium** 🔵

Australiens größtes Planetarium befindet sich ebenfalls auf dem Gelände des Botanischen Gartens von Mount Coot-tha. Unter der 12,5-Meter-Kuppel erfahren Sie mehr über den südlichen Nachthimmel, der völlig andere Sternenbilder zeigt als in Europa. Es gibt auch Vorstellungen speziell für Kinder. Vorreservierung wird empfohlen.

🔵 🚗 Siehe Mount Coot-tha ☎ 07-3403-2578 🌐 www.brisbane.qld.gov.au/facilities-recreation/arts-culture/sir-thomas-brisbane-planetarium-0 🕐 Di. – Fr. 10 – 16 h, Sa. 11 – 20:15 h, Sonntag 11 – 16 h 🔵 Erw. $ 15,80, Kinder $ 9,60

▶ **Lone Pine Koala Sanctuary** ★ 🔵

Australiens größter Koalapark, mit 130 Koalas sowie Schnabeligeln, Wombats und Tasmanischen Teufeln, liegt etwa 13 Kilometer vom Stadtzentrum entfernt in einem ruhigen Wohngebiet am Brisbane River. Auch im Zoo geht es zumeist ruhig zu, sodass man gut einen entspannten Nachmittag damit verbringen kann, Kängurus zu streicheln und Koalas zu beobachten. Da hier so viele Koalas leben, ist gewissermaßen garantiert, dass der eine oder andere Koala sogar wach ist (Koalas schlafen typischerweise 20 Stunden am Tag). Zwei Cafés im Park verkaufen kleine Gerichte, Snacks und Getränke. Außerhalb des Zoos, am Brisbane River, befinden sich kostenlose BBQs und Picknicktische.

🔵 Bus Nr. 445 ab Wickham Terrace Stop 158 (Nähe Turbot St), oder per Schiff mit Mirimar Cruises, Abfahrt 10 h am Cultural Centre Pontoon an der South Bank, Ankunft am Zoo um 11:15 h, Rückfahrt 13:45 h (🌐 www.mirimar.com)

Auch von außen ist das Planetarium sehenswert.

🚇 *M3, später M5 Richtung Südwesten, Ausfahrt Fig Tree Pocket Rd, dem Straßenverlauf folgen bis zum Ende, dann rechts in die Jesmond Rd* 🏠 *708 Jesmond Rd, Fig Tree Pocket QLD 4069* ☎ *07-3378-1366* 📧 *service@koala.net* 🌐 *www.koala.net* 🕐 *Tägl. 9–17 h* 💲 *Erw. $ 36, Kinder $ 22 (online 10 % günstiger), mit Cruise: Erw. $ 73, Kinder $ 40*

ℹ️ Falls Sie keine Zeit haben, die südlich von Brisbane auf einer Nebenstrecke liegenden Regenwälder des **Springbrook National Park** (▶Seite 253) oder des **Lamington National Park** (▶Seite 251) zu besuchen, dann unternehmen Sie einfach eine der Wanderungen, die in die Regenwälder des nachfolgenden Nationalparks führen. Der Park liegt außerhalb des Zentrums, ein Besuch lohnt sich nur mit einem Auto/Wohnmobil, ggf. diesen Abstecher also zu Beginn oder am Ende des Besuchs der Stadt einplanen.

▶ **Ausflug in den D'Aguilar National Park**

Der vormals als **Brisbane Forest Park** bekannte D'Aguilar National Park ist 36.400 Hektar groß und schützt die Bergkette der D'Aguilar Range, die nur zwölf Kilometer von Brisbanes Zentrum entfernt liegt. Die Berge sind vorwiegend mit lichtem Eukalyptuswald, einigen Resten von subtropischem Regenwald sowie in den höheren Regionen mit Farnen und Moosen bedeckt. Das Visitor Centre ist von Brisbane aus relativ einfach mit dem Bus zu erreichen, für alles Weitere benötigt man einen fahrbaren Untersatz. Mit dem Auto erreichbare **Campingplätze** gibt es in diesem Park nicht. Falls es Ihnen nichts ausmacht, Ihre gesamte Zeltausrüstung etwa zwei Kilometer zu tragen, sind eine Reihe von Bush Camps von der Mount Nebo Road aus zu erreichen – Informationen dazu erhalten Sie im Visitor Centre.

ℹ️ **Walkabout Creek Visitor Centre and Wildlife Centre** 🚻

Wenn Sie eine Wanderung planen, lohnt es sich, am Visitor Centre vorbeizuschauen, denn die Ranger haben Tipps, welche Wege zur aktuellen Jahreszeit empfehlenswert sind. Außerdem können Sie einen Rundgang durch den angeschlossenen kleinen Zoo unternehmen (u. a. mit Schnabeltieren und *Spotted Quolls* – katzengroßen Beutel-Raubtiere) und sich im **Green Tree Frog Cafe** stärken (☕ *, Frühstück, Snacks, Kaffee & Kuchen, 🕐 Mo.-Fr. 10–14 h, Sa. & So. 9–16 h), während die Butcher Birds und die Noisy Miners darauf warten, dass Krümel für sie übrig bleiben.

🚇 *Aus der Innenstadt über M3 zum Hwy 10, danach auf Hwy 31 Richtung Westen bis nach The Gap. Im Ortsbereich von The Gap wird der Hwy zur Waterworks Rd, ab dem Ortsende Mount Nebo Rd 12 km westlich von Brisbane City Centre.* 🚌 *Ab Roma St (Brisbane Transit Centre) Bus 385 nach The Gap Park'n'Ride, ca. 25 Min., danach noch 10 Min. zu Fuß bergauf* 🏠 *60 Mount Nebo Rd, The Gap QLD 4061* ☎ *07-3512-2300* 🌐 *www.nprsr.qld.gov.au/parks/daguilar* 🕐 *Tägl. 9–16:30 h* 💲 *Nationalpark Information: kostenlos, Zoo: Erw. $ 7,20, Kinder $ 4,95*

Corymbia Circuit und Araucaria Track

Am Visitor Centre beginnen zwei leichte Wanderungen auf demselben Pfad, der sich später gabelt. Der kurze **Corymbia Circuit** führt den Berg hinunter in eine enge Schlucht, die mit feuchtem Eukalyptuswald bewachsen ist. Der abwechslungsreiche **Araucaria Track** ist ein Uferwanderweg mit Aussichten auf Seerosen und Feuchtwiesen entlang des Enoggera Reservoir Stausees. Je früher Sie unterwegs sind, umso bessere Chancen haben Sie, Wasservögel zu beobachten.

🕐 *Corymbia Circuit: ca. 45 Min.* 📏 *1, 5 Kilometer (Rundweg)* 🕐 *Araucaria Track: 2 Std.* 📏 *5 km*

Aussichtspunkte entlang der Mount Nebo Road

Die Aussichtspunkte McAfees Lookout, Camp Mountain Lookout und Jollys Lookout liegen mit dem Auto etwa 15 bis 20 Minuten vom Walkabout Creek entfernt. Vom **McAfees Lookout** schaut man Richtung Nordosten, auf den nördlichen Teil von Brisbane und die Moreton Bay. Am **Camp Mountain Lookout** gibt es zwei Aussichtsplätze in Richtung Glass House Mountains bzw. auf Brisbane mit seinen teils über 200 Meter hohen Hochhaustürmen. Vom **Jollys Lookout** schließlich sieht man die Berge im Norden sowie die Sandinseln Bribie Island und Moreton Island. Bei klarem Wetter können Sie sogar die Glass House Mountains sehen.

🚇 *Wie zum Visitor Centre, danach einfach der Mount Nebo Rd weiter folgen.*

Wandern entlang der Mount Nebo Road
🌐 *Karten: www.nprsr.qld.gov.au/parks/daguilar/pdf/ south-daguilar-walking-map.pdf*

Turrbal Circuit
Dieser Wanderweg führt erst durch lichten Eukalyptuswald, bevor es in eine mit dichtem Wald bewachsene Schlucht geht.
◉ *Ganzj.* ⬡ *Bellbird Grove, 10 Min. mit dem Auto vom Walkabout Creek* 🕐 *40–50 Min.* ⬡ *Moderat* ⬡ *1,7 km Rundweg*

Golden Boulder Track
Erkunden Sie die Überreste von Brisbanes Goldsucher-Vergangenheit auf diesem relativ steilen Weg.
◉ *Ganzj.* ⬡ *Bellbird Grove, 10 Min. mit dem Auto vom Walkabout Creek* 🕐 *40–50 Min.* ⬡ *Moderat* ⬡ *1,8 km Rundweg*

Egernia Circuit
Der Rundweg führt durch feuchten Eukalyptuswald und subtropischen Regenwald.
◉ *Ganzj.* ⬡ *Jollys Lookout* 🕐 *45 Min.* ⬡ *Moderat* ⬡ *1,5 km Rundweg*

Pitta Circuit
Der Wanderweg beginnt in Boombana, was »blühende Bäume« bedeutet. Die rosa Blüten sieht man in den Sommermonaten. Auf dem Circuit geht es durch offenen Eukalyptuswald und später durch subtropischen Regenwald. Über einen 600 Meter langen Pfad können Sie die Wanderung verlängern und gleich weiter zum Nachbarort Mount Nebo laufen.
◉ *Ganzj.* ⬡ *Boombana* 🕐 *20–30 Min.* ⬡ *Moderat* ⬡ *1 km Rundweg*

Rainforest Circuit
Dieser subtropische Regenwald war das erste Gebiet des heutigen Nationalparks, das unter Naturschutz gestellt wurde. Der einfache Rundweg führt durch den sehenswerten Regenwaldhain.
◉ *Ganzj.* ⬡ *Maiala, Mount Nebo, etwa 40 Min. Fahrt von Walkabout Creek* 🕐 *1 Std.* ⬡ *Leicht* ⬡ *2 km (Rundweg)*

*Nach dem Besuch des **D'Aguilar National Park** fahren Sie nun auf gleichem Weg wieder zurück nach Brisbane.*

🛏 Übernachten Brisbane CBD

🏨 Royal on the Park
Elf Stockwerke hohes Gebäude aus den 1960er-Jahren. Bereits die Lobby strahlt klassische britische Eleganz aus; die 153 großen Zimmer sind modern ausgestattet und haben internationales TV-Programm. Die Deluxe Rooms sind 28 m² groß und für bis zu vier Gästen geeignet. Einige Zimmer haben Blick auf den Botanischen Garten. Mit Outdoorpool, Fitnessraum und einem Restaurant. Parken kostet $ 28 pro Nacht.
🚗 *Pacific Motorway (M3), Ausfahrt Elizabeth St, links in die George St, rechts in die Margaret St, rechts in die Albert St* 🚌 *Eagle St (City Hopper), Botanical Gardens (City Loop Bus)* ⬡ *Cnr Alice/Albert St, Brisbane QLD 4000* 🌐 *07-3221-3411* 🌐 *www.royalonthepark.com.au* Ⓟ *Ja* ⬡ *Ja* ⬡ *Deluxe ∗∗∗, Spa Suites ∗∗∗∗*

🏨 George Williams Hotel
2014 renoviertes, achtstöckiges Hotel mit 103 Zimmern für bis zu zwei Gäste. Die Zimmer sind relativ klein; nur in den Queen Rooms ist Platz für einen kleinen Tisch. Zum Hotel gehört ein Restaurant (⬡ ∗∗); weitere Cafés und Geschäfte liegen nebenan. Parken kostet ca. $ 24 pro Nacht.
🚗 *Pacific Motorway (M3), Ausfahrt Elizabeth St, links in die George St. Für Fußgänger: 5 Min. zu Fuß vom Brisbane Transit Centre an der Roma St.* 🚌 *City Hall (City Loop Bus)* ⬡ *317–325 George St, Brisbane QLD 4000* 🌐 *07-3308-0700* ⬡ *reservations@georgewilliams hotel.com.au* 🌐 *www.georgewilliamshotel.com.au* Ⓟ *Ja, kostenpflichtig, begrenzte Parkplätze* ⬡ *Ja* ⬡ *∗–∗∗∗*

🏨 Acacia Inner City Inn
Einfaches, dreistöckiges Hotel ohne Aufzug mit 81 Einzel- und Doppelzimmern mit Klima, auf Wunsch mit eigenem Bad oder mit Bad auf dem Gang. Mit Gemeinschaftsküche und Sitzecke. Gute Alternative für Reisende, die sonst in ein Hostel gehen würden. Zentral gelegen, nur wenige Minuten zu Fuß bis zur City Hall oder der Queen Street. Im Preis ist Frühstück mit inbegriffen.
🚗 *Pacific Motorway (M3), Ausfahrt Turbot St, links in die Upper Edward St* 🚌 *Central Station (Bahnhof), Stop 135 - Tabernacle (Spring Hill Loop Bus)* ⬡ *413 Upper Edward St, Brisbane QLD 4000* 🌐 *07-3832-1663* ⬡ *reception@acaciainn.com* 🌐 *www.acaciainn.com* Ⓟ *Ja* ⬡ *Ja* ⬡ *∗*

🛏 Hostels in Brisbane
Auf einem Hügel an der Upper Roma Street liegen eine ganze Reihe von Hostels gleich nebeneinander. Das YHA ist das neueste Hostel der Reihe und hat uns am besten gefallen.
🚗 *M3 auf Hwy 10, Ausfahrt Upper Roma St, hier links ab*

🏨 Brisbane City YHA
Preisgekröntes Hostel in Gehweite vom Brisbane Transit Centre mit Dachterrasse, Pool und Aussicht auf die Stadt. Die Riesen-Küche hat 10 Kochstellen. Es gibt 3er-, 4er- Zimmer und 6er-Zimmer nur für Frauen sowie gemischte Zimmer. Zudem gibt es Doppelzimmer mit und ohne Bad und 4-Bett-Zimmer für Familien. Die Zimmer

sind gepflegt und haben Klimaanlage, einige mit Aussicht auf den Fluss und die Stadt. Restaurant mit Freiluft-Sitzecke nebenan (● Tägl. außer So., ● *).

🍴 M3 auf Hwy 10, Ausfahrt Upper Roma St, hier links ab ● 10 Min. zu Fuß vom Brisbane Transit Centre (Haltestelle für Greyhound und Airtrain) ● 392 Upper Roma St, Brisbane QLD 4000 ● 07-3236-1004 @ brisbanecity@yha.com.au ● www.yha.com.au/hostels/qld/brisbane-surrounds/brisbane-backpackers-hostel ● Ja, kostenpfl., begrenzte Parkplätze ● Ja ● *

🛏 Übernachten South Bank

🏨 Mantra South Bank Brisbane

Modernes Hotel mit 161 Zimmern und Apartments, direkt an den South Bank Parklands, mit Restaurants vor der Tür und Museen und City-Hopper-Fähre in Gehweite. Die Standard-Hotelzimmer sind großzügig geschnitten und gemütlich eingerichtet, wenn auch ohne nennenswerte Aussichten. Wer eine Küche benötigt oder einen Balkon wünscht, sollte mindestens ein Studio-Apartment buchen. Auf dem Hotelgelände gibt es einen Pool, einen Fitnessraum und ein Restaurant. Parken kostet $ 35 für 24 Stunden.

🍴 M3 nach Überqueren Victoria Bridge links in Grey St ● South Brisbane (Bahnhof), South Bank (City Hopper Fähre) ● 161 Grey St, South Brisbane QLD 4101 ● 07-3305-2500 @ southbankbris.res@mantra.com.au ● www.mantra.com.au/queensland/brisbane-and-surrounds/south-bank/accommodation/hotels/mantra-south-bank ● Ja, kostenpfl. ● Ja ● ***–****

🛏 Übernachten Fortitude Valley

🏨 Tryp by Windham

Modernes Hotel mit jugendlichem Dekor, mit Graffiti an den Wänden und in einigen Zimmern halbtransparenten Badezimmerwänden. Die meisten Queen-Zimmer sind gerade groß genug für ein Doppelbett, einige der größeren „King Rooms" haben eine Sitzecke an der frischen Luft. Auf den Zimmern gibt es eine Kaffeemaschine, Tee sowie eine Mini-Bar, einige King Rooms auch mit Sprudel-Wanne. Im Erdgeschoss liegt ein Restaurant, in dem morgens u. a. Waffeln und Frühstücks-Burger serviert werden, im Dachgeschoss gibt es ein gut ausgestattetes Fitness-Center sowie eine Rooftop Bar.

🍴 M3, Ausfahrt Fortidue Valley, rechts in die Brookes St (Hwy 10), rechts in die St Pauls Terrace (Hwy 26), links in die Constance St. ● 14-20 Constance Street, Fortitude Valley QLD 4006 ● Fortitude Valley (Bahnhof) ● 07-3319-7888 @ hello@trypbrisbane.com ● www.trypbrisbane.com ● Nein, kostenpflichtige Parkplätze in einem Parkhaus in der Nähe ● Ja ● **

🛏 Übernachten Ashgrove

🚐 Newmarket Gardens Caravan Park

Einfacher Campingplatz mit kleiner Gemeinschaftsküche, dessen wichtigster Pluspunkt die Nähe zum Stadtzentrum ist (vier Kilometer). Für Nicht-Camper empfehlen sich die Ensuite und Deluxe Cabins, alle anderen Unterkünfte sind nur für Leute mit sehr niedrigen Ansprüchen geeignet. Eine Bushaltestelle liegt um die Ecke (ca. 200 m), ebenso ein Supermarkt und Restaurants.

🍴 Kreuzung M3/M77 (Enoggera Rd) nördlich der Innenstadt links in die Ashgrove Ave, dann direkt wieder links ● 199 Ashgrove Ave, Ashgrove QLD 4060 ● 07-3356-1458 ● www.newmarketgardens.com.au ● Ja ● 135 ● 15 ● Ja ● Ja ● Ja ● Wasser, Abwasser, Strom (15 Amp.) ● Nein ● $$$, Cabins *–**

🛏 Übernachten Redcliffe

🚐 Scarborough Holiday Village

Fast direkt an der Nordspitze der Redcliffe Halbinsel gelegener, vergleichsweise nüchterner Campingplatz ohne viel Schatten, dafür aber direkt am Meer. Der Jachthafen und ein Café (● Tägl. 7–16 Uhr) befinden sich nebenan. Der Platz ist für Zelte nicht geeignet, allerdings gibt es eine Reihe von Holzhäusern (Villas), die jeweils mit zwei Schlafzimmern, Küche und Bad ausgestattet sind.

🍴 M1 bis Ausfahrt 133, Hwy 71 (Anzac Ave) Richtung Redcliffe, in Rothwell rechts af Hwy 26, in Redcliffe links auf Hwy 27 (Oxley Ave). Den Straßenverlauf bis zum Ende (zum Strand) folgen, dann rechts in die Reef Point Esplanade. ● Reef Point Esplanade, Scarborough QLD 4020 ● 07-3203-8864 ● www.scarboroughholidayvillage.com.au ● Ja ● 45 ● 0 ● Ja ● Ja ● Nein ● Wasser, Abwasser, Strom (15 Amp.) ● Nein ● $$$, Cabins **

Nachdem Sie nun die Hauptstadt von Queensland besucht und vielleicht das eine oder andere Museum gesehen haben, bietet sich noch einmal eine Gelegenheit für ein interessantes Kontrastprogramm: ein Besuch der Sandinsel Moreton Island, die direkt vor der Küste von Brisbane liegt. Auf der Insel können Sie noch ein letztes Mal Sandpisten wie auf Fraser Island erleben und über eine mit Pandanus-Palmen bewachsene Strandpromenade wie im tropischen Norden des Landes spazieren. Sie haben noch ein letztes Mal Gelegenheit, wilde Delfine aus der Hand zu füttern und abends die Sonne im Westen über dem Wasser untergehen zu sehen. Ein seltenes Schauspiel an der Ostküste.

MORETON ISLAND NAT. PARK AND RECREATION AREA ⊠ 📷

Moreton Island ist mit einer Länge von 38 Kilometern und einer Breite von bis zu neun Kilometern die drittgrößte Sandinsel der Welt, nach **Fraser Island** und **North Stradbroke Island**. Obwohl Moreton Island vor der Küste von Brisbane liegt und daher viel einfacher zu erreichen ist als Fraser Island, ist die Insel außerhalb von Brisbane kaum bekannt.

> 💡 Moreton Island ist eine empfehlenswerte Alternative für Reisende, denen Fraser Island zu weit entfernt ist.

Der im Norden der Insel gelegene **Leuchtturm** wurde 1857 erbaut und ist damit das älteste Gebäude der Insel wie auch der älteste Leuchtturm in Queensland. Im Zweiten Weltkrieg lebten über 900 Soldaten auf Moreton Island, um Brisbane vor den Japanern zu beschützen. Nach dem Krieg, in der Zeit von 1952–1962 wurde die Insel als Walfangstation genutzt, bis die Wale fast ausgestorben waren und es nichts mehr zu fangen gab. 1992 wurde schließlich auch das Abbaggern von Sand verboten. Heute sind 98 % von Moreton Island als Nationalpark geschützt, und es leben an die 300 Menschen permanent auf der Insel.

ℹ VISIT MORETON ISLAND

Dieses Visitor Centre bietet nur Informationen über seine Webseite.

🌐 www.visitmoretonisland.com
🌐 www.nprsr.qld.gov.au/parks/moreton-island

🧭 Orientieren

Ausgangspunkt für alle Ausflüge ist der Strand bei **Tangalooma** – hier hält die Micat-Autofähre ein Stück nördlich der Schiffswracks (The Wrecks), während das Boot des südlich der Wracks gelegenen Tangalooma Resorts einen eigenen Anleger hat. **Tangalooma** liegt etwa in der Mitte der Insel an der Westküste, **Kooringal** an der Südspitze und **Bulwer** im Nordwesten. Soweit die Flut nicht den Strand überspült und keine Verbotsschilder aufgestellt sind (etwa am Strand vor Tangalooma), dienen die Strände der Insel als Verbindungsstraßen zwischen den einzelnen Ortschaften und den Strandcampingplätzen. Abgesehen davon gibt es im Bereich von Bulwer und Tangalooma/Ben Ewa Campground noch Ost-West-Verbindungen über die Insel. Karte der Insel:
🌐 www.nprsr.qld.gov.au/parks/moreton-island/pdf/moreton-isl-np-rec-area.pdf

ℍ Anreise und Transport

▶ Mit dem Geländewagen auf die Insel

Auf Moreton Island gibt es keine Straßen, sondern nur Sandpisten. Empfohlen wird daher ein Geländewagen mit hohem Bodenabstand. Wenn Sie mit dem eigenen oder gemieteten Geländewagen die Insel erkunden möchten, benötigen Sie (evtl. neben einer Erlaubnis des Vermieters) ein *Moreton Island Vehicle Access Permit,* das über die Webseite der Nationalpark-Behörde (🌐 http://qpws.usedirect.com/qpws) oder gegen $ 5 Aufpreis über Moreton Island Adventures, dem Betreiber der Micat-Fähre nach Moreton Island, verkauft wird. Die Fahrerlaubnis kostet $ 48,25 und gilt für einen Monat. Weitere Nationalparkgebühren fallen nicht an, es sei denn, Sie wollen campen.

▶ Fähren nach Moreton Island

Die **Micat-Fähre** hat Platz für 52 Fahrzeuge und 400 Gäste und fährt in 75–90 Minuten direkt an den Strand nördlich von The Wrecks/Tangalooma Resort. Der **Tangalooma Katamaran** fährt in 60 Minuten mindestens dreimal täglich zum schicken Tangalooma Resort.

Moreton Island Micat Ferry

🚗 Über M3 (Abfahrt Vulture St), weiter über den Hwy 41/95/23/24/Port Drive nach Osten in Richtung Port of Brisbane. Vom Port Dr links in die Kite St, rechts in den Osprey Dr, links in den Howard Smith Dr. Etwa 22 km von Brisbane CBD entfernt 🚍 Mit dem Zug bis Wynnum, den Rest per Taxi (10 km) 🏠 14 Howard Smith Dr, Port of Brisbane QLD 4178 ☎ 07-3909-3333 🌐 www.moretonislandadventures.com.au 🕐 Hinfahrt Mo.–So. 8:30 h, Fr. außerdem 13 h, So. außerdem 14:30 h; Rückfahrt Mo.–So. 15:30 h, Fr. außerdem 15:30 h, So. außerdem 16:30 h; Mittwochs keine Fahrten 💲 Erw. $ 52, Kinder $ 35, Geländewagen plus Fahrer und je nach Saison $ 199/$ 249/$ 299

Tangalooma

Das Resort bietet nicht nur Fährüberfahrten für Fußgänger (keine Autos) an, sondern auch Pakete mit weiteren Attraktionen, wie etwa mit abendlicher Delfinfütterung, bei dem man wilde Delfine aus der Hand füttern kann (diese Tour mind. 7 Tage vor Abfahrt buchen). Es gibt einen Abholservice ab Brisbane Hotels oder Airport (🔵 Erw. $ 21, Kinder $ 10,50)

🔵 *M3/Hwy 25 nördlich des Brisbane River Richtung Eagle Farm, rechts in die Holt St, und bis zum Ende der Straße fahren* 🔵 *220 Holt St, Holt St Wharf, Pinkenba QLD 4009* 🔵 *07-3637-2000* 🔵 *www.tangalooma.com* 🔵 *7 h & 10 h, zurück 16 h; Rückfahrt bei Tour mit Delfinfütterung ca. 19 h* 🔵 *Fähre: Erw. $ 89, Kinder $ 49 inkl. Mittagessen, Paket Fähre/Delfinfütterung Erw. $ 199, Kinder $ 149*

💡 Wenn Sie das Tangalooma Resort besuchen möchten (nur möglich 8:30–18 h, 1 x in 7 Tagen), und nicht mit der Tangalooma-Fähre anreisen, bitte mindestens 1 Tag vorher kostenlos einen Besucherpass bestellen: www.tangalooma.com/bookings-casual-visitor-access-pass

▶ **Geführte Touren im Geländewagen**
Aufgrund der hohen Kosten für die Fähre und die Fahrerlaubnis lohnt es sich, über eine geführte Inseltour nachzudenken, die einem die schönsten Highlights der Insel ohne Anstrengung näherbringt.

Sunset Safaris
Ein- und Zwei-Tages-Touren nach Moreton Island mit Schnorcheln, Fahrt im transparenten Kajak und Sandsurfen. Bei der Zwei-Tages-Tour werden zudem u.a. das Cape Moreton Lighthouse und die Blue Lagoon besucht. Auf Wunsch ist dann auch eine nächtliche Kajakfahrt mit Beleuchtung dabei.

🔵 *Treffpunkt im Roma St Transit Centre (Ecke Roma St/George St) oder direkt an der Micat-Fähre am Port of Brisbane (Anfahrtsbeschreibung siehe dort)* 🔵 *07-3203-4241* 🔵 *www.sunsetsafaris.com.au* 🔵 *1-Tages-Tour: Mo., Di., Do., Sa., So., in den Weihnachtsferien täglich. 2-Tages-Tour: Do., Sa., in den Weihnachtsferien auch montags* 🔵 *Erw. $ 189, Kinder $ 154, Weihnachten bis Neujahr $ 10 Aufpreis; 2-Tages-Tour: Erw. $ 339, Kinder $ 304, Weihnachten bis Neujahr $ 20 Aufpreis*

🍴 **Versorgen und einkaufen**

Es gibt General Stores in Kooringal, Bulwer und Tangalooma, in Bulwer wird außerdem Diesel in 20-Liter-Fässern verkauft.

✕ **Essen und trinken**

Im **Tangalooma Resort** gibt es mehrere Restaurants, die bis 18 Uhr auch für Nicht-Hotelgäste zugänglich sind. Das **Castaways Restaurant** in Bulwer (35 Minuten von Tangalooma) hat täglich für Frühstück und Mittagessen geöffnet, am Freitag und Samstag auch fürs Abendessen. Reservierung wird empfohlen (🔵 07-3408-2202). Gleiches gilt

für **The Gutter Bar** in **Kooringal** (🔵 Täglich 9:30–16 h, Fr. & Sa. bis 18 h, 🔵 07-3409-0170), das 55 Minuten mit dem Auto von Tangalooma entfernt liegt.

👁 **Highlights**

▶ **Tangalooma's Delfine ★**
Das Top-Highlight von Moreton Island ist die abendliche Fütterung wilder Delfine – da kann sogar Fraser Island nicht mithalten. Seit vielen Jahren kommen bei Sonnenuntergang wilde Delfine, die ihr Leben in der Moreton Bay verbringen, beim Resort vorbei, um sich einen Snack abzuholen. Dabei gehen Angestellte des Resorts, die die Delfine bereits kennen, zusammen mit den Gästen einzeln ins Wasser, um die Tiere von Hand zu füttern. Wer keine Delfinfütterung gebucht hat, kann vom Bootssteg dabei zuschauen.

▶ **Tangalooma Wrecks**
Wenn Sie mit der Fähre ankommen, werden Ihnen bereits vor dem Anlanden an der Insel auf der rechten Seite die alten Schiffswracks auffallen, die extra für Schnorchler und Kajakfahrer versenkt wurden. An den Wracks hat sich ein kleines Riff gebildet, an dem man sogar Fischarten findet, die man sonst am Great Barrier Reef erwarten würde. Die Schiffswracks liegen nur wenige Schwimmzüge vom Strand entfernt, sind also auch interessant für weniger versierte Schwimmer. Falls Sie keine eigene Schnorchelausrüstung dabei haben, können Sie diese am Tangalooma Resort leihen.

▶ **Cape Moreton Lighthouse**
Der sehenswerte, rot-weiß gestreifte **Leuchtturm** liegt am Nordostende der Insel und ist

Das Cape Moreton Lighthouse wurde 1857 erbaut.

nur mit einem Geländewagen oder auf einer geführten Tour zu erreichen. Von Tangalooma sind es etwa 50 Minuten mit dem Auto. Auf Infotafeln wird mehr über das einsame Inselleben beschrieben; von innen zu besichtigen ist der Leuchtturm leider nicht.

► Helikopterflüge über Moreton Island

Das Tangalooma Resort hat einen eigenen Hubschrauber-Landeplatz. Auf einem Rundflug im viersitzigen Helikopter kann man das Resort, die Wracks und die Sanddünen von The Desert sehen, oder auch die ganze Insel in etwa 30 Minuten umrunden (☺ ab $ 90). In den Wintermonaten sieht man mit ein bisschen Glück Wale in der Moreton Bay. Buchung direkt am Tangalooma Resort.

大森 Wandern

Wer als Fußgänger auf die Insel kommt, kann über den Strand wandern und muss sich diesen mit Geländewagen teilen. Vom Fähranleger bei The Wrecks läuft man bis zum Campingplatz von Ben Ewa oder zum Tangalooma Resort jeweils etwa 20 bis 30 Minuten.

► The Desert

Vom Strand aus geht es über eine große Sanddüne in die Wüstenregion der Insel. Hier ist der Sand weiß wie Schnee, aber man kann barfuß darauf gehen. Man sieht häufig Touristengruppen beim Sandsurfen. Nehmen Sie unbedingt genug Wasser und einen Hut mit – dieses Gebiet hat seinen Namen nicht umsonst erhalten!

☺ Ganzj. ☻ Ben Ewa oder am Strand ☻ Am Strand südlich des Tangalooma Resort ☾ 2 Std. ☻ Moderat/ anstrengend ☻ 4 km

► Mount Tempest ★

Die größte Sanddüne der Insel, der 280 Meter hohe Mount Tempest, liegt einige Kilometer nordöstlich vom Tangalooma Resort und ist nur per Geländewagen oder auf einer geführten Tour zu erreichen. Vom Parkplatz am Fuße des Berges wandern Sie durch lichten Eukalyptuswald und vorbei an uralten Grasbäumen zum schönsten Aussichtspunkt der Insel, mit einem 360° Panorama über Moreton Island und seine Strände.

☺ Ganzj. ☻ Ben Ewa oder am Strand ☻ Parkplatz Mount Tempest im Zentrum der Insel ☾ 2 Std. ☻ Moderat/anstrengend ☻ 2,5 km

🛏 Übernachten

🏨 Tangalooma Resort

Die 2,5 km lange und 1,5 km breite 399-Zimmer-Resortanlage bietet mit knorrigen Pandanus-Palmen ein tropisches Flair, das an die Whitsundays erinnert. Die günstigsten Zimmer sind die Hotel Rooms für bis zu vier Gäste. Sie liegen nur 50 m vom Strand entfernt und haben einen eigenen Balkon. Alle Zimmer haben Platz für min. 4 Gäste. Für Reisende mit kleinerem Budget gibt es einfache Budget Rooms ohne Meerblick und ohne Klimaanlage. Die Hotel Deluxe Rooms haben Meerblick. Das Resort hat zwei Pools, einen Tennisplatz, einen Kinderspielplatz und einen Wassersport- und Quadverleih.

☻ Tangalooma Resort, Moreton Island QLD 4025 ☏ 07-3637-2000 ☻ www.tangalooma.com ☻ Ja ☻ Ja, kostenpflichtig ☻ ✱✱–✱✱✱✱

► Zelten

Die dem Fähranleger bei The Wrecks am nächsten gelegenen Campingplätze sind **The Wrecks** und **Ben Ewa**. Die Campingplätze sind vom Strand aus gut zu Fuß erreichbar. Trinkwasser ist vorhanden, muss aber abgekocht werden. Ruhiger ist es südlich vom Tangalooma Resort in der **South-West Campingzone** am Strand. Hier gibt es allerdings keine Sanitäreinrichtungen und kein Wasser.

---

❶ Auf Moreton Island leben Wildschweine *(Feral Pigs)*. Lassen Sie daher keine Nahrungsmittel und Essensreste liegen.

🏕 The Wrecks

Geschützte Zeltplätze für Wanderer, ein wenig zurückversetzt vom Meer. Wer einen Geländewagen dabei hat, der kann weiter unten am Strand parken. Wasser ist vorhanden, muss aber abgekocht werden.

☻ Zwischen dem Fähranleger bei The Wrecks und dem Tangalooma Resort ☏ 13-74-68 (für Reservierung) ☺ camping.support@nprsr.qld.gov.au (Nur für Anfragen, Reservierung per E-Mail nicht möglich) ☻ www.nprsr.qld.gov.au/parks/moreton-island/camping.html ☻ Ja (zwingend erforderlich) ☻ 21 ☻ Nein ☻ Ja (kalt) ☻ Nein ☻ Nein ☻ $

🏕 Ben Ewa Campground

In einem Eukalyptuswald gelegen, nur wenige Meter vom Strand entfernt. Lagerfeuer sind erlaubt, solange kein Feuerverbot *(Fire Ban)* besteht. Wasser ist vorhanden, muss aber abgekocht werden.

☻ Am Strand, ca. 3 km nördl. von The Wrecks ☏ 13-74-68 (für Reservierung) ☺ camping.support@nprsr.qld.gov.au (Nur für Anfragen, Reservierung per E-Mail nicht möglich) ☻ www.nprsr.qld.gov.au/parks/moreton-island/camping.html ☻ Ja (zwingend erforderlich) ☻ 12 ☻ Nein ☻ Ja (kalt) ☻ Nein ☻ Nein ☻ $

Ende des Ausflugs

VON BRISBANE NACH SYDNEY

Von Brisbane nach Sydney

❗ Die etwa 1.000 Kilometer lange Route des **Pacific Motorway (M1)/Pacific Highway (A1)** von Brisbane nach Sydney hat den Ruf, nur wenig interessant zu sein. Das stimmt aber nur bedingt: Wer darauf hofft, rechts und links der Landstraße Sehenswürdigkeiten zu finden, der wird enttäuscht werden. Die Highlights am Ozean oder in den Bergen sind zumeist nur über Stichstraßen mit einigen Kilometern Anfahrt erreichbar. Die schönsten Highlights stellen wir Ihnen im Folgenden vor.

Von Brisbane aus ist es nur ein Katzensprung bis an Gold Coast und die Regenwald-Nationalparks im Hinterland, die über den Pacific Motorway (M1) erreichbar sind, der in dieser Gegend als mehrspuriger Freeway ausgebaut ist. Das heißt jedoch nicht, dass man schneller unterwegs ist als auf den Landstraßen im Norden des Landes: Vor allem morgens vor neun Uhr und nachmittags ab etwa 15 Uhr staut sich der Verkehr, sodass man oft nur im Schritttempo vorankommt.

26 Kilometer südlich von Brisbane erreichen Sie **Daisy Hill***, mit dem auf einer Hügelkuppe gelegenen Koala Centre. Die Zufahrt ist bereits vom Pacific Motorway (M1) aus ausgeschildert.*

🌲 DAISY HILL KOALA CENTRE

Das relativ versteckt zwischen Brisbane und der Gold Coast gelegene Koala Centre ist ein kostenloses Informationszentrum rund um Koalas, mit einem Aussichtsturm und einigen lebenden Tieren in einem Freigehege. Das Centre befindet sich mitten im Lebensraum der Koalas, die meisten Bäume sind hier über 30 Meter hoch. Auf dem 436 Hektar großen Gelände gibt es verschiedene Wanderwege, außerdem wurden am Centre einige Picknicktische und Holzkohlengrills aufgestellt.

🚗 *Vom Pacific Motorway (M1) links auf die Chatswood Rd, danach links auf die Daisy Hill Rd* 🏠 *Daisy Hill Koala Centre, Daisy Hill Rd, Daisy Hill QLD 4127* 📞 *07-3299-1032* ✉ *koala.centre@ehp.qld.gov.au* 🌐 *www.ehp.qld.gov.au/wildlife/daisyhill-centre* 🕐 *Tägl. 9–16 h* 💲 *Eintritt frei*

Nach ca. 35 Kilometern auf dem Pacific Motorway (M1) wird es wild und vergnüglich.

Das Daisy Hill Koala Centre liegt mitten in einem Eukalyptuswald.

Gleich zwei Amüsierzentren liegen unmittelbar neben der AutobahnCoomera und Oxenford beherbergen eine Reihe von Vergnügungsparks für jeden Geschmack.

👁 Vergnügungsparks Coomera

Die folgenden Parks befinden sich am Pacific Motorway (M1) etwa 60 Kilometer südlich von Brisbane und 20 Kilometer nördlich von Surfers Paradise. Die Parks liegen nebeneinander und sind von der M1 aus gut sichtbar.

► Dreamworld 👬

Australiens größter Vergnügungspark mit mehreren Rollercoastern, verschiedenen Fahrattraktionen für Kinder sowie Gehegen mit Tigern, Koalas und Reptilien. Bei der »Dreamworld Corroboree« wird zudem Australiens Aboriginal-Kultur vorgestellt. Wer bereit ist, zwischen $ 25 und $ 65 Aufpreis pro Person zu bezahlen, der kann sich mit der Q4U Smartphone App vorher einen Platz in der Schlange an den Attraktionen reservieren.
Dreamworld Pkwy, Coomera QLD 4209 📞 *07-5588-1111* 🌐 *www.dreamworld.com.au* 🕐 *Tägl. 10–17 h* 🎫 *1-Tages-Ticket inkl. Whitewater World: Erw. $ 95, Kinder $ 85*

❗ Im Oktober 2016 starben vier Menschen bei einem Unfall auf dem „Thunder River Rapids Ride". Seitdem hat der Park an Beliebtheit beim australischen Publikum verloren.

► Whitewater World 👬

Der im Vergleich zu Dreamworld etwas kleinere Wasserpark liegt nur eine Tür weiter, mit Wasserrutschen, Kinder-Wasserspielplatz und sogar einer Surfschule.
Dreamworld Pkwy, Coomera QLD 4209 📞 *07-5588-1111* 🌐 *www.whitewaterworld.com.au* 🕐 *Mo.–Fr. 10–15 h, Sa. & So. bis 16 h* 🎫 *1-Tages-Ticket inkl. Dreamworld: Erw. $ 95, Kinder $ 85*

👁 Vergnügungsparks Oxenford

Die folgenden Parks liegen nur fünf Kilometer südlich von Coomera und befinden sich ebenfalls direkt nebeneinander am Pacific Motorway (M1).

► Warner Bros. Movie World 👬

Atemberaubende Achterbahnen und kindertaugliche Fahrgeschäfte, Stunt-Shows sowie Duffy Duck und Silvester in Lebensgröße.
Pacific Motorway (M1), Oxenford QLD 4210 📞 *07-5573-3999* 🌐 *www.movieworld.com.au* 🕐 *Tägl. 9:30–17 h* 🎫 *Erw. $ 79,99, Kinder $ 69,99*

► Wet 'n' Wild 👬

Wasserpark mit Wellenbad sowie Wasserrutschen für Kinder jeden Alters. Einige Attraktionen eignen sich für Adrenalinsucher, wie etwa die Mammoth Falls, bei denen man eine Rafting-Tour auf einem aufgeblasenen Reifen unternimmt, oder die Zip-Line, bei der man den Park von oben sieht.
Pacific Motorway (M1), Oxenford QLD 4210 📞 *07-5556-1660* 🌐 *www.wetnwild.com.au* 🕐 *Im Winter: Mo.-Fr. 10–15:30 h, Sa. bis 16 h, den Rest des Jahres täglich 10–17 h* 🎫 *Erw. $ 79,99, Kinder $ 69,99*

► Australian Outback Spectacular

Abendliche Outback-Show mit Pferden, Hunden und Rindern und der passenden Livemusik dazu. Mit dabei ist ein Drei-Gänge-Abendessen mit Steak oder mit vegetarischer Alternative.
Pacific Motorway (M1), Oxenford QLD 4210 📞 *07-5519-6200* 🌐 *www.outbackspectacular.com.au* 🕐 *Di., Mi., Fr., Sa. ab 19:30 h, gelegentlich Sondertermine am Do.& So.* 🎫 *Erw. ab $ 100, Kinder ab $ 70*

► Paradise Country 👬

Eine idealisierte australische Farm mit Hunden, die Schafe hüten, dazu Schafschur, Peitschenknallen und eine Show mit Pferden, die zeigen, was sie für die Arbeit auf einer Farm können müssen. Mit dabei sind außerdem Koalas sowie ein Streichelzoo mit Kängurus und Emus. Auf dem Gelände kann man auch übernachten, z. B. im »Eco Tent«, einem Zelt mit Doppelbett für 2 Erw. ab $ 180, oder im »Eco Tent Family« für 4 Personen ab $ 220. Eintritt ist hier mit inbegriffen.
Hinter Movie World und Wet'n'Wild 🅟 *Pacific Motorway (M1), Oxenford QLD 4210* 📞 *07-5519-6200* 🌐 *www.paradisecountry.com.au* 🕐 *Tägl. 9:30–16:30 h* 🎫 *Erw. $ 25, Kinder $ 15*

🛏 Übernachten

Von Coomera sind es nur neun Kilometer, vom benachbarten Oxenford sogar kaum drei Kilometer bis zum Beginn des Gold Coast Highway. Abgesehen von den Vergnügungsparks haben die beiden Orte nicht viel zu bieten. Daher lohnt es sich, für die Nacht lieber an einem der Strände der Gold Coast (► Seite 257) zu übernachten oder je nach Routenplanung direkt weiter in die ruhige Bergwelt des Springbrook oder Lamington National Park einzutauchen (► Seite 251). Falls Ihnen abends doch die Fahrt zu weit ist, lohnt es sich, ein Blick auf den Gold Coast Holiday Park zu werfen:

Big 4 Gold Coast Holiday Park

Der knapp 13 Hektar große Campingplatz liegt direkt zwischen dem Pacific Motorway (M1) und einem Bach, kaum zwei Kilometer von den Vergnügungsparks in Coomera entfernt. Vom einfachen Stellplatz für Zelte über Wohnmobil-Stellplätze mit oder ohne eigenem Badezimmer *(Ensuite)* bis hin zu großen Ferienwohnungen für bis zu 6 Personen wird hier einfach jeder fündig. Für Kinder gibt es einen Pool mit Wasserrutsche und ein Trampolin sowie sonntags kostenlose Pfannkuchen zum Frühstück. Der Mindestaufenthalt beträgt in der Nebensaison zwei Nächte, während der Schulferien fünf Nächte und über die Weihnachts- und Ostertage sieben Nächte. Mit ein bisschen Glück kann man neben den einheimischen Papageien auf dem Gelände auch wilde Kängurus und Koalas beobachten.

🌏 *Pacific Motorway (M1), Ausfahrt Tamborine-Oxenford Rd, parallel zur Autobahn entlang Richtung Süden auf dem Siganto Dr* 🏠 *66-68 Siganto Dr, Helensvale QLD 4212* ☎ *07-5514-4400* @ *stay@gcpark.com.au* 💻 *www.goldcoastholidaypark.com.au* 🔵 *Ja – wird empfohlen* 🔵 *62* 🔵 *194* 🔵 *Ja* 🔵 *Ja* 🔵 *Ja* 🔵 *Wasser, Strom (15 Amp.)* 🔵 *Ja* 🔵 *$$$, Cabins * – **, große Villen ***

Folgen Sie der M1 etwa 12 Kilometer weiter in Richtung Süden bis nach Nerang, wo eine sehenswerte Nebenstrecke in Richtung Springbrook und Lamington National Park beginnt. Wenn Sie einen längeren Aufenthalt in den beiden Nationalparks planen, sollten Sie in Nerang gegebenenfalls Ihre Vorräte auffüllen (etwa beim Aldi, 🔵 57 Station Street, an der Kreuzung der Hwys M1/90 oder Coles am Hwy 90 im Westen der Stadt). Sollten Sie die Nebenstrecke nicht fahren wollen, biegen Sie bereits in Helensvale, circa zwei Kilometer südlich von Oxenford, von der M1 auf den Gold Coast Highway (Highway 2) nach Osten Richtung Surfers Paradise ab. Alle, die die Nebenstrecke fahren, müssen nach der Rückkehr in Nerang die M1 circa zehn Kilometer nach Norden bis Helensvale zurückfahren und folgen dann ebenfalls der Hauptroute auf den Highway 2.

....

Nebenstrecke nach Springbrook und zum Lamington National Park
(191 km ab Pacific Motorway (M1) ab Abzweig Southport (Exit 66)

Die Bergregion rund um die Landesgrenze von Queensland und New South Wales ist landschaftlich sehr reizvoll, mit steilen Hängen, trockenen Eukalyptuswäldern, subtropischen Regenwäldern und einer Reihe von Aussichtspunkten. Die Berge in dieser Region sind vulkanischen Ursprungs. Der größte Vulkan, der Tweed Volcano, hatte einen Durchmesser von 100 Kilometern und ist 23 Millionen Jahre alt. Die Überreste des Vulkans erstrecken sich entlang der Küste bis hin nach Byron Bay; im Landesinneren markiert der auffällige Mount Warning (1.156 m) einen ehemaligen Hauptschlot. Im Regenwald leben unter anderem die einfach auszumachenden Peitschen- (Whip Birds) und Katzenvögel (Cat Birds), viele Eidechsen und im Sommer unglaublich laute Zikaden. Im Regenwald entdeckt man nicht selten hohle, von Termiten ausgefressene Baumstämme, vielverzweigte Würgefeigen und riesige Red Cedars (Mammut-Bäume).

💡 Als Grundausstattung für Wanderungen in den Regenwald empfehlen sich feste Schuhe (Wanderschuhe kein Muss) sowie lange Hosen, da man bei Regen mit Blutegeln *(Leeches)* rechnen sollte. Eine Regenjacke, Wasserflasche und Mückenmittel sollten ebenfalls dabei sein. Oft ist es heiß und sonnig an der Gold Coast, während es in den Bergen zur selben Zeit kühl und regnerisch kann.

Alle Täler in dieser Region verlaufen etwa in Nord-Süd Richtung. Wer also mehrere Parks hintereinander besuchen möchte, muss jedes Mal wieder ins Tal hinunterfahren und dann die nächste Passstraße nehmen.

Um die Binna Burra Section des Lamington National Park zu erreichen, verlassen Sie den Pacific Motorway (M1) bei Nerang und nehmen die Beaudesert–Nerang Road (Highway 90) in Richtung Beaudesert. Nach fünf Kilometern geht es links auf die Nerang–Murwillumba Road (Highway 97), der Sie weitere vier Kilometer folgen. Nun biegen Sie auf die Beechmont Road ab. Bereits diese Straße ist ein Highlight für sich. Sie führt durch einen Wechsel aus saftigen Kuhweiden und Regenwald mit langhalsigen Baumfarnen und bietet immer wieder weite Ausblicke auf die Türme von Surfers Paradise und dem näher gelegenen Advancetown Stausee mit dem Hinze Dam.

Wer den Lamington National Park nicht besuchen und direkt weiter zum Springbrook National Park fahren möchte, biegt nicht auf die Beechmont Road ab, sondern folgt der Nerang-Murwillumba Road (Highway 97) weiter gen Süden. Lesen Sie auf (▶ Seite 253) *weiter.*

14 km hinter Nerang bietet sich die Gelegenheit für eine Pause am Laurel Cottage Cafe (siehe rechte Seite).

🌲 ROSINS LOOKOUT

Auch am Rosins Lookout Conservation Park lohnt es sich, Halt zu machen. Dieser Aussichtspunkt ist nicht zu übersehen und liegt direkt neben der Beechmont Road, etwa 22 Kilometer südwestlich von Nerang. Von hier aus bieten sich Ausblicke bis zum Springbrook Plateau, bei klarem Wetter sogar bis zum markanten Mount Warning, einem Vulkanschlot des Tweed Vulkans. Auf dem Gelände befinden sich Picknicktische und BBQs, ein schöner Platz für ein Picknick.

🌐 *Beechmont Rd, Beechmont QLD 4211*

*In Beechmont verlassen Sie die Beechmont Road und fahren links auf der Binna Burra Road weiter Richtung Süden. Knapp 2,5 Kilometer hinter dem Rosins Lookout teilt sich die Straße und es geht links weiter auf der Binna Burra Road. Wenn Sie schließlich den Nationalpark nach weiteren knapp 5 Kilometern erreichen, werden Sie nicht von Regenwald, sondern von einem Eukalyptuswald begrüßt, dessen Bäume auch für die lokalen **Koalas** interessant sind. Gleich hinter dem ersten Nationalparkschild, etwa über die ersten tausend Meter, kann man daher mit ein bisschen Glück Koalas in den Bäumen erspähen. Fünf Kilometer weiter sind Sie dann in Binna Burra.*

🌲 BINNA BURRA, LAMINGTON NATIONAL PARK 📷➕❌🔲

👫	– (Privatgelände)	
☀️	21 °C	
❄️❄️	11 °C	
〰️	935 m	
📍	Nerang	0 km
	Lamington Nat. Park	29 km
	Binna Burra	5 km

Der **Lamington National Park** ist als Teil der *Gondwana Rainforests of Australia* als

UNESCO-Welterbe geschützt. Den Nationalpark selbst gibt es bereits seit 1920. Die über 20.000 Hektar große Region schützt Berglandschaften mit subtropischen Regenwäldern, uralten Baumarten, die es schon während der Dinosaurier-Zeit gegeben hat, und vielen interessante Aussichtspunkten. Das Lamington National Park Information Centre liegt auf etwa 935 Meter Höhe, aber einige Regionen des Parks sind bis zu 1.200 Meter hoch.

🌐 *Karte: ww.seitnotiz.de/NPRAU112*

ℹ️ LAMINGTON NP INFORMATION CENTRE

Kleine Nationalparkhütte mit Wetterbericht, Karten und Profilen von Wanderwegen, außerdem haben die Mitarbeiter Tipps für die besten Wanderungen für jede Jahreszeit.

🌐 *Binna Burra Rd, Beechmont QLD 4211*
📞 *13-74-68* 🌐 *www.nprsr.qld.gov.au/parks/lamington*
🕐 *Mo.–Fr. 7:30–16 h, Sa. & So. 9–15:30 h*

Hier beginnt der Lamington National Park.

Ⓗ Anreise und Transport

Von Brisbane oder Gold Coast gibt es keine öffentlichen Busverbindungen. Wer kein eigenes Fahrzeug hat, kann sich allerdings einer geführten Tour anschließen, z. B. mit **Rainforest Tours Australia** (🌐 $ 99–139, 🌐 www.rainforesttoursaustralia.com) oder **Southern Cross 4WD Tours** (🌐 Erw. $ 148, Kinder $ 98, 🌐 www.sc4wd.com.au), jeweils mit Abholung ab Hotels an der Gold Coast.

🛒 Versorgen und einkaufen

Einkaufen kann man am besten vorher an der Gold Coast in Nerang. In Lower Beechmont gibt es einen **General Store**, in dem Eis und kalte Getränke verkauft werden.

251

✕ Essen und trinken

► **Lamington Tea House**
Auf dem Berggipfel von Binna Burra gelegenes Café mit verglaster Aussichtsterrasse und weiten Aussichten über die Berge bis hin zum Hinze Dam. Samstagabend mit Pizza, Pasta und Livemusik.

💡 Unterhalb des Cafés erstreckt sich eine große Wiese, auf der man vom frühen Abend bis in die Morgenstunden Pademelons (kleine Wald-Kängurus) sehen kann.

🚌 Binna Burra Rd, Lamington NP, Beechmont QLD 4211 ☎ 07-5533-3622 @ reception@binnaburra lodge.com.au 🌐 www.binnaburralodge.com.au/ dining/the-lamington-teahouse 🕐 Mo.–Fr. 9:30–15:30 h, Sa. 7:30–20 h, So. 7:30–16 h, an langen Wochenenden So. länger geöffnet 💰 *–**

Die Aussichtsterrasse der Binna Burra Lodge

👣🌲 Wandern

► **Caves Circuit** ★
Eine Möglichkeit, in den Bäumen nach **Koalas** zu forschen, durch den Regenwald zu wandern und eine Aboriginal-Höhle zu sehen, hat man bei diesem abwechslungsreichen Wanderweg, der am Infocentre von Binna Burra beginnt. Der etwa fünf Kilometer lange Weg führt durch subtropischen Regenwald und Eukalyptuswald mit Aussichten in die **Coomera Gorge** Schlucht und endet an der Parkstraße neben der Binna Burra Lodge, die sich für eine Pause mit schönen Aussichten anbietet. Der Weg zurück führt den Berg hinunter über die wenig befahrene Parkstraße, mit Blick auf das Numinbah Valley mit dem markanten Egg Rock (499 m), einem ehemaligen Seitenschlot des Tweed Vulkans, sowie auf die Hochhäuser der Gold Coast in weiter Ferne.
🎫 Ganzj. 🏕 Rainforest Campsite, Binna Burra ⭕ Parkplatz am Information Centre 🕐 2 Std. 📈 Leicht bis moderat 📏 5 km (Rundweg)

► **Gwongoorool Track**
Über eine Treppe mit etwa 200 Stufen geht es durch Regenwald und Eukalyptuswald in die Coomera Gorge Schlucht zu einem Badeplatz am Coomera River. Zurück gehen Sie denselben Weg.
🎫 Ganzj. 🏕 Rainforest Campsite, Binna Burra ⭕ Parkplatz am Information Centre 🕐 2 Std. 📈 Moderat 📏 6 km

► **Tullawal Walk**
Neben dem Tea House und dem Campingplatz am Ende der Parkstraße beginnt der Wanderweg in die höchsten Regionen des Parks mit seinem kühl-temperierten Regenwald. Hier findet man noch *Antarctic Beeches* (Scheinbuchen). Die uralten, knorrigen Bäume wurden als Fossilien bereits in der Antarktis gefunden und gedeihen bestens in dem kühlen und feuchten Wetter der höheren Bergregionen.
🎫 Ganzj. 🏕 Rainforest Campsite, Binna Burra ⭕ Tea House 🕐 1,5–2 Std. 📈 Leicht bis moderat 📏 5 km

► **Rainforest Circuit**
Wer nicht viel Zeit hat, trotzdem aber eine kurze Wanderung durch den Regenwald unternehmen möchte, der startet mit dem Border Track neben dem Tea House und folgt dann der Beschilderung zum Rainforest Circuit.
🎫 Ganzj. 🏕 Rainforest Campsite, Binna Burra ⭕ Tea House 🕐 30 Min. 📈 Leicht 📏 1,2 km (Rundweg)

🛏 Übernachten

► 🏛 **Binna Burra Mountain Lodge** ★
Eine Ansammlung von märchenhaften »Hexenhäuschen« aus Holz, mit Schindeln gedeckt, auf dem Gipfelplateau eines Berges. Im Hauptgebäude befindet sich das Clifftop Restaurant (🎫 Frühstück ab 7:30 h, Abendessen So.–Do. ab 18:30 h, Fr. & Sa. Start zwischen 18 h und 19:30 h) mit großem Panoramafenster, im Obergeschoss liegt ein Gemeinschaftsraum mit Bibliothek. Sehenswert ist die Aussichtsterrasse mit beeindruckendem Bergpanorama. Es gibt Einzelzimmer ohne Bad sowie Doppelzimmer ohne und mit

Bad. Frühstück und Afternoon Tea im Clifftop Restaurant sind im Preis mit inbegriffen.

💡 Die Lodge ist offen für Camper oder Tagesgäste, dazu gehören auch das Clifftop Restaurant , die Lodge Bar für Afternoon Tea und Drinks (🕐 ab 15 Uhr) und die Aussichtsterrasse.

📧 Binna Burra Rd, Lamington National Park, Beechmont QLD 4211 ☎ 07-5533-3622 @ reception@binnaburralodge.com.au 🌐 www.binnaburralodge.com.au 🅿 Ja 🍴 Ja, kostenpflichtig 💲 ★★–★★★

🛏 Sky Lodge
Erheblich exklusiver übernachtet man in den modernen Skylodges für Selbstversorger, die in Gehweite der Binna Burra Lodge liegen und ebenfalls weite Aussichten ins Tal haben. Ohne Mahlzeiten. (💲 ★★★, Kontaktdaten siehe Binna Burra Lodge)

🏕 The Rainforest Campsite
Privater Campingplatz auf einer Bergkuppe im Lamington National Park. Der Platz gehört zur etwa einen Kilometer weiter gelegenen Binna Burra Lodge. Die Plätze liegen mitten im Wald und relativ nah beieinander. Als weitere Ausstattung gibt es nur einen kleinen Sanitärblock, aber die schöne Lage entschädigt für alles. Wer will, kann eines der 15 Safari-Zelte mieten, die mit zwei, vier und sechs Betten ausgestattet sind. Das Tea-House mit der Känguru-Wiese liegt kaum 50 Meter weiter, und auch das Clifftop Restaurant ist innerhalb von 10 Minuten zu Fuß zu erreichen. Vorausbuchung über die Webseite 🌐 www.binnaburralodge.com.au wird empfohlen.
📧 Ja 🚐 8 ⛺ 14 🔌 Nein 🍴 Ja 🍽 Nein 💧 Wasser, Strom (15 Amp.) 📶 Nein 💲 $$–$$$, Safari-Zelte ★

Nach dem Besuch im Lamington National Park fahren Sie über die Binna Burra Road/

*Beechmont Road wieder zurück Richtung Nerang. Als Nächstes steht die **Natural Bridge Section** des Springbrook National Parks auf dem Programm, dazu nehmen Sie am Ende der Beechmont Road rechts die **Nerang–Murwullumba Road (Highway 97)** ins Numinbah Valley.*
*Die folgenden 33 Kilometer führen durch das Valley mit seinen Wiesen und Rinderfarmen bis zur Natural Bridge. Die Beschilderung ist gut, daher ist die Zufahrt nicht zu verfehlen. Sollten Sie die Natural Bridge überspringen und direkt tiefer in den Springbrook National Park vordringen wollen, fahren Sie bereits etwa 15 Kilometer südlich der Kreuzung **Beechmont Road/Nerang-Murwullumba Road** nach links auf die Pine Creek Road (Weiter auf ▶ Seite 254).*

🌲 NATURAL BRIDGE SECTION, SPRINGBROOK NATIONAL PARK ☆

Binna Burra, Lamington National Park	58 km
Springbrook (Ort)	27 km

Der 6.197 Hektar große Springbrook National Park liegt ebenso wie der Lamington National Park auf den Überresten des ehemaligen Tweed Vulkans und ist in mehrere Einzelsektionen aufgeteilt, die nur über Stichstraßen zu erreichen sind. Falls Sie nicht viel Zeit haben, empfehlen wir, zuerst das schönste Highlight des Parks, die **Natural Bridge**, zu besuchen. Wenn Sie danach noch Zeit haben, fahren Sie weiter auf das Springbrook Plateau. Da die Natural Bridge seitlich an den Springbrook Na-

Campingplatz im Regenwald

Wasserfall an der
Natural Bridge

tional Park angeschlossen ist und abseits des eigentlichen Parks liegt, gibt es kein Visitor Centre und keine weiteren Wanderwege.

Die Natural Bridge liegt nicht auf dem Springbrook Plateau, sondern in der Natural Bridge Section am Ende des Numinbah Valley, ein bildschönes Tal, das nach Westen hin von den Klippen des Beechmont Plateau mit dem Lamington National Park begrenzt wird. Die Natural Bridge ist ein beliebtes Ausflugsziel. Wenn Sie am Wochenende unterwegs sind, lohnt es sich daher, morgens schon früh anzureisen. Der Wanderweg zur Natural Bridge ist einfach und abwechslungsreich und führt in etwa 45 Minuten durch ein mit Regenwald bewachsenes Tal mit vielen Treppenstufen rund um den Cave Creek, einen kleinen Wildbach. Das Highlight ist der leuchtende Wasserfall, der sich durch ein Loch in die Decke einer Lava-Höhle ergießt. Er diente bereits der Science-Fiction-Fernseh-Serie *Terra Nova* als Kulisse. Schwimmen ist nicht erlaubt. Wenn Sie nachts die Höhle besuchen, können Sie Glühwürmchen sehen. Hierbei unbedingt ohne Taschenlampe in die Höhle gehen, da die Glühwürmchen sonst sofort das Leuchten einstellen und erst etwa eine Stunde später wieder anfangen.

◉ Ganzj. ● Natural Bridge Carpark, 33 km von Nerang über die Nerang–Murwillumbah Rd (Hwy 97) ● 45 Min. ● Leicht ● 1 km (Rundweg)

Um den benachbarten Hauptteil des Springbrook National Park auf dem Springbrook Plateau zu erreichen, folgen Sie dem Highway 97 zurück gen Norden. Dieses Mal aber nur 15 Kilometer, bis Sie die **Pine Creek Road** *erreichen, auf die Sie nach rechts einbiegen. Nun sind es noch einmal etwa 15 Kilometer bergauf bis nach Springbrook. In dieser Gegend gibt es nur wenige*

Straßen, die sehr gut ausgeschildert sind. Ihr Reiseziel, die Ortschaft Springbrook, ist daher nicht zu verfehlen.

SPRINGBROOK PLATEAU, SPRINGBROOK NATIONAL PARK, SPRINGBROOK (ORT) 🛈 ✕ ✉ 🏛

👪	624
☀	20 °C
❄	10 °C
≈	900 m (Springbrook Plateau)
Natural Bridge	27 km
Nerang	35 km

🛈 SPRINGBROOK INFORMATION CENTRE

Das Infocenter befindet sich im denkmalgeschützten ehemaligen Schulhaus des Ortes aus dem Jahr 1911.

📍 Auf Pine Creek Rd über Springbrook Rd nach Süden, ca. 4 km südlich vom Abzweig Lyre-Bird Ridge Rd/ Springbrook Rd ✉ Ecke Old School Rd/Springbrook Rd, Springbrook QLD 4213 ☎ 13-74-68 @ camping.support@nprsr.qld.gov.au 🌐 www.nprsr.qld. gov.au/parks/springbrook ◉ Mo.–Fr. 8–15:30 h

⊙ Orientieren

Die einzige Ortschaft auf dem Springbrook Plateau heißt ebenfalls Springbrook. Der Highway 99 (Springbrook Road) führt durch den weitgehend im Regenwald versteckten Ort, der im Norden etwa am Abzweig zur **Lyre-Bird Ridge Road** beginnt und sich bis

zur Landesgrenze nach New South Wales hinzieht. Der **Fudge Shop** befindet sich direkt an diesem Abzweig (Ecke Springbrook Rd/Lyrebrid Ridge Rd) und ist daher ein guter Fixpunkt, um sich einen Eindruck von den Entfernungen in dieser Gegend zu machen.
🌐 *Karte: www.nprsr.qld.gov.au/parks/springbrook/ pdf/springbrook-map-insets.pdf*

🛒 Versorgen und einkaufen

In dieser Region gibt es keine großen Supermärkte. Bei Bedarf empfiehlt sich ein Halt in Nerang zum Einkaufen. Für eine süße Pause lohnt ein Stopp an dem am nördlichen Ortsrand gelegenen **Fudge Shop** (📍 3 Lyrebird Ridge Rd, Springbrook QLD 4213, etwa Ecke Springbrook Rd). Dort werden selbstgemachte *Fudges* (Süßigkeiten), Getränke und Eis verkauft.

✕ Essen und trinken

▶ Dancing Waters Cafe
Café mit Bio-Produkten aus der Region, darunter Kaffee und Kuchen, Sandwiches und gefüllte Tortilla-Wraps. Auch glutenfreie und für Veganer geeignete Gerichte.
📍 *In Springbrook südlich vom Fudge Shop von der Springbrook Rd die zweite rechts ab in die Forestry Rd (ca. 1,6 km)* 📍 *31 Forestry Rd, Springbrook QLD 4213* ☎ *07-5533-5335* 🌐 *www.dancingwaterscafe.com* ⏰ *Tägl. 10:30 – 16:30 h* 🔄 *

👁 Highlights

Auf dem Springbrook Plateau gibt es eine Reihe von interessanten Aussichtspunkten, die mit wenig Mühe erreichbar sind:

▶ Wunburra Lookout
Schöne Aussichten in das Purling Brook Valley, auf den Mount Cougal und den Little Nerang Damm.
📍 *Nähe Dreieck Springbrook Rd/Pine Tree Rd/ Gold Coast-Springbrook Rd, etwa 3 km nördlich vom Fudge Shop*

▶ Canyon Lookout
Aussichten über die Twin Falls und Rainbow Falls. Hier beginnt auch der Wanderweg zu den Twin Falls.
📍 *Von der Springbrook Rd links auf die Boy Ull Rd, 5 km südlich vom Fudge Shop* 📍 *Canyon Lookout, Canyon Parade, Springbrook QLD 4213*

▶ Best of All Lookout ⭐
An der Grenze zu New South Wales, etwa 15 Minuten Fußweg vom Parkplatz. Der Weg führt Sie durch einen Wald mit knor-

Korbfarn an einem Baum, Springbrook Plateau

rigen *Antarctic Beeches* (Scheinbuchen). Vom Aussichtspunkt kann man bis nach New South Wales mit dem ehemaligen Zentrum des Tweed Vulkans, dem heutigen Mount Warning, schauen.
📍 *7 km südlich vom Fudge Shop über Lyre-Bird Ridge Rd und Repeater Station Rd* 📍 *Repeater Station Rd, Springbrook QLD 4213*

🚶🌲 Wandern

▶ Twin Falls Circuit
Wanderweg zu einem Wasserfall, der zumeist ein Zwillings-Wasserfall ist (Twin Falls), je nach Niederschlag aber auch ein Drilling oder auch ein Einzel-Wasserfall sein kann. Der Weg führt durch subtropischen Regenwald mit Palmen und Baumfarnen. Es lohnt sich, den Wanderweg entgegen dem Uhrzeigersinn zu laufen, da die Infoschilder an diese Laufrichtung orientiert sind.
⏰ *Ganzj.* 📍 *Tallanbana Picnic Area (📍 2731 Gold Coast-Springbrook Rd) oder am Canyon Lookout (Springbrook Rd links auf die Boy Ull Rd), beides etwa 5 km südlich vom Fudge Shop* ⏱ *2 Std.* 📊 *Leicht* 📏 *4 km (Rundweg)*

▶ Purling Brook Falls
Der Aussichtspunkt zu diesem sehenswerten Wasserfall liegt nur wenige Meter von der Straße entfernt. Man muss sich den 106 Meter hohen Wasserfall daher nicht unbedingt erwandern, wenn die Zeit drängt. Der Weg führt in einer langgezogenen Schleife durch lichten Eukalyptuswald hinunter zum Fuß des Wasserfalls, und dann wieder berg-

255

Purling Brook Falls

auf zurück zum Startpunkt. Am einfachsten läuft sich der Weg im Uhrzeigersinn.

🕐 *Ganzj.* 🚶 *Südlich vom Fudge Shop von der Springbrook Rd rechts ab in die Forestry Rd, etwa 2 km vom Fudge Shop entfernt* 🕐 *2 Std.* ⚑ *Moderat* ⬌ *4 km (Rundweg)*

🛏 Übernachten

🏠 The Mouses House Retreat

Eco Resort mit zwölf luxuriösen Holz-Ferienhäuschen *(Chalets)* mitten im Regenwald, mit Küche, BBQ, Kamin und Whirlpoolwanne für zwei. Das Resort hat eine finnische Sauna sowie einen Tennisplatz. Fahrräder können kostenlos geliehen werden. Wer länger als eine Nacht bleibt erhält einen Rabatt.

📍 *6 km südlich vom Fudge Shop in Springbrook (Ort) über die Springbrook Rd* ✉ *2807 Springbrook Rd, Springbrook QLD 4213* ☎ *07-5533-5192* @ *info@ mouseshouse.com.au* 🌐 *www.mouseshouse.com.au* 🅿 *Ja* 🛏 *Ja* ⭐ *********

🏕 The Settlement Campground

Schön gelegener Platz an einer Stichstraße am Ortsrand von Springbrook, nicht weit von den Purling Brook Falls. Die elf Stellplätze sind ohne Strom und für Zelte wie auch für Wohnmobile geeignet. Auf dem Gelände gibt es WCs, Trinkwasser sowie kostenlose BBQs, aber keine Duschen.

📍 *2 km südlich vom Fudge Shop über Springbrook Rd auf die Carricks Rd* ✉ *52 Carricks Rd, Springbrook QLD 4213* ☎ *13-74-68 (für Reservierung)* @ *camping.support@nprsr.qld.gov.au (Nur für Anfragen, Reservierung per E-Mail nicht möglich)* 🌐 *www. nprsr.qld.gov.au/parks/springbrook/camping.html* 🛏 *Ja (zwingend erforderlich)* 🛏 *11* 🛏 *Nein* 🚿 *Nein* ❄ *Nein* ⚡ *Keine* 🛏 *Nein* 💲 *$*

*Um wieder zur Hauptroute zurückzukommen, fahren Sie einfach denselben Weg, den Sie gekommen sind, also über Springbrook Road, Pine Creek Road, Highway 97 und Highway 90 bis nach **Nerang**. Von Springbrook (Ort) bis zum **Pacific Motorway (M1)** in Nerang sind es 34 Kilometer. In Nerang fahren Sie den Pacific Motorway (M1) etwa zehn Kilometer zurück gen Norden und erreichen den Abzweig Highway 2, der zur Gold Coast führt.*

💡 Wenn Sie es eilig haben, können Sie die Gold Coast auch links liegen lassen und einfach dem Pacific Motorway (M1) nach Süden folgen. Nach 37 Kilometern erreichen Sie den Süden von Tweed Heads, wo der Gold Coast-Abschnitt der Hauptroute wieder auf die M1 einschwenkt (▶Seite 265).

Ende der Nebenstrecke

*Bei **Helensvale** verlassen Sie den Pacific Motorway (M1) und nehmen den **Gold Coast Highway (Highway 2)** nach Surfers Paradise, das Sie nach fünfzehn Kilometern erreichen.*

❗ **Commonwealth Games 2018:** Vom 4. bis 15. April 2018 finden in Queensland die Commonwealth Games mit 6600 Sportlern aus 70 Ländern statt. Die meisten Veranstaltungen finden an der Gold Coast statt, außerdem werden Veranstaltungen in Cairns, Townsville und Brisbane abgehalten. Wenn Sie in der Zeit auf Reisen sind, sollten Sie damit rechnen, dass Flüge, Unterkünfte und sonstige Attraktionen möglicherweise schon lange im voraus ausgebucht sind. ☎ www.gc2018.com

🏛 SURFERS PARADISE UND GOLD COAST 📷 🛏 ➕ ✖ ✉ 🖼

👫👫	591.000	
☀	25 °C	
❄❄	17 °C	
〜〜	3 m	
⟨•⟩	Brisbane	81 km
	Coolangatta	24 km

Die Gold Coast ist das Miami Australiens, ein quirliges Touristenzentrum mit vielen Kontrasten. Entlang von 30 Kilometern goldenem Strand finden sich mit die höchsten Gebäude und die höchste Bevölkerungsdichte Australiens. Hier findet man Vergnügungsparks und *Bikie Gangs* wie die Hells Angels und die Finks, türkisblaues Wasser und harte Drogen, aber auch Prada und Louis Vuitton gleich neben Fish-&-Chips-Läden. Und dann gibt es noch fantastische Surfwellen und viel Platz zum Sonnenbaden. Diese Vielfalt ist besonders bei Reisenden unter 30 Jahren sehr beliebt; das gilt vor allem in den Ferien und der *Schoolies*-Woche im November, wenn Schulabgänger in Surfers Paradise rund um die Uhr feiern.

Die Gold Coast ist durchzogen von unzähligen Kanälen, viele Villen haben einen eigenen Bootsanleger. Die Metropole ist aber auch ein verkehrsplanerischer Alptraum mit Hunderten von Ampeln entlang der kilometerlangen Strandstraße, dem Gold Coast Highway (Highway 2).

ℹ SURFERS PARADISE INFORMATION AND BOOKING CENTRE

☎ *Vom Gold Coast Highway (Hwy 2) in Surfers Paradise links in die Cavill Ave* ✉ *2 Cavill Ave (Cavill Mall), Surfers Paradise Qld 4217* ☎ *07-5570-3259* @ *info surfers@gctourism.com* ☎ *www.visitgoldcoast.com* 🕐 *Mo.–Fr. 8:30–17 h, Sa. 8:30–18 h, So. 9–16 h*

⊙ Orientieren

Das touristische Zentrum der Gold Coast liegt in **Surfers Paradise**, rund um die Cavill Avenue, eine kleine und relativ laute Fußgängerzone mit Straßencafés und Restaurants, Fast-Food-Ketten und Souvenirläden. Nicht zuletzt finden sich hier Buchungsbüros für Ausflüge in die Umgebung sowie gleich zwei Woolworths Supermärkte für Selbstversorger.

Hochhaustürme mit Meerblick an der Gold Coast

Von Surfers Paradise geht es nach Norden hin über den Highway 2 in die Ortsteile **Main Beach** (mit Sea World) und **Southport**, nach Süden hin erreichen Sie über den Highway die Ortsteile **Broadbeach**, **Mermaid Beach**, **Miami** und **Burleigh Heads** mit seinem kleinen Nationalpark.

Der Highway 2 führt zumeist nicht direkt am Strand vorbei, aber es gibt auch keine durchgehende Strandstraße entlang der Küste, sodass man immer wieder zurück auf den Highway kommt.

Ⓗ Anreise und Transport

Die Gold Coast hat einen Inlandsflughafen sowie Greyhound-Bushaltestellen in **Southport** (🚌 34–36 Railway St, Nähe Kreuzung Hwy 2/10)

Weiße Strände, viel Sonne und blaues Meer – das zieht die Australier an die Gold Coast.

Tamborine NP

Coomera
Dreamworld
Coomera

Warner Bros. Movie World
Australian Outback
Spectacular
Wet 'N' Wild Water World

Sanctuary Cove

Hope Island

South Stradbroke Island

Tamborine
Mtn 551m

Eagle Heights
North Tamborine

AUSTRALIA

DARWIN

CAIRNS

BRISBANE

PERTH

CANBERRA

ADELAIDE

SYDNEY

MELBOURNE

HOBART

Runaway Bay
Helensvale
Biggera Waters

The Broadwater

Canungra
Beaudesert

Nerang
Nerang

Labrador
Southport

Sea World

Main Beach
Surfers Paradise

Ashmore

Hinze Dam

Broadbeach

Broadbeach Waters
Mermaid Waters
Robina
Robina

Mudgeeraba

Mermaid Beach
Nobby Beach
Miami

Gold Coast Highway

LEGEND

Train Station

Train Route

International Airport

Pacific Coast Touring Route (Bruce Highway)

QUEENSLAND

Burleigh Heads

Palm Beach

Currumbin

Tugun

Gold Coast Airport
Bilinga
Kirra

Binna Burra
Purlingbrook Falls

Lamington NP
Natural Bridge
Springbrook NP
Springbrook Mtn

Coolangatta
Tweed Heads

und **Surfers Paradise** (⊜ Ecke Gold Coast Hwy (Hwy 2) und Beach Rd, in Gehweite der Fußgängerzone an der Cavill St).

Die Gold Coast gehört zum Translink-Verbundsystem und ist über Nahverkehrszüge von Brisbane aus erreichbar. Der nächste Bahnhof befindet sich in **Nerang**, von hier aus sind es noch zwölf Kilometer, z. B. mit Bus Nr. 740, nach Surfers Paradise. Von Surfers Paradise aus kann man die Umgebung gut mit dem Bus oder der Straßenbahn (die hier Tram heißt) erkunden.

Wer mit dem Auto unterwegs ist, der kommt mit ein bisschen Geduld einigermaßen gut voran, und auch Parkplätze und Parkkosten sind kein so großes Problem wie in Brisbane. Typischerweise findet man am langen Strand relativ schnell einen Platz mit einer Parkuhr.

▶ Straßenbahn (Tram)

Ein sehr ambitioniertes Projekt an der Gold Coast ist die brandneue Straßenbahn, die 2014 eröffnet wurde. Die Route führt in 33 Minuten über 16 Stationen durch Southport über Main Beach und Surfers Paradise mit Cavill Ave bis nach Broadbeach. Bahnen fahren Mo.–Fr. von 5 Uhr bis Mitternacht mind. alle 15 Minuten, Sa. & So. rund um die Uhr mind. alle 30 Minuten.

⊛ www.ridetheg.au

🛒 Versorgen und einkaufen

Ein **Coles Supermarkt** befindet sich im Chevron Renaissance Shopping Centre, Ecke Gold Coast Highway und Elkhorn Avenue, nur einen Block nördlich der Cavill Mall. Die **Surfers Paradise Beachfront Markets** finden immer mittwochs, freitags und sonntags am Strand im Bereich der Cavill Mall statt (🕐 16–21 h).

✕ Essen und trinken – Surfers Paradise

Rund um die Fußgängerzone an der Cavill Avenue finden sich Dutzende von Restaurants und Fast-Food-Imbissen.

📍 Gold Coast Hwy in Surfers Paradise links in die Cavill Ave

▶ Vapiano

Dieser Italiener ist einer der besten Aussichtsplätze an der Cavill Avenue. Vom offenen Balkon aus kann man das Treiben in der Fußgängerzone beobachten. Bestellt wird an verschiedenen Theken, das Essen wird dann frisch zubereitet an den Tisch gebracht, auf dem sich Töpfe mit frischen Kräutern befinden. Die Bestellungen werden auf einer Plastikkarte gespeichert und an der Kasse am Ausgang bezahlt.

⊜ 8 Cavill Ave, Surfers Paradise QLD 4217 ☎ 07-5538-8967 ⊛ www.vapiano.com.au/restaurants/gold-coast ● Tägl. ab 11 h, So.–Do. bis 23 h, Fr. & Sa. bis 0 h 💲 ∗–∗∗

▶ Hard Rock Cafe

Mit Souvenirs von KISS, Guns N' Roses, Perl Jam und anderen bekannten Bands dekoriertes Restaurant mit klassisch amerikanischer Küche.

⊜ Cnr Cavill Ave/Surfers Paradise Blvd, Surfers Paradise QLD 4217 ☎ 07-5539-9377 ⊜ surfersparadise@hardrockcafe.com.au ⊛ www.hardrock.com/cafes/surfers-paradise ● Tägl. 12 h »till late« 💲 ∗∗

▶ Helm Bar and Bistro

Erstaunlich ruhig gelegenes Restaurant in Gehweite der Cavill Avenue, mit Aussichtsterrasse zum Nerang River. Von hier aus kann man vorbeiziehende Motorboote beobachten. Serviert werden Salate, Steaks und Pizza sowie täglich wechselnde Specials. Mit Livemusik freitags ab 18 Uhr, samstags ab 20 Uhr und sonntags ab 16 Uhr.

📍 Gold Coast Hwy in Surfers Paradise rechts in Ferny Ave ⊜ 30–34 Ferny Ave, Surfers Paradise QLD 4217 ☎ 07-5538-9677 ⊜ functions@helmbarsurfers.com.au ⊛ www.helmbarsurfers.com.au ● Tägl. ab 10 h 💲 ∗–∗∗

✕ Essen und trinken – Main Beach

Ein guter Ort für eine Mahlzeit am Wasser mit Blick auf vor Anker liegende Millionärsjachten ist die **Mariners Cove Marina** auf dem Seaworld Drive in Main Beach, fünf Kilometer nördlich von Surfers Paradise. Hier finden sich einfache Imbiss-Restaurants und Pubs, in denen man sich mit Burger und Bier versorgen kann, wie auch schicke Restaurants für einen entspannenden Abend.

📍 Dem Gold Coast Hwy von Surfers Paradise nach Norden folgen, vor der Brücke über den Nerang River rechts ab auf den Waterways Dr/Seaworld Dr

▶ Omeros Bros Seafood Restaurant

Hier kommt Seafood auf den Tisch: frische Austern, Seafood Chowder, Calamari, Barramundi und *Moreton Bay Bugs* (eine Art Hummer). Für Notfälle gibt es Steak. Selbst wer nicht viel Appetit hat – bei dem Blick von der Terrasse auf die nebenan ankernden Luxusboote kann man sich kaum satt sehen. Gerade am Wochenende ist viel los, und es lohnt sich, für abends zu reservieren.

⊜ Shop 55/74 Seaworld Dr, Marina Mirage, Main Beach Qld, 4217 ☎ 07-5591-7222 ⊜ info@omerosbros.com ⊛ www.omerosbros.com ● Tägl. ab 12 h »till late« 💲 ∗∗–∗∗∗

Lebensretter an der Gold Coast

👁 Highlights Main Beach

▶ The Spit

Die Küste zwischen Brisbane und der Gold Coast wird von einer ganzen Reihe von Sandinseln geschützt. Die südlichste Insel davon ist **South Stradbroke Island**, deren Südende gegenüber der Halbinsel *The Spit* endet, auf der sich der Ortsteil **Main Beach** befindet. Das Nordende von The Spit ist unbebaut und wird als Naturpark geschützt, mit Sanddünen und *Coastal She-Oaks* (Kasuarinen, kiefernähnliche Nadelbäume). Auf dem Weg zu The Spit kommen Sie automatisch an der Mariners Cove Marina und am Sea World Wasserpark vorbei.

🛈 *Dem Gold Coast Hwy von Surfers Paradise nach Norden folgen, vor der Brücke über den Nerang River rechts ab auf den Waterways Dr/Seaworld Dr, diesem bis zum Ende folgen. 8 km nördlich von Surfers Paradise.*

▶ Surfen lernen

Get Wet Surf

Die Get-Wet-Surfschule bietet eine Geld-zurück-Garantie: Wenn Sie es nicht schaffen, nach der ersten Stunde auf dem Brett zu stehen, bekommen Sie Ihr Geld zurück. Anfängerkurse gehen über zwei Stunden, ein Lehrer kümmert sich um bis zu sechs Schüler.

🛈 *Treffpunkt ist am Nordende von The Spit* ✉ *Seaworld Dr, Main Beach QLD 4215* ☎ *1-800- 43-8938* 🌐 *www.getwetsurf.com* 🕐 *Tägl. 10 & 13 h* 🎫 *Erw. $ 65, Kinder $ 60, Privatstunden ab $ 160*

▶ Sea World 👫

Vergnügungspark mit Achterbahnen, Eisbären, Seelöwen und Haien sowie Shows mit Delfinen und Wasser-Stuntmännern.

🛈 *Anfahrt wie The Spit, 6,5 km nördlich von Surfers Paradise* ✉ *Seaworld Dr, Main Beach QLD 4217* ☎ *07-5588-2222* 🌐 *www.seaworld.com.au* 🕐 *Tägl. 9:30–17 h* 🎫 *Erw. $ 79,99, Kinder $ 69,99*

▶ Mariners Cove Marina

Die Marina mit ihren Millionärsjachten schließt fast direkt südlich an Sea World

an. Der Jachthafen ist nicht zuletzt wegen der vielen Restaurants für alle Budgets und der attraktiven Aussichten ein beliebtes Vergnügungszentrum. Am Wochenende ist Parken ein echtes Problem. In Sichtweite des Hafens hat das Palazzo Versace seinen Platz, eines der luxuriösesten Hotels in der Region, das wiederum kaum 180 Meter von der lokalen YHA-Jugendherberge entfernt ist. Dieser Kontrast ist Gold Coast pur.

🛈 *Anfahrt wie The Spit, 5 km nördlich von Surfers Paradise* ✉ *Seaworld Dr, Main Beach QLD 4217*

👁 Highlights Southport

▶ Holoverse

Wer hat nicht schon immer davon geträumt, wie bei Star Trek für ein Spiel aufs „Holo Deck" zu gehen? Bei Holoverse kann man mit einer 3D Brille ausgestattet in etwa 30 Minuten durch verschiedene Räume gehen und mit virtuellen Welten interagieren oder

Einige der Restaurants an der Mariners Cove Marina haben sprichwörtliche »Million Dollar Views«.

als kürzere Show in 15 Minuten einmal über die Gold Coast »fliegen«. Als Vorschau kann man sich auf der Webseite des Betreibers ein Video dazu anschauen.

📞 59 Nerang St, Southport QLD 4215 📞 07-5661-3010 @ info@holoverse.com.au 🌐 www.holoverse.com.au 🕐 Mo. 11–16:30 h, Di.–Do. 10–16:30 h, Fr. 10–18:30 h, Sa. 9–18:30 h, So. 9–16:30 h.
💲 30 Minuten $ 32, Gold Coast Flug $ 18

👁 Highlights Surfers Paradise

Surfers Paradise schließt südlich an Main Beach an und ist das touristische Zentrum der Gold Coast. Das war nicht immer so: Die Gegend um das heutige Zentrum von Surfers Paradise, der Fußgängerzone an der Cavill Avenue, begann als wenig erfolgreiche Zuckerrohrfarm in den 1870er-Jahren, da die sandigen Böden für den Ackerbau einfach nicht geeignet waren. In Gold verwandelt wurde der Sand erst ab den 1950er-Jahren, als die ersten größeren Hotels rund um die Cavill Avenue gebaut wurden. Heute werden die Türme immer höher, aber der Sand und das Meer sind immer noch schön.

📍 Das Zentrum von Surfers Paradise ist die Fußgängerzone an der Cavill Ave, Ecke Gold Coast Hwy (Hwy 2)

▶ Q1 Tower in Surfers Paradise

Dieser markante Luxus-Hotelturm (⭐ ★★★★) ist mit mit 323 Metern Australiens höchstes Gebäude (2016). Vom Observation Deck im 77. Stock aus sieht man einfach alles – die Gold Coast mit seinen Wohntürmen, die Regenwald-Nationalparks im Westen, die langen Sandinseln entlang der Küste Richtung Norden und schließlich den Nachbarstaat New South Wales im Süden. Für den besonderen Nervenkitzel bietet sich der SkyPoint Climb auf 270 Meter Höhe (⭐ $ 74, Mindestalter: 12 Jahre) an. Nirgendwo anders in Australien ist es erlaubt, in dieser Höhe außen an einem Gebäude zu klettern.

💡 Guter Ort für ein Frühstück mit 360 °-Aussichten auf die gesamte Gold Coast und darüber hinaus.

📍 Von der Cavill Ave fünf Blocks nach Süden über den Surfers Paradise Blvd 📞 Hamilton Ave, Surfers Paradise QLD 4217 📞 07-5582-2700 @ info@skypoint.com.au 🌐 www.skypoint.com.au 🕐 So.–Do. 7:30–19:30 h, Fr. & Sa. »till late« 💲 Erw. $ 24, Kinder $ 14, mit Frühstück: Erw. $ 33, Kinder $ 25

▶ Cheyne Horan School of Surf

Cheyne Horan ist ein ehemaliger Surfweltmeister, dem gleich mehrere Surfschulen entlang der Ostküste gehören, darunter in Surfers Paradise, Burleigh Heads, Coolan-

gatta und Byron Bay. Angeboten werden Kurse für Anfänger (⭐ ab $ 49 für 2 Std.) und Fortgeschrittene (⭐ $ 140 für 4 Std.).

📍 Von der Cavill Ave einen Block nach Süden über den Surfers Paradise Blvd 📞 Cnr Hanlan St/The Esplanade, Surfers Paradise QLD 4217 📞 1-800-22-7873 @ 2surf@cheynehoran.com.au 🌐 www.cheynehoran.com.au 🕐 Tägl. 10 & 14 h

▶ Gold Coast per Jetboot

Auch mit einem 14- oder 18-sitzigen Jetboat kann man die Wasserlandschaften an der Gold Coast in einem schweißtreibenden Tempo erkunden. Die Tour dauert 55 Minuten und führt an der Sandinsel South Stradbroke Island vorbei sowie an Sea World, an der schicken Mariners Cove Marina und am Palazzo Versace vorbei.

📍 Vom Gold Coast Hwy in Surfers Paradise rechts in die Ferny Ave. Am Nerang River hinter dem Vibe Hotel. 📞 Jetboat Extreme, 30–34 Ferny Ave, Surfers Paradise QLD 4217 📞 07-5538-8890 @ info@jetboatextreme.com.au 🌐 www.jetboatextreme.com.au 🕐 Tägl. 10, 11, 12, 14 und 15 h 💲 Erw. $ 65, Kinder $ 47

👁 Highlights Broadbeach/Carrara

Broadbeach schließt sich nach Süden an Surfers Paradise an. Die Ortschaft besteht weniger aus großen Hoteltürmen als vielmehr aus unzähligen Einfamilienhäusern und Villen, die direkt an den ebenfalls unzähligen Kanälen liegen, welche an den Nerang River anschließen. Das benachbarte **Carrara** liegt direkt westlich von Broadbeach in Richtung Pacific Motorway (M1) und ist bekannt für seinen Riesen-Flohmarkt.

▶ Dracula's Cabaret Restaurant

Gruselige Cabaret Show mit Abendessen, nur für Gäste ab 18 Jahren. Der Abend beginnt mit einem 3-Gänge-Menü (auch für Vegetarier geeignet), gefolgt von einer zweistündigen Show mit Musik, Tanz, »Horror« und Special Effects.

📍 Von der Cavill Ave über den Gold Coast Hwy Richtung Süden, dann rechts in den Hooker Blvd, 5,5 km südlich von Surfers Paradise 📞 1 Hooker Blvd, Broadbeach QLD 4218 📞 07-5575-1000 @ qldboxoffice@draculas.com.au 🌐 www.draculas.com.au 🕐 Di.–Sa. ab 18:30 h 💲 ab $ 105

▶ Carrara Markets

Queenslands größter permanenter Flohmarkt, mit mehr als 500 Ständen auf 40.000 m². Auf dem Gelände finden sich u.a. Stände mit Kunst und Souvenirs, Bekleidung, Schuhen, Schmuck, Sonnenbrillen sowie mehrere Cafés und ein Wochenmarkt mit frischen Lebensmitteln.

Die Mündung des Tallebudgera Creek im Burleigh Head National Park

Von der Cavill Ave über Gold Coast Hwy Richtung Süden, dann rechts in den Hooker Blvd (Hwy 90), später rechts in die Manchester Rd, 8 km südwestlich von Surfers Paradise ✉ Cnr Gooding Dr/Manchester Rd, Carrara QLD 4211 ☎ 07-5579-9388 @ info@carraramarkets.com.au www.carraramarkets.com.au ⏱ Sa. & So. 7–15 h

🚶🌲 Wandern

▶ Ocean View Walk, Burleigh Head National Park

Mitten an der Gold Coast, nicht weit von Apartmentkomplexen und verstopften Straßen, findet sich diese 27 Hektar große Oase aus subtropischem Regenwald. Der asphaltierte Weg führt an der Küste entlang, vorbei an einem Hain mit Pandanus-Palmen und Aussichten auf die Hochhäuser von Surfers Paradise. Im Winter kann man mit Glück sogar Wale sehen. Der Weg endet an der Mündung des Tallebudgera Creek. Zurück geht es denselben Weg oder alternativ den Berg hinauf und durch den Regenwald, mit zwei Aussichtspunkten unterwegs. Dieser Wanderweg wird gerne von Joggern benutzt, v. a. gegen Abend. Mückenmittel mitnehmen!

Von der Cavill Ave über Gold Coast Hwy Richtung Süden, ca. 11 km südlich von Surfers Paradise links auf die Goodwin Terrace ⏱ Ganzj. ✉ Parkplatz an der Goodwin Terrace ⏱ 1 Std. ⬤ Leicht ⬤ 2,4 km (Hin- und Rückweg oder Rundweg)

🛏 Übernachten

Die nachfolgenden Übernachtungsempfehlungen sind von Nord nach Süd sortiert.

🏨 Maldives Resort

15-stöckiger Wohnturm mit Pool und BBQs, nur 100 Meter vom Strand von **Main Beach** entfernt. Alle Zimmer sind Apartments für bis zu drei Gäste mit Küche und Wohnzimmer und haben einen Balkon mit Blick auf den Garten, den Pool oder das Meer (Aufpreis).

Vom Hwy 2 nach Überqueren des Nerang River links auf die Tedder Ave bis zur Woodroffe Ave, 3 km nördlich von Surfers Paradise ✉ Cnr Woodroffe Ave/St, Main Beach QLD 4217 ☎ 07-5557-7500 @ stay@maldivesresort.com.au www.maldivesresort.com.au ⓟ Ja 🍴 Ja ⏱ 1 Nacht: ★★★, ab 2 Nächten: ★★

🏨 Moorings on Cavill 🚻

15-stöckiges Hotel im Zentrum von Surfers Paradise, nur einen Block vom Meer und der Fußgängerzone an der Cavill Avenue entfernt. Von hier aus kann man alles bequem zu Fuß erkunden. Die Rückseite des Gebäudes schaut auf den Nerang River hinaus. Zur Auswahl stehen Budget Zimmer, Standardzimmer und Penthouses, letztere mit weiten Aussichten über den Fluss und auf die Berge im Hinterland. Alle Zimmer haben eine eigene Küche und einen Balkon oder eine Sitzecke an der frischen Luft. Auf dem Gelände gibt es eine Sauna, BBQs, einen Pool sowie einen flachen Pool für kleine Kinder. Mindestaufenthalt: 2 Nächte.

🌐 *Vom Gold Coast Hwy rechts in die Cavill Ave* ✉ *63 Cavill Ave, Surfers Paradise QLD 4217* ☎ *07-5538-6711* @ *info@mooringsoncavill.com.au* 🌐 *www.mooringsoncavill.com.au* 🅿 *Ja* 🐕 *Ja* 💲 *★★–★★★*

🏕 Main Beach Tourist Park

Campingplatz, der nur durch eine Straße vom Strand von Main Beach getrennt ist und zwei Kilometer südlich von Sea World liegt. Alle Stellplätze haben Strom, einige davon sind auch für Zelte geeignet. 24 Stellplätze haben außerdem ein eigenes Bad *(Ensuite)*. Für Nicht-Camper gibt es eine Reihe von Cabins vom Studio bis zu drei Schlafzimmern. Mit Gemeinschaftsküche, Pool und Surfboardverleih. Ein Spielplatz befindet sich gleich gegenüber am Strand.

🌐 *Vom Gold Coast Hwy nach Überqueren des Nerang River links auf die Tedder Ave, rechts auf die Main Beach Pde, 3 km nördlich von Surfers Paradise* ✉ *3600 Main Beach Pde, Main Beach QLD 4217* ☎ *07-5667-2720* @ *main@gctp.com.au* 🌐 *www.goldcoasttouristparks.com.au/mainbeach-parkhome* 🅿 *Ja, wird empfohlen* 🛏 *122* 🅿 *Ja* 🐕 *Ja* 💲 *Ja* 🔌 *Wasser, Abwasser, Strom (15 Amp.)* 🐕 *Nein (aber gegenüber am Strand)* 💲 *Saisonabhängig $$–$$$$, Cabins ★★–★★★★*

🏕 Surfers Paradise Backpackers Resort

Nur 150 Meter vom Strand entfernt, mit kleinem Pool und Liegestühlen. Übernachtet wird im 6-Bett-Zimmer oder in 2-Bedroom-Apartments; bei Letzteren teilen sich zwei Schlafzimmer ein gemeinsames Bad. Im Preis inbegriffen sind Internetzugang, Tee und Kaffee, Sauna, Waschmaschinen und Bodyboards.

🌐 *Gold Coast Hwy bis Ecke Wharf Rd im Süden von Surfers Paradise* ✉ *2837 Gold Coast Hwy (Hwy 2), Surfers Paradise QLD 4217* ☎ *07-5592-4677* @ *sbpr@bigpond.net.au* 🌐 *www.surfersparadisebackpackers.com.au* 🅿 *Nein* 🐕 *Ja* 💲 *★*

Wenn Sie genug belebende Strandluft geschnuppert haben, geht es nun wieder in beschaulichere Gefilde auf dem weiteren Weg Richtung Süden.

Coolangatta, die nächste Stadt auf der Route, liegt 24 Kilometer südlich von Surfers Paradise. Unterwegs kommen Sie zur Currumbin Wildlife Sanctuary und passieren eine gefühlte Hundertschaft von Ampeln (wir haben uns bisher nie getraut, alle zu zählen).

🌲 CURRUMBIN WILDLIFE SANCTUARY

Dieser Tierpark hat seine Wurzeln im Jahr 1947, als der Besitzer Alex Griffiths begann, die lokalen Papageien zu füttern, um sie von der Verwüstung seines Gartens abzuhalten. Die Papageien sind auch heute noch eine Riesenattraktion ebenso wie vielen andere australische Tiere, darunter Krokodile und Dingos, Koalas und Tasmanische Teufel. Zu den weiteren Attraktionen gehören u. a. das Wildlife Hospital und ein Kletterparcours mit Zip-Line (TreeTop Challenge). Abholung möglich u.a. ab Mariners Cove, Surfers Paradise, Broadbeach (🚌 $ 18), nicht aber von Coolangatta.

🌐 *8 km nördlich von Coolangatta, 18 km südlich von Surfers Paradise, direkt am Gold Coast Hwy (Hwy 2)* ✉ *28 Tomewin St, Currumbin QLD 4223* ☎ *07-5534-1266* @ *moreaustralian@cws.org.au* 🌐 *www.cws.org.au* 🕐 *Tägl. 8–17 h* 💲 *Erw. $ 49, Kinder $ 35,95, TreeTop Challenge: Erw. $ 69, Kinder $ 59*

Swell Sculpture Festival

Am Strand von Currumbin findet jedes Jahr Mitte September das zehntägige **Swell Sculture Festival** statt, bei dem über 50 Skulpturen lokaler und internationaler Künstler direkt am Strand ausgestellt werden. Eintritt ist kostenlos.

🌐 *www.facebook.com/swellsculpture*

Kurz vor Coolangatta endet der Gold Coast Highway (Highway 2), und es beginnt der **Highway A1**, *der in Strandnähe parallel zur Autobahn* **M1** *verläuft. Die Straße heißt auch weiterhin Gold Coast Highway, bis sie in den Außenbezirken von Tweed Heads wieder in die M1 mündet.*

🏛 COOLANGATTA UND TWEED HEADS 🎴🅿➕❌🎴🏛

👫👫	5.192	
☀	28 °C	
❄❄	28 °C	
〰	4 m	
◢	Surfers Paradise	24 km
	Byron Bay	67 km

Blick auf Coolangatta

Coolangatta liegt 24 Kilometer südlich von Surfers Paradise und gehört noch zur Gold Coast, allerdings geht es an diesem Küstenabschnitt bereits erheblich ruhiger und entspannter zu. Coolangatta eignet sich gut zum Sonnenbaden, Surfen oder für Spaziergänge am Strand. Der Nachbarort **Tweed Heads** schließt ohne Übergang direkt an Coolangatta an, sodass man kaum bemerkt, dass man tatsächlich die Staatsgrenze nach New South Wales überschreitet.

Seit 2015 gehört Snapper Rocks in Coolangatta zu den Austragungsorten der ASP World Championship Tour für Surfer, mit wetterabhängigen Terminen Ende Februar/Anfang März. Weitere australische Austragungsorte der Welttour sind Bells Beach bei Melbourne und Margaret River in Western Australia. www.worldsurfleague.com

GOLD COAST AIRPORT VISITOR INFORMATION AND BOOKING CENTRE
In Bilinga vom Hwy A1 direkt auf das Flughafengelände, 3 km nördlich von Coolangatta Site 20, Gold Coast Airport, Domestic Arrival Terminal, 1 Terminal Dr, Bilinga QLD 4225 07-5536-4709 infocoolangatta@gctourism.com www.visitgoldcoast.com Tägl. 7–19:30 h

TWEED HEADS VISITOR CENTRE
Vom Hwy A1 links auf die Musgrave St/Marina Parade rechts in die Wharf St Cnr Wharf St/Bay St, Tweed Heads NSW 2485 07-5536-6737 infocoolangatta@gctourism.com www.destinationtweed.com.au Mo.–Sa. 9–16:30 h, So. 9:30–16 h

Orientieren

Am Ortseingang von **Coolangatta** verlassen Sie den Highway A1 und fahren direkt am Strand entlang über die Musgrave Street/Marine Parade. Wenn Sie der Marine Parade über das Ende des Strandes hinaus über Boundary Lane/Boundary Street folgen, machen Sie eine kleine Runde um das sehenswerte Kap von **Point Danger** am Nordufer der Flussmündung des Tweed River.

An der **Wharf Street** geht es nun weiter in Richtung Süden. Direkt hinter dem Kreisverkehr überschreiten Sie die Grenze nach New South Wales. Nun sind Sie in **Tweed Heads** und folgen weiter der Wharf Street, später Minjungbal Drive, durch den Ort.

Anreise und Transport

Coolangatta
Coolangatta hat einen Inlandsflughafen (Gold Coast Airport) und ist ein Haltepunkt auf der Brisbane-Sydney-Route der Greyhound-Busse. Die Busse halten an der Warner Street, zwischen Lanham und Chalk Street, nur einen Block von der Marine Parade entfernt. Wer mit dem Nahverkehrszug von Brisbane kommt, steigt an der Endstation in Varsity Lakes aus und sollte sich dann auf etwa 40 Minuten Fahrt mit dem öffentlichen Bus Nr. 761 einstellen. Coolangatta bildet die Südgrenze des Translink-Verkehrsverbundes, sodass man auch von hier aus noch gut die Gold Coast mit ihren vielen Stränden mit öffentlichen Bussen erkunden kann.

Tweed Heads
Die Überlandbusse von NSW Train Link halten in Tweed Heads, mit Fahrtrichtung Brisbane und Grafton (www.nswtrainlink.info/destinations/network)

Versorgen und einkaufen

Der Aldi von Coolangatta liegt in einem Einkaufszentrum an der Strandstraße (72–80 Marine Parade).

✕ Essen und trinken

An der Marine Parade, der Strandstraße von Coolangatta, liegen etwa in Höhe der McDonald Street eine Reihe von Restaurants und Cafés mit gemütlichen Sitzecken an der frischen Luft und mit Meerblick.

▶ Raw Energy

Raw Energy hat geöffnet für Frühstück und Mittagessen; hier kommt vor allem Gesundes auf den Tisch: frisch gepresste Säfte, Salate und Sandwiches mit Zutaten aus der Region. Mit vielen Optionen für Vegetarier ebenso wie glutenfreie Speisen.

⊘ 7/110 Marine Pde, Coolangatta QLD 4225
☎ 07-5599-5099 @ coolangatta@rawenergy.com.au
🌐 www.rawenergy.com.au ⊘ Tägl. 6:30–16 h ⊘ *

▶ George's Paragon Seafood Restaurant Coolangatta

Schicker Grieche mit Meerblick und klassischer blau-weißer Dekoration.

⊘ 110 Marine Pde, Coolangatta QLD 4225 ☎ 07-5599-1885 🌐 www.georgesparagon.com ⊘ Tägl. 11–21 h ⊘ **

👁 Highlights

▶ Pat Fagan Park, Greenmount Hill

Kleiner Hügel mit tollen Aussichten Richtung Norden auf Coolangatta Beach, mit Bergen im Hintergrund und auf die Hochhäuser von Surfers Paradise. Eine Treppe führt hinunter bis zum Strand.

⊘ Siehe Orientieren ⊘ Ecke Marine Parade/Hill St, Coolangatta QLD 4225

▶ Point Danger

Die Landesgrenze zwischen Queensland und New South Wales verläuft quer über den Hügel bei Point Danger. Dieses Kap wurde von Captain Cook im Jahr 1770 so benannt, weil sich vor der Küste ein gefährliches Riff befindet. Vom Aussichtspunkt aus kann man bis weit nach New South Wales hinein schauen wie auch die Hochhäuser der Gold Coast im Norden sehen. Wer genauer hinschaut, findet Schlösser mit persönlichen Gravuren an den Stahlkabeln, die den Aussichtspunkt umzäunen.

⊘ Siehe Orientieren ⊘ Ecke Marine Parade/Boundary St, Coolangatta QLD 4225

▶ Minjungbal Aboriginal Centre

Kleines Aboriginal-Museum in einem Waldstück am Ortsrand von Tweed Heads. Das Außengelände des Museums ist immer geöffnet und frei zugänglich; Infoblätter dazu kann man außerhalb der Öffnungszeiten etwa beim Visitor Centre in Tweed Heads an der Hauptstraße mitnehmen.

⊘ Im Süden von Tweed Heads vom Minjungbal Dr links auf Kirkwood Rd bis Davey St ⊘ Davey St, Tweed Heads South NSW 2486 🌐 www.nationalparks.nsw.gov.au/visit-a-park/parks/Tweed-Heads-Historic-Site ⊘ Mo.–Do. 10–15 h ⊘ $ 15

🛏 Übernachten

🏨 La Costa Motel

Motel mit 60er-Jahre-Strandhaus-Flair, von innen mit Holzfußböden und moderner Einrichtung. Nur 100 Meter vom Strand entfernt. Frühstück und Abholung ab Gold Coast Airport sind im Preis inbegriffen.

⊘ Zwischen Gold Coast Airport und Strand, der Golden Four Dr verläuft parallel zum Gold Coast Hwy (A1); 3 km nördlich von Coolangatta ⊘ 127 Golden Four Dr, Bilinga QLD 4225 ☎ 07-5599-2149 🌐 www.lacostamotel.com.au 🅿 Ja ⊘ Ja ⊘ **

🏨 Komune Resort

Hostel mit Meerblick an der Strandstraße. Es gibt gemischte 6-Bett-Zimmer sowie 4er-Zimmer für alleinreisende Frauen. Alle Zimmer haben ein eigenes Bad, einen Balkon mit Meerblick und keine Klimaanlage. Frühstück und WiFi sind im Preis inbegriffen für Reisende, die im Mehrbett-Zimmer übernachten. Wer in den Ocean Suites (Doppelzimmer) übernachtet, sollte von Fr.–So. mit Partylärm etwa bis Mitternacht rechnen.

⊘ Ecke Marine Parade/Hill St, mitten im Ort ⊘ 146 Marine Parade, Coolangatta QLD 4225 ☎ 07-5536-6764 @ info@komuneresorts.com 🌐 www.komuneresorts.com/goldcoast 🅿 Ja ⊘ Ja ⊘ 6er- oder 8er-Zimmer *, Ocean Suite **

🏕 Kirra Beach Tourist Park 👫

Großer Campingplatz mit eigenem See, nur 600 Meter vom Strand entfernt. Für Kinder gibt es einen Pool, Spielplatz und Trampolin, für die Erwachsenen eine Gemeinschaftsküche. Wer nicht campen möchte: Es gibt 7 Backpacker-Zimmer (1-Room-Lodging) mit Doppelbett oder zwei Einzelbetten und Gemeinschaftsbad sowie sechs 2-Bedroom-Villas für bis zu vier Personen mit eigenem Bad.

⊘ In Coolangatta vom Highway A1 links auf die Coolangatta Rd, danach rechts auf die Charlotte St ⊘ 10 Charlotte St, Coolangatta QLD 4225 ☎ 1300-672-740 @ kirra@gctp.com.au 🌐 www.goldcoasttouristparks.com.au/kirrabeach-parkhome 🅿 Ja 🏕 160 🚐 22 🛏 Ja ⊘ Ja ⊘ Wasser, Abwasser, Strom (15 Amp.) 🅿 Nein ⊘ $$$, 1-Room-Lodging *

*Mit dem kaum merklichen Grenzübergang bei **Tweed Heads** haben Sie Queensland hinter sich gelassen und es geht vom Minjung-*

*bal Drive wieder auf den Pacific Motorway (M1). Falls Sie bei Nerang die Gold Coast ausgelassen haben, stoßen Sie an dieser Stelle wieder auf die Hauptroute. Ihre Reise führt Sie nun weiter nach **New South Wales**, wo Sie ein Wechsel aus Regenwald und Stränden erwartet. Viele Menschen sieht man eigentlich nur an den Stränden von Byron Bay und von Sydney, überall sonst hat man die kilometerlangen Sandstrände nicht selten für sich allein. Auch die Städte unterscheiden sich von denen in Queensland: Man sieht nun viel öfter gedrungene Backsteinbauten anstelle von luftigen Holzhäusern. Palmen werden seltener in New South Wales, dafür sieht man öfter die eigenwilligen* Hoop Pines *(Araukarien), eine Art von Nadelbäumen, deren Äste in regelmäßigen Abständen wie Ringe (Hoops) aus dem Baumstamm wachsen. Während man in Queensland an vielen Stränden bei gutem Wetter türkisblaues Wasser sieht, hat das Meer nun oft eine kräftige, dunkelblaue Farbe, die erahnen lässt, dass das Wasser nicht mehr die Temperaturen des tropischen Nordens erreicht.*

Dem Pacific Motorway (M1) folgen Sie über 60 Kilometer durch grüne Hügellandschaften in Richtung Süden. Bei Ewingsdale verlassen Sie die Schnellstraße für eine Weile und fahren über die **Ewingsdale Road***, die später in die Shirley Street übergeht, sechs Kilometer bis nach Byron Bay.*

! Achtung Sommerzeit: In Queensland gab es keine Sommerzeit. In New South Wales hingegen wird am 1. Sonntag im Oktober die Uhr eine Stunde vorgestellt (von sieben auf acht Uhr). Ab dem 1. Sonntag im April stimmt die Uhrzeit dann wieder mit Queensland überein.

🏙 BYRON BAY 🖼🛈➕✖🎬🏛

🚶‍♂️	4.959	
☀	24 °C	
❄❄	17 °C	
〰	3 m	
📍	Coolangatta	67 km
	Lennox Head	22 km

Die Gegend rund um Byron Bay gehört zu den schönsten Küstenregionen von New South Wales. Auch wenn Sie keine Zeit haben sollten, die gesamte Küste von Brisbane nach Sydney zu bereisen, so lohnt es sich, wenigstens bis nach Byron Bay zu reisen und ein wenig Seeluft zu schnuppern, bevor Sie z. B. wieder nach Brisbane zurückfahren.

Byron Bay wurde 1770 vom Weltreisenden James Cook benannt und begann im 19. Jahrhundert als Holzfäller-Camp. Nachdem man direkt am Strand Gold gefunden hatte, gab es für eine Weile über 20 Minen. Später grasten Kühe rund um den Ort, und auch Wale wurden gefangen. Heute ist Byron Bay ein vor allem bei jüngeren Reisenden beliebter Urlaubsort mit langem Sandstrand, guten Surfwellen für Anfänger und einem sehenswerten Leuchtturm, der 1901 errichtet wurde. In den Schulferien und während der *Schoolies Week* im November, wenn Schulabgänger ihren Abschluss feiern, werden Sie viele junge Leute in Byron Bay antreffen. Das Zentrum des kleinen Urlaubsortes liegt am Nordende der Jonson Street, einer Sackgasse, die zum Strand hin an einem Parkplatz endet. Rechts und links der Johnson Street findet sich eine bunte Mischung aus Surfläden, Schnellimbissen und gemütlichen Restaurants.

ℹ VISITOR CENTRE

🚇 Old Stationmaster's Cottage, 80 Jonson St (Hauptstraße), Byron Bay NSW 2481 ☎ 02-6680-8558
@ info@visitbyronbay.com 🌐 www.visitbyronbay.com
🕐 Tägl. 9–17 h

⊙ Orientieren

Byron Bay ist eine in etwa dreieckige Ortschaft, die von zwei Stränden eingegrenzt wird: dem weitgehend west-östlich verlaufenden **Main Beach** sowie dem etwa 6,5 Kilometer langen Nord-Süd-Strand **Tallow Beach**, der am Broken Head (▶ Seite 271) endet (fragt man einen Einheimischen, wird er die einzelnen Strandabschnitte noch genauer benennen, im Grunde bleibt es aber bei zwei sehr langen Stränden). Am östlichsten Punkt des Ortes, gleichzeitig der östlichste Punkt Australiens, steht der Leuchtturm von Byron Bay.

Über die **Ewingsdale Road**, später Shirley Street, geht es in das Ortszentrum von Byron Bay. Hier ist alles kleiner, bunter und manchmal auch ein bisschen ruhiger als an der Gold Coast. Am Kreisverkehr hinter der Polizei geht es **links** in die Lawson Street. Wenn Sie gleich am nächsten Kreisverkehr nochmal links in die Jonson Street abbiegen, sind Sie direkt am Main Beach und können bereits den Leuchtturm sehen. Um zum Leuchtturm zu kommen, folgen

Am Strand von Byron Bay

Sie dem Verlauf der Lawson Street, später Lighthouse Road, bis zum Ende.

Ortsauswärts in Richtung **Broken Head** geht es vom Kreisverkehr nach **rechts** in die Jonson Street.

Ⓗ Anreise und Transport

Byron Bay hat keinen Flughafen, der nächste Inlandsflughafen liegt in Ballina (33 Kilometer weiter südlich). Der Greyhound-Bus auf der Route von Brisbane nach Sydney hält neben dem Visitor Centre (📍 84 Jonson St, Byron Bay). Die Überlandbusse auf der Brisbane-Grafton(-Sydney)-Route von NSW Train Link halten ebenfalls in Byron Bay (🌐 https://transportnsw.info/document/1447/regional-trains-coaches-map.pdf). **Byron Easy Bus** fährt 5 x täglich ab Brisbane Airport, Brisbane Roma St (Busbahnhof) oder Gold Coast Airport (📍 ab Brisbane: Erw. $ 60, Kinder $ 50, ab Gold Coast: Erw. $ 40, Kinder $ 30). Als Autofahrer kommt man gut im kleinen Ort zurecht, jedoch sind die Parkplätze begrenzt und man sollte mit Parkgebühren von um die $ 4 pro Stunde rechnen.

🛒 Versorgen und einkaufen

Der Aldi von Byron Bay liegt im Ortszentrum, Ecke Fletcher Street und Byron Street.
📍 *Von der Hauptstraße (Jonson St) links auf die Byron St*

✕ Essen und trinken

▶ Fishheads

Fishheads ist eines der wenigen Restaurants, die direkt am Meer liegen. Das 1951 erbaute Backsteingebäude mit den roten Dachziegeln könnte so auch in Norddeutschland stehen; es hat eine gemütliche Terrasse mit Meerblick. Alle Gerichte werden aus regionalen Zutaten zubereitet. Es gibt ein Takeway-Fenster für Mitnahme-Kunden.

📍 *Am Kreisverkehr Jonson St/Lawson St links in die Jonson St* 📧 *Jonson St, Byron Bay NSW 2481* ☎ *02-6680-7632* @ *functions@fishheadsbyron.com.au* 🌐 *www.restaurantbyronbay.com.au* 🕐 *Tägl. 7:30 h »till late«* 💲 ★★–★★★

▶ Beach Byron Bay

Oberhalb des Strandes gelegenes Café mit Meerblick und eigenem Strandzugang. Es gibt Seafood mit australisch-italienischer Note.

💡 Am schönsten ist es, wenn man über den Strand vom Zentrum von Byron Bay in Richtung Leuchtturm geht (ca. 20 Minuten). Das Café ist vom Strand aus einfach zu sehen.

📍 *Am Kreisverkehr Jonson St/Lawson St geradeaus weiter. Direkt neben Clarkes Beach Holiday Park, Parken $ 4 pro Stunde* 📧 *Clarkes Beach, 2 Massinger St, Byron Bay NSW 2481* ☎ *02-6685-8400* @ *enquiries@byronbeachcafe.com.au* 🌐 *www.beachbyronbay.com.au* 🕐 *Tägl. 7:30–15 h, Dinner ab 17:30 h* 💲 ★★–★★★

▶ The Balcony Bar & Restaurant

Eckrestaurant mit Balkon im ersten Stock und seitlichen Aussichten aufs Meer. Australische Küche mit mediterranem Einschlag mit Fischgerichten, Tapas, Käseplatten und Austern. Happy Hour mit $ 12-Cocktails von 16 bis 18 Uhr, donnerstags Livemusik ab 18 Uhr.

📍 *Direkt am Kreisverkehr Jonson/Lawson St in der Ortsmitte* 📧 *Cnr Jonson/Lawson St, Byron Bay NSW 2481* ☎ *02-6680-9666* @ *reservations@balcony.com.au* 🌐 *www.balcony.com.au* 🕐 *Mo.–Fr. ab 11:30 h, Sa. & So. ab 9 h* 💲 ★★–★★★

👁 Highlights

▶ Cape Byron Lighthouse ★

Der 1901 erbaute, 22 Meter hohe Leuchtturm gehört zu den schönsten in Australien und ist daher ein beliebter Ort für Heiratsan-

267

Map legend:

- **i** Information
- Holiday accomodation
- **P** Car parking
- Toilets
- Picnic Area
- Lookout
- Walking track
- Cape Byron SCA

Little Wategos

Cape Byron Marine Park

Fishermans Lookout

Wategos Beach

Marine Parade

Residential

Brownell Drive

The Pass

Palm Valley Drive

Brooke Drive

Palm Valley

Cape Byron Light

Lighthouse Rd

Cape

Byron

State

Cliff

Cliff

Clarkes Beach

Residential

Captain Cook Lookout

Lee Lane

Tallow Ridge

Conservation

Cosy Corner

Lighthouse Rd

Area

Cliff

Tallow Beach Rd

Byron Coast/Marine Parks Office

Tallow Beach

Arakwal National Park

0   100   200

Metres

N W E S

---

träge und Hochzeiten. Der Turm liegt in 94 Metern Höhe nur wenige Schritte vom östlichsten Punkt des australischen Festlands entfernt. Von Juni bis November sieht man manchmal vorbeiziehende Wale. Führungen durch den historischen Leuchtturm werden von Freiwilligen durchgeführt und finden bei gutem Wetter täglich 10 bis 15 Uhr statt und dauern etwa 20 Minuten, Anmeldung nicht notwendig (© Spende). Auf dem Gelände befindet sich ein historisches Gebäude mit Visitor Centre und kleinem Museum sowie ein Café mit Picknicktischen und besten Aussichten über die Küste.

💡 Auch wenn die Sonne in Byron Bay früher aufgeht als anderswo in Australien, ist es die Mühe wert, eine halbe Stunde vor Sonnenaufgang den Berg hinaufzufahren oder hinaufzuwandern, um die weiten Aussichten auf das Meer bei Sonnenaufgang zu genießen.

🚗 Vom Zentrum über die Lawson St, die später in Lighthouse Rd umbenannt wird 🚌 Lighthouse Rd, Byron Bay NSW 2481 ☎ 02-6620-9300 @ cape.byron@environment.nsw.gov.au 🌐 www.nationalparks.nsw.gov.au/things-to-do/historic-buildings-places/Cape-Byron-Lighthouse 🕐 Das Leuchtturmgelände ist rund um die Uhr zugänglich, das Visitor Centre 9:30–16:30 h. 🅿 Parken $ 8 pro Std., Fußgänger frei (Spende)

▶ **Belongil Beach**

Belongil Beach gehört zu den Strandabschnitten, an denen Badebekleidung optional ist. Dazu geht man vom Zentrum von Byron Bay über den Main Beach nicht in Richtung Leuchtturm, sondern in die andere Richtung. Hier wird gerne nackt gebadet, wenn auch offiziell eigentlich nicht erlaubt.
🚗 Von der Evingsdale Rd rechts über die Kendall St zur Border St 🚌 Border St, Byron Bay NSW 2481

▶ **Kajaktour mit Delfinen**

Nicht nur Surfer lieben die Brandung von Byron Bay, sondern auch Delfine. Die drei-

stündigen Kajaktouren beginnen am Strand, gepaddelt wird in 2er-Kajaks zum östlichsten Punkt Australiens unterhalb des Leuchtturms. Unterwegs wird Ausschau gehalten nach Delfinen, im Winter auch nach Walen.
📍 Go Sea Kayak Byron Bay, 56 Lawson St (Ecke Cowper St), Byron Bay NSW 2481 ☎ 04-1622-2344 @ info@goseakayakbyronbay.com.au 🌐 www.goseakayakbyronbay.com.au ⏰ Tägl. 9:30 & 14 h 💲 Erw. $ 69, Kinder $ 59

▶ Julian Rocks Marine Reserve
Die 2,5 Kilometer vor Byron Bay gelegenen Felsen der Julian Rocks Marine Reserve gelten als einer der fischreichsten Tauchplätze Australiens, da tropische auf kühlere Meeresströmungen treffen. An den Felsen können Schnorchler und Taucher Delfine, Mantas, Grey Nurse Sharks (Sandtigerhaie) und Schildkröten sehen. Von Mai bis Oktober sieht man oft vorbeiziehende Wale sowie ganzjährig verschiedene Arten von tropischen Fischen. Im Februar steigen die Wassertemperaturen bei um die 24 Grad, im August/September um die 18 Grad.

Ausflüge zu den Julian Rocks werden u.a. angeboten von:

Sundive
📍 Am Kreisverkehr Jonson/Lawson St rechts auf die Jonson St, links auf die Byron St 📫 Shop 8, 9–11 Byron St, Byron Bay NSW 2481 ☎ 02-6685-7755 @ dive@sundive.com.au 🌐 www.sundive.com.au ⏰ Tägl. 8, 9:30 (nur für Schnorchler), 10:45, 13:15 h 💲 Schnorcheln: $ 70 pro Person, ab 7 Jahre; Tauchen: 1 Tauchgang $ 99, 2 Tauchgänge $ 187

Der Leuchtturm von Byron Bay im Morgenlicht

Byron Bay Dive Centre
📍 Am Kreisverkehr Jonson/Lawson St rechts auf die Jonson St, links auf die Marvell St 📫 9 Marvell St, Byron Bay NSW 2481 ☎ 02-6685-8333 @ info@byronbaydivecentre.com.au 🌐 www.byronbaydivecentre.com.au ⏰ Tägl. 8 h, 11 h, 14 h 💲 Schnorcheln: Erw. $ 69, Kinder $ 59. Tauchen: 1 Tauchgang $ 99, 2 Tauchgänge $ 89

▶ Surfen
Byron Bay ist bekannt als gute Gegend für Surfanfänger mit einfachen Wellen. In der Stadt gibt es gleich mehrere Surfschulen. Ein Einführungskurs mit **Black Dog** dauert 3,5 Stunden und kostet $ 60. In der Gruppe sind bis zu sieben Schüler. Bei **Style Surfing** zahlt man dasselbe; hier ist man in einer 10er-Gruppe mit zwei Surflehrern unterwegs. Kurse beginnen jeweils nach Absprache.

Black Dog Surfing
📍 Am Kreisverkehr Jonson/Lawson St rechts auf die Jonson St, links auf die Byron St 📫 Shop 4/5 11 Byron St, Byron Bay NSW 2481 ☎ 02-6680-9828 @ info@blackdogsurfing.com 🌐 www.blackdogsurfing.com

Byron Bay Style Surfing School
📍 Von der Jonson St, die weiter südlich in die Bangalow Rd (B62) übergeht, links auf die Cooper St/Beachcomber Dr bis zum Sandpiper Court 📫 2 Sandpiper Court, Byron Bay NSW 2481 ☎ 02-6685-5634 @ stylesurf@bigpond.com 🌐 www.stylesurfingbyronbay.com

🚶🌲 Wandern

▶ Cape Byron Walking Track ★
Den Besuch des Leuchtturms von Byron Bay (siehe oben) kann man gut mit einer abwechslungsreichen Rundwanderung durch die **Cape Byron State Conservation Area** verbinden. Vom Parkplatz an der Lee Lane führt der Weg durch Küstenregenwald mit einigen Cycads (Palmfarnen). Einige hundert Meter vor dem Leuchtturm endet der Wanderweg an der schmalen Parkstraße, mit Blick auf den bei Surfern beliebten, etwa 6,5 km langen Tallow Beach. Der Weg führt am Leuchtturm vorbei zum östlichsten Punkt Australiens und wendet sich danach wieder Richtung Westen. Der Pfad führt immer am Strand entlang, bis Sie schließlich den Brooks Drive und den Abzweig nach links auf die bekannte Lighthouse Road erreichen. Nun ist es nicht mehr weit bis zum Parkplatz.
⏰ Ganzj. 📍 Ecke Lighthouse Rd/Lee Lane (Bezahlparkplätze), oder von Byron Bay Zentrum aus (dann ca. 3 km zusätzlich über die Lighthouse Rd) ⏱ 2–2,5 Std. 🥾 Leicht ↔ 3,7 km (Rundweg) 🗺 Karte: www.environment.nsw.gov.au/resources/parks/walkMaps/CapeByronSCAWalks.pdf

Wandern mit Meerblick in Byron Bay

🛏 Übernachten

🏨 Waves Byron Bay

Schickes, zweigeschössiges Hotel, zentral, aber ruhig in einer Seitenstraße von Byron Bay gelegen. Ohne Pool, allerdings ist das Meer nur 70 Meter entfernt. Die günstigsten Zimmer sind die Boutique Suites für bis zu drei Gäste, mit Badezimmer in Granit und Marmor und einer Terrasse oder Balkon. Meerblick haben nur die Penthouses und eine der State Suites. Kaffee, Obst und Muffins gibt es morgens im Foyer.

📍 Am Kreisverkehr Jonson/Lawson St links in die Jonson St, rechts in die Bay St ⊝ 35 Lawson St, Byron Bay NSW 2481 ☎ 02-6685-5966 🖥 www.wavesbyronbay.com.au 🅿 Ja ⊝ Ja, kostenpflichtig ⊕ ★★–★★★★

🏨 Bay Motel on the Beach

Unauffälliges, zweistöckiges Motel an der Strandstraße von Byron Bay mit modern eingerichteten Zimmern. Vermietet werden Doppelzimmer sowie Family Rooms für bis zu fünf Personen. Restaurants und Geschäfte sind in Gehweite. Verleih von Boogie Boards.

📍 Am Kreisverkehr Jonson/Lawson St links in Jonson St, rechts in die Bay St ⊝ 12 Bay St, Byron Bay NSW 2481 ☎ 02-6685-6121 🖥 www.baymotel.com.au 🅿 Ja ⊝ Ja ⊕ ★★–★★★

🏨 Byron Bay YHA

Ausgedehnter Komplex, nur 200 Meter vom Strand und 150 Meter vom Transit Centre (Busbahnhof) entfernt, mit beheiztem Pool und tropischer Begrünung. Neben 4er-, 5er- und 9er-Schlafsälen (gemischt oder auch nur für Frauen) gibt es auch Doppelzimmer mit und ohne Badezimmer sowie 4er-Familienzimmer mit Bad. Alle Zimmer sind ohne Klimaanlage. Verleih von Surfboards und Fahrrädern möglich. Im Erdgeschoss des Gebäudes befinden sich ein Frisör, eine Surfschule, ein Ayurveda Centre, ein Café sowie die Tauchschule Sun Dive (siehe oben).

📍 Am Kreisverkehr Jonson/Lawson St rechts in die Jonson St, später links in die Carlyle St ⊝ 7 Carlyle St, Byron Bay NSW 2481 ☎ 02-6685-8853 @ byronbay@yha.com.au 🖥 www.yha.com.au/hostels/nsw/byron-bay-and-surrounds/byron-bay-yha-backpackers-hostel 🅿 Ja ⊝ Ja ⊕ ★

🚐 Byron Bay Clarkes Beach Holiday Park ★

Dieser Platz liegt am Ortsrand von Byron Bay etwa auf halbem Weg zwischen Zentrum und Leuchtturm. Der Park hat zwei Strandzugänge (dafür aber keinen Pool) sowie einen gemütlichen Gemeinschaftsraum mit Panoramaaussicht hoch über dem Strand. Einige der Stellplätze haben Meerblick. Gut gefallen haben uns die *Family Bathrooms*, komplett ausgestattete Badezimmer wie im Hotel. Für Nicht-Camper gibt es 22 Cabins. Das Byron Beach Cafe liegt gleich nebenan.

Possums sind nachtaktiv und halten sich gerne auf Campingplätzen auf.

Weite Aussichten vom Three Sisters Walking Track auf den Strand in Richtung Byron Bay

🚗 Am Kreisverkehr Jonson St/Lawson St geradeaus weiter auf der Lawson St, links in die Massinger St 📧 Cnr Lawson St/Massinger St, Byron Bay NSW 2481 ☎ 02-6685-6496 @ clarkesbeach@nchp. com.au 🌐 www.clarkesbeach.com.au 🚃 Ja 🚐 88 🏕 9 🚗 Ja 🚿 Ja 🚽 Nein ○ Wasser, Abwasser, Strom (15 Amp.) 🔌 Ja ○ $$$–$$$$, Cabins ★★–★★★

*Sie verlassen Byron Bay über die Jonson Street: Am Südende geht es links auf die Browning Street, im Kreisel nehmen Sie die dritte Ausfahrt auf die **Bangalow Road (B62)**. Nach drei Kilometern knickt die B62 nach links ab, Sie fahren geradeaus weiter auf die **Broken Head Road**, der Sie durch den Wald in Richtung Süden folgen.*

🌲 BROKEN HEAD NATURE RESERVE ⭐

Der Broken Head markiert das Südende des etwa 6,5 km langen Tallow Beach. Von hier aus kann man den Leuchtturm von Byron Bay in der Ferne sehen. Broken Head ist ein felsiges Kap mit Küstenregenwald, Grasland und Eukalyptuswald. Zwölf der 240 im Park beheimateten Pflanzen sind vom Aussterben bedroht.

🌲 Wandern

▶ Three Sisters Walking Track

Der abwechslungsreiche Three Sisters Walking Track beginnt am Picknickplatz neben dem Broken Head Holiday Park und führt durch den Regenwald und über eine Wiese an Klippen vorbei zu einem von Pandanus-Palmen umgebenen Strand. Zurück geht es denselben Weg. Die Felsen am Broken Head sind ein guter Ort, um ganzjährig Delfine zu sehen (im Winter auch Wale) sowie verschiedene Küstenvögel und Seeadler.

💡 Am Wochenende kann es eventuell Parkplatzprobleme geben, daher früh kommen oder von Suffolk Park aus über den Strand gehen (verlängert die Wanderung um etwa 20 bis 30 Minuten pro Strecke).

🕐 Ganzj. ◉ Broken Head Holiday Park 🚗 8 km südlich von Byron Bay über Hwy 62, Bangalow Rd/ Broken Head Rd, Broken Head Reserve Rd 🕐 1,5 Std. ⤷ Leicht ↔ 2,4 km

🛏 Übernachten

🏕 Broken Head Holiday Park

Von Wald umgebener und in Gehweite zum Strand gelegener Campingplatz mit 90 Stellplätzen. Für Nicht-Camper gibt es Beach Shacks für zwei Personen bis hin zu Beach Houses für fünf Personen. Mit Gemeinschaftsküche, BBQs, Waschsalon und kleinem Kiosk. Ein Pool ist nicht mit dabei, dafür ist es nicht weit bis zum Strand. Ein Spielplatz befindet sich in Gehweite außerhalb des Campingplatzes. Bis zum nächsten Ort **Suffolk Park** sind es 20 Minuten zu Fuß über den Strand.

🚗 8 km südlich von Byron Bay über Hwy 62, Bangalow Rd/Broken Head Rd 📧 184 Beach Rd, Broken Head NSW 2481 ☎ 02-6685-3245 @ info@brokenhead-holidaypark.com.au 🌐 www.brokenheadholidaypark. com.au 🚃 Ja 🚐 53 🏕 37 🚗 Ja 🚿 Ja 🚽 Ja ○ Wasser, Strom (15 Amp.) 🔌 Nein ○ $$$, Cabins ★–★★

*Nach dem Broken Head folgen Sie dem Highway, der alsbald in **The Coast Road** umbenannt wird, weiter Richtung Süden, bis Sie Lennox Head erreichen.*

LENNOX HEAD 🖼 ✕ 🗐 🏛

👫👫	6.147
Byron Bay	22 km
Ballina	14 km

Lennox Head hat – abgesehen vom Leuchtturm – all das, was Byron Bay auch hat, nämlich schöne Strände und gute Surfwellen. Der Ort ist familienfreundlich, entspannt und einen Tick alternativ, was sich vor allem an den vielen Bio-Produkten zeigt, die in den Läden und Cafés angeboten werden. Entlang der Strandpromenade, dem **Seven Mile Beach**, finden sich Surfläden, gemütliche Cafés und Restaurants mit Sitzgelegenheiten auf dem Bürgersteig. Hier trifft man nicht nur Touristen, sondern auch viele Einheimische an, die am Wochenende zusammen mit ihren Kindern zum Surfen herkommen.

🧭 Orientieren

Kurz vor Lennox Head verlassen Sie die The Coast Road und biegen links in die Byron Street, die direkt am Strand in die Pacific Parade mündet, wenn Sie links abbiegen, bzw. in die Ballina Street, wenn Sie rechts abbiegen.

Ⓗ Anreise und Transport

Lennox Head hat keine Greyhound-Haltestelle, kann aber von Ballina oder Byron Bay mit dem Nahverkehrsbus erreicht werden, z. B. mit Blanchs Bus (🌐 www.blanchs.com.au) oder mit den Überlandbussen von NSW Train Link. Byron Easy Bus fährt zweimal täglich ab Brisbane Airport, Brisbane Roma St. (Busbahnhof) oder Gold Coast Airport (💰 Ab Brisbane: Erw. $ 70, Kinder $ 60, ab Gold Coast: Erw. $ 54, Kinder $ 44).

🛒 Versorgen und einkaufen

Ein IGA Supermarkt liegt mitten im Ort (📍 80–84 Ballina St). Auf derselben Straße findet sich der **Seed & Husk** mit Bio-Lebensmitteln und frisch gepressten Säften (📍 6/68 Ballina St).

✕ Essen und trinken

▶ Cafe Marius

Fast rund um die Uhr geöffnetes Strandcafé mit überdachter Terrasse, mit klassischen spanischen und mexikanischen Gerichten.

📍 90–92 Ballina St, Lennox Head NSW 2478 📞 02-6687-5897 🌐 www.facebook.com/pages/Cafe-Marius/207380749289264 🕐 Tägl. 7–15 h 💰 *–**

👁 Highlights

▶ Lake Ainsworth

Der im Norden von Lennox Head gelegene See hat eine bräunliche Farbe aufgrund der Tannine (Gerbstoffe) der rundherum wachsenden Teebäume. Entlang des Ufers gibt es Picknicktische und BBQs.

🚶 In Lennox Head zu Fuß den Strand entlang bis zum Nordende oder von der Byron St links über die Pacific Parade 📍 Pacific Parade, Lennox Head NSW 2478

▶ Lennox Point ★

Dieser Aussichtspunkt befindet sich in der **Lennox National Surfing Reserve** und eignet sich gut zum Beobachten von Delfinen, Walen, Surfern und Kajakfahrern, da man in Richtung Osten und Südosten bis weit raus aufs Meer schauen kann. Über eine Treppe kann man zum Gipfel mit dem **Pat Moreton Lookout** hinaufgehen.

🚶 The Coast Rd, 2 km südlich von Lennox Head

▶ Sharpes Beach

Sharpes Beach ist ein Surfstrand mit Parkplatz, der direkt an der Küstenstraße liegt. Auf der anderen Straßenseite liegt eine Kuhweide mit Meerblick, auf der es sicher nur glückliche Kühe gibt.

🚶 The Coast Rd, 5 km südlich von Lennox Head

🥾 Wandern

▶ Lennox Point Coastal Walk ★

Dieser Strandspazierweg beginnt am Süden de von Lennox Head an der Allans Parade mit einem Boardwalk (Holzsteg) über die Felsen. Der Weg schlängelt sich die Küste entlang bis hinauf zum Lennox Point und dem Pat Moreton Lookout mit weiten Aussichten über die Küste. Zurück geht es denselben Weg.

🚶 Von der Ballina St links auf die Allens Parade 🕐 Ganzj. 📍 Allens Parade, Lennox Head NSW 2478 ⏱ 50 Min. 🔺 Leicht 📏 3,5 km

🛏 Übernachten

🏠 Absolute Beachfront Apartments

Zweistöckige Apartmentanlage von Lennox Head im Ortszentrum mit eigenem Zugang zum **Seven Mile Beach** sowie einem großem Pool für Erwachsene und einem kleinen für Kinder. Auf der Meerseite des Hotels befindet sich eine große Wiese mit

Das Wahrzeichen von Ballina ist eine Riesen-Garnele.

Picknicktischen. Alle Ferienwohnungen haben ein oder zwei Schlafzimmer, eine Küche sowie einen Balkon oder eine Terrasse mit Meerblick – Mindestaufenthalt sind zwei Nächte, in der Weihnachtszeit und den Osterferien sieben Nächte.

☎ 77–81 Ballina St, Lennox Head NSW 2468 ☎ 02-6687-5521 🌐 www.lennoxheadapartments.com.au 🅿 Ja 🚭 Nein ✱ ★★–★★★

🛏 Flat Rock Tent Park

Dieser Campingplatz ist für Zelte wie auch für Wohnmobile geeignet, alle Stellplätze sind ohne Stromanschluss. Das Highlight an dem Park ist daher weniger die Ausstattung, sondern die schöne Lage mitten in der Natur. Der Platz hat einen eigenen Strand, von dem aus man im Winter mit ein bisschen Glück vorbeiziehende Wale beobachten kann. Zur Ausstattung gehören ein moderner Sanitärblock, eine Gemeinschaftsküche, BBQs (Gas und Holz) sowie ein Kiosk, der auch Kaffee zum Mitnehmen verkauft.

🧭 The Coast Rd 6 km südlich von Lennox Head und 6,5 km nördlich von Ballina ✉ 38 Flat Rock Rd, East Ballina NSW 2478 ☎ 02-6686-4848 @ info@flatrockcamping.com.au 🌐 www.flatrockcamping.com.au ✱ Ja 🚭 87 🅿 Nein 🍴 Ja 🚭 Nein ✱ Keine 🅿 Nein ✱ $$$

Sie verlassen Lennox Head über die Ballina Street (alternativ über Byron Street) und folgen dem Küstenverlauf über The Coast Road weiter in Richtung Ballina. Kurz vor dem Ortseingang (knapp sechs Kilometer südlich von Lennox Head) kommt ein Kreisverkehr. Nehmen Sie die erste Ausfahrt, um der The Coast Road weiter zu folgen, die Sie direkt ins Zentrum von Ballina auf die River Street bringt.

🏛 BALLINA 🖼 ℹ ➕ ✖ 💼 🏧

👫	15.963	
	Lennox Head	14 km
	Ulmarra	118 km

Ballina liegt an der Flussmündung des weiten Richmond River und ist der größte Ort an diesem Küstenabschnitt. Auch hier dreht sich viel ums Surfen, mit vielen Geschäften mit Strandmode und Surferausstattung. Im Zentrum der Stadt, schräg gegenüber vom Ramada Hotel, steht das fotogene Postgebäude von 1888, das heute als Gericht genutzt wird. Ebenfalls einen Blick wert ist die *Big Prawn,* eine der vielen Riesenskulpturen an der Ostküste. Die Riesengarnele steht am Parkplatz vom Bunnings Baumarkt, auf dem Weg zur Autobahn im Süden der Stadt (☎ 507 River St).

ℹ BALLINA VISITOR INFORMATION CENTRE

☎ 6 River St, Ballina NSW 2478 ☎ 02-6686-3484 @ balinfo@ballina.nsw.gov.au 🌐 www.discoverballina.com 🕐 Tägl. 9–17 h

Ⓗ Anreise und Transport

Ballina hat einen Inlandsflughafen und ist ein Haltepunkt auf der Brisbane-Sydney-Route der Greyhound-Busse, mit einer Haltestelle an der Tamar Street, zwei Blocks von der River Street entfernt. Auch Busse von NSW-TrainLink (🌐 www.nswtrainlink.info) halten in Ballina. Byron Easy Bus fährt zweimal täglich ab Brisbane Airport, Brisbane Roma St (Busbahnhof) oder Gold Coast Airport (⏺ Ab Brisbane: Erw. $ 70, Kinder $ 60, ab Gold Coast: Erw. $ 54, Kinder $ 44).

🍴 Versorgen und einkaufen

Ein Woolworths Supermarkt findet sich im Ballina Fair Shopping Centre an der Kerr Street (Seitenstraße der River Street), ein Aldi Supermarkt an der Ecke North Creek Road/Tamarind Drive, am nördlichen Zubringer des Pacific Highway.

✕ Essen und trinken

▶ Red Wok
Bei den Einheimischen beliebter, wenn auch mit Fliesenboden und Plastikstühlen eher nüchtern dekorierter Thailänder. Curries und Kurzgebratenes aus dem Wok mit Zutaten aus der Region. Vorbuchung wird empfohlen.
📍 Von River St im Stadtzentrum rechts in Cherry St ⏺ 37–41 Cherry St, Ballina NSW 2478 ☎ 02-6686-2564 @ bookings@redwok.com.au 🌐 www.facebook.com/redwokballina ◉ Täglich ab 17:30 h ⏺ **

▶ The Point
Im Erdgeschoss des Ramada Hotel untergebrachtes Restaurant, und einer der besten Plätze in Ballina mit Aussichten über den Richmond River. Gekocht wird australisch mit einem Schwerpunkt auf Seafood. Bei kaltem Wetter kann man sich hinter der Panorama-Glasscheibe verstecken, bei warmem Wetter werden die Tische auf die Wiese rausgestellt.
📍 Von der River St im Stadtzentrum links in die Martin St ⏺ 2 Martin St, Ballina NSW 2478 ☎ 02-6618-1188 @ info@thepointballina.com.au 🌐 www.thepointballina.com.au ◉ Tägl. 7 h »till late« ⏺ **

▶ Indian Mumtaj Restaurant
Ebenfalls im Erdgeschoss des Ramada untergebrachtes Restaurant, mit Schwerpunkt auf traditioneller nordindischer Küche mit einer Reihe von Optionen für Vegetarier.
⏺ 2 Martin St, Ballina NSW 2478 ☎ 02-6618-1194 🌐 www.ballina.indianmumtaj.com.au ◉ Tägl. 11:30–14:30 h & 17 h »till late« ⏺ **

▶ Evolution Cafe & Indian Restaurant
Gemütliches Eck-Café mit seitlichem Blick auf den Richmond River und kostenlosem WiFi. Bis 15 Uhr wird australisches Frühstück/Mittagessen serviert, ab 17:30 Uhr kommen dann indische Gerichte auf den Tisch.
⏺ Cnr Martin/Fawcett St, Ballina NSW 2478 ☎ 02-6681-4095 🌐 www.facebook.com/Evolution-Cafe-Indian-Restaurant-199357233906583/?rf=162425913773043 ◉ Tägl. 7–15 h, 17:30-21 h ⏺ *–**

▶ Ballina RSL Club
Der RSL Club ist das größte Entertainment Centre in Ballina mit Spielautomaten (Pokies), einer TAB Sports Lounge und Live-Unterhaltung jeden Freitag und Samstag. Eine gute Gelegenheit, um Australier und ihre Hobbies aus der Nähe zu betrachten. Das Boardwalk-Restaurant hat ein Panoramafenster mit Blick auf den Richmond River. Auf dem Menü findet man Steak, Seafood und asiatisch inspirierte Gerichte. Das River Café hat fürs Frühstück geöffnet, man kann auch an der frischen Luft am Fluss sitzen.
⏺ 240 River St, Ballina NSW 2478 ☎ 02-6681-9500 @ memservices@ballinarsl.com.au 🌐 www.ballinarsl.com.au ◉ Boardwalk: Tägl. 12–14 h, So.–Do. 18–20 h, Fr. & Sa. 18–20:30 h ◉ River Cafe: Täglich ab 7 h ⏺ *–**

▶ Lighthouse Beach Cafe (Ballina Surf Club)
Der Surfclub hat die besten Aussichten im ganzen Ort über den Lighthouse Beach und bis weit hinaus aufs Meer. Gekocht wird typisch Australisches, darunter Burger, Salate und Fish & Chips. Der Surf Club hat den Preis für den besten australischen Surfclub im Jahr 2014 gewonnen.
📍 Von Norden kommend über die Coast Rd links in die Shelly Beach Rd und dann immer am Strand entlang fahren; etwa 4 km nördlich von Ballina Zentrum ⏺ 65 Lighthouse Parade, Ballina NSW 2478 ☎ 02-6686-4380 @ lighthousebeachcafe@hotmail.com 🌐 www.lighthousebeachcafe.com.au ◉ Mo.–Fr. 7:30–15 h, Sa. & So. bis 16 h, von Okt.–April. auch Fr. & Sa. fürs Abendessen geöffnet ⏺ *–**

👁 Highlights

▶ Ballina Memorial Olympic Pool & Waterslide
Gleich neben dem Visitor Centre gelegenes Schwimmbad mit beeindruckender Riesenrutsche, die in den Schulferien jeden Tag,und den Rest des Jahres am Samstag und Sonntag geöffnet hat. Für Leute, die einfach nur ein paar Bahnen schwimmen wollen, gibt es einen separaten 50-Meter-Pool, ein Kinder- und ein Babybecken. Der Pool ist voraussichtlich bis Mitte 2018 für Renovierungen geschlossen.
⏺ 4 River St, Ballina NSW 2478 ☎ 02-6686-3771 🌐 www.byron4kids.com.au/ballina-pool-and-waterslide ◉ Mo.–Fr. 6-18 h, Sa. 8–18 h, So. 9–18 h, Wasserrutsche Sa. & So. 11–16 h, in den Schulferien täglich ⏺ Erw. $ 5, Kinder $ 4

▶ Ballina Naval & Maritime Museum
Am Ufer des Richmond River gelegenes Schifffahrtsmuseum mit vielen historischen Schiffsmodellen. Zu den Highlights gehört

eines der drei südamerikanischen Balsa-holz-Boote, mit denen Abenteurer 1973 von Ecuador nach Ballina gesegelt sind, um zu beweisen, dass auch zu vorkolonialen Zeiten eine derartige Seereise möglich war.

🌐 *Von der River St links auf die Martin St, am Ende links in die Regatta Ave* ✉ *Regatta Ave, Ballina NSW 2478* ☎ *02-6681-1002* 🌐 *www.ballinamaritime museum.org.au* 🕐 *Tägl. 9–16 h* 💰 *Erw. $ 5, Kinder $ 2*

► Lighthouse Lookout

Nicht ganz so berühmt wie der Leuchtturm von Byron Bay, aber trotzdem ein schönes Fotomotiv ist der weiße Leuchtturm von Ballina, der auf einer Hügelkuppe oberhalb des Lighthouse Beach steht. Vom etwas unterhalb des Turms gelegenen Parkplatz hat man weiten Blick über die Küste und kann Surfer im Wasser beobachten.

🌐 *Von Norden kommend über Coast Rd links in Shelly Beach Rd und dann immer am Strand entlang fahren; etwa 4 km nördlich von Ballina.* ✉ *Cnr Grand View St/Harbourview St, East Ballina NSW 2478*

Ballinas kleiner Leuchtturm

► Thursday Plantation

Das stark riechende Öl des Australischen Teebaums *(Melaleuca alternifolia)* wirkt antiseptisch und wird daher Pflegeprodukten wie Cremes und Shampoos beigemischt. Die 1976 gegründete Thursday Plantation ist Australiens älteste Teebaumplantage. Im Museums-/Verkaufsraum kann man mehr über die Geschichte des Teebaumöls erfahren, u.a. auch, dass ein ähnliches Produkt im 19. Jahrhundert als Heilmittel gegen *alle* Krankheiten verkauft und dass Teebaumöl im Zweiten Weltkrieg als Zusatz zum Waffenöl verwendet wurde. Auf dem Gelände befinden sich ein Café mit überdachter Terrasse, ein Skulpturengarten, ein grünes Labyrinth sowie ein Spazierweg durch den Regenwald. Im Kinoraum läuft eine Dokumentation zum Thema Teebaumöl.

🌐 *Von der River St rechts in die Cherry St/Bangalow Rd/Tamarind Dr, dann rechts in die Gallans Rd. 4 km nordwestlich von Ballina* ✉ *Gallans Rd, Ballina NSW 2478* ☎ *02-6620-5150* 📧 *edcentre@integria.com* 🌐 *www.thursdayplantation.com* 🕐 *Mo.–Fr. 9–17 h, Sa. & So. 10–16 h* 💰 *Kostenlos*

🛏 Übernachten

🏨 Ramada Ballina Byron

Eines der neuesten Hotels der Stadt, ruhig aber zentral gelegen. Von hier aus kann man Ballina bequem zu Fuß erkunden, nur bis zu den Surfstränden braucht man ein Auto. Das 5-stöckige Gebäude hat 115 Zimmer mit Balkonen und Aussichten auf den Pool oder den Richmond River. Mit dabei sind außerdem ein Fitnessraum und ein beheizter Pool mit Sonnendeck und Liegestühlen. Das Hotel und ist umgeben von einer Reihe von Cafés und Restaurants.

🌐 *Von der River St im Stadtzentrum links in die Martin St* ✉ *2 Martin St, Ballina NSW 2478* ☎ *02-6618-1000* 📧 *rec@ramadaballina.com.au* 🌐 *www.ramadaballinabyron.com.au* 🅿 *Ja* 🍴 *Ja, kostenpflichtig* 💲 *★★–★★★★*

🏨 Ballina Beach Resort

Zweigeschossiges Gebäude in Gehweite zum Strand, wenn auch ohne Meerblick. Die Zimmer haben Ausblicke auf den tropischen Garten oder auf die Poollandschaft. Auf dem Gelände befinden sich ein Whirlpool, eine Sauna und ein Tennisplatz. Das Hotel hat ein eigenes Restaurant, das täglich fürs Frühstück und dienstags bis samstags auch fürs Abendessen geöffnet ist (Modern Australian mit Seafood & Steaks, 💲 *★★–★★★*). Am Strand schräg gegenüber liegt das Lighthouse Beach Cafe.

🌐 *Von Norden kommend über die Coast Rd links in die Shelly Beach Rd, wird in einem Linksschwenk zur Suvla St, die 500 m weiter nach links abknickt, danach links in den Compton Dr. Etwa 4 km nördlich von Ballina.* ✉ *Cnr Compton Dr/Cedar Cres, Lighthouse Beach, East Ballina NSW 2478* ☎ *02-6686-8888* 📧 *info@ballinabeachresort.com.au* 🌐 *www.ballina beachresort.com.au* 🅿 *Ja* 🍴 *Ja* 💲 *★★–★★★*

🏨 Ballina Travellers Lodge Motel

Zentral und gleichzeitig ruhig an einer Seitenstraße gelegenes Motel, mit klimatisierten Doppelzimmern und Familienzimmer mit bis zu fünf Betten. Für Budget-Reisende gibt es Doppelzimmer mit Bad auf dem Gang. Mit Gemeinschaftsküche, TV-Raum, BBQs und Pool. Frühstück kann bestellt werden.

🌐 *Von River St im Zentrum rechts auf Moon St, danach links auf Tamar St* ✉ *36–38 Tamar St, Ballina NSW 2478* ☎ *02-6686-6737* 🌐 *www.ballinatravellerslodge.com.au* 🅿 *Ja* 🍴 *Ja* 💲 *DZ ★, Family Rooms ★★*

Historisches Ulmarra in den Flussauen des Clarence River

🚐 Ballina Lakeside Holiday Park 👪

Auf Familien eingestellter Campingplatz in Gehweite von Ballinas Surfstränden, mit Pool, Wasserpark, Trampolin, Minigolf, Kinderspielplatz und Baby-Spielecke. Neben dem Pool liegt eine fast schon turnhallengroße Gemeinschaftsküche. Alle Stellplätze haben Strom, einige zusätzlich ein eigenes Badezimmer *(Ensuite)*. Die meisten Plätze sind auch für Zelte geeignet. Cabins sind buchbar in 14 Varianten von der einfachen Hütte ohne Bad bis hin zur Ferienwohnung mit zwölf Betten.

📍 *Von Norden kommend über die Coast Rd/Pine Ave links in den Compton Dr, rechts in den Fenwick Dr. Etwa 4 km östlich von Ballina Zentrum* ✉ *Fenwick Dr, Ballina NSW 2478* ☎ *02-6686-3953* @ *info@ ballinalakeside.com.au* ⊕ *www.discoveryholidayparks. com.au/nsw/north_coast/ballina* ● *Ja* ⊟ *95* ● *Ja* 🚻 *Ja* 🚿 *Ja, kostenpflichtig* ○ *Wasser, Abwasser, Strom (15 Amp.)* 📶 *Ja* 💰 *$$$, Cabins ⋆–⋆⋆⋆*

Nun geht es weiter auf Ihrer Route in Richtung Sydney: Sie verlassen Ballina und folgen der River Street gen Westen, die Sie automatisch zum **Pacific Highway (A1)** *bringt, der in dieser Gegend in den nächsten Jahren zum Freeway ausgebaut werden soll. Sie reisen vorbei an weiten Zuckerrohrplantagen und kleinen Ortschaften in den Flussauen von Richmond und Clarence River. Die Landschaft ist im Vergleich zur Küste rund um Byron Bay eher eintönig und lädt daher ein, »Kilometer zu fressen«. Der nächste lohnenswerte Stopp ist das etwa 115 Kilometer entfernte Ulmarra.*

🏠 ULMARRA 📷 ✕ 🏨

👫	435	
◆	Ballina	118 km
	Arrawarra Headland	66 km

Ulmarra liegt an den Ufern des Clarence River, nur 17 Kilometer vor dem eher weniger attraktiven Grafton. Das 450-Seelen-Dorf ist ein guter Platz für eine Pause auf der Reise nach Süden. Das **historische Ortszentrum** an der Coldstream Street ist vom Pacific Highway aus ausgeschildert.

An der Coldstream Street liegen eine Reihe von Holzhäusern, in denen Antiquitäten und Secondhandbücher verkauft werden, sowie das Ulmarra Hotel mit dem angeschlossenen **Cafe Clarence**. Das Café-Restaurant liegt an einer Wiese am Clarence River und ist den ganzen Tag über geöffnet (⊕ Frühstück/Mittagessen 8:30–14:30 h, Kaffee und Kuchen am Nachmittag, Abendessen Di.–Sa. 18–20 h, 💰 ⋆–⋆⋆). Das Café ist sehr beliebt bei den Einheimischen, daher ist hier immer viel los. Übernachtung ist ebenfalls möglich im **Ulmarra Hotel** (💰 ⋆).

Hinter Ulmarra zieht dann die 17.000-Seelen-Stadt **Grafton***, die von Rinderweiden umgeben ist, an Ihnen vorbei. Falls Sie nicht einkaufen oder tanken müssen, hat die Stadt wenig Interessantes zu bieten und lohnt keinen Zwischenstopp. Der* **Pacific Highway (A1)** *knickt im Stadtbereich nach links ab und führt dann wieder in Richtung Küste. Im Wald einige Kilometer südöstlich von Grafton findet man eine Reihe von Plätzen, an denen man kostenlos übernachten kann:*

🚐 MCPHILLIPS CREEK REST AREA

Sieben Kilometer südlich von Grafton am Highway (also nicht unbedingt ruhig) liegt dieser Rastplatz mit Komposttoiletten und überdachten Picknicktischen.

✉ *3494 Pacific Hwy (A1), Grafton NSW 2460* ● *Nein* 🚻 *Nein* 🚿 *Nein* ○ *Nein* 💰 *Kostenlos*

DINJERRA ROAD REST AREA

Sieben Kilometer weiter südlich liegt ein weiterer kostenloser Rastplatz mit WCs und Picknicktischen.
🚐 *Dinjerra Rd, Grafton NSW 2460* ❌ *Nein* ❌ *Nein* ❌ *Nein* ⭕ *Nein* 💲 *Kostenlos*

Der Pacific Highway (A1) nähert sich schließlich wieder dem Meer an und erreicht das Gebiet der **Coffs Coast**. *Wie so oft auf dieser Reise sind auch die Strände der Coffs Coast nur über Stichstraßen zu erreichen. Einer der ersten Strände auf Ihrer Route ist Arrawarra Headland, etwa 50 Kilometer südlich von Grafton.*

🌲 ARRAWARRA HEADLAND

👪	1.508	
	Ulmarra	66 km
	Coffs Harbour	31 km

In Arawarra Headland gibt es einen von zwei felsigen Landzungen (Headlands) geschützten Strand, mit Picknicktischen und einem WC-Block. Der Strand ist gut zum Schwimmen und Surfen geeignet – Delfine sieht man fast jeden Tag.
📍 *Hwy A1 Ausfahrt Arrawarra, im Kreisverkehr die zweite Ausfahrt auf den Solitary Islands Way Richtung Arrawarra Headland, nach 2 km links auf den Mullaway Dr, links auf die Arrawarra Rd, rechts auf die Beach Rd.*

🌲 SOLITARY ISLANDS COASTAL WALK

Ein gut ausgeschilderter 60 Kilometer langer Küstenwanderweg verbindet die gesamte Coffs Coast von **Red Rock** im Norden (41 km nördlich von Coffs Harbour) über **Arawarra Headland** und **Coffs Harbour** bis nach **Sawtell**, das fünf Kilometer südlich von Coffs Harbour liegt. Für die gesamte Strecke, vorbei an vielen Stränden und durch

Küstenregenwälder, würde man etwa vier Tage benötigen. Der Weg ist aber auch gut in Abschnitten begehbar, etwa ab Arrawarra Headland oder ab Coffs Harbour. Karten zur Route sind auf der Webseite der Nationalparkverwaltung oder im Visitor Centre von Coffs Harbour (siehe unten) erhältlich.
📱 *Karte und Wanderempfehlung: www.seitnotiz.de/NPRAU113*

Nach einem Strandbesuch in Arrawarra sind es bis nach Coffs Harbour noch einmal 30 Kilometer über den Pacific Highway (A1). Zwei Highlights erreichen Sie allerdings schon vor dem Ortseingang.

👁 SOLITARY ISLANDS AQUARIUM

Die Unterwasserwelt vor der Küste von Coffs Harbour wird in diesem Aquarium vorgestellt, mit Clownfischen, Seeanemonen, Feuerfischen und Kaiserfischen *(Angelfish)*.
📍 *Vom Pacific Hwy links in die Bay St, hinter dem Golfplatz und noch vor der Big Banana; 5 km vor Coffs Harbour* 🚐 *2 Bay Dr, Coffs Harbour NSW 2450* ☎ *02-6648-3931* ✉ *nmsc@scu.edu.au* 🌐 *www.solitary islandsaquarium.com* 🕐 *Sa. & So. 10–16 h, tägl. während der Schulferien* 💲 *Erw. $ 12, Kinder $ 8*

👁 BIG BANANA

Das auffälligste Highlight von Coffs Harbour befindet sich knapp 4 km nördlich der Stadt: Eine riesige Banane. Abgesehen von einem Restaurant, einem Bananen-Souvenirladen

Solitary Islands Coastal Walk, hier der Streckenabschnitt am nördlichen Stadtrand von Coffs Harbour

und einer Bananen-Multimedia-Show gibt es einen Wasserpark (im Winter geschlossen), eine Schlittschuhbahn (☺ Erw. $ 14,50, Kinder $ 12), eine Sommerrodelbahn (☺ $ 6 pro Fahrt) und eine Laser-Tag-Arena (☺ $ 9,90 pro Runde). Nicht zuletzt gibt es auch eine Präsentation zum Thema Bananenanbau mit Filmvorführung und Mini-Bananenplantage (☺ Erw. $ 12, Kinder $ 9,50). Der Eintritt auf das Gelände und zur Riesen-Banane ist frei, die einzelnen Attraktionen müssen separat bezahlt werden.

☺ 351 Pacific Hwy, Coffs Harbour NSW 2450 ☎ 02-6652-4355 ☺ info@bigbanana.com ☺ www.bigbanana.com ☺ Tägl. 9–17 h, in den Schulferien länger

---

🏠 COFFS HARBOUR ☺ ℹ ➕ ✖ ☺ ☺

👪	45.580	
☀	27 °C	
❄❄	19 °C	
〰	21 m	
📍	Arrawarra Headland	31 km
	Nambucca Heads	46 km

Coffs Harbour ist mit knapp 46.000 Einwohner eine für australische Verhältnisse größere Küstenstadt, die etwa in der Mitte zwischen Brisbane und Sydney liegt. Die Stadt ist nach dem Seemann John Korff benannt, der sein Schiff 1847 vor einem Sturm in diese Bucht in Sicherheit brachte. Um dieselbe Zeit begann auch der Holzabbau in der Region. Ab 1881 wurden unter anderem aus Fiji importierte Bananen angebaut. Heute ist der Anbau wegen der insgesamt zu kühlen Winter nicht mehr so von Belang, stattdessen werden vorwiegend Blaubeeren angebaut. Auch der Tourismus ist eine wichtige Einnahmequelle für die kleine Stadt am Meer.

ℹ COFFS COAST VISITOR INFORMATION CENTRE

☺ Cnr McLean St/Pacific Hwy, Coffs Harbour NSW 2450 ☎ 02-6648-4990 ☺ www.coffscoast.com.au ☺ Tägl. 9–17 h

---

🧭 Orientieren

Coffs Harbour hat zwei Stadtzentren, grob gesagt eines für die Einheimischen zum Einkaufen und ein weiteres für die Touris-

ten zum Entspannen. Das Geschäftszentrum **Coffs Central** liegt links ab vom Pacific Highway auf dem Harbour Drive, nur zwei Blocks vom Highway entfernt. Eine Mini-Fußgängerzone zweigt direkt links ab vom Harbour Drive; hier kann man gemütlich im Freien vor den Restaurants und Cafés sitzen. Folgt man weiter dem Verlauf des Harbour Drive, erreicht man nach etwa zwei Kilometern ein weiteres Zentrum mit Restaurants, Hotels und den Hafen.

Ⓗ Anreise und Transport

Coffs Harbour hat einen Inlandsflughafen und ist ein Haltepunkt auf der Brisbane-Sydney-Route der Greyhound-Busse, mit einer Haltestelle an der Elizabeth Street. Auch die Züge von NSW-TrainLink halten hier.

☛ Versorgen und einkaufen

Der lokale Aldi liegt etwas außerhalb des Zentrums im nordöstlich gelegenen Park Beach Plaza an der Park Beach Road, die vom Pacific Highway abgeht, bevor das Stadtzentrum erreicht wird. In Gehweite vom Hafen liegt das Jetty Village Shopping Centre (☺ 361 Harbour Dr) mit Bäckerei, Restaurants und einem kleinen IGA-Laden. Frischer Fisch direkt vom Boot wird bei der Fishermans Coop am Hafen verkauft (☺ Marina Dr ☺ 9–18 h).

✗ Essen und trinken

Am Harbour Drive im Hafenviertel von Coffs Harbour liegt eine Vielzahl von guten Restaurants nebeneinander, die meisten davon sind Asiaten.

► **Touch of North India (Taste of North India)**

Indisches Familienrestaurant in der Restaurantmeile am Harbour Drive, mit Tandoori-Ofen. Alle Gerichte sind glutenfrei, viele Speisen für Vegetarier.

☺ 396a Harbour Dr, Coffs Harbour NSW 2450 ☎ 02-6651-1668 ☺ www.touchofnorthindia.com.au ☺ Di.–So. ab 17 h ☺ ✶✶

► **Lime Mexican Tapas Restaurant and Bar**

Mexikanische Gerichte als Tapas serviert, außerdem Tacos, Tostadas und Quesadillas. Bei gutem Wetter kann man draußen auf dem Bürgersteig sitzen. Täglich Happy Hour von 17–18 Uhr mit Cocktails für $ 10.

☺ 366 Harbour Dr, Coffs Harbour NSW 2450 ☎ 04-2157-3570 ☺ info@limemexican.com.au ☺ www.limemexican.com.au ☺ Tägl. ab 17 h ☺ ✶–✶✶

Der Bootssteg (Jetty) mit Blick auf Muttonbird Island

▶ Latitude 30

Dieses Tapas- und Seafood-Restaurant liegt am Hafen, gleich gegenüber von den Fischerbooten. Es hat eine Sitzecke zu den Fischerbooten hin sowie eine Aussichtsterrasse oben auf dem Wellenbrecher.
◎ Unit 8/1 Marina Dr, Coffs Harbour NSW 2450 ☎ 02-6651-6888 @ info@latitude30.com.au ⊕ www.latitude30.com.au ⓛ Tägl. 11 h »till late« ◎ ∗∗ – ∗∗∗

▶ Surf Club Restaurant & Bar

Der Surfclub ist das einzige Restaurant mit Meerblick am Park Beach, alle anderen Gebäude liegen weiter zurück hinter den Dünen auf der anderen Straßenseite. Zum Mittagessen wird neben Steak und Wraps vorwiegend Seafood serviert.
➌ Vom Harbour Dr links auf den Hogbin Dr, danach rechts über die Orlando St bis zur Ocean Parade, dieser folgen bis zum Surf Club ◎ 23 Surf Club Rd, Coffs Harbour NSW 2450 ☎ 02-6652-9870 @ info@surfclubparkbeach.com ⊕ www.surfclubparkbeach.com ⓛ Tägl. 7 – 14:30 h ◎ Morgens ∗, mittags ∗∗

👁 Highlights

▶ Beacon Hill Lookout

Einen guten Überblick über die Stadt bekommen Sie vom Beacon Hill aus. Der Aussichtspunkt über den Hafen liegt auf dem Dach des Marine Rescue Centre an der Victoria Street. Auf der Wiese nebenan gibt es einen Picknicktisch mit ebenfalls schönen Aussichten.
➌ Vom Harbour Dr rechts auf die Boambee St, danach links auf die Victoria St ◎ Marine Rescue Centre, Victoria St, Coffs Harbour NSW 2450

▶ Jetty und Jetty Beach

Der lange Holzpier (Jetty) mitten im Hafen von Coffs Harbour wurde bis 1979 zum Be- und Entladen von Schiffen verwendet, bis sich die größeren Containerschiffe durchgesetzt hatten. Die Jetty ist mittlerweile auf den Stand von 1914 restauriert worden und

nur für Fußgänger zugänglich. Von hier aus bieten sich Aussichten auf die benachbarte **Muttonbird Island**, auf die Fischerboote in der nahe gelegenen Marina und auf die Stadt. Mit ein bisschen Glück sieht man sogar Delfine. Im Park hinter der Jetty wurden einige Picknicktische aufgestellt. Jeden Sonntag von 8 bis 14 Uhr finden hier die Harbourside Markets statt.

▶ Bunker Cartoon Gallery ★ 🧍

Ein Museum, das Leute zum Lachen bringen möchte, findet sich in diesem 40 Meter in einen Berg gebauten ehemaligen Kommunikationsbunker aus dem Zweiten Weltkrieg. Mit dabei sind wechselnde Comicausstellungen, gemütliche Sofas, Malsachen für Kinder und viele gespendete Comics für lustige Nachmittage. Wer sich für die Geschichte des Bunkers interessiert, wird ebenfalls fündig. Die Galerie ist Veranstalter eines jährlichen, weltweiten Cartoonwettbewerbs. Die Gewinner werden im Bunker vorgestellt.
➌ Vom Harbour Dr rechts auf den Hogdon Dr, am nächsten Kreisverkehr auf den City Hill Dr ◎ John Champion Way, Coffs Harbour NSW 2450 ☎ 02-6651-7343 ⊕ www.bunkercartoongallery.com.au ⓛ Tägl. 10 – 16 h ◎ Erw. $ 5, Kinder $ 3

Der lustigste Ort in Coffs Harbour: die Bunker Cartoon Gallery

► **Coffs Coast Botanic Garden**

Botanischer Garten in einer Flussschleife des Coffs Creek mit Mangroven-Lehrpfad und Pflanzen aus anderen Teilen der Welt, die ein ähnliches Klima haben wie diese Region. Mit Picknicktischen und Café.

◉ *Cnr Coff St/Hardacre St (Abzweig vom Harbour Dr nach Norden), Coffs Harbour NSW 2450* ◉ *www. ncrbg.com.au* ◉ *Garden Café: Di.–Fr. & So. 10–14 h* ◉ *Botanic Garden: tägl. 9–17 h* ◉ *Eintritt frei/ Spende*

► **Dolphin Marine Magic**

Kleiner Zoo und Hospital für Meerestiere mit fünf Delfinen sowie Pinguinen und Seelöwen. Delfinshows finden täglich um 10 und 13 Uhr statt, vorher können sich Gäste einen feuchten Delfinkuss abholen. Wer mindestens 10 Jahre alt ist und genug Englisch versteht, um die Anweisungen des Trainers zu verstehen, kann sogar mit den Delfinen schwimmen.

◉ *Harbour Dr bis zum Ende, vor dem Hafen links auf die Orlando St* ◉ *65 Orlando St, Coffs Harbour NSW 2450* ◉ *02-6659-1900* ◉ *manager@dolphinmarine magic.com.au* ◉ *www.dolphinmarinemagic.com.au* ◉ *Tägl. 9–16 h* ◉ *Erw. $ 38, Kinder $ 20; Schwimmen mit Delfinen saisonabhängig $ 330–370*

► **Tauchen und Whale Watching im Solitary Islands Marine Park**

Vor der Küste finden Taucher und Schnorchler eine vielfältige Pflanzen- und Tierwelt mit Korallen und Clownfischen, Mantas und den seltenen **Grey Nurse Sharks** (Sandtigerhaie). Im 12-Meter-Boot geht es zu den zwischen acht und 40 Kilometer vor der Küste gelegenen Solitary Islands. Im August ist das Wasser bis zu 19 Grad warm, im März bis zu 26 Grad. Von Juni bis Oktober wird auch Whale Watching angeboten, mit Abfahrten um 9, 11 und 14 Uhr.

◉ *Jetty Dive Centre, 398 Harbour Dr, Coffs Harbour NSW 2450* ◉ *02-6651-1611* ◉ *mail@jettydive. com.au* ◉ *www.jettydive.com.au* ◉ *Tauchen täglich 7:30–ca. 12:30 h, Whale Watching ab 9, 11 und 14 h* ◉ *Zwei Tauchgänge mit Ausrüstung $ 175, Nachttauchgang $ 120, Schnorcheln $ 75, Whale Watching 1,5 Std. Erw. $ 59, Kinder $ 49*

大林 Wandern

► **Muttonbird Island Nature Reserve** ★

Muttonbird Island war ursprünglich eine vorgelagerte Insel. Da das Wetter in dieser Gegend ziemlich wild sein kann, wurde zwischen dem Festland und der Insel ein Steinwall *(Breakwall)* errichtet, der Coffs Harbour in einen geschützten Hafen verwandelt hat. Vom Hafen aus führt der Weg über die Schutzmauer auf die Insel, dann über den

Bergrücken zum **Eastern Side Lookout** mit Aussichten über Coffs Harbour und auf den Inseln der vorgelagerten Solitary Islands. Bei gutem Wetter können Sie sogar bis nach South West Rocks (►Seite 289) sehen, das weit im Süden liegt. Zwischen Juni und November sehen Sie manchmal auch vorbeiziehende Wale. Zurück geht es denselben Weg.

◉ *Ganzj.* ◉ *Parkplatz am Coffs Harbour Yacht Club am Marina Dr* ◉ *2 Std.* ◉ *Moderat* ◉ *2 km* ◉ *www. nationalparks.nsw.gov.au/visit-a-park/parks/Mutton bird-Island-Nature-Reserve*

► **Coffs Creek Habitat Walk**

Der Wanderweg führt vom Botanischen Garten vorwiegend durch Mangrovenwald an einem Fluss – dem Coffs Creek – entlang bis zum Strand von Park Beach und dann auf der anderen Seite des Flusses zurück zum Botanischen Garten.

◉ *Ganzj.* ◉ *Parkplatz vor dem historischen Friedhof und dem Botanischen Garten, Ecke Coff St/Hardacre St (ein Abzweig des Harbour Dr)* ◉ *2,5 Std.* ◉ *Leicht* ◉ *9 km (Rundweg)*

🛏 Übernachten

Entlang des in Coffs Harbour eher weniger attraktiven Pacific Highway ziehen sich eine ganze Reihe von Motels. Angenehmer ist es in der Nähe der Marina und am Park Beach. Die Hotels in Park Beach haben wegen des Waldes auf den Dünen nur dann Meerblick, wenn sie über die Bäume hinausragen.

🏨 **Pacific Marina Luxury Appartments**

Moderne Anlage mit langgezogenen, dreistöckigen Gebäuden, nur im dritten Stock mit Aussicht zum Meer hin. Die 64 Ferienwohnungen haben ein bis drei Schlafzimmer, Terrasse oder Balkon sowie eine Küche. Ein italienisches Restaurant befindet sich im Gebäude *One,* andere Restaurants und der Strand sind in Gehweite.

◉ *22 Orlando St (Fortführung des Harbour Dr), Coffs Harbour NSW 2450* ◉ *02-6651-7955* ◉ *sales@ pacificmarina.com.au* ◉ *www.pacificmarina.com.au* ◉ *Ja* ◉ *Ja* ◉ *∗∗–∗∗∗*

🏨 **Carribbean Motel**

Dreistöckiger gelber Backsteinbau mit 24 Zimmern schräg gegenüber der Restaurantmeile am Harbour Drive, etwa fünf Minuten zu Fuß von der Marina und dem Meer entfernt. Zur Auswahl stehen einfache Motelzimmer für bis zu drei Gäste sowie komfortablere Apartments für bis zu fünf Gäste. Das Hotel hat einen Garten mit Palmen und einen Pool.

◉ *353 Harbour Dr, Coffs Harbour NSW 2450* ◉ *02-6652-1500* ◉ *info@caribbeanmotel.com.au* ◉ *www. caribbeanmotel.com.au* ◉ *Ja* ◉ *Ja* ◉ *∗∗*

🏠 Coffs Harbour YHA Backpackers Resort

In Gehweite zum Strand gelegenes Hostel für 92 Gäste mit ordentlichen Doppelzimmern, für die sich auch ein Motel nicht schämen müsste. Alleinreisende können in 4er- und 6er-Zimmern übernachten, auch als *Female-only*-Zimmer. Mit Pool, Gemeinschaftsraum mit Computern, Shuttlebus vom Busbahnhof und Surfboard-Verleih. Restaurants und Geschäfte liegen gleich um die Ecke, bis zum Bahnhof sind es 500 m, bis zum Busbahnhof 2 km und bis zum Flughafen 3 km.

Zufahrt über Harbour Dr und Orlando St ⊟ *51 Collingwood St, Coffs Harbour NSW 2450* ☎ *02-6652-6462* @ *coffsharbour@yha.com.au* 🌐 *www.yha.com.au/hostels/nsw/mid-north-coast/coffs-harbour* ◐ *Ja* ➡ *Ja* ✖ *★*

🏠 Park Beach Holiday Park ⚤

Dieser Campingplatz wurde 2016 als „bester Campingplatz in NSW" prämiert. Er liegt an der Strandstraße und ist durch eine Straße und bewaldete Dünen vom Meer getrennt. Für Kinder gibt es einen Pool mit Rutsche und Wasserspielplatz, ein Trampolin und ein Spielezimmer, für Erwachsene einen Tennisplatz, BBQs und eine Gemeinschaftsküche. Einige Stellplätze haben ein eigenes Badezimmer. Camper ohne Zelt können in Cabins in acht Kategorien für zwei bis sechs Gäste übernachten. Das Restaurant des Surfclubs liegt auf der anderen Straßenseite.

Vom Harbour Dr/Orlando St nach Überqueren des Coffs Harbour Creek rechts auf die Ocean Parade ⊟ *1 Ocean Parade, Coffs Harbour NSW 2450* ☎ *02-6648-4888* 🌐 *www.coffscoastholidayparks.com.au/park-beach-holiday-park* ➡ *Ja* ⊟ *221* ◐ *48* ➡ *Ja* ◐ *Ja* ➡ *Ja* ✖ *Wasser, Abwasser, Strom (15 Amp.)* ⊕ *Ja* ✖ *$$$, Cabins *−**

Von Coffs Harbour aus folgen Sie dem Pacific Highway (A1) weiter in Richtung Süden bis in das etwa 22 Kilometer entfernte Raleigh. Dort können Sie eine reizvolle Nebenstrecke ins bergige Hinterland starten.

....

Nebenstrecke nach Bellingen und zum Dorrigo National Park (84 km)

ℹ Der **Dorrigo National Park** mit seinen subtropischen Regenwäldern und der **Waterfall Way** mit seinen Wasserfällen gehören zu den landschaftlich schönsten Strecken in New South Wales. Wenn Sie einen ganzen Tag zur Verfügung haben, lohnt sich der Weg in die Berge, andernfalls ist die lange Fahrt über die Passstraße einfach zu anstrengend. Dazu verlassen Sie bei der Ortschaft **Raleigh** den Pacific Highway (A1) und folgen nun dem **Waterfall Way (B78)**. Ein Abstecher nach Dorrigo ist auch bei Regen empfehlenswert: Gerade bei oder nach einem Regenguss sind die Wasserfälle besonders eindrucksvoll.

🏘 BELLINGEN 🅿 ℹ ➕ ✖ ◔ 🖼	
👫👫	12.517
☀	30 °C
❄❄	20 °C
〰	15 m
⟨⟩ Raleigh (Beginn Nebenstrecke)	13 km
Dorrigo National Park	28 km

Bellingen liegt auf dem Weg zum Dorrigo National Park, eine Kleinstadt mit vielen historischen Gebäuden, darunter eine durchgängig historische Häuserfront mit Gericht, Polizei und Post aus den Jahren 1909/1910. Einige Häuschen im Ort wirken fast schon verwunschen mit ihren wild wachsenden Gärten. Und das ist auch so gewollt: Der *Alternative Lifestyle* wird in dieser Gegend seit den 1970er großgeschrieben. In Bellingen und Umgebung leben Menschen, die mit der und mitten in der Natur leben wollen, daher findet man in dieser Gegend auch heute noch eine Reihe von Kommunen.

ℹ WATERFALL WAY INFORMATION CENTRE

⊟ *Hyde St, Bellingen, NSW 2454* ☎ *02-6655-1522* 🌐 *www.coffscoast.com.au* ◐ *Tägl. 9–17 h*

⊕ Orientieren

Der Highway B78 durchkreuzt Bellingen von Ost nach West und heißt im Stadtzentrum **Hyde Street**. Die Bridge Street/Hammond Street führt hier nach rechts (Norden) über den Bellinger River und zu den Showgrounds, die auch als Campingplatz genutzt werden.

Ⓗ Anreise und Transport

Bellingen ist per öffentlichen Verkehrsmitteln nicht direkt zu erreichen. Der nächste Bahnhof/Busbahnhof liegt in Urunga (17 km), der nächste Flughafen in Coffs Harbour (97 km).

Der Garten im Zentrum der Butter Factory

🛒 Versorgen und einkaufen

Bis auf einen einfach zu übersehenden IGA Supermarkt (⬤ 71 Hyde St) finden sich im Ort einige kleine Läden, die vorwiegend Bio-Produkte verkaufen.

✕ Essen und trinken

▶ The Purple Carrot
Uriges Restaurant an der Hauptstraße mit schattigen Sitzplätzen vor dem Gebäude, mit täglich wechselndem Menü und Mittagessen um die $ 15. Gekocht wird vorwiegend mit lokalen Zutaten, wenn möglich auch Bio. Nebenan im selben Gebäude findet man einen »alternativen« Buchladen, ein Tattoo-Studio, ein Lampengeschäft und einen Wellnessladen – eine typische Kombination für diesen Ort.
⬤ 105 Hyde St, Bellingen NSW 2454 ☎ 02-6655-1847 @ enquiries@thepurplecarrot.net.au 🌐 www.facebook.com/thepurplecarrotrestaurant 🕐 Tägl. außer Mi. 8–15 h, Fr.–So. außerdem 17–21 h ⬤ *–**

▶ Bellingen Gelato Bar
Gegenüber vom Kriegerdenkmal liegt die preisgekrönte Gelato Bar, möglicherweise eines der besten Eiscafés Australiens. Neben selbst hergestelltem Eis bekommt man frisch gepresste Säfte, Milchshakes, Kaffee und verschiedene Blatt-Teesorten.
⬤ 101 Hyde St, Bellingen NSW 2454 ☎ 02-6655-1870 @ bellingengelato@gmail.com 🌐 www.bellingengelato.com.au 🕐 Tägl. 10–18 h, im Winter nur Mi.–So. ⬤ *

👁 Highlight

▶ Butter Factory
In einer ehemaligen Butterfabrik, die 1927 erbaut und 1963 stillgelegt wurde, ist heute ein Künstlerzentrum angesiedelt, in dem

Kunst, Kunsthandwerk und Lederwaren direkt aus den Werkstätten verkauft werden; mittendrin gibt es ein Café (⬤ *–**, Küche bis 15 Uhr geöffnet).
🚩 Am Ortseingang von Bellingen, rechts vom Highway B78 (ausgeschildert) ⬤ 1 Doepel St, Bellingen NSW 2454 🌐 www.theoldbutterfactory.com.au 🕐 Tägl. 9–17 h

🛏 Übernachten

🏠 Koompartoo Retreat
Kleines Resort mit vier Holzhäusern am westlichen Ortsrand von Bellingen. Die Hütten liegen in einem 20.000 m² großen tropischen Garten und haben jeweils ein eigenes Badezimmer und eine kleine Küche.
🚩 Von der Hyde St nach Süden über die Church St, danach links auf die Watson St gleich wieder rechts auf die Rawson St ⬤ Cnr Rawson/Dudley St, Bellingen NSW 2454 ☎ 02-6655-2326 @ bookings@koompartoo.com.au 🌐 www.koompartoo.com.au Ⓟ Ja ⬤ Nein ⬤ **

🏠 Diggers Tavern & Motel
Moderner Pub mit angeschlossenem 14-Zimmer-Motel an der Hauptstraße von Bellingen. Der Pub liegt im vorderen Bereich des Gebäudes und hat eine überdachte Terrasse und bietet $ 10-Lunch-Specials. Die einfachen, aber sauberen Motelzimmer befinden sich im hinteren Teil des Gebäudes.
⬤ 30 Hyde St, Bellingen NSW 2454 ☎ 02-6655-0007 @ info@diggerstavern.com.au 🌐 www.diggerstavern.com.au Ⓟ Ja ⬤ Nein ⬤ *

🏠 Bellingen YHA (Hostel und Camping)
Klassisches Holzhaus auf einer ruhigen Seitenstraße der Hyde Street mit kleinen, aber gemütlichen Doppelzimmern, in denen sich auch Gäste wohlfühlen können, die sonst in ein Hotel gehen würden (fragen Sie nach dem Doppelzimmer mit Mountain View). Alleinreisende können in 4er-Zimmern übernachten, jeweils getrennt für Männer und Frauen, oder im gemischten 6er-Zimmer.

Bei Bedarf kann ein Abholservice vom Zug/ Bus in Urunga (17 km) organisiert werden. Für Camper: Auf der Wiese im Garten gibt es drei Stellplätze für Zelte, außerdem stehen drei Stellplätze für Camper zu Verfügung (⊙ $$).
📍 2 Short St (Ecke Hyde St/Ortsausgang), Bellingen NSW 2454 📞 02-6655-1116 @ bellingen@yha.com. au 🌐 www.bellingenyha.com.au 🅿 Ja 🍴 Ja 🐾 ✱

Bellingen Showgrounds
Bellingen hat keinen kommerziellen Campingplatz. Abgesehen vom YHA steht daher nur die große Wiese bei den Showgrounds zur Verfügung, mit Sanitär-Block und Stellplätzen mit und ohne Strom. Ein Aufseher kommt abends, um die Campinggebühr einzusammeln. Vorsicht: Bei starkem Regen besteht die Möglichkeit, dass die Brücke ins Stadtzentrum überspült wird. Reservierung nicht notwendig. Der Platz ist öffentlich zugänglich, solange er nicht für Veranstaltungen genutzt wird.
🚗 Von der Hyde St über die Bridge St und Hammond St zum Showground 📍 Black St, Bellingen NSW 2454 📞 04-3126-4836 🌐 www.bellingenshowground.com. au/camping 🏧 Nein 🚿 Unmarkiert ↪ Unmarkiert 🔌 Ja 🅿 Ja 🍴 Nein ⚡ Trinkwasser, Strom (15 Amp.) 🐾 Nein ⊙ $$

Hinter Bellingen geht es noch eine Weile auf dem Waterfall Way (B78) an Kuhwiesen vorbei, bevor die Straße beginnt sich die Berge hinaufzuschlängeln. Unterwegs bekommen Sie bereits einen Vorgeschmack auf den Dorrigo National Park, denn es geht vorbei an bewaldeten, steilen Bergwänden zur Linken und mit Aussichten ins grüne Tal zur Rechten. Unterwegs passieren Sie die Sherrard Falls und die Newell Falls, letztere mit überdachten Picknicktischen und Aussichten ins Tal. Halten Sie ruhig für ein Foto, es lohnt sich!

🌲 DORRIGO NATIONAL PARK

Bellingen	28 km
Dorrigo (Ortschaft)	4 km

Nur vier Kilometer vor Dorrigo und etwa 28 Kilometer hinter Bellingen liegen die subtropischen und gemäßigten Regenwälder des Dorrigo National Park, die von der UNESCO als Welterbe geschützt sind (**Gondwana Regenwälder**). Der Park befindet sich auf den Resten des Ebor-Vulkans, ein Schildvulkan, der vor 19 Millionen Jahren zum letzten Mal ausgebrochen ist. Der Park wurde bereits 1901 eingerichtet, damals lag der Fokus noch allein auf den beiden Wasserfällen Sherrard und Newell Falls. Der Nationalpark hat keine Campingplätze, abenteuerlustige Wanderer können im Rainforest Centre eine *Backcountry Camping Permit* bekommen, die erlaubt, ein Zelt in einer Gegend, die nur zu Fuß erreichbar ist, aufzustellen.

Weite Aussichten vom Skywalk im Dorrigo National Park

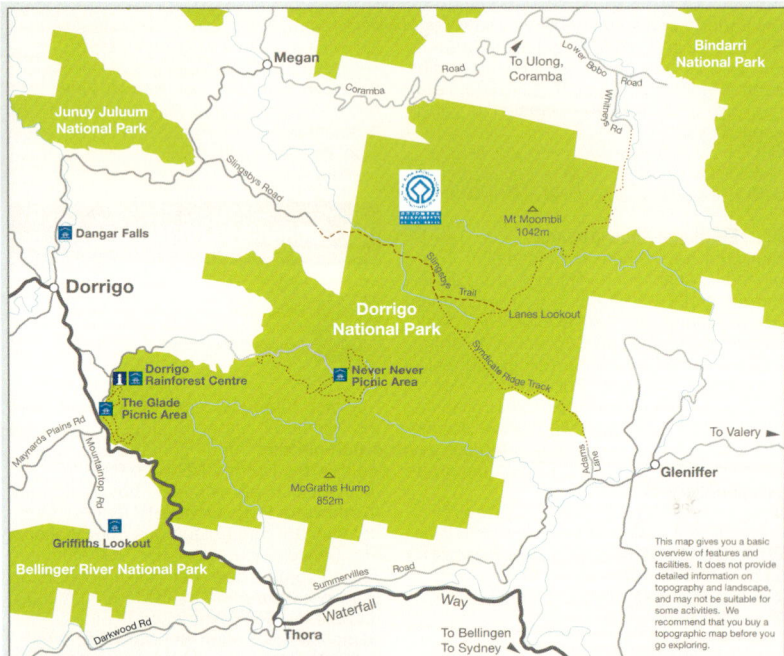

🛈 DORRIGO RAINFOREST CENTRE MIT SKYWALK ☆

Das Infocenter des Dorrigo National Park hat eine Ausstellung und einen durchlaufenden Film zu den Pflanzen und Tieren des Parks. Hier erfahren Sie auch mehr über die drei Arten von Palmen im Nationalpark und wie man sie unterscheidet. Das Highlight ist der **Skywalk**, der den Regenwald aus der Vogelperspektive präsentiert, mit weiten Aussichten auf die umliegenden Berge. *Catbirds* und *Whipbirds* (Peitschenvögel), die wegen ihrer markanten Rufe entsprechend benannt wurden, sind oft zu Besuch, ebenso verschiedene Kakadu-Arten.

💡 Pademelons (kleine Regenwald-Kängurus) sieht man während der Dämmerung oft am Picknickplatz neben dem Infocenter.

🌐 Ausgeschildert ab Hwy B78 ◎ Dome Rd, Dorrigo Mountain NSW 2453 ☎ 02-6657-2309 ◎ Dorrigo. RainforestCentre@environment.nsw.gov.au ◎ www. nationalparks.nsw.gov.au/visit-a-park/parks/ Dorrigo-National-Park ◷ Tägl. 9–16:30 h ◎ Eintritt frei, $ 2 als Spende empfohlen

▶ Canopy Cafe Dorrigo

Das Café befindet sich im Gebäude des Rainforest Centre im Dorrigo National Park, mit ganztägig Frühstück, Mittagessen sowie Kaffee und Kuchen. Im Winter kann man sich schön am Kaminofen aufwärmen, bei gutem Wetter kann man auf einer Terrasse an der frischen Luft sitzen und die Aussichten auf den Regenwald genießen.
◎ Dome Rd, Dorrigo Mountain NSW 2453 ◎ www. nationalparks.nsw.gov.au/things-to-do/cafes-and-kiosks/canopy-cafe ◷ 9–16:30 h ◎ ✳–✳✳

🥾🥾 Wandern

▶ Wonga Walk ★

Der abwechslungsreichste Wanderweg im Dorrigo National Park führt an gleich zwei sehenswerten Wasserfällen vorbei und beginnt neben dem Rainforest Centre. Folgen Sie dem **Lyrebird Link Track**, der nach 400 Metern in den **Wonga Walk** übergeht. Es geht vorbei an Würgefeigen, Baumfarnen sowie an den **Tristania Falls** und den **Crystal Shower Falls**, bevor Sie an The Glade Picnic Area vorbeikommen, mit WCs und BBQs. Der Weg endet schließlich wieder am

Fuß des Lyrebird Link Track. Falls Sie die Wanderung abkürzen möchten, können Sie mit dem Auto zur The Glade Picnic Area fahren; der Weg wird dann 800 Meter kürzer.
◉ Ganzj. ◐ Dorrigo Rainforest Centre oder Glades Picknick Area ◷ 2,5–3 Std. ◷ Leicht bis moderat ◷ 6,6 km (Rundweg)

▶ Rosewood Creek Walking Track

Wanderung durch warm-gemäßigten Regenwald zu einem Wasserfall, den Coachwood Falls. Der einfache Rundweg hat nur eine leichte Steigung und läuft sich am besten gegen den Uhrzeigersinn.
◉ Ganzj. ◐ 10 km östlich vom Visitor Centre am Never Never Picnic Area am Ende der Dome Rd über eine gepflegte Schotterstraße ◷ 2 Std. ◷ Leicht ◷ 5,5 km (Rundweg)

▶ Casuarina Falls Circuit

Diese Regenwaldwanderung beginnt auf dem Rosewood Creek Walking Track ganz am Ende der Parkstraße und führt zur Oberseite der Casuarina Falls, mit Aussicht auf die Berge in der Umgebung. Zurück geht es über den Blackbutt Track oder denselben Weg, den Sie gekommen sind.
◉ Ganzj. ◐ Siehe Rosewood Creek Track ◷ 2 Std. ◷ Leicht ◷ 4,8 km (Rundweg)

Die Ortschaft Dorrigo liegt nur einen Katzensprung über den Waterfall Way (B78) vom Nationalpark entfernt.

Auf dem Wonga Walk durch den Regenwald

🏠 DORRIGO (ORTSCHAFT)
🔲 ℹ️ ➕ ❌ 💬 🏛️

👪	1.075	
☀️	20 °C	
❄️	10 °C	
〰️	731 m	
📍	Dorrigo National Park	4 km
	Raleigh	45 km

Dorrigo ist ein ruhiges, fast schon verschlafenes Dorf, das inmitten von grünen Wiesen und Regenwaldresten auf etwa 730 Metern Höhe liegt. Damit ist es eines der höchsten Ziele, die Sie auf Ihrer Route durch New South Wales besuchen. Die Temperaturen können in Dorrigo bis zu zehn Grad kühler sein als im Tal. Im Ort finden sich eine Reihe von historischen Gebäuden mit überdachten Bürgersteigen, darunter Antiquitätenläden und Second-Hand-Buchläden. Edelstahl-Milchwagen ziehen morgens und abends durchs Dorf, um die Milch zur Molkerei ins Tal zu bringen.

ℹ️ DORRIGO INFORMATION CENTRE

◐ Hickory St, Dorrigo NSW 2453 ☎ 02-6657-2486 🌐 www.coffscoast.com.au ◉ Tägl. 9–17 h

✍️ Orientieren

Der Waterfall Way (Highway B78) führt als Karabin Street ins Ortszentrum und macht dort einen Linksknick auf die **Cudgery Street**. 450 Meter weiter haben Sie den Bielsdown River und damit auch schon wieder das Ortsende erreicht. Nach Norden hin zweigt in der Ortsmitte die Hickory Street ab, die zu einem Wasserfall führt.

🅷 Anreise und Transport

Dorrigo ist mit öffentlichen Verkehrsmitteln nicht direkt zu erreichen. Der nächste Bahnhof/Busbahnhof liegt am Pacific Highway in Urunga (45 Kilometer).

🛒 Versorgen und einkaufen

Im Ortszentrum direkt an der Durchfahrtsstraße befindet sich ein IGA Supermarkt(◐ 13 Cudgery St).

Dangar Falls

✕ Essen und trinken

▶ Dorrigo Whole Foods
In diesem Supermarkt & Café wird alles traditionell lose in braunen Papiertüten verkauft, darunter auch einige Bio-Produkte. Im angeschlossenen Café kommen Bio-Kaffee, Salate, Vegetarisches sowie teils glutenfreie Gerichte auf den Tisch.
📍 Von der Cudgery St (Durchfahrtstraße) nach Süden (links) auf Hickory St 📧 28 Hickory St, Dorrigo NSW 2453 ☎ 02-6657-1002 🌐 www.dorrigowholefoods.com.au 🕐 Mo.–Fr. 6:30–17 h, Sa. 8–14 h ✕ *–**

👁 Highlight

▶ Dangar Falls
Am nördlichen Ortsrand von Dorrigo liegt dieser Aussichtspunkt auf den 30 Meter hohen Wasserfall. Auf der Wiese neben dem Parkplatz gibt es überdachte Picknicktische mit BBQs sowie ein WC-Block.
📍 Vom Ortszentrum 2 km nach Norden über Hickory St/Vine St zur Coramba Rd 📧 Coramba Rd, Dorrigo NSW 2453

🛏 Übernachten

Die schönsten Unterkünfte finden Sie rund um **Bellingen** (▶ Seite 281). Falls Sie lieber in den Bergen übernachten möchten, gibt es auch in Dorrigo eine Reihe von Unterkünften:

🏨 Heritage Hotel Dorrigo
Klassisches Hotel und Pub mit umlaufendem Balkon aus dem Jahr 1925 im Ortszentrum von Dorrigo. Außerdem gibt es sechs klassische Motel-Zimmer im Nebengebäude. Der Pub hat für Mittag- und Abendessen geöffnet.
📧 Cnr Hickory/Cudgery St, Dorrigo NSW 2453 ☎ 02-6657-2016 ✉ contact@hotelmoteldorrigo.com.au 🌐 www.hotelmoteldorrigo.com.au 🛏 Ja 🍽 Ja ✕ **

🏕 Dangar Falls Lodge Campground
Am Ortsrand von Dorrigo, neben der Zufahrt zu den Dangar Falls, liegt eine einfache Wiese mit Sanitärblock, die als Campingplatz genutzt wird. Die Besitzer des Grundstücks kommen abends vorbei, um die Campinggebühr einzusammeln.
📧 120 Coramba Rd, Dorrigo NSW 2453 ☎ 02-6657-2131 🌐 www.dorrigo.com/accommodation/dangar-falls-lodge 🏠 Nein 🚿 Unmarkiert 🔌 Unmarkiert 🛏 Nein 🍽 Ja 🌐 Nein ⚡ Wasser, Strom (15 Amp.) 🐕 Nein ✕ $$

🏕 Dorrigo Mountain Resort
Dieser einfacher Campingplatz liegt gleich am Highway zwischen dem Abzweig zum Nationalpark (750 m) und der Ortschaft Dorrigo (1,3 km). Auf dem Gelände befinden sich 16 Ferienhütten, jeweils mit eigenem Bad, sowie 49 Stellplätze.
📧 13991 Waterfall Way, Dorrigo NSW 2453 ☎ 02-6657-2564 🌐 www.dorrigomountainresort.com.au 🏠 Nein 🚿 49 🔌 49 🛏 Nein 🍽 Ja 🌐 Nein ⚡ Wasser, Strom (15 Amp.) 🐕 Nein ✕ $$

*Von Dorrigo nehmen Sie dieselbe Straße wieder hinunter ins Tal, durch Bellingen und bis zum **Pacific Highway (A1)**, insgesamt etwa 40 Kilometer.*

Ende der Nebenstrecke

....

Folgen Sie dem Verlauf des Pacific Highway (A1) etwa 24 Kilometer, bis Sie den Küstenort Nambucca Heads erreichen.

 NAMBUCCA HEADS 🛈 ➕ ✕ 🎬 🏛

👪	7.337	
	Coffs Harbour	46 km
	South West Rocks	60 km

Die Küstenstadt Nambucca Heads liegt fast genau in der Mitte zwischen Brisbane (445 Kilometer) und Sydney (490 Kilometer). Sie ist ein beliebter Urlaubsort und, wie so viele andere Orte entlang der Küste, ein ehemaliges Holzfällercamp (seit 1842), das erst 1885 offiziell als Ortschaft gegründet wurde. Heute ist Nambucca Heads ein beliebter Urlaubsort mit schönen Stränden und mehreren interessanten Aussichtspunkten.

> ℹ **NAMBUCCA VALLEY VISITOR INFORMATION CENTRE**
>
> 📧 Riverside Dr, Nambucca Heads NSW 2448 ☎ 02-6568-6954 @ nambuccatourism@ nambucca.nsw.gov.au 🌐 www.nambuccatourism.com.au 🕐 Tägl. 9–17 h

Ⓔ Orientieren

Nambucca Heads liegt abseits des Küstenhighways. Um in den Ort zu kommen, verlassen Sie den Pacific Highway (A1) links über die **Link Road**. Es geht weiter über die Old Coast Road und die Mann Street ins Ortszentrum, wo die Hauptstraße einen Schlenker macht und in die Bowra Street/**Fraser Street**/Nelson Street umbenannt wird. Hier biegt auch die **Ridge Street** Richtung Captain Cook Lookout und Shelly Beach Road ab.

Wenn Sie der **Fraser Street** weiter folgen, geht es automatisch auf den Riverside Drive am Nambucca River entlang. Am Südende des Ortes mündet die Straße schließlich wieder in den Pacific Highway (A1).

Ⓗ Anreise und Transport

Nambucca Heads ist ein Haltepunkt auf der Brisbane-Sydney-Route der Greyhound-Busse mit einer Haltestelle an der Touristeninformation am Riverside Drive. Auch die Züge der NSW-TrainLink-Eisenbahnlinie halten hier.

🛒 Versorgen und einkaufen

Ein Woolworths Supermarkt befindet sich an der Fraser Street. Hier kommt man automatisch vorbei, wenn man vom Pacific Highway (A1) nach Nambucca abzweigt und in Richtung Stadtzentrum und Strand fährt. Eine Bäckerei, die **Wild Terra Bakery**, liegt ebenfalls an der Hauptstraße (📧 29 Bowra St).

✕ Essen und trinken

▶ Nambucca Heads RSL Club

Schön gelegenes Café/Bistro mit Aussicht über den Nambucca River. Montag bis Samstag Lunch-Specials ab $ 6, am Sonntag Braten *(Sunday Roast)* für $ 11. Am Wochenende regelmäßig mit Livemusik.

📍 Von der Mann St links in die West St, wieder links in die Nelson St 📧 Nelson St, Nambucca Heads NSW 2448 ☎ 02-6568-6288 @ info@nambuccarsl.com.au 🌐 www.nambuccarsl.com.au 🕐 Cafe täglich ab 10 h, Bistro 12–14 & 18–21 h 🍽 Ja 💲 *–**

▶ V-Wall Tavern

Bistro/Pub direkt neben dem Albatross Caravan Park mit Aussicht über die V-Wall und zum Meer hin. Auf den Tisch kommen australische Lieblinge wie Steak und Fish & Chips, am Sonntag auch *Sunday Roast* (Sonntagsbraten).

📍 Von der Bowra St links auf die Ridge St/Parkes St, rechts in die Lower Lee St, links in den Wellington Dr 📧 Wellington Dr, Nambucca Heads NSW 2448 ☎ 02-6568-6344 🌐 www.facebook.com/pages/V-Wall-Tavern/150116548978 🕐 Tägl. für Mittag- und Abendessen 💲 *–**

👁 Highlights

▶ V-Wall ★

Die V-Wall ist ein über 700 Meter langer Wellenbrecher aus Felsbrocken, der mit Fischen, Meerjungfrauen, Palmen, Grüßen, Erinnerungen und sonstigen Botschaften bemalt ist. Und weil's so schön ist, haben die einheimischen und zugereisten Künstler einen benachbarten Wellenbrecher gleich mitbemalt. So macht Kunst Spaß!

📍 Siehe V-Wall Tavern 📧 Wellington Dr, Nambucca Heads NSW 2448

Die farbenfrohe V-Wall in Nambucca Heads

Weite Aussichten in Richtung Süden vom Rotary Lookout

▶ Rotary Lookout

Dieser Aussichtspunkt befindet sich oberhalb des White Albatross Campingplatzes, mit Blick auf den von einer unbebauten Insel begrenzten *Inner Harbour* von Nambucca, auf die *Lagoon* und den Ozean mit einigen weiteren vorgelagerten Sandinseln.
📍 *Von der Bowra St links auf die Ridge St/Parkes St* ✉ *Parkes St, Nambucca Heads NSW 2448*

▶ Cooks Lookout & Beach ★

Der Cooks Lookout liegt nur 400 Meter hinter dem Rotary Lookout, der höchsten Erhebung im Ort, mit 360-Grad-Aussichten über den Strand, die Flussmündung des Nambucca River und die Stadt. Von hier aus kann man bequem zu Fuß zum Strand von Shelley Beach hinuntergehen.
📍 *Von der Bowra St links auf die Ridge St/Parkes St, diese bis zum Ende fahren* ✉ *Parkes St, Nambucca Heads NSW 2448*

▶ Gordon Park

Der Stadtpark von Nambucca Heads befindet sich an der breiten Flussmündung des Nambucca River, mit einigen Picknicktischen und BBQs. Auf der anderen Straßenseite zieht sich der Park den Berg hinauf, mit einem Pfad durch den Küstenregenwald.
📍 *Von der Bowra St geradeaus weiter auf die Fraser, links in den Wellington Dr* ✉ *Wellington Dr, Nambucca Heads NSW 2448*

🛏 Übernachten

🏨 Riverview Boutique Motel

An einem Berghang gelegenes, zweistöckiges Gebäude aus den 1880er-Jahren mit acht gemütlichen Zimmern, jedes Zimmer mit Balkon, einige Zimmer mit Blick auf die Flussmündung und das Meer. Frühstück ist im Preis inbegriffen, Restaurants befinden sich in Gehweite.
📍 *Von der Bowra St links auf die Ridge St/Parkes St, rechts in die Lower Lee St, links in den Wellington Dr* ✉ *4 Wellington Dr, Nambucca Heads NSW 2448* ☎ *02-6568-6386* @ *info@riverviewlodgenambucca.com.au* 🌐 *www.riverviewlodgenambucca.com.au* Ⓟ *Ja* 🍴 *Ja* 💲 ★★

🏨 Motel Miramar

Zweistöckiges 20-Zimmer-Motel mit schöner Gartenanlage, Pool, BBQ und Picknickhütte mit Aussicht über den Nambucca River. Einige der Zimmer haben eine Küche und Blick über den Fluss. Der RSL Club (Restaurant) befindet sich gleich nebenan.
📍 *Dem Straßenverlauf der Hauptstraße folgen wie unter »Orientieren« beschrieben* ✉ *1 Nelson St, Nambucca Heads 2448* ☎ *02-6568-7899* @ *stay@motelmiramar.com.au* 🌐 *www.motelmiramar.com.au* Ⓟ *Ja* 🍴 *Nein* 💲 ★

🏕 White Albatross Caravan and Holiday Park 🛉

Großflächiger Campingplatz, fast schon wie ein eigenes Dorf. Der Platz liegt an der Lagune von Nambucca Heads, in Gehweite der künstlerischen V-Wall und gleich neben der V-Wall Tavern. Viele Camper sind Dauercamper. Zur Ausstattung gehören ein Pool, ein Wasserpark, eine Gemeinschaftsküche und BBQs.
📍 *Von der Bowra St links auf die Ridge St/Parkes St, rechts in die Lower Lee St, links in den Wellington Dr* ✉ *52 Wellington Dr, Nambucca Heads NSW 2448* ☎ *02-6568-6468* @ *manager@whitealbatross.com.au* 🌐 *www.whitealbatross.com.au* 🛏 *Ja* 🛏 *102* 🛏 *0* 🍴 *Ja* 🍴 *Ja* 🍴 *Ja, kostenpflichtig* ⚡ *Wasser, Abwasser, Strom (15 Amp.)* 🐕 *Ja* 💲 *$$$–$$$$, Cabins ★–★★*

🏕 Nambucca Beach Holiday Park 🛉

Ruhig gelegener Big-4-Campingplatz etwa zwei Kilometer vom Stadtzentrum entfernt mit eigenem Zugang zum **Nambucca North Beach**. Für Kinder gibt es einen Spielplatz, ein Trampolin und einen beheizten Pool mit Liegestühlen sowie einen Spieleraum; für Erwachsene BBQs und eine Gemeinschaftsküche. Nicht-Camper haben die Auswahl unter einer Reihe von Cabins von der einfachen *Bathing Box* ohne Bad (als Ersatz für eine Hostel-Unterkunft) bis hin zu komfortablen Surf Shacks. Stellplätze sind auch mit eigenem Badezimmer (*Ensuite*) buchbar.
📍 *Von der Bowra St links auf die Ridge St, links auf die Lee St, rechts auf die Short St, links auf die Hallidise St, rechts auf die Charlton St, rechts auf die Bemago St, den Straßenverlauf bis zum Ende folgen.* ✉ *Swimming Creek Rd, Nambucca Heads NSW 2448*

☎ 02-6568-6120 @ info@big4nambuccabeach
holidaypark.com.au 🌐 www.big4nambuccabeach
holidaypark.com.au 🚐 Ja 🚐 44 🚐 8 🚐 Ja 🚐 Ja 🚐 Ja
🅿 Wasser, Strom (15 Amp.) 🚐 Ja 💲 $$$, Cabins ∗−∗∗

*Südlich von Nambucca Heads macht der
Pacific Highway (A1) einen Schlenker durch
das dünn besiedelte Binnenland mit weiten
Eukalyptuswäldern. Kurz hinter **Clybucca**,
etwa 44 Kilometer südlich von Nambucca
Heads, verlassen Sie den Pacific Highway
für eine Weile und biegen links ab auf die
Plummers Lane in Richtung des Küsten-
ortes South West Rocks, den Sie nach 14
Kilometern erreichen. Unterwegs wird die
Straße in **Gregory Street** umbenannt.*

🏛 SOUTH WEST ROCKS
🏛🛏➕✖🚗🏧

👫👫	4.816	
☀	24 °C	
❄❄	16 °C	
〰〰	26 m	
🔷	Nambucca Heads	60 km
	Port Macquarie	83 km

Die Küstenstadt South West Rocks hat eine
interessante Geschichte hinter sich, deren
auffälligstes Relikt eine alte Festung ist, die

ein wenig an eine Ritterburg erinnert und
heute als Nationalpark geschützt ist.

ℹ SOUTH WEST ROCKS VISITOR INFORMATION CENTRE

Im Ortszentrum von South West Rocks
liegen die **Boatmans Cottages**, zwei
Holzgebäude aus dem Jahr 1902, die das
Maritime Museum (💲 Kostenlos), die
Touristeninformation und einen Arts &
Craft Shop beherbergen.

📍 *Am Ende der Gregory St nahe Horseshoe Bay*
✉ *Boatman's Cottage No.1, South West Rocks
NSW 2431* ☎ *02-6566-7099* @ *info@macleayvalley
coast.com.au* 🌐 *www.macleayvalleycoast.com.au*
🕐 *Tägl. 9–16 h*

⊙ Orientieren

South West Rocks liegt abseits des Pacific
Highway (A1) an der Mündung des Macleay
River, an der Westseite des weiten Sand-
strandes von Trial Bay, sowie an der kleinen
Horseshoe Bay. Wenn Sie der Zufahrtsstra-
ße, der Gregory Street, bis ans Ende folgen,
erreichen Sie den direkt an der Horseshoe
Bay gelegenen Campingplatz.

Bereits vor dem Ort zweigt rechts die
Arakoon Road (später Cardwell Street) ab,
die am Leuchtturm vorbei direkt zur Fes-
tung von Arakoon führt.

Die Landsborough Street/Phillip Drive
schließlich führt entlang der Trial Bay und
verbindet die beiden Orte South West
Rocks und Arakoon.

South West Rocks im Morgenlicht,
Blick über den Strand in Richtung Arakoon

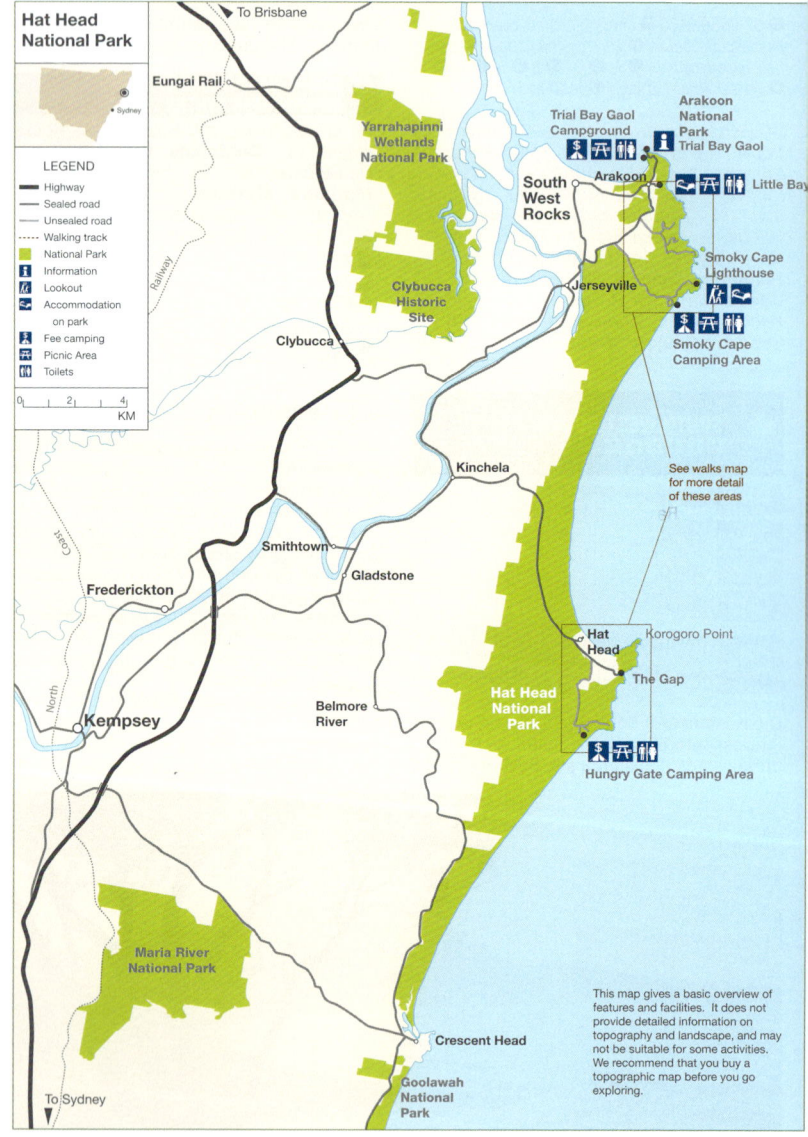

Hat Head National Park

LEGEND
- Highway
- Sealed road
- Unsealed road
- Walking track
- National Park
- ℹ️ Information
- Lookout
- Accommodation on park
- Fee camping
- Picnic Area
- Toilets

0 2 4
KM

To Brisbane

Eungai Rail

Yarrahapinni Wetlands National Park

Trial Bay Gaol Campground

Arakoon National Park
Trial Bay Gaol

South West Rocks

Arakoon

Little Bay

Clybucca Historic Site

Jerseyville

Smoky Cape Lighthouse

Smoky Cape Camping Area

Clybucca

Railway

Kinchela

See walks map for more detail of these areas

Smithtown

Gladstone

Frederickton

Hat Head

Korogoro Point

The Gap

Belmore River

Hat Head National Park

Kempsey

Hungry Gate Camping Area

Maria River National Park

This map gives a basic overview of features and facilities. It does not provide detailed information on topography and landscape, and may not be suitable for some activities. We recommend that you buy a topographic map before you go exploring.

To Sydney

Crescent Head

Goolawah National Park

Ⓗ Anreise und Transport

South West Rocks ist mit dem Zug oder Greyhound-Bus nicht direkt zu erreichen. Der nächste Bahnhof/Busbahnhof liegt am Pacific Highway in Kempsey (35 km).

🛒 Versorgen und einkaufen

Ein IGA Supermarkt liegt an der Ortseinfahrtstraße (⌂ 102 Gregory St). Der nächste Woolworths Supermarkt befindet sich in Kempsey (35 Kilometer).

✕ Essen und trinken

▶ Trial Bay Kiosk

Seafood, Steak und Sandwiches, außerdem *Scones* (süße Brötchen) für den *Afternoon Tea* mit Meerblick. Das Restaurant liegt in Gehweite des Campingplatzes und der Festung von Arakoon.

🌐 *Von der Gregory St vor dem Ort rechts auf die Arakoon Rd bis zum Park* 🚌 *Arakoon National Park, Cardwell St, South West Rocks NSW 2431* ☎ *02-6566-7100* 📧 *adrian@trialbaykiosk.com.au* 🌐 *www. trialbaykiosk.com.au* 🕐 *Tägl. 8–14 h, Fr. & Sa. auch 17:30–21:30 h. Geschlossen an Feiertagen und Mitte Juli–Mitte Aug.* 💰 ★★

▶ Seabreeze Beach Hotel

Pub, Bistro und Bottle Shop in einem Gebäude, nicht weit vom Strand entfernt und beliebt bei Einheimischen und Touristen, die sich abends auf ein Bier treffen. Mit überdachter Terrasse und Blick in Richtung Horseshoe Bay. Auf den Tisch kommen Pizza, Pasta, Seafood und Steaks. Täglich Lunch-Specials für $ 12,90.

🌐 *Fast am Nordende der Gregory St vor dem Campingplatz rechts auf die Livingstone St* 🚌 *Cnr Livingstone St/Prince of Wales Ave, South West Rocks NSW 2431* ☎ *02-6566-6205* 📧 *info@seabreeze beachhotel.com.au* 🌐 *www.seabreezebeachhotel. com.au* 🕐 *Tägl. ab 9 h, Mo.–Do., So. bis 22 h, Fr. & Sa. bis 0 h* 💰 ★★

👁 Highlights

▶ Arakoon National Park ★

Die Bucht vor South West Rocks, die Trial Bay, liegt vergleichsweise geschützt an der Seefahrtsroute zwischen Brisbane und Sydney. Daher kam in den 1860er-Jahren die Idee auf, den Schutz durch einen Felswall zu erweitern. Die hierher transportierten Sträflinge *(Convicts)* mussten dazu erst ihre Unterkunft, das **Trial Bay Gaol** (wird ausgesprochen wie das moderne Wort *Jail*), über dreizehn harte Jahre erbauen, bevor mit der eigentlichen Arbeit am Felswall begonnen werden konnte. Das raue Küstenklima war bei den Bauarbeiten ein großes Hindernis, sodass auch nach zehn Jahren kaum ein Achtel der Mauer fertiggestellt war. 1903 wurde das Projekt schließlich aufgegeben. Im Ersten Weltkrieg lebten im Trial Bay Gaol 500 internierte deutsche Kriegsgefangene aus Asien und den ehemaligen deutschen Kolonien. Nach dem Krieg verfiel das Gefängnis, bis in den 1950er-Jahren historisch Interessierte begannen, das sehenswerte Gebäude zu restaurieren. Heute kann man sich die Festung auf einem Rundgang in Eigenregie anschauen. Während der Schulferien werden zudem etwa anderthalbstündige, geführte Touren angeboten.

💡 Die Gegend um das Trial Bay Gaol ist auch ein Tipp für Leute, die sich weniger für Historisches interessieren: Neben der Festung über eine Treppe hinunter zum Strand gibt es mehrere Picknicktische, vom Ufer aus kann man oft Delfine sehen. Nicht zuletzt lassen sich auf der Wiese vor der Festung und am angeschlossenen Campingplatz in den Morgen- und Abendstunden gerne graue Kängurus *(Eastern Grey Kangaroos)* blicken.

📍 *4 km östlich von South West Rocks über Gregory St/Arakoon Rd* 🚌 *Cardwell St, South West Rocks NSW 2431* ☎ *02-6566-6168* 📧 *trialbay.gaol@ environment.nsw.gov.au* 🌐 *www.nationalparks.nsw. gov.au/visit-a-park/parks/Arakoon-National-Park* 🌐 *Karte: www.seitnotiz.de/NPRAU105* 🕐 *Tägl. 9–16:30 h* 💰 *Erw. $ 10, Kinder $ 7*

▶ Hat Head National Park

Der Nationalpark schließt südlich an den Arakoon National Park an und zieht sich die gesamte Küste bis hin nach Crescent Head, eine Strecke von etwa 40 Kilometern. Teile des Strandes sind mit einem Geländewagen mit hoher Bodenfreiheit befahrbar (etwa Toyota Prado, Land Cruiser oder Nissan Patrol). Dazu benötigt man eine *Beach Driving Permit* (💰 $ 27), z. B. wenn Sie bei einer der Tankstellen in South West Rocks nachfragen. Weitere Ausgabestellen können erfragt werden unter ☎ *02-6566-3200*. Wer mit einem Standardfahrzeug unterwegs ist, kann die einzelnen Strandabschnitte im Nationalpark nur über Stichstraßen erreichen. Für einige Teile des Parks wird eine tägliche Gebühr von $ 8 erhoben. Der Besuch des Hat Head National Park in der Umgebung vom Smoky Cape Lighthouse ist kostenlos.

🌐 *Karte: www.seitnotiz.de/NPRAU118*

▶ Smoky Cape Lighthouse ★

Der höchstgelegene Leuchtturm Australiens liegt in einer windigen, einsamen Gegend mit weiten Aussichten auf die zerklüftete Küste. Führungen werden Montag, Mittwoch und Freitag um 13 Uhr angeboten (telefonisch anmelden), man kann sich den Leuchtturm von 1891 aber auch von außen ohne Führung anschauen und die Fernsichten genießen. Im ehemaligen Pferdestall wurde ein kostenloses Museum eingerichtet, das mehr zur Geschichte des Leuchtturms erzählt. Der **Captain Cook's Lookout** liegt am Fuße des Leuchtturms, etwas erhöht hinter dichtem Buschwerk neben dem Parkplatz, und ist daher leicht zu übersehen. Am Lookout befindet sich ein windiger Picknickplatz mit Blick über die Küste. Hier kann man in der Dämmerung oft graue Kängurus sehen, außerdem beginnen hier eine Reihe von Wanderwegen.

🌐 11 km südöstlich South West Rocks über Arakoon Rd, von hier aus ausgeschildert ✉ Lighthouse Rd, Arakoon NSW 2431 ☎ 02-6566-6301 🌐 www.seitnotiz.de/NPRAU119 ◉ Ganzj.

▶ Tauchen in der Fish Rock Cave

Die vor der Küste von South West Rocks gelegene Insel Fish Rock Island ist ein beliebter Sammelplatz für die seltenen *Grey Nurse Sharks* (Sandtigerhaie). Die **Fish Rock Cave** liegt in 14 bis 24 Metern Tiefe, ist 120 Meter lang und gilt als eine der größten Unterwasserhöhlen der südlichen Hemisphäre. Das Wasser in dieser Gegend ist relativ kühl, auch im Dezember wird es selten wärmer als 19 Grad. Ein einfaches Hotel mit Mehrbett- und Doppelzimmern liegt nebenan (💲 *–**).

✉ Fish Rock Dive Centre, 134 Gregory St, South West Rocks NSW 2431 ☎ 02-6566-6614 ✉ dive@fishrock.com.au 🌐 www.fishrock.com.au 💲 Zwei Tauchgänge inklusive Ausrüstung $ 185

Das Smoky Cape Lighthouse liegt auch heute noch in einer sehr einsamen Gegend.

👣🌲 Wandern

▶ Jack Perkins Walking Track

Wanderung vom hoch gelegenen **Captain Cook Lookout** durch Küstenregenwald mit Lianen und Fächerpalmen zum versteckt gelegenen North Smoky Beach. Zurück geht es denselben Weg. Alternativ können Sie auch bis zur Hauptstraße bei Little Bay Beach kurz vor Arakoon weiterwandern (🚶 10 km, 🕐 4 Std., ⟳ Schwierig). Sie benötigen dann ein Taxi zurück zum Leuchtturm, z. B. vom South West Rocks Taxi Service, ☎ 02-6566-6677.

◉ Ganzj. ⟳ Smoky Cape Campground ✉ Captain Cook Lookout am Smoky Cape Lighthouse an der Lighthouse Rd 🕐 2 Std. ⟳ Moderat 🚶 1,4 km

▶ Green Island Walking Track

Durch Wald- und Heidelandschaften mit Paperbark, Grasbäumen und Banksien mit ihren kerzenförmigen Blütenständen geht es zu einem Aussichtspunkt auf die nur 100 Meter vor der Küste gelegene Insel **Green Island** sowie nach Süden hin zum Smoky Cape Lighthouse. Besonders sehenswert im Frühling während der Wildblumenblüte.

◉ Ganzj. ⟳ Von der Arakoon Rd in die Gap Beach Rd abzweigen, dann weiter zum South Gap Parkplatz 🕐 3 Std. ⟳ Moderat 🚶 3 km

▶ Rainforest Walking Track

Wanderung durch ein Feuchtgebiet mit Küstenregenwald. Hier hat man oft die Gelegenheit, Wallabys, schwarze Schwäne und Reiher zu beobachten. Zurück geht es denselben Weg oder über den Sandstrand des Gap Beach.

◉ Ganzj. ⟳ Von der Arakoon Rd in die Gap Beach Rd abzweigen, dann weiter zum South Gap Parkplatz 🕐 1 Std. ⟳ Leicht 🚶 1,6 km

▶ Monument Hill Track

Dieser Wanderweg beginnt auf der rechten Seite des Trial Bay Gaol, also auf der Meerseite. Der Weg führt zu einem Denkmal für die deutschen Gefangenen des Ersten Weltkrieges und auf einen Hügel mit Aussicht auf das Meer und endet am Little Bay Beach. Mit ein bisschen Glück kann man graue Kängurus *(Eastern Grey Kangaroos)* beobachten und Delfine vor der Küste sehen. Für den Rückweg geht es über den Bridle Trail durch eine Küstenheidelandschaft und schließlich über den Powder Magazine Track durch Regenwaldreste zurück zur Festung.

◉ Ganzj. ⟳ Trial Bay Gaol Campground ✉ Rechts neben der Festung im Arakoon National Park 🕐 2 Std. ⟳ Leicht bis moderat 🚶 2 km (Rundweg)

Blick vom Leuchtturm in Richtung Küste und Jack Perkins Walking Track, Hat Head National Park

🛏 Übernachten

🏠 Smoky Cape B&B/Apartments
Eine außergewöhnliche Unterkunft sieben Kilometer außerhalb von South West Rocks. Übernachtet wird in den ehemaligen Unterkünften der Leuchtturmwärter. Dazu gehören zwei historische Cottages aus dem Jahr 1891 für jeweils bis zu sechs Personen (beide mit Küche) sowie ein B&B mit zwei Zimmern. Beim B&B ist Frühstück im Preis inbegriffen.
📍 *Siehe Anfahrt zum Lighthouse – liegt direkt nebenan* ✉ *Lighthouse Rd, Arakoon NSW 2431* ☎ *02-6566-6301* @ *info@Smokycapelighthouse.com* 🌐 *www.smokycapelighthouse.com* 🅿 *Ja* 🚭 *Nein* 💰 *★★–★★★*

🏠 Rockpool Motor Inn
Zweistöckiges Motel mit 28 Zimmern in einer ruhigen Seitenstraße, mit kleinem Pool in einem tropischen Garten mit Palmen. Das Restaurant hat Montag bis Samstag fürs Abendessen geöffnet (🍴 ab 18 Uhr) sowie Donnerstag bis Sonntag fürs Mittagessen (🍴 ab 11:30 Uhr).
📍 *Im Stadtzentrum auf der Gregory St nach Norden bis zum Abzweig rechts McIntyre St* ✉ *45 McIntyre St, South West Rocks NSW 2431* ☎ *02-6566-7755* @ *bookings@rockpoolmotorinn.com.au* 🌐 *www.rockpoolmotorinn.com.au* 💰 *★★*

🏕 Trial Bay Gaol Campground ⭐
Dieser am östlichen Ende des etwa vier Kilometer langen Trial Beach gelegene Campingplatz ist bald schon eine Attraktion für sich: In den Morgen- und Abendstunden kommen oft Kängurus vorbei, um den Rasen zu kürzen. Der Campingplatz liegt neben dem Trial Bay Gaol im Arakoon National Park und hat 116 Stellplätze. 35 Plätze sind nur für Zelte geeignet, der Rest für Camper und Zelte. 13 Plätze haben einen Stromanschluss. Kalte Duschen sind kostenlos, warme kosten 20 Cent.
✉ *Cardwell St, South West Rocks NSW 2431* ☎ *02-6566-6168* 🌐 *www.nationalparks.nsw.gov.au/camping-and-accommodation/campgrounds/Trial-Bay-Gaol-campground* 🅿 *Ja, wird empfohlen* 🛏 *81* 🚐 *35* 🚭 *Ja* 🚿 *Ja, kostenpflichtig* 🍴 *Nein* 💧 *Wasser, Abwasser, Strom (15 Amp.)* 🐕 *Nein* 💰 *$$$–$$$$*

🏕 Big 4 Sunshine South West Rocks 🚻
Großflächiger Campingplatz im Wald zwischen Arakoon und South West Rocks mit eigenem Strandzugang über einen Waldweg auf der anderen Straßenseite. Nicht-Camper können in einer der 25 Cabins übernachten. Mit dabei sind ein Spielplatz, ein Pool und ein Wasserspielplatz mit Piratenschiff. Auf dem Gelände kann man in der Dämmerung oft Kängurus beobachten. Bis zur Festung läuft man etwa 15 bis 20 Minuten.
📍 *Am Ortseingang von Arakoon links von der Arakoon Rd in den Phillip Dr* ✉ *161 Phillip Dr, South West Rocks NSW 2431* ☎ *02-6566-6142* @ *info@big4sunshine.com.au* 🌐 *www.big4southwestrocks.com.au* 🅿 *Ja* 🛏 *86* 🚐 *22* 🚭 *Ja* 🍴 *Ja* 💧 *Wasser, Abwasser, Strom (15 Amp.)* 🐕 *Ja* 💰 *$$$, Cabins ★–★★*

🏕 Smoky Cape Campground
Nationalpark-Campingplatz nicht weit vom Smoky Cape Lighthouse (1,4 Kilometer), von der Lighthouse Road über eine kurze Schotterstraße erreichbar. Mit dabei sind Holz-BBQs, Picknicktische und Kompost-WCs. Alle Plätze sind ohne Strom. Vorausbuchung nicht möglich. Mit ein bisschen Glück können Sie im Wald große Leguane beobachten.
📍 *Von Arakoon ortsauswärts über Gregory St, nach 3,5 km links in Richtung Arakoon, die Nächste rechts in Richtung Lighthouse* ✉ *Lighthouse Rd, Arakoon NSW 2431* 🌐 *www.nationalparks.nsw.gov.au/camping-and-accommodation/campgrounds/smoky-cape-campground* 🅿 *Nein* 🛏 *20* 🚐 *20* 🚭 *Nein* 🚿 *Nein* 🍴 *Nein* 💧 *Nein* 🐕 *Nein* 💰 *$*

293

Blick auf die Festungs-
mauern des Trial Bay Gaol

*Von South West Rocks folgen Sie der **Plummers Lane** 15 Kilometer zurück zum **Pacific Highway (A1)**. Diesem folgen Sie nun 59 Kilometer Richtung Süden. Bei Frederickton/Kempsey fahren Sie über Australiens längste Sraßenbrücke, die Macleay Valley Bridge (oder »yapang gurraarrbang gayanddugayigu« – sehr langer Weg auf die andere Seite – in der Sprache der Aboriginals dieser Region). Die Brücke wurde 2013 fertiggestellt und ist 3.200 Meter lang.*

*Direkt nach Überquerung des breiten Hastings River biegen Sie links ab auf den **Hastings River Drive** in Richtung Port Macquarie, das Sie nach weiteren neun Kilometern erreicht haben.*

PORT MACQUARIE

👥	41.723	
☀	26 °C	
❄ ❄	18 °C	
〰	20 m	
South West Rocks	83 km
Anna Bay	243 km

Port Macquarie ist eine der größeren Städte an der Pazifikküste, mit einer angenehmen Kombination aus Stadtleben und Natur: Man kann gemütlich an einem der unzähligen **Cafés** an der Hauptstraße die Zeit vertrödeln, an den vielen **Stränden** den Surfern beim Wellenreiten zusehen (oder sich selbst daran versuchen), den **Küstenregenwald** erkunden oder in den Eukalyptuswäldern nach **Koalas** forschen.

Port Macquarie gehört zu den ältesten Städten in Australien. Die Stadt wurde 1821 als Strafkolonie gegründet, nachdem das Straflager im südlich gelegenen **Newcastle** (►Seite 303) aufgelöst worden war. In der Innenstadt finden sich an verschiedenen Orten Infoschilder, die mehr über die Geschichte der Stadt erzählen. Der erste Zuckerrohr wurde 1823 angebaut, ab 1830 zogen die ersten freien Siedler in die Stadt, was in den 1830er-Jahren dazu führte, dass das Sträflingslager schließlich geschlossen wurde. Später versuchte sich Port Macquarie als Hafen für den Wollexport zu etablieren, was aber aufgrund der gefährlichen Hafeneinfahrt eher weniger von Erfolg gekrönt wurde. Viele Schiffe sind vor der Küste gesunken, bis der Leuchtturm 1879 gebaut wurde. Heute lieben nicht nur Surfer, sondern vor allem Rentner die entspannte Stadt am Meer.

🛈 GREATER PORT MACQUARIE VISITOR INFORMATION CENTRE

Die gut sortierte Besucherinfo von Port Macquarie befindet sich im Glasshouse, einem der auffälligsten Gebäude im Stadtzentrum, das zudem ein Museum und ein Konferenzzentrum beherbergt.

🚗 *Von der Gordon St direkt hinter der Brücke über den Kooloonbung Creek links auf die Horton St, dann rechts ab in die Clarence St* 🏠 *Cnr Clarence/Hay St, Port Macquarie NSW 2444* ☎ *02-6581-8000* @ *tourism@pmhc.nsw.gov.au* 🌐 *www.portmacquarie info.com.au* 🕐 *Mo.–Fr. 9–17:30 h, Sa. & So. bis 16 h*

🧭 Orientieren

Port Macquarie ist mit dem Pacific Highway (A1) über eine elf Kilometer lange Zufahrtsstraße verbunden, dem Hastings River Drive, der im Ortsbereich in die **Gordon Street** einmündet. Hinter der auffälligen Brücke über den Kooloonbung Creek geht es nach links über die **Horton Street** direkt ins Stadtzentrum auf die Clarence Street,

Das moderne Glasshouse beherbergt unter anderem das Visitor Centre der Stadt.

an deren Ende der örtliche Campingplatz, der Sundowner Tourist Park, liegt.

Ein Abzweig der Horton Street, die William Street, führt direkt zum Strand und dort über den Pacific Drive zum Lighthouse Beach.

Folgen Sie der **Gordon Street** hingegen am Stadtkern vorbei bis zur Lord Street, geht es nach Süden weiter zum Koala Hospital.

Ⓗ Anreise und Transport

Port Macquarie hat einen Inlandsflughafen und ist ein Haltepunkt auf der Brisbane-Sydney-Route der Greyhound-Busse. Die Busse halten an der Gordon Street neben dem Finnian's Irish Tavern. Die NSW-TrainLink-Eisenbahnlinie von Brisbane nach Sydney hat im benachbarten Wauchope (20 Kilometer) eine Haltestelle. Von dort geht es weiter mit einem Anschlussbus nach Port Macquarie.

🛒 Versorgen und einkaufen

Im Port Central Shopping Centre, das hinter dem Visitor Information Centre im Glasshouse liegt, liegt ein IGA Supermarkt sowie ein Food-Court im 1. Stock. Für Gäste gibt es nicht nur wie gewohnt einen klimatisierten Speisesaal, sondern auch einen überdachten Balkon an der frischen Luft. Alternativ finden Sie am Ortseingang von Port Macquarie direkt am Hastings River Drive einen Aldi Supermarkt (⊜ 3 Hughes Place).

✕ Essen und trinken

▶ Aqua Restaurant im Westport Club

Der Westport Club ist ein weitläufiges Gebäude, das am Ufer des Hastings River liegt und nicht nur aufgrund der Spielautomaten ein bisschen an ein Kasino erinnert. Das Restaurant hat eine Panorama-Glasfront mit Aussicht auf den Fluss mit vor Anker liegenden Segeljachten. Die meisten Speisen kommen aus einem Buffet, das von den Mitarbeitern bedient wird. Es gibt Steak, Pasta und Fisch sowie täglich ein *Roast of the Day* (Braten). Zudem gibt es im Gebäude noch ein Café und eine Bar.

🅖 *Von der Gordon St noch vor der Brücke über den Kooloonbung Creek links auf die Hollingworth St bis zur Buller St* ⊜ *25 Buller St, Port Macquarie NSW 2444* ☎ *02-6588-7201* @ *enquiries@westportclub. com.au* 🖥 *www.thewestportclub.com.au* 🕐 *Mo.– So. 8:30–3 h, Küche geöffnet 11:30–14:30 & 17–20:30 h* 💲 *∗∗–∗∗∗*

▶ Town Green Inn

In einer Sackgasse gelegenes Bistro. Man sitzt zwar drinnen, aber durch das große, bei gutem Wetter offene Fenster ist die frische Luft nicht weit. Von der Terrasse im Obergeschoss hat man seitliche Aussichten auf den Fluss. Auf den Tisch kommen Pizza, Seafood, Salate und Steak. Mittags mit $ 16-Lunch-Specials.

🅖 *Von der Gordon St hinter der Brücke über den Kooloonbung Creek links auf die Horton St und dieser bis zum Ende folgen* ⊜ *4 Horton St, Port Macquarie NSW 2444* ☎ *02-6580-7899* @ *info@towngreeninn.com.au* 🖥 *www.taphousegroup.com.au/Town-Green-Inn* 🕐 *Mo.–Do. 11–21 h, Fr. & Sa. bis 21:30 h, So. bis 20:30 h* 💲 *∗∗*

Die folgenden Restaurants liegen an der **Clarence Street**.
🅖 *Von Gordon St direkt hinter der Brücke über den Kooloonbung Creek links auf Horton St, rechts auf Clarence St*

▶ Pancacke Place ★

An einer Straßenecke gelegenes Pfannkuchenrestaurant, mit über 30 süßen und herzhaften Varianten. Bei gutem Wetter kann man es sich auf einer Sitzecke auf dem Bürgersteig gemütlich machen, teils mit Aussicht auf den Fluss.

⊜ *Cnr Clarence/Hay St, Port Macquarie NSW 2444* ☎ *02-6583-4544* 🖥 *www.pancakeplace.com.au* 🕐 *Tägl. 8–14 h, Mo.–Sa. ab 18 h* 💲 *∗–∗∗*

Tacking Point Lighthouse im Abendlicht

► Casualties Espresso

Port Macquarie ist geradezu gepflastert mit Straßencafés; das Casualties ist eines von einer ganzen Reihe guter Cafés. Es liegt an einer Straßenecke und hat zwei große Fenster, die bei gutem Wetter weit geöffnet sind. Casualties serviert nur Kaffee und Frühstück.
☎ *23 Clarence St, Port Macquarie NSW 2444*
☎ *02-6584-3375* ⬤ *www.facebook.com/casualties. espresso* ⬤ *Tägl. 6:30–14:30 h* ⬤ ★

👁 Highlights

► Town Green mit Cruise Terminal

Am Hastings River, in etwa parallel zur Clarence Street, liegt das Town Green, ein langgezogener Park mit einigen Restaurants und Bars zur Landseite hin und der kommerziellen Bootsflotte von Port Macquarie an der Wasserseite. Besonders interessant wird es um die Mittagszeit, wenn die Hochseeangler die **Pelikane** mit den Fangresten füttern. Auch gegen Abend, wenn die Sonne tief über den Hastings River steht, ist die Stimmung sehr entspannend.

► Rock Wall

Port Macquarie hat ebenso wie Nambucca Heads (►Seite 286) einen sehenswert dekorierten Wellenbrecher. Die bunte Rock Wall liegt am Fußweg zwischen dem Sundowner Breakwall Tourist Park (dem lokalen Campingplatz) und dem Hastings River.
⬤ *Parallel zur Clarence St Richtung Hastings River* ⬤ *Sunset Parade, Port Macquarie NSW 2444*

► Tacking Point Lighthouse

Etwa fünf Kilometer vom Stadtzentrum entfernt steht der 1879 erbaute Leuchtturm auf einem 34 Meter hohen Felsen – ein schöner Aussichtspunkt über das Meer und den langen Sandstrand von Lighthouse Beach. Aufgrund der Orientierung des Strandes in Richtung Südwesten ist der Leuchtturm ein guter Platz, um abends den Sonnenuntergang zu sehen.

⬤ *Von der Gordon St links auf die Lord St, danach rechts über die William St zum Pacific Dr, später links in die Lighthouse Rd (ausgeschildert)* ⬤ *Lighthouse Rd, Port Macquarie NSW 2444*

► Koala Hospital ★

Rund um Port Macquarie soll es die höchste Dichte an Koalas auf Australiens Festland geben. Trotzdem ist es schwer, Koalas in freier Wildbahn zu finden, da sie die meiste Zeit des Tages in einer Astgabel schlafen. Ihre graue Fellfarbe macht sie fast unsichtbar, solange sie sich nicht bewegen. Die beste Zeit für eine Koala-Safari ist gegen Abend, wenn die Tiere wach werden und Hunger bekommen. Im Koala Hospital sind Tiere untergebracht, die wegen Krankheiten oder Verletzungen in Pflege sind. Durch das Fenster des Behandlungszimmers kann man zuschauen, wenn gerade ein Tier behandelt wird. Die beste Zeit für einen Besuch ist die tägliche Fütterung gegen 15 Uhr. Dann erfährt man mehr über die einzelnen Patienten und ihre Besonderheiten.
⬤ *2,4 km vom Stadtzentrum (Gordon St) über die Lord St nach Süden, nicht weit von Flynns Beach* ⬤ *Macquarie Nature Reserve, Lord St, Port Macquarie NSW 2444* ☎ *02-6584-1522* ⬤ *www.koalahospital.org.au* ⬤ *Tägl. 8–16:30 h, Führung um 15 h* ⬤ *Eintritt frei; um Spenden wird gebeten*

Ein Patient im Koala Hospital

Kajaktour in den Mangroven am Kooloombang Creek

▶ Sea Acres National Park ★

Eines der wenigen Überbleibsel von sub-tropischem Küstenregenwald in dieser Region findet sich in diesem Nationalpark, der seit seiner Gründung im Jahr 1913 weitgehend unberührt geblieben ist. Durch den Park führt ein 1,3 Kilometer langer Boardwalk (Holzsteg) mit Infoschildern, für den Sie etwa 30 Minuten einplanen sollten. Besser noch ist es, wenn Sie sich einem vom Ranger geführten Spaziergang anschließen. Unterwegs erfährt man Interessantes und Wissenswertes zur Nutzung der Pflanzen aus Sicht der Aboriginals. Zeiten für die Führungen erfahren Sie an der Rezeption.

📍 *Ab Gordon St links über die Lord St zur Williams St, rechts auf die Williams St, rechts auf den Pacific Dr. Etwa 5 km vom Stadtzentrum, hinter Shelly Beach Rd (ausgeschildert)* ☎ *02-6582-3355* @ *SeaAcres@ environment.nsw.gov.au* 🌐 *www.nationalparks.nsw. gov.au/visit-a-park/parks/sea-acres-national-park* 🕐 *Tägl. 9–16:30 h* 💲 *Erw. $ 9, Kinder $ 5*

▶ Kamelreiten am Strand

Erkunden Sie den Lighthouse Beach am Ortsrand von Port Macquarie vom Rücken eines Kamels aus.

📍 *Über den Pacific Dr und Lighthouse Rd nach Süden bis zum Matthew Flinders Dr. Am Lighthouse Beach, 8 km vom Stadtzentrum. Achten Sie auf die Stelle, an der der Flinders Dr landeinwärts schwenkt.* ✉ *Port Macquarie Camel Safaris, Matthew Flinders Dr, Port Macquarie NSW 2444* ☎ *0437-672-080* 🌐 *www. portmacquariecamels.com.au* 🕐 *Bei gutem Wetter So.–Fr. 9:30–13 h, Weihnachtsferien 9–14 h* 💲 *Erw. $ 40, Kinder $ 25*

▶ Surfen lernen

Port Macquarie ist ein guter Ort zum Surfen lernen oder auch, um einfach nur mit dem kürzeren Bodyboard ins Wasser zu gehen. Wenn Sie sich die Sache erst einmal anschauen wollen, folgen Sie der Strandstraße bis zum Flynns Beach (Ecke Pacific Drive/Flynn Street). Hier ist bei gutem Wetter auch der eine oder andere Surfboardverleiher/-lehrer zu finden.

Soul Surfing

Unterricht für Anfänger und Fortgeschrittene, außerdem Herstellung eigener Surfboards. Höchstens sechs Surfer pro Gruppe.

📍 *Am Ortseingang vom Hastings River Dr (östlich vom Aldi) links in die Bellbowrie St* ✉ *Unit 11/15 Bellbowrie St, Port Macquarie NSW 2444* ☎ *02-6582-0114* 🌐 *www.soulsurfing.com.au* 🕐 *2 Std. Anfängerkurs: $ 50*

Port Macquarie Surf School

Unterricht für Anfänger und Fortgeschrittene, bis zu acht Surfer pro Gruppe.

📍 *An der Strandstraße (Pacific Dr) kurz vor dem Abzweig zur Flynn St* ✉ *46 Pacific Dr, Port Macquarie NSW 2444* ☎ *02-6584-7733* 🌐 *www.portmacquarie surfschool.com.au* 💲 *ab $ 45 pro Person*

▶ Kajakfahrten mit Delfinen und Mangroven ★

Zweistündige, geführte Kajaktouren durch die Mangroven der Kooloonbung Nature Reserve und zur Flussmündung des Hastings River. Unterwegs kann man verschiedene Wasservögel, *Flying Foxes* (Flughunde), oft auch *Water Dragons* (kleine Leguane) und mit ein bisschen Glück Delfine zu Gesicht bekommen. Telefonische Voranmeldung wird empfohlen. Mückenmittel mitnehmen!

📍 *Port Macquarie Kayak Adventures, Treffpunkt: Buller St, an der Sackgasse vor der Brücke über den Kooloonbung Creek* ☎ *0409-776-566* 🕐 *Tägl. 10–12 h* 💲 *$ 35 pro Person*

297

▶ Whale Watching

Wale kann man vor der der Küste von Port Macquarie etwa von Mitte Mai bis Mitte November beobachten. Bei den anderthalbstündigen Ausfahrten geht es mit dem **WaveRider**, einem der schnellsten Boote in New South Wales, aufs Meer hinaus. Das ganze Jahr über werden zudem Ausfahrten für Abenteuerlustige angeboten (© 40 Min.), sowie einstündige Delfintouren in etwas langsamerem Tempo. An Bord sind höchstens 18 Gäste. Wer lieber selbst fahren will, kann sich auch einen Jetski ausleihen.

© *Port Jet, Cruise Terminal, Clarence St, Port Macquarie NSW 2444* © *02-6583-8811* @ *andrewburt@ portjet.com.au* © *www.portjet.com.au* © *WaveRider Erw. $ 49, Kinder $ 39, Delfintour Erw. $ 39, Kinder $ 35, pro Jetski $ 100 für 30 Min.*

夾荻 Wandern

▶ Port Macquarie Coastal Walk

Der Küstenwanderweg von Port Macquarie führt über neun Kilometer von Westport am Hastings River entlang, über die bunte **Rock Wall** nach Osten bis zur Flussmündung, dann Richtung Süden über mehrere Strände bis hin zum **Sea Acres National Park** (Achtung: Hier kein Anschluss zum Visitor Centre und Boardwalk!). Zwischen Mai und November kann man manchmal vorbeiziehende Wale beobachten. Der Weg endet am **Tacking Point Lighthouse**. Für die Strecke sollten Sie etwa drei Stunden einplanen. Durch die Nähe zur Strandstraße kann man die Route in einzelne Etappen aufteilen: **Town Green** über Rock Wall bis Town Beach (2 km), Town Beach bis Flynns Beach (2,2 km), Flynns Beach bis Shelly Beach (2,2 km), Shelly Beach über Sea Acres bis Tacking Point (2,7 km). Die Buslinie 322, Port Macquarie-Lighthouse Plaza, folgt weitgehend der Wanderroute.

© *Ganzj.* © *Zum* **Town Green***: Von der Gordon St direkt hinter der Brücke über den Kooloonbung Creek links auf die Horton St und dieser bis zum Ende folgen* © *3 Std.* © *Leicht* © *9 km (einf. Strecke)*

🛏 Übernachten

🏨 Macquarie Waters Boutique Apartment Hotel

Fünfstöckiges Hotel in Gehweite zum Meer, mit Balkonen zu einer ruhigen Straße heraus. Sparer können in den *Standard Hotel Rooms* übernachten, die klein, aber ordentlich und sauber sind. Wer Meerblick möchte, der muss eines der 1-Bedroom-Spa-View-Apartments buchen. Mit dabei sind Pool und Whirlpool, BBQs und ein Restaurant, das für alle Mahlzeiten geöffnet ist. Im Sommer kann man bei gutem Wetter vom Pool aus Kinofilme auf einer Leinwand anschauen.

© *11 Clarence St, Port Macquarie NSW 2444* © *02-6584-5755* @ *info@mwaters.com.au* © *www.mwaters.com.au* © *Ja* © *Ja* © *Standard Hotel Room ★★, 1-Bedroom-Spa-View-Apartment ★★★*

🏨 Best Western Plus HW Boutique Hotel

An der ruhigen Strandstraße gelegenes Hotel in Gehweite des Stadtzentrums, mit Pool und Gemeinschaftsraum. Die meisten Zimmer haben einen Balkon, je nach Kategorie mit Aussicht über die Stadt, den Fluss oder auf das Meer. Das hoteleigene Restaurant hat Meerblick und ist für Frühstück und Abendessen geöffnet.

© *Kurz vor dem Ende der Gordon St links auf die Lord St, am Ende links auf die Stewart St* © *1 Stewart St, Port Macquarie NSW 2444* © *02-6583-1200* @ *reservations@hwboutique.com.au* © *www. hwboutique.com.au* © *Ja* © *Ja* © *★★–★★★*

🏨 Mid Pacific Motel

Langgezogenes, vierstöckiges Motel mit Pool und Whirlpool zum Hastings River hin. Die modern ausgestatteten Zimmer sind für bis zu drei Gäste geeignet und haben Balkone mit Sitzmöbeln. Alle Zimmer mit seitlichem Blick auf den Fluss und den Jachthafen.

© *71 Clarence St, Port Macquarie NSW 2444* © *02-6583-2166* @ *reservations@motelmidpacific.com.au* © *www.motelmidpacific.com.au* © *Ja* © *Ja* © *★–★★*

🏨 Beachside Backpackers

Nur zwei Minuten zu Fuß vom Stadtzentrum und fünf Minuten vom Strand entfernt gelegenes Hostel. Es gibt 6er-Zimmer (gemischt/nur Männer/nur Frauen) sowie Doppelzimmer, die auch mit Bad buchbar sind. Kostenloser Abholservice vom Greyhound-Bus zwischen 8 und 20 Uhr. Mit dabei sind BBQs, eine Gemeinschaftsküche und Waschmaschinen, außerdem können Angeln und Surfbretter kostenlos ausgeliehen werden.

© *Von der Gordon St über die Munster St nach links/ Norden bis zur Church St* © *40 Church St, Port Macquarie NSW 2444* © *02-6583-5512* @ *beachside backpackers@gmail.com* © *www.beachsideback packer.com.au* © *Ja* © *Ja* © *★*

🚐 Sundowner Breakwall Tourist Park

Zentral gelegener Campingplatz, seitlich an der Mündung des Hastings River und am Ozean gelegen. An den 19 durchnummerierten (Mini-) Avenues befinden sich Cabins und komfortable Cottages. Dem Ozean am nächsten liegen die *unpowered sites*. Preise werden saisonal angepasst und sind an Ostern und in den Weihnachtsferien etwa doppelt so hoch wie in der Nebensaison.

🌐 1 Munster St, Port Macquarie NSW 2444
☎ 02-6583-2755 @ info@sundownerholidays.com
🌐 www.escape2holidayparks.com.au/port-macquarie
🚉 Ja ☀ 184 🅿 184 ♿ Ja ⚡ Ja ♨ Ja ⭕ Trinkwasser, Abwasser, Strom (15 Amp.) 🛏 Ja ☀ $$–$$$, Cabins *, Cottages **

*Sie verlassen Port Macquarie über die **Gordon Street** und den **Oxley Highway (B56)** und erreichen nach zehn Kilometer wieder den **Pacific Highway (A1)**. Wenn Sie Lust haben, können Sie noch einen Stopp bei den lokalen Koalas einlegen:*

👁 BILLABONG KOALA & WILDLIFE PARK

Auch im Billabong Koala & Wildlife Park kann man den Koalas ein wenig näher kommen, die hier gezüchtet werden. Jeweils halbstündlich werden zudem Präsentation gehalten, die die Tiere des Zoos vorstellen, darunter Affen, Meerkatzen, Schneeleoparden und Krokodile.

🚗 Den Pacific Hwy überqueren und die erste rechts
🌐 61 Billabong Drive, Port Macquarie NSW 2444
☎ 02-6585-1060 @ info@billabongkoala.com.au
🌐 www.billabongkoala.com.au 🕐 Täglich 9–17 h, außer 25.12. ☀ Erw. $ 29,50, Kinder $ 16

Bis nach Sydney sind es nun noch weniger als 400 Kilometer. Es ist also möglich, in einem Tag nach Sydney hinunter zu fahren. Dies ist nur bei akuter Zeitnot zu empfehlen, da Sie unterwegs noch einige Highlights erwarten.

*Ihre Reise auf dem Pacific Highway (A1) führt vorbei an grünen Kuhwiesen, sanften Hügeln, Eukalyptuswald und einigen breiten Flussüberquerungen. Etwa 196 Kilometer südlich von Port Macquarie biegen Sie in die **Medowie Road** Richtung Medowie ab. Nach zwölf Kilometern geht es links in die **Richardson Road**, nach weiteren fünf Kilometern links auf die **Nelson Bay Road (B63)**. Anna Bay erreichen Sie nach 20 Kilometern rechts der Nelson Bay Road.*

🌲 WORIMI NATIONAL PARK

Dieser Nationalpark wird gemeinsam von der Worimi Aboriginal Community und der Nationalparkbehörde geleitet. Geschützt wird das mit einer Länge von 32 Kilometer größte Wanderdünensystem der südlichen Hemisphäre wie auch der längste Strand von New South Wales. Die Küstenlandschaft am Stockton Beach/Birubi Beach ist über 100.000 Jahre alt, die Form und Stabilität der **bis zu 40 Meter hohen Dünen** variiert mit dem Wetter. Wanderwege gibt es nicht, Fußgänger können am Nordende des Parks bei Anna Bay einen Strandspaziergang unternehmen. Touren zu den Dünen finden zudem ab **Williamtown** am Südeingang zum Park oder ab Anna Bay statt. (▶Seite 300). **Die nördliche Strand-Zufahrt** liegt in Anna Bay am Surf Club. Von der Nelson Bay Road rechts auf die Gan Gan Road, danach rechts auf die James Paterson Street und dieser bis zum Ende folgen. **Die südliche Zufahrt** liegt am Highway B63 in Williamtown. An der Tankstelle in die Lavis Lane abbiegen und dieser bis zum Ende folgen. Diese Zufahrt wird nur für Geländewagen empfohlen, da die Sandpiste bereits ein gutes Stück vor dem Strand beginnt.

💡 **Tipp für Geländewagen:** Eine Fahrerlaubnis kostet $ 10 für drei Tage und wird etwa an der vorgenannten Tankstelle sowie im IGA Supermarkt in Anna Bay (🌐 118 Gan Gan Rd) verkauft. Erlaubt ist nur die Fahrt über den Strand, nicht aber in den Dünen, mit Ausnahme einer markierten Stelle etwa in der Mitte des Parks. Camping ist aufgrund von Sturmschäden bis auf Weiteres nicht erlaubt. Fahren Sie nur innerhalb von zwei Stunden vor/nach der Ebbe über den Strand und planen Sie etwa zwei Stunden für die Strecke Anna Bay-Williamtown ein. Wenn Sie morgens bei Sonnenaufgang fahren, haben Sie den Strand für sich allein.

🌲 SANDDÜNEN PER QUAD BIKE ERKUNDEN

Von **Williamtown** am Südeingang des Worimi National Park kann man sich einer Quad Bike Tour anschließen. Hier bekommt jeder ein geländegängiges Fahrzeug mit Ballonreifen und kann den Strand in der Gruppe erkunden. Für 1,5 Stunden zahlen Erwachsene $ 140 und Kinder ab 8 Jahre $ 120.

🚗 Am Hwy B63 kurz hinter dem Flughafen in Williamtown 🌐 Quad Bike King, 2130 Nelson Bay Rd, Williamtown NSW 2318 ☎ 02-4919-0088 @ sales@ quadbikeking.com.au 🌐 www.quadbikeking.com.au 🕐 Touren mehrmals tägl.

Fast wie in der Sahara: Mit dem Kamel durch die Sanddünen des Worimi National Park

Zwischen Williamtown und Anna Bay bietet sich noch die Gelegenheit für eine »Tierische Pause«.

🌲 OAKVALE FARM AND FAUNA WORLD 👪

Eine Mischung aus Zoo und Schau-Bauernhof auf zehn Hektar Fläche mit Koalas, Wombats und Wallabys und Farmtieren wie Kühe, Ziege und Pferde. Zu den täglichen Vorführungen gehört das Kühemelken sowie eine Reptilien-Show mit amerikanischen Alligatoren, außerdem können Koalas gestreichelt und freilaufende Kängurus von Hand gefüttert werden. Für Kinder gibt es außerdem einen Wasserspielplatz.

📍 An der Nelson Bay Rd (Hwy 63), 7 km hinter dem Flughafen in Williamtown und 19 km vor Anna Bay ✉ 3 Oakvale Dr, Salt Ash NSW 2318 ☎ 02-4982-6222 ✉ admin@ oakvalefarm.com.au 🌐 www.oakvalefarm.com.au ⏰ Tägl. 10–17 h 💲 Erw. $ 28,50, Kinder $ 16,50

🏘 ANNA BAY ⭐ 🚗 ➕ ✕ 🛏 🏛

👥	3.726	
⭐	Port Macquarie	243 km
	Newcastle	52 km

Die kleine Ortschaft Anna Bay liegt am Nordende des Worimi National Park. Die meisten Reisenden kommen wegen des kilometerlangen Strandes, der hier Birubi Beach heißt und über die Zufahrt zum Surfclub erreichbar ist (📍 Gan Gan Rd/James Paterson St). Am Strandeingang werden Ihnen vielleicht die Betonklötze auffallen, die im Sand verteilt sind. Diese sollten im Zweiten Weltkrieg gegen japanische Panzer schützen.

Ⓗ Anreise und Transport

Der nächste Flughafen (Newcastle Airport) liegt 25 Kilometer südlich in Williamtown. Die nächste Greyhound Haltestelle befindet sich in Newcastle. Bus Nr. 130 fährt in ca. 1 Stunde von Newcastle über Newcastle Airport nach Anna Bay.

🛒 Versorgen und einkaufen

Ein IGA Supermarkt findet sich in Anna Bay an der Hauptstraße (✉ 118 Gan Gan Rd).

✕ Essen und trinken

► Crest Birubi Beach
Der 2014 eröffnete 5-Millionen-Dollar-Surfclub ist das neueste Restaurant in Anna Bay und nur für Frühstück und Mittagessen geöffnet. Auf dem Menü stehen Seafood, Sandwiches, Burger und Vegetarisches. Die Terrasse geht direkt auf den Strand von Birubi Beach hinaus.

📍 Von der Gan Gan Rd bei der Ortseinfahrt rechts auf die James Paterson St ✉ 73 James Paterson St, Anna Bay NSW 2316 ☎ 02-4919-0446 ✉ info@crest birubibeach.com.au 🌐 www.crestbirubibeach.com.au ⏰ Tägl. 8–15:30 h 💲 ★–★★

► Anna Bay Tavern
Familienfreundlicher Pub mit gemütlichem Biergarten, an dem sich auch die Einheimischen gerne treffen. Mit Livemusik am Wochenende.

✉ 561 Gan Gan Rd, Anna Bay NSW 2316 ☎ 02-4982-1711 🌐 www.facebook.com/annabaytav ⏰ Küche täglich 11:30–14:30 h & 17:30–21 h 💲 ★★

► Spectrum Port Stephens
Ein Non-profit-Café mit Bio-Kaffee und Gerichten mit Zutaten aus dem angeschlossenen Garten. Für Kinder gibt es einen Spielpatz, für Erwachsene einen Geschenkeladen und eine Galerie. Alle Einnahmen werden für einen guten Zweck verwendet.

👁 4310 Nelson Bay Rd, Anna Bay NSW 2316
🌐 www.spectrumportstephens.com ⏰ Di.–Sa.
9–16 h, So. 11:30–16 h 💲 ★–★★

👁 Highlights

▶ Sonnenuntergang in Anna Bay ★

Aufgrund der Lage von Anna Bay am nord-
östlichen Ende des Worimi National Park/
Birubi Beach kann man vom Strand aus
abends die Sonne im Meer versinken sehen. Ein eindrucksvolles Erlebnis!

📍 *Treffpunkt direkt am Eingang zu Birubi Beach
neben dem Surfclub*

▶ Kamelreiten in den Dünen

Was passt besser zusammen als Kamele
und Dünen? Am Eingang zum Birubi Beach
beginnen 20-minütige Kamelritte den ganzen Tag über. An den Wochenenden und
manchmal auch während der Woche werden
einstündige Ausritte in den Sonnenuntergang
angeboten. Es empfiehlt sich vorzubuchen.

📍 *Treffpunkt direkt am Eingang zu Birubi Beach neben
dem Surfclub* 🚌 *Oakfield Ranch, Birubi Point Public
Carpark, James Paterson St, Anna Bay NSW 2316*
📞 *0429-664-172* 📧 *enquiries@oakfieldranch.com.au*
🌐 *www.oakfieldranch.com.au* ⏰ *Sa., So. & feiertags
sowie tägl. während der Schulferien* ⏱ *20 Min.: Erw.
$ 30, Kinder $ 25, einstündige Ausritte: pro Person $ 70*

▶ Ausritte zu Pferde in den Dünen

Ausritte entlang des Strands für Anfänger und
für fortgeschrittene Reiter mit Aufstieg auf
eine der 40 Meter hohen Dünen. Absolute
Anfänger sollten vorher den *Bush Trail* reiten,
um sich an den Pferderücken zu gewöhnen.
Ausritte werden in der Gruppe durchgeführt,
zudem sind private Touren möglich.

📍 Hwy B63 kurz vor Anna Bay links in den Port
Stephens Dr 🚌 Sahara Trails, 9 Port Stephens Dr,
Anna Bay NSW 2316 📞 02-4981-9077 📧 info@
saharatrails.com 🌐 www.saharatrails.com ⏰ Anfän-
ger-Ausritte tägl. 8 h, 9:30 & 11 h, andere Ausritte nach
Absprache ⏱ Ausritt am Strand: 1 Std. $ 90, ab 14 Jah-
re, Strand und Dünen (nicht für Anfänger): 1,5 Std. $ 150,
ab 16 Jahre, Bush Trail: 1 Std. $ 55, Mindestalter 5 Jahre

▶ Geländewagentouren in den Sanddünen

Eine Kombination aus Geländewagentour
und Sanddünen-Surfen bietet **Sand Dune
Safaris**, ebenso wie eine Fahrt am Strand
entlang zur urigen Tin City oder eine längere Tour über den gesamten Strand bis
zum Schiffswrack der Sygna, die 1974 hier
strandete. Voranmeldung wird empfohlen.

📍 *Treffpunkt direkt am Eingang zu Birubi Beach
neben dem Surfclub* 📞 *02-4982-0602* 🌐 *www.sand
dunesafaris.com.au* ⏰ *Sandsurfen: Täglich alle 20
Min. ab 10 h während der Winterzeit, ab 9 h während
der Sommerzeit, längere Touren nach Absprache am
Wochenende und in den Schulferien* ⏱ *Sandsurfen:
Erw. $ 25, Kinder $ 20, Fahrt zur Tin City: Erw. $ 60, Kin-
der $ 40, Tour zum Schiffswrack: Erw.: $ 90, Kinder $ 60*

🛏 Übernachten

🏛 Samurai Beach Bungalows (YHA)

Resortanlage mit mehreren Holzhäusern
ohne Klimaanlage in einem Regenwaldgarten mit 11-Meter-Resort-Pool. Doppelzimmer sind mit Gemeinschaftsbad buchbar
oder als Deluxe Double mit Bad, Miniküche
und Veranda mit Sitzmöbeln. Alleinreisende können im 5er-Zimmer übernachten.
Kostenlos sind Kaffee und Tee sowie Sand-
boards und Bodyboards. Fahrradverleih für
$ 10 für 4 Stunden oder $ 15 pro Tag.

*Wer keinen Geländewagen hat, der
kann sich auch einer geführten
Tour durch den Sand anschließen.*

Gan Gan Rd von Anna Bay Richtung Osten bis zum Abzweig Frost Rd, auf dieser weiter bis Robert Connell Cl. Etwa 6 km von Birubi Beach und 2 km vom nächsten Strand, dem One Mile Beach. Cnr Frost Rd/Robert Connell Cl, Anna Bay NSW 2316 02-4982-1921 info@samuraiportstephens.com www.samurai portstephens.com.au Ja Ja ★

Von der Gan Gan Rd direkt nach dem Ortseingang rechts auf die James Paterson St, bis zum Ende folgen 37 James Paterson St, Anna Bay NSW 2316 02-4982-1263 reservations@bbhp.com.au www.glhp.com.au/parks/birubi-beach Ja 20 Unmarkierte Wiese Nein Ja, kostenpflichtig Ja Wasser, Strom (15 Amp.) Ja $$ – $$$, Cabins ★ – ★★

Birubi Beach Holiday Park

100 Meter vom Strand gelegener Campingplatz mit Pool und Münz-BBQs. Für Wohnmobile gibt es 20 Stellplätze mit Strom und auf Wunsch mit Bad *(Ensuite)*, außerdem steht eine Wiese nur für Zelte zur Verfügung. Nicht-Camper können in Cabins übernachten, die es in Varianten mit und ohne Bad gibt. Einige davon haben Meerblick. An der Rezeption werden *Beach Permit*s für Geländewagen verkauft.

*Von Anna Bay aus sind es noch 52 Kilometer nach **Newcastle**. Es geht von Anna Bay wieder zurück über die Nelson Bay Road (B63) und vorbei an Williamtown mit dem Newcastle Airport. Kurz vor Newcastle passieren Sie das Hafengelände mit Förderbändern und Kohlehalden und überqueren zwei Brücken, eine davon so hoch, dass die Kohlefrachter darunter kreuzen können. Was für ein Kontrastprogramm zum ruhigen Anna Bay!*

NEWCASTLE

👥	308.308	
☀	26 °C	
❄	17 °C	
〰	33 m	
⚓	Anna Bay	52 km
	Gosford	95 km

Newcastle ist nach Sydney die zweitgrößte Stadt in New South Wales – und auch die zweitälteste Stadt Australiens. Daher ist es kein Wunder, dass Newcastle von allen Städten, die Sie bisher besucht haben, den europäischsten Eindruck machen wird. Newcastle wurde 1804 gegründet, nachdem in der Region Steinkohle gefunden wurde, die von Sträflingen (Convicts) in unterirdischen Minen abgebaut werden sollte.

Die neue Siedlung bekam den Namen Newcastle nach der britischen Stadt, die damals der größte Kohleexporthafen der Welt war. Newcastle blieb eine Strafkolonie bis 1822, als die ersten Farmer eintrafen, 1823 wurden die meisten Sträflinge dann weiter nach Port Macquarie geschickt (▶Seite 294). 1915 wurde die erste Stahlhütte errichtet, die 1999 – nach 84 Jahren – wieder geschlossen wurde. Heute ist Newcastle der größte Exporthafen für Steinkohle der Welt.

North

🚻 Toilet	🏛 Art Galleries and Museums
🚓 Police	🔭 Lookouts
ℹ Visitor Information	🏊 Ocean Baths
✉ Post Office	🚉 Train Station
T Taxi Rank	🚌 Bus Stop
— Fare Free Bus Route	🅿 Parking
— Patrolled Beach	▢ Fare Free Zone
🏫 Educational Institution	⋯ Train Line
🛒 Shopping Centre	♿ Disabled Access**
⚓ Cruise Berth	🍴 Refreshments
🧺 Picnic Tables	✚ First Aid**
🏨 Accommodation	** Only available when lifeguards are on patrol.

ℹ NEWCASTLE VISITOR INFORMATION CENTRE

◉ 3 Honeysuckle Dr, Newcastle NSW 2300
@ tourism@ncc.nsw.gov.au ◍ www.visitnewcastle.
com.au ◉ Di.–So. 10–16 h

⊘ Orientieren

Nachdem Sie die Brücke über den Hunter River überquert haben, geht es links weiter über den Highway A43. Nach etwa 21 km fahren Sie im Ortsteil Wickham hinter den Eisenbahnschienen links auf die **Hunter Street**, die im weiteren Verlauf **Scott Street** heißt. Wenn Sie kurz vor dem Ende der Scott Street links in den Parnell Place, später **Nobbys Road**, abbiegen, erreichen Sie Fort Scratchley und schließlich den Leuchtturm bei Nobbies Head. Das Zentrum von Newcastle liegt rund um die mit einem auffälligen Turm gekrönte **Queens Wharf** und der **Hunter Street Mall** (Fußgängerzone) zwischen Perkins Street und Newcomen Street. Mall und Wharf sind über eine Fußgängerbrücke miteinander verbunden. An der Queens Wharf legt die Fähre nach Stockton an, das auf der anderen Seite des Hunter River liegt.

Ⓗ Anreise und Transport

Newcastle hat einen Inlandsflughafen, der 27 km nördlich in **Williamtown** liegt, nicht weit vom Worimi National Park. Die Stadt ist auch ein Haltepunkt auf der Brisbane-Sydney-Route der Greyhound-Busse. Der Bus hält am Bus & Coach Interchange an der Ecke Wharf Road/Watt Street. Wer mit NSW Train Link unterwegs ist, steigt im Ortsteil Broadmeadow für die letzten 5 km in einen Zubringerbus um. Von Sydney aus ist die Newcastle außerdem mit der Central Coast & Newcastle Line (Nahverkehrszug) erreichbar.

Kostenlose Nahverkehrsbusse

Im Stadtzentrum von Newcastle gibt es eine »Fare Free Zone«. Täglich von 7:30–18 Uhr können in nachfolgendem Bereich alle Busse kostenlos genutzt werden: Steward Avenue (Pacific Highway) im Westen entlang der Hunter Street und King Street bis zur Shortland Esplanade (◍ www.transportnsw.info/tickets-opal/opal/opal-card-fares/newcastle-fare-free-zone). Newcastle gehört zum selben Verkehrsverbund wie Sydney. Wenn Sie also mehrfach den Bus auch außerhalb der kostenlosen Zone nutzen wollen, benötigen Sie eine elektronische Opal Karte, die Sie z.B. in Zeitschriftenläden erhalten. (▶ Seite 330).
◍ www.opal.com.au/en/opal-fares/no_more_paper_tickets

⛏ Versorgen und einkaufen

Im Marketown Shopping Centre (◉ 23 Steel St, ⊕ Hunter St rechts auf die Steel St) finden sich ein Woolworths und ein Bäcker. Obst und Gemüse bekommt man außerdem von Mittwoch bis Samstag von in der Fußgängerzone in der Hunter Mall. Nicht zuletzt gibt es einen Aldi im Vorort Hamilton (◉ 21 Swan St, ⊕ Auf der A43 nach Abzweig Hunter St weiterfahren, rechts auf die Parry St (A15) rechts ist rechts Swan St abgeht). Fast jeden Sonntag von 8 bis 13 Uhr finden die Newcastle City Farmers Markets statt (◉ Newcastle Showground, Brown Rd, Broadmeadow NSW 2292, ⊕ Siehe Aldi, danach weiter auf der A15, nach den Eisenbahnschienen links auf die Chatham Rd bis zur Broadmeadows Rd). Verschiedene Läden mit Outdoorbekleidung liegen rund um die Ecke National Park Street/King Street, eine Seitenstraße der Hunter Street.

✕ Essen und trinken

In der Hunter Street Mall, der Fußgängerzone der Stadt, gibt es einige gemütliche Cafés, in denen man auch bei Regen geschützt und doch an der frischen Luft sitzen kann. Abgesehen davon sind eine ganze Reihe guter Restaurants über das Stadtzentrum verteilt.

▶ Scratchleys on the Wharf

Schickes Seafood-Restaurant in einem Glaskasten über dem Hunter River, direkt an der Queens Wharf. Für den schnellen Hunger hat das Restaurant ein Take-Away-Fenster.
◉ 200 Wharf Rd (nördliche Parallelstraße), Newcastle NSW 2300 ◍ 02-4929-1111 @ info@scratchleys.com.au ◍ www.scratchleys.com.au ◉ Tägl. 11–15 h & 17:30–21 h ◯ ✱✱–✱✱✱

▶ Oma's Kitchen ★

Deutsches Bier, deutsche Schlager und ein kleines Lokal in einer Seitenstraße von Newcastle. Auf die vorgewärmten Teller kommen Sauerkraut und Bratwurst, Gulasch mit Knödeln oder auch Wiener Schnitzel mit Kartoffelsalat. Für den kleinen Hunger gibt es Kaffee und Kuchen.
⊕ Von der Scott St hinter der Fußgängerbrücke zur Queens Wharf rechts in die Watt St ◉ 16 Watt St, Newcastle NSW 2300 ◍ 02-4927-5151 @ eat@omaskitchen.com.au ◍ www.omaskitchen.com.au ◉ Mi.–Fr. ab 8–21 h, Sa. 9–21 h, So. 9–15 h ◯ Abends ✱✱–✱✱✱, sonst ✱–✱✱

▶ Bocados Spanish Kitchen

Spanisches Restaurant mit einer großen Auswahl an Tapas sowie beliebten Gerichten wie Tortilla und Paella.

Die Fähranlegestelle mit dem Queens Wharf Tower

🅖 Von der Scott St hinter der Fußgängerbrücke zur Queens Wharf rechts in die Watt St, zweite rechts in die King St 🖝 25 King St, Newcastle NSW 2300 ☎ 02-4925-2801 🌐 www.bocados.com.au 🕐 Mi.– Sa. 12–15 h, sowie Di.–So. ab 18 h 💲 ★–★★★

▶ Customs House
Sehenswertes ehemaliges Zollhaus aus dem Jahr 1877 mit 32 Meter hohem Uhrenturm. Das Gebäude wurde zu einem gemütlichen Pub umgebaut, der offene Kamin und der Holzfußboden blieben dabei erhalten. Das Restaurant hat einen überdachten Außenbereich, bei kühlem Wetter mit Heizlampen, und einen Biergarten mit Wasserfontänen. Über 20 Biersorten stehen zur Auswahl, davon zehn frisch gezapft. Moderne australische Küche mit mediterranen Einflüssen.
🅖 Von der Scott St hinter der Fußgängerbrücke zur Queens Wharf links in die Watt St 🖝 1 Bond St, Newcastle NSW 2300 ☎ 02-4925-2585 @ customs@idl.com.au 🌐 www.customshouse.net.au 🕐 Mo.–Sa. geöffnet für Mittag- und Abendessen, So. bis 19 h geöffnet (kein Abendessen) 💲 ★★–★★★

👁 Highlights

▶ Schöne Aussichten über Newcastle
Zu den Hafengebäuden an der Queens Wharf gehört neben einigen Restaurants auch der 40 Meter hohe **Queens Wharf Tower**, der nur tagsüber zugänglich ist und weite Aussichten über die Stadt bietet (🔄 Kostenlos).

🅖 Von der Hunter St links auf Merewether St, rechts auf Wharf Rd 🖝 150 Wharf Rd, Newcastle NSW 2300

Ebenfalls gute Aussichten über Newcastle hat man fünf Blocks weiter südlich auf dem **Obelisk Hill**. An der Stelle des Obelisken stand von 1820–1847 eine Windmühle. 1850 wurde diese durch den Obelisken ersetzt, um Seeleuten als Navigationshilfe zu dienen. Der Obelisk wird nachts angestrahlt, mitsamt der Dattelpalme, die gleich daneben wächst. An den grasigen Flanken des Hügels finden sich Picknick-Tische in Sichtweite von einigen sehenswerten Millionärsvillen.
🅖 Von der Hunter St vor der Fußgängerbrücke rechts auf die Wolfe St 🖝 Ecke Wolfe/Ordnance St, Newcastle NSW 2300

Der **Strzelecki Lookout** bietet weite Aussichten über das Meer und die Klippen von Newcastle. Direkt daran schließt der **Newcastle Memorial Walk** an, der an den Klippen entlang führt und an die Gefallenen des Ersten Weltkriegs erinnert.
🅖 Von der Hunter St rechts auf die Darby St und links in die Tooke St. Am Ende der Straße links in die Wrightson Ave, dann links in den Memorial Dr (Strandstraße) 🖝 24 Memorial Dr, The Hill / Newcastle NSW 2300

▶ Fort Scratchley Historic Site
Das Fort wurde 1886 fertiggestellt, um die Stadt vor einem Angriff der Russen zu schützen, im Zweiten Weltkrieg wurde von hier aus auf ein japanisches U-Boot gefeu-

Der auch nachts beleuchtete Obelisk von Newcastle ist weithin sichtbar.

Die Ocean Baths schützen Schwimmer vor der starken Brandung.

ert. Das Fort ist frei zugänglich, man kann es im Alleingang erkunden oder sich einer Tour durch das Fort und seine Tunnel anschließen. Auf dem Gelände wurden Picknicktische aufgestellt, von den Mauern kann man die Aussichten genießen oder im Winter nach **Walen** vor der Küste Ausschau halten.

📍 *Kurz vor dem Ende der Scott St links über den Parnell Pl zur Nobbys Rd* 🚌 *Nobbys Rd, Newcastle East NSW 2300* ☎ *02-4974-5033* @ *lbradley@ncc. nsw.gov.au* 🌐 *www.fortscratchley.com.au* 🕐 *Tägl. außer Di. 10–16 h, Touren mehrmals täglich, letzte Tour 14:30 h* 💲 *Zutritt kostenlos, geführte Touren: Erw. $ 12,50–16, Kinder $ 6,50–8*

▶ Newcastle Beach mit Ocean Baths
Aufgrund der fast ganzjährig kräftigen Brandung vor Newcastle wurden in den 1920er- und 1930er-Jahren zwei vom Meer abgetrennte Badebecken am Nordende von Newcastle Beach angelegt, darunter eine runder Kinderpool und eine rechteckiger Pool fürs Bahnen schwimmen. Duschen und Umkleiden befinden sich in einem fotogenen Art-déco-Gebäude.

📍 *Scott St bis zum Ende fahren, von hier über den Fußweg zum Strand* 🚌 *Cnr Shortland Esplanade/Moroney Ave, Newcastle NSW 2300* 🌐 *www.newcastle. nsw.gov.au/Explore/Recreation/Beaches-Baths/ Ocean-baths* 🕐 *Während der Sommerzeit 6–21 h, April–Sept. 6–16:30 h, Rest des Jahres 6–18 h* 💲 *frei*

▶ The Lockup
Das Museum liegt in einem ehemaligen Polizeirevier mit Untersuchungsgefängnis aus dem Jahr 1861, das bis 1982 im Dienst war. Das denkmalgeschützte Gebäude zählt zu den wichtigsten historischen Gebäuden außerhalb von Sydney, zusammen mit dem ehemaligen Post-/Telegrafengebäude nebenan. Der Lockup wird heute als Ausstellungsraum für moderne Künstler genutzt.

💡 In der Umgebung des Lockup finden sich einige internationale Restaurants, darunter auch Omas Kitchen und Bocados.

📍 *Von der Scott St hinter der Fußgängerbrücke rechts in die Watt St, rechts in die Hunter St* 🚌 *90 Hunter St, Newcastle NSW 2304* ☎ *02-4925-2265* @ *info@thelockup.org.au* 🌐 *www.thelockup.org.au* 🕐 *Mi.–Sa. 10–16 h, So. 10–15 h* 💲 *Eintritt frei*

▶ Newcastle Museum 🚻
Das Museum stellt die Geschichte der Stadt vor, die vor allem durch Schwerindustrie geprägt ist. Jeweils zur vollen Stunde kann man sich in einer dampfenden und zischenden Show anschauen, wie Stahl hergestellt wird. Das angeschlossene Science Centre bietet Experimente zum Anfassen für Kinder.

📍 *Von der Hunter St links auf die Merewether St, links in den Workshop Way* 🚌 *6 Workshop Way, Newcastle NSW 2300* ☎ *02-4974-1400* @ *enquiries@ newcastlemuseum.com.au* 🌐 *www.newcastle museum.com.au* 🕐 *Di.–So. 10–17 h, während der Schulferien täglich* 💲 *Eintritt frei*

▶ Newcastle Art Gallery
In der städtischen Kunstgalerie wird ein Querschnitt der Australischen Kunst von der Kolonialzeit bis heute vorgestellt, außerdem gibt es Aboriginal-Kunst und eine große Sammlung japanischer und australischer Keramik aus dem 20. Jahrhundert.

📍 *Von der Hunter St rechts auf die Darby St, dann 2. rechts in die Laman St* 🚌 *1 Laman St, Newcastle NSW 2300* ☎ *02-4974-5100* @ *artgallery@ncc. nsw.gov.au* 🌐 *www.nag.org.au* 🕐 *Di.–So. 10–17 h, während der Schulferien täglich* 💲 *Eintritt frei (mit Ausnahme von Sonderausstellungen)*

▶ Newcastle's Famous Tram
Einstündige Stadtrundfahrten durch Newcastle mit seinen Stränden und historischen Highlights. Der Bus sieht aus wie die historische Straßenbahn von 1923, die früher in der Stadt unterwegs war.

📍 *Der Bahnhof von Newcastle liegt an der Ecke Watt St/ Scott St nahe Queens Wharf* 🚌 *Abfahrten ab Queens Wharf Tower tägl. 10:30 & 12 h* ☎ *02-4977-2270* @ *lance@ famous-tram.com.au* 🌐 *www.famous-tram.com.au* 🕐 *Mo.–Fr. 10:30–12 h* 💲 *Erw. $ 20, Kinder $ 5 (cash only)*

👁 Highlights außerhalb der Stadt

▶ Tex Tours ins Hunter Valley
Tagestour ins Hunter Valley (▶Seite 309) mit zwei bis zwölf Gästen und Besuch von vier bis fünf Weinkellern, außerdem Besuch des Schokoladens im Hunter Valley Gardens Village. Ohne Mittagessen. Abholung ab Newcastle, Maitland und Umgebung.
☎ 0410-462-540 @ info@textours.com.au
🌐 www.textours.com.au ◎ ab $ 65 pro Person

Die beiden folgenden Highlights liegen außerhalb von Newcastle auf der Zufahrt zur M1, der weiterführenden Route, können also mit der späteren Weiterfahrt kombiniert werden.

▶ Blackbutt Reserve
182 Hektar großer Naturpark im Süden von Newcastle mit zehn Kilometer Wanderwegen und kleinem Zoo mit Koalas, Wombats, Kängurus und Emus sowie verschiedenen Reptilien und Vögeln. Täglich um 14 Uhr werden die Koalas gefüttert, am Wochenende sowie täglich in den Schulferien beginnt um 11 Uhr eine Reptilienshow (◎ $ 2,50). Parken kostet $ 3 für eine Stunde oder $ 8 für den ganzen Tag.
🧭 11 km südwestlich von Newcastle über Hwy 37, der bei der Weiterfahrt zur M1 von der A15 nach Süden zum Reserve abzweigt ✉ Carnley Ave, Kotara NSW 2289 ☎ 02-4904-3344 @ blackbuttadmin@ ncc.nsw.gov.au 🌐 www.newcastle.nsw.gov.au/ recreation/blackbutt_reserve 🕐 Tägl. 10–17 h ◎ Eintritt frei

▶ Hunter Wetlands Centre 👪
Die Wasserlandschaften im Mündungsbereich des Hunter River sind ein guter Platz,

um mehr über einheimische Vögel zu erfahren und diese in freier Natur zu beobachten. Das Gelände erstreckt sich über 45 Hektar mit Wander- und Fahrradwegen und einem Aussichtsturm. Kajaks können von 9:30–13:30 Uhr ausgeliehen werden, Fahrräder für $ 10 die Stunde. Für Kinder gibt es eine Discovery Zone und einen Discovery Playground. Auf dem Gelände befindet sich ein Café.
🧭 Von Newcastle Zentrum A15 Richtung Westen, A37 Richtung Norden, Ausfahrt Sandgate Rd ✉ 412 Sandgate Rd, Shortland NSW 2307 ☎ 02-4951-6466 @ hwca@wetlands.org.au 🌐 www.wetlands.org.au/ page4627/Home.aspx 🕐 Tägl. 9–16 h ◎ $ 5 pro Person ◎ Geführte Spaziergänge: Erw. $ 15, Kinder $ 10 ◎ Kajaks für 2 Std.: Erw. $ 10, Kinder $ 3

🚶🌲 Wandern

▶ Nobbys Headland
Der drittälteste Leuchtturm von New South Wales liegt neben der Hafeneinfahrt von Newcastle. **Nobbys Light House** wurde 1854 auf einer 25 Meter hohen, ehemaligen Insel erbaut. Heute ist die Leuchtturminsel über einen Wellenbrecher mit Spazierweg mit dem Festland verbunden und eignet sich hervorragend für einen Spaziergang oder zum Joggen. Vor der Küste sieht man oft geduldig wartende Kohleschiffe und in Richtung Nordwesten in der Ferne die Wanderdünen von Stockton Beach und dem **Worimi National Park**. Der Spazierweg über den Wellenbrecher bis zum Ende von Nobbys Headland ist immer geöffnet, das Leuchtturmgelände nur am Sonntag von 10 bis 16 Uhr. Vom Parkplatz an der Wharf Road läuft man etwa 900 Meter bis zum Leuchtturm und 1,5 Kilometer bis zum Ende des Wellenbrechers.

Nobbys Headland vom Spazierweg auf dem Wellenbrecher aus gesehen

Ganzj. ⬤ Kurz vor dem Ende der Scott St links in die Nobbys Rd. Parkplatz Ecke Nobbys Rd/Wharf Rd ⬤ 1 Std. ⬤ Leicht ⬤ 3 km

▶ Yuelarbah Walking Track

Die Glenrock State Conservation Area am südlichen Ortsrand von Newcastle schützt den letzten noch verbliebenen Küstenregenwald in dieser Region. Der abwechslungsreiche Wanderweg führt an einem Bach entlang, durch Regenwald und an zwei Wasserfällen vorbei bis zum unverbauten Sandstrand von Glenrock Beach. Zurück geht es denselben Weg, den Sie gekommen sind.
⬤ www.nationalparks.nsw.gov.au/visit-a-park/parks/ Glenrock-State-Conservation-Area ⬤ Ganzj. ⬤ Von der Hunter St nach Süden bis Hwy 43 bis Ortsteil Highfields (8 km), dann links 1 km über Kahibah Rd und links in die Burwood Rd ⬤ 4 Std. ⬤ Moderat ⬤ 6,8 km

🛏 Übernachten

🏨 Crowne Plaza Newcastle

Modernes Hotel am Ufer des Hunter River, mit 25-Meter-Pool und Restaurant. Alle Zimmer sind Doppel- oder Zweibettzimmer mit Küche oder Mini-Küche und haben Aussichten auf die Stadt oder den Fluss. Das Newcastle Museum liegt schräg gegenüber, bis zur Queens Wharf und der Hunter Mall sind es ca. 10 Minuten zu Fuß.
⬤ Von der Hunter St links auf die Merewether St ⬤ Cnr Merewether St/Wharf Rd, Newcastle NSW 2300 ⬤ 02-4907-5000 ⬤ www.crowneplazanewcastle.com.au ⬤ Ja, $ 29 pro Tag ⬤ Ja, kostenpflichtig ⬤ ** – ***

🏨 Noahs on the Beach

An der Esplanade, gegenüber vom Newcastle Beach und den Ocean Baths gelegenes 90-Zimmer-Hotel mit Restaurant und Cocktailbar mit Meerblick. Die Doppel- und 4-Bett-Zimmer (Family Rooms) haben Aussicht auf die Stadt oder das Meer.
⬤ Von der Scott St hinter dem Bahnhof links in die Watt St, rechts in die Wharf Rd, dem Straßenverlauf am Wasser entlang folgen bis zum Hotel ⬤ Cnr Shortland Esplanade/Zaara St, Newcastle East NSW 2300 ⬤ 02-4929-5181 ⬤ reservations@noahsonthebeach. com.au ⬤ www.noahsonthebeach.com.au ⬤ Ja ⬤ Ja, kostenpflichtig ⬤ ** – ***

🏨 Newcastle Beach YHA

Freundliches Hostel in einem zweistöckigen Backsteinbau, einem ehemaligen Gentleman's Club aus dem Jahr 1885 mit geschmackvollem Billiardraum mit offenem Kamin. Das Hostel liegt in Gehweite zu Restaurants (nebenan) und dem Newcastle Beach (100 Meter). Wer allein reist, kann in gemischten oder getrennten 4er-, 5er-, 6er-, 8er- und 10er-Schlafsälen unterkommen oder in einem Einzelzimmer übernachten. Ebenfalls buchbar sind Doppelzimmer sowie Familienzimmer mit vier Betten. Wer möchte, kann sich kostenlos Surfboards oder Bodyboards ausleihen.
⬤ Von der Scott hinter Bahnhof rechts in die Watt St, links in die King St ⬤ Cnr 30 Pacific St/King St, Newcastle 2300 ⬤ 02-4925-3544 ⬤ newcastle@yha. com.au ⬤ www.yha.com.au/hostels/nsw/newcastle-surrounds/newcastle-beach ⬤ Ja ⬤ Ja ⬤ *

🏕 Stockton Beach Holiday Park 👪

Der Newcastle am nächsten gelegene Campingplatz befindet sich am Südende des Stockton Beach und hat einen eigenen Zugang zum Strand. Acht Stellplätze haben ein eigenes Bad (Ensuite), außerdem gibt es eine Reihe von Cabins mit zwei oder drei Schlafzimmern. Viele Plätze werden von Dauercampern belegt. Auf dem Gelände gibt es zwar keinen Pool, dafür aber zwei Kinderspielplätze sowie ein Café, das Frühstück und Mittagessen serviert (⬤ Tägl. 7–17 h). Mindestaufenthalt: zwei Tage.
⬤ Von Newcastle Zentrum über die Brücke über den Hunter River, vorbei an Bergen von Steinkohle, über den Hunter River nach Stockton und die Fullerton/ Stone/Mitchell und Pitt St nach Süden zum Park. Für die spätere Stadterkundung geht es dann schneller mit der Fähre nach Newcastle zur Queens Wharf (alle 30 Minuten, Fahrzeit fünf Minuten, ⬤ Erwachsene $ 2,60, Kinder $ 1,30) ⬤ 3 Pitt St, Stockton NSW 2295 ⬤ 02-4928-1393 ⬤ info@stocktonbeach.com ⬤ www.stocktonbeach.com ⬤ Ja ⬤ 171 ⬤ 37 ⬤ Ja ⬤ Ja ⬤ Ja ⬤ Wasser, Abwasser, Strom (15 Amp.) ⬤ Ja ⬤ Saisonabhängig $$ – $$$$, Cabins ** – ***

Newcastle verlassen Sie über die A15 (Parry Street im Zentrum, danach Donald Street, Griffiths Road, Newcastle Road, Thomas Street und schließlich Newcastle Link Road). Den Pacific Motorway (M1) haben Sie nach 18 Kilometer erreicht.

Ausflug ins Hunter Valley

Wenn Sie die Weinregion Hunter Valley besuchen möchten, biegen Sie nicht auf den Pacific Motorway (M1), sondern fahren Sie die Newcastle Link Road (A15) geradeaus weiter, die automatisch in den Hunter Expressway (M 15) übergeht. Kurz vor Kurri Kurri, das etwa 14 Kilometer hinter der Kreuzung M1/M15 sowie 34 Kilometer westlich von Newcastle liegt, geht es links auf den Highway B68, der erst John

*Renshaw Drive und später **Cessnock Road** heißt, in Richtung Cessnock.*

*Im ruhigen **Kurri Kurri**, das man automatisch durchfährt, lohnt es sich, eine Pause einzulegen und einen Blick auf einige der über 50 Wandbilder (Murals) zu werfen, die den kleinen Ort verschönern. Die meisten Bilder finden sich im Viertel zwischen der Maitland Street im Norden, der Barton Street im Süden, der Allworth Street im Westen und der Merthyr Street im Osten.*

*Im benachbarten Cessnock biegen Sie rechts auf **Allandale Road/Wine Country Drive (B82)** ab und halten sich in Richtung Pokolbin, das vier Kilometer nordwestlich von Cessnock an der **Broke Road** liegt.*

POKOLBIN UND HUNTER VALLEY 🏨 ℹ ✕ ✓ 🏛

👫👫	700 (Pokolbin)	
☀	30 °C	
❄❄	18 °C	
〰	80 m	
⚲	Autobahnkreuz A1 / A15 / M15 bei Cameron Park im Westen von Newcastle	0 km
	Kurri Kurri	15 km
	Cessnock	14 km
	Zurück zur M1	48 km

Die Hunter Valley Region deckt ein riesiges Gebiet zwischen Newcastle im Osten und dem fast 200 km weiter im Nordosten gelegenen Murrurundi ab. Auch die Gegend um Port Stephens und Anna Bay im Norden gehört mit dazu. Im westlichen Hunter Valley wird v. a. Steinkohle abgebaut und von Newcastle aus in die Welt verschifft. Es werden aber auch in großem Maßstab Vollblutpferde gezüchtet. International bekannt ist das Hunter Valley für seinen Wein, der in Dörfern wie **Pokolbin**, **Rothbury** und **Broke** angebaut wird. In diesem Teil des Hunter Valley ist zum Glück vom Kohlebergbau nichts zu sehen. Dazu müsste man weiter in Richtung Singleton fahren (🚗 45 km von Pokolbin, mehr dazu 🌐 www.coalcentre.net).

Die **Weinregion** des Hunter Valley ist ein interessanter Kontrast zu dem bisher gesehenen Wechsel aus **Stränden** und **Regenwald**, mit gutem Essen und Trinken inmitten einer sehenswerten, vom Menschen geformten Hügellandschaft. Das Hunter Valley gehört zu den ältesten Weingebieten Australiens. Wein wird in dieser Region schon seit über 180 Jahren angebaut, und zwar vorwiegend Semillon und Shiraz, aber auch Chardonnay und Verdelho. Viele der über 150 Winzer sind Familienbetriebe. Abgesehen davon sind über 65 Restaurants und über 180 Hotels und Unterkünfte in der Region angesiedelt, viele davon liegen inmitten eines Weinberges. Im Hunter Valley wird aber nicht nur Wein gekeltert, sondern auch Bier gebraut, sodass Reisende, die sich eher für Hopfen statt für Trauben begeistern können, ein vor Ort gebrautes Bier genießen können.

ℹ HUNTER VALLEY VISITOR CENTRE

Das Visitor Centre ist eine gute erste Anlaufstelle für einen Besuch im Land der Weine. Das Gebäude ist geschmackvoll eingerichtet und eine Mischung aus Wein-Ausstellungsraum und Infozentrum. Vom Flugplatz hinter dem Parkplatz starten täglich Rundflüge und Helikopterflüge über das Hunter Valley.

🚗 *Hwy B82 von Cessnock in Richtung Nulkaba, Branxton und Pokolbin, 6 km nördlich von Cessnock*
✉ *455 Wine Country Dr, Pokolbin NSW 2320*
☎ *02-4993-6700* @ *vic@cessnock.nsw.gov.au*
🌐 *www.huntervalleyvisitorcentre.com.au*
🕐 *Mo.–Sa. 9–17 h, So. bis 16 h*

Das moderne Visitor Centre ist auch ein Ausstellungsraum zum Thema Wein.

Unterwegs im Hunter Shopping Village

⊙ Orientieren

Die Ortschaften im Hunter Valley liegen aufgrund der Weinberge weit auseinander. Die **Hunter Valley Gardens and Village** (siehe unten) in **Pokolbin** kann man daher schon ein bisschen als das touristische Zentrum der Weinregion sehen, während man nach Cessnock eher fürs Tanken oder Einkaufen fährt. Pokolbin liegt westlich des **Wine Country Drive (B82)**, mit den Hauptstraßen Broke Road, die west-östlich verläuft, und der nord-südlich verlaufenden Hermitage Road. Die McDonalds Road verläuft parallel zum Wine Country Drive und kreuzt die Broke Road an den Hunter Valley Gardens.

Ⓗ Anreise und Transport

Von Newcastle aus ist das Hunter Valley mit dem Nahverkehrsbus von Rover Coaches erreichbar. Linie 160 fährt von Montag bis Samstag (nicht an Feiertagen) mehrmals täglich von Newcastle via Kurri Kurri nach Cessnock (🚌 $ 4,50, 🌐 www.rovercoaches. com.au/site/index.cfm?display=256897).

🛒 Versorgen und einkaufen

Ein Aldi liegt am Highway 33 in Cessnock (🚗 165 Wollombi Rd, Hauptstraße des Ortes), 🚌 Von Kurri Kurri über Highway B68 nach Cessnock, dem Straßenverlauf durch den Ort folgen bis Ecke Francis St.). Ein Woolworths Supermarkt findet sich ein paar Straßen weiter an der Ecke Keene/Cooper St (🚌 vom Hwy B68 am Kreisel links auf Darwin St und Nächste links auf die North Ave)

✕ Essen und trinken

▶ Brickworks Brasserie/Potters Brewery
Selbstgebrautes Bier in Pub-Atmosphäre mit überdachtem Biergarten und Spielplatz.

Serviert wird neben großzügigen Pub-Mahlzeiten u.a. Hunter Kölsch oder Whitbier (Belgisches Weißbier) sowie lokal gebrauter *Cider* (Apfelwein). Der Pub wurde nach den großen Töpfer-Brennofen benannt, die sich auf dem Gelände befinden. Freitags mit Livemusik, samstags legt ein DJ Musik auf, sonntags kostenlose Hüpfburg für Kinder. Wer abends nicht mehr heimfahren kann, der kann im etwas zurückversetzten 68-Zimmer-Hotel übernachten (🚗 *-**).
🚗 *Von Cessnock über den Wine Country Drive (Hwy 82) nach Norden.* 🚗 *430 Wine Country Dr, Nulkaba NSW 2325* 🚗 *02-4991-7922* 🌐 *www.pottershbr.com.au* 🕐 *Mo.–Sa. 7–0 h, So. 7–22 h* 🚗 ***

▶ Hunter Valley Gardens/Village Shops
An den Hunter Valley Gardens angeschlossenes Touristenzentrum mit viel Grün, Picknicktischen, Geschenkeläden, Cafés und Restaurants, darunter das »And the Winner Is Oscars«-Restaurant mit großer Outdoorterrasse. Nebenan das »Taste of the Country« mit lebensgroßer Kuhskulptur. Beide Restaurants servieren beliebte australische Gerichte. Alle Betriebe liegen in kleinen, sehenswerten Häuschen in einer autofreien Fußgängerzone, sodass sich ein kurzer Besuch auch lohnt, wenn Sie nicht die Gardens besuchen möchten.
🚗 *Siehe Hunter Valley Gardens* 🕐 *Mo.–Fr. 9–16 h, Sa., So. 8–16 h* 🚗 ***

Ebenfalls einen Besuch wert sind die Restaurants im Tuscany Wine Estate Resort und im Hunter Valley Resort und Restaurant.

👁 Highlights

💡 Kostenlose Weinproben bekommen Sie bei allen Winzern, soweit Sie bereit sind, tatsächlich die eine oder andere Flasche mitzunehmen. Die meisten Winzer schenken nur ihren eigenen Wein aus.

Für eine Flasche zahlt man etwa ab $ 18. Dafür bekommt man einen Tropfen, der es zumeist nicht bis in die Supermärkte schafft – dafür sind die Mengen zu klein und die Nachfrage zu groß.

▶ Hunter Valley Gardens
Ein Highlight im Hunter Valley ist der 24 Hektar große botanische Schaugarten mit immerhin acht Kilometer Spazierwegen (⊙ Erw. $ 30, Kinder $ 20). Besonders schön ist der Garten zur Weihnachtszeit, wenn abends noch einmal für eine Lichtshow und Weihnachtslieder geöffnet wird (⊙ Erw. $ 22,50, Kinder $ 17,50).
📍 Von Cessnock über Hwy B82 nach Norden, links in die Broke Rd ✉ 2090 Broke Rd, Pokolbin NSW 2320 ☎ 02-4998-4000 @ welcome@hvg.com.au 🌐 www.hvg.com.au ⊙ Garten: Tägl. 9–17 h, Anfang November bis Ende Januar bis 16 h sowie 18:30–22 h

▶ Peppers Creek Village und David Hook Wines
Eine Kreuzung aus elegantem Farmhaus und Schloss, mitsamt Metall beschlagenen Holzportalen, eine beliebte Kulisse für Hochzeiten. Auf dem Gelände befinden sich Boutiquen mit Bekleidung aus Alpaka-Wolle (Alpakas sehen aus wie kleine Lamas), Antiquitäten aus Europa und französischen Küchenartikeln. Pukara Estate verkauft aromatierten Essig und Olivenöl, auch David Hook Wines hat hier einen Verkaufsraum. Im **Cafe Enzo** (⊙ Frühstück und Mittagessen täglich 9–17 h, ⊙ **) kann man im Sommer an einem der Tische an der frischen Luft sitzen oder im Winter vor dem Kamin.
📍 Von Cessnock über Hwy B82 nach Norden, links in die Broke Rd, 2 km hinter Hunter Valley Gardens ✉ Cnr Ekerts/Broke Rd, Pokolbin NSW 2320 ☎ 02-4998-7121 (David Hook) 🌐 www.pepperscreek.com.au ⊙ Tägl. 10–17 h

▶ Calais Estate
Auf dem acht Hektar großen Weingut werden Cabernet Sauvignon, Shiraz, Semillon und Chardonnay von der Rebe bis zur Flaschenabfüllung verarbeitet. Das in den Weinberg eingebettete Gebäude im Kolonialstil hat einen stimmungsvoll eingerichteten Weinkeller mit einer historischen Traubenpresse. Im ersten Stock befindet sich das Verandah Restaurant, in dem Tapas serviert werden (⊙ *–***).
📍 Von Cessnock über Hwy B82 nach Norden, links in die Broke Rd, rechts auf die McDonalds Rd, links in die Palmers Lne. 4 km von Hunter Valley Gardens ✉ Palmers Lane, Pokolbin NSW 2320 ☎ 02-4998-7654 @ cellardoor@calaiswines.com.au 🌐 www.calaiswines.com.au ⊙ Tägl. 9–17 h

▶ De Iuliis Wines
Der 20-Hektar-Weinberg wurde 1987 von einem italienischstämmigen Weinkenner aus Sydney gegründet. Weine von De Iuliis haben bereits viele Preise gewonnen, die im Verkaufsraum ausgestellt sind. Ebenfalls Geschmack zeigt die **Butterflies Gallery** im Nachbargebäude mit Geschenken und Sou-

Weihnachtsstimmung bei den Hunter Valley Gardens

Viele Weingüter im Hunter Valley erinnern an großflächige Parks.

venirs für jedes Budget, darunter Gemälde, Drucke und Glas. Vom Aussichtsturm, der hinter dem Verkaufsraum liegt, kann man manchmal Kängurus sehen.

📍 *Nähe Ecke Broke Rd/Hermitage Rd, 5 km westlich von Hunter Valley Gardens* 🚗 *1616 Broke Rd, Pokolbin NSW 2320* ☎ *02-4993-8000* @ *sales@dewine.com.au* 🌐 *www.dewine.com.au/deiuliis* 🕐 *Tägl. 10–17 h*

🏛 Tuscany Wine Estate

Das Tuscany ist ein größerer Gebäudekomplex in einem 10-Hektar-Weinberg. Das Arrowfield Estate hat auf dem Gelände seinen Verkaufsraum, und die **Binnorie Dairy** verkauft preisgekrönte Schafs- und Ziegenkäse sowie Camembert. Nebenan liegt das elegante **The Mill Restaurant** (🍴 Täglich für Frühstück 8–10 h und Abendessen ab 18 h, Samstag und Sonntag auch mittags 12:30–16 h, 💲 ab $ 65 für zwei Gänge) sowie die **Brokenback Bar** (🍴 Täglich ab 12 Uhr »till late«, 💲 **) mit Pasta, Pizza und BBQ-Paketen zum Selbstgrillen. Die Restaurants bieten Aussichten auf Weinfelder und die Berge der Brokenback Range. Auf dem Gelände befindet sich auch ein Hotel (siehe unten).

📍 *Von Cessnock über Hwy B82 nach Norden, links in die Broke Rd, rechts auf die Hermitage Rd, links in die Mistletoe Ln. 9 km hinter Hunter Valley Gardens.* 🚗 *Cnr Hermitage Rd/Mistletoe Lne, Pokolbin NSW 2320* ☎ *02-4998-7288* 🌐 *www.tuscanywineestate.com.au*

▶ Hunter Valley Resort und Hermitage Rd Cellars

Das Hunter Valley Resort ist mit 28 Hektar das größte Weingut im Hunter Valley. Vor allem am Wochenende herrscht viel Betrieb, wenn Tourgruppen zu Besuch sind. In den Wine Tasting Cellars werden Weinproben von Winzern aus der Region angeboten.

Täglich um 9 Uhr beginnt eine zweistündige Einführung zum Thema Wein (💲 $ 60). Im Wine Theatre kann man sich um 11 und 14 Uhr einen 15-minütigen Film anschauen, kombiniert mit einer Weinprobe von vier guten Tropfen aus der Region (💲 $ 30). Vor Ort wird außerdem ein Dutzend Biere gebraut, die im **Matilda Bay Brewhouse** ausgeschenkt werden (🍴 Tägl. 7:30–21 h, 💲 *–**). Auch ein Hotel befindet sich auf dem Gelände (siehe nächste Seite).

📍 *Von Cessnock über Hwy B82 nach Norden, links in die Broke Rd, rechts auf die Hermitage Rd nach Norden. 9 km hinter Hunter Valley Gardens.* 🚗 *913 Hermitage Rd (Ecke Mistletoe Ln), Pokolbin NSW 2320* ☎ *02-4998-7777* 🌐 *www.hunterresort.com.au*

▶ Balloon Aloft

Einen guten Überblick über das Hunter Valley bekommt man bei einer Ballonfahrt zum Sonnenaufgang. Die Ballonfahrten dauern etwa eine Stunde, gefolgt von einem Champagnerfrühstück im Peterson House.

📍 *Von Cessnock über Hwy B82 nach Norden bis zur Broke Rd. 4 km östlich von Pokolbin* 🚗 *Peterson House, Wine Country Dr, Pokolbin NSW 2320* ☎ *1300-723-279* @ *balloons@balloonaloft.com* 🌐 *www.balloonaloft.com* 🕐 *1 Std. vor Sonnenaufgang* 💲 *$ 299–339 pro Person*

▶ Geführte Touren im Hunter Valley

Vineyard Shuttle Service ab Hunter Valley
Tägliche halbtägige Weintouren mit Besuch von drei bis vier Weinkellern sowie ganztägige Touren mit fünf bis sechs Weinkellern, mit Hotelabholung im Hunter Valley, ohne Mittagessen.

☎ *02-4991-3655* @ *tours@vineyardshuttle.com.au* 🌐 *www.vineyardshuttle.com.au* 💲 *$ 55–75 pro Person*

🛏 Übernachten

🏨 Tuscany Wine Estate Resort

Das Tuscany Resort hat 38 Zimmer: Die Vineyard View Rooms haben eine Terrasse mit Aussicht auf die Weinreben und die Berge der Brokenback Ranges. Die Olive Grove Rooms sind mit Möbeln ausgestattet, die an ein luxuriöses Anwesen in der Toskana erinnern sollen, mit Blick auf den Pool und Olivenbäume. In der Dämmerung kann man oft Kängurus beobachten. Frühstück ist im Preis inbegriffen.

📍 *Von Cessnock über Hwy B82 nach Norden, links in die Broke Rd, rechts auf die Hermitage Rd nach Norden. 9 km nordwestlich von den Hunter Valley Gardens an der Hermitage Rd* ☎ *Cnr Hermitage Rd/ Mistletoe Lane, Pokolbin NSW 2320* ☎ *02-4998-7288* @ *reservations@tuscanywine estate.com.au* 🌐 *www.tuscanywineestate.com.au* 🅿 *Ja* 🍴 *Ja* 🌀 **** – *****

🏨 Hunter Valley Resort/Caravan Park

Das Hunter Valley Resort liegt etwas zurückversetzt von den Restaurants, sodass man den Restaurantbetrieb von den Zimmern aus nicht hört. Die 35 Zimmer waren bei unserem Besuch nicht mehr ganz frisch, aber noch in Ordnung. Noch ruhiger liegen die Spa Cabins mit Blick auf eine Pferdeweide, etwa fünf Minuten zu Fuß vom Restaurant entfernt. Fahrradverleih möglich, eine Stunde $ 10, danach $ 5 pro Stunde. Wer mit dem Camper unterwegs ist, kann einen der vier Stellplätze mieten, mit Strom und Zugang zu Duschen. Abholservice ab Sydney möglich, pro Person und Strecke $ 167.

📍 *Von Cessnock über Hwy B82 nach Norden, links in die Broke Rd, rechts auf die Hermitage Rd nach Norden. 9 km nordwestlich von den Hunter Valley Gardens* ☎ *Cnr Hermitage Rd/Mistletoe Lne, Pokolbin NSW 2320* ☎ *02-4998-7777* @ *stay@hunterresort. com.au* 🌐 *www.hunterresort.com.au* 🅿 *Ja* 🍴 *Nein* 🌀 *Camping $$$, Zimmer *** – *****

🏨 Blueberry Hill Vineyard B&B ★

Auf dem Blueberry Hill wachsen Chardonnay-, Shiraz-, Merlot-, Pinot-Noir-, Sauvignon-Blanc- und Cabernet-Sauvignon-Trauben, deren Weine über einen Verkaufsraum angeboten werden (🍷 ab $ 30). Die Besitzer vermieten zwei gemütliche Zimmer mit Aussicht auf die umliegenden Weinberge. Wer Ruhe und Entspannung sucht, ist hier genau richtig. Das B&B hat einen Tennisplatz, einen Pool und BBQ-Grill. Mindestaufenthalt: zwei Nächte. Frühstück kann gegen Aufpreis hinzugebucht werden.

📍 *Von Cessnock über Hwy B82 nach Norden, hinter dem Golfplatz links in die McDonalds Rd. 6 km nördlich von Hunter Valley Gardens* ☎ *999 McDonalds Rd, Pokolbin NSW 2320* ☎ *02-4998-7295* @ *blueberry hill@pacific.net.au* 🌐 *www.winecountry.com.au/ accommodation/pokolbin-rothbury/blueberry-hill-vineyard-b-b* 🅿 *Ja* 🍴 *Nein* 🌀 ****

🏕 BIG4 Hunter Valley

Big-4-Campingplatz am Ortsrand von Cessnock, umgeben von einer Hecke aus Weinreben, mit Pool und Trampolin. Alle Stellplätze haben Strom und sind auch für Zelte geeignet. Einige Stellplätze können mit Badezimmer gebucht werden, außerdem gibt es eine Reihe von Cabins von einfachen Country Studios ohne Klimaanlage und ohne Bad bis hin zu Premium Apartments für bis zu sechs Personen. In der Zeit vom 1. Oktober bis 31. März gilt am Wochenende ein Mindestaufenthalt von zwei Nächten. Neben dem Campingplatz befindet sich ein Thai Restaurant.

📍 *Vom Hwy 33 (Hauptstraße) in Cessnock rechts auf die Mount View Rd bis zum Park* ☎ *137 Mount View Rd, Cessnock NSW 2325* ☎ *02-4990-2573* @ *info@ valleyvineyard.com.au* 🌐 *www.ingeniaholidays.com. au/hunter-valley* 🍴 *Ja* 🚐 *121* 🍴 *Nein* 🅿 *Ja* 🍴 *Nein* 💧 *Wasser, Abwasser, Strom (15 Amp.)* 🅿 *Ja* 🌀 *Saisonabhängig $$$ – $$$$, Cabins * – *****

*Vom Hunter Valley geht es denselben Weg zurück in Richtung Newcastle: Broke Road, Highway 33/B82 nach Cessnock, Maitland Road/B68 nach Kurri Kurri, dort weiter auf M15, bis Sie den **Pacific Highway (M1)** erreichen.*

Ende des Ausflugs

···

*Nun ist es wirklich nicht mehr weit bis Sydney. Nur noch 160 Kilometer trennen Sie von der schönsten Großstadt Australiens. Die Kilometer fliegen bei 110 km/h auf dem mehrspurigen Freeway nur so dahin. Unterwegs lohnt es sich noch, eine kurze Pause bei der **Wyong Milk Factory** (53 Kilometer südlich der Auffahrt M1 bei Newcastle) und in **Gosford** (73 Kilometer) einzulegen.*

👁 WYONG MILK FACTORY

Im Gebäude einer ehemaligen Milchfabrik, die 1921 errichtet wurde, findet man neben einem Tierarzt, einem Fitnessstudio und zwei Restaurants auch die Schokoladenfabrik **Luka Chocolates** sowie

die preisgekrönte Käserei **Little Creek Cheese**, die Käse nach australischen und ungarischen Rezepten herstellt. Beide produzieren auf dem Gelände, und man kann durch ein Fenster bei der Arbeit zusehen.
🌐 *Pacific Motorway (M1), Ausfahrt Wyong/Toukley, direkt neben dem Freeway* 📍 *141 Alison Rd, Wyong NSW 2259* ☎ *02-9469-5603* 🌐 *www.wyongmilk factory.com.au* 🕐 *Täglich*

Zehn Kilometer weiter südlich auf dem **Pacific Motorway (M1)** *verlassen Sie die Schnellstraße und nehmen bei* **Ourimbah** *den* **Pacific Highway** *Richtung Gosford, das Sie nach dreizehn Kilometern erreichen.*

👁 GOSFORD 🎫ℹ➕❌📷🏛

👪	162.440
☀	23 °C
❄❄	11 °C
〰	20 m
�〰 Newcastle	95 km
Sydney	77 km

Gosford wurde, ebenso wie etwa Newcastle und Port Macquarie, ursprünglich als Straflager gegründet. Das war im Jahr 1823, als die Kolonie Australien gerade 35 Jahre alt war. Heute ist die Gegend ein Naherholungsgebiet für die Einwohner von Sydney. Gosford liegt dabei an der nur fünf Meter tiefen Brisbane Water Lagune an der Mündung der Flüsse Coorumbine Creek, Narara Creek und Erina Creek.

ℹ GOSFORD VISITOR INFORMATION CENTRE
🌐 *Pacific Hwy, geht in der Stadt in die Mann St über* 📍 *200 Mann St, Gosford NSW 2250* ☎ *02-4343-4444* 📧 *info@centralcoasttourism. com.au* 🌐 *www.visitcentralcoast.com.au* 🕐 *Mo.–Fr. 9–17 h, Sa. 9:30–13:30 h*

🧭 Orientieren
Der Pacific Highway durchkreuzt Gosford in Nord-Süd-Richtung und heißt im Ortszentrum **Mann Street**. Die Mann Street mündet am Ufer der Lagune von Brisbane Water in den Highway A49 in Richtung East Gosford, Erina und Erina Heights.

Folgen Sie dem A49 hingegen in Richtung Westen, geht es in West Gosford nach Süden über den Brisbane Water Drive in den Nachbarort Woy Woy oder weiter geradeaus zur Motorway M1.

Ⓗ Anreise und Transport
Die NSW-TrainLink-Eisenbahnlinie von Brisbane nach Sydney hat in Gosford eine Haltestelle, ebenso wie die Central Coast & Newcastle Line von Sydney aus. Der Greyhound-Bus hält nur in Newcastle (91 Kilometer) oder in Sydney (77 Kilometer).

🛒 Versorgen und einkaufen
Gosford hat einen Aldi sowie einen Woolworth im Imperial Shopping Centre im Stadtzentrum (📍 171 Mann St) sowie einen Coles am Brisbane Water Drive (Highway A49) in West Gosford.

✕ Essen und trinken

▶ **Six String Brewing Company**
Mikro-Brauerei, in der helle Biere wie auch Hefeweizen gebraut und Bierproben angeboten werden. Dazu bekommt man Tapas und Pizza auf Bierteig-Basis. Touren durch die Brauerei werden am Samstag um 11 Uhr mit Voranmeldung per E-Mail durchgeführt.
🌐 *Am Ende der Mann St links auf die A49, 7 km östlich von Gosford über Hwy A49* 📍 *4/330 The Entrance Rd, Erina NSW 2250* ☎ *02-4365-4536* 📧 *brewery@sixstringbrewing.com.au* 🌐 *www. sixstringbrewing.com.au* 🕐 *Mi.–Do. 12–18 h, Fr. & Sa. 12–22 h, So. 12–17 h* 💲 *∗–∗∗*

👁 Highlights

▶ **President's Hill Lookout**
Weite Aussichten über die Stadt und die Brisbane Water Lagune bieten sich vom President's Hill Lookout, der am Ende der Hely Street liegt (🌐 Mann St Richtung Süden, rechts in die Donnison, dann rechts in die Hely St).

▶ **Brisbane Water per Boot**
2,5-Stunden-Ausfahrten mit der 34 m langen **MV Lady Kendall I** über die Brisbane Water Lagune (ab Gosford Public Wharf 10:15 h, ab Woy Woy Public Wharf 10:40 h, Abfahrten Sa.–Mi., mit Voranmeldung wird an manchen Terminen eine zusätzliche Abfahrt um 13 h angeboten). Reservierung per Telefon oder E-Mail wird empfohlen, da des Öfteren fahr-

planabweichende Sonderfahrten angeboten werden.
🏛 *Gosford Public Wharf, Cnr Central Coast Hwy (Hwy A49)/Dane Dr NSW 2250* 🏛 *Woy Woy Public Wharf, The Blvd, Woy Woy NSW 2256* ♿ *Woy Woy: Vom Hwy A49 in West Gosford über den nach Süden abzweigenden Brisbane Water Dr bis nach Woy Woy (ca. 10 km)* ☎ *02-4323-1655* 🌐 *www.starshipcruises. com.au* ♿ *Erw. $ 37, Kinder $ 24*

▶ **Distillery Botanica**
In einem 10.000 m² großen »Duftgarten« gelegene Destillerie, in der Frucht- und Kräuterschnäpse hergestellt werden.
♿ *8 km von Gosford über Hwy A49 nach Osten, in Erina rechts auf den Terrigal Dr, später auf die Portsmouth Rd nach Norden* 🏛 *25 Portsmouth Rd, Erina NSW 2250* ☎ *02-4365-3968* @ *cheers@ distillerybotanica.com* 🌐 *www.distillerybotanica.com* 🕐 *Mi.–So. 10–17 h* ♿ *Eintritt frei*

▶ **Gosford Classic Car Museum**
Über 450 Fahrzeuge aus aller Welt, darunter Ferrari, Maserati und Porsche, sowie seltene Stücke wie z. B. der Delorean DMC-12 aus *Zurück in die Zukunft*. Ebenfalls mit dabei ist ein Restaurant mit Burgern & Co. im 50er-Jahre-Stil (♿ *).
♿ *Vom Hwy A49 links in Brisbane Water Dr, dann 3. links* 🏛 *3-13 Stockyard Pl, West Gosford NSW 2250* ☎ *02-4320-0000* @ *info@gosfordclassiccarmuseum.com.au* 🌐 *www.gosfordclassiccarmuseum.com.au* 🕐 *Mi.–So. 9–17 h* ♿ *Erw. $ 20, Kinder $ 15 (unter 4 J. frei)*

▶ **Ken Duncan Gallery Central Coast**
Ken Duncan ist ein preisgekrönter Fotograf, der Australiens Landschaften und Stadtansichten in breiten Panoramen aufs Papier bringt. In seinem Ausstellungsraum in **Erina Heights** bei Gosford kann man einen Überblick über seine Arbeit bekommen. Ein Café mit Terrasse für den Sommer und Kamin für den Winter ist an die Galerie angeschlossen (🕐 8 bis 15 Uhr, ♿ **).
♿ *8 km östlich von Gosford über Hwy A49* 🏛 *414 The Entrance Rd, Erina Heights NSW 2260* ☎ *02-4367-6701* @ *erina@kenduncan.com* 🌐 *www.kenduncan.com/ central-coast-gallery* 🕐 *Tägl. 10–17 h* ♿ *Eintritt frei*

🛏 **Übernachten**

🏨 **Waterview Gosford Motor Inn**
3½-Sterne-Hotel mit 36 Zimmern für bis zu sechs Gäste. Die Bay View Rooms haben Aussichten auf die Brisbane Water Lagune, die Poolside Rooms auf den Garten mit Pool.
♿ *Am HwyA49 westlich des Stadtzentrums/Mann St* 🏛 *23 Central Coast Hwy, Gosford NSW 2250* ☎ *02-4323-1333* @ *gosford@gosfordmotorinn.com. au* 🌐 *www.gosfordmotorinn.com.au* ⓟ *Ja* ♿ *Ja* ♿ * *

🏨 **Hotel Gosford**
Denkmalgeschützter Pub von 1926 mit Bistro, Biergarten und 29 modernen Hotelzimmern mit Ventilator, aber ohne Klimaanlage, einige davon mit Balkon. Das Hotel liegt gegenüber vom Bahnhof und ist daher nicht sehr ruhig, liegt aber immerhin zentral. Gut geeignet auch für Reisende, die sonst eher in ein Hostel gehen würden, mit Einzelzimmern ab $ 55 während der Woche und ab $ 60 am Wochenende.
🏛 *Mann St, Gosford NSW 2250* ☎ *02-4324-1634* @ *reservations@hotelgosford.com.au* 🌐 *www.hotel gosford.com.au/accommodation.php* ⓟ *Ja* ♿ *Ja* ♿ **

🏨 **Ocean Beach Resort and Holiday Park** 👪
An der Mündung der Brisbane Water Lagune und am Strand von Umina Beach gelegener 10 Hektar-Campingplatz mit Zeltplätzen mit und ohne Strom. Wohnmobil-Plätze auf Wunsch auch mit eigenem Badezimmer *(Ensuite)*. Nicht-Camper können in Safari-Zelten mit Terrasse und Sitzmöbeln übernachten oder eine Cabin aus 14 Varianten wählen. Für Kinder gibt es einen Pool, Wasserpark, Spielplatz und ein Trampolin, für die Erwachsenen BBQs, ein Café mit Mini-Laden sowie einen Tennisplatz (gegen Gebühr).
♿ *17 km südlich von Gosford, 5,5 km südlich von Woy Woy, vom Hwy A49 in West Gosford nach Süden auf dem Brisbane Water Dr, in Woy Woy wechseln auf die Ocean Beach Rd bis zur Sydney Ave* 🏛 *Sydney Ave, Umina Beach NSW 2257* ☎ *02-4379-9444* 🌐 *www.oceanbeachholidaypark.com.au* ♿ *Ja* ♿ *274* ♿ *182* ♿ *Ja* ⓟ *Ja* ♿ *Ja* ♿ *Wasser, Abwasser, Strom (15 Amp.)* ⓟ *Ja* ♿ *Stellplätze $$–$$$$, Safari Zelt ∗–∗∗, Cabins ∗∗–∗∗∗*

*Gosford verlassen Sie Richtung Westen über den Highway A49, und erreichen bald wieder den **Pacific Motorway**. Nicht weit von Gosford haben Sie noch die Gelegenheit, eine **Aboriginal Art Site** zu besuchen, zu einem **Wasserfall** zu wandern und einen **Reptilienpark** besuchen.*

🌲 **BRISBANE WATER NATIONAL PARK**

Der Nationalpark schützt 12.000 Hektar Sandsteinlandschaften, in der über 270 verschiedene Tierarten leben, darunter auch Wallabys und die seltenen *Spotted Quolls* (Katzengroße Beutel-Raubtiere). Der Park ist besonders sehenswert im August/September, wenn die Wildblumen blühen, oder auch nach einem starken Regenguss, wenn die Wasserfälle besonders eindrucksvoll aussehen. Nicht zuletzt findet man in dieser Region einige interessante Aboriginal-Felszeichnungen. Die nachfolgenden Wanderungen starten an verschiedenen Punkten im Nationalpark, angeordnet ist deren Beschreibung nach dem Routenverlauf.

🚶🌲 Wandern

► Bulgandry Aboriginal Art Site

Ein kurzer, aber schöner Weg durch einen lichten Wald mit Wildblumen, Banksien und *Scribbly Gums* (Eukalyptus mit auffälliger Stammzeichnung). Durch die Bäume bieten sich Aussichten auf die Berge des Nationalparks, am Ende des Weges warten Felszeichnungen mit Kängurus, Menschen und Meerestieren.

💡 Wenn Sie der Woy Woy Road noch zwei Kilometer nach Süden folgen, kommen Sie zum **Staples Lookout** mit Aussichten über die Brisbane Water Lagune und die Woy Woy Bay.

◉ Ganzj. ⮑ Hwy A49 zwischen Gosford und Pacific Motorway. In Kariong Abzweig auf die Woy Woy Rd Richtung Süden. Dem Straßenverlauf etwa 3 km folgen. Die Einfahrt liegt im Wald auf der rechten Seite. Achten Sie auf ein kleines Nationalparkschild. ◷ 20 Min. ⮑ Leicht ⮑ 1 km

► Girrakool Loop Track

Dieser Waldwanderweg führt vorbei an **Aboriginal-Felszeichnungen**, am Leask Creek und zwei sehenswerten **Wasserfällen**. Mit ein bisschen Glück kann man hier Wallabys sehen.

◉ Tägl. ab 8 h, Sommerzeit bis 20 h, sonst bis 17 h ⮑ Aus Gosford kommend dem Hwy 49 folgen, kurz vor dem Motorway rechts auf Wisemans Ferry Rd (B83) und unter dem Motorway hindurch, dann die erste links auf den Old Pacific Highway (B83). Nach 1,5 km wieder links in die Quarry Rd. Nun nochmals unter dem Motorway hindurch und bis zum Ende der Straße ◷ 40 Min. ⮑ Leicht ⮑ 2 km (Rundweg) ⮑ $ 7 pro Auto/Tag

► Piles Creek Loop

Der Wanderweg beginnt am selben Startplatz wie der Girrakool Loop Track, nimmt allerdings eine andere, längere Route durch die Schlucht des Pile Creek. Unterwegs haben Sie Aussichten auf Wasserfälle und überqueren eine Hängebrücke.

◉ Tägl. ab 8 h, Sommerzeit bis 20 h, sonst bis 17 h ⮑ (wie Girrakool Loop Track) ◷ 1,5 Std. ⮑ Moderat ⮑ 4 km (Rundweg) ⮑ $ 7 pro Auto/Tag

► Somersby Falls Walking Track

Der sehenswerte **Wasserfall** liegt zwölf Kilometer westlich von Gosford und nur vier Kilometer vom Pacific Motorway entfernt. Vom Parkplatz/Picknickplatz aus geht es nur 100 Meter durch Regenwald zum Wasserfall. Hier kann man mit Fröschen, kleine Leguane und Kookaburras beobachten.

◉ Während der Sommerzeit: 9–20 h, ansonsten bis 17 h ⮑ Aus Gosford kommend dem Hwy 49 folgen, kurz vor dem Motorway rechts auf Wisemans Ferry Rd (B83) und unter dem Motorway hindurch, am 2. Kreisverkehr links in die Somersby Falls Rd und dann dem Straßenverlauf folgen. ◷ 30 Min. ⮑ Leicht ⮑ 200 m ⮑ $ 7 pro Auto/Tag

👁 AUSTRALIAN REPTILE PARK 🚻

Tierpark mit Koalas, Tasmanischen Teufeln und *Cassowaries* (Helmkasuare) sowie einem Freigehege für Kängurus. Der Park hat sich auf die Zucht von Giftschlangen und Spinnen konzentriert, deren Gift für die Herstellung von Antidoten (Gegenmitteln) verwendet wird. Wer bereits um 9:45 Uhr vor Ort ist, kann zusehen, wie das Gift der tödlichen *Funnel-Web Spiders* (Trichternetzspinne) gemolken wird.

📍 In der Nähe der zuvor genannten Wanderwege. Aus Gosford kommend dem Hwy 49 folgen, kurz vor dem Motorway rechts auf Wisemans Ferry Rd (B83) und unter dem Motorway hindurch. Erster Kreisel links auf Old Pacific Hwy, nach 1,1 km (2.) rechts und der Straße folgen. ⮑ Pacific Hwy, Somersby NSW 2250 ☎ 02-4340-1022 @ admin@reptilepark.com.au 🌐 www.reptilepark.com.au ◷ Tägl. 9–17 h ⮑ Erw. $ 37, Kinder $ 19

*Nun sind Sie fast am Ende Ihrer langen Reise entlang der Ostküste. Sie haben tropischen und subtropischen **Regenwald** aus der Nähe erleben können, hatten viele Gelegenheiten, um traumhafte **Inseln** und einsame **Strände** zu erleben, und auch die **Kultur** ist bei einem Besuch in Brisbane sicher nicht zu kurz gekommen. Jetzt fehlt nur noch eines – der Besuch in Sydney, Australiens geheimer Hauptstadt. Wenn Sie es eilig haben, Sydney und seine schönsten Seiten zu erkunden, fahren Sie am besten gleich weiter in die Stadt und geben Ihr Fahrzeug ab, da man nicht nur in Brisbane, sondern auch in Sydney am schnellsten, günstigsten und entspanntesten mit den öffentlichen Verkehrsmitteln unterwegs ist.*

💡 **Camper/Autoabgabe:** Die **Wohnmobilstationen** von *Britz, Maui* und *Mighty Campers* befinden sich in Banksme-

*Skyway mit Aussichten
auf die Three Sisters*

adow, etwa 6 Kilometer vom Flughafen entfernt (☺ 1/1801 Botany Rd, Sydney NSW 2020 ☎ Auf dem M1 Sydney von Nord nach Süd durchqueren, kurz vor dem Flughafen links auf die Foreshore Rd, später links auf die Botany Rd). Eine Bushaltestelle liegt gleich nebenan. *Apollo, Star RV* und *Hippy Camper* liegen 15 km vom Flughafen entfernt (☺ 31 Bay Rd, Taren Point, Sydney NSW 2229, ☎ Der M1 nach Süden folgen, später rechts in die President Ave (A1), am St. George Hospital links auf Princess Hwy, links halten auf Rocky Pt Rd, nach Überquerung von Georges River wird die Straße zur Taren Point Rd, wenig später links auf Bay Rd). Auch hier liegt eine Bushaltestelle in der Nähe. Ein Taxi zum Flughafen kostet etwa $ 50. Wer mit dem **Mietwagen** unterwegs ist, der kann das Fahrzeug ganz einfach im Parkhaus im Flughafen abgeben oder eine der Annahmestellen im Stadtzentrum nutzen.

Ausflug in die Blue Mountains

Falls Sie sich noch nicht von Ihrem bis dahin sicher lieb gewonnen Wohnmobil (oder Mietwagen) trennen möchten, empfiehlt sich noch ein Abstecher in die Bergwelt der Blue Mountains. Die Blue Mountains bieten beeindruckende Panoramen und sehenswerte Wanderungen, die Sie so bisher auf Ihrer Reise noch nicht erlebt haben. Der Abstecher in die Berge lohnt sich wegen der langen Anfahrt aber nur, wenn Sie mindestens einen ganzen Tag und eventuell eine Nacht Zeit übrig haben.

Die Blue Mountains erreichen Sie, indem Sie einen großen Schlenker um Sydneys In-

nenstadt machen. Dazu verlassen Sie den Pacific Motorway (M1) in Wahroonga und wechseln auf die A28, später auf den Hills Motorway (M2/M7) und auf den Western Motorway (M4). Hinter Penrith geht die M4 automatisch in die A32 über, die Sie in die Blue Mountains nach Wentworth Falls, Leura und Katoomba bringt (Gesamtstrecke Wahroonga – Katoomba 105 km).

BLUE MOUNTAINS NATIONAL PARK

👫👫	3.205	
☀	26 °C	
❄❄	32 °C	
〰	5 m	
	Beginn Ausflug Wahroonga	0 km
	Glenbrook	63 km
	Wentworth Falls	36 km
	Leura	4 km
	Katoomba	2 km
	Govetts Leap Lookout	14 km
	Sydney	134 km

Die als UNESCO-Weltnaturerbe geschützten Blue Mountains beginnen kaum 60 Kilometer westlich von Sydney's CBD und doch könnten die Unterschiede nicht größer sein. Die Blue Mountains sind eine Berglandschaft mit steilen, goldenen Sandsteinklip-

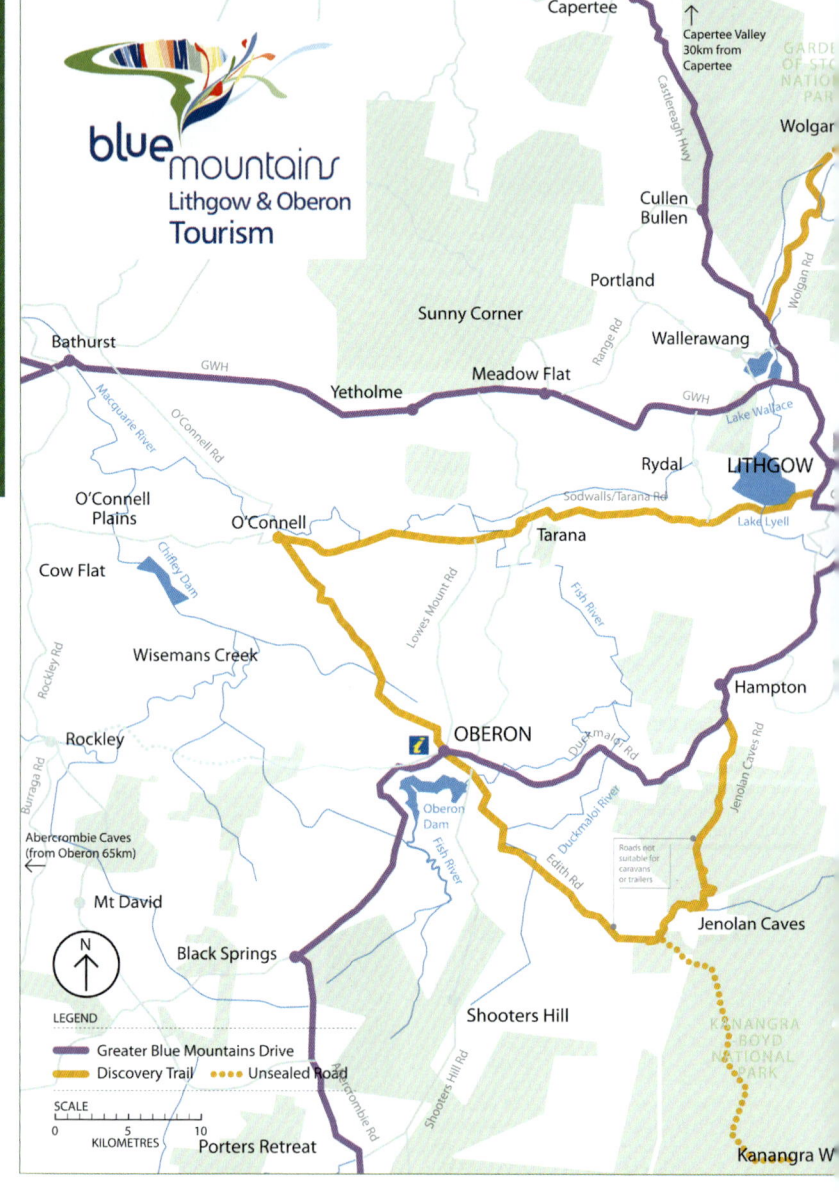

blue mountains
Lithgow & Oberon
Tourism

Capertee

↑
Capertee Valley
30km from
Capertee

GARDEN
OF STO
NATIO
PAR

Wolgar

Cullen
Bullen

Castlereagh Hwy

Wolgan Rd

Portland

Sunny Corner

Range Rd

Wallerawang

Bathurst

GWH

Yetholme

Meadow Flat

GWH

Lake Wallace

Macquarie River

O'Connell Rd

Rydal

LITHGOW

O'Connell
Plains

O'Connell

Sodwalls/Tarana Rd

Lake Lyell

Cow Flat

Chifley Dam

Tarana

Fish River

Wisemans Creek

Lowes Mount Rd

Rockley Rd

Rockley

Hampton

Buraga Rd

OBERON

Duckmaloi Rd

Jenolan Caves Rd

Oberon
Dam

Fish River

Abercrombie Caves
(from Oberon 65km)
←

Duckmaloi River

Edith Rd

Roads not
suitable for
caravans
or trailers

Mt David

Jenolan Caves

N
↑

Black Springs

KANANGRA
BOYD
NATIONAL
PARK

Shooters Hill

LEGEND

Abercrombie Rd

Shooters Hill Rd

Greater Blue Mountains Drive
Discovery Trail •••• Unsealed Road

SCALE
0   5   10
KILOMETRES

Porters Retreat

Kanangra W

Newnes

Glow Worm
Tunnel

ey

WOLLEMI
NATIONAL PARK

4WD

BLUE MOUNTAINS
NATIONAL PARK

to Windsor
and Lithgow

M2

to Newcastle

P

to B
Lith

BLACKTOWN

F4

SYDNEY

M7

SYDNEY
AIRPORT

to Canberra

M5

To Singleton
and Hunter Valley
(from Windsor 169km)

Clarence

Mt Irvine

Bilpin

4WD

Chifley Rd

Bell

Mt Wilson

Kurrajong
Heights

Comleroy Rd

Mt
York
1061m

Little
Hartley

Mt Tomah

Kurrajong

4WD

Hartley

Great Western
Highway (GWH)

Mt Victoria

Mt Banks
1062m

North Richmond

RICHMOND

Kanimbla Valley

Bells Line Of Road

Blackheath

Shipley

Grose Valley

Mt Hay
944m

Hawkesbury Rd

Cox's River

4WD

Medlow Bath

Wentworth
Falls

Faulconbridge

Winmalee

Springwood

GWH

Leura

Lawson

Linden

Valley Heights

Great Western Highway

KATOOMBA

Hazelbrook

GWH

Bullaburra

Warrimoo

Woodford

Blaxland

Emu Plains

Megalong

The Three Sisters

GLENBROOK

Lapstone

PENRITH

Megalong Valley

Jamison Valley

GWH

The Northern Rd

Cox's River

BLUE MOUNTAINS
NATIONAL PARK

4WD

Nepean River

4

Lake Burragorang

To Southern
Highlands, Illawarra
Wollongong, Goulburn
and Canberra
(from Penrith 270km)

pen, umgeben von trockenem, olivgrünem Eukalyptuswald, im Sommer oft in glühender Hitze, im Winter auch schon mal bestäubt mit frisch gefallenem Schnee. Auch das Klima ist anders: Die meiste Zeit des Jahres ist es in den Bergen bis zu sechs Grad kälter als im Stadtgebiet. Im Sommer kann es, je nach Windrichtung, manchmal auch heißer werden als in Sydney. Von den Aussichtspunkten entlang der Passstraße (Highway A32) kann man über viele Kilometer weit über die Berge schauen und dabei den typischen blauen »Dunst« sehen, der den Bergen ihren Namen gegeben hat. Dabei handelt es sich nicht um Eukalyptusdämpfe, sondern um Wasser und andere Partikel, die das Licht brechen (Stichwort: Rayleigh-Streuung). Diesen Effekt kann man auch von anderen Berggipfeln der Welt aus beobachten.

ℹ GLENBROOK VISITOR CENTRE

Das Infozentrum liegt kurz hinter Penrith in Glenbrook an der Straße in die Blue Mountains (A32). Hier kann man sich mit Souvenirs, Regenjacken, warmen Pullis sowie Infos und Kartenmaterial zu den Blue Mountains versorgen.

🖥 Hamment Pl, Glenbrook NSW 2773
☎ 1300-653-408 @ tourism@bmcc.nsw.gov.au
🌐 www.bluemountainscitytourism.com.au
🌐 www.bluemountainscitytourism.com.au/maps.php
🕐 Mo.-Sa. 8:30-16 h, So. 8:30-15 h

Ein weiteres Visitor Information Centre befindet sich in Katoomba (▶ Seite 323).

⊕ Anreise und Transport

Ein Auto ist für die Erkundung der Blue Mountains nicht unbedingt nötig, jedoch kommt man ohne Gefährt nicht so problemlos zurecht wie in Sydney – einige schöne Plätze bleiben Ihnen ohne eigenes Fahrzeug schlichtweg versperrt. Wenn Sie nur einen Tag Zeit haben, lohnt es sich, das Fahren einem Berufsfahrer zu überlassen und sich einem Tagesausflug anschließen (▶ Seite 348).

Alternativ kann man auch mit der *Blue Mountains Line* (Eisenbahn) von der Central Station in Sydney aus in zwei Stunden in die Blue Mountains fahren und die Highlights mit dem Mountains Explorer Bus oder dem Trolley besuchen, die dieselbe Strecke rund um Katoomba und Leura abfahren.

Blue Mountains Explorer Bus

Abfahrten typischerweise alle halbe Stunde zwischen 9:45 und 16:45 Uhr. Eine komplette Rundfahrt dauert etwa eine Stunde, Tickets gibt es beim Fahrer.

🖥 283 Main St, Katoomba NSW 2780 ☎ 02-4782-1866 🌐 www.explorerbus.com.au ⊙ Erw. $ 44, Kinder $ 22

Blue Mountains Trolley Tours

Busse fahren zumeist alle halbe Stunde zwischen 9:30 und 16:45 Uhr, öfter in den Schulferien.

🖥 76 Main St, Katoomba NSW 2780 ☎ 02-4782-7999 @ info@trolleytours.com.au 🌐 www.trolley tours.com.au ⊙ Erw. $ 30, Kinder $ 20

🛒 Versorgen und einkaufen

In **Leura** kurz vor Katoomba gibt es einen relativ unauffälligen Woolworths (🖥 152–160 Leura Mall), in **Katoomba** einen Aldi (🖥 Ecke Waratah St/Katoomba St) mit Parkhaus und schließlich einen Coles Supermarkt unter dem Cultural Centre an der Parke Street. Katoomba bietet eine bunte Mischung aus Restaurants, Cafés, Buchläden und eine Reihe von Outdoorläden. Sollte es also kälter (oder heißer) werden als Sie erwartet haben, können Sie sich hier noch mit passender Bekleidung eindecken.

Hinter Glenbrook schlängelt sich die Passstraße (Highway A32) über 36 Kilometer in die Berge hinauf bis nach Wentworth Falls.

Wanderweg zu den Wentworth Falls

Am Wentworth Falls Lookout

🏠 WENTWORTH FALLS

Wentworth Falls liegt 36 Kilometer hinter Glenbrook und acht Kilometer vor Katoomba am Highway A32. Das Highlight des 867 Meter hoch gelegenen Ortes ist der gleichnamige Wasserfall. Bereits 1867 wurde die Eisenbahn bis an diesen Ort fertiggestellt, was die Anreise aus dem etwa 100 Kilometer entfernten Zentrum von Sydney erheblich erleichterte. Heute geht es zum Glück schneller mit dem Auto.

Wenn Sie der Falls Road (Hauptstraße von Wentworth Falls) bis zum Ende folgen, erreichen Sie automatisch den Parkplatz zu zwei interessanten Aussichtspunkten.

✕ Essen und trinken

▶ Conservation Hut Cafe

Im Wald gelegenes Café in einem verglasten Pavillon mit Aussichten auf die umliegende Berge und das Tal des Jamison Valley. Mit Pfannkuchen oder Eiern und Speck zum Frühstück und belegten Sandwiches, Pasta und Salaten zum Mittagessen. Am Café beginnen eine Reihe von Wanderwegen.

🚗 Von der A32 links auf die Valley Rd bis zur Fletcher St ☯ Fletcher St (Nähe Ecke Valley Rd), Wentworth Falls NSW 2782 ☏ 02-4757-3827 @ enquiries@conservationhut.com.au 🌐 www.conservationhut.net.au ⏱ Tägl. 9–16 h 💲 *–**

🚶🌲 Wandern

▶ Wentworth Falls Lookout und Princes Lookout

Über einen 300 Meter langen Fußweg geht es zu einem Aussichtspunkt auf die 187 Meter hohen, dreistufigen Wentworth Falls, die zu den schönsten in New South Wales gehören. Noch ein bisschen schöner ist der Weg hinunter zum *Princes Lookout,* mit einem anderen Blickwinkel auf den Wasserfall und auf die Wanderwege, die sich an die Felswand gegenüber schmiegen.

🕐 Ganzj. ☯ Am Ende der Falls Rd ⏱ 20 Min. ☯ Leicht, mit Treppenstufen ↔ 1 km

▶ Fletchers Lookout und Wentworth Falls

Vom Parkplatz laufen Sie erst zum Wentworth Falls Lookout, danach geht es steil hinunter zum Fletchers Lookout, mit Aussichten auf die Wentworth Falls. Bis zur Oberseite der Wasserfälle sind es von dort aus nur noch zehn Minuten. Zurück können Sie denselben Weg gehen oder noch den Princes Lookout mitnehmen und die Wanderung damit zu einem Rundweg machen.

☯ Wie vorige Wanderung ⏱ 40 Min. bis Fletchers Lookout, 1 Std. bis Wentworth Falls ➡ Mittel

🛏 Übernachten

🏠 Valley of the Waters B&B

Modernes B&B mit drei Zimmern mit großer Whirlpool-Badewanne sowie Terrasse oder Balkon mit Aussichten auf die umliegenden Berge und ins Tal. Gemeinschaftswohnzimmer mit Kamin.

☯ 88 Fletcher St, Wentworth Falls NSW 2782 ☏ 02-4757-4860 @ info@valleyofthewaters.com 🌐 www.valleyofthewaters.com 🅿 Ja ☯ Ja 💲 ***

🏠 Moments Mountain Retreat

Ruhig gelegenes B&B aus dem Jahr 1913 gleich neben dem vorgenannten »Valley of the Waters«, mit vier Zimmern in gemütlicher, klassischer Ausstattung mit Kaminofen und Aussichten über die Blue Mountains. Zimmer können mit oder ohne Frühstück gebucht werden. Die Gastgeberin stammt aus Österreich.

☯ 86 Fletcher St, Wentworth Falls NSW 2782 ☏ 02-4757-4455 @ reception@moments.com.au 🌐 www.moments.com.au 🅿 Ja ☯ Ja 💲 **–***

Unterwegs zum Gordon Falls Lookout

Von Wentworth Falls bis nach Leura sind es dann noch einmal 4 Kilometer über den Highway A32.

🏛 LEURA

Der 985 Meter hoch gelegene Ort hat ein für diese Breitengrade vergleichsweise kühles Klima, daher finden sich im Ort eine ganze Reihe von Gärten, die man eher in England erwarten würde. Im Frühling (also im Oktober) findet passend dazu das **Leura Gardens Festival** statt (🌐 www.leuragardensfestival.com), bei dem man den Einheimischen in die Gärten schauen kann. Aber richtig in England ist man trotzdem nicht: Schaut man vom Cliff Drive hinaus in die Berge mit seinen weiten Eukalyptuswäldern, sieht es doch wieder sehr australisch aus.

👁 Highlights

▶ Everglades at Leura

In den 1930er-Jahren war Leura ein beliebtes Rückzugsgebiet für wohlhabende Sydneysider. Auch der Geschäftsmann Henri Van de Velde ließ sich in Leura eine Ferienresidenz mit einer ausgedehnten Gartenlandschaft errichten, die heute für die Öffentlichkeit zugänglich ist. Kaffee und Kuchen werden in den Tea Rooms serviert (☕ ★).
🚌 20 Min. zu Fuß vom Bahnhof Leura, oder per Trolley/Mountain Explorer, per Pkw/Wohnmobil vom Hwy A32 links auf die Scott Ave, später links über die Gladstone Rd zur Everglades Ave 🚌 37 Everglades Ave, Leura NSW 2780 ☎ 02-4784-1938 @ everglades garden@bigpond.com 🌐 www.everglades.org.au
🕐 Während der Sommerzeit: 10–17 h, sonst 10–16 h 💲 Erw. 13, Kinder $ 8

▶ Cliff Drive

Die etwa sieben Kilometer lange Straße verläuft von Leura die Klippen entlang, vorbei an Echo Point und den Three Sisters bis zur Scenic World nach Katoomba und weiter zum Beginn des Narrowneck Plateau. Entlang der Straße hat man immer wieder Möglichkeiten zum Anhalten, für Aussichten über die Berge oder für Spaziergänge die Klippen entlang. Das nächste Highlight, **Gordon Falls Lookout**, kann man mit dem Cliff Drive verbinden.
🚌 Die nach Süden abzweigende Leura Mall bis fast zum Ende durchfahren und dann rechts ab in die Gordon St, die automatisch in den Cliff Dr übergeht (ausgeschildert)

▶ Gordon Falls Lookout

Aussichtspunkt auf einen Wasserfall, erreichbar in zehn Minuten über einen Weg mit einer steilen Stahltreppe. Morgens liegt der Wasserfall im Schatten der Klippen, es lohnt sich also, ein bisschen später zu kommen.
🚌 Leura Mall bis zur Olympian Parade, dieser bis zum Ende folgen

▶ Sublime Point

Aussichtskanzel über die Berge und in Richtung Katoomba, am östlichen Ortsrand von Leura und zu erreichen über einen 175 Meter langen Fußweg. Bereits von den Picknicktischen, die noch vor dem eigentlichen Ausguck liegen, kann man über das Tal bis zur Felsformation der *Three Sisters* schauen.
🚌 Hwy A32 links auf die Scott Ave, weiter auf die Gladstone Rd/Fitzroy St/Watkins Rd auf die Sublime Point Rd 🚌 Sublime Point Rd, Leura NSW 2780

🚶 Wandern

▶ Leura Cascades Fern Bower Walk

Dieser Weg führt zu einem im Wald gelegenen Wasserfall (🕐 ca. 30–40 Min. Rundweg).

Wer Lust auf ein bisschen mehr hat, kann einen längeren Rundweg unterhalb der Klippen von Leura anschließen. Highlight sind der dichte Regenwald mit seinen Farnen und weite Aussichten über die Blue Mountains.
◉ Ganzj ◎ Keine ◎ Vom Cliff Drive am westlichen Stadtrand von Leura (Nähe Merriwah St/Katoomba) der Beschilderung zu den Leura Cascades folgen ◷ 3 Std. ◎ Moderat ◎ 4,5 km (Rundweg)

Von Leura bis zum benachbarten Katoomba sind es kaum zwei Kilometer über den Highway A32. Im Grunde sind beide Städte ein einziger, zusammenhängender Ort. Wenn man den Cliff Drive entlangfährt, bemerkt man die Stadtgrenze in der Nähe der Leura Cascades überhaupt nicht.

🏠 KATOOMBA

👪	8.016	
☀	17 °C	
❄❄	8 °C	
〰	1.017 m	
🔭	Glenbrook	42 km
	Govetts Leap Lookout	14 km
	Sydney	148 km

Katoomba ist mit um die 8.000 Einwohnern der größte Ort der Blue Mountains. Die 1879 gegründete Stadt liegt auf 1.017 Metern Höhe. Hier sind nicht nur viele Winternächte, sondern auch manche Sommernächte empfindlich kalt. Katoomba war von Anfang an ein Touristenort, über einige Jahre wurde in dieser Gegend auch Kohle in kleinerem Umfang abgebaut, so etwa auf dem Gelände der heutigen **Scenic World** (►Seite 324). Heute ist vom Kohleabbau nichts mehr zu sehen. Jedes Jahr an einem Samstag rund um die Wintersonnenwende findet in Katoomba das (kostenlose) **Blue Mountains Winter Magic Festival** statt (2018 z. B. am 23. Juni). Das Fest ist in etwa vergleichbar mit einem Weihnachtsmarkt, an dem auch die Gäste angehalten sind, sich fantasievoll zu kostümieren Mit dabei sind außerdem Straßenkünstler, um die Mittagszeit findet ein Kostümumzug statt (🌐 www.wintermagic.com.au). Ebenfalls in den Wintermonaten werden passend zur Jahreszeit von manchen Restaurants und Hotels (darunter auch das YHA in Katoomba) »Yulefest«-Pakete angeboten, bei denen ein »Weihnachtsmenü« nach australischer Art mit dabei ist.

ℹ BLUE MOUNTAINS VISITOR INFORMATION CENTRE – ECHO POINT
Abgesehen von schönen Aussichten aus dem Panoramafenster finden sich hier Broschüren, Souvenirs und warme Bekleidung für kalte Tage.
◎ Echo Point Rd, Katoomba NSW 2780 ☎ 1300-653-408 @ info@bluemountainscitytourism.com.au 🌐 www.bluemountainscitytourism.com.au ◷ Tägl. 9–17 h

⊙ Orientieren

Katoomba ist ein übersichtlicher Ort. Der Bahnhof liegt direkt am Highway A32. Von der Gang Gang Street aus führt die **Katoomba Street** als Hauptverkehrsstraße Richtung Süden. Am **Cliff Drive** geht es rechts ab zur Scenic World mit den Bergbahnen. Folgen Sie dem Straßenverlauf der Katoomba Street in den **Panorama Drive/Cliff Drive,** erreichen Sie den Aussichtspunkt bei Echo Point und die Three Sisters.

✕ Essen und trinken

► **True to the Bean** ★
Gemütliches Café mit italienischem Kaffee, Bio-Tee und Waffeln (auch gluten- und laktosefrei), gut fürs Frühstücken geeignet. Besonders lecker sind die Waffeln mit Joghurt und Früchten.
◎ 123 Katoomba St, Katoomba NSW 2780 ☎ 02-4782-4520 @ truetothebean@hotmail.com 🌐 www.facebook.com/truetothebean ◉ Mo.–Sa. 6–16 h, So. 8–14 h ◎ *

► **The Gingerbread House**
Originelles Café mit schönem Garten in einer ehemaligen Kirche. Zur Weihnachtszeit steht ein ehemaliger Altar ein Weihnachtsbaum.
◎ Vom HwyA32 links über die Parker St zur Waratah St, links über die Katoomba St/Warialda St bis zur Lurline St ◎ 56 Lurline St (Cnr Lurline/Waratah St), Katoomba NSW 2780 ☎ 02-4782-6958 @ josophans@bigpond.com 🌐 www.gbhousekatoomba.com ◉ Mo.–So. 9–17 h ◎ *

► **Pins On Lurline**
Stilvolles Restaurant in einem 1898 erbauten Holzhaus. Auf den Tisch kommen saisonale australische Gerichte mit regionalen Zutaten. Glutenfreie und vegetarische Speisen verfügbar. Auch die Weine stammen aus der Region. Im Garten befindet sich außerdem eine Ferienwohnung (◎ $$).
◎ 132 Lurline St, Katoomba NSW 2780 ☎ 02-4782-2281 🌐 www.pinsonlurline.com.au ◉ Di.–Do. 17:30–21 h, Fr. & Sa. 11:30–21 h ◎ *–**

Aussichtsplattform am Echo
Point mit den Three Sisters

👁 Highlights

▶ Echo Point und Three Sisters

Der bekannteste Aussichtspunkt in den
Blue Mountains ist Echo Point mit der auffälligen Felsformation der *Three Sisters.*
Laut einer Aboriginal-Legende wurden die
drei Schwestern von einem Magier verzau-
bert, der später in einer Schlacht zu Tode
kam. Da niemand wusste, wie man die
Schwestern wieder entzaubern kann, warten sie heute noch auf ihren Retter. Wer den
Schwestern noch ein wenig näherkommen
möchte: Der *Three Sisters Walk* lässt sich in
etwa 30 Minuten bequem gehen.
🗺 *Siehe »Orientieren«* 🔘 *Echo Point Rd, Katoomba
NSW 2780* 🅿 *Parken $ 4 pro Std.*

▶ Waradah Aboriginal Centre

Neben dem Echo Point gelegenes Abori-
ginal-Kulturzentrum mit Didgeridoo- und
Tanzvorführungen, Museum und Kunstga-
lerie. Die Galerie ist kostenlos, nur für die
Show zahlt man Eintritt.
🗺 *Siehe »Orientieren«* 🔘 *33–37 Echo Point Rd,
Katoomba NSW 2780* ☎ *02-4782-1979* 🌐 *www.
waradahaboriginalcentre.com.au* 🕐 *Tägl. 9–17 h*
🎫 *Erw. $ 20, Kinder $ 10*

▶ Blue Mountains Cultural Centre und
Katoomba Village

Das Katoomba Village liegt an der Parke
Street im Zentrum von Katoomba, eigentlich
ein zweistöckiges Backsteingebäude mit dem
Blue Mountains Cultural Centre im oberen

Stockwerk. Hier ist neben der Bücherei und
der städtischen Kunstgalerie (City Art Gallery)
auch eine Ausstellung zu den Blue Mountains als Weltnaturerbe der UNESCO untergebracht. Die Ausstellung steht unter dem
Motto *Into the Blue* und stellt die besondere
Natur und Kulturgeschichte der Region vor.
  Im Erdgeschoss des Gebäudes befindet
sich ein Einkaufszentrum mit Metzger und
Apotheke, Coles Supermarkt und Food-
Court. Darunter ist das lokale Parkhaus
untergebracht, in dem man zwei Stunden
kostenlos parken kann.
🔘 *30 Parke St (Ecke Collage Ln in Gehweite vom
Bahnhof), Katoomba NSW 2780* ☎ *02-4780-5410*
@ *info@bluemountainsculturalcentre.com.au*
🌐 *www.bluemountainsculturalcentre.com.au*
🕐 *Mo.–Fr. 10–17 h, Sa. & So. 10–16 h* 🎫 *Art
Gallery und Into the Blue: Erw. $ 5, Kinder unter 16
Jahre kostenlos*

▶ Scenic World ★

Die beliebteste Attraktion der Blue Mountains ist die Scenic World mit ihren zwei
Seilbahnen und der steilsten (Zahnrad-)
Eisenbahn der Welt (**Scenic Railway**). Von
1928 bis 1945 diente die Eisenbahn zum
Transport von Kohle nach Katoomba. Schon
damals ließen sich zahlende Gäste in einem
Sonderwagen ins Tal fahren. Ab 1945 war
dann Schluss mit der Kohle, und die neuen
Besitzer konzentrierten sich auf den Tourismus. Die Scenic Railway hat einen Winkel
von 52 Grad, umgerechnet auf eine Stra-
ßensteigung wären das 128 %. Die Eisenbahn fährt alle zehn Minuten ins 310 Meter

tiefer gelegene Tal des Jamison Valley. Unten angekommen, erwartet die Gäste ein 2,4 Kilometer langer Boardwalk (Holzsteg) durch den Regenwald, u.a. mit Infos zum Wald und zur Geschichte des hiesigen Kohlebergbaus. Hier sind Spaziergänge von 10, 30 und 50 Minuten möglich. Die **Scenic Cableway**, eine Gondelbahn mit Platz für 84 Personen, fährt von Katoomba aus bis weiter hinunter ins Tal und überbrückt dabei 510 Höhenmeter. Mit der **Scenic Skyway** hingegen fährt man nichts ins Tal, sondern schwebt in 270 Meter Höhe über eine Schlucht. Mit einer Tageskarte können Gäste die Bahnen beliebig miteinander kombinieren.

Mit der feuerroten Eisenbahn geht es hinunter ins Tal.

💡 Jedes Jahr etwa Mitte April bis Mitte Mai findet am Boardwalk mitten im Regenwald die Ausstellung *Sculpture at Scenic* mit Werken internationaler Künstler statt.

📍 Siehe »Orientieren« ⬛ Cnr Violet St/Cliff Drive, Katoomba NSW 2780 ☎ 02-4780-0200 @ info@ scenicworld.com.au 🌐 www.scenicworld.com.au 🕐 Tägl. 9–17 h 🎫 Tageskarte für alle Bahnen: Erw. $ 39, Kinder $ 21, Einzelkarte: Erw. $ 19, Kinder $ 14

Die Scenic World ist der westlichste Punkt, der von dem Mountain Explorer Bus oder den Trolley-Bussen angefahren wird. Wer mehr erkunden will, der benötigt ein Auto oder muss sich zu Fuß auf den Weg machen.

▶ Weitere Aussichtspunkte am Cliff Drive

Der Cliff Drive ist an der Scenic World noch nicht zu Ende, sondern führt über vier weitere Kilometer an den Klippen entlang. Wenn Sie der Straße weiter folgen, erreichen Sie den **Eaglehawk Lookout** mit Aussichten auf die Three Sisters und die umliegende Berge. Im Tal sieht man dichten Regenwald, die Talstation der Scenic Railway und die Seilbahn.

Später folgt der **Landslide Lookout**, den Sie von der Straße aus in etwa 15 Minuten zu Fuß erreichen, sowie **Hildas Lookout**. Der Cliff Drive endet an der Narrowneck Road, die Sie zurück nach Katoomba führt.

▶ Narrowneck Plateau

Das Narrowneck Plateau liegt westlich von Katoomba, nicht weit von der Scenic World. Hierbei handelt es sich um eine Panorama-Schotterstraße, die über einen immer schmaler werdenden Bergrücken führt (Geländewagen wird empfohlen). Die Straße endet schließlich an einem Gatter, an dem eine Reihe von Wanderwege beginnen, beispielsweise zum **Mount Solitary** (🕐 5 Std., ↔ 4,2 km). Auch für Nicht-Wanderer lohnt sich die Fahrt mit ihren reizvollen Ausblicken auf das Megalong Valley und das Jamison Valley.

🚶🌲 Wandern

▶ Furber Stairs

Die Furber Stairs führen über 996 Stufen ins Tal des Jamison Valley. Sie sind eine Alternative, um das Beste der Scenic World zu erleben und dabei den Touristen ein wenig aus dem Weg zu gehen. Der Wanderweg beginnt an der linken Seite des Scenic World Gebäudes (ist ausgeschildert). In 45 Minuten geht es ins 310 Meter tiefer gelegene Tal. Nun können Sie die Wanderung noch durch Spaziergänge über den Boardwalk ein wenig verlängern und schließlich mit der Scenic Railway zurück auf das Plateau fahren (🎫 Einzelkarte: Erw. $ 19, Kinder $ 14).
🚂 Züge fahren tägl. 9–16:45 h ⬛ Scenic World, Cnr Violet St/Cliff Dr, Katoomba NSW 2780 🕐 Mind. 45 Min. ◆ Moderat ◆ Mind. 1 km

▶ Great Round Walk ⭐

Die große Runde durch Katoomba und das Jamison Valley mit den bekanntesten Highlights der Blue Mountains beginnt ebenfalls an der Scenic World. Kaufen Sie eine Tageskarte (🎫 Erw. $ 35, Kinder $ 18), und fahren Sie mit der Skyway über die Schlucht zur East Station. Gehen Sie nun über den **Prince Henry Cliff Walk** zum Echo Point und den Three Sisters und über die **Giant Staircase** ins Jamison Valley. Im Tal folgen Sie dem **Federal Pass Track** Richtung Scenic World. Nach einer Fahrt mit der Gondelbahn (Scenic Cableway) oder mit der Eisenbahn (Scenic Railway) erreichen Sie den Ausgangspunkt Ihrer Wanderung.
🎫 Ganzj. 🕐 Tägl. 9–16:45 h (letzte Auffahrt) ⬛ Scenic World 🕐 2–3 Std. (Rundweg) ◆ Moderat (mit steilen Treppen)

Felsige Landschaften und weite Aussichten am Sublime Point

🛏 Übernachten

🏠 In My View
Modernes B&B mit zwei Ferienwohnungen, jeweils ausgestattet mit gemütlicher 2-Personen-Whirlpool-Badewanne und Aussicht auf die Blue Mountains. Zwischen Juni und September Mindestaufenthalt zwei Nächte.
📍 167 Cliff Dr, Katoomba NSW 2780 ☎ 04-0580-4759 @ stay@inmyview.com.au 🌐 www.inmyview.com.au 🅿 Ja ⊜ Ja ⊗ So.–Do.★★, am Wochenende ★★★, ab 2 Nächten Rabatte möglich

🏠 Lurline House
Romantisches Gästehaus aus dem Jahr 1910 auf einer ruhigen Seitenstraße, etwa zehn Minuten zu Fuß von den Cafés und Restaurants von Katoomba entfernt. Das B&B hat sieben Zimmer, alle mit Himmelbett und geschmackvollen Möbeln ausgestattet. Im Preis inbegriffen ist ein traditionelles englisches Frühstück mit Eiern und Schinken. Mit kostenloser Abholung ab Bahnhof Katoomba.
📍 Vom Hwy A32 nach Süden über die Parke St und Waratah St bis zum Abzweig Lurline St ⊜ 122 Lurline St, Katoomba NSW 2780 ☎ 02-4782-4609 @ enquiries@lurlinehouse.com.au 🌐 www.lurlinehouse.com.au 🅿 Ja ⊜ Ja ⊗ ★★

🏠 YHA Katoomba
Klassisches Backsteingebäude mit Platz für 200 Gäste an der Hauptstraße von Katoomba, in Gehweite von Cafés und Geschäften. Zur Auswahl stehen 4er- bis 8er-Zimmer, auf Wunsch auch *female only,* sowie Doppelzimmer mit Bad.
📍 207 Katoomba St, Katoomba NSW 2780 ☎ 02-4782-1416 @ bluemountains@yha.com.au 🌐 www.yha.com.au/hostels/nsw/blue-mountains/katoomba 🅿 Ja ⊜ Ja ⊗ ★

🏕 Katoomba Falls Caravan Park
Dieser städtische Campingplatz liegt am Cliff Drive, kaum zehn Minuten zu Fuß von der Scenic World entfernt. Zur Auswahl stehen elf Cabins mit Bad, 29 Plätze mit Strom, vier davon zusätzlich mit Badezimmer *(Ensuite),* sowie 21 Plätze ohne Strom.

Die Gemeinschaftsküche befindet sich in einem geschlossenen Gebäude (wenn auch ohne Heizung), ist also auch an Winterabenden relativ angenehm.
📍 Vom Hwy A32 links über die Katoomba Rd zur Katoomba Falls Rd, der Platz liegt Ecke Cliff Dr ⊜ 101 Katoomba Falls Rd, Katoomba NSW 2780 ☎ 02-4782-1835 @ katfalls@tpg.com.au 🌐 www.bmtp.com.au 🅿 Ja ⊜ 29 ⊜ 21 ⊜ Ja 🅿 Ja ⊜ Ja, kostenpflichtig ◐ Trinkwasser, Strom (15 Amp.), Abwasser ⊕ Ja ⊗ $$$–$$$$, Cabins★–★★

🚶🌲 GOVETT'S LEAP LOOKOUT

Ein lohnenswerter Aussichtspunkt, der nicht wie Katoomba und Leura nach Süden hinausschaut, sondern nach Norden hin in Richtung Hunter Valley, liegt etwa 14 Kilometer westlich von Katoomba in Blackheath. Der Lookout bietet weite Aussichten in das Grose Valley mit dem vorstehenden **Pulpit Rock** und den **Bridalveil Falls.** Außerdem beginnen an dieser Stelle eine Reihe von Wanderwegen, darunter eine mittelschwere Wanderung über den Clifftop Walk zum östlich gelegenen **Evans Lookout** (🕐 1,5 Std. einfache Strecke, ⊜ 3 km einfache Strecke).
📍 In Blackheath westlich von Katoomba vom Hwy A32 rechts auf die Govetts Leap Rd, 2,8 km vom Hwy entfernt

*Nach dem Besuch in den Blue Mountains geht es weitgehend denselben Weg, den Sie gekommen sind, wieder – und nun endgültig – in Richtung Sydney. Sie bleiben jedoch auf dem **Motorway M2** und fahren nicht nach Waroonga. So kommen Sie dabei automatisch in North Ryde und dem Lane Cove Caravan Park (▶ Seite 351) vorbei. Hinter Lane Cove mündet der Freeway in den M1, der Sie über die Harbour Bridge oder durch den Tunnel ins Zentrum (CBD) von Sydney bringt. Von Katoomba fahren Sie knapp 120 Kilometer, vom Aussichtspunkt am Govett's Leap sind es 14 Kilometer mehr.*

Ende des Ausflugs

SYDNEY

Sydney

SYDNEY 🏛 ℹ ➕ ✖ 🚐 🏙

👫👫👫	4,9 Mio.
☀	22 °C
❄❄	14 °C
≈≈≈	10 m

Sydney ist die älteste und für viele auch die schönste Stadt Australiens. Man geht davon aus, dass in der Region Sydney schon seit mindestens 30.000 Jahren Menschen leben – also länger als in Europa. Da die Aboriginals vorwiegend Jäger und Sammler waren, haben sie kaum Spuren hinterlassen, und ihre Geschichte ist nur in mündlicher Form überliefert. Nachdem Weltumsegler James Cook im Jahr 1770 zum ersten Mal an der Botany Bay im Süden des heutigen Stadtgebiets an Land ging, wurde am 7. Februar 1788 nach einer etwa achtmonatigen Reise im heutigen Stadtviertel **The Rocks** die erste britische Kolonie in Australien gegründet. Auf den elf Schiffen befanden sich 778 Sträflinge – davon 192 Frauen – sowie über 200 Soldaten. The Rocks blieb nicht lange nur ein Gefängnis: Die ersten freien Siedler gingen bereits fünf Jahre später an Land.

Nicht nur die Sträflinge, auch die Soldaten und Siedler lebten anfangs unter sehr schlechten Bedingungen, es kam regelmäßig zu Ausschreitungen und Rebellionen. Richtig bergauf ging es erst, nachdem 1851 in Bathurst, das 150 Kilometer westlich von Sydney liegt, Gold gefunden wurde. Die ersten **Trams** (Straßenbahnen) kamen 1861 auf die Straße der schnell wachsenden Stadt und wurden zuerst von Pferden gezogen, ab 1879 von Dampflokomotiven.

Sydney ist berühmt für seine **Strände**, und das war fast schon von Anfang an so: Zuerst war öffentliches Baden in der Zeit von 6 bis 19 Uhr verboten, sodass man sich nur nachts abkühlen konnte, wenn man der

Das Stadtzentrum (CBD) bei Einbruch der Dunkelheit

Polizei entgehen wollte. Seit 1903 ist Baden bei Tageslicht erlaubt, und bereits 1907 wurde der erste Rettungsschwimmerverein in Bondi Beach eröffnet: Der *Bondi Surf Bathers' Life Saving Club* war der erste Verein dieser Art auf der Welt. Einen ganz großen Eindruck auf die australische Seele hinterließ der Hawaiianer Duke Kahanamoku alias *The Big Kahuna* im Jahr 1915 mit seinem Surfbrett. Seitdem gehören **Surfen und Australien** einfach zusammen.

Das bekannteste Bauwerk aus der Zeit der Weltwirtschaftskrise ist die **Harbour Bridge**, die 1932 eröffnet wurde. Im Zweiten Weltkrieg sorgte man sich dann um die Japaner, die es tatsächlich mit ihren U-Booten im Mai/Juni 1942 schafften, Sydney zu erreichen, aber kaum Schäden verursachten.

1973 wurde die **Oper von Sydney** eröffnet, die als UNESCO-Weltkulturerbe gelistet ist und sicher zu den originellsten und schönsten Bauwerken der Welt gehört. Im Jahr 2000 fanden die **Olympischen Sommerspiele** in Sydney statt, bei dieser Gelegenheit wurde Darling Harbour zu einem modernen Unterhaltungsviertel aufpoliert.

ℹ SYDNEY VISITOR CENTRE

Es gibt zwei zentrale Besucherzentren, eines in **Darling Harbour**, das andere in **The Rocks**. In beiden Infozenten findet sich eine große Auswahl an Stadtkarten, Prospekten und Vorschläge für Stadtrundgänge, etwa mit Fokus auf die Geschichte der Frauen der Stadt, auf die Kolonialzeit oder Spaziergänge durch die Vergnügungsmeile Kings Cross.

ℹ SYDNEY VISITOR CENTRE DARLING HARBOUR

🚗 *Von Norden kommend über den Cahill Expressway, hinter der Harbour Bridge wechseln auf den Bradfield Hwy/Western Distributor Fwy, dann Ausfahrt City/Darling Harbour.* 🚆 *33 Wheat Rd (in der Fußgängerzone neben IMAX Kino), Darling Harbour NSW 2000* ⛴ *Darling Harbour (Fähre), Town Hall Station* ☎ *02-9211-4288* @ *nswinfo@bestof.com.au* 🌐 *www.sydney.com/visitor-information-centres* 🕐 *Tägl. 9:30–17:30 h*

ℹ SYDNEY VISITOR CENTRE THE ROCKS

🚗 *Von Norden kommend über den Cahill Expressway, hinter der Harbour Bridge wechseln auf den Bradfield Hwy/Western Distributor Fwy, Ausfahrt Grosvenor St. Von der Grosvenor St links in die Harrington St bis zur Argyle St.* 🚆 *Level 1, Cnr Argyle St/Playfair St, The Rocks NSW 2000* ⛴ *Circular Quay (Bahnhof, Fähre, Bus)* ☎ *02-8273-0000* @ *nswinfo@bestof.com.au* 🌐 *www.sydney.com/visitor-information-centres* 🕐 *Tägl. 9:30–17:30 h*

⊕ Orientieren

Sydney ist eine Großstadt im Grünen, ihre Grenzen sind definiert durch das Meer und eine Reihe von Nationalparks: Im Norden durchqueren Sie den Ku-ring-gai Chase National Park, im Westen liegen die Blue Mountains, im Süden der Royal National Park und im Osten schließlich der Pazifik. Innerhalb dieser Grenzen breitet sich eine Stadt von gigantischen Ausmaßen aus, die mit 12.367 km² knapp 14 Mal so groß wie Berlin ist. Von **Brooklyn** im Norden bis nach **Menangle** im Süden fährt man um die 95 Kilometer. Der als *Greater Sydney* bekannte Großraum hat 658 Vororte *(Suburbs)*, 33 davon gehören zur *City of Sydney*.

Ebenso wie jede andere Großstadt hat Sydney Gegenden, in denen jeder leben will, und andere Gegenden, in denen man nur lebt, weil man sich nichts Besseres leisten kann. In diesem Routenreiseführer konzentrieren wir uns auf die schönsten Ortsteile, die alle in der Nähe des Wassers liegen. In diesen *Suburbs* werden Wohnungen für Millionen verkauft, einzig weil sie einen Blick auf eine der schönsten Buchten der Welt haben. Die hohen Immobilienpreise machen sich zwar auch bei den Übernachtungskosten bemerkbar (ab ▶Seite 349), zum Glück sind viele Highlights in der Stadt aber kostenlos, was die Sache wieder ein bisschen ausgleicht.

Und so kommen Sie ins Stadtzentrum (kurz: CBD – Central Business District): Die äußersten Bezirke von *Greater Sydney* haben Sie erreicht, wenn Sie knapp 30 Kilo-

Stadtzentrum mit Sydney Tower

Mit Bus, Bahn und Fähre kann man die schönsten Ecken von Sydney erreichen, wie etwa Manly

meter hinter **Gosford** die Brücke über den **Hawkesbury River** überquert haben. Sie sind nun in Brooklyn und noch mitten im Grünen, Sydney scheint Welten entfernt zu sein.

Sie folgen dem **Pacific Motorway (M1/ A1)** über weitere 50 Kilometer durch die nördlichen Vororte, bis Sie North Sydney erreicht haben. Nun haben Sie die Auswahl, durch den Tunnel ins Stadtzentrum zu fahren oder über die sehenswerte **Sydney Harbour Bridge**. Über die Brücke (Cahill Expressway) ist es natürlich viel schöner!

An der Ausfahrt Macquarie Street verlassen Sie die Schnellstraße. Es geht weiter auf die Bridge Street und rechts ab in die Loftus Street. Das **Circular Quay** liegt nun vor Ihnen. Jetzt müssen Sie nur noch einen Parkplatz finden – ein nicht zu unterschätzendes Problem. Vom Circular Quay aus lässt sich eigentlich alles bequem mit öffentlichen Verkehrsmitteln erreichen: Darling Harbour und Manly per Fähre, der Flughafen oder Kings Cross mit dem Zug oder auch Bondi Beach mit Zug und Bus. Und zu Fuß ist es nicht weit bis nach The Rocks, zur Harbour Bridge, zum Opernhaus oder zum Botanischen Garten.

Ⓗ Anreise und Transport

Sydney hat einen Inlands- und einen Internationalen Flughafen und ist von Europa aus mit einem Zwischenstopp über den Nahen Osten oder Asien zu erreichen.

Es gibt einen **öffentlichen Bus**, der direkt am Flughafen hält (Burwood to Bondi Junction, Nr. 400), aber nicht auf Reisende mit großem Gepäck eingerichtet ist. Schneller geht es mit der U-Bahn. Vom Flughafen bis nach Circular Quay braucht die **T2 Airport Line** etwa 20 Minuten. Beim Betreten und Verlassen des Flughafens wird für die U-Bahn eine Sondergebühr *(Sydney Airport Station Access Fee)* in Höhe von ca. $ 13,40 berechnet, zusätzlich zum Preis des Zugtickets. Insgesamt zahlen Erwachsene ca. $ 17, Kinder ca. $ 14.

💡 Besitzer einer Opalkarte (siehe rechts) bekommen auf dem Rückweg zum Flughafen einen Rabatt, soweit sie innerhalb einer Woche zurückfahren.

🌐 Infos in Deutsch: www.airportlink.com.au/faqs/german.php

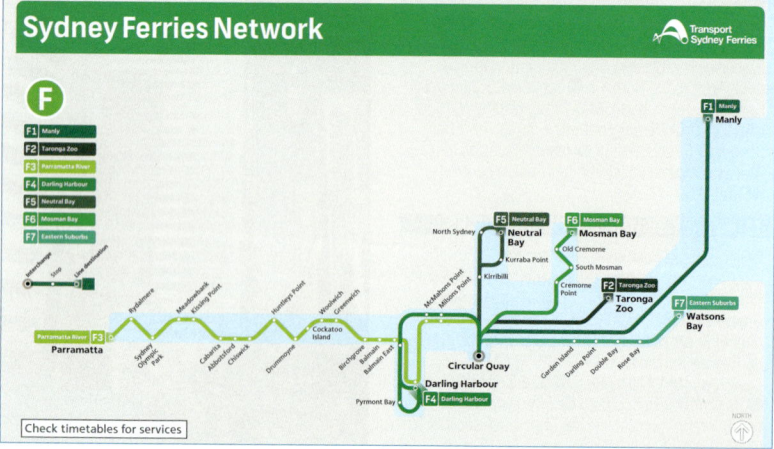

Sydney ist ein Haltepunkt auf der Sydney-Brisbane-Route der **Greyhound-Busse** und hat drei Greyhound-Bushaltestellen: am Domestic, am International Airport und an der Central Station. Premier hält nur an der Central Station. Auch **Kreuzfahrtschiffe** halten in Sydney. Dazu sollte man wissen, dass immer nur ein Schiff am Circular Quay anlegen kann. Die anderen Schiffe ankern anderswo und werden teils über Zubringerboote bedient.

Wer mit dem **Auto/Wohnmobil** nach Sydney fährt, muss für die meisten Autobahnen bezahlen. Mautstrecken sind mit dem Wort *TOLL* markiert. Wenn Sie einen Mietwagen haben, sollte die Abrechnung automatisch über die Mietwagenfirma ablaufen. Bei Wohnmobilen bitte mit Ihrem Vermieter sprechen, ob das Fahrzeug bereits für die automatische Mautabrechnung angemeldet ist. Falls Sie mit dem eigenen Fahrzeug unterwegs sind oder Ihr Vermieter keinen Abrechnungsservice anbietet,, können Sie bis 48 Stunden später online die Mautgebühren zahlen (💻 www.sydney-motorways.com). Man kann die Bezahl-Autobahnen teilweise umgehen, sollte dann aber damit rechnen, dass es aufgrund des dichten Verkehrs und der vielen Ampeln langsamer vorangeht. **Parken** in Sydney ist teuer, und Parkplätze sind rar. Rechnen Sie mit $ 18 bis 35 pro Stunde, wenn Sie in einem Parkhaus parken. Parken an der Straße an Parkuhren ist günstiger, aber die Wahrscheinlichkeit, einen dieser raren Plätze zu finden, ist eher klein. Einen Überblick über aktuelle Preise gibt es beim Parkhausbetreiber Wilson (💻 www.wilsonparking.com.au/go/regions/sydney-city-south).

Sydney ist die älteste Stadt Australiens, mit einem manchmal chaotischen Straßennetz aus teils viel zu schmalen Straßen, ständigen Staus und wenig Parkmöglichkeiten. Falls Sie Ihre Reise in Sydney beginnen, lohnt es sich daher, den Mietwagen oder das Wohnmobil erst abzuholen, wenn Sie die Stadt verlassen wollen. Umgekehrt empfiehlt es sich, das Fahrzeug abzugeben, bevor Sie die Stadt erkunden.

Der **öffentliche Personennahverkehr** besteht aus einem dichten Netz aus Zügen, Bussen, Flussfähren sowie einer Straßenbahn *(Light Rail, L1)*, die von der Central Station über Darling Harbour nach Dulwich Hill fährt. Eine weitere Linie von Circular Quay durch das CBD bis nach Randwick bzw. Kingsford ist zurzeit in Planung und soll ab 2019 in Betrieb sein.

Voraussetzung ist für alle Fahrten – ganz gleich ob Straßenbahn, Bus, Zug oder Fähre – eine elektronische **Opal Card**-Fahrkarte, die Sie in den meisten Zeitungsläden in Sydney und Umgebung erhalten oder in einem der Mini-Läden am Flughafen. Papiertickets werden nicht mehr verkauft. (💻 www.opal.com.au).

Sydney Explorer/Bondi Explorer

Sydney und seine Highlights kann man auch gut in einem offenen Doppeldecker-Bus erkunden. Die zwei sich teilweise überlappenden Rundkurse führen vom CBD nach Vaucluse und Bondi Beach (🚌 Täglich alle 30 Min. ab 9:30 h, Karte ▶Seite 333), bzw. vom CBD nach Darling Harbour und Kings Cross (🚌 Täglich alle 5–20 Min. ab 8:30 h). Unterwegs wird in sieben Sprachen – darunter auch Deutsch - mehr über die Highlights der

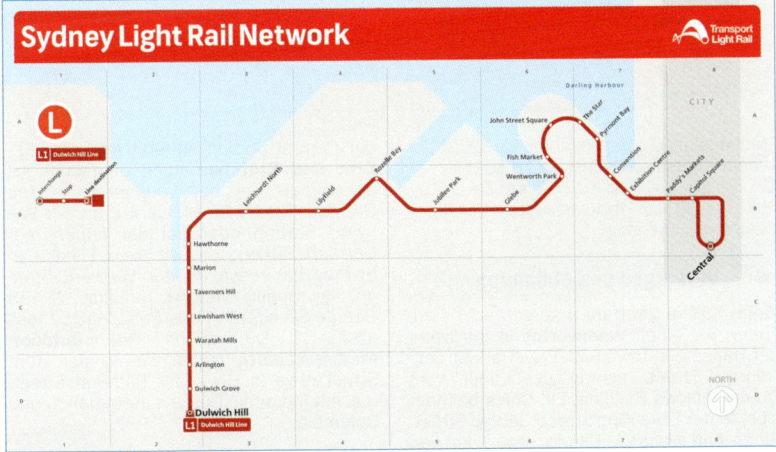

Sydney Trains Network

Transport
Sydney Trains

(Streckennetzplan mit den Linien T1–T7 sowie Stationen, u.a. Richmond, East Richmond, Clarendon, Windsor, Mulgrave, Vineyard, Riverstone, Schofields, Emu Plains, Berowra, Mount Kuring-gai, Mount Colah, Asquith, Hornsby, Epping, Carlingford, Olympic Park, Clyde, Lidcombe, Liverpool, Campbelltown, Macarthur, Waterfall, Cronulla, Sutherland, Bondi Junction, Central, Town Hall, Wynyard, Circular Quay, Domestic Airport, International Airport u.a.)

T1 North Shore, Northern & Western Line
T2 Airport, Inner West & South Line
T3 Bankstown Line
T4 Eastern Suburbs & Illawarra Line
T5 Cumberland Line
T6 Carlingford Line
T7 Olympic Park Line

Stop
Interchange
End of line

Check timetables for services

NORTH

Stadt erzählt. Die Busse fahren bis 19:30 Uhr in der Hauptsaison, sonst bis 18:30 Uhr.
🚌 *1 Tag: Erw. $ 50, Kinder $ 35, 2 Tage: Erw. $ 70, Kinder $ 46* 🌐 *http://theaustralianexplorer.com.au/ sydney-bondi-explorer.html*

🛒 **Versorgen und einkaufen**

Wenn Sie im Zentrum untergebracht sind, finden Sie einen **Woolworths** in der Nähe der Haltestelle Town Hall, Ecke Park Street/ George Street, schräg gegenüber vom Queen Victoria Building. Ein **Coles** befindet sich an der Ecke King Street/George Street. Einen **Aldi** gibt es in Ultimo, etwa 1 km von

der Central Station entfernt (🚇 1 Bay St). **Brot und Brötchen** nach deutscher Art bekommen Sie bei *Laugenring – The German Bakery* im Metcentre an der Wynyard Station oder bei der *Lüneburger German Bakery,* die mehrere Filialen in Sydney hat, etwa an der Wynyard Station, im Queen Victoria Building (🚇 455 George St) oder in Potts Point/Kings Cross (🚇 23–31 Darlinghurst Rd). **Outdoor-Modegeschäfte** finden Sie in der Kent Street etwa in Höhe der Bathurst Street, u.a. mit Mountain Designs, Kathmandu und Columbia.

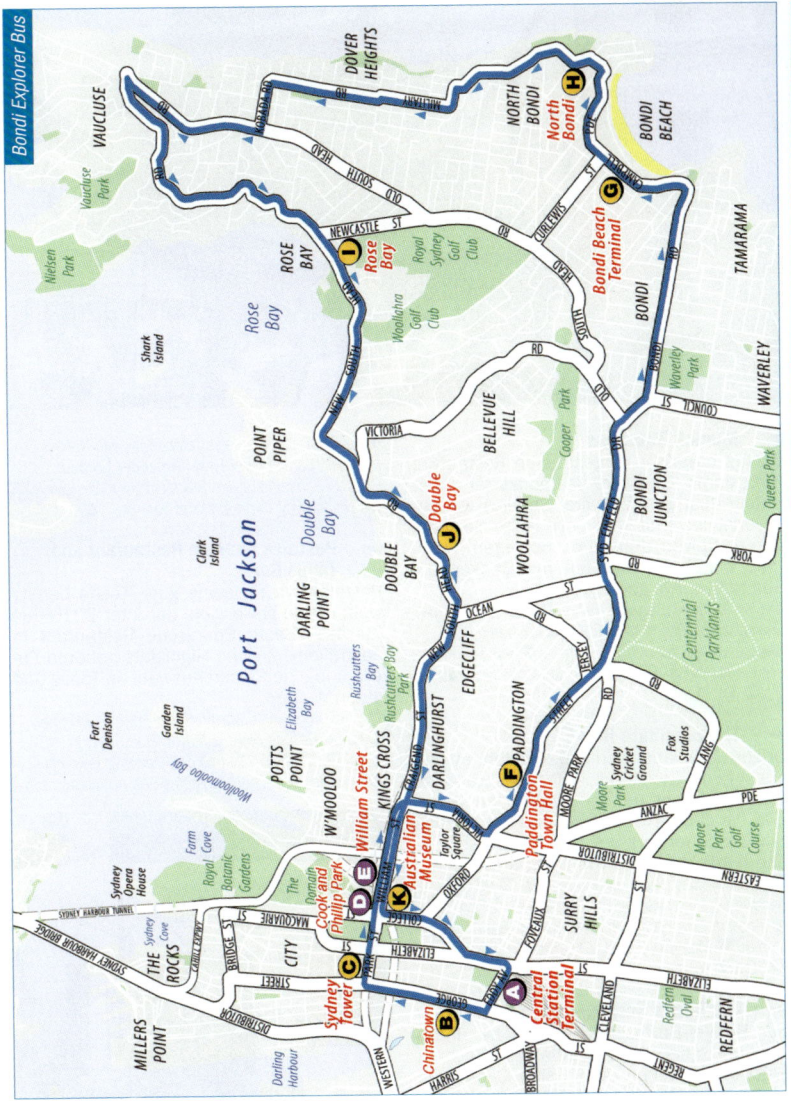

Essen und trinken – The Rocks

Alle Restaurants sind über einen kurzen Spaziergang vom Circular Quay aus zu erreichen.

▶ **Restaurants in Campell's Storehouse**

Gleich neben der Hafenbrücke befindet sich ein langgestrecktes Backsteingebäude

aus dem Jahr 1839. Das Gebäude wird bis voraussichtlich Mitte 2018 saniert und soll dann zwölf Restaurants, Cafés und Bars mit den schönsten Aussichten über Sydney beherrbergen.

🅗 *Circular Quay (Bahnhof, Fähre, Bus)* 🚌 *Circular Quay West, Campell's Storehouse, The Rocks NSW 2000*

Das Altstadtviertel The Rocks
mit Fußgängerzone

► Munich Brauhaus

Dieses bayerisch angehauchte Restaurant
wirbt damit, dass hier das ganze Jahr über
Oktoberfest gefeiert wird. Serviert werden
bayerisches Bier und bayerische Speisen,
untermalt von deutschen Schlagern, während die Gäste draußen auf Bänken die
Sonne Sydneys genießen.
🄷 Circular Quay (Bahnhof, Fähre, Bus) ✉ Cnr Playfair/
Argyle St, The Rocks NSW 2000 ☎ 02-9247-7785
@ reservations@lowenbrau.com.au 🌐 www.munich
brauhaus.com 🕐 Tägl. 10 h »till late«, Sa. & So. ab
9 h 💰 ★★–★★★

► The Glenmore Hotel

Uriger Pub aus den 1920er-Jahren mit
günstigen Gerichten. Die Dachterrasse
bietet Aussicht auf die Stadt, den Hafen
und die Oper. Wer sich einen Platz für das
Silvesterfeuerwerk auf der Dachterrasse sichern möchte, sollte frühzeitig vorbuchen.
🄷 Circular Quay (Bahnhof, Fähre, Bus) ✉ 96 Cumberland St, The Rocks NSW 2000 ☎ 02-9247-4794
@ info@theglenmore.com.au 🌐 www.theglenmore.
com.au 🕐 Mo.–Do. 11–0 h, Fr., Sa. 11–1 h, So.
11–0 h 💰 ★–★★

► The Rocks Square

Für Budget-Bewusste gibt es The Rocks
Square, einen mit Segeln überdachten
Platz direkt neben dem Visitor Centre mit
mehreren Imbissen und Sitzgelegenheiten
an der frischen Luft

✕ Essen und trinken – Sydney Central Business District (CBD)

Aufgrund der vielen Einbahnstraßen und
des Verkehrs in Sydneys Zentrum empfehlen wir auch hier, auf öffentliche Verkehrsmittel zuzugreifen.

🄯 Das CBD von Sydney erreichen Sie von Norden
über den Cahill Expressway. Hinter der Harbour
Bridge wechseln auf den Bradfield Hwy/Western
Distributor Fwy, dann Ausfahrt York St.

► Postales Spanish Restaurant and Tapas Bar

Postales hat für seine gute Küche bereits
viele Preise gewonnen, darunter 2015 den
für das »Beste Spanische Restaurant in
Australien«. Zu den Highlights gehören Paella und eine Riesen-Auswahl an Tapas und
guten Weinen.
🄷 Wynyard Station, Martin Place Station (Bahnhof)
✉ Lower Ground Floor, 1 Martin Place, Sydney NSW
2000 ☎ 02-9229-7744 @ mail@gposydney.com
🌐 www.gpogrand.com/postales-best-spanish-

Im Sommer laden viele Restaurants
zum Sitzen an der frischen Luft ein.

restaurant-sydney ⊙ Tägl. 12–15 h & 18–22 h
⊙ Tapas ∗–∗∗, Anderes: ∗∗–∗∗∗

▶ Palmer & Co ★

Stimmungsvolle Kellerkneipe mit Tonnengewölbe im Stile der 1920er-Jahre mit passender Musik. Die Kellner tragen 20er-Jahre-Kostüme, und auch die Cocktails spiegeln den Geist der Prohibition wider. Der Eingang liegt etwas versteckt, eine unscheinbare Tür zu einer Kellertreppe.
🚇 Wynyard Station (Bahnhof), Circular Quay (Bahnhof, Fähre) ⊙ Abercrombie Lne, Sydney NSW 2000 ☎ 02-9254-8088 🌐 www.merivale.com.au/palmerandco ⊙ Mo.–Mi., Sa. & So. 17–3 h, Do. & Fr. 15–3 h ⊙ ∗–∗∗

▶ Bavarian Bier Cafe

In Sydney finden sich gleich mehrere Filialen des Bavarian Bier Cafe, darunter an der York Street in der Nähe der Wynyard Station, an der Fähre in Manly (⊙ Shop 2–5, Manly Wharf, Manly NSW 2095) oder auch in Bondi Beach (⊙ 108 Campbell Pde, Bondi Beach NSW 2026). Wer auf Würstchen, Schnitzel, Franziskaner oder Paulaner nicht verzichten kann, hat es also fast überall in Sydney nicht weit bis zur nächsten Einkehr.
🚇 Wynyard Station (Bahnhof) ⊙ 24 York St, Sydney NSW 2000 ☎ 02-8297-4111 🌐 www.bavarianbiercafe.com/venue/york-street ⊙ Mo.–Do. 11–0 h, Fr. & Sa. 11–1 h, So. 11–22 h ⊙ ∗–∗∗

▶ Metcentre Foodcourt

Unterhalb des Wynyard Square und direkt im Anschluss an die Wynard Station befindet sich ein Food-Court. Der Lärmpegel ist zwar erheblich, aber die Auswahl ist groß und günstig, mit über zwei Stockwerke verteilten Fast-Food- und Imbissständen.
🚇 Wynyard Station (Bahnhof) ⊙ 273 George St, Sydney NSW 2000

✗ Essen und trinken – Darling Harbour

Am einfachsten und schönsten erreichen Sie Darling Harbour mit der Fähre von Circular Quay. Wer mit dem Auto unterwegs ist: Parken kann man etwa im Wilsons Parkhaus (⊙ 100 Murray St) hinter dem Harbourside Shopping Centre. Für ein bis zwei Stunden zahlt man $ 26. Der Parkplatz ist rund um die Uhr geöffnet, Einfahrtshöhe zwei Meter. (🌐 www.wilsonparking.com.au/park/2047_Harbourside-Car-Park_100-Murray-Street-Pyrmont)
🚗 Von Norden kommend über den Cahill Expressway, hinter der Harbour Bridge wechseln auf den Bradfield Hwy/Western Distributor Fwy, dann Ausfahrt City/Darling Harbour

Abendstimmung in Darling Harbour

▶ King Street Brewhouse

Pub/Restaurant mit eigener Brauerei. Jeden Montag bis Mittwoch mittags $-15-Specials und Happy Hour von 16 bis 19 Uhr. Vor dem Brewhouse kann man bequem an der frischen Luft sitzen, mit Blick auf die geankerten Ausflugsboote an der King Street Wharf.
🚗 Die King St Wharf schließt im Nordosten/Richtung Hafenausfahrt an Darling Harbour an 🚇 Darling Harbour (Fähre), Wynyard Station (Bahnhof) ⊙ 22 The Promenade, King St Wharf, Sydney NSW 2000 ☎ 02-8270-7901 @ cheers@kingstbrewhouse.com.au 🌐 www.kingstbrewhouse.com.au ⊙ Tägl. 11 h »till late« ⊙ ∗–∗∗

▶ Lindt Café

Café für Schokoladenliebhaber mit Blick auf den sehenswerten Kranichbrunnen sowie auf die Segeljachten von Darling Harbour.
🚇 Darling Harbour (Fähre), Town Hall Station (Bahnhof) ⊙ 104–105 Cockle Bay Wharf, Darling Harbour, Sydney NSW 2000 ☎ 02-9267-8064 🌐 www.cocklebaywharf.com.au/eat-drink/lindt-chocolate-cafe ⊙ So.–Do. 10–22 h, Fr.–Sa. 10–0 h ⊙ ∗

▶ Harbourside

Schön gelegenes Shopping Center mit Glaskuppeldach, Mode- und Souvenirläden und Restaurants. Für kleine Budgets gibt es im Erdgeschoss einen Food-Court, weitere Restaurants liegen vor dem Harbourside auf der Promenade mit Aussichten über Darling Harbour.

🚇 Darling Harbour (Fähre), Convention Centre (Light Rail) 🚌 Harbour Side Centre, 227/229–230 Darling Dr, Darling Harbour NSW 2000 🌐 www.harbourside. com.au 🕐 10–21 h

▶ Hard Rock Café Sydney

Amerikanisches Restaurant mit rockiger Musik und Erinnerungsstücken von INXS, AC/DC und Michael Jackson. Auf den Tisch kommen Burger, Spare Ribs, Sandwiches und Salate.
🚇 Darling Harbour (Fähre), Convention Centre (Light Rail) 🚌 Harbour Side, Level 1, Darling Harbour NSW 2000 ☎ 02-9280-0077 @ enquiries@hardrockcafe. com.au 🌐 www.hardrock.com/cafes/sydney 🕐 Mo.– Fr. 12 h »till late«, Sa. & So. 11:30 h »till late« 💰 ∗∗

✕ Essen und trinken – Woolloomooloo

Auf der östlich des CBD gelegenen Woolloomooloo Wharf drängen sich gleich vier Oberklasse-Restaurants nebeneinander. Da sie sehr beliebt sind, stehen die Tische eher eng beieinander. Ein gutes Beispiel ist etwa das Otto.
📍 Von Norden kommend über den Cahill Expressway, Ausfahrt Cowper Wharf Roadway/Woolloomooloo

▶ Otto Ristorante

Elegantes italienisches Restaurant mit überdachter Terrasse und Aussicht auf schicke Jachten und auf Sydneys Stadtzentrum.
🚇 Bus 311 ab Kings Cross Station, Haltestelle Cowper Wharf Rd/Brougham St 🚌 Area 8, 6 Cowper Wharf Rd, Woolloomooloo NSW 2011 ☎ 02-9368-7488 @ reservations@ottoristorante.com.au 🌐 www.ottoristorante.com.au 🕐 Mo.–So. 12–22:30 h 💰 ∗∗∗

▶ Sienna Marina Restaurant & Bar

Australisch-italienisches Restaurant mit Sitzecke vor dem Restaurant und Aussichten auf die gegenüberliegende, blau-weiße Woolloomooloo Wharf.
🚇 Siehe Otto 🚌 7–41 Cowper Wharf Rd, Shop 6, Woolloomoolo NSW 2011 ☎ 02-9358-6299 @ info@ siennamarina.com.au 🌐 www.siennamarina.com.au 🕐 Täglich 7–0 h 💰 ∗∗–∗∗∗

✕ Essen und trinken – Vaucluse

▶ Nielsen Park Cafe & Restaurant

Direkt am Sandstrand der Shark Bay gelegenes Restaurant in einem historischen Gebäude mit Außenterrasse und Aussichten auf die Skyline von Sydney. Serviert werden Seafood und Gerichte mit italienischer Note. Im Sommer unbedingt Badesachen mitbringen!

💡 Dieses Café befindet sich auf dem Küstenwanderweg von Rose Bay zum Nielsen Park (▶ Seite 347).

📍 Von Norden kommend über den Cahill Expressway (M1), vorbei am Botanischen Garten, links in die William St/New South Head Rd bis nach Rose Bay, links in die Vaucluse Rd, links in die Greycliffe Ave 🚇 Anfahrt per Fähre ab Circular Quay nach Rose Bay oder Watsons Bay, mit Bus Nr. 325 bis zur Greycliffe Avenue, dann 300 m über Greycliffe Avenue am Nielsen Park entlang zum Strand 🚌 Greycliffe Ave, Vaucluse NSW 2030 ☎ 02-9337-7333 🌐 www.nielsenpark.com.au 🕐 Di.–Fr. 8:30–16 h, Sa. & So. 8–16 h 💰 ∗∗

✕ Essen und trinken – Manly

▶ Manly 16ft Skiff Sailing Club

Direkt über dem Wasser gelegenes Restaurant mit großer Terrasse und Aussicht auf den Jachtclub. Von hier aus kann man die Fähren beobachten, die zwischen dem Stadtzentrum und Manly hin und her pendeln. Auf der Speisekarte findet man Burger, Seafood, Pizza und Salate. Einige Gerichte sind glutenfrei bzw. für Vegetarier geeignet.
📍 Im Norden von Sydney von A1 auf A 38 wechseln, in Beacon Hill rechts auf die Beacon Hill Rd, auf A8 Richtung Süden, links auf die Pittwater Rd, die in Manly in Belgrave Rd umbenannt wird und an der Esplanade endet. An diesem Punkt wird die Esplanade in West und East Esplanade geteilt. Wenn Sie nun links abfahren, sind Sie gleich an der Fähre, etwas weiter am Strand liegt dann das Restaurant 🚇 Manly Beach (Fähre ab Circular Quay) 🚌 Corner Stuart St and East Esplanade, Manly NSW 2095 ☎ 02-9977-3322 🌐 https://manlyskiff.com.au 🕐 Mo.–Mi. 12–22 h, Do. 11–23 h, Fr. & Sa. 11–0 h, So 11–22 h 💰 ∗∗

▶ Bella Vista Manly

Ruhig, fast schon einsam gelegenes italienisches Café und Restaurant nicht weit vom North Head Aussichtspunkt mit atemberaubenden Aussichten. Auch hier gibt es vegetarische und gluten freie Gerichte.

💡 Das Café befindet sich auf dem Wanderweg zum North Head (▶ Seite 346).

📍 Wie 16ft Skiff Sailing Club, vorbei links in Stuart St, links in Marschall St, rechts in Darley Rd, rechts in North Head Scenic Dr 🚇 Manly Beach (Fähre ab Circular Quay), danach Bus #135 🚌 203/33 North Head Scenic Dr, Manly NSW 2095 ☎ 02-8966-9779 🌐 www.bellavistamanly. com.au 🕐 Mo.–Fr. 9–16 h, Sa. & So. 8–17 h 💰 ∗∗

👁 Highlights – stadtweit

▶ Kostenlose Stadtrundgänge
Wer Sydneys Stadtzentrum und The Rocks zusammen mit einem Einheimischen erkunden möchte, der kann sich einer der kostenlosen Spaziergänge anschließen. Voranmeldung nicht notwendig.

Tourguides mit orangenen T-Shirts, an der Archibald Fountain im Hyde Park
Sie können sich einer ca. 2,5-stündigen Tour zu Fuß oder einer 3-stündigen Bustour mit der Route Kings Cross–Watsons Bay–Bondi Beach anschließen.
🚇 Town Hall Station 🌐 www.freetourssydney.com.au
🕐 Tägl. 10:30 💲 Trinkgeld für die Tour zu Fuß, $ 15 für die Bustour

Tourguides mit grünen T-Shirts, Town Hall Square (George St) zwischen Sydney Town Hall und St Andrew's Cathedral
🚇 Town Hall Station @ sydney@imfree.com.au
🌐 www.imfree.com.au 🕐 Tägl. 10:30 & 14:30 h, für etwa 2,5–3 Std. 💲 Trinkgeld

Tourguides mit grünen T-Shirts, am Cadmans Cottage (Seite zum Wasser hin)
🚇 Circular Quay (Bahnhof, Fähre, Bus) @ sydney@imfree.com.au 🌐 www.imfree.com.au 🕐 Tägl. 18–19:30 h 💲 Trinkgeld

▶ Silvester-Feuerwerk in Sydney
Mehr als 1,6 Millionen Menschen kommen jedes Jahr nach Sydney, um das Silvesterfeuerwerk zu bestaunen. Viele Hotels sind schon Monate vorher ausgebucht. Manche Hotels erwarten, dass über Silvester mehrere Hotelnächte gebucht werden, auch wenn Sie nur eine Nacht bleiben möchten. Wenn Sie sich das Feuerwerk anschauen möchten, ist eine zentrale Unterkunft wichtig, die sich nach dem Spektakel wieder gut zu Fuß erreichen lässt. Rechnen Sie nicht damit, in dem Verkehrschaos nach dem Feuerwerk ein Taxi zu bekommen. Wenn Ihr Hotel zehn oder mehr Kilometer vom Stadtzentrum entfernt liegt, besteht die Möglichkeit, dass Sie Ihr Bett erst in den frühen Morgenstunden erreichen. Hierfür haben findige Feuerwerksfreunde eine Lösung gefunden: Richtige Fans sichern sich ihren Platz am Wasser bereits am 30.12. und schlagen einfach ihr Zelt an Ort und Stelle auf. Erlaubt ist es nicht, aber toleriert wird es zumeist schon. Tipps für gute Aussichtspunkts sowie Fotos vom letzten Jahr finden Sie hier:
🌐 www.sydneynewyearseve.com

👁 Highlights – rund um den Circular Quay

Am Circular Quay (Aussprache wie key/»Schlüssel«) landeten früher Schiffe mit Sträflingen, Einwanderern und Waren aus der ganzen Welt, heute wird der Quay als Anlegestelle für Fähren und Kreuzfahrtschiffe genutzt. Vom Ufer bieten sich Aussichten auf die zwei bekanntesten Gebäude der Stadt: das **Sydney Opera House** sowie die **Sydney Harbour Bridge** (Hafenbrücke) im benachbarten **The Rocks**. Es lohnt sich also, mit der Stadterkundung am Circular Quay zu beginnen, um von Anfang an die Stadt von ihren schönsten Seiten zu sehen.
📍 Anfahrt siehe »Orientieren«

▶ Sydney Opera House ⭐
Die Oper gehört zu den originellsten und schönsten Gebäuden der Welt und ist als UNESCO-Weltkulturerbe geschützt. In der Bauphase sah das noch ganz anders aus: Der Bau zog sich von 1959 bis 1973 hin, die ersten Jahre unter der Leitung des Dänen Jörn Utzorn. Der Bauträger, vertreten durch den Minister for Public Works Davis Hughes, hielt große Kulturprojekte für Geldverschwendung und legte Utzorn jeden Stein in den Weg, um den Architekten zum Aufgeben zu zwingen. Utzorn kündigte Anfang 1966, und der Bau ging ohne ihn weiter. Als das Gebäude am 20. Oktober 1973 mit Feuerwerk und Beethovens 9. Sinfonie eröffnet wurde, war Queen Elizabeth II. mit dabei, Jörn Utzorn war nicht einmal eingeladen. Heute ist die Oper eines der wichtigsten Kulturzentren der Stadt, mit an die 1.500 Veranstaltungen im Jahr. Auf dem Gelände befinden sich eine Reihe von Cafés und Restaurants. Nicht zuletzt ist die Bennelong Halbinsel, auf der sich die Oper befindet, ein guter Aussichtspunkt auf den Hafen und die Harbour Bridge.
🚇 Circular Quay (Bahnhof, Fähre, Bus) 🌐 Bennelong Point, Sydney NSW 2000 ☎ 02-9250-7250
@ tourism@sydneyoperahouse.com 🌐 www.sydneyoperahouse.com 🕐 Einstündige deutsche Touren Mo.–Fr. um 11 h; englische Touren mehrmals täglich zwischen 9 & 17 h 💲 Erw. $ 37, Kinder $ 20

▶ Royal Botanic Gardens und The Domain
Das Gelände des Botanischen Gartens mit der angeschlossenen Parklandschaft von *The Domain* ist seit 1788 eine Grünfläche, die die Residenz des Gouverneurs von den Sträflingen abgrenzen sollte. Einen öffentlichen Botanischen Garten gibt es seit 1831, damals noch mit Kleidervorschriften. 1861 wurden im Park die ersten Gaslichter aufgestellt, nachdem »unmoralische Aktivitäten«

Das Opernhaus von Sydney im Abendlicht

beobachtet wurden. Heute ist die Parklandschaft für jedermann und jederfrau zugänglich und bietet traumhafte Aussichten auf **Port Jackson**, die natürlichen Meeresbucht, an der Sydney liegt. Besonders der Aussichtspunkt bei *Mrs. Macquarie's Chair*, einer in den Sandstein gehauene Steinbank, ist ein beliebter Platz für ein Foto.

Wer möchte, der kann sich täglich um 10:30 Uhr einer der kostenlosen 1,5-stündigen botanischen Führungen anschließen. Von März bis November findet um 13 Uhr ein weiterer, einstündiger Rundgang statt. Am Freitag wird um zehn Uhr eine etwa 1,5-stündige Aboriginal Heritage Tour angeboten (🔵 $ 40 pro Person, Kinder unter 8 Jahren frei, bitte voranmelden). Treffpunkt ist jeweils an der Information am Palm Grove Centre.

> 💡 Wer nicht gut zu Fuß ist, der kann den Botanischen Garten auch mit einem Mini-Zug erkunden, dem **Choochoo Express**. Der Mini-Zug fährt jede volle und halbe Stunde, Okt.–April 10–16:30 Uhr, Mai–Sept. 11–16 Uhr. Karten kosten für Erwachsene $ 10, für Kinder $ 5 und werden am Queen Elizabeth II Eingangstor, neben dem Sydney Opera House, verkauft. Die Touren dauern 25 Minuten.

🔵 *Circular Quay (Bahnhof, Fähre, Bus), St. James Station (Bahnhof)* ✉ *Mrs Macquaries Rd, Sydney NSW 2000* ☎ *02-9231-8111* @ *feedback@rbgsyd.nsw.gov. au* 🌐 *www.rbgsyd.nsw.gov.au* 🕐 *Domain: immer, Royal Botanic Garden: Jahreszeitlich verschieden, mind. 7–17 h*

▶ Government House

Die Residenz des amtierenden Gouverneurs von New South Wales erinnert an ein Schloss, und das ist auch kein Zufall: Der Gouverneur repräsentiert die englische Krone, daher musste auch die 1843 fertiggestellte »Dienstwohnung« eine entsprechende Würde ausstrahlen. Die Gartenanlagen sind täglich von 10 bis 16 Uhr frei zugänglich, soweit nicht für Zeremonien und Staatsbesuche verwendet. Das Gebäude kann nur im Rahmen einer 45-Minuten-Tour besucht werden, die Freitag bis Sonntag zwischen 10:30 und 15 Uhr zu jeder halben und vollen Stunde beginnt. Kostenlose Tickets erhalten Sie vom Pförtner. Bitte bringen Sie Ihren Pass für die Anmeldung mit.

🔵 *Circular Quay (Bahnhof, Fähre, Bus)* ✉ *Government House, Royal Botanic Gardens, Macquarie St, Sydney NSW 2000* ☎ *02-9228-4111* 🌐 *www. governor.nsw.gov.au/government-house/visit-us* 🔵 *Kostenlos*

▶ Museum of Contemporary Art (MCA)

Das Museum ist in einem auffälligen, im Art-déco-Stil errichteten Gebäude untergebracht, das gegenüber der Oper auf der linken (westlichen) Hafenseite liegt. Ausgestellt werden Bilder, Skulpturen und (Video)-Installationen zeitgenössischer Künstler. Kostenlose Touren starten täglich. Ein »geheimes« Highlight ist das Museums-Café. In luftiger Höhe bieten sich beste Aussichten auf die Brücke und die Oper, zum Preis eines einfachen Kaffees.

🔵 *Circular Quay (Bahnhof, Fähre, Bus)* ✉ *140 George St, The Rocks NSW 2000* ☎ *02-9245-2400* @ *mail@mca.com.au* 🌐 *www.mca.com.au* 🕐 *Tägl. 10–17 h, Mi. bis 21 h, Touren tägl. 11 & 13 h, Do. auch um 19 h, Sa. & So. auch um 15 h* 🔵 *Kostenlos, Ausnahme: Sonderausstellungen*

▶ Cadmans Cottage

Das 1816 erbaute, unscheinbare Haus des Hafenmeisters von Sydney liegt an der linken Seite des Circular Quay, nicht selten im Schatten eines geankerten Kreuzfahrtschiffs. Es ist das älteste Privatgebäude der Stadt und zurzeit nur von außen zu besichtigen. Nebenan steht die Statue von William Bligh, der vor allem durch die gegen ihn gerichtete Meuterei auf der Bounty (1789) be-

Die Harbour Bridge mit Kreuz-fahrt-Terminal vorne links

kannt geworden ist. Von 1806 bis 1808 war Bligh Gouverneur von New South Wales und hatte aufgrund seines Führungsstils mit einer weiteren Meuterei zu kämpfen, die als *Rum Rebellion* bekannt wurde.

🅑 *Circular Quay (Bahnhof, Fähre, Bus)* 🚌 *110 George St, The Rocks NSW 2000* 🌐 *www.nationalparks.nsw. gov.au/visit-a-park/parks/cadmans-cottage-historic-site*

Cadmans Cottage am Circular Quay

▶ Sydney's beste Sunset Tour ★

Man muss nicht immer großes Geld ausgeben, um die schönsten Seiten einer Stadt zu erleben: Mit die besten Aussichten auf das Opernhaus erhalten Sie bei einer einfachen (unkommentierten) Fährfahrt von Circular Quay durch die Harbour Bridge nach Darling Harbour. Die Fahrt dauert eine knappe halbe Stunde. Am schönsten ist die Fahrt etwa eine Stunde vor Sonnenuntergang.

🅑 *Circular Quay (Bahnhof, Fähre, Bus)*
🌐 *www.transportnsw.info* 💲 *Erw. $ 5,74, Kinder $ 2,87, Fahrt nur möglich mit Opal-Karte*

👁 Highlights – The Rocks

The Rocks ist das älteste Stadtviertel Sydneys und damit auch das älteste Australiens: Kein verstaubtes Museumsdorf, sondern ein liebevoll restauriertes Viertel mit roten Backsteinhäusern, schmalen Gassen, steilen Treppen und vielen Pubs und Restaurants. Das wäre aber beinahe ganz anders gekommen: In den 1960er-Jahren war The Rocks eine Arbeitergegend. Investoren und Bauunternehmer wollten das Viertel »sanieren« und die historischen Gebäude durch Wohnblöcke und Bürotürme ersetzen. Bürger und Baugewerkschaftler lehnten sich erfolgreich dagegen auf, sodass The Rocks 1971 unter Denkmalschutz gestellt wurde.

▶ The Rocks Markets

Neben dem Visitor Centre, entlang der Playfair Street, George Street und Jack Mundey Place werden jeden Samstag und Sonntag die The Rocks Markets abgehalten. Dabei geht es vor allem um selbst hergestellte Produkte, Souvenirs und Kunst(handwerk). Der kleinere Foodies Market hat sich mehr auf Nahrungsmittel spezialisiert und findet freitags auf dem Jack Mundey Place statt.

🅑 *Circular Quay (Bahnhof, Fähre, Bus)* 🌐 *www. therocks.com/things-to-do/the-rocks-markets.aspx* 🕐 *Fr. 9–15 h, Sa. & So. 10–17 h*

▶ Sydney Harbour Bridge

Die südliche Zufahrt zur Hafenbrücke (lokal auch bekannt als *Coathanger*/»Kleiderbügel«) liegt im Zentrum von The Rocks. Der Bau fand in den Jahren 1923 bis 1932 statt, allerdings hatte man in Sydney schon lange vorher über eine Brücke an dieser Stelle nachgedacht. Eröffnet wurde die Harbour Bridge am 19. März 1932. Mindestens 300.000, vielleicht sogar eine Million Menschen gingen an diesem Tag gemeinsam über die Brücke, bevor die Straße für den Verkehr freigegeben wurde. Die

Das weithin sichtbare Observatory von The Rocks

Brücke ist 1.149 Meter lang und 134 Meter hoch, mit Fußgängerwegen an beiden Seiten. Zu Fuß ist die Brücke über eine Treppe Ecke Cumberland/Argyle Street erreichbar. Wenn man nur bis zum ersten Brückenpfeiler *(Pylon)* geht, hat man bereits beste Aussichten auf die Oper und den Circular Quay. Noch besser wird es, wenn man die 200 Stufen zum (kostenpflichtigen) Pylon Lookout hinaufsteigt. Für Mutige gibt es die **Bridgeclimb Tour** zum 134 Meter hohen Aussichtspunkt am Scheitelpunkt der Brücke. Die Standard-Tour dauert 3,5 Stunden und wird von Sonnenaufgang bis in die Nacht hinein angeboten. Für Eilige gibt es die Sampler-Tour über 1,5 Stunden und die Express-Tour über 1,5 Stunden, bei denen man jeweils einen Teil der Brücke erkundet. Am günstigsten sind die Nachttouren, am teuersten die Sonnenaufgangstouren.

Pylon Lookout
⚐ *Fußweg von The Rocks ab Ecke Cumberland/Argyle St* 🚇 *Circular Quay (Bahnhof, Fähre, Bus) oder von der Nordseite der Brücke ab Milsons Point Station* ☎ *02-9240-1100* @ *pylonlookout@bridgeclimb.com* 🌐 *www.pylonlookout.com.au* 🕐 *Tägl. 10–17 h* 💲 *Erw. $ 15, Kinder $ 8,50*

Bridge Climb
✉ *3 Cumberland St, The Rocks NSW 2000* ☎ *02-8274-7777* @ *admin@bridgeclimb.com* 🌐 *www.bridgeclimb.com.au* 🕐 *Tägl. vom Sonnenaufgang bis in die Nacht hinein* 💲 *Abhängig von Tourlänge und Tageszeit Erw. $ 163–393, Kinder $ 138–283*

▶ Observatory Hill mit Planetarium
Auf der Kuppe des Observatory Hill befindet sich seit 1858 eine Sternwarte, die vorwiegend als Zeitgeber für die Seeleute diente: Seitdem wird jeden Tag um 13 Uhr eine weithin sichtbare Kugel an einer Stange auf der Turmspitze fallengelassen. Zu Zeiten, als es noch kein GPS gab, war die genaue Uhrzeit sehr wichtig für die Navigation. In der kostenlosen Ausstellung erfährt man mehr über die Geschichte des Gebäudes und der Astronomie in Australien. In einem abgedunkelten Raum werden Geschichten aus der Dreamtime erzählt, die von den Sternen und der Erschaffung der Welt berichten. Einzig die 3D-Shows und der Zugang zum Teleskop kosten Eintritt. Abends nur mit Voranmeldung.
⚐ *Zu erreichen durch einen Tunnel unter der Hafenbrücke gegenüber vom YHA Hostel auf der Cumberland St* 🚇 *Circular Quay (Bahnhof, Fähre, Bus)* ✉ *Watson Rd, Observatory Hill, The Rocks NSW 2000* ☎ *02-9921-3485* @ *observatory@phm.gov.au* 🌐 *www.maas.museum/sydney-observatory* 🕐 *Tägl. 10–17 h, sowie jahreszeitlich abhängige Abendshows* 💲 *3-D-Show/Teleskop: Erw. $ 10, Kinder $ 8, Abendshow Erw. $ 20–22, Kinder $ 16–17*

▶ The Rocks Discovery Museum 👫
Hinter dem Visitor Centre von The Rocks , in einem Lagerhaus aus den 1850er-Jahren, liegt dieses für Erwachsene und Kinder geeignete stadtgeschichtliche Museum. Die unteren Stockwerke stellen die Geschichte von Sydney und The Rocks vor, im obersten Stockwerk sind wechselnde Kunstausstellungen untergebracht.
🚇 *Circular Quay (Bahnhof, Fähre, Bus)* ✉ *Kendall Lane, The Rocks NSW 2000* ☎ *02-9240-8680* @ *rdm@shfa.com.au* 🌐 *www.therocks.com/things-to-do/the-rocks-discovery-museum* 🕐 *Tägl. 10–17 h* 💲 *Kostenlos*

▶ Sydney per Piratenschiff 👫
Piratenabenteuer mit Kanonen und Säbelrasseln auf einem klassischen Segelschiff. Die Ausfahrt mit Live-Show dauert etwa 75 Min. Vorbuchung über Webseite empfohlen.
🚇 *Circular Quay (Bahnhof, Fähre, Bus)* ✉ *Abfahrten ab:* **Campbells Cove** *zwischen Park Hyatt Hotel und der Anlegeplatt der Kreuzfahrtschiffe in The Rocks, sowie ab* **Milsons Point Wharf** *auf der anderen Seite der Harbour Bridge* ☎ *1800-825-574 oder 02-8243-7961* 🌐 *www.pirateattack.com.au* 🕐 *Ab Campbells Cove um 13:30 h, Abfahrtstermine siehe Webseite* 💲 *$ 54 pro Person*

👁 Highlighs – Sydney CBD

▶ Sydney Tower
Mit 309 Metern ist dieser 1981 eröffnete Turm Sydneys höchstes freistehendes Bauwerk. Im Eintritt zu dem auf 250 Metern Höhe gelegenen Aussichtsdeck ist eine 4D-Kino-Vorführung mit einem virtuellen Flug über die Stadt inbegriffen. Zudem gibt es den Skywalk, einen Balkon rund um den

Das QVB ist eine prachtvolle Shoppingmeile.

Sydney Tower, sowie daran angeschlossen zwei Plattformen mit Glasboden. Die Sky-walk-Tour dauert 45 Minuten und ist geeignet für alle ab acht Jahren.

❶ *Town Hall Station* 🚇 *100 Market St, Sydney NSW 2000* ☎ *1800-258-693* @ *sydneytowereye@merlin entertainments.com.au* 🌐 *www.sydneytowereye.com.au* 🕐 *Tägl. 9–22:30 h* 💲 *Erw. $ 28, Kinder $ 19; mit Sky-walk Erw. $ 70, Kinder $ 49 (Rabatt für Online-Buchung)*

▶ Queen Victoria Building (QVB)

Das fotogene Queen Victoria Building aus dem Jahr 1898 beherbergt eines der stil-vollsten überdachten Einkaufszentren der Stadt, mit Designermode und über 20 Ca-fés und Restaurants, die über vier Stock-werke verteilt sind.

❶ *Town Hall Station* 🚇 *455 George St, Sydney NSW 2000* 🌐 *www.qvb.com.au* 🕐 *Mo.–Mi., Fr. & Sa. 9–18 h, Do. 9–21 h, So. 11–17 h*

▶ Strand Arcade

Schräg gegenüber vom QVB findet sich eine weitere überdachte Shopping-Arkade, die aus dem Jahr 1891 stammt, vorwiegend mit kleineren Boutiquen. Besonders schön ist es zur Weihnachtszeit, wenn *The Strand* stimmungsvoll geschmückt ist.

❶ *Town Hall Station* 🚇 *412–414 George St, Sydney NSW 2000* 🌐 *www.strandarcade.com.au* 🕐 *Mo.–Mi., Fr. & Sa. 9–17:30 h, Do. 9–20 h, So. 11–16 h*

▶ State Theatre

Im Nachbarblock des QVB befindet sich das 2.000-sitzige State Theatre. Das 1929 eröff-nete Gebäude war ursprünglich ein Kino mit-samt Wurlitzer Orgel, wird aber heute für The-ateraufführungen und Konzerte genutzt. Das State Theatre ist eine fantasievolle Kombinati-on aus gotischer, klassischer italienischer und Art-déco-Architektur, die man bei einer Zwei-Stunden-Tour erkunden kann. Auch ohne Ein-

trittskarte kann man bereits einen Blick auf die prachtvolle Eingangshalle werfen.

❶ *Town Hall Station* 🚇 *49 Market St, Sydney NSW 2000* ☎ *02-9373-6655* @ *admin@statetheatre.com.au* 🌐 *www.statetheatre.com.au* 🕐 *Touren: Mo., Di., Mi., 10 & 13 h* 💲 *Erw. $ 22,50, Kinder $ 14,50*

▶ Australian Museum 👪

Das Motto von Australiens ältestem Muse-um, das 1827 eröffnet wurde, ist »*Nature, Culture, Discover*«. Über drei Stockwerke werden beliebte Themen wie Dinosaurier und Vögel, Insekten und Mineralien behan-delt. Im Erdgeschoss gibt es außerdem eine permanente Aboriginal Ausstellung und im 4. Stock das Rooftop Cafe.

❶ *Museum Station* 🚇 *Cnr College St/William St, Syd-ney NSW 2010* ☎ *02-9320-6000* @ *web.feedback@ austmus.gov.au* 🌐 *www.australianmuseum.net.au* 🕐 *Tägl. 9:30–17 h* 💲 *Erw. $ 15, kostenlos für Kinder unter 16 Jahren, Aufpreis für Sonderausstellungen*

▶ Hyde Park Barracks

Helles Backsteingebäude aus dem Jahr 1819, ursprünglich als Schlafsaal für 600 *Convicts* (deportierte Sträflinge aus Eng-land) genutzt, die dort in Hängematten, verteilt auf zwölf Schlafsäle, untergebracht waren. Als eine wichtige *Convict Site* ist das Gelände von der UNESCO als Weltkul-turerbe geschützt. Im Museum wird dabei nicht nur mehr über die Sträflinge erzählt, sondern auch so einiges über die wechsel-hafte, fast 200-jährige Geschichte des Ge-bäudes. Der Zugang zum Gelände und zum Museums-Café ist kostenlos, nur für das Museum wird Eintritt verlangt.

❶ *St. James Station* 🚇 *Queens Square, Macquarie St, Sydney NSW 2000* ☎ *02-8239-2311* 🌐 *www. sydneylivingmuseums.com.au/hyde-park-barracks-museum* 🕐 *Tägl. 10–17 h* 💲 *Erw. $ 12, Kinder $ 6*

Die Art Gallery of NSW

▶ St. Mary's Cathedral ⛪

Falls Sie in der Weihnachtszeit in Sydney sind, schauen Sie einmal bei der St. Mary's Cathedral vorbei. Vor dem Gebäude finden Sie dann eine lebensgroße Weihnachtskrippe mit klassischen Figuren aus lackiertem Holz.
📍 *College St zwischen Hyde Park und Royal Botanic Gardens* 🚇 *St. James Station*

▶ Art Gallery of New South Wales (AGNSW)

Dieses bereits 1871 eröffnete Museum zeigt Kunst über vier Etagen, mit Werken von Aboriginals sowie Gemälden und Kunstobjekten aus allen Epochen und aller Welt. Unter dem Titel *Art After Hours* werden mittwochabends kostenlose Vorträge gehalten. Die Dauerausstellungen sind kostenlos, für manche Sonderausstellungen wird Eintritt verlangt.
🚇 *St. James Station* 📍 *Art Gallery Rd, The Domain, Sydney NSW 2000* ☎ *02-9225-1744* 🌐 *www.artgallery.nsw.gov.au* 🕐 *Tägl. 10–17 h, Mi. bis 21 h*

👁 Highlights – Darling Harbour

Der westlich des CBD gelegene Ortsteil Darling Harbour war ursprünglich ein kommerzieller Hafen mit mehreren Schiffsanlegestellen und voller Eisenbahnschienen. Er galt lange Zeit als ein Teil von Sydney, den man lieber meiden sollte. Erst für die Olympischen Spiele im Jahr 2000 wurde das Viertel saniert. An Darling Harbour wird auch heute noch gearbeitet: An der Nordostseite des Hafens Richtung Harbour Bridge entsteht zurzeit das neue Stadtviertel Barangaroo. Der daran angeschlossene neue Park, Barangaroo Point Reserve, wurde am 22. August 2015 eröffnet. Auch das Convention Centre, das **ICC Sydney**, soll bis Dezember 2016 durch ein neues Gebäude ersetzt werden, das mit 20 Hektar das größte Veranstaltungs- und Ausstellungszentrum Australiens sein wird (🌐 www.iccsydney.com).
📍 *Siehe Restaurants Darling Harbour*

▶ Sydney Sea Life Aquarium

Überdachtes Aquarium, das verschiedene Lebensräume entlang der Küste von Sydney bis hin zum Great Barrier Reef vorstellt. Wer keine Zeit hat, ans Great Barrier Reef zu fliegen, der kann sogar eine 20-minütige Fahrt mit dem Glasbodenboot im Aquarium unternehmen. Für einen Rundgang sollte man etwa 90 Minuten einplanen.
🚇 *Darling Harbour (Fähre), Town Hall Station* 🏢 *1–5 Wheat Rd, Sydney NSW 2000* ☎ *1800-199-657* 📧 *sydneyaquarium@merlinentertainments.com.au* 🌐 *www.sydneyaquarium.com.au* 🕐 *Tägl. 9:30–19 h, letzter Einlass 18 h* 💰 *Erw. $ 42, Kinder $ 29,50, mit Glasbodenboot Erw. $ 51,30, Kinder $ 40,05*

▶ Wild Life

Allwetter-Zoo neben dem Sea Life mit über 1.000 Tieren, darunter Koalas, Kängurus und Tasmanische Teufel. Frühaufsteher können Samstag und Sonntag um 7:15 Uhr an einer Sonderführung mit Frühstück teilnehmen (💰 Erw. $ 65, Kinder $ 45); um diese Zeit sind Koalas zumeist besonders aktiv. Für einen Rundgang sollte man etwa 90 Minuten einplanen.
🚇 *Darling Harbour (Fähre), Town Hall Station* 🏢 *1–5 Wheat Rd, Sydney NSW 2000* ☎ *02-9333-9288* 📧 *wildlifesydney@merlinentertainments.com.au* 🌐 *www.wildlifesydney.com.au* 🕐 *Okt.–März tägl. 9:30–19 h, März–Sept. tägl. 9:30–17 h* 💰 *Erw. $ 42, Kinder $ 29,50. Rabatt für Online-Buchung*

▶ Chinese Garden of Friendship

Der 1988 eröffnete Chinesische Garten liegt am Rande von Darling Harbour. Die Außenanlagen sind auch ohne Eintritt einen Blick wert. Auf dem Gelände befindet sich ein

Der chinesische Garten, eine grüne Oase im Stadtzentrum

Teehaus, in dem Tee und Dim Sum (chinesische Häppchen) serviert werden. Bei gutem Wetter kann man sich ein Kostüm leihen, um damit durch den Garten zu schlendern.
🚇 *Darling Harbour (Fähre), Town Hall Station* 🚌 *Pier St, Darling Harbour NSW 2000* ☎ *02-9240-8888* 🌐 *www.chinesegarden.com.au* 🕐 *Tägl. 9:30–17 h, Okt.–März bis 17:30 h* 💲 *Erw. $ 6, Kinder $ 3, Aufpreis für Kostüme: Erw. $ 10, Kinder $ 5*

▶ Darling Quarter Kids Playground 🚸
Ein sehenswerter kostenloser Abenteuerspielplatz, kombiniert mit Wasserpark, findet sich neben dem Visitor Centre von Darling Harbour, nicht weit vom Chinesischen Garten.
🚇 *Darling Harbour (Fähre), Town Hall Station* 🚌 *1–25 Harbour St, Sydney NSW 2000* 🌐 *www.darlingquarter.com/play* 💲 *Kostenlos*

▶ IMAX Sydney
Das IMAX-Kino liegt gleich am Ufer von Darling Harbour und wird zurzeit renoviert. Die Neueröffnung ist für 2019 geplant.
🚇 *Darling Harbour (Fähre), Town Hall Station* 🚌 *31 Wheat Rd, Darling Harbour Sydney NSW 2000* ☎ *02-9281-3300* @ *ticketing@imax.com.au* 🌐 *www. imax.com.au*

▶ National Marine Museum
Das Museum beschäftigt sich mit der Geschichte der australischen Seefahrt, dazu gehören auch die Aboriginals und ihre Beziehung zum Meer. Zu den Highlights zählen ein Leuchtturm aus den 1870er-Jahren, ein U-Boot, ein Zerstörer sowie der Nachbau von James Cooks Expeditionsschiff Endeavour.
🚇 *Darling Harbour (Fähre), Pyrmont Bay (Light Rail)* 🚌 *2 Murray St, Darling Harbour NSW 2000* ☎ *02-9298-3777* @ *info@anmm.gov.au* 🌐 *www.anmm.gov.au* 🕐 *Tägl. 9:30–17 h, Januar bis 18 h* 💲 *Kostenlos; mit Schiffsbesichtigungen und Sonderausstellungen: Erw. $ 32, Kinder $ 20*

▶ Whale Watching
Auf ihrer alljährlichen Wanderung entlang der Ostküste Australiens schwimmen etwa 16.000 Buckelwale auch an Sydney vorbei. Von Darling Harbour aus kann man sich etwa von Mai bis November einer Whale-Watching-Tour anschließen.

Whale Watching Sydney
🚌 *Abfahrten ab Darling Harbour oder Circular Quay* ☎ *02-9583-1199* @ *info@whalewatchingsydney.com.au* 🌐 *www.whalewatchingsydney.net* 🕐 *Mehrmals tägl. Mai–Nov.* 💲 *Z. B.: 2-Stunden-Adventure-Cruise: Erw. $ 65, Kinder $ 49, 3-Stunden-Discovery-Cruise: Erw. $ 79, Kinder $ 49, Rabatte bei Online-Buchung*

Oz Whalewatching
🚇 *Darling Harbour (Fähre)* 🚌 *King St Wharf, Lime St, Darling Harbour (nicht weit vom Wild Life entfernt)* ☎ *02-9518-7813* @ *info@ozwhalewatching.com* 🌐 *www.ozwhalewatching.com* 🕐 *Tägl. Mai–Nov.* 💲 *Erw. $ 94, Kinder $ 50*

👁 Highlight – Pyrmont
Der Ortsteil Pyrmont schließt an der Westseite von Darling Harbour an. Am einfachsten erreichen Sie Pyrmont mit der Straßenbahn (Light Rail) von Sydney Central aus.

▶ Sydney Fish Market
Der größte Fischmarkt der südlichen Hemisphäre liegt nicht weit von Darling Harbour entfernt, zu Fuß nur knapp einen Kilometer über die Pyrmont Bridge Road. Auf dem Sydney Fish Market kann man das tägliche Markttreiben beobachten, außerdem gibt es auf dem Gelände einige Restaurants, die den frischen Fang direkt tischfertig zubereiten. Wer bei einer der Auktionen zuschauen möchte, muss an einer der knapp zweistündigen *Behind-the-Scenes*-Touren teilnehmen. Mindestalter: zehn Jahre.
🚗 *Von Norden kommend über den Cahill Expressway, hinter der Harbour Bridge wechseln auf den Bradfield Hwy/Western Distributor Fwy (A4), Ausfahrt Pyrmont Bridge Road Richtung Glebe/Pyrmont Darling Harbour. Der Fischmarkt befindet sich direkt neben der Brücke. Parken kostet $ 13 für 1,5 bis 2 Stunden.* 🚇 *Fish Market (Light Rail)* 🚌 *Cnr Bank St/Pyrmont Bridge Rd, Pyrmont NSW 2009* ☎ *02-9004-1100* @ *tours@sydneyfishmarket.com.au* 🌐 *www.sydneyfishmarket.com.au* 🕐 *Tägl. 7–16 h, einzelne Geschäfte auch länger* 💲 *Behind-the-Scenes-Touren: Mo. & Mi.–Fr. gegen 6:40 h* 💲 *Eintritt frei, Touren: Erw. $ 35, Kinder $ 10*

👁 Highlights – Ultimo
Ultimo schließt direkt südlich an Pyrmont und westlich an Darling Harbour an.
🚗 *Von Norden kommend über Cahill Expressway, hinter der Harbour Bridge wechseln auf Bradfield Hwy/Western Distributor Fwy, dann Ausfahrt Richtung City/Darling Harbour. Über Harbour St und Sussex St auf Hay St. Parken an der Market City kostet $ 24 für 1 bis 2 Stunden.*

▶ Market City mit Paddy's Markets
Paddy's Markets ist ein Indoor-Großmarkt, der sich im Erdgeschoss des Market City Einkaufszentrums befindet. An Hunderten von Ständen werden die verschiedensten Australien-Souvenirs, T-Shirts und sonstige Bekleidung aller Art angeboten. Ein Teil des Geländes ist dem Wochenmarkt vorbehalten, der günstiges Obst und Gemüse verkauft, außerdem ist noch ein kleiner Fischmarkt angeschlossen. In den oberen Stockwerken des Gebäudes befinden sich verschiedene Geschäfte sowie ein Food-Court.

Central Station (U-Bahn), Paddy's Markets Light Rail (Straßenbahn) ◉ Hay St, Sydney NSW 2000 @ paddysenquiry@sydneymarkets.com.au ◉ www. paddysmarkets.com.au ◉ Mi. – So. 10 – 18 h, sowie Mo. an langen Wochenenden ◉ Eintritt frei

► Powerhouse Museum

Von Paddy's Markets kann man an einer alten Monorail Station vorbei über eine Fußgängerbrücke zum Powerhouse Museum laufen (ca. 500 Meter), das auch unter dem treffenderen Namen »Museum of Applied Arts and Sciences (MAAS)« läuft. Das Museum beschäftigt sich mit unterschiedlichsten Themen, darunter Technik, Design, Transport, Weltraum, Australiens Naturgeschichte, Mode und Kultur.

Central Station, Paddy's Markets Light Rail (Straßenbahn) ◉ 500 Harris St, Ultimo NSW 2007 ◉ 02-9217-0111 ◉ www.powerhousemuseum.com ◉ Tägl. 10 – 17 h ◉ Erw. $ 15, Kinder unter 16 Jahren frei

◉ Highlights – Kings Cross und Potts Point

In Kings Cross, das östlich des CBDs liegt, findet man eine sehenswerte, fast schon europäische Mischung aus Architektur der letzten 120 Jahre, zusammen mit einigen großformatigen neueren Apartmentblocks. Dieser Stadtteil beherbergt Cafés, Restaurants, Tattoo Clubs wie auch Strip Clubs und Massage-Salons. Man sieht viel Polizeipräsenz, wenn auch mit Baseball-Caps und nicht mit Sturmhelmen.

Von Norden kommend über den Cahill Expressway, Ausfahrt William Street, links in die William Street, links in die Darlinghurst Rd

Am besten erlebt man diesen Stadtteil bei einem Spaziergang, beispielsweise vom Bahnhof **Kings Cross Station** aus über die **Darlinghurst Road** in Richtung Norden. Je weiter man vom Bahnhof wegkommt, umso höher steigen die Preise in den Restaurants und umso ruhiger wird es. Einen schönen Aussichtspunkt finden Sie am Ende der Grantham Street, etwa einen Kilometer vom Bahnhof von Kings Cross entfernt, mit Aussicht auf die historische Woolloomoolo Wharf.

◉ Highlight – Woolloomooloo

siehe Restaurants Woolloomooloo

► Woolloomooloo Wharf (Cowper Wharf)

Dieser Stadtteil ist ebenso wie Darling Harbour ein ehemaliger Industriehafen. Am 1913 fertiggestellten, 410 Meter langen und 64 Meter breiten Holzpier, der früher Cowper Wharf hieß, wurde australische Wolle für den Export in die Welt verladen. An der Wharf legten die größten Schiffe ihrer Zeit an, hier gingen Einwanderer zu Tausenden von Bord und wurden Soldaten für die Weltkriege eingeschifft. Als die Containerschiffe in den 1970er-Jahren Einzug erhielten, wurde die Wharf nicht mehr benötigt und verfiel. Der Abriss drohte, wurde aber 1991 von den Bürgern und der Bauarbeitergewerkschaft gestoppt. Heute ist die Woolloomooloo Wharf das längste Gebäude der Welt, das auf einem Holzpier liegt, mit 300 Apartments, schicken Restaurants, und dem luxuriösen **Ovolo Woolloomooloo Hotel** (◉ ***–****, ◉ www.ovolohotels.com/en/hotels/sydney/ ovolo-woolloomooloo), in dem nicht nur der australische Schauspieler Russell Crowe bereits genächtigt haben soll.

Auch wenn man keinen Appetit hat auf eine Mahlzeit in einem der eng bestuhlten Restaurants an der Woolloomooloo Wharf – vom Steg aus bieten sich fotogene Aussichten auf die vor Anker liegenden Luxusjachten, die Skyline von Sydney, den Botanischen Garten und weiter draußen vorbeiziehenden Segelboote.

◉ Highlight – Rose Bay

Die Rose Bay ist ein historischer Ort für Australien: Direkt auf dem Wasser starteten hier ab 1938 die Catalina Flying Boats, eine Art Riesen-Wasserflugzeug, das die ersten internationalen Flüge in Richtung Asien und Europa durchführte (Flugzeit: 9 Tage). Damals gab es nur erste Klasse für die 15 Passagiere an Bord. Für ein Ticket musste man in etwa ein durchschnittliches Jahresgehalt ausgeben. Die Catalinas wurden später durch schnellere Flugzeuge ersetzt, das letzte Flying Boat startete 1977. Heute sind in dieser Bucht die Wasserflugzeuge von Sydney Seaplanes stationiert, und die Flugpreise sind zum Glück etwas moderater geworden. Ein Denkmal in der Nähe des Bootsanlagers erinnert heute an die Catalinas.

🎯 *Von Norden kommend über den Cahill Expressway (M1), vorbei am Botanischen Garten, links in die William St/New South Head Rd bis nach Rose Bay, und links in die Vickery Ave* 🚢 *Rose Bay (Fähre)*

▶ Sydney Seaplanes

Rundflüge über 15 Min. mit Aussichten über die Skyline und Bondi Beach, über 30 Min. bis hin nach Palm Beach ganz im Norden von Sydney und in Richung Darling Harbour. Unter dem Motto »Fly and Dine« lassen sich Rundflüge mit einem romantischen Picknick im Grünen verbinden oder mit einer Mahlzeit in einem Restaurant am Wasser. (Anfahrt siehe oben)

✉ *2 Vickery Ave, Rose Bay NSW 2029* ☎ *02-9388-1978* 🌐 *www.seaplanes.com.au* ⏱ *15 Min. Rundflug: $ 400, 30 Min. Rundflug: $ 530, 15 Min. Flug mit Picknick auf Shark Island $ 720, Preise jeweils für 1–2 Erwachsene*

👁 Highlight – Bondi Beach

Bondi Beach ist der bekannteste Surfspot Australiens, mit seinem etwa einen Kilometer langen, sichelförmigen Sandstrand, auf dem gerade in den Sommermonaten immer viel los ist. An der viel befahrenen Strandstraße, der **Campbell Parade**, liegen unzählige Cafés und Restaurants, an der Südseite das fotogene Freibad des lokalen Schwimmclubs, der *Bondi Icebergs*. Am bequemsten ist der Strand mit dem Bus oder mit Zug und Bus erreichbar.

🚌 *Bus 333 ab Circular Quay (Fahrt nur möglich mit Opal Karte)* 🎯 *Von Norden kommend über den Cahill Expressway (M1), dem Straßenverlauf folgen bis nach Darlinghurst. Hier links ab über Moore Park Rd/Oxford St/Syd Einfeld Dr und Bondi Rd bis zum Ende. Links ab zum Strand auf die Campbell Parade. Wilsons Parking (🅿 4 O'Brien Street, Ecke Hall St) berechnet $ 16 für 1,5– 2 Std. Parken.*

▶ Surfen lernen in Bondi Beach

Abgesehen vom Sonnenbaden kann man in Bondi Beach sein Glück auch mit dem Surf-

brett versuchen, mit Wassertemperaturen von mindestens 16 °C im Winter und maximal 25 °C im Sommer. **Let's Go Surfing** bietet zweistündige Einführungskurse in kleinen Gruppen für bis zu fünf Personen. Auch Kurse nur für Frauen sind möglich.

🎯 *An der Nordseite des Strandes von Bondi Beach (Ecke Campbell Parade/Ramsgate Ave)* ✉ *128 Ramsgate Ave, North Bondi NSW 2026* ☎ *02-9365-1800* 🌐 *www.letsgosurfing.com.au* ⏱ *$ 95*

👁 Highlight – Mosman

Mosman gehört zu den schicksten Stadtteilen von Sydney, seine Villen zu den teuersten in Australien. Das liegt nicht zuletzt an der schönen Lage im Norden von Port Jackson, mit Aussichten auf das CBD von Sydney. Der Zoo von Taronga nimmt dabei einen großen Teil einer nach Süden herausragenden Landzunge ein und hat sogar einen eigenen Bootsanleger. Die schönste Art, den Zoo zu besuchen, ist daher mit der Fähre von Circular Quay aus.

🎯 *Im Norden von Sydney von der M1 (Warringah Fwy) auf die Military Rd wechslen, die im weiteren Verlauf einen Schlenker nach Süden macht und an einem Kreisverkehr endet, nun geradeaus weiter nach Süden auf die Bradleys Head Rd.*

▶ Taronga Zoo

Preisgekrönter Zoo mit fantastischen Aussichten auf die Skyline von Sydney. Abgesehen davon kann man (nicht nur) Australiens Tierwelt mit Koalas, Pinguinen, Krokodilen, Tasmanischen Teufeln und Wombats erleben. Wer den Zoo einmal mit anderen Augen sehen möchte, kann montags, mittwochs und freitags um 9:45 Uhr an einer knapp zweistündigen Aboriginal Discovery Tour teilnehmen oder sogar im Zoo übernachten (Roar & Snore ⏱ z. B. 1 Erw. & 1 Kind: $ 494, 2 Erw. $ 603, 2 Erw. & 1 Kind $ 797). Übernachtungen rechtzeitig vorbuchen!

🚢 *Taronga Zoo (Fähre)* ✉ *Bradley's Head Rd, Mosman NSW 2088* ☎ *02-9969-2777* @ *tz@zoo.nsw. gov.au* 🌐 *www.taronga.org.au/taronga-zoo* ⏱ *Täglich 9–16:30 h, Sept. bis April bis 17 h, Aboriginal Tour: Mo., Mi. & Fr. 9:45 h, ca. 1,5–2 Std.* ⏱ *Erw. $ 46, Kinder $ 26, Rabatt für Online-Buchung, Aboriginal Tour: Erw. $ 99, Kinder $ 69*

👁 Highlights – Manly

Bereits die Anfahrt ist ein Erlebnis: Mit der Fähre von Circular Quay geht es durch einen der schönsten natürlichen Häfen der Welt in etwa 30 Minuten zum nördlichen Vorort Manly Beach – das werden Sie mit dem Auto so schnell nicht schaffen. Der

Manly vom Wasser aus gesehen

Fährterminal von Manly liegt auf der geschützten Seite des Meeres, der **Manly Cove**. Wenn Sie die Fußgängerzone durchquert und die Ozeanseite mit dem Strand von **Manly Beach** erreicht haben, erleben Sie das Meer von seiner wilderen Seite.

Im Norden von Sydney von A1 auf A 38 wechseln. In Beacon Hill rechts auf die Beacon Hill Rd, auf A8 Richtung Süden, in North Manly auf die Pittwater Rd, die in Manly in Belgrave Rd umbenannt wird und an der Esplanade endet. An diesem Punkt wird die Esplanade in West und East Esplanade geteilt. Wenn Sie nun links abfahren, sind Sie gleich an der Fähre.

▶ Manly Bike Tours

Manly und seine Umgebung kann man gut auch mit dem Fahrrad erkunden, mit Mietfahrrädern vom Cruiser und Mountainbike bis hin zum Tandem, und Kartenmaterial von Manly Bike Tours.

Schräg links gegenüber von der Fähre, Ecke Esplanade und Belgrave St ⌼ *Shop 6, 54 West Esplanade, Manly NSW 2095* ☎ *02-8005-7368* @ *info@manly biketours.com.au* ⌂ *www.manlybiketours.com.au* ⊙ *Tägl. 9 – 18 h; im Winter: Mo. – Fr. 10 – 17 h* ⌂ *Verleih: 2 Std. Erw. $ 24 – 50, Kinder $ 16; 1 Tag Erw. $ 33 – 80, Kinder $ 22*

▶ Quarantine Station

Die Quarantänestation auf dem landschaftlich schön gelegenen **North Head** wurde zwischen 1833 und 1984 immer dann genutzt, wenn man vermutete, dass sich an Bord der Einwandererschiffe Menschen mit ansteckenden Krankheiten befanden. Heute sind in den denkmalgeschützten Gebäuden ein Museum, ein Café und ein Resort (⌂ ** – ***) untergebracht. Das **Museum** ist kostenlos zugänglich. Täglich um 11 Uhr sowie zusätzlich samstags und sonntags um 16:30 Uhr findet eine 45-minütige Überblickstour »Wharf Wander« statt. Mehr

Details erfährt man auf einem 2-stündigen Rundgang, der jeden Samstag und Sonntag um 14 Uhr beginnt. Treffpunkt ist 30 Minuten vor Tourbeginn. Mittwoch bis Sonntag um 20 Uhr finden zudem 2,5-stündige Ghost Tours für Jugendliche ab 15 Jahren sowie Freitag und Samstag um 18 Uhr (19 Uhr während der Sommerzeit) 2-stündige Rundgänge für Familien statt.

💡 Nehmen Sie bei warmem Wetter Badesachen mit – der Strand eignet sich gut zum Baden und Schnorcheln.

🚌 *Bus 135 ab Manly Wharf; oder 30 Min. zu Fuß über Darley Rd und North Head Scenic Dr* ⌼ *1 North Head Scenic Dr, Manly NSW 2095* ☎ *02-9466-1551* ⌂ *www.quarantinestation.com.au* ⓘ *Museum tägl. 10 – 16 h* ⌂ *Überblickstour: Erw. $ 15, Kinder $ 10, zweistündige Tour: Erw. $ 35, Kinder $ 25, Ghost-Tours: Erw.: pro Person $ 49 – 55, Ghost-Tours Familien: Erw. $ 38, Kinder $ 29*

🚶🌲 Wandern – Manly

▶ Von Manly Beach nach Shelley Beach

Von der Fähre in Manly gehen Sie erst durch die Fußgängerzone The Corso zum Strand Manly Beach und dann rechts (nach Süden) über den Küstenwanderweg entlang der **Cabbage Tree Bay** zur **Shelley Beach**, einem geschützten Badestrand mit einem Restaurant.

⊙ *Ganzj.* ⊙ *Manly Beach (Fähre ab Circular Quay)* ⊙ *45 Min.* ⊙ *Leicht* ⌂ *3,2 km*

▶ Fairfax Walking Track und North Head

North Head ist ein felsiges Kap im Nordosten von Sydney, das die Meeresbucht von Port Jackson vom offenen Meer abschließt. Zwischen **North Head** und **South Head** befindet sich ein nur zwei Kilometer breiter, natürlicher Durchlass für den Schiffsverkehr – aber leider keine Fähre, die beide Punkte verbindet. Von der Fähre in Manly Beach nehmen Sie am besten den Bus Nr. 135 (Haltestelle auf der anderen Straßenseite der Fähre) in Richtung Q Station/Quarantine Station. Nach ca. 15 Min. steigen Sie am Wendehammer an der Q Station aus. Sie folgen dann der schmalen Fahrstraße in Richtung North Head, nach etwa 1,5 km beginnt der **Fairfax Walking Track**, ein Rundweg mit Aussichten auf das gegenüberliegende South Head und auf das weit entfernte CBD mit seinen Hochhäusern. In der Zeit von Juni bis Oktober kann man mit ein bisschen Glück sogar vorbeiziehende Wale sehen. Unterwegs kommen Sie am **Bella Vista Cafe** (ⓘ Mo. – Fr. 9 – 16 h, Sa. & So. 8 – 17 h) vorbei, mit weiten Aussichten auf Sydney. Auf dem Rückweg

Bondi Beach

derweg führt vom Fähranleger an der Rose Bay mit seinem Denkmal an Australiens ersten internationalen Flughafen (▶Seite 344) an Sydneys ungezähmter Küste entlang bis hin zum Strand nach Vaucluse.

Von der Fähre kommend, gehen Sie links (Richtung Norden) am Wasser entlang und folgen der Vickery Ave, dann links in die New South Head Road (eine belebte Hauptstraße) und später wieder links in die ruhige Tivoli Road. Am Ende geht es links in die Bayview Hill Road. Folgen Sie der Straße bis zum Ende. Hier beginnt an der rechten Seite der Hermitage Foreshore Walk, der Küstenwanderweg nach Vaucluse. Es geht über Holzstege und viele Treppen bergauf und bergab durch dichten Wald, lichtes Buschland, Sandsteinklippen und abgelegene Strände, immer wieder mit Aussichten auf schicke Villen wie etwa das Strickland House und zur Wasserseite hin auf die Skyline von Sydney.

Der Hermitage Foreshore Walk endet schließlich an langen Sandstrand – genannt Shark Beach – im Nielsen Park. Hier gibt es ein großes Netz, das Schwimmer gegen Haie schützen soll, sowie direkt am Strand das fotogene **Nielsen Park Restaurant** (◉ 8:30–16 h, am Wochenende ab 8 h, ⊛ *–**). Vom Nielsen Park gehen Sie nun knapp 10 Min zur Bushaltestelle an der Greycliff Avenue entlang bis zur Vaucluse Road. Bus Nr. 325 bringt Sie zurück nach Rose Bay zur Fähre, oder direkt zurück ins CBD von Sydney.

Besonders schön ist die Wanderung morgens, wenn die Oper und die Hochhäuser von Sydney CBD im Morgenlicht glänzen.

◉ Von Norden kommend über den Cahill Expressway (M1), vorbei am Botanischen Garten, links in die William St/New South Head Rd bis nach Rose Bay, und links in die Vickery Ave ◉ Tägl. 6–20 h ◯ Rose Bay (Fähre ab Circular Quay) ◷ 1,5 Std. ◎ Leicht ◯ 4 km

nehmen Sie dieselbe Strecke. Alternativ lohnt es sich, auf dem Rückweg kurz hinter der Quarantine Station vom North Head Scenic Drive links in die Collins Beach Road abzuzweigen und dann an den Stränden entlang zurück zur Fähre nach Manly zu laufen. Unterwegs lohnt ein Stopp für eine Erfrischung am **Manly Skiff Club** (◉ Ecke Stuart St/East Esplanade, ◉ Mo.–Mi. ab 12 h, Do.–So. ab 11 h, abends mind. bis 22 h geöffnet, ⊛ **). Wir empfehlen, vorher eine kostenlose Stadtkarte von Manly an einem der Visitor Centres mitzunehmen.

> 💡 Die Strecke eignet sich auch gut für eine Fahrradtour!

◉ Tägl. 6–20 h, im Sommer länger ◯ Manly Beach (Fähre ab Circular Quay), Bus Nr. 135 ◷ 1,5–2 Std. ◎ Leicht ◯ 7 km ◯ Parken kostet $ 5, Fußgänger und Fahrradfahrer frei

🚶🌲 Wandern im Süden von Sydney

▶ Hermitage Foreshore Walk von Rose Bay nach Vaucluse

Ein landschaftlich sehr abwechslungsreicher und einfach zu gehender Küsten-Wan-

▶ Coogee Beach bis Bondi Beach

Einer der schönsten Küstenwanderungen in Sydney führt vom ruhigen **Coogee Beach**, das etwa zehn Kilometer südöstlich vom Circular Quay liegt, zum geschäftigen Bondi Beach, dem bekanntesten Surfstrand Australiens. Die Wanderung beginnt am Strand von Coogee Beach und führt immer am Ozean über **Clovelly Beach**, **Bronte Beach**, und **Tamarama Beach** entlang Richtung Norden. Der Weg ist gut markiert, sodass man im Grunde auch ohne Karte auskommen kann. Das Meer ist kristallklar bis dunkelblau, das Panorama wechselt bald an jeder Kurve; einmal geht es sogar an einem Friedhof mit Meerblick vorbei. Unterwegs haben Sie mehrmals die Gelegenheit zum

Einkehren, bis Sie schließlich Bondi Beach mit seinen Cafés und Restaurants erreichen. Wenn Sie im Oktober/November unterwegs sind, gibt es als Bonus die kostenlose Freiluftausstellung *Sculptures by the Sea* zwischen Bondi und Tamarama Beach.

◉ *Dem Verlauf der M1 durch Sydney Richtung Süden folgen. In Surry Hills auf die Anzac Parade, links auf die Alison Rd, an der Arden St rechts ab zum Strand.* ◉ *Ganzj.* ◉ *Bus 373 ab Circular Quay, Haltestelle Arden St/Coogee Bay Rd. Zurück ab Bondi Beach z. B. mit dem Bus 333* ◉ *2 Std.* ◉ *Leicht* ◉ *6 km (einf. Strecke)*

🚶🌲 Wandern rund um Watsons Bay

Watsons Bay ist Australiens ältestes Fischerdorf und liegt dabei nur etwa 11 Kilometer vom geschäftigen Stadtzentrum von Sydney entfernt. Mit seinen historischen Holzhäuschen, den schönen Sandstränden und den schicken Cafés und Restaurants ist der kleine Ort auch ein beliebtes Wochenend-Ausflugsziel für Sydneysiders.

Vom Fähranleger in Watsons Bay sind es nur wenige Schritte bis zum **Gap Park**, mit sehenswertem Aussichtspunkt auf den offenen Ozean. Dazu gehen Sie einfach von der Fähre aus quer über die Wiese, über die Hauptstraße (Military Road) und schon sind Sie am ersten Aussichtspunkt. Wenn Sie nun über den **Gap Bluff Walking Track** links am Wasser entlang folgen, geht es hinauf auf die Klippen, ebenfalls mit weiten Aussichten. In den Wintermonaten können Sie von hier aus mit ein bisschen Glück vorbeiziehende Wale sehen.

◉ *Von Norden kommend über den Cahill Expressway (M1), vorbei am Botanischen Garten, links in die William St/New South Head Rd, am Ende links in die Old South Head Rd. Am Kreisverkehr bei der Watsons Bay links nach Robertson Pl/Military Rd.* ◉ *Watson Bay (Fähre): Mo.–Fr. 10–16 h, Sa. & So ganztägig; Rose Bay (Fähre) und Bus Nr. 325: Mo.–Fr. 6–9 h & 13–21 h, Sa. & So ganztägig.*

▶ South Head und Hornby Lighthouse

Im Gegensatz zum einsamen North Head Aussichtspunkt bei Manly (▶ Seite 346) liegt South Head, der südliche Hafenabschluss von Sydney, nur etwa 1,5 Kilometer oder 20 Minuten zu Fuß von der Fähre entfernt. Wer sich also einen Überblick über The Gap verschaffen möchte, der kann von Watsons Bay mit wenig Anstrengung zu Fuß South Head erreichen.

Wenden Sie sich dazu am Fähranleger nach links (Norden) und gehen Sie an den Restaurants der Strandpromenade (Marine Parade) vorbei, am Ende links in die kleine Cove Street mit ihren malerischen Häuschen. Am Ende gehen Sie rechts in die Victoria Street und direkt links in die Cliff Street. Geradeaus geht es nun zum Sandstrand von Camp Cove, ein lohnendes Ziel an einem heißen Tag.

Der Weg zum South Head führt über die Treppen am Strand rechts hinauf auf die Klippen und mündet in die Lady Bay Road, später in den South Head Heritage Trail. Unterwegs passieren Sie Lady Bay Beach, wo gerne hüllenlos gebadet wird. Der kleine Leuchtturm, **Hornby Lighhouse**, liegt fotogen direkt am South Head. Genießen Sie die Aussichten hinüber zum North Head und nach Manly; hier können Sie im Winter mit ein bisschen Glück Wale sehen. Zurück nehmen Sie denselben Weg oder alternativ die Lighthouse Road.

◉ *Siehe oben* ◉ *Tägl. 6–20 h* ◉ *siehe oben* ◉ *45 Min* ◉ *Leicht* ◉ *3 km*

👁 Highlights rund um Sydney

▶ Beautiful Tours ab Sydney

Deutschsprachige Tagestouren als Privattouren ohne weitere Gäste ab Hotels in Sydney ins **Hunter Valley** und in die **Blue Mountains**. Preise sind abhängig von der Anzahl der gebuchten Gäste und können bei Wolfgang erfragt werden.

◉ *PO Box 2203, Rose Bay North NSW 2030* ◉ *02-447-250-355* ◉ *wolfgang@beautifultoursaustralia.com* ◉ *www.beautifultoursaustralia.com/de* ◉ *Tägl. nach Absprache*

▶ AAT Kings/Aussie Adventures

Englischsprachige Tour ins **Hunter Valley**, zumeist mit Besuch von Draytons und Lindemans, mit Mittagessen im Hunter Valley Resort und Bierprobe im Bluetongue Cafe, danach Besuch des Hunter Valley Gardens Village. Mit im Programm sind auch Ausflüge in die Blue Mountains für Budget-Reisende oder in kleinen Gruppen bis 20 Gäste.

◉ *1300-228-546* ◉ *direct@aatkings.com.au* ◉ *www.aatkings.com/tours/VisualSearchForm/?City=14* ◉ *Hunter Valley Erw. ab $ 119, Kinder ab $ 89, Blue Mountains Erw. ab $ 99, Kinder ab $ 74*

▶ Heritage Express

Erkunden Sie die Umgebung von Sydney in einem historischen Zug mit Diesel- oder Dampfantrieb ab Bahnhof **Sydney Central**, mit regelmäßigen Sonderfahrten ans Meer, in die Berge oder zu Festivals in der Umgebung, darunter auch zum Winter Magic Festival (▶ Seite 323) in den Blue Mountains Ende Juni. Abhängig von der Route und der Verpflegung an Bord zahlen Erwachsene ab $ 85, Kinder ab $ 40.

📧 NSW Rail Museum, 10 Barbour Road, Thirlmere NSW 2572 ☎ 1300-11-55-99 🌐 www.nswrailmuseum.com.au/events

🛏 Übernachten – The Rocks

🏨 Sydney Harbour Bed and Breakfast
Über 100 Jahre altes Backsteingebäude im historischen The Rocks. Die neun Zimmer sind über drei Stockwerke verteilt und haben gemütlich knarrende Holzböden. Trotz der nahegelegenen Zufahrt zur Hafenbrücke ist das B&B ruhig, da die Wände sehr dick sind. Frühstück ist mit dabei, auf Wunsch kann man im kleinen Garten essen. Cook Room und Phillip Room haben Aussicht auf die Oper. Parken nur möglich in einem Parkhaus in der Umgebung.
📍 Von Norden kommend über den Cahill Expressway, hinter der Harbour Bridge wechseln auf den Bradfield Hwy/Western Distributor Fwy, dann Ausfahrt Grosvenor St. An der Grosvenor St links in die Gloucester St, später links in die Essex St, rechts in die Cumberland St 🚇 Circular Quay (Bahnhof, Fähre, Bus) 📧 140–142 Cumberland St, The Rocks NSW 2000 ☎ 02-9247-1130 @ stay@bbsydneyharbour.com.au 🌐 www.bbsydneyharbour.com.au 🅿 Nein 🛜 Ja 💲 ★★–★★★

🏨 YHA Sydney Harbour ★
2009 wurde dieses Hostel über den Fundamenten eines 200 Jahre alten Wohnhauses errichtet, ohne die historisch bedeutsame Ausgrabung zu zerstören. Die Doppelzimmer sind klein und freundlich, einige haben schöne Aussichten. Für alleinreisende Frauen gibt es 4er- und 6er-female-only-Zimmer. Die Mehrbettzimmer haben die gewohnten Metallbetten, alle Zimmer haben ein eigenes Bad. Parken: Für Gäste des Hostels kostet Parken ab $ 40 für 24 Stunden im Wilson Clocktower Car Park (📧 55 Harrington St, 250 m entfernt).

💡 Das YHA hat vier Stockwerke und eine Dachterrasse mit Aussicht zur Habour Bridge und ist damit einer der besten Aussichtspunkte für das Silvesterfeuerwerk (▶ Seite 337), soweit man eine spezielle Eintrittskarte dafür hat, die unabhängig von der Übernachtung verkauft wird. Reservierungen für Silvester sind ab sechs Monate im Voraus möglich.

📍 Siehe Sydney Harbour B&B 🚇 Circular Quay (Bahnhof, Fähre, Bus), danach 600 m zu Fuß 📧 110 Cumberland St, The Rocks NSW 2000 ☎ 02-8272-0900 @ sydneyharbour@yha.com.au 🌐 www.yha.com.au/hostels/nsw/sydney-surrounds/sydney-harbour 🅿 Nein 🛜 Ja 💲 ★

🛏 Übernachten – Central Business District

🏨 QT Sydney
Originell dekoriertes und gleichermaßen gemütliches Design-Hotel mit 200 Zimmern gleich neben dem palastartigen State Theater und gegenüber vom Sydney Tower. Das Hotel hat ein Day Spa (Wellness-Center).
📍 Von Norden kommend über den Cahill Expressway, hinter der Harbour Bridge wechseln auf Bradfield Hwy, dann Ausfahrt York St. Von York St links in die King St, rechts in die Castlereagh St, rechts in die Market St 🚇 Town Hall Station 📧 49 Market St, Sydney NSW 2000 ☎ 02-8262-0000 🌐 www.qtsydney.com.au 🅿 Nein 🛜 Ja 💲 ★★★★

🏨 Swissotel
Das 369-Zimmer-Hotel belegt die oberen Stockwerke eines Hochhauses in Gehweite vom Queen Victoria Shopping Centre (QVB) und dem Sydney Tower. Große, gemütliche Zimmer mit Blick auf den mit Sandstein umgrenzten Pool der Dachterrasse oder auf den Sydney Tower. Da das Swissotel noch aus den 1990er-Jahren stammt, sind die Zimmer größer als bei den meisten neueren Hotels. Parken kostet $ 45 für 24 Stunden (nicht im selben Gebäude).
📍 Siehe QT Hotel 🚇 Town Hall Station 📧 68 Market St, Sydney NSW 2000 ☎ 02-9238-8888 @ sydney@swissotel.com 🌐 www.swissotel.com/hotels/sydney 🅿 Nein 🛜 Ja 💲 ★★–★★★★

🏨 Travelodge Wynyard
22-stöckiges Hotel mit 279 Zimmern, nur wenige Schritte von der U-Bahn-Station Wynyard entfernt. Das Hotel hat ordentlich große Zimmer (größer als etwa beim Ibis Darling Harbour), die Badezimmer wurden 2015 renoviert. Parkplätze können nicht vorbestellt werden.
📍 Von Norden kommend über den Cahill Expressway, hinter der Harbour Bridge wechseln auf den Bradfield Hwy, dann Ausfahrt York St 🚇 Wynyard Station 📧 7–9 York St, Sydney NSW 2000 ☎ 02-9274-1222 @ wynyard@travelodge.com.au 🌐 www.travelodge.com.au/hotel/sydney-wynyard 🅿 Ja, ca. $ 50 pro Tag 🛜 Ja 💲 ★★–★★★

🏨 Travelodge Sydney
Modernes, ein wenig nüchternes Hotel mit 406 Zimmern über 18 Stockwerke. Die Zimmer sind klein, dafür ist das Hotel zentral gelegen und man kann alles bequem zu Fuß erreichen. Parken möglich in einem Parkhaus in der Nähe, ca. $ 25 für 24 Stunden.
📍 Von Norden kommend über den Cahill Expressway, hinter der Harbour Bridge wechseln auf den Bradfield Hwy/Western Distributor Fwy, dann Ausfahrt City/Darling Harbour. Von der Harbour St links in die

Goulbourn St, links in die Wentworth Ave Museum Station ⊜ 27 Wentworth Ave, Sydney NSW 2010 ☎ 02-8267-1700 @ sydney@travelodge.com.au 🌐 www.tfehotels.com/brands/travelodge-hotels/travelodge-sydney Ⓟ Nein ⊜ Ja ✿ ✶−✶✶✶

🛏 Übernachten – Darling Harbour

💡 Darling Harbour ist eine gute Basis für die Erkundung von Sydney. Von hier aus kann man viel zu Fuß entdecken, zudem ist es bis zur Fähre nur ein kurzer Weg über die Fußgängerbrücke.

🏨 Novotel Darling Harbour
4-1/2-Sterne-Hotel mit 513 Zimmern, etwas versetzt hinter dem Harbourside Shoppingcentre, das über eine Fußgängerbrücke erreichbar ist. Insgesamt komfortabler und mit größeren Zimmern als das nebenan gelegene Ibis. Nehmen Sie unbedingt ein Zimmer mit Blick auf den Hafen, die andere Seite ist nicht annähernd so interessant.
🚗 Von Norden kommend über den Cahill Expressway, hinter der Harbour Bridge wechseln die auf dem Bradfield Hwy/Western Distributor Fwy, dann Ausfahrt Market/Casino, rechts in die Pyrmont Bridge Rd, rechts in die Murray St 🚢 Darling Harbour (Fähre), Convention Centre (Light Rail) ⊜ 100 Murray St, Pyrmont NSW 2009 ☎ 02-9934-0000 @ H1181@accor.com 🌐 www.novoteldarlingharbour.com.au Ⓟ Ja, $ 45 pro Tag ⊜ Ja, kostenpflichtig ✿ ✶✶✶

🏨 Ibis Sydney Darling Harbour
256-Zimmer-Hotel an der Westseite von Darling Harbour. Moderne, funktionale, wenn

auch eher kleine Zimmer. Auch hier unbedingt ein Zimmer mit Hafenblick wählen.
🚢 Siehe Novotel 🚢 Darling Harbour (Fähre), Convention Centre (Light Rail) ⊜ 70 Murray St, Darling Harbour, Pyrmont NSW 2009 ☎ 02-9563-0888 @ H1757@accor.com 🌐 www.novoteldarlingharbour.com.au Ⓟ Ja, kostenpflichtig ⊜ Ja, kostenpflichtig ✿ ✶✶−✶✶✶

🛏 Übernachten – Bondi Beach

🏨 Adina Apartment Hotel Bondi Beach
Hotel mit 111 Apartments, darunter 46 Studios und 56 Apartments mit Schlafzimmer, die meisten mit Balkon. Mit Outdoorpool und Fitnessraum. Nur einen Block vom Strand von Bondi Beach entfernt, mit vielen Restaurants und Cafés in der Umgebung.
🚗 Von Norden kommend über den Cahill Expressway (M1), dem Straßenverlauf folgen bis nach Darlinghurst. Hier links ab über Moore Park Rd/Oxford St/Syd Einfeld Dr und Bondi Rd bis zum Ende, dann links ab zum Strand auf die Campbell Parade. Am Strand entlang Richtung Norden, dann links in die Hall St 🚌 Bus Nr. 389 ab Bundi Junction Station, Haltestelle Glenaye Ave/O'Brien St ⊜ 69−73 Hall St, Bondi Beach NSW 2026 ☎ 02-9300-4800 @ bondi@adinahotels.com.au 🌐 www.adinahotels.com/de/hotel/bondi-beach-sydney Ⓟ Ja, $ 33 pro Tag ⊜ Ja ✿ ✶✶✶

🏨 Bondi Beachouse YHA
Freundliches, zweistöckiges Gebäude mit Art-déco-Anleihen, mit Gemeinschaftsküche, TV-Raum und Waschsalon. Vermietet werden Doppel-, 4er-, 6er- und 8er-Zimmer, auf Wunsch gemischt oder nur für Frauen. Die Dachterrasse ebenso wie einige Zim-

Im Lane Cove Caravan Park ist man auf Augenhöhe mit der lokalen Tierwelt

Wanderweg bei Blackheath,
Blue Mountains

mer haben Meerblick. Das Hostel liegt etwa in der Mitte zwischen Bondi Beach und Tamarama Beach (jeweils 10 Minuten zu Fuß).
📍 *Von Norden kommend über den Cahill Expressway (M1), dem Straßenverlauf folgen bis nach Darlinghurst. Hier links ab über Moore Park Rd/ Oxford St/Syd Einfeld Dr und Bondi Rd, kurz vor dem Ende rechts in die Denham St/Fletcher St*
🚍 *Bus 381 ab Bondi Junction, Haltestelle Fletcher St* 📧 *Cnr Fletcher/Dellview St, Bondi Beach NSW 2026* ☎ *02-9365-2088* @ *bondi@yha.com.au* 🌐 *www. yha.com.au/Hostels/NSW/Sydney-Surrounds/Bondi-Beach-Backpackers-Hostel* ⓘ *Ja (begrenzte Plätze)* ❄ *Ja* 🅿 *＊*

🛏 Übernachten – Lane Cove

🏠 Lane Cove River Tourist Park ★
Der einzige empfehlenswerte Campingplatz im näheren Einzugsbereich von Sydney. Der Campingplatz liegt ca. 15 Kilometer nordwestlich vom CBD in einem Waldstück am Rande des Lane Cove National Park und hat eine Gemeinschaftsküche, mehrere BBQs und einen TV/Internet-Raum. Nicht-Camper können fertig aufgestellte Zelte (*First Time Camping Package* und *Tandara Tents*) sowie Cabins für zwei bis sechs Gäste buchen. Das Highlight sind die Tiere: Papageien, Kakadus und andere Vögel werden regelmäßig von den Gästen gefüttert und sind daher (fast) so zahm wie in einem Streichelzoo. Nachts sollte man damit rechnen, dass Possums und anderen Tiere nach

Essbarem suchen. Nach Sydney kommt man am schnellsten mit dem Zug (T1 North Shore & Northern Line, 26 Minuten) nach einem Fußweg von etwa 10 Minuten zum Bahnhof North Ryde.
📍 *Von Gosford über Pacific Motorway (M1), am Ende weiter auf den Pacific Hwy (A1), in Macquarie Park auf die Ryde Rd (A3), am Ende weiter auf den Hills Motorway (M2), links in die Epping Rd/Delhi Rd, links in die Plassey Rd.* 🚉 *North Ride Station* 📧 *Plassey Rd, Sydney NSW 2113* ☎ *02-9888-9133* @ *Buchung per E-Mail nicht möglich* 🌐 *https://nsw.rezexpert. com/book?business_code=500506* ⓘ *Ja, wird empfohlen* 🛏 *158* 🚐 *48* 🚿 *Ja* 🚻 *Ja* ❄ *Ja, kostenpflichtig* ⚡ *Trinkwasser, Strom (15 Amp.), Abwasser* 🔌 *Ja* 💲 *$$$, First Time Camping Package ＊, Tandara Tents ＊＊＊, Cabins ＊＊*

Hiermit endet Ihre Reise entlang der Ostküste von Cairns bis nach Sydney. Wir hoffen, Sie haben viele schöne Erfahrungen mit den Menschen, der Natur und den Tieren des »roten Kontinents« gemacht, die Ihnen noch lange in Erinnerung bleiben werden.

Richtig viel rote Erde haben Sie bisher allerdings noch nicht gesehen. Wenn Sie noch Zeit und Lust auf einen Abstecher haben, können Sie das gerne nachholen und von Sydney aus direkt zum Ayers Rock fliegen. Hier bietet sich die Gelegenheit für eine Reihe von beeindruckenden Wanderungen, die zu den schönsten Wüstenwanderungen in Australien gehören.

AYERS ROCK/ULURU

Ayers Rock/Uluru und Umgebung

YULARA MIT ULURU/ AYERS ROCK

👫👫	888 (Yulara)	
☀	39 °C (Extremwerte bis 47 °C)	
❄❄	20 °C (nachts bis -7 °C möglich)	
〰	492 m	
	Sydney	2.820 km
	Cairns	2.862 km

Der Uluru/Ayers Rock liegt in einer der einsamsten und unwirtlichsten Gegenden der Welt: Die nächste Stadt Alice Springs liegt 450 Kilometer entfernt, dazwischen gibt es nur Landstraßen, Rinderfarmen und vereinzelte Tankstellen, die hier *Roadhouses* heißen. Im Sommer kann es in dieser Region tagsüber über 40 Grad heiß werden, in manchen Winternächten sinkt das Thermometer auch bis auf den Nullpunkt.

Der 348 Meter hohe **Uluru** liegt als Inselberg mitten in einer weitgehend flachen Wüste aus mit niedriger Vegetation bewachsenen roten Dünen. Der Berg besteht aus Arkose, einer Sandsteinart, und wurde vom durchreisenden Landvermesser William Gosse 1873 »Ayers Rock« (nach dem damaligen Premierminister Henry Ayers) benannt. Heute wird zusätzlich die ursprüngliche Aboriginal-Bezeichnung »Uluru« verwendet (mit Betonung auf der letzten Silbe). Etwa 54 Straßenkilometer westlich vom Ayers Rock wie auch vom Ayers Rock Resort entfernt liegen die 36 rostroten Felsköpfe von **Kata Tjuta**, die auch als »Olgas« bekannt sind. Die Felsen sind etwa 500 Millionen Jahre alt und bestehen aus einem Gemisch aus Sand, Schlamm, Kieseln und Felsbrocken. Der höchste Gipfel ist 546 Meter höher als die ihn umgebende Ebene bzw. 1.066 Meter über Meereshöhe. Die Ortschaft **Yulara** schließlich besteht aus dem Ayers Rock Re-

sort und den daran angeschlossenen Quartieren für die Mitarbeiter des Resorts. Yulara liegt 20 Kilometer nördlich des Ayers Rock. Hier bekommt man alles Nötige für die Reise, allerdings sind die Preise aufgrund der abgelegenen Lage höher als gewohnt.

Der **Uluru-Kata Tjuta National Park** ist einer der beliebtesten National Parks des Northern Territory mit an die 250.000 Besucher im Jahr. Tourismus gibt es in dieser Gegend seit den 1930er-Jahren, auch wenn die Straßen damals kaum mehr als rote Sandpisten waren. 1950 wurde der Uluru als Nationalpark geschützt, gefolgt im Jahr 1958 von der benachbarten Felsformation Kata Tjuta. 1985 wurde der Park den Anangu zurückgegeben, die diese Gegend schon seit mindestens 22.000 Jahren bewohnen, und nun den Park zusammen mit der Regierung verwalten. Der Nationalpark ist zudem von der UNESCO als Weltnatur- und Weltkulturerbe geschützt.

🕐 *Von Oktober bis Februar ist der Nationalpark ab fünf Uhr geöffnet, im Juni und Juli erst ab 6:30 Uhr. Abends ist der Park mindestens bis 19:30 Uhr geöffnet, von Dezember bis Februar bis 21 Uhr. Von Kata Tjuta fährt man etwa 45 Minuten bis zum Parkeingang. Im Park übernachten ist nicht erlaubt.*
💲 *Solange man sich im Ayers Rock Resort aufhält, befindet man sich noch außerhalb des Nationalparks, es wird also kein Eintritt berechnet. Erst am Parkeingang kurz vor dem Ayers Rock werden $ 25 für drei Tage berechnet oder $ 32,50 für eine Jahreskarte. Kinder von 5–15 Jahren zahlen $ 12,50 für 3 Tage bzw. $ 15 für den Jahrespass.*

> 💡 WCs gibt es am Cultural Centre, am Mala Carpark, am Ayers Rock Sunrise/ Sunset Parkplatz bei Talinguru Nyakunyatu sowie am Kata Tjuta Sunset Viewing Platz.

ℹ CULTURAL CENTRE

Das kostenlose Cultural Centre ist die offizielle Anlaufstelle für alles rund um den Ayers Rock, mit Museum, Souvenirshop, Café und Infos zu Wanderungen in der Umgebung. Täglich um zehn Uhr werden kostenlose Präsentationen zur Aboriginal-

Kultur und zum Leben im Outback angeboten. Neben dem Centre findet man
Picknicktische und BBQs.

📍 *18 km vom Ayers Rock Resort, 1,5 km vom
Uluru/Ayers Rock* ✉ *Lasseter Hwy, Yulara NT 0872*
☎ *08-8956-1128* @ *uluru.info@environment.gov.au*
🌐 *www.parksaustralia.gov.au/uluru/do/cultural-
centre.html* 📖 *Besucherführer in deutscher Sprache
mit Karten: www.seitnotiz.de/NPRAU107* 🕐 *Tägl.
7–18 h*

Ⓗ Anreise und Transport

Der **Flughafen** liegt acht Kilometer vom
Ayers Rock Resort in Yulara. Der Flughafen wird täglich einmal von Cairns, zweimal Sydney und einmal von Alice Springs
aus angeflogen. Die großen **Mietwagen-
firmen** bieten Fahrzeuge ab Ayers Rock
Resort an. **Wohnmobile** können nur ab
Alice Springs geliehen werden. Wohnmobil-Preise sind wie immer in Australien an
die Saison angepasst und auch abhängig
vom gewünschten Komfort – vom uralten
Campervan bis zum Luxus-Wohnmobil ist
alles möglich. Alice Springs wird täglich jeweils einmal von Cairns, Sydney und Ayers
Rock aus angeflogen (🌐 www.alicesprings
airport.com.au).

Ein **kostenloses Shuttle** fährt eine Runde durch das Resort, vorbei an allen Hotels
und zum Flughafen, und zwar etwa alle 20
Minuten von 10:30 bis 0:30 Uhr. Öffentliche Verkehrsmittel oder Taxis in den Nationalpark gibt es nicht, dafür gibt es den
Uluru Express. Der Bus fährt zum Sonnenaufgang und Sonnenuntergang zum Ayers
Rock. Weitere Abfahrten ab Ayers Rock Re-

sort sind: 7:30, 9:30, 11:30, 14 und 16 Uhr.
Der Bus hält an allen Hotels und am Cam-
pingplatz und fährt folgende Ziele an: Cul-
tural Centre, Uluru Sunrise Lookout, Uluru
Sunset Lookout, Kata Tjuta Lookout, Walpa
Gorge, Valley of the Winds.

🚌 *Abhängig von der Tageszeit, bis Ayers Rock:
Erw. $ 60–70, Kinder $ 35, bis Kata Tjuta: Erw.
$ 70–120, Kinder $ 40–60* 🌐 *Busfahrplan:
www.seitnotiz.de/NPRAU114*

Ⓖ Orientieren

Ein Geländewagen ist nicht notwendig, die
Straßen zu allen Sehenswürdigkeiten sind
asphaltiert. Die Strecken sind zwar lang – 20
Kilometer vom Ayers Rock Resort in Yulara
bis zum Ayers Rock, von dort 54 Kilometer
bis nach Kata Tjuta und von dort 54 Kilometer zurück bis zum Resort nach Yulara – aber
es ist einfach, sich zurechtzufinden, da es
nur zwei Straßen gibt, die übrigens beide
Lasseter Highway (Highway 4) heißen.

▶ Geführte Touren zum Ayers Rock

Auch wenn man für den Eintritt zum Uluru/Ay-
ers Rock nur $ 25 zahlt: Die Kosten für Flug,
Hotel, und Transport können sich schnell zu
über $ 1.000 pro Person aufsummieren,
selbst wenn man nur für eine Nacht bleibt.
Daher ist es vor allem für Alleinreisende eine
Überlegung wert, sich einer geführten Tour
anzuschließen, um vor allem bei den hohen
Hotelkosten ein wenig einzusparen. Geführte Touren beginnen dabei typischerweise in
den frühen Morgenstunden in Alice Springs,
Gäste ab Ayers Rock werden dann in der
Mittagszeit abgeholt. Bekannte Veranstalter
sind etwa **Emu Run** oder **Adventure Tours**

Kata Tjuta bei Sonnenaufgang

Der Dornteufel (Thorny Devil) ist kaum zehn Zentimeter lang und isst am liebsten Ameisen

(bzw. Intrepid Tours – das ist derselbe Veranstalter). Übernachtet wird bei Emu Run im Zelt oder Hotel, bei Adventure Tours im einfachen 2er-Zelt zum Selbstaufstellen oder im permanenten Zelt mit Stehhöhe – und zwar ohne Klimaanlage im Sommer und ohne Heizung im Winter. Touren ab **Sydney** oder **Cairns** werden übrigens nicht angeboten, soweit man sich nicht einer daheim vororganisierten Pauschalreise anschließt.

✆ *Emu Run, Todd St, Alice Springs NT 0870* ☎ *1800-687-220* @ *info@emurun.com.au* 🌐 *www.emurun.com.au* ↻ *1 Tag Ayers Rock ab Alice Springs Erw. $ 226, Kinder $ 146, 2 Tage ab Alice Springs mit Hostel/Mehrbett, nur für Erwachsene ab $ 536, 3 Tage ab Alice Springs oder ab Ayers Rock Airport mit Camping Erw. ab $ 425, Kinder ab 8 Jahren $ 415*

✆ *Adventure Tours, Level 3/380 Lonsdale St, Melbourne VIC 3000* ☎ *03-8102-7800* @ *reservations@ adventuretours.com.au* 🌐 *www.adventuretours.com.au* ↻ *Ab Ayers Rock: 24 Stunden Tour von mittags an Tag 1 bis mittags am nächsten Tag: ab $ 395, 2 Tage/2 Nächte ab $ 425; Ab Ayers Rock oder Alice Springs: 3 Tage ab $ 695, 4 Tage ab $ 880 pro Person. Hinzu kommen noch $ 35 für den Schlafsack, soweit man keinen mitbringt.*

🛒 Versorgen und einkaufen

Zum Ayers Rock Resort gehört ein Shopping Centre mit Bank, Friseur, Post, Supermarkt, Zeitungsladen sowie Restaurants und Cafés. Außerdem gibt es in Yulara eine Tankstelle, einen Waschsalon, eine Wäscherei und einen Arzt.

✕ Essen und trinken

Mit dem kostenlosen Resort-Bus kann man alle Hotels (bis auf das Longitude) besuchen und in allen Restaurants essen. Aufgrund der abgelegenen Lage des Resorts liegen alle Restaurants im oberen Bereich (💰 ** – ***). Die Öffnungszeiten einiger Restaurants werden abhängig von der Saison und der Anzahl der Gäste kurzfristig festgelegt.

🌐 *www.ayersrockresort.com.au/around-the-resort*

▶ Sounds of Silence

Eine Kombination aus 3-Gänge-Abendessen bei Sonnenuntergang mit Aussichten auf Uluru/Ayers Rock, Didgeridoo-Musik und Informationen über den südlichen Sternenhimmel. Wer will, kann auch stilvoll mit dem Kamel anreisen. Frühzeitige Reservierung wird empfohlen.

> 💡 Die Moderation ist in Englisch. Die Teilnahme lohnt also nur, wenn Sie mehr als nur grundlegende Kenntnisse haben.

🌐 *www.ayersrockresort.com.au/experiences/detail/ sounds-of-silence* 💰 *Erw. $ 199, Kinder $ 100, mit Kamelreiten: Erw. $ 375, Kinder $ 205*

▶ Restaurants im Sails in the Desert Hotel

Im **Ilkari Restaurant** wird täglich ein internationales Buffet-Frühstück serviert. Das Abendessen basiert ebenfalls auf einem internationalen Menü, das teils mit Aboriginal-Gewürzen verfeinert ist. In der Walpa Lobby Bar gibt es Tapas, Burger, Pasta, und Fish & Chips, ebenso wie an der **Pira Pool Bar**.

🕐 *Ilkari Restaurant: tägl. für Frühstück und Abendessen geöffnet, Walpa Lobby Bar: tägl. von Sonnenaufgang »till late«, Pira Pool Bar: tägl. vom späten Vormittag bis Sonnenuntergang*

▶ Restaurants im Desert Gardens Hotel

Mangata Bistro & Bar: Frühstück als Buffet, Mittag- und Abendessen à la carte mit Burger, Pasta und Salaten. Der **Arnguli Grill** ist ein gehobenes Restaurant mit australischen Gerichten, verfeinert mit Aboriginal-Gewürzen und australischen Premium-Weinen.

🕐 *Mangata Bistro & Bar: täglich für alle Mahlzeiten geöffnet* 🕐 *Arnguli Grill: tägl. fürs Abendessen geöffnet, bitte vorher reservieren*

▶ Restaurants im Outback Pioneer Hotel & Lodge

Im **Bough House Restaurant** wird ein traditionelles australisches Buffet-Frühstück serviert. Saisonal ist das Restaurant auch fürs Abendessen geöffnet, dann kommen

Ayers Rock bei Sonnenuntergang

vom Outback inspirierte Gerichte auf den Tisch. Im **Pioneer BBQ and Bar** können Gäste jeden Abend ihre an der Restauranttheke gekauften Steaks, Fisch und Würstchen selbst auf den BBQs grillen und sich an der Salatbar bedienen. In der **Outback Pioneer Kitchen**, die fürs Mittag- und Abendessen geöffnet ist, gibt es Pizza, Burger und Salate. Die beiden letztgenannten Restaurants sind sehr beliebt bei jüngeren Reisenden und erinnern von allen Restaurants im Resort am ehesten an einen Aussie-Pub.

Bough House Restaurant: tägl. für Frühstück, in der Hochsaison auch fürs Abendessen geöffnet, Bough House Restaurant/Outback Pioneer Kitchen: ab mittags »till late«

▶ Town Square

Im Zentrum des Resorts finden sich eine Reihe von einfachen Imbissen, darunter die **Ayers Wok Noodle Bar** mit asiatischen Gerichten zum Mitnehmen sowie das **Gecko's Café** mit Pizza, Pasta und Burger und Steaks. Im **Kulata Academy Cafe** werden die zukünftigen Köche des Resorts ausgebildet. Hier bekommt man Sandwiches, Salate und Fruchtsäfte.

Ayers Wok Noodle Bar: tägl. fürs Abendessen, in der Hochsaison auch fürs Mittagessen geöffnet, Gecko's Café: für Mittag- und Abendessen geöffnet, Kulata Academy Café: für Frühstück und Mittagessen geöffnet

👁 Highlights

▶ Farbenspiel am Uluru/Ayers Rock

Ein Sonnenauf- oder -untergang am roten Felsen ist für viele Reisende ein magisches Erlebnis. Einer der Gründe, warum der Uluru/Ayers Rock so bekannt wurde, ist immerhin die Tatsache, dass sich seine Farbe abhängig

vom Wetter und von der Tageszeit verändert. Zumeist ist er rostrot, aber man hat ihn auch schon in lila fotografiert, mit ein bisschen Glück sogar mit Wasserfällen nach einem seltenen Regenguss. Die besten Plätze für den Sonnenauf- und untergang sind an der Parkstraße ausgewiesen. Falls Sie kein Fahrzeug zur Verfügung haben: Der **Uluru Express** fährt rechtzeitig zum Sonnenauf- und -untergang an den roten Felsen und kann gut mit einer Wanderung in Eigenregie kombiniert werden. Wenn Sie sich lieber einer **Tour** anschließen möchten – es gibt eine Reihe von geführten Ausflügen zum roten Felsen in kleinen Gruppen oder mit Begleitung eines Aboriginal Guides, die Sie in Ihrem Hotel buchen können (☎ ab $ 120, 🌐 www.ayersrockresort. au/experiences/detail/seit-uluru-tours)

▶ Kata Tjuta Dune Viewing Area

26 Kilometer auf der Parkstraße (Lasseter Highway) Richtung Kata Tjuta und noch einige Kilometer vor den Wanderparkplätzen von Kata Tjuta befindet sich der Dune Viewing Aussichtspunkt, der von Süden aus auf die Felsköpfe von Kata Tjuta schaut. Vom Parkplatz geht man etwa 300 Meter zu dem erhöhten Aussichtspunkt.

▶ Kostenlose Aktivitäten

Das Ayers Rock Resort bietet saisonabhängig eine Reihe von kostenlosen Aktivitäten an. Dazu gehören **geführte Spaziergänge** mit einem Aboriginal-Guide durch die Wüstengärten des Desert Gardens und Sails in the Desert Hotel. Zudem finden auf dem Town Square täglich von 8:30 bis 17 Uhr die **Indigenous Art Markets** statt, auf denen Künstler ihre Werke anbieten. Auf der Wiese am Town Square finden ab

der Mittagszeit **Workshops** statt mit Speer-werfen, Didgeridoo-Spielen sowie Aborigi-nal-Tanzvorführungen. Ein aktuelles Pro-gramm erhalten Sie in Ihrem Hotel.

▶ Dot Painting Workshop

Wer sich für Aboriginal-Kunst interessiert und sich selbst daran versuchen möchte, kann sich einem der täglichen **Dot Paint-ing Workshops** anschließen, in denen die traditionelle Technik im Punktmalen vorge-stellt wird. Workshops finden von März bis Anfang Januar von 10:30 bis 12 Uhr oder von 13:30 bis 15 Uhr im Ayers Rock Resort statt (vorbuchen über Ihr Hotel notwendig).
 Ayers Rock Resort, Nähe Wiese am Town Square www.ayersrockresort.com.au/experiences/detail/maruku-dot-painting-workshop Erw. $ 69, Kinder $ 35

▶ Rundflüge

Rundflüge über den Ayers Rock mit dem Flugzeug oder dem Helikopter können über Ihr Hotel gebucht werden. Für einen 30-Mi-nuten-Flug, der auch die Felsen von Kata Tju-ta mit einschließt, zahlt man $ 285. Etwas günstiger ist es im Flugzeug mit $ 240 für 40 Minuten rund um Ayers Rock und Kata Tjuta.
 www.ayersrockresort.com.au/experiences/air-adventures

▶ Kamelreiten in der Wüste

Wer es gern stimmungsvoll mag, der kann auf einem Kamel zum Uluru bei Sonnenauf- oder Sonnenuntergang reiten. Die Ausflüge dauern mit Hotelabholung etwa 2,5 Stun-den, davon verbringt man etwa eine Stunde auf dem Rücken eines Kamels. Abgesehen davon werden täglich um 10:30 Uhr so-wie von April bis Oktober auch um 14 Uhr 45-minütige Ausritte in die Wüste angebo-

ten. Der Veranstalter empfiehlt, früh zu bu-chen, (nicht nur) um sich eines der »gutaus-sehenden« Kamele zu sichern.
 Uluru Camel Tours, PO Box 25, Yulara NT 0872 08-8956-3333 reservations@ulurucameltours.com.au www.ulurucameltours.com.au $ 129 pro Person morgens/abends, $ 80 pro Person tagsüber

▶ Ayers Rock per Fahrrad

Die einfachen Wanderwege eignen sich gut für eine Fahrradtour rund um die Basis des Bergs (etwa 11 Kilometer). Fährräder be-kommt man beim Verleih neben dem Cul-tural Centre, nur 1,5 Kilometer vom Ayers Rock entfernt. Abholung möglich um 7:30 und 10:30 Uhr, im Winter auch um 14 Uhr.
 Neben dem Cultural Centre Alice Springs: 08-8952-3993 Uluru: 0437-917-018 www.outback cycling.com Tägl. von März–Nov. Erw. $ 45, Kinder $ 30 für 3 Std.

▶ Field of Light

Noch bis Ende März 2018 findet am Ayers Rock eine Ausstellung der besonderen Art statt: Nach Einbruch der Dunkelheit be-leuchten an die 50.000 Lämpchen die Ebe-ne vor dem Ayers Rock. Die Ausstellung ist nicht frei zugänglich und kann nur im Rah-men einer zweistündigen Tour besichtigt werden. Vorausbuchung wird empfohlen.
 Abholung ab Ayers Rock Hotels www.ayers rockresort.com.au/events/detail/field-of-light-uluru Tägl bis 31.03.2018 Erw. $ 39, Kinder $ 28

🚶🌲🌲 Wandern – Uluru/Ayers Rock

Für alle Wanderungen sollten Sie einen Hut, Sonnencreme und genügend Trinkwasser mitnehmen – und eventuell ein Fliegen-netz, das sich über den Hut stülpen lässt.

357

► Base Walk (Uluru) ★

Eine schöne und wenig anstrengende Art, den Ayers Rock zu erleben, ist bei einem Spaziergang rund um die Basis des Bergs. Über einen gepflegten, durchgängig flachen Spazierweg geht es über elf Kilometer rund um den roten Felsen. Unterwegs können Sie sich die einzelnen Felsfalten genauer ansehen, Felszeichnungen entdecken und auch das eine oder andere Wasserloch im Schatten des Felsens aufspüren. Aufgrund der hohen Temperaturen im Sommer empfiehlt es sich, gleich nach dem Sonnenaufgang loszugehen und nach Möglichkeit nur bis elf Uhr zu wandern. Die Erfahrung hat gezeigt, dass im Sommer die Temperaturen gegen 16 Uhr am heißesten sind, daher sind lange Wanderungen außerhalb der Wintermonate am Nachmittag nicht zu empfehlen.

💡 Eine Besteigung des Ayers Rock ist zwar erlaubt, allerdings sollte man sich im Klaren sein, dass es gefährlich ist (über 35 Menschen sind bereits zu Tode gekommen) und gegen das religiöse Empfinden der Aboriginals verstößt. Als Alternative für weite Aussichten aus der Luft empfiehlt sich daher ein Rundflug.

Ⓖ *Ganzj.* ⬗ *Ayers Rock Campground/Ayers Rock Resort* ➦ *Parkplätze am Mala Carpark (vom Cultural Centre rechts über den Lasseter Hwy) oder Kuniya Carpark (vom Cultural Centre nach Süden)* 🕐 *3,5–4 Std.* ⬗ *Leicht, im Sommer anstrengend* ➦ *11 km*

► Mala Walk zum Kantju Gorge (Uluru)

Eine kostenlose, von einem Ranger geleitete Wanderung beginnt von Oktober bis April täglich um acht Uhr und von Mai bis September um zehn Uhr am Parkplatz des Mala Walks. Unterwegs erfahren Sie mehr über das traditionelle Leben am roten Felsen. Zu anderen Tageszeiten können Sie die Wanderung auch im Alleingang unternehmen, und vielleicht nachher noch den **Base Walk** rund um den Monolithen anschließen. Dieser Platz bietet in den Wintermonaten gute Aussichten zum Sonnenuntergang.

Ⓖ *Ganzj.* ⬗ *Ayers Rock Campground* ➦ *Mala Carpark* 🕐 *1,5–2 Std.* ⬗ *Leicht* ➦ *2 km*

► Liru Walk (Uluru)

Einfache Wüstenwanderung vom Cultural Centre zum Ayers Rock. Der Monolith liegt in einiger Entfernung im Osten, und kommt Ihnen unterwegs immer näher. Nach einem Regenfall (am wahrscheinlichsten in der Zeit zwischen Weihnachten und Ostern) kann man unterwegs Wildblumen sehen. Der Weg endet am Mala Carpark. Nun geht

es denselben Weg wieder zurück. Alternativ können Sie den **Base Walk** oder den **Mala Walk** anschließen.

Ⓖ *Ganzj.* ⬗ *Ayers Rock Campground* ➦ *Cultural Centre* 🕐 *1,5 Std.* ⬗ *Leicht* ➦ *4 km*

► Kuniya Walk (Uluru)

Für Leute, die nicht so gut zu Fuß sind oder nicht viel Zeit haben, lohnt sich der Kuniya Walk zum **Mutitjulu Waterhole**, einer Wasserstelle an der Südseite des Ayers Rock. An einem der seltenen Regentage in der Zeit zwischen Weihnachten und Ostern kann man mit ein bisschen Glück einen Wasserfall sehen.

Ⓖ *Ganzj.* ⬗ *Ayers Rock Campground* ➦ *Kuniya Carpark* 🕐 *30–45 Min.* ⬗ *leicht* ➦ *1 km*

► Talinguru Nyakunyatu (Uluru)

Eine andere Perspektive auf den Uluru/Ayers Rock erhalten Sie auf den beiden Wanderungen, die ab dem Parkplatz von Talinguru Nyakunyatu beginnen. Das ist der Sonnenaufgangs-Aussichtspunkt, der sich südöstlich des Bergs befindet. An dieser Stelle beginnen zwei leichte Wanderwege, und zwar der *Women's Walk* und der *Men's Walk*. Die Wanderwege sind jeweils für beide Geschlechter zugänglich, allerdings erfährt man je nach Auswahl mehr über das Leben von Männern und Frauen in der traditionellen Aboriginal-Gesellschaft.

Ⓖ *Ganzj.* ⬗ *Ayers Rock Campground* ➦ *Talinguru Nyakunyatu Carpark, vom Cultural Centre nach Süden und später nach Osten bis zum Talinguru Nyakunyatu Carpark* 🕐 *Women's Walk: 30–45 Min., Men's Walk: 1 Std.* ➦ *Women's Walk: 1 km, Men's Walk: 1,5 km*

🚶🌲 Wandern – Kata Tjuta

Um die Wanderwege von Kata Tjuta zu erreichen, fahren Sie vom Resort oder vom Uluru den Lasseter Highway ca. 54 Kilometer nach Westen bis nach Kata Tjuta. Auch hier sollten Sie wie üblich Sonnencreme, Hut, reichlich Wasser und eventuell auch eine Erste-Hilfe-Ausrüstung mitnehmen. Gerade in der heißen Jahreszeit sollten Sie sich früh auf den Weg machen. Die Wanderwege bei Kata Tjuta werden nämlich gesperrt, wenn es morgens bereits über 35 Grad heiß ist. An manchen Sommertagen sind schon Temperaturen bis zu 47 Grad gemessen worden.

► Walpa Gorge (Kata Tjuta)

Über einen felsigen Pfad geht es hinein in eine enge Schlucht mit roten Steilwänden an der Südwestseite von Kata Tjuta, und zu einem kleinen Bach, der nicht ganzjährig Wasser führt. Zurück geht es denselben

Mutijulu, Ayers Rock

Weg.
🕐 Ganzj. ➋ Ayers Rock Campground ➋ Walpa Gorge Carpark, vom Cultural Centre über den Lasseter Hwy links nach Kata Tjuta 🕐 1 Std. ➋ Leicht bis moderat ➋ 2,6 km

▶ Valley of the Winds (Kata Tjuta) ★

Zusammen mit dem Uluru Basewalk ist dieser Wanderweg eine der schönsten Wüstenwanderungen in Australien. Der Weg ist lang und aufgrund der Temperaturen fast ganzjährig relativ anstrengend, daher lohnt es sich, bei Sonnenaufgang aufzubrechen. Wanderschuhe werden empfohlen, zur Not gehen auch feste Turnschuhe. Sobald 36 Grad erreicht werden, wird der Weg am **Karu Lookout**, der etwa 1,1 Kilometer vom Parkplatz entfernt liegt, geschlossen. Aber auch die Aussichten vom Karu Lookout am Eingang der Schlucht sind bereits die Anfahrt wert.
🕐 Nur bei Temperaturen unter 36 °C ➋ Ayers Rock Campground ➋ Valley of the Winds Carpark, nördlich vom Walpa Gorge Carpark 🕐 4 Std. ➋ Moderat, im Sommer anstrengend ➋ 7,4 km (Rundweg)

🛏 Übernachten

Wer am Ayers Rock übernachten will, der hat nur den Resortkomplex in Yulara zur Auswahl, der mehrere Hotels, ein Hostel und einen Campingplatz beherbergt, oder alternativ das Longitude 131°, das etwa vier Kilometer von Yulara/Ayers Rock Resort entfernt liegt. Grundsätzlich gilt: Wenn Sie mehr als nur eine Nacht bleiben, werden die Übernachtungspreise in den Hotels teils erheblich günstiger.

🏨 Longitude 131°

Abgetrennt vom Rest des Ayers Rock Resorts liegen diese 15 zeltartigen Luxus-Unterkünfte, in denen der britische Kronprinz William und Gattin Kate bei ihrem Australienbesuch 2014 bereits genächtigt haben. Respektlos könnte man sagen, dass dies der teuerste Campingplatz Australiens sei, da ja »nur« im Zelt mit Bett übernachtet wird – wenn auch mit angeschlossenem Luxus-Badezimmer. Von den klimatisierten Zelten aus hat man den Uluru immer im Blick. Im Preis von $ 2.400 pro Person für 2 Nächte (Minimum-Aufenthalt) sind Mahlzeiten, Ausflüge und der Abholservice vom Flughafen inbegriffen. Nicht geeignet für Kinder unter 10 Jahre.
📍 3 km außerhalb des Ayers Rock Resorts (Yulara), vom Lasseter Hwy nach Osten auf den Yulara Dr ➋ Yulara Dr, Yulara NT 0872 ☎ 02-9918-4355 @ reserve@baillielodges.com.au 🌐 www.longitude131.com.au 🅿 Ja ➋ Ja ➋ ★★★★

🏨 Ayers Rock Resort

Die folgenden Hotels gehören alle zum Ayers Rock Resort mit einer gemeinsamen Reservierung. Am teuersten sind die Hotelzimmer während der australischen Feiertage und Ferien, am günstigsten in den heißen Monaten nach Weihnachten und vor Ostern.
➋ Yulara Dr, Yulara NT 0872 ☎ 02-8296-8010 @ travel@voyages.com.au 🌐 www.ayersrockresort.com.au 🅿 Ja ➋ Ja

🚢 Sails in the Desert

Von Segeln bedecktes, elegantes 228-Zimmer-Hotel mit 5-Sterne-Komfort im Zentrum des Ayers Rock Resorts. Alle Zimmer sind großzügig geschnitten, mit einem Doppelbett ausgestattet, mit Aboriginal-Kunst geschmückt und haben Terrasse oder Balkon. Die Zimmerpreise liegen fast ganzjährig jenseits der $ 500-Marke, im Februar/März sind Zimmer immerhin schon für um die $ 400 die Nacht zu haben, wenn man 2 Nächte bleibt. Im Hotel befindet sich das Red Ochre Spa (Wellness Center) sowie die Mulgara Gallery mit Aboriginal-Kunst. Beides kann auch von Gästen anderer Hotels besucht werden. Kinder unter 15 kostenlos, soweit kein zusätzliches Bett benötigt wird.
🔆 ★★★★

🏨 Desert Gardens Hotel ★

Neben dem Sails in the Desert gelegenes Oberklassehotel mit 4½-Sterne-Komfort und 218 Zimmern, die mit einem Doppelbett und teils mit einem zusätzlichen Einzelbett ausgestattet sind. Alle Zimmer haben eine Terrasse oder einen Balkon, die Standardzimmer mit Aussichten auf den Garten, die Deluxe Rooms mit Aussichten auf die Wüste, einige auch mit Ayers Rock Aussichten – fragen Sie bei der Reservierung am besten danach. In der Nebensaison im Februar/März kann man auch Zimmer für um die $ 320 die Nacht bekommen, wenn man mindestens 2 Nächte bleibt.
🔆 ★★★★

🏨 Emu Walk Apartments

Das einzige Apartment-Hotel im Resort, mit 60 Ferienwohnungen mit einem Schlafzimmer für bis zu vier Personen oder mit zwei Schlafzimmern für bis zu sechs Personen. Mit voll ausgestatteter Küche sowie Balkon oder Terrasse. Die Apartments wurden Anfang 2015 renoviert und sind gut geeignet für Familien und für Reisende, die sich selbst versorgen möchten. In der Nebensaison im Februar/März kann man auch Apartments für um die $ 340 die Nacht bekommen, sofern man mindestens 2 Nächte bleibt.
🔆 ★★★★

🏨 Outback Pioneer Hotel

Mittelklassehotel, etwas abgesetzt vom eigentlichen Resort, mit 167 klimatisierten Zimmern für bis zu vier Gäste. Die Standard Rooms sind praktisch, aber nicht luxuriös ausgestattet, in etwa wie ein Motel, und haben ein eigenes Bad. In der Nebensaison im Februar/März kann man Zimmer für um die $ 270 die Nacht bekommen, wenn man 2 Nächte bleibt.
🔆 Standard Room ★★★★

🏨 Outback Pioneer Lodge

An das Outback Pioneer Hotel angeschlossen ist ein 168-Betten-Hostel mit klimatisierten und bei Bedarf auch beheizten Mehrbettzimmern mit Bad auf dem Gang. Übernachtet wird in 20er-Schlafsälen, jeweils nach Männern und Frauen getrennt, oder für ein paar Dollar mehr in gemischten 4er-Zimmern mit Stockbetten. Etwas komfortabler sind die Budget Rooms, also Doppelzimmer mit oder ohne Badezimmer, für die man allerdings auch in der Nebensaison über $ 200 die Nacht zahlt. Mit dabei sind eine Gemeinschaftsküche und ein Gemeinschaftsraum mit Internet. Die Lodge gehört zwar nicht offiziell zur YHA-Kette, trotzdem bekommen Gäste mit YHA-Ausweis die gewohnten Rabatte.
🌐 www.yha.com.au/hostels/nt/central-australia/ayers-rock 🔆 Ja, kostenpflichtig 🔆 Hostel: ★, Budget Rooms ★★★

⛺ Ayers Rock Campground

Campingplatz auf rotem Wüstensand mit einigen Rasenflächen. Wer weder im Hotel noch im Wohnmobil übernachten mag, der kann eine der 14 klimatisierten 2-Bedroom-Cabins ohne Bad, dafür aber mit Küche mieten, die Platz für bis zu 6 Gäste bieten. Auf dem Gelände befinden sich ein Pool, ein Volleyball-Platz, eine Gemeinschaftsküche, BBQs und ein Waschsalon.
📍 Yulara Dr, Yulara NT 0872 ☎ 08-8957-7001 📧 campground@ayersrockresort.com.au 🌐 www.ayersrockresort.com.au/accommodation/ayers-rock-campground 🔆 Ja, wird empfohlen 🔆 198 🔆 220 🔆 Ja 🔆 Ja 🔆 Ja, kostenpflichtig 🔆 Strom (15 Amp.) 🔆 Nein 🔆 $$$, Cabins ★★

💡 Das nächste Hotel und der nächste Campingplatz außerhalb von Yulara ist die **Curtin Springs Station** (🔆 ★ – ★★), eine Rinderfarm, die 88 Kilometer von Yulara und 110 Kilometer vom Ayers Rock/Uluru entfernt liegt. Eine Übernachtung lohnt hier nur, falls Sie sowieso vorhaben, weiter in Richtung Alice Springs oder Kings Canyon zu fahren.

LLET of GRILLED

STRALIAN

ARRAMUNDI w̄

RESH SCALLOPS &

UTÉED KING

RAWNS in a WINE,

REAM GARLIC

UCE w̄ MACADAMIAS

XED MASHED

TATOES & VEGES

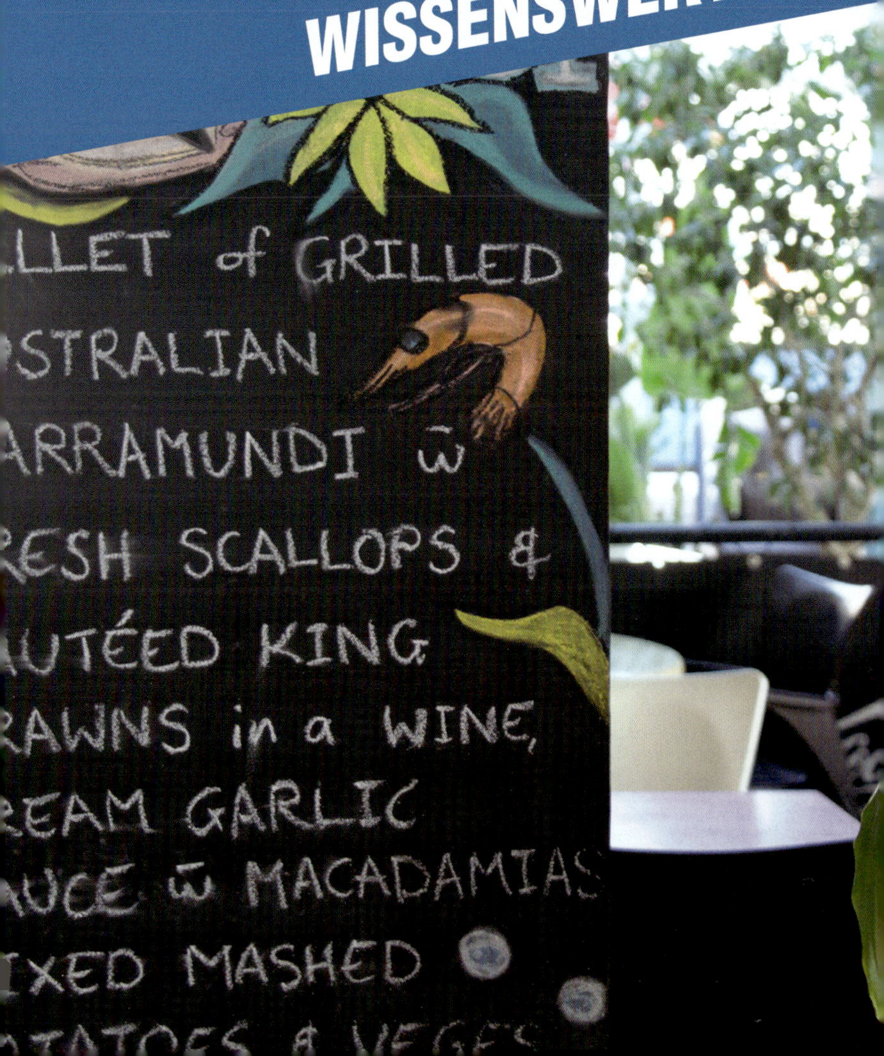

ⓘ ÄRZTLICHE HILFE

Sollten Sie ärztliche Versorgung benötigen, ist ein Besuch des *Emergency Departments* eines Krankenhauses nur empfehlenswert, wenn Sie sich als Patient im Notarztwagen befinden. Alle weniger akuten Beschwerden haben zur Folge, dass Sie möglicherweise mehrere Stunden warten müssen. Daher ist eher anzuraten, bei Beschwerden zu einer normalen Arztpraxis *(GP, General Practitioner)* zu gehen oder zu einem *Medical Centre.* Hier liegen die Wartezeiten zumeist bei unter einer Stunde, und Sie zahlen um die $ 50 für eine Untersuchung. Bezahlen müssen Sie die Behandlung selbst und unmittelbar, die Kosten können in bar oder mit Kreditkarte beglichen werden. Die Rechnungen können Sie sich nach dem Urlaub von Ihrer Auslandsreisekrankenversicherung erstatten lassen.

ⓘ ALKOHOL

Das Mindestalter für den Kauf von Alkohol ist 18 Jahre. Um Alkohol verkaufen zu dürfen, wird eine Alkohollizenz benötigt. Daher bekommt man in Supermärkten typischerweise keinen Alkohol (mit Ausnahme einiger Aldi-Filialen). Stattdessen gibt es separate Läden, *Bottle Shops* oder *Liquor Stores,* die Alkohol verkaufen, beispielsweise *Dan Murphys* oder *BWS.* Egal, wo man kauft – Alkohol ist erheblich teurer als gewohnt, da die Alkoholsteuer sehr hoch ist. Für eine 375-ml-Flasche Bier bezahlt man im Liquor Store etwa $ 3, im Pub mindestens das Doppelte, für einen Wein zahlt man ab etwa $ 5 die Flasche im Liquor Store (für einen guten Wein lohnt es sich, um die $ 10 hinzulegen), im Restaurant ab etwa $ 6 das Glas.

ⓘ ANREISE

Die Anreise ist sehr lang, je nach Flugverbindung sollten Sie mit über 20 Stunden Flugzeit rechnen, aufgeteilt auf mindestens zwei Etappen. Bei allen Flügen wird ein Zwischenstopp im Nahen Osten (etwa in Dubai oder Abu Dhabi) oder in Asien (Singapur, Hongkong, Bangkok etc.) gemacht. Manchmal verbringt man nur ein paar Stunden auf dem Umsteigeflughafen, manchmal auch den ganzen Tag. In diesem Fall lohnt es sich eventuell, über eine Nacht Stopover nachzudenken, wenn Ihnen lange Flüge zu anstrengend sind. Abhängig von der Route ist es möglich, dass Sie an einem australischen Flughafen (etwa Brisbane) landen und noch einmal umsteigen müssen (beispielsweise nach Cairns). Das Gepäck muss dann am ersten australischen Flughafen durch den Zoll gebracht und für den Weiterflug neu eingecheckt werden.

ⓘ APOTHEKEN

Apotheken heißen *Pharmacies* und sind nicht einheitlich ausgewiesen. Typischerweise gehören sie zu Ketten wie etwa *Terry White Chemist, Priceline Pharmacy, V Pharmacy* oder *Chemist Warehouse.* Manchmal befinden sich Apotheken auch neben Arztpraxen. Apotheken haben normalerweise keinen Nachtdienst und sind typischerweise Montag bis Samstag von 9 bis 17:30 Uhr geöffnet. Manche Apotheken haben auch am Sonntag geöffnet. Schmerzmittel und andere »einfache« Medikamente bekommt man auch im Supermarkt.

ⓘ AUTOFAHREN (▶ VERKEHRSREGELN)

ⓘ AUTOVERMIETUNG

In Cairns, Brisbane und Sydney gibt es Stationen aller großen Mietwagenketten, darunter Europcar, Hertz, Thrifty etc. Die Filialen liegen jeweils an den Flughäfen und im Stadtzentrum. Das Mindestalter für Fahrer liegt bei 21 Jahren. Fahrer unter 25 Jahren müssen typischerweise einen Aufpreis von um die $ 30 pro Tag bezahlen. Fahrer ab 18 Jahren können auch Mietwagen über australische Billigvermieter bekommen. Fahrzeuge sind günstiger, wenn man sie nicht vom Flughafen, sondern in einer Stadtfiliale abholt. Wenn man den Wagen nachher zum Flughafen zurückbringen will, wird es nicht teurer.

Europcar Australia

Ort	Adresse	Telefon
Cairns Airport	☎ Terminal Building, Cairns Airport, Cairns QLD 4870	☎ 07-4034-9088
Cairns City	☎ Cairns Square, Corner of Shield and Abbott Streets, Cairns QLD 4870	☎ 07-4033-4800
Brisbane Airport	☎ Terminal Building, Brisbane Airport QLD 4000	☎ 07-3874-8150
Brisbane City	☎ 728 Ann Street, Fortitdue Valley QLD 4006	☎ 07-3006-7440
Sydney Airport	☎ Terminal Building, Sydney Airport, Sydney NSW 2020	☎ 02-9207-9400
Sydney City	☎ Mercure Hotel / 818-820 George St, Sydney NSW 2000	☎ 02-8255-9050
Alice Airport/Yulara Resort	–	–

@ info@europcar.com.au
🌐 www.europcar.com.au

Hertz Australia

Ort	Adresse	Telefon
Cairns Airport	☎ Cairns Airport, Airport Ave, Cairns QLD 4870	☎ 07-4035-9299
Cairns City	☎ Shop1, Cairns Square Shopping Centre, Cairns QLD 4870	☎ 07-4051-6399
Brisbane Airport	☎ Airport Drive, Eagle Farm QLD 4009	☎ 07-3860-4996
Brisbane City	☎ 55 Charlotte Street, Brisbane QLD 4000	☎ 07-3221-6166
Sydney Airport	☎ Keith Smith Ave, Mascot NSW 2020	☎ 02-8337-7500
Sydney City	☎ 65 William Street, Sydney NSW 2010	☎ 02-9360-6621
Ayers Rock Airport	☎ Coote Road, Yulara NT 0872	☎ 08-8956-2244
Yulara Resort	☎ Resort Shopping Square, Yulara NT 0872	☎ 08-8956-2244

@ aushertzcustrel@hertz.com.au
🌐 www.hertz.com.au

Thrifty Australia

Ort	Adresse	Telefon
Cairns Airport	☎ Terminal Building, Cairns QLD 4870	☎ 07-4033-9800
Cairns City	☎ Cnr Sheridan and Aplin Streets, Cairns QLD 4870	☎ 07-4033-9800
Brisbane Airport	☎ Terminal Building, Brisbane QLD 4009	☎ 07-3000-8600
Brisbane City	☎ 49 Barry Parade, Fortitude Valley QLD 4006	☎ 07-3006-3255
Sydney Airport	☎ Terminal Building, Kingsford Smith Airport, NSW 2020	☎ 02-9582-1762
Sydney City	☎ 85 William Street, Sydney NSW 2011	☎ 02-8374-6177
Ayers Rock Airport	☎ Terminal Building, Ayers Rock NT 0842	☎ 08-8956-2556
Yulara Resort	☎ Outback Pioneer Hotel, Yulara Dr, Yulara NT 0872	☎ 08-8956-2030

@ reservations@thrifty.com.au
🌐 www.thrifty.com.au

Weitere Anbieter

Auch die im Abschnitt »Wohnmobil-Vermieter« (▶Seite 384) genannten Anbieter haben Mietfahrzeuge im Programm, wenn auch in einer kleineren Auswahl.

⊕ AUTOVERSICHERUNGEN

Die Mindestversicherung für ein Fahrzeug ist die CTP oder *Compulsary-Third-Party*-Versicherung. Sie schließt nur die Kosten für Verletzungen an anderen Verkehrsteilnehmern ein und wird über die Fahrzeugregistrierung (bekannt als: *Rego*) halbjährlich oder jährlich bezahlt. Freiwillig kann außerdem eine *Third Party* (Teilkasko) oder eine *Comprehensive Insurance* (Vollkasko) abgeschlossen werden. Wenn Sie mit dem eigenen Fahrzeug unterwegs sind, ist es sinnvoll, mindestens eine *Third Party* zusätzlich abzuschließen.

Wenn Sie mit einem Mietwagen unterwegs sind, erhalten Sie typischerweise nur CTP sowie eine *Third-Party*-Mindestversicherung mit zumeist $ 3.500 Selbstbeteiligung. Daher verkaufen die Vermieter gerne noch zusätzliche Versicherungen, die die Selbstbeteiligung reduzieren und die verschiedene Namen haben können, wie etwa *Premium Protection* oder *Accident Excess Reduction*. Überlegen Sie sich den Abschluss dieser zusätzlichen Versicherungen genau und lassen Sie sich nicht aus der Ruhe bringen. Sollten Sie die Leistungen nicht verstehen, fragen Sie solange nach, bis Ihnen klar ist, für was Sie bezahlen.

⊕ BEHINDERUNG

Reisen mit Behinderungen – v. a., wenn es um Rollstuhlfahrer geht – ist nicht ganz einfach, egal, wo es hingeht. Wenn Sie mit einem Rollstuhl reisen (Stichwort: *accessible travel*), lohnt es sich, vorher bei den Unterkünften nachzufragen, ob es passend ausgestattete Zimmer gibt. Behindertenparkplätze in Einkaufszentren, bei Sehenswürdigkeiten, Stränden etc. dürfen benutzt werden, soweit man einen entsprechenden Ausweis besitzt und das passende Schild an der Rückspiegel hängen kann. Viele **Bürgersteige** sind von Natur aus abgeschrägt, sodass man einfach die Straßenseite wechseln kann. Öffentliche **Busse** haben oft eine Hydraulik, die den Bus seitlich für Rollstühle neigen kann. Bei der Taxibuchung sollte man nach einem »**Accessible Taxi**« fragen. In den meisten **Museen** gibt es Aufzüge, die auch für Rollstühle geeignet sind. Tourbusse, Ausflugsboote oder Rundflüge sind typischerweise nicht auf Rollstuhlfahrer eingestellt. Hier lohnt es, rechtzeitig Informationen einzuholen.

Infos vom Translink Verkehrsverbund (Süd-Queensland): 🌐 https://translink.com.au/travel-with-us/accessibility

Infos zu öffentlichen Verkehrsmitteln rund um Sydney: 🌐 www.transport.nsw.gov.au/tags/transport-access-program

⊕ BEZAHLEN

Falls man Ihnen in Australien anbietet, in Euro zu bezahlen, lohnt es sich zumeist, dieses Angebot abzulehnen. Die Umrechnungskurse dieses Dienstes sind typischerweise ungünstiger, als wenn Sie einfach Ihre Bank den Betrag von AUD in Euro umrechnen lassen.

⊕ BOTSCHAFTEN (▶ VERTRETUNGEN)

⊕ CAMPER (▶ WOHNMOBILE)

⊕ CAMPING

Australier lieben das Camping und sind gerne im Geländewagen mit großem Wohnanhänger *(Camper Trailer, Caravan)* unterwegs. Die meisten Campingplätze unterscheiden nicht nach Wohnmobil- oder Zelttarifen, sondern nach *Powered Sites* (Stellplätze mit Strom) und *Unpowered Sites* (ohne Strom), auf denen fast immer Wohnmobile wie auch Zelte stehen können. Fast alle Campingplätze sind dauerhaft geöffnet. Während der **Regenzeit in Queensland** (Januar bis März) kann es beim Campen nachts des Öfteren ein wenig lauter und nasser werden als gewohnt, da ein tropischer Regenschauer mit sehr viel Kraft auf das Wohnmobil- oder Zeltdach herniedergehen kann. Ein nächtlicher Schauer von über 200 mm kommt gerade im Norden des Landes öfter vor (zur Erinnerung: In Berlin regnet es knapp 600 mm im gesamten Jahr). **Lagerfeuer** sind auf vielen Campingplätzen erlaubt, soweit entsprechende Grills oder Feuerstellen vorbereitet sind und keine anderslautenden Verbote herrschen (etwa wegen Waldbrandgefahr). Im Zweifelsfall schaut man einfach, was die Nachbarn machen oder fragt beim Platzwart nach.

Camping in National Parks

In vielen Nationalparks in Queensland gibt es günstige Campingplätze, bei denen man nur $ 6,35 pro Person oder $ 25,40 pro Familie zahlt. Hierbei kann man sich den günstigeren Tarif aussuchen. Die Ausstattung ist einfach: Mehr als eine Wiese und ein WC-Häuschen sollten Sie für diesen Preis nicht erwarten. Manchmal haben die WCs Wasserspülung, aber auch Komposttoiletten sind keine Seltenheit. Mit einer Dusche sollten Sie nicht rechnen, und Trinkwasser sollten Sie auf Vorrat dabei haben. In **Queensland** ist es zwingend notwendig, vorher telefonisch oder online einen Platz zu reservieren. In **New South Wales** gibt es ebenfalls Nationalpark-Campingplätze.

Diese sind oft besser ausgestattet, mit dem Preisniveau von privaten Plätzen. Vorbuchung empfiehlt sich in den Schulferien und an Feiertagen. Das gilt auch für den Campingplatz am Ayers Rock.

Queensland National Parks
- http://parks.nprsr.qld.gov.au
- 13-74-68

New South Wales National Parks
- www.nationalparks.nsw.gov.au/Stay
- 1300-072-757

Ayers Rock
- www.ayersrockresort.com.au/accommodation/ayers-rock-campground
- 08-8957-7001

Private Campingplätze
Private Campingplätze gibt es in allen Kategorien von einfach bis Luxus. Der Preis ist fast immer ein guter Indikator für die Annehmlichkeiten, die zu erwarten sind. Manche Campingplätze bieten sogar Stellplätze mit privatem Badezimmer *(Ensuite)* an. Einen guten Standard haben etwa **Top Tourist Parks** oder **Big 4 Holiday Parks**. Falls Ihnen die Plätze gefallen, lohnt es sich eventuell, eine Club-Karte für ca. $ 30 zu kaufen, um 10 % Rabatt zu bekommen.

Cabins statt Zelt oder Wohnmobile
Eine Alternative zum Zelt und Wohnmobil sind die *Cabins*, also Ferienhäuschen oder Holzhütten auf Campingplätzen, die nicht selten günstiger sind als vergleichbare Hotelzimmer. Cabins gibt es in allen Kategorien, von ganz einfach mit Doppelbett, mit Miniküche und ohne Bad bis hin zum 3-Schlafzimmer-Palast mit Whirlpool-Wanne. Eine Cabin mit eigenem Bad heißt *Ensuite Cabin*. Cabins sind eine zweischneidige Sache: gerade bei Preisen unter $ 100 die Nacht kann man eventuell unangenehm überrascht werden, da manche Cabins oft schon seit Jahren nicht mehr renoviert wurden.

Zusätzliche Ausstattung auf Campingplätzen
Ein besonderes Plus auf vielen Campingplätzen sind die Gemeinschaftsküchen *(Camp Kitchen)* sowie die BBQs, also mit Strom oder Gas betriebene Grills mit Metallplatte statt Gitterrost. Die Camp Kitchens kommen dabei nicht nur Reisenden mit Zelt zugute, sondern auch Reisenden, die nicht in der beengten Küche ihres Gefährts kochen möchten. Zur Ausstattung der Gemeinschaftsküche gehören typischerweise Kühlschrank, Gasherd, Spüle, Toaster, Tische und Stühle

und manchmal auch ein Fernseher. Vor allem zum Frühstück wie zur Abendessenszeit sollten Sie damit rechnen, dass in der Gemeinschaftsküche viel los ist – eine gute Gelegenheit, um andere Reisende kennenzulernen. Private Campingplätze haben nicht selten einen Waschsalon, dessen Top-Loader-Waschmaschinen und Trockner mit ein- und zwei-Dollar Münzen befüttert werden. Waschmittel sollten Sie selbst mitbringen. Viele private Campingplätze haben ein Freibad, das aufgrund des warmen Klimas das ganze Jahr über geöffnet ist, in New South Wales oft auch beheizt. Manche Campingplätze haben auch einen Kinderspielplatz. Kostenloses Internet ist kein Standard. Falls es kein *Wireless* gibt, gibt es alternativ zumeist ein Internet-Kiosk an der Rezeption.

Wildes Camping
Wildes Camping mit dem Wohnmobil wird an vielen Orten toleriert, solange keine Schilder gibt, die auf das Gegenteil hinweisen. In beliebten Touristenorten wie etwa Cairns, Port Douglas, Airlie Beach oder Noosa ist wildes Campen grundsätzlich verboten. Wenn Sie sichergehen wollen, übernachten Sie lieber auf einem Campingplatz.

ⓘ DINGOS
Dingos sind Australiens Wildhunde. Sie bellen nicht, sind sehr scheu und leben zumeist als Einzelgänger. Sie sind mit den Hunden nahe genug verwandt, dass sie sich, sehr zum Kopfzerbrechen der Australier, gemeinsam fortpflanzen können. Auf dem Festland gibt es daher nur noch selten reinrassige Dingos. Anders sieht es auf Fraser Island aus. Hier sieht man nur reinrassige Dingos, die oft unterernährt sind und daher versuchen, Essen von Menschen zu bekommen. Das kann gelegentlich zu aggressivem Verhalten vor allem gegenüber Kindern führen. Es ist daher wichtig, Abstand zu halten und keine Nahrungsmittel oder Müll unbewacht herumliegen zu lassen. Wichtig: Wer Dingos füttert, macht sich strafbar, außerdem besteht die Möglichkeit, dass die angefütterten Tiere von den Rangern eingeschläfert werden.

ⓘ EIN- UND AUSFUHRBESTIMMUNGEN
Reisende ab 18 Jahre können bis zu 2,25 Liter alkoholische Getränke (Gesamtvolumen) zollfrei nach Australien einführen, außerdem bis zu 25 Zigaretten oder 25 g Tabakwaren sowie eine offene Schachtel Zigaretten mit 25 oder weniger Zigaretten. Wer mehr mitbringt, kann sich dafür

entscheiden, alles über dem Limit wegzuwerfen oder die Zollgebühren für **alle** mitgeführten Waren zu zahlen. Die Menge an Bargeld unterliegt keiner Begrenzung. Bargeld im Wert ab $ 10.000 muss deklariert werden. Abgesehen davon können »allgemeine Waren« wie etwa Geschenke bis zu einem Wert von $ 900 (Erwachsene) oder $ 450 (Kinder) mitgebracht werden.

Achten Sie darauf, bei der Einreise nach Möglichkeit keine Nahrungsmittel mitzunehmen, die nicht abgepackt und original verschlossen sind. Frische Produkte wie Obst und Wurst müssen aufgegessen oder entsorgt werden, bevor Sie durch die Kontrolle gehen. Naturprodukte aus Holz sowie Souvenirs aus Pflanzen- oder Tiermaterialien gehen durch den Scanner und werden eventuell konfisziert. Das gilt ebenfalls bei Gegenständen, an denen sich Erde oder sonstige auffällige Verschmutzungen befinden, wie etwa an Schuhen oder Campingausrüstung.

Australische Zöllner sind sehr genau. Es lohnt sich daher, beim Ausfüllen der Zollerklärung ehrlich zu sein und im Zweifelsfall lieber die entsprechenden Waren vorzuzeigen, als nachher einen heftigen Strafzettel zu bezahlen. Das gilt vor allem beim Thema Lebensmittel.

Weitere Informationen erhalten Sie unter:

Department of Immigration and Border Protection
☎ 02-9313-3010
🌐 www.border.gov.au/Trav/Ente/Duty-Free-concessions

Zollbestimmungen Deutschland und Österreich
Auf der Rückreise dürfen folgende Waren in Deutschland zollfrei eingeführt werden: Tabakwaren, wenn der Einführer mindestens 17 Jahre alt ist: 200 Zigaretten oder 100 Zigarillos oder 50 Zigarren oder 250 Gramm Rauchtabak oder eine anteilige Zusammenstellung dieser Waren. Alkohol und alkoholhaltige Getränke, wenn der Einführer mindestens 17 Jahre alt ist: 1 Liter Spirituosen mit einem Alkoholgehalt von mehr als 22 % Vol. oder unvergällter Ethylalkohol mit einem Alkoholgehalt von 80 % Vol. oder mehr oder 2 Liter Alkohol und alkoholische Getränke mit einem Alkoholgehalt von höchstens 22 % Vol. oder eine anteilige Zusammenstellung dieser Waren und 4 Liter nicht schäumende Weine und 16 Liter Bier.
🌐 www.zoll.de
🌐 www.bmf.gv.at/zoll

Zollbestimmungen Schweiz
Folgende Waren dürfen in die Schweiz zollfrei eingeführt werden: Alkoholische Getränke: bis 15 % Vol. (Bier, Wein usw.) 2 Liter; über 15 % Vol. (Schnaps usw.) 1 Liter. Tabakwaren: 200 Zigaretten oder 50 Zigarren oder 250 g Pfeifentabak. Alkoholische Getränke und Tabakwaren werden nur abgabenfrei zur Einfuhr zugelassen, wenn sie von Personen eingeführt werden, die mindestens 17 Jahre alt sind.
🌐 www.ezv.admin.ch

🛈 EINKAUFEN

Die Marktführer in Sachen Supermärkte sind **Coles/BiLo** und **Woolworths**. In den Regalen finden sich Gemüse, Brot und Brötchen, manchmal auch Schwarzbrot, haltbare Lebensmittel, Toilettenartikel, Putzmittel, Sonnencreme, Insektenschutz, Husten- und Schmerzmittel sowie Kosmetik. Alternativen mit einer vergleichbar großen Auswahl gibt es kaum. Auch **Aldi** gibt es, die Filialen beschränken sich aber auf New South Wales und das südliche Queensland bis hin nach Gladstone. **The Source Bulk Foods** ist Australiens größter Anbieter von »bulk foods«, also Waren, die nicht vorher eingepackt sind. Im Programm sind auch viele Bio-Produkte. Eine Liste der Filialen finden Sie auf 🌐 thesourcebulkfoods.com. au. Auch bei **Go Vita** bekommt man viele Bio-Produkte und -Kosmetika (🌐 www. govita.com.au/store-locator). Die meisten Bäcker führen ausschließlich Weißbrotvarianten. Wenn Sie dunkles Brot mögen, fragen Sie am besten nach einem Rye Bread, also einem Roggenbrot, das z. B. in einigen Brumby Filialen verkauft wird. In den Regalen von Coles und Woolies findet man manchmal auch Roggenbrot, typischerweise unter dem Begriff Light Rye.

🛈 ELEKTRIZITÄT (▶ STROM)

🛈 ESSEN UND TRINKEN

Verpflegung bekommt man eigentlich überall, sogar in den entlegensten Nationalparks ist irgendwo ein Pub oder ein Café zu finden. In einem Café kann man guten Kaffee aus der Espressomaschine erwarten, für deutsche Geschmäcker ist der Long Black die gute Wahl, oder auch Kaffee aus der Kaffeepresse (Plunger). Auch löslicher Kaffee ist weit verbreitet und liegt oft in Hotelzimmern aus.

Auf dem Lande ist die Verpflegung oft eintönig, mit australischen Favoriten wie

Burger, Fish & Chips und Steaks. In größeren Städten findet man auch internationale Restaurants ebenso wie die bekannten Fast-Food-Ketten (Burger King heißt in Australien übrigens Hungry Jack's).

Steaks schmecken aufgrund der Freiland-Tierhaltung besser als in Europa, und auch **Seafood** ist von hervorragender Qualität. Steaks bekommt man als *well done, medium* und *rare*. Wenn ein Steak *medium* ist, ist es innen noch rosa, *well done* ist die durchgegarte Variante.

Das **Frühstück** gibt es in der Variante *continental* oder als *full breakfast/full Aussie breakfast/cooked breakfast/buffet breakfast* – es gibt keine einheitliche Bezeichnung. *Continental* besteht typischerweise aus Toast mit Marmelade sowie Müsli oder Cornflakes und Tee und (eventuell löslichem) Kaffee. Das *full breakfast* beinhaltet immer Eier mit Speck, dazu Grill-Tomaten, Champignons und Reibekuchen *(Hash Browns),* manchmal auch Pfannkuchen und Würstchen. Das **Mittagessen** ist typischerweise günstiger als das Abendessen, verbreitet sind Specials (Tagesangebote) für um die $ 15. Hauptgerichte fürs **Abendessen** fangen bei etwa $ 20 an, viele Restaurants bewegen sich im Bereich um $ 25–30 pro Hauptgericht. Im Gegensatz zu den USA sind die *Entrees* die Vorspeisen.

Trinkwasser *(Tap Water)* ist kostenlos und schmeckt oft leicht nach Chlor, was aber gesundheitlich unbedenklich ist.

Normalerweise gibt es keine Kleidervorschriften, bis auf das ungeschriebene Gesetz, dass man Schuhe tragen und nicht mit nacktem Oberkörper zum Essen kommen sollte; Männer sollten keine schulterfreien Oberteile tragen. In Pubs oder anderen günstigen Restaurants können Sie sich den Tisch selbst aussuchen, wenn es am Eingang nicht anders angegeben ist. Sie bestellen Ihr Essen an einer Theke, holen sich die Getränke an einer anderen Theke und bekommen das Essen später am Tisch serviert. Bei schickeren Restaurants wartet man auf den Einweiser (»wait to be seated«) und bestellt am Tisch beim Kellner. Grundsätzlich können Sie solange am Tisch bleiben, wie Sie möchten. Wenn Sie am Wochenende oder an Feiertagen abends essen gehen möchten und ein bestimmtes Restaurant im Auge haben, lohnt sich eine **Reservierung**, um Enttäuschungen zu vermeiden. Das gilt vor allem für die größeren Städte.

Die auf den Speisekarten ausgewiesenen **Preise** sind Endpreise; weitere Steuern werden nicht berechnet, Trinkgelder sind kein Muss. Die einzige Ausnahme sind Feiertage *(Public Holidays)*, an denen von manchen Restaurants ein Aufschlag von ca. 15 bis 20 % berechnet wird, da die Mitarbeiter für die Feiertagsarbeit einen Lohnaufschlag bekommen. Dies sollte auf der Speisekarte angegeben sein. Aufschläge werden nicht für *Take-aways* (Begriffserklärung siehe unten) und Fast-Food-Ketten berechnet. In Restaurants ohne Alkohollizenz gilt oft **BYO (Bring Your Own).** Man bringt seinen eigenen Wein mit, zahlt eine *Corkage Fee* (Korkgeld) und bekommt dafür Weingläser an den Tisch.

💡 Wenn Sie in den Restaurant-Beschreibungen den Begriff »till late« finden, heißt das, es ist geöffnet, solange Gäste da sind. Insgesamt halten sich Australier nicht sklavisch an ihre Öffnungszeiten: Auch wenn ein Restaurant ab 9 Uhr geöffnet sein soll, kann es vorkommen, dass erst ab 9:15 Uhr oder später der erste Mitarbeiter eintrifft. Das gilt vor allem außerhalb der Hochsaison.

Essen im »Club«

Eine Besonderheit sind Restaurants, die wohltätigen Clubs angeschlossen sind, wie etwa ein *SLS Club (Surf and Life Saver Club), RSL Club (Returned and Services League)* oder an einen *Bowls Club,* also einen Rasenbowling-Club. Auch wenn man kein Mitglied in einem der Clubs ist, kann man dort günstig zu einer Mahlzeit kommen, nachdem man das Gästebuch ausgefüllt hat. Auf der Speisekarte finden sich fast immer australische Lieblinge wie Fish & Chips, Steaks und Burger. Die Preise sind zumeist moderat und das Bier ist oft günstiger als anderswo. Viele Clubs liegen an schönen Orten, wie etwa der Bondi Surf Club in Bondi Beach oder der Noosa Surf Club am Main Beach in Noosa. Bei den RSL Clubs sollte Sie damit rechnen, vorwiegend ältere Jahrgänge anzutreffen.

Take-aways statt Fast-Food-Ketten

Take-aways sind zumeist einfache Restaurants, in denen man Speisen »zum Mitnehmen« kauft oder isst. Meistens gibt es auch Tische und Stühle, sodass man auch vor Ort essen kann. Der Begriff *Take-away* ist also dehnbar. Diese Restaurants sind fast immer Familienbetriebe, die für die Einheimischen und nicht für Touristen kochen. Die Einrichtung ist vielleicht nicht so modern und klinisch, dafür schmeckt das Essen besser als bei den amerikanischen Ketten.

Die wichtigsten Wörter rund ums Essen

Frühstück

Englisch	Deutsch
Bacon	Gebratener Speck
Boiled egg	Gekochtes Ei
Bread	Brot
Cereal	Cornflakes
Cheese	Käse
Cream	Sahne, Kaffeesahne
French toast	In Ei gebackener Toast
Fried eggs	Gebratene Eier
Ham	Gekochter Schinken
Ham and eggs	Spiegeleier mit Schinken
Jam	Marmelade
Jelly	Gelee
Maple Syrup	Ahornsirup
Milk	Milch
Over easy eggs	Spiegeleier, von beiden Seiten gebraten
Pancakes, Pikelets	Pfannkuchen
Peanut butter	Erdnussbutter
Poached eggs	Pochierte Eier
Raisin bread	Rosinenbrot
Rolls	Brötchen
Rye bread	Roggenbrot
Sausage	Würstchen
Scones	Süße Brötchen, werden mit Marmelade und Sahne serviert. Wenn man noch einen Tee oder Kaffee dazu bestellt, heißt das *Devonshire Tea*.
Scrambled eggs	Rührei
Sunny side up eggs	Spiegeleier
Waffles	Waffeln
White bread	Weißbrot
Wholewheat bread	Vollkornbrot

Beilagen

Englisch	Deutsch
Baked potatoes	In der Schale gebackene Kartoffeln
Boiled potatoes	Salzkartoffeln
Chips, french fries	Pommes frites
Hash browns	Reibekuchen
Mashed potatoes	Kartoffelpüree
Potato salad	Kartoffelsalat
Lettuce	(Grüner) Salat
Vegetables	Gemüse

Gemüse

Englisch	Deutsch
Asparagus	Spargel
Beans	Bohnen
Beetroot	Rote Beete
Cabbage	Weißkohl
Capsicum	Paprika (Gemüse)
Carrots	Karotten
Cauliflower	Blumenkohl
Cole slaw	Krautsalat
Corn	Mais
Cucumber	Gurke
Garlic	Knoblauch
Mushrooms	Pilze
Onion	Zwiebel
Onion rings	Frittierte Zwiebelringe
Peas	Erbsen
Potatoes	Kartoffeln
Pumpkin	Kürbis
Rice	Reis
Spinach	Spinat
Sweet potatoes	Süßkartoffeln
Tomatoes	Tomaten

Falls Sie einen Kinobesuch planen: Popcorn wird in Australien mit Salz gemacht, nicht mit Zucker!

Obst

Englisch	Deutsch
Apples	Äpfel
Apricots	Aprikosen
Cherries	Kirschen
Dates	Datteln
Grapes	Trauben
Lemon	Zitrone
Lime	Limette
Peaches	Pfirsiche
Pears	Birnen
Pineapple	Ananas
Strawberries	Erdbeeren

Fisch und Meeresfrüchte

Englisch	Deutsch
Barramundi	Barramundi (beliebter Speisefisch)
Clams	Muscheln
Lobster	Hummer
Moreton Bay Bugs	Krebsart, ähnlich wie Hummer
Oyster	Auster
Prawns	Garnelen
Salmon	Lachs
Scallops	Jakobsmuscheln
Seafood	Meeresfrüchte
Spanish Mackerel	Makrelenartiger Raubfisch, beliebt für Fish & Chips
Shark, Flake	Hai
Swordfish	Schwertfisch
Trout	Forelle
Tuna	Thunfisch

Fleisch

Englisch	Deutsch
Bacon	Gebratener Schinken
Beef	Rindfleisch

Englisch	Deutsch
Carvery, Sunday roast	Aufgeschnittener Braten, typischerweise mit Kartoffeln und saisonalem Gemüse serviert.
Chicken	Hühnchen
Duck	Ente
Fried chicken	Brathähnchen
Ham	Gekochter Schinken
Lamb	Lamm
Meat balls	Hackbällchen
Pork	Schweinefleisch
Pork chops	Kotelett
Rump steak	Filetsteak (drittbestes Stück)
Spareribs	Schweinerippchen
Turkey	Pute
Veal	Kalb
Wings	Flügel

Steak

Steak gibt es in verschiedenen Qualitäten. Das beste Stück ist das Eye Fillet – sehr zart, aber ein bisschen fade im Geschmack. Ein Rumpsteak ist in vielen Fällen eine gute Wahl, wenn es nicht zu teuer werden soll.

1) Eye Fillet Steak, 2) Scotch Fillet (Rib Eye), 3) Porterhouse, 4) T-Bone, 5) Rump Steak. Billigere Cuts (Stücke vom Rind) wie *Blade, Chuck* oder *Round Steak* sind nur dann zart, wenn sie lange gekocht oder gebraten sind, etwa in einem *Beef Stew* oder als Braten aus dem Ofen.

Zubereitungsarten

Englisch	Deutsch
Boiled	Gekocht
Fried	Gebraten, frittiert
Grilled	Gegrillt
Sauteed	Gedünstet

Getränke

In den Supermärkten findet man die gewohnten **Limonaden** und Säfte, einzig der Geschmack mancher Marken (z. B. von Fanta) ist nicht mit der deutschen Limonade vergleichbar. Beliebt bei Australiern ist die Zitronenlimonade *Solo,* die mit Zitronensaft statt mit Zitronenaroma gemacht ist.

Eine Besonderheit ist das ziemlich süße *Ginger Beer,* das am besten mit viel Eis getrunken wird. Empfehlenswert sind **Säfte aus dem Kühlregal**, aber auch nur dann, wenn keine Konservierungsmittel *(preservatives)* auf der Zutatenliste stehen und wenn der Saft nicht aus Konzentrat gemacht wurde *(not from concentrate)*. Getränke werden typischerweise in 1-, 1,5- oder 2-Liter-Behältern verkauft, auch die klassische Alu-Getränkedose gibt es überall. Pfand wird an der Ostküste nicht berechnet. *Free Refills* gibt es grundsätzlich nicht.

Wer ein Bier bestellt, fragt in Queensland nach einem *Pot* und in New South Wales nach einem *Middy* (jeweils knapp 0,3 l); ein großes Bier ist ein *Schooner* (0,4 l). Wenn Sie ein Bier ausprobieren möchten, das den gewohnten Sorten am nächsten kommt, versuchen Sie es einmal mit Tooheys New, Carlton Mid oder Fat Yak. Australischer Wein ist fantastisch. Einen guten Tropfen kann man schon für um die $ 10 pro Flasche bekommen – oder am besten direkt vom Winzer im Hunter Valley ab $ 20.

Die wichtigsten Wörter rund ums Trinken

Englisch	Deutsch
Beer	Bier
Champagne	Sekt
Cider	Apfelwein – wird wie Bier in kleinen Flaschen serviert oder direkt an der Bar gezapft, z. B. Strongbow oder Bulmers
Long black	Schwarzer Kaffee
Decaf	Entkoffeiniert(er Kaffee)
Diet	Kalorienarm
Ginger beer	Ingwerbier (zumeist alkoholfrei)
Hot chocolate	Heiße Schokolade
Iced tea	Eistee
Milk	Milch
Orange Juice	Orangensaft
Smoothie	Dickflüssiger, eiskalter Fruchtsaft mit Fruchtmark, zumeist frisch gepresst

Englisch	Deutsch
Sugar free	Zuckerfrei, eventl. mit Süßungsmitteln
Tea	Schwarzer Tee
Water	Wasser
Wine	Wein

ⓘ ETIKETTE (▶ UMGANGSFORMEN)

ⓘ FEIERTAGE

Australien hat zu Europa entgegengesetzte Jahreszeiten was sich auch auf die Schulferien auswirkt, und dazu Feiertage, die mit wenigen Ausnahmen nicht auf einem religiösen Kalender basieren.

Der wichtigste Feiertag ist der 25. Dezember. An diesem Tag sollten Sie damit rechnen, dass fast alle Touristenattraktionen und die meisten Restaurant geschlossen haben und dass viele Ausflüge nicht stattfinden. Ähnliches sollten Sie für den 1. Januar erwarten wie auch für Karfreitag. Weitere wichtige Feiertage sind die Tage rund um den Staatsfeiertag *Australia Day* (25.01.) und den Volkstrauertag *Anzac Day* (25.04.).

	2018	2019	2020
New Year (Neujahr)		1.1.	
Australia Day		26.1.	
Easter (Ostern)	30.3.–2.4.	19.–21.4.	10.–12.4.
Anzac Day		25.4.	
Queen's Birth-day	11.6. (NSW), 1.10 (QLD)	10.6. (NSW), 7.10 (QLD)	8.6. (NSW), 5.10 (QLD)
Royal Queens-land Show (nur in Brisbane)	15.8.	14.8.	12.8.
Labour Day	1.10. (NSW), 7.5. QLD	7.10. (NSW), 6.5 QLD	5.10 (NSW), 4.5 (QLD)
Christmas (Weihnachten)		25.–26.12.	

ⓘ FERIENZEITEN

Schulferien finden typischerweise zu folgenden Zeiten statt: Drei Wochen ab dem Osterwochenende, letzte Juniwoche und die ersten zwei Juliwochen, die letzten zwei Septemberwochen und die erste Oktoberwoche, Mitte Dezember bis Australia Day (26. Januar).
🌐 www.nswschoolholiday.com.au/index.php/nsw-school-holiday-dates-2018

ⓘ FLUGVERKEHR

An der Ostküste gibt es drei internationale Flughäfen: **Cairns**, **Brisbane** und **Sydney**. Inlandsflughäfen befinden sich beispielsweise in Townsville, auf Hamilton Island, in Proserpine (Whitsunday Coast Airport), in Mackay, in Rockhampton, in Hervey Bay, an der Sunshine Coast und an der Gold Coast. In New South Wales gibt es Inlandsflughäfen in Ballina, Port Macquarie und Newcastle. Im Northern Territory gibt es Inlandsflughäfen u.a. am Ayers Rock und in Alice Springs.

Qantas

Qantas fliegt Deutschland nicht direkt an, sondern nur über den Partner Emirates mit einem Zwischenstopp in Dubai. Innerhalb Australiens hat Qantas das größte Netz an Flugverbindungen, darunter auch nach Alice Springs und zum Ayers Rock.
✉ Qantas Airways Ltd., Postfach 71 01 63, D - 60491 Frankfurt ☎ +49 (0) 69 / 299-571421
🌐 www.qantas.com.au/travel/airlines/home/de/de

Virgin Australia

Auch Virgin Australia fliegt nicht selbst nach Deutschland, sondern arbeitet mit Partnern wie Etihad und Singapore Airlines zusammen. Virgin bietet eine große Anzahl an günstigen Flügen innerhalb Australiens an, darunter auch nach Alice Springs und zum Ayers Rock. Buchungen sind nur über die Webseite von Virgin möglich.
🌐 www.virginaustralia.com/eu

Cathay Pacific

Cathay Pacific fliegt selbst etwa von Frankfurt aus nach Cairns, Brisbane und Sydney, jeweils mit Zwischenlandung in Hongkong. Inlandsflüge müssen separat bei anderen Anbietern gebucht werden.
✉ Lyoner Str. 15, D - 60528 Frankfurt ☎ +49 (0) 69 / 299571-109 @ fra_customersales@cathaypacific.com
🌐 www.cathaypacific.com/cx/de_DE.html

Emirates

Emirates fliegt selbst etwa von Frankfurt, Düsseldorf oder München nach Australien (Brisbane, Sydney), mit einem Zwischenstopp in Dubai. Inneraustralische Flüge können mitgebucht werden und werden typischerweise von australischen Partnern übernommen, wie etwa Virgin Australia oder Qantas.
☎ +49 (0) 699 / 451-92000
🌐 www.emirates.com/de/german

Etihad

Etihad fliegt etwa von Frankfurt, Düsseldorf und München nach Australien mit einem Zwischenstopp in Abu Dhabi, manchmal noch zusätzlich in Singapur. Inneraustralische Flüge können mitgebucht werden und werden von Virgin Australia übernommen.
☎ +49 (0) 30 / 95999805
🌐 www.etihad.com/de-de/about-us

ⓘ FRAUEN UNTERWEGS

Australien ist für Alleinreisende eines der sichersten Länder der Welt. Die Küste von Queensland ist gepflastert mit Hostels, in denen sich Alleinreisende kennenlernen, entlang der Route immer wieder treffen und Erlebnisse und Reisetipps austauschen können.

Für Frauen empfehlen sich vor allem die Hostels der YHA Kette, die fast immer *female only dorms* haben, also Mehrbettzimmer nur für Frauen.

ⓘ FÜHRERSCHEIN

Man benötigt grundsätzlich einen Internationalen Führerschein. Der EU-Führerschein allein wird nicht akzeptiert. Fahrer, die einen australischen P- oder L-Führerschein haben, können kein Fahrzeug mieten.

ⓘ GELD

Bezahlt wird mit dem Australischen Dollar (AUD). Das beliebteste Zahlungsmittel ist die **Kreditkarte**, die man für Hotels, Restaurants, an der Tankstelle und im Supermarkt verwenden kann. Bar bezahlt wird im Taxi (mit Kreditkarte zu zahlen ist oft möglich, aber nur gegen einen erheblichen Aufpreis) oder bei Fast-Food-Ketten.

Reiseschecks *(Traveller Cheques)* sind fast unbekannt und werden nur selten akzeptiert. Geldautomaten heißen **ATM** *(Automated Teller Machine)* und befinden sich in fast jedem Einkaufszentrum. Die größten Banken des Landes heißen Westpac und Commonwealth. Bei der Geldabhebung per Kreditkarte wird man gefragt, ob man von *Cheque* oder *Savings* abbuchen möchte. Wählen Sie nun den Begriff *Savings*.

Es empfiehlt sich, bei Ihrer Bank vor der Abreise die Australienreise anzumelden, da viele Reisende bereits Probleme mit der Kreditkartenzahlung im außereuropäischen Ausland gemeldet haben. Sollten Sie Ihre Karte verloren haben, können Sie sie hier sperren lassen:

☎ +49 116-116 oder +49 (0) 30 / 4050-4050

Oder bei den Kartenbetreibern:

☎ American Express: +49 (0) 69 / 9797-2000
☎ Master Card in Australien: 1800-120-113
☎ Visa: Rufnummer Ihrer Bank
☎ Diners Club: +49 (0) 69 / 900150135

ⓘ GEPÄCK (► EIN- UND AUSFUHR- BESTIMMUNGEN)

ⓘ GESUNDHEIT

Australien ist ein sehr sicheres Land mit hygienischen Standards, die man von Europa gewohnt ist. Besondere Impfungen sind nicht notwendig, solange Sie Ihren Impfpass auf aktuellem Stand halten.

Dengue Fieber (Dengue Fever) ist die einzige Tropenkrankheit, die gelegentlich Probleme machen kann. Dengue wird tagsüber von Mücken übertragen und kann in den Tropen zwischen Cape Tribulation bis etwa Townsville auftreten und zwar vorwiegend in den feuchten Monaten von November bis April. Laut Angaben der Krankenhäuser tragen vor allem Touristen zur Verbreitung der Krankheit bei, weil sie im Gegensatz zu den Einheimischen die Zeichen nicht erkennen und die Krankheit ignorieren.

Das Krankheitsbild äußert sich ähnlich wie eine Grippe. Sollten Sie also Anzeichen einer Grippe an sich erkennen, lassen Sie am besten vom Arzt abklären, ob es tatsächlich »nur« eine Grippe ist. Schützen kann man sich gegen Dengue mit Mückenmittel oder einer Sonnencreme, die Mückenmittel enthält.

Wenn Sie **rezeptpflichtige Medikamente** mitnehmen möchten, sollten Sie die Originalverpackung mitnehmen und eine Kopie des Rezeptes vorweisen können, um Problemen bei der Einreise aus dem Weg zu gehen. Standard-Medikamente wie Kopfschmerztabletten, Erkältungsmittel, Vitamintabletten etc. erhalten Sie rezeptfrei in Supermärkten und Apotheken (Pharmacies). Auch Kontaktlinsen-Reinigungsmittel sind problemlos zu bekommen.

ⓘ INTERNET (► TELEFON & INTERNET)

ⓘ KARTEN

Die Karten in diesem Reiseführer dienen vor allem der Orientierung. Für weitere Detailansichten empfehlen wir dringend, vor Ort weitere Reisekarten in den Visitor Centres mitzunehmen oder zu kaufen (►Seite 386). Ebenfalls ist es nicht empfehlenswert, sich auf reine GPS-Navigation in Zusammenhang mit Online-Navigation mit dem Handy zu verlassen, da man damit rechnen muss, dass die Mobilfunkverbindung außerhalb von Städten nicht flächendeckend ist. Es lohnt sich daher eventuell, schon vor der Reise Karten aufs Handy zu laden.

Im Regenwald sollten Sie zudem davon ausgehen, dass keine GPS-Verbindung möglich ist. Dann ist eine zusätzliche Karte aus Papier sehr hilfreich. Aber die sollten Sie sowieso immer dabei haben.

ⓘ KINDER UND FAMILIEN

Australien ist ein kinderfreundliches Land: Viele Familien haben zwei oder mehr Kinder – Kinder gehören einfach mit dazu. Viele Campingplätze haben eigene Spielplätze, und auch in den Städten und an Stränden findet man oft Spielplätze oder kostenlose Wasserspielplätze, darunter in Sydney, Brisbane, Townsville und Cairns.

In Sachen **Eintrittspreise** geht es oft weniger kinderfreundlich zu, da Kinder über 12 Jahren fast immer Erwachsenenpreise zahlen müssen. Kinder unter vier Jahren bekommen fast überall freien Eintritt. Falls Sie eine Segeltour oder eine geführte Campingtour mit kleineren Kindern planen, sollten Sie sich vorher erkundigen, ob diese Ausflüge für Kinder geeignet sind. Besonders kinderfreundliche Ziele sind in diesem Reiseführer mit 🧒 markiert.

ⓘ KLEIDUNG

Viele Reisende machen den Fehler, zu viel Gepäck mitzunehmen. Die meiste Zeit des Jahres ist man tagsüber mit T-Shirts, Shorts und Sandalen gut bedient. Da es auf allen privaten Campingplätzen und in allen Touristenorten Waschsalons gibt, ist es auch nicht nötig, übermäßig viel mitzunehmen. Die Waschmaschinen gehen oft rau mit der Wäsche um, die Designermode sollten Sie daher vielleicht daheim lassen. Aufgrund der zumeist nicht sehr anspruchsvollen Wanderwege empfehlen wir, auf Wanderstiefel zu verzichten. Viel wichtiger sind luftige, bequeme Turnschuhe, in denen Sie sich auch bei heißem Wetter wohlfühlen.

Falls Sie in der Regenzeit (etwa von Weihnachten bis Ostern) unterwegs sind, lohnen sich neben einer leichten Regenjacke oder einem Regenschirm bequeme Plastiksandalen, denen auch Regen nichts ausmacht. Für Sanitäranlagen auf Campingplätzen haben sich einfache Flip-Flops oder Badelatschen bewährt.

ⓘ KLIMA

Im Norden des Landes, etwa von **Cairns bis nach Rockhampton**, herrscht **tropisches Klima** mit Temperaturen von um die 32 °C im Januar und einer Regenzeit etwa von Weihnachten bis Ostern. In dieser Zeit sollten Sie mit viel Regen rechnen und eventuell dem einen oder anderen tropischen Sturm (Cyclone). Australische Häuser sind sehr sicher gebaut, einen Zyklon kann man daher gut durchstehen, allerdings können Regengüsse und Straßensperrungen eventuell die Reiseplanung verlangsamen. Der trockenste Monat im tropischen Norden ist statistisch der August mit nur 26 mm Niederschlag und einer durchschnittlichen Tagestemperatur von etwa 26 °C.

Zwischen **Rockhampton** bis etwa Newcastle herrscht **subtropisches Klima** mit heißen, feuchten Sommern und trockenen Wintern. Der nasseste Monat in **Rockhampton** ist der Februar, mit durchschnittlichen Temperaturen um die 32 °C. Der trockenste Monat ist der August, mit praktisch keinem Regenfall und einer durchschnittlichen Tagestemperatur von etwa 25 °C. Der kälteste Monat in **Newcastle** ist der Juli mit durchschnittlich 17 °C, der wärmste der Januar mit 26 °C.

Sydney liegt bereits in der warmgemäßigten Zone mit kühlen, feuchten Wintern und heißen, trockenen Sommern. Der nasseste Monat ist typischerweise der Juni, der trockenste der September. Im Juli sollten Sie mit 16 °C tagsüber rechnen, im Januar mit durchschnittlich um die 26 °C mit gelegentlichen Hitzeperioden oberhalb der 30-Grad-Grenze. In den **Blue Mountains** ist es fast immer einige Grade kühler als in Sydney. Im Winter kann man daher mit ein bisschen Glück sogar **Schnee** sehen, im Sommer kann es bei Wind aus dem Westen sehr heiß werden.

Am **Ayers Rock** herrscht ganzjährig **Wüstenklima**, mit Temperaturen um die 38 °C im Januar und um die 20 °C im Juni und Juli. In den Monaten Juni bis August kann das Quecksilber nachts auf unter 5 °C sinken, eventuell gibt es sogar Nachtfrost.

ⓘ KOSTEN EINER REISE

Der größte Posten einer Australienreise sind für Camper der **Flug** und die Kosten fürs **Fahrzeug**, gefolgt von **Übernachtungskosten**, danach Verpflegung und Treibstoff sowie Ausflüge und Eintrittsgelder. Wer mit dem Mietwagen unterwegs ist, kommt günstiger beim Fahrzeug weg, zahlt aber oft mehr für die Unterkunft. Am teuersten sind Flüge während der australischen Schulferien (▶ Seite 371), und zwar vor allem in der Weihnachtszeit von Mitte Dezember bis Ende Januar sowie in den Osterferien.

Gleiches gilt für Wohnmobile, da auch hier die Preise saisongebunden sind. Ein Urlaub außerhalb der australischen Schulferien wird Ihre Reise daher erheblich günstiger machen. Wenn Sie die Webseiten der Flug- und Wohnmobil-Anbieter frühzeitig durchforschen, werden Sie schnell ein Gefühl für die Preise bekommen.

Die Raten für Standard-**Mietwagen** sind typischerweise das ganze Jahr über stabil. Ausnahmen gelten manchmal für Fahrzeuge, die zusammen mit Campingausrüstung vermietet werden. Falls Sie länger als **zwei Monate** reisen, empfiehlt sich möglicherweise der Kauf eines eigenen Fahrzeugs.

ⓘ KREDITKARTEN (▶ GELD)

ⓘ KROKODILE

Australien hat zwei Krokodilarten: die im Extremfall bis zu sieben Meter langen *Saltwater Crocodiles* oder Leistenkrokodile sowie die kleineren *Freshwater Crocodiles* oder Australien-Krokodile, die bis zu drei Meter lang werden können. Krokodile leben in den meisten Flüssen im Norden des Landes ab etwa der Region Rockhampton. Es hat bereits Unfälle mit Todesfolge gegeben, diese jedoch vorwiegend in weniger besiedelten Gegenden nördlich von Cairns. Wichtig zu wissen ist, dass man sich in Gegenden, in denen ein Krokodil-Warnschild aufgestellt wurde, nicht zum Baden ins Wasser begeben sollte. Baden wird nicht empfohlen in der Nähe von Bootsrampen oder an Plätzen, an denen man Angler sieht, da diese Krokodile anlocken können.

ⓘ KAKERLAKEN

Kakerlaken sind keine gefährlichen Tiere. Man sieht sie aufgrund des heißen und feuchten Klimas nach Einbruch der Dunkelheit manchmal auf Campingplätzen oder in Hotelzimmern. Falls Ihnen das nicht so zusagt, empfehlen wir Insektengift, das man in jedem Supermarkt bekommen kann.

ⓘ MASSE UND GEWICHTE

In Australien wird nach dem metrischen System gerechnet, sodass Sie sich bei Maßen und Gewichten nicht umgewöhnen müssen.

ⓘ NATIONALPARKS UND BESTIMMUNGEN

In Queensland sind Nationalparks kostenlos zugänglich, haben dafür aber nur selten Infozentren. Auf der Webseiten des Nationalparks bereitgestellte Infoblätter sollte man bei Bedarf am besten schon zuhause ausdrucken oder aufs Handy laden, da viele Nationalparks keinen Handyempfang haben. In New South Wales wird bei manchen Nationalparks Eintritt berechnet oder um eine Spende gebeten. Für den Ayers Rock zahlt man $ 25 Eintritt.

ⓘ NOTFALL

In Notfällen wählen Sie den **landesweiten Notruf »000«**.

ⓘ ÖFFENTLICHE VERKEHRSMITTEL

Das beliebteste öffentliche Verkehrsmittel für Langstrecken ist das **Flugzeug**. Inlandsflüge etwa zwischen Cairns und Brisbane oder Sydney sind für Frühbucher außerhalb des Wochenendes bereits um die $ 100 zu haben. Beliebte Billiganbieter sind Virgin Jetstar und Tiger. Alternativ gibt es Langstrecken-**Reisebusse** wie etwa **Greyhound**, die mehrmals täglich von Cairns in Richtung Brisbane sowie von Brisbane nach Sydney fahren. Eine Alternative dazu ist **Premier**, die einmal täglich dieselbe Strecke abfahren. Bei beiden wird rechtzeitige Vorbuchung dringend empfohlen, ansonsten gibt es keinen Anspruch auf einen Platz. **Züge** gibt es ebenfalls entlang der Ostküste. Der Spirit of Queensland fährt fünfmal die Woche von Cairns nach Brisbane und leider auch nicht alle sehenswerten Orte an, daher muss man oft noch auf lokale Busse umsteigen, um Highlights wie Hervey Bay, Yeppon oder Airlie Beach zu besuchen.

🌐 www.queenslandrailtravel.com.au/RailServices/Pages/SpiritofQueensland-Timetable.aspx

In **Brisbane und Sydney** gibt es ein gutes Netz an öffentlichen Verkehrsmitteln. Aufgrund der teuren Parkgebühren ist es empfehlenswert, hier mit Bus, Fähre und Bahn zu fahren statt mit dem Auto. In den meisten anderen Städten auf der Route ist der Nahverkehr eher weniger befriedigend ausgebaut. Wer ein eigenes Auto oder ein Mietfahrzeug zur Verfügung hat, ist klar im Vorteil. Insgesamt lohnt es sich, das Land mit einem Wohnmobil, Mietwagen oder mit dem eigenen Fahrzeug zu bereisen, da man lange Wartezeiten auf Busse und Bahnen einspart, keine Umwege fahren muss und viele interessante Ziele erreichen kann, die per Reisebus oder Zug außer Reichweite liegen.

ⓘ ÖFFNUNGSZEITEN

Banken, Postämter und die meisten anderen Geschäfte sind mindestens von Montag bis Freitag von 9 bis 17 Uhr geöffnet. Viele Geschäfte haben auch an Wochenenden geöffnet. Supermärkte wie Coles und Woolworths haben in größeren Städten oft täglich von 7 – 21 Uhr geöffnet. In kleineren Städten wird am Samstag und Sonntag abends oft eher geschlossen, bzw. manchmal ist der Sonntag auch ein Ruhetag. An Karfreitag, am 25.12. und am 1. Januar sollen Sie damit rechnen, dass fast alles geschlossen hat.

ⓘ QUALLEN

Quallen gibt es in Australien wie auch in anderen warmen Meeren der Welt (etwa im Mittelmeer). In der Region zwischen Gladstone und Cairns sollten Sie etwa von **Oktober bis Mai** mit Quallen rechnen. Das heißt allerdings nicht, dass die Strände voller Quallen sein werden. Das Auftreten von Quallen ist an bestimmte Bedingungen gebunden wie Wassertemperatur und -strömung. Trotzdem ist es empfehlenswert, grundsätzlich vorbeugend beim Baden einen Surfanzug oder einen Neoprenanzug zu tragen, der übrigens auch gegen Sonnenbrand schützt, den man sich in der tropischen Sonne sehr schnell holen kann. Ebenfalls sinnvoll ist es, im Sommer an den Stränden in dieser Region nur dort zu schwimmen, wo ein Stinger Net zum Schutz gegen Quallen aufgespannt wurde.

ⓘ RAUCHEN

Australien ist ein sehr nichtraucherfreundliches Land. Raucher können in öffentlichen Lokalen nur in einem speziellen Raucherbereich ihrem Laster frönen. Ebenso »rauchfrei« sind Hotels, Busse, Flugzeuge und manche öffentliche Bereiche. Zigaretten werden typischerweise aus einem abgeschlossenen Schrank an der Informationstheke der Lebensmittelläden verkauft, für je nach Marke ca. $ 1 bis $ 1,50 pro Zigarette.

ⓘ REISEDAUER

Aufgrund des langen Flugs von über 20 Stunden empfiehlt sich eine Reisedauer von mindestens drei Wochen plus An- und Abreisetage, besser noch vier Wochen. Theoretisch ist es möglich, nur für 14 Tage nach Down Under zu reisen, wenn Sie sich auf Nord-Queensland oder die Region rund um Sydney oder Brisbane beschränken. Dann bleibt aber nur wenig Zeit, sich zu entspannen. Bedenken Sie vor allem, dass die Organisation rund um An- und Abreise und die Gewöhnung an die Zeitumstellung (Jetlag) Zeit in Anspruch nehmen werden. Entsprechend bleibt für das Abenteuer Australien bei 14 Urlaubstagen wenig Netto-Zeit übrig.

Anregungen für verkürzte Routen

Nicht jeder hat vier Wochen oder mehr Zeit für die gesamte Route von Cairns bis nach Sydney. Für Reisende, die sich auf die eine oder andere Region konzentrieren möchten, hier ein paar Tipps:

Route	Empfohlene Reisedauer	Infos zur Reisezeit
Cairns–Cape Tribulation–Atherton Tablelands–(Mission Beach)–Cairns	**7–8 Tage** 2–3 Tage in Cairns 2 Tage Cape Tribulation 2 Tage Atherton Tablelands (+ evtl. einen weiteren Tag in Mission Beach)	**Beste Reisezeit von Juni bis November** Eher weniger empfehlenswert von Mitte Januar bis Mitte April (zu heiß/zu nass)
Cairns–Atherton Tablelands–Townsville–(Cairns)	**6–8 Tage** 2–3 Tage in Cairns 1 Tag Atherton Tablelands 1 Tag Fahrt nach Townsville 1 Tag Townsville 1 Tag Magnetic Island (evtl. 1 Tag Rückfahrt von Townsville nach Cairns)	**Beste Reisezeit von Juni bis November** Eher weniger empfehlenswert von Mitte Januar bis Mitte April (zu heiß/zu nass)
Cairns–Airlie Beach *(Weiterflug ab Proserpine oder Hamilton Island)*	**7–8 Tage** 2–3 Tage in Cairns, 1 Reisetag nach Townsville 1 Tag Magnetic Island 1 Reisetag nach Airlie Beach 2 Tage Airlie Beach und Whitsunday Islands	**Beste Reisezeit von Juni bis November** Eher weniger empfehlenswert von Mitte Januar bis Mitte April (zu heiß/zu nass)
Brisbane–Hervey Bay–Brisbane	**7 Tage** 2 Tage Brisbane 1 Reisetag nach Hervey Bay 2 Tage Fraser Island 1 Tag Ausflug Lady Elliot (Great Barrier Reef) 1 Reisetag zurück nach Brisbane, evtl. über Noosa	**Ganzjährig empfehlenswert**, beste Reisezeit von April bis Ende Dezember

Route	Empfohlene Reisedauer	Infos zur Reisezeit
Brisbane–Subtropische Regenwälder–Gold Coast–Brisbane	**5–6 Tage** 2 Tage Brisbane 1 Tag Springbrook NP 1 Tag Lamington NP 1 Tag Byron Bay (evtl. 1 Tag für einen Vergnügungspark oder Zoo)	**Empfehlenswert von April bis Ende Dezember** Eher weniger empfehlenswert von Mitte Januar bis Ende März (zu nass)
Brisbane–Sydney	**9 Tage** 2 Tage Brisbane 4 Tage Regenwald und Strände 3 Tage Sydney	**Ganzjährig empfehlenswert**

Renommierte Wohnmobil-Anbieter wie Britz, Kea und Apollo haben nur Filialen in Cairns, Brisbane und Sydney. Bei Tourbeginn oder -ende in Hervey Bay, Airlie Beach oder Townsville wird daher ein Mietwagen, der Greyhound-Bus oder auch eine Anreise per Flugzeug empfohlen.

ℹ REISEDOKUMENTE

Für die Einreise benötigt man einen Reisepass, der für die gesamte Dauer des Aufenthalts gültig sein muss. Falls Sie unterwegs in einem anderen Land einen Zwischenstopp einlegen, sollten Sie sich erkundigen, ob eine Mindestgültigkeit des Passes von sechs Monaten über das Reiseende hinaus vorgeschrieben ist.

Jedes Kind benötigt einen eigenen Reisepass. Ein Visum ist grundsätzlich notwendig. **Für die meisten kürzeren Reisen** empfiehlt sich das kostenlose eVisitor-Visum, das für drei Monate innerhalb eines 12-monatigen Zeitfensters gilt. Das Visum kann man online beantragen, es ist an die Reisepass-Nummer gebunden. Die Bestätigung kommt typischerweise sofort und per E-Mail.
🌐 www.border.gov.au/Trav/Visa-1/651-

Wer **länger als drei Monate** in Australien bleiben möchten, benötigt ein Visitor visa (subclass 600), das bis zu 12 Monate gültig ist. Voraussetzung ist eine Krankenversicherungsbescheinigung, außerdem muss der Antragsteller nachweisen können, dass er genug Geld für die Reise hat. Ebenfalls angefragt werden eventuell polizeiliche Führungszeugnisse und Gesundheitsnachweise. Das Visum kostet $ 135.
🌐 www.border.gov.au/Trav/Visa-1/600-

Reisende unter 30 Jahren mit deutschem Reisepass können mit dem Working Holiday Visa für ein Jahr in Australien leben und arbeiten. Das Visum kostet $ 440.

Das Visum ist nicht erhältlich für Österreicher oder Schweizer, wohl aber für Reisende mit folgender Nationalität: Belgien, Kanada, Dänemark, Zypern, Estland, Finnland, Frankreich, Hong Kong, Irland, Italien, Japan, Korea, Malta, die Niederlande, Norwegen, Schweden, Taiwan und Großbritannien. Die Altersgrenze für das Working Holiday Visa soll demnächst auf 35 Jahre gehoben werden.

Mehr Informationen dazu gibt es auf der Webseite der Einwanderungsbehörde.
🌐 www.border.gov.au/Trav/Visa-1/417-

ℹ REISEVERSICHERUNGEN

Australien hat nur mit einigen europäischen Ländern ein Krankenversicherungsabkommen, darunter England, Irland, Schweden, Holland, Finnland, Italien, Belgien, Malta, Slowenien und Norwegen. Alle anderen Reisenden sollten eine **Auslandsreisekrankenversicherung** abschließen. Zudem empfiehlt sich bei einer so aufwändigen und teuren Reise eine **Reiserücktrittsversicherung**, um im Falle eines Unfalls oder einer Erkrankung abgesichert zu sein.

ℹ REISEZEIT

Die meiste Zeit des Jahres über ist es mit Blick auf das Wetter eine gute Idee, von Norden (Cairns) nach Süden (Brisbane oder Sydney) zu reisen. Hier einige Tipps für die Wahl der Reiserichtung und die beste Reisezeit:

Reisebeginn im ...	Empfohlene Richtung	Kurzinfo
Januar, Februar, März	Nord ► Süd	Regenzeit in Queensland: Bei gutem Wetter ist es sinnvoll, länger im Norden zu bleiben. Bei schlechtem Wetter empfiehlt es sich, schneller in Richtung Süden zu fahren. März ist der regenreichste Monat in Queensland. Hier lohnt es sich eventuell, die Reise auf die südlichen Bereiche (Hervey Bay–Brisbane–Sydney) einzuschränken.
April, Mai	Süd ► Nord	Da sich die Regenzeit in Queensland im April so langsam dem Ende nähert, lohnt es sich, den Norden erst zum Schluss zu besuchen, um den letzten Regengüssen zu entgehen.
Juni, Juli	beide Richtungen empfehlenswert	
August, September, Oktober	Nord ► Süd	Frühling in Sydney: Es lohnt sich, den Süden möglichst spät zu besuchen, um von den zunehmend warmen Temperaturen in Sydney zu profitieren (August um die 17,8 °C, September 20 °C, Oktober 22 °C). In den Blue Mountains ist es oft bis zu sechs Grad kälter als in Sydney.
November, Dezember	Nord ► Süd	Aufgrund des zunehmend schwülen Wetters in Cairns mit Temperaturen von täglich über 30 °C lohnt es, den Norden hinter sich zu lassen, bevor es zu unangenehm wird.

ⓘ SAISONWECHSEL

Jeweils zum 1. April ist bei den meisten Veranstaltern Saisonwechsel. Sie sollten also damit rechnen, dass die meisten Preise für Ausflüge ab diesem Datum einige Dollar teurer sind.

ⓘ SCHLANGEN

Schlangen sind weit verbreitet, manche sind giftig, andere nicht (wie etwa die Pythons). Die meisten sind scheu, Kontakt mit Menschen ist daher selten. Sollten Sie eine Schlange sehen, hilft es, langsam rückwärts zu gehen, um der Schlange einen Ausweg zu lassen. Sollten Sie gebissen werden, unbedingt das betreffende Körperteil komplett abbinden, also nicht nur die Wunde, um die Blutzirkulation zu verlangsamen. Die Notrufnummer ist 000. Kein Schlangenbiss-Set verwenden und kein Gift aussaugen!

ⓘ SICHERHEIT

Ein Urlaub in Australien ist genauso sicher wie in Europa. Solange Sie im Fahrzeug oder sonstwo keine Wertsachen offen liegen lassen, sind Sie auf der sicheren Seite. Sollten Sie in Hostels übernachten, ist es empfehlenswert, alle Wertgegenstände in den Schränken einzuschließen und dafür ein kleines Vorhängeschloss mitzubringen.

ⓘ SOMMERZEIT (► ZEITZONEN)

ⓘ SPORT

Surfen

Surfstrände gibt es von Agnes Water (zwischen Bundaberg und Gladstone) bis hin zur Sunshine Coast, sowie von der Gold Coast bis nach Sydney. Wenn Sie das Wasser lieber etwas wärmer mögen, empfiehlt es sich, einen Surfkurs in Queensland zu belegen. Gute Orte zum Surfen lernen sind etwa Agnes Water (hier ist das Wasser am angenehmsten temperiert), aber auch Rainbow Beach, Noosa, die Gold Coast, Byron Bay, Ballina, Port Macquarie und natürlich Sydney sind gut geeignet.

Tauchen

Tauchen ist trotz des unübersehbaren Great Barrier Reefs kein Breitensport. Tauchclubs sind eher dünn gesät, und auf den Ausflugsbooten, die ans Great Barrier Reef fahren, tummeln sich vorwiegend Touristen. Das liegt u. a. auch daran, dass das Riff 60 Kilometer und mehr vom Festland entfernt ist und daher auch für Einheimische teuer und schwer erreichbar ist.

Der beste Ort für einen Tauchkurs ist **Cairns**, da täglich Kurse beginnen, mehrmals wöchentlich auch auf Deutsch. Tauchkurse dauern typischerweise vier bis fünf Tage, Tauchkreuzfahrten werden ab einer Nacht angeboten. Tägliche Abfahrten ans Riff werden außerdem von **Port Douglas** und **Airlie Beach** aus angeboten.

Kajak fahren

Australien ist zwar der trockenste Kontinent der Welt, aber das Land ist auch eine Insel, an deren Küsten es sich gut Kajak fahren lässt. An vielen Strandorten kann man Kajaks ausleihen, darunter in Palm Cove bei Cairns, Mission Beach, Magnetic Island bei Townsville, in Seventeen Seventy (1770) oder auch in Noosa oder Port Macquarie. In Gegenden wie der Sunshine Coast und der Gold Coast gibt es zudem viele Binnen-Wasserwege, die sich gut zum Kajakfahren eignen.

Angeln

Angeln ist ein Sport für die ganze Familie, und es gibt viele *Jetties,* also Holzstege oder Betonpiere am Meer, die oft nur zum Angeln genutzt werden, darunter in Palm Cove, Cardwell, Townsville oder Coffs Harbour. Fürs Angeln im Meer ist in Queensland kein Angelschein notwendig. Es genügt, wenn man seine Ausrüstung *(Fishing Tackle)* und *Bait* für den Angelhaken mitbringt. Falls Sie in Binnengewässern angeln wollen, sollten Sie sich vorher erkundigen, ob eine Erlaubnis notwendig ist. In New South Wales wird eine Angelerlaubnis *(Recreational fishing licence)* verlangt, die man hier bestellen kann:

🌐 www.dpi.nsw.gov.au/fisheries/recreational/licence-fee
💲 $ 14 für einen Monat oder $ 35 für ein Jahr

Baden

Australien ist eine Insel, und Baden gehört zu den liebsten Hobbys der Australier. Von Sydney bis an die Gold Coast finden Sie hunderte von Kilometern von teils sehr einsamen Stränden mit dunkelblauem Wasser und nicht unerheblicher Brandung. Auch von der Sunshine Coast bis nach Agnes Water gibt es viele schöne Strände mit Brandung; weiter im Norden bis hin nach Cairns wird das Wasser ruhiger aufgrund des vorgelagerten Great Barrier Reefs. Viele Strände werden von Rettungsschwimmer beaufsichtigt. Wenn Sie daher zwischen den rotgelben Flaggen schwimmen, hat immer jemand ein Auge auf Sie (dieser Service ist kostenlos).

Siehe dazu auch die Einträge zum Thema Quallen (▶ Seite 374) und Krokodile (▶ Seite 373).

ⓘ SPRACHE

In Australien wird eine Variante des Britischen Englisch gesprochen, die nicht ganz so einheitlich ist, wie es weithin behauptet wird. Städter sprechen typischerweise ein relativ schnelles Australisches Englisch. Die ländliche Bevölkerung spricht oft langsamer, dafür aber auch gerne ein bisschen weniger deutlich. Fremdsprachen werden zwar in den Schulen unterrichtet, es wird aber kein großer Wert darauf gelegt, sodass man keine Fremdsprachenkenntnisse erwarten sollte – es sei denn, die Person kommt aus einer Familie mit Einwanderer-Hintergrund. Australier sind aber auch sehr tolerant. Sie wissen zu schätzen, wenn sich jemand Mühe gibt. Daher ist es auch mit wenigen Englischkenntnissen relativ einfach, im Lande herumzukommen.

Gebräuchliche Vokabeln

Englisch	Deutsch
Apartment, Unit, Flat	Wohnung
(Coastal) She-Oaks	Kasuarinen. Eine vor allem an Stränden und auf sandigen Böden verbreitete Baumart. Die Name Kasuarine stammt vom lateinischen Casuarina, eine Anspielung auf die ähnlich aussehenden Federn der australischen Kasuaren.
Cabin	Oberbegriff für die unterschiedlichsten Unterkünfte auf einem Campingplatz, von einer heruntergekommenen Hütte ohne Bad bis zum luxuriösen Ferienhaus.
Camper trailer	Wohnanhänger, zumeist wenigstens teilweise ausklappbar
Campervan	Kleines Wohnmobil
Campground, Caravan Park, Holiday Park, Tourist Park	Campingplatz
Caravan	Wohnwagen (Anhänger)
Cassowary	Helm-Kasuar, eine emu-ähnliche Vogelart mit blauem Kopf
Complimentary	Gratis
Corkage (fee)	Gebühr für Gäste, die ihren eigenen Wein mitbringen. Nur erlaubt in Bring-Your-own/BYO-Lokalen

Englisch	Deutsch
Daylight Saving Time	Sommerzeit
Ensuite	Hotelzimmer, Cabin oder Caravan-Stellplatz mit eigenem Badezimmer
Feral animals	Verwilderte Tiere aus Europa, etwa Wildschweine, Rehe, Hasen oder Katzen
First name	Vorname
Flash flood	Plötzliche Wassermassen nach starken Regenfällen
Headland	Kap, Landspitze
Hotel	1) Hotel, 2) Pub/Kneipe
Last name, surname	Nachname
Lifeguard	Rettungsschwimmer
Lifeguard on duty	Dieser Strand wird von einem Rettungsschwimmer überwacht.
Motorhome, Mobile home	Großes Wohnmobil
Pokies (Poker machines)	Spielautomaten
Post code	Postleitzahl
Powered site	Stellplatz mit Strom, zumeist für Camper und Zelte geeignet
Spa	1) Wellness-Center, 2) Whirlpool
Studio	Hotelzimmer mit Mini-Küche
Tent site	Stellplatz für ein Zelt
Toilet	Toilette
Torch	Taschenlampe
Unpowered site	Stellplatz ohne Strom, typischerweise nur für Zelte geeignet, es sei denn, es handelt sich um einen Nationalpark-Platz
Valley	Tal

Geläufige Abkürzungen

Englisch	Deutsch
BBQ	1) Barbecue (Mahlzeit mit Fleisch etc.), 2) ein mit Gas, elektrisch oder mit Holz befeuerter Grill
BLT (Bacon, Lettuce and Tomato)	Sandwich mit Schinken, Salat und Tomaten
BYO (Bring Your Own)	Bitte eigenen Wein mitbringen, bei Restaurants ohne Alkohollizenz
CBD (Central Business District)	Stadtzentrum
Cnr (Corner)	Straßenecke
ID	Typischerweise ist damit der Führerschein/die Führerscheinkarte gemeint
Limo	Limousine (nicht Limonade)
P. O. Box (Post Office Box)	Postfach
RSL Club (Returned and Services League of Australia Club)	Wohltätiger Club, dessen Einnahmen Kriegsversehrten zu Gute kommen.
SLSC (Surf Life Saving Club)	Wohltätiger Club, dessen Einnahmen dem lokalen Rettungsschwimmerverein zu Gute kommen.
TAB	Sportwetten (werden oft in Pubs angeboten)
Till late	Restaurants sind oft »till late« geöffnet, also so lange, bis der letzte Gast gegangen ist.

Und ein paar nützliche Redewendungen

Englisch	Deutsch
Excuse me!	Entschuldigung!
I don't understand you.	Ich verstehe Sie nicht.
Pardon?	Wie bitte?
I only speak a little English.	Ich spreche nur wenig Englisch.

Englisch	Deutsch
Can you help me, please?	Können Sie mir bitte helfen?
How much is it/that?	Wieviel kostet das?
Can I pay by credit card?	Kann ich mit Kreditkarte bezahlen?
What time is it?	Wieviel Uhr ist es?
What's your name, please?	Wie ist Ihr Name, bitte?
My name is ...	Mein Name ist ...
My car is broken down.	Ich habe eine Panne.
Where is the nearest doctor/dentist?	Wo ist der nächste Arzt/Zahnarzt?
I booked a room with you.	Ich habe bei Ihnen ein Zimmer reserviert.
The bill, please.	Rechnung/bezahlen, bitte.

ⓘ STEUERN

In Australien wird für fast alle Güter 10 % Mehrwertsteuer oder *GST (Goods and Services Tax)* berechnet, Ausnahmen gibt es etwa für einige Lebensmittel. Diese Steuer ist bei allen veröffentlichten Preisen bereits eingerechnet.

ⓘ STRASSENKLASSIFIKATIONEN

An der Ostküste werden Sie sich typischerweise auf dem **Highway A1** fortbewegen, der in Queensland **Bruce Highway** und in New South Wales **Pacific Coast Highway** heißt. An manchen Stellen ist die Landstraße zur Autobahn *(Motorway)* ausgebaut und in M1 umbenannt. In Brisbane und Sydney gibt es einige Autobahnen und Brücken, für die Maut berechnet wird. Diese sind mit dem Begriff »TOLL« gekennzeichnet. *Unsealed Roads* oder *Dirt Roads,* also unbefestigte Straßen, die zumeist geschottert oder gewalzt sind, dürfen von den meisten Mietfahrzeugen oder Wohnmobilen nicht befahren werden. Bei kurzen Strecken wird manchmal ein Auge zugedrückt. Im Zweifelsfall lohnt es sich, das Kleingedruckte im Mietvertrag zu lesen oder sich beim Vermieter abzusichern. Rechnen Sie damit, dass sich in Ihrem Fahrzeug ein GPS-Sender befindet, der Ihre Position an den Vermie-

ter übermittelt. Wenn Sie mit dem eigenen Fahrzeug unterwegs sind, gibt es normalerweise keine Einschränkungen durch die Versicherung.

ⓘ STRASSENVERKEHR (▶ VERKEHRSREGELN & AUTOFAHREN)

ⓘ STROM

Die Spannung beträgt 240–250 Volt, damit ist die Stromspannung etwas höher als die in Europa üblichen 230 Volt, was neueren und den meisten älteren Geräten aber nichts ausmachen sollte. Ein Steckdosenadapter ist sinnvoll, da in Australien dreipolige Steckdosen genutzt werden. Falls Sie diesen vergessen haben, können Sie ihn auf Flughäfen nachkaufen.

💡 Nehmen Sie eine Steckdosenleiste mit, dann haben Sie mit einem Adapter direkt mehrere Steckdosen zur Verfügung.

ⓘ TANKEN

An einer Tankstelle *(Service Station, Servo)* werden *Unleaded Petrol (ULP), Premium Unleaded* sowie Diesel verkauft. Diesel kostet oft mehr als Unleaded. Der Tankvorgang funktioniert wie gewohnt: Man betankt das Fahrzeug und geht danach zur Kasse. Bei Tankstellen, die zu den Supermarktketten Coles oder Woolworths gehören, bekommt man zumeist vier Cent Rabatt pro Liter, wenn man einen Rabatt-Gutschein des jeweiligen Supermarktes vorweisen kann. Diesen wiederum bekommt man nur, wenn man bei Coles oder Woolworths für mindestens $ 30 eingekauft hat.

ⓘ TELEFON UND INTERNET

Die Vorwahl für Festnetzanschlüsse in Queensland ist +61 7 (aus Australien nur 07), fürs Festnetz in New South Wales +61 2 (aus Australien nur 02), für Handys +61 4 (aus Australien nur 04). Am günstigsten telefoniert es sich über das Internet mit VoIP-Telefondiensten wie Skype. Eine Vermittlung wie in den USA gibt es nicht. Bei einer längeren Reise ist es empfehlenswert, eine lokale Handykarte zu kaufen, damit Sie vor Ort erreichbar sind. Das gilt vor allem, wenn Sie Ausflüge, Hotels oder andere Reiseleistungen gebucht haben, da Australier typischerweise nicht bei ausländischen Handynummern anrufen. Der größte Telefonanbieter des Landes heißt **Telstra** und ist zwar nicht der billigste, dafür aber der zuverlässigste, der zudem die größte Netzabdeckung hat, denn auch heute gibt es kein flächendeckendes Handynetz. Prepaid-Karten von Telstra bekommt man in den Supermärkten oder in Telstra-Shops. Aufgrund der Größe des Netzes und der relativ kleinen Anzahl an Teilnehmern (das Land hat nur 23 Millionen Einwohner), sind die Tarife im Vergleich zu Europa relativ teuer, Daten-Flatrates gibt es nicht. Kostenlose **Wireless**-Zugänge sind in einigen Touristenorten verfügbar, ebenso wie in manchen Hotels, auf Campingplätzen und in Restaurants. Wenn Sie in einem Hostel übernachten, sollten Sie damit rechnen, dass WiFi nicht kostenlos ist.

Sollten Sie mit Ihrem eigenen Handy nach Australien reisen und es dort nutzen wollen, achten Sie darauf, dass die Nutzung von Datenverbindungen durch zusätzliche Roaminggebühren teuer werden kann. Am sichersten ist es, wenn Sie die Datenverbindungen komplett abschalten.

ⓘ TEMPERATUREN (▶ KLIMA)

ⓘ TRINKGELD

Im Vergleich zu den USA erhalten Taxifahrer, Kellner und andere Serviceangestellte einen höheren Grundlohn, sodass sie nicht auf Trinkgelder angewiesen sind. Wenn Sie in einem Restaurant essen, in denen es Ihnen gut geschmeckt hat, ist ein Lob an den Koch und/oder ein Trinkgeld willkommen, aber kein Muss. Wenn Sie in einem Hotel mit gehobenem Service übernachten, sollten Sie Kofferträgern, dem Zimmerservice etc. ein angemessenes Trinkgeld geben. Feste Regeln gibt es dafür aber nicht. Insgesamt sind Australier keine großen Trinkgeldgeber, was aber nicht heißt, dass sie sich über ein Lob und ein Trinkgeld nicht freuen würden, wenn es angebracht ist.

ⓘ ÜBERNACHTUNGSMÖGLICHKEITEN / -FORMEN

Abgesehen von Campingplätzen (▶ Seite 364) gibt es in Australien auch eine Reihe von anderen Unterkünften für jedes Budget und jedes Alter.

Hotels

Hotels gibt es in allen Standards, vom 5-Sterne-Wellness-Tempel bis hin zum alten Bruchbau. Für ein gutes Mittelklasse-Hotelzimmer sollte man um die $ 130 pro Nacht rechnen, und zwar ohne Frühstück. Wer auf das eine oder andere verzichten kann, bekommt einfachere Zimmer ab $ 110. In **Sydney** fangen einfache Zimmer etwa bei $ 150 an, Mittelklasse-Zimmer liegen typischerweise bei $ 200 aufwärts. Wenn Sie mehrere Tage bleiben wollen, lohnt es sich, das Frühstück nicht vorzubuchen, weil sich vorher nicht sagen lässt, ob es Ihren Ansprüchen zusagt.

Vorsicht: So manch ein »Hotel« ist möglicherweise nur ein Pub mit nicht immer schallgeschützten Zimmern im ersten Stock über dem Gastraum. Das trifft vor allem bei historischen Gebäuden zu, die früher vielleicht einmal eine Postkutschenstation waren.

Motels

Motels sind genauso wie man sie aus Amerika kennt: Einfache, eher nüchterne ein- oder zweistöckige Gebäude, oft an einer Hauptstraße gelegen, mit Parkplatz vor der Zimmertür, manchmal auch mit Pool. In Motels gibt es keine Mahlzeiten, oft sind die Zimmer aber mit Wasserkocher und Tee oder löslichem Kaffee ausgestattet. Nicht immer befinden sich Restaurants in der Nähe. Große Motelketten, wie aus den USA bekannt, gibt es nicht.

B&Bs

B&Bs sollte man nicht mit den aus Europa gewohnten Pensionen oder Privatzimmern verwechseln. Stattdessen handelt es sich meist um besondere Boutique-Unterkünfte, oft nur mit einem oder zwei Gästezimmern, manchmal auch in historischen Gebäuden. Frühstück ist immer mit dabei.

Privatunterkünfte

Über verschiedene Webseiten können Privatunterkünfte organisiert werden. Hierbei kann man Australier aus der Nähe kennenlernen und Erfahrungen machen, die einem sonst als durchreisender Tourist entgehen. Die Unterkünfte sind oft günstiger als Motels und haben typischerweise keine abschließbaren Schlafzimmer. Wie gut sie tatsächlich sind, erfährt man allerdings erst, wenn man den Koffer im Zimmer abstellt. Eine erste und meist auch zuverlässige Idee geben aber die Bewertungen auf den Webseiten.
🌐 www.couchsurfing.org
🌐 www.airbnb.com.au

Hostels

Hostels sind an der Ostküste weit verbreitet, und vor allem bei Reisenden unter 30 Jahren sehr beliebt, die allein unterwegs sind und Kontakt zu anderen Reisenden suchen. Familien mit Kindern sieht man vergleichsweise selten. Gäste können in gemischten Mehrbett- oder in Doppelzimmern übernachten, die pro Person zumeist zwischen $ 25 und $ 30 die Nacht kosten. Die Hostels der **YHA-Kette** haben *Female-only*-Mehrbett-Zimmer für alleinreisende Frauen. Doppelzimmer, die manchmal auch ein eigenes Bad haben, gibt es in fast allen Hostels. Man sollte zwischen $ 80 und $ 110 fürs Einzel- oder Doppelzimmer rechnen. Das ist immer noch billiger als in einem Hotel, dafür befindet sich in dem Zimmer oft nicht mehr als ein Bett und ein Stuhl. Wenn ein Restaurant oder eine Kneipe ans Hostel angeschlossen ist, sollte man damit rechnen, dass es abends laut wird.

ⓘ UMGANGSFORMEN

Australien ist ein sehr entspanntes Land, in dem jeder so sein kann, wie er sein möchte. Typischerweise versuchen Australier, so schnell wie möglich den Vornamen ihres Gegenübers zu lernen. Sollte dies nicht möglich sein – etwa bei weniger persönlichen Situationen wie im Hotel, im Restaurant oder beim Einkaufen –, sagt man typischerweise Sir/Ma'm, oder auch ganz locker »Mate« (Kumpel, »mein Freund«). Von Frauen hört man manchmal auch »Love« oder ähnliche fantasievolle Ansprüche. Zucken Sie dabei nicht zusammen – das ist nett gemeint.

ⓘ UMWELTSCHUTZ

Umweltschutz hat keinen besonders hohen Stellenwert, es sei denn, es geht um eine Sache, die einen persönlich angeht, etwa wenn eine Straße durch ein Naturschutzgebiet in der Nähe gebaut werden soll. Gewohnte Standards wie Pfandflaschen oder eine separate Sammlung von Glasflaschen gibt es nicht, aber immerhin wird der Müll nach »Wertstoffen« (gelbe Tonne) und Restmüll (graue Tonne) getrennt. Wer sich nicht an die Mülltrennung hält, wird jedoch nicht bestraft.

Sie sollten damit rechnen, dass in Nationalparks keine **Mülleimer** vorhanden sind, und Sie den Müll selbst mitnehmen müssen. Es lohnt sich daher, Plastiktüten vom Einkaufen aufzuheben.

ⓘ VERKEHRSREGELN UND AUTOFAHREN

In Australien fährt man auf der linken Seite, und daher auch links – also mit dem Uhrzeigersinn - in einen Kreisverkehr. Beim Rechtsabbiegen muss man einen weiten Bogen fahren. Darüber hinaus gewöhnt man sich erstaunlich schnell auf Linksverkehr um, trotzdem sollten Sie in den ersten Tagen besonders vorsichtig fahren und turbulente Innenstadtsituationen meiden. Die Pedale im Auto sind in der gewohnten Reihenfolge angebracht mit dem Gaspedal rechts. Die Schaltung, die Anordnung der Gänge und – je nach Fahrzeugtyp – auch die Scheibenwischer- und Blinkerhebel sind jeweils auf der anderen Seite angebracht.

💡 Mieten Sie ein Gefährt mit Automatikgetriebe, dann müssen Sie diesen Faktor schon mal nicht im Auge behalten und können sich mehr auf den Verkehr konzentrieren.

Abgesehen davon sind die Straßen breiter als in Europa und gut zu befahren. Auf den Verkehrsschildern sieht man kaum Ungewohntes. Wichtig zu wissen ist, dass man bei mehrspurigen Kreisverkehren auf die Pfeile in der Beschilderung achten sollte: Wer auf der äußeren Spur fährt, darf typischerweise nicht rechts abbiegen und auch keine »Runde drehen«. Für beides muss fast immer die innere Spur verwendet werden, um Unfälle zu vermeiden. Sollten Sie einen Unfall haben, ist es wichtig, dass Sie unbedingt die Polizei rufen (Tel. Nr. 000), um den Unfall dokumentieren zu lassen. Falls niemand verletzt wurde, besteht die Möglichkeit, dass die Polizei sich weigert zu kommen. Dann müssen Sie die Dokumentation selbst übernehmen und Fotos vom Vorfall machen. Sind Sie mit einem Mietfahrzeug unterwegs, müssen Sie Ihren Vermieter vom Unfall unmittelbar in Kenntnis setzen. Wenn Sie eine Panne haben oder eine sonstige Reparatur fällig ist, sollten Sie ebenfalls den Vermieter davon unterrichten.

ⓘ VERTRETUNGEN UND ORGANISATIONEN D / A / CH

Generalkonsulat der Bundesrepublik Deutschland

✉ Consulate General of Germany, 13 Trelawney St, Woollahra (Sydney) NSW 2025 ☎ 02-9328-7733 🌐 www.australien.diplo.de/Vertretung/australien/ de/Startseite.html 🕐 Mo.–Fr 9–12 h, Mo. und Mi. außerdem 13–15 h, nur mit vorheriger Terminvereinbarung

Schweizer Generalkonsulat Sydney

✉ Consulate General of Switzerland, 101 Grafton St, Tower 2, Level 23, Bondi Junction, NSW 2022 ☎ 02-8383-4000 ✉ syd.vertretung@eda.admin.ch 🌐 www.eda.admin.ch/sydney 🕐 Mo.–Fr. 9–12 h

Österreichisches Honorargeneralkonsulat

✉ Level 10, 1 York St, Sydney NSW 2000 ☎ 02-9251-3363 ✉ consulate.sydney@advantageaustria.org 🌐 www.botschaft-konsulat.com/at/vertretung/2409/ Österreich-in-Sydney 🕐 Mo.–Fr. 9–12 h

Australische Botschaft Berlin
📍 Wallstraße 76–79, 10179 Berlin ☎ +49 (0) 30 /
88-00-88-0 🌐 www.germany.embassy.gov.au/
belngerman/home.html

Australisches Generalkonsulat Genf
☎ +41 (0) 22 / 799-9100 @ Australian.consulate-
geneva@dfat.gov.au 🌐 www.geneva.mission.gov.au/
gene/consular.html 🕐 Mo.–Fr. 9–17 h

Australische Bootschaft Wien
📍 Mattiellistraße 2–4, A–1040 Wien ☎ +43 (0) 1 /
506-74-0 @ austemb@aon.at 🌐 www.austria.
embassy.gov.au/vien/home.html 🕐 Mo.–Fr.
8:30–16:30 h

ℹ️ VISITOR INFORMATION

Australisches Fremdenverkehrsamt
Reiseplanung und Reiseinformationen auf
Deutsch zu Australien.
🌐 www.australia.com/de-de

Fremdenverkehrsamt von Queensland
Deutschsprachige Reiseinformationen,
Landkarten und Apps zu Queensland.
🌐 www.queensland.com/de-DE

Übersicht über alle Visitor Information Centres in Queensland
🌐 www.seitnotiz.de/NPRAU109

Fremdenverkehrsamt New South Wales
Reiseinformationen, Landkarten und Apps
zu New South Wales, allerdings nur auf
Englisch.
🌐 www.visitnsw.com

Übersicht über alle Visitor Information Centres in New South Wales
🌐 www.visitnsw.com/visitor-information-centres

ℹ️ WANDERN

Wandern ist nicht unbedingt ein Breitensport; bei dem über weite Teile des Jahres
sehr heißen Klima ist es auch kein Wunder,
dass Australier ihre Zeit lieber mit Surfen,
Schwimmen oder Angeln verbringen, als
bei glühender Hitze durch den Busch zu
laufen. Gut ausgebaute Spazierwege findet
man entlang der Strände an der Ostküste,
außerdem sind auch die Nationalparks
teilweise mit Wanderwegen ausgebaut. Die
meisten Wege sind nicht sehr anspruchsvoll, die Wanderstiefel kann man daher
zu Hause lassen. In **Regenwaldgebieten**
sollten Sie damit rechnen, dass viele Wanderwege asphaltiert sind, um bei feuchtem
Wetter Auswaschungen und Rutschgefahr

zu vermeiden. Bei Regenwetter lohnt es
sich eventuell, auf Regenwald-Spaziergän-
gen eine lange Hose anzuziehen, um sich
vor Blutegeln zu schützen.

ℹ️ WASCHEN

Viele Hotels und Campingplätze haben eigene Waschsalons, manchmal findet man
auch Waschsalons in Shoppingcentern, und
das sogar in winzigen Orten wie in Rainbow
Beach. Sollte es in Ihrer Unterkunft keinen
Waschsalon geben, fragen Sie einfach bei
der Rezeption nach einer *Laundry*.

ℹ️ WASSERQUALITÄT

In Australien kann man überall Wasser direkt aus dem Wasserhahn trinken, soweit
dies nicht anders angegeben ist. Das Wasser ist aus Hygienegründen mit Chlor versetzt. Gegen den Nachgeschmack helfen
Wasserfilter, die in den meisten Supermärkten verkauft werden.

Auf manchen Campingplätzen wird
Brunnenwasser genutzt, das stark mine-
ralhaltig ist und daher vielleicht ungewohnt
schmeckt. In entlegeneren Regionen muss
das Wasser manchmal abgekocht werden.
Es lohnt sich daher grundsätzlich, reichlich
Trinkwasser in Flaschen für Notfälle an
Bord zu haben.

ℹ️ WOHNMOBIL

Kleinere Wohnmobile heißen *Campervans,*
größere Wohnmobile *Motorhomes.* Für alle
Wohnmobile reicht ein Pkw-Führerschein
aus, soweit Sie zusätzlich noch einen Internationalen Führerschein dabei haben.
Sehr beliebt sind die zu der Klasse der
Campervans gehörenden Toyota Commu-
ter Minibusse, die fünf Meter lang sind und
sich gut für zwei Personen eignen, eventuell
noch für ein kleines Kind. Diese Fahrzeuge
gibt es mit und ohne Dusche/WC. Australi-
en ist mit einer beeindruckenden Anzahl an
öffentlichen WCs ausgestattet, sodass man
auch gut ohne eigenes WC auskommt. Abgesehen davon gibt es auch die aus Europa
bekannten großen Wohnmobile mit vier oder
sechs Betten und eigenem Bad/WC. Diese
Fahrzeuge sind mit einer Länge von 7,20
bis 7,70 Meter erheblich länger und breiter
und weniger wendig als die *Campervans.* Auf
dem Küstenhighway sind große Wohnmobile
kein Problem, jedoch macht es wenig Spaß,
damit die Passstraßen in die Bergregionen
hinaufzufahren oder auch die schmale Straße zum Cape Tribulation. Wenn Sie daher
nicht dringend notwendig ist, würden wir

empfehlen, eher auf einen kleineren Campervan umzusteigen. So kann nicht nur der Beifahrer, sondern auch der Fahrer seinen Urlaub genießen.

Wohnmobil-Vermieter

Die größten Vermieter für Wohnmobile sind THL mit den Marken Britz (Mittelklasse), Maui (Mittelklasse bis Oberklasse) und Kea (Oberklasse) sowie unabhängig davon Apollo Campers (Mittelklasse) und Star RV (Oberklasse). Für kleinere Budgets bieten dieselben Firmen »Billigcamper« als Mighty Campers und Hippy Camper an. Diese Vermieter haben Filialen in Cairns, Brisbane und Sydney. Da die Mietstationen nie direkt an den Flughäfen liegen und keinen Abholdienst haben, benötigen Sie ein Taxi, in Sydney ist auch die Anfahrt per öffentlichem Bus möglich. Zudem gibt es eine Reihe von unabhängigen Billiganbietern, wie Camperman, Travellers Autobarn, Jucy Rentals und andere, die teils auch außerhalb von Cairns, Brisbane oder Sydney Filialen besitzen oder mit Autowerkstätten zusammenarbeiten, die sich um die Fahrzeugabgabe und -annahme kümmern. Wer nicht so große Ansprüche an ein Fahrzeug hat, der kann vielleicht das eine oder andere Schnäppchen finden.

💡 Ein Tipp für Geländewagen und Wohnmobile ist das **Travel Car Centre (TCC)** mit Depots u.a. in Sydney, Brisbane und Cairns. Die Besitzer kommen ursprünglich aus der Schweiz und sprechen daher auch Deutsch.

- 🌐 *Britz:* www.britz.com.au
- 🌐 *Maui:* www.maui.com.au
- 🌐 *Kea:* www.keacampers.com
- 🌐 *Apollo Campers:* www.apollocamper.com
- 🌐 *Star RV:* www.starrv.com/rv-locations/australia.aspx
- 🌐 *Mighty Campers:* www.mightycampers.com
- 🌐 *Hippy Camper:* www.hippiecamper.com
- 🌐 *Camperman:* www.campermanaustralia.com
- 🌐 *Travellers Autobarn:* www.travellers-autobarn.com.au
- 🌐 *Jucy Rentals:* www.jucy.com.au
- 🌐 *Travel Car Centre (TCC):* www.travelcar.com.au

Wohnmobile und andere Fahrzeuge – Mindestalter

Die großen Wohnmobil-Vermieter wie Britz, KEA oder Apollo vermieten nicht an Fahrer unter 21 Jahren, während vor allem die vorgenannten Billig-Vermieter einige Fahrzeuge ohne Aufpreis auch an Fahrer ab 18 Jahren vermieten.

Wohnmobil-Preise und Versicherungen

Wohnmobil-Preise werden wöchentlich auf Angebot und Nachfrage angepasst, daher ist es empfehlenswert, rechtzeitig zu buchen und sich nicht auf Last-Minute-Schnäppchen zu verlassen. Wenn Sie es einrichten können, außerhalb der australischen Ferienzeiten unterwegs zu sein, können Sie hunderte von Dollar sparen. Wenn Sie die Strecke von Cairns nach Brisbane oder Sydney fahren, sollten Sie mit etwa $ 300 Einweggebühren rechnen.

Alle Wohnmobile haben eine Grundversicherung mit einer Selbstbeteiligung von bis zu $ 5.000 (Kreditkartenlimit beachten!), die auf der Kreditkarte gesperrt werden. Um dies zu vermeiden, können Sie zusätzliche Versicherungspakete abschließen, die die Kaution und den Selbstbehalt bei einem Unfall verringern oder sogar auf null reduzieren.

Es lohnt sich, darauf zu achten, ob auch Schäden an Dach und Unterboden in der Versicherung mit inbegriffen sind. Wenn es zu einem Totalschaden nach Überrollen des Fahrzeugs kommt (single vehicle overroll) kann dies ohne zusätzliche Versicherung u. U. sehr teuer werden.

Wohnmobil-Ausstattung

Allen Wohnmobilen gemeinsam ist die Campingausrüstung: Während bei Billigcampern nur das Nötigste an Bord ist, vielleicht auch mit starken Gebrauchsspuren, so können Sie bei den Marktführern wie Maui, Britz und Kea oder Apollo und Star RV eine ausreichende Ausrüstung in guter Qualität erwarten. Bettwäsche oder Schlafsäcke sind zumeist ebenfalls mit dabei, sodass Sie im Grunde nur noch den Kühlschrank auffüllen müssen und dann gleich losfahren können.

Wohnmobil-Abholung

Sie sollten damit rechnen, kein deutschsprachiges Personal bei den Mietstationen anzutreffen, da das Land eher von Briten, Amerikanern und Asiaten besucht wird. Unabhängig vom Vermieter sollten Sie bei der Fahrzeugabholung alle Mängel genau dokumentieren, sodass Sie später keine Nachteile bei der Rückgabe des Fahrzeugs haben.

Terminplanung

Wir empfehlen dringend, nicht bereits am Tag der Ankunft aus Europa das Wohnmobil abzuholen und sofort loszufahren. Nach über 20 Stunden im Flugzeug ist es nicht ratsam, in einer fremden Stadt im ungewohnten Linksverkehr die Reise zu beginnen. Gleiches gilt für den Tag der Fahrzeugrückgabe: Gerade morgens kurz nach der Öffnung und am Nachmittag wollen viele Reisende gleichzeitig ihr Wohnmobil abholen und zurückgeben, sodass längere Wartezeiten fast unvermeidlich sind. Wenn Sie die Zeit zwischen Abgabe und Flug zu knapp planen, kann dies unangenehme Folgen haben.

ⓘ VERSICHERUNGEN (▶ AUTO- & REISEVERSICHERUNGEN)

ⓘ ZEITZONEN

In **Queensland** gibt es keine Sommerzeit, daher ist es während der Europäischen Winterzeit in Deutschland 9 Stunden früher als in Brisbane. Wenn es in Deutschland 9 Uhr ist, ist es also schon 18 Uhr in Brisbane. Während der europäischen Sommerzeit ist es in Berlin 8 Stunden früher als in Brisbane. Im Northern Territory ist es 30 Min. früher als in Queensland (z. B. 18 Uhr in Alice Springs und 18:30 Uhr in Cairns).

In **New South Wales** beginnt die Winterzeit am 1. Sonntag im April und die Sommerzeit am 1. Sonntag im Oktober. Während der Winterzeit gilt dieselbe Uhrzeit in New South Wales wie in Queensland. Zwischen Oktober und Ende März ist es in Sydney (19 Uhr) 1 Stunde später als in Brisbane (18 Uhr) und zudem ganze 10 Stunden früher als in Berlin (9 Uhr).

ⓘ ZOLL (▶ EIN- UND AUSFUHR-BESTIMMUNGEN)

MEDIENLISTE

ⓘ KARTENMATERIAL

Folgende Kartenbücher enthalten einen mindestens 60-seitigen Regionalatlas des jeweiligen Staates sowie detaillierte Stadtpläne der wichtigsten regionalen Städte des Landes. Nicht enthalten sind Innenstadtpläne von Sydney und Brisbane, die Sie allerdings kostenlos bei den Visitor Centers der jeweiligen Städte bekommen können. Die Bücher kosten $ 39,95 und werden u. a. in Warenhäusern wie Big W oder Target verkauft.

UBD Gregory's Queensland, Universal Publishers Ltd., 2013, 🌐 www.explore australia.net.au/Bookshop/Street-Directories/Regional

UBD Gregory's New South Wales, Universal Publishers Ltd., 2012, 🌐 www.exploreaustralia.net.au/Bookshop/Street-Directories/Regional

Ebenfalls empfehlenswert sind die Faltkarten von Hema, die jeweils ca. $ 9 bis $ 12 kosten. Alternativ gibt es auch ähnliche Karten von UBD, die ebenfalls empfehlenswert sind.

Hema Brisbane to Cairns, 1: 2.000.000: Gut für die Übersicht, mit Zusatzkarten zu den Durchgangsstraßen durch Brisbane sowie einem Stadtplan von Cairns Zentrum.

New South Wales Handy, 1:1.400.000: Übersichtskarte für die Strecke von Tweed Heads bis nach Sydney und weiter bis an die Grenze nach Victoria.

Hema North Queensland, 1:1.750.000: Übersichtskarte Nord-Queensland mit Detailkarten zu Mackay/Whitsundays und der Küste von Cooktown/Cape Tribulation bis Townsville.

Hema Central Queensland, 1:1.000.000: Deckt die Region von Mackay bis nach Maryborough und Hervey Bay ab. Mit Detailkarten zur Region Rockhampton/Yeppoon, Gladstone, Bundaberg und Hervey Bay.

Hema South East Queensland, 1:500.000: Übersichtskarte für die Region zwischen Bundaberg und Byron Bay/Ballina. Auf der Rückseite befindet sich eine 1:300.000-Karte der Region rund um Brisbane und der Gold Coast.

Hema Brisbane & Region, 1:100.000: Durchfahrtsstraßen für den Großraum Brisbane von Bribie Island bis nach Coomera. Auf der Rückseite befinden sich eine Übersichtskarte von Noosa über Brisbane bis nach Tweed Heads im Maßstab 1:300.000, ein Innenstadtplan von Brisbane und eine Gold Coast Karte mit dem Strandgebiet rund um Surfers Paradise.

Hema Gold Coast & Region, 1:100.000: Übersichtskarte Gold Coast mit Springbrook und Lamington NP sowie auf der Rückseite Küste und Vergnügungsparks von Coomera bis Tweed Heads in 1:50.000 und die Gegend um Surfers Paradise in 1:15.000.

Hema North East New South Wales, 1:375.000: Deckt die Region von Brisbane bis hin nach Coffs Harbour und Bellingen ab.

Hema Mid North Coast & New England, 1:375.000: Deckt die Region zwischen Coffs Harbour und Woy Woy ab (kurz vor Sydney), mit Newcastle und Hunter Valley.

Hema Sydney & Region, 1:100.000: Übersichtskarte über die Stadtteile von Sydney mit Karte der Region Sydney 1:290.000 von Newcastle bis Wollongong. Diese Karte schließt also an die Mid-North-Coast-Karte an.

Hema Blue Mountains, 1:130.000: Übersichtskarte zu den Blue Mountains, mit Detailkarten u. a. zu Katoomba, Leura und Wentworth Falls.

💡 Die Karten sind bei Online-Shops wie Amazon erhältlich oder in Cairns beim Kartenladen im Gebäude des Reef Fleet Terminal (📍 1 Spence St).

Nationalpark-Karten

Da viele Nationalparks kein Visitor Centre haben, ist es empfehlenswert, Kartenmaterial für Wanderungen bereits vorab von den Webseiten der Nationalparks herunterzuladen.

Queensland

Department of National Parks, Recreation, Sport and Racing
🌐 www.nprsr.qld.gov.au/parks/index.php

NSW National Parks and Wildlife Service

🌐 www.nationalparks.nsw.gov.au/visit-a-park

Uluru-Kata Tjuta National Park
🌐 www.parksaustralia.gov.au/uluru/index.html

ℹ FÜRS HANDY

Maps.Me – Offline-Routing fürs Handy, basierend auf den kostenlosen Karten von Open Street Maps
🌐 http://maps.me/de/home

Wiki Camps – App mit Informationen zu Campingplätzen und Rastplätzen
🌐 http://wikicamps.com.au

ℹ FILMTIPPS

Bran Nue Dae (Brand New Day), 2010: Lustiges Musical und Roadmovie, vorwiegend mit Aboriginal-Darstellern (u.a. mit Sängerin/Schauspielerin Jessica Mauboy). Der Film spielt in Western Australia, und erzählt mehr über das Leben der Aboriginals in Australien.

Crocodile Dundee, 1986: Im Kakadu National Park gedrehte Komödie mit Paul Hogan über einen Wilderer, der sich in eine amerikanische Journalistin verliebt und australische Offenheit und Freundlichkeit mit in die USA bringt.

Ein Schatz zum Verlieben (Fool's Gold), 2008: Amerikanische Komödie über Schatztaucher in der Karibik, der allerdings zwischen Port Douglas und Whitehaven Beach gedreht wurde. Mit Matthew McConaughey und Kate Hudson.

Sea Patrol, 2007–2011: Vor der Küste von Mission Beach und in Cairns gefilmte Action-Serie über die Besatzung des australischen Navy-Schiffes HMAS Hammersley.

The Sapphires, 2012: Bewegendes Musical mit Jessica Mauboy über vier Aboriginal-Frauen, die als The Sapphires in Vietnam für die australischen Soldaten singen.

Red Dog, 2011: Auf einer wahren Geschichte basierender Film über einen vagabundierenden Hund, der das Leben vieler Menschen im Outback von Western Australia bereichert hat.

Oddball, 2015: Auch dieser Film basiert auf einer wahren Geschichte: Ein eigenwilliger Hütehund adoptiert eine von Füchsen bedrohte Zwergpenguin-Kolonie und rettet damit ein Naturschutzgebiet. Mit schönen Aufnahmen von der Great Ocean Road.

Dokumentationen

Life In Australia: Cairns, 1964: 20-minütige Dokumentation aus dem Jahr 1964 über das Leben in Cairns. Wenn man die ruhigeren der nördlichen Strände wie Machans Beach oder Holloways Beach besucht, kann man auch heute noch ein bisschen vom Lebensgefühl der damaligen Zeit wiederentdecken.
🌐 www.youtube.com/watch?v=4sXtjcqV_IA

East Coast Australia, Gold Coast to Cape Tribulation: Meet a Local: Sehenswerte Dokumentation von Mark Shea über die Ostküste von der Gold Coast bis nach Cairns.
🌐 www.youtube.com/watch?v=nYbCqCBr-wQ

Das Great Barrier Reef - Naturwunder der Superlative: BBC-Dokumentation von 2012 über das größte Korallenriff der Erde.

ℹ MUSIK

Wenn Sie sich auch musikalisch auf Australien vorbereiten möchten, empfehlen wir Didgeridoo-Musik von **David Hudson, Ganga Giri und Marshall Whyler**, die z. B. über Amazon und Youtube erhältlich sind.

ℹ LINKS

Reiseberichte und Tipps für die Reiseplanung für Australien
🌐 www.australien-reisetipps.de

Foren und Reiseinformationen zu Australien
🌐 www.australien-info.de
🌐 www.australien-forum.de

Busstationen der Greyhound-Busse
🌐 www.greyhound.com.au/service-info/pdf-timetables

Busstationen Premier Coaches
🌐 www.premierms.com.au/NewHome/TimeTableSelect.asp

Infos zur **Zugverbindung Cairns–Brisbane**
🌐 www.queenslandrailtravel.com.au/railexperiences/ourtrains/spiritofqueensland

Translink – Verkehrsverbund von Brisbane, Sunshine Coast und Gold Coast
🌐 www.translink.com.au

Fahrpläne und Fahrkarten für den öffentlichen Verkehr in New South Wales und Sydney
🌐 www.transportnsw.info

Vergleich von Billigflügen
🌐 www.webjet.com.au

Die australischen Autoclubs vergeben die »Sterne« für Unterkünfte, die alle auf der Webseite vorgestellt werden:
🌐 www.starratings.com.au

X

Y

Z

KARTE

Rossville

Ayton

Wujal Wujal

Cape Tribulation
○ Dubuji Boardwalk
○ Marrdja Boardwalk
▲ Noah Beach Campground
tree Tea Company
○ Lync Haven
Daintree Village
○ Mount Alexandra Lookout
⋯ Daintree River Fähre
Daintree River

Cape Tribulation Road

Intree
tional
Park

Wonga Beach

Newell

Mossman
14

○ Mossman
Gorge

Port Douglas
▲ Tropic Breeze Van Park

44

▲ Glengarry Holiday Park

44

Julatten

Mt Molloy

○ Hartley's Crocodile
Adventures

Ellis Beach
Double Island Reef
▲ Palm Cove Holiday Park
Palm Cove
○ Kewarra Beach
Clifton Beach ○ Trinity Beach
81
Smithfield ○ Yorkneys Knob
Lake Mitchell
Barron River
Kuranda
Tjapukal Aboriginal ○ Holloways Beach
Cultural Park ○ Machans Beach
1
Caravonica **91**
1 **Cairns**
○ Jaques
Australian Coffee
Cairns Coconut
Holiday Resort ⋯ Cairns
Holiday Park
1
27 Mareeba
1
A1
Mount Uncle **404**
Distillery Wolframia Gordonvale

50 km

Michaelmas Cay
National Park

Green Island
National Park

Fitzroy Island
National Park

403

Australian Coffee

Cairns Coconut Holiday Resort

Cairns Holiday Park

National Park

403 A1

27 Mareeba

1

1

Mount Uncle Distillery Walkamin

Walkamin

Rocky Creek War Memorial Park

Lake Tinaroo

Gordonvale

Fishery Falls

Deeral

Tolga

Kairi

52

Tolga Woodworks

Yungaburra

Nerada Tea Plantation

A1

Atherton

Atherton Woodlands Tourist Park

Peeramon

52

25

Babinda

Malanda

Babinda Boulders

Herberton

1

Malanda Falls Caravan Park

Mirriwinni

Mulgrave River

Irvinebank

52

Tarzali

Wooroonooran National Park

Wild River

Millaa Millaa

24

Innisfail

25

Johnstone River

1

Ravenshoe

25

Wangan

South Johnstone

Mamu Canopy Walk

25

A1

Innot Hot Springs

Mena Creek

Clump M Nationa

ENDE DER KARTE

Lake Koombooloomba

Silkwood

Kurrimine

El Arish

Bingil Bay

El Arish-Mission Beach Road

Mission Beach

Missi Council C

Djiru National Park

Wongaling

Tully

Dunk

Tully-Mission Beach Road

Hull Heads

Fami Natio

Tully Heads

A1

Dunk Island Campground

Bilyana Rest Area

Bilyana

Herbert River

Cardwell Beachcomber Motel & Tourist Park

Cardwell

Girringun National Park

Walters Plains Lake

Hinchi Nat

404

406

Hinchinb Lonko

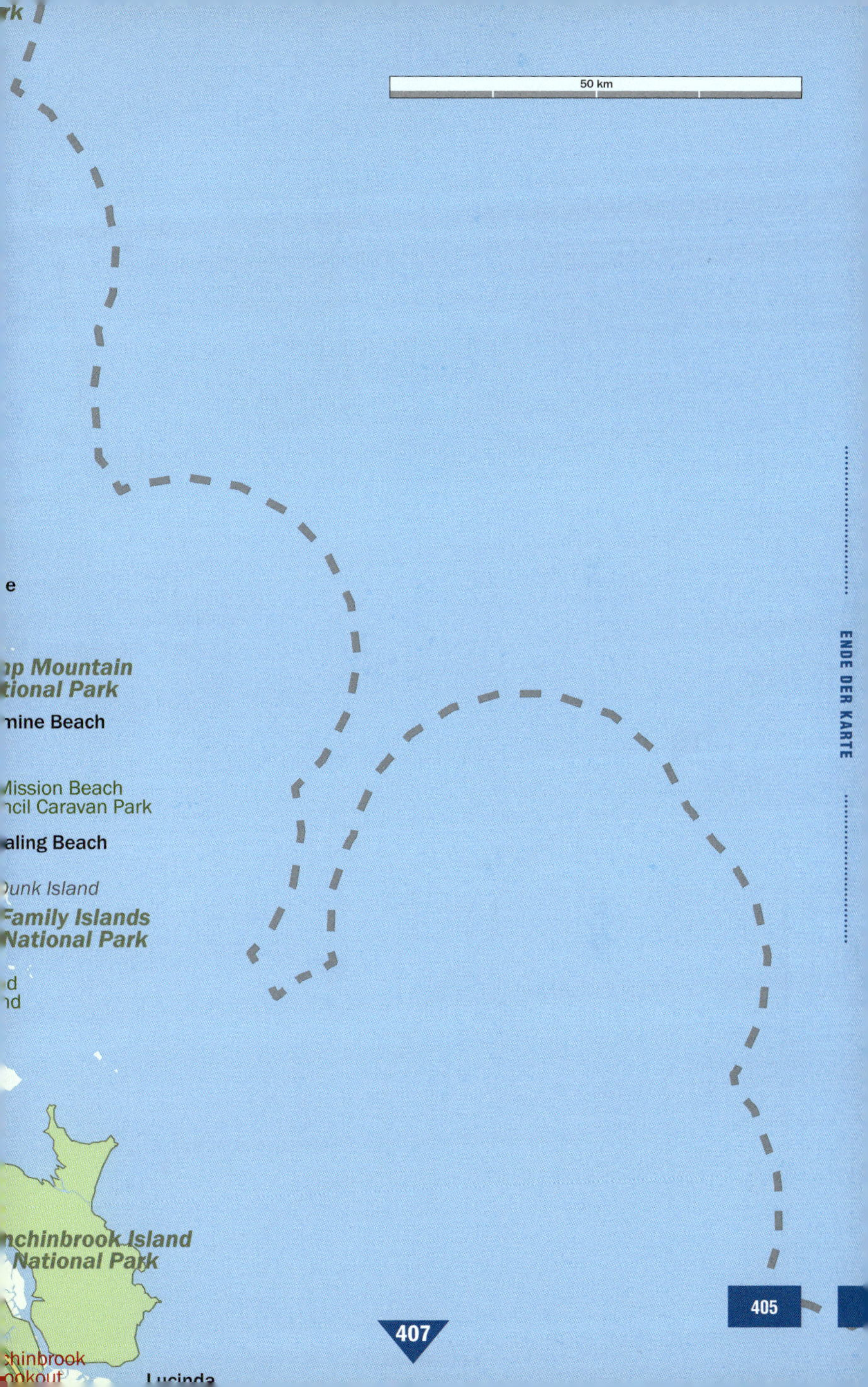

rk

e

p Mountain
tional Park

nine Beach

Mission Beach
ncil Caravan Park

aling Beach

Dunk Island

Family Islands
National Park

d
nd

nchinbrook Island
National Park

chinbrook
nkout
Lucinda

Plains
Lake

404

Hinchinbr
Lookou

A1

He

Trebonne
Ingha

Toobar

Fro

Spiegelhauer Road

Crystal Creek

Big Crystal Creek
Camping Area

Mount Spec Road

63

72

Burdekin River

50 km

ENDE DER KARTE

ENDE DER KARTE

Hinchinbrook Island
National Park

Hinchinbrook
Lookout

Lucinda

A1

Herbert
River

Taylors Beach

e
Ingham

Orpheus
Island

oobanna

Forrest Beach

Great Palm
Island

Frosty Mango

Mutarnee

Big Crystal Creek

Paluma

Paluma Range
National Park

A1

Saunders
Beach

Saunders
Beach Park

Horseshoe
Bay

Magnetic Island

Picnic Bay

Arcadia
Nelly Bay

Hawkings Point

Rowes Bay
Caravan Park

14

Townsville

Cleveland
Bay

16

72

A1

Billabong Sanctuary

Ross
River
Dam

A6

Giru

ictuary

Giru

A1

Ayr

Home Hill
Comfort Stop

Home Hill

Burdekin
River

White Topped Rock

411

Abbot

ENDE DER KARTE

409

412

bbot Point

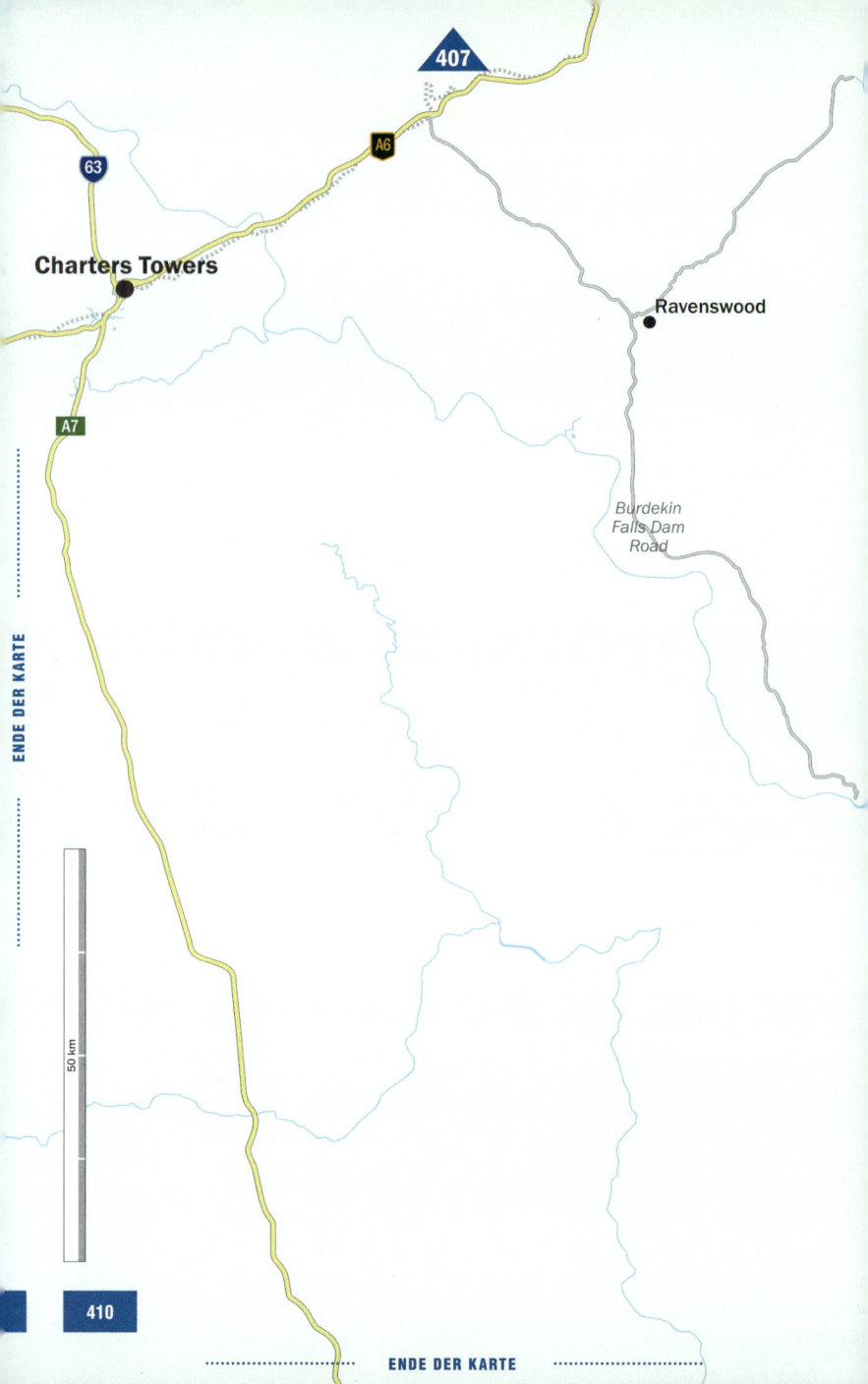

407

A6

63

Charters Towers

Ravenswood

A7

*Burdekin
Falls Dam
Road*

50 km

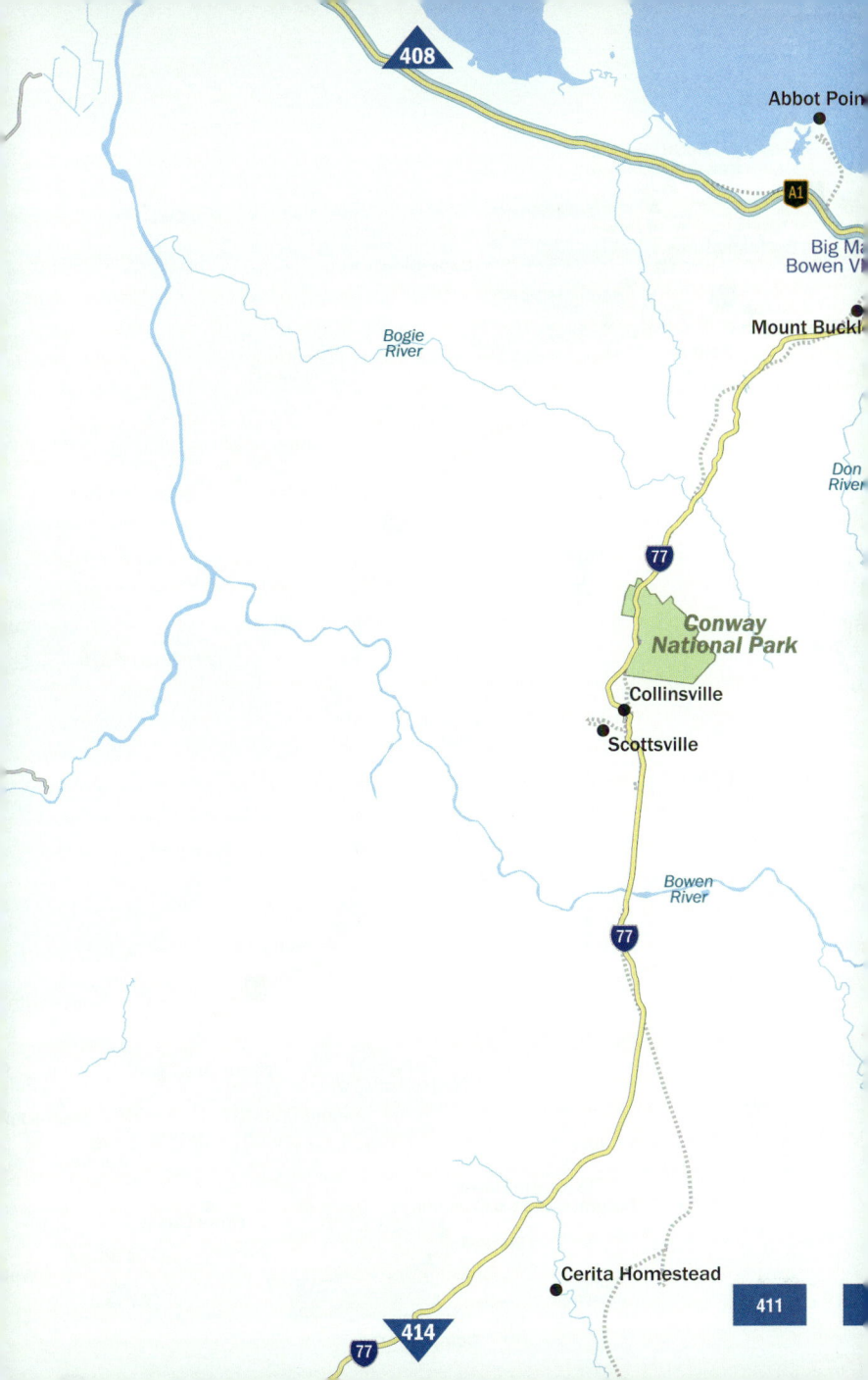

408

Abbot Poin

A1

Big Ma
Bowen Vl

Mount Buckl

*Bogie
River*

*Don
River*

77

**Conway
National Park**

Collinsville

Scottsville

*Bowen
River*

77

Cerita Homestead

77 414

Abbot Point

Coral Coast
Beachfront Holiday
Park

Middle
Island

Gloucester Island

Hayman Island

A1

Bowen

Big Mango
Bowen VI Centre

Stone Island

Cape Gloucester

77

Adelaide Point

Mount Buckley

Heronvale

Bowen
Rest Area

Daydream
Island

Hook Island

Bo
Is.

Flametree
Tourist Village

Gregory-Cannon
Valley Road

North Molle
Island

Don
River

Airlie Beach

South Molle
Island

Whitsund
Island

Cannonvale

Shute Harbour

A1

Shute
Harbour Road

Long
Island

Hamilto
Island

Lake
Proserpine

Proserpine

Airlie Cover
Resort & Van Park

Linde
Isla

ay
Park

Proserpine
River

Conway
National Park

O'connell
River

Bloomsbury

Yalbaroo

Cape Hills-
borough Road

Sr
E

A1

Mount Ossa-
Seaforth Road

Seaforth

Eungella
National Park

Mount Ossa

Mount Charlton

Bel

Mount Ju

Broken
River

Jakapari-
Seaforth
Road

Kuttabul

Pioneer
River

Explorers Haven
Accomodation & Camping

Dows Creek

Eungella

Mirani

Wa

Broken River

Eur

Eungella
Reservoir

Eungella
Dam
Road

Teemburra
Creek
Dam

Lake
Kinchant

Camp Area

Border
Island

**Whitsunday Islands
National Park**

sunday
land

Haslewood
Island

milton
land

Whitehaven
Beach

indeman
Island

Shaw
Island

Goldsmith Island

ENDE DER KARTE

Smalleys
Beach

Carlisle Island

Brampton Island

Scawfell Island

forth

**Cape Hillsborough
National Park**

Keswich Island

St Bees Island

Cape Hillsborough Nature
Tourist Park

Derwent Island

Penrith Islan

Belmunda

nt Jukes

Etowri

Mackay Blacks Beach
Holiday Park

Snare

A1

Farleigh

ioneer
River

Mackay

70

Ooralea

Walkerston

Bakers Creek

Mackay-
Eungella Road

416

A1

Sandy
Creek

Timberlands

Cerita Homestead

77

Mount Coolon

7

ENDE DER KARTE

A7

50 km

70

A7

ENDE DER KARTE

Eungella

Eungella
Reservoir

Eungella
Dam
Road

Broken River

412

Teemburra
Creek
Dam

Fern Flat
Camping Area

Mirani

Walkers

Lake
Kinchant

70

Mackay
Eungella

Sari
Carav

70

Man
Sa

Coppabella

70

67

Isaak
River

Dysart

67

67

415

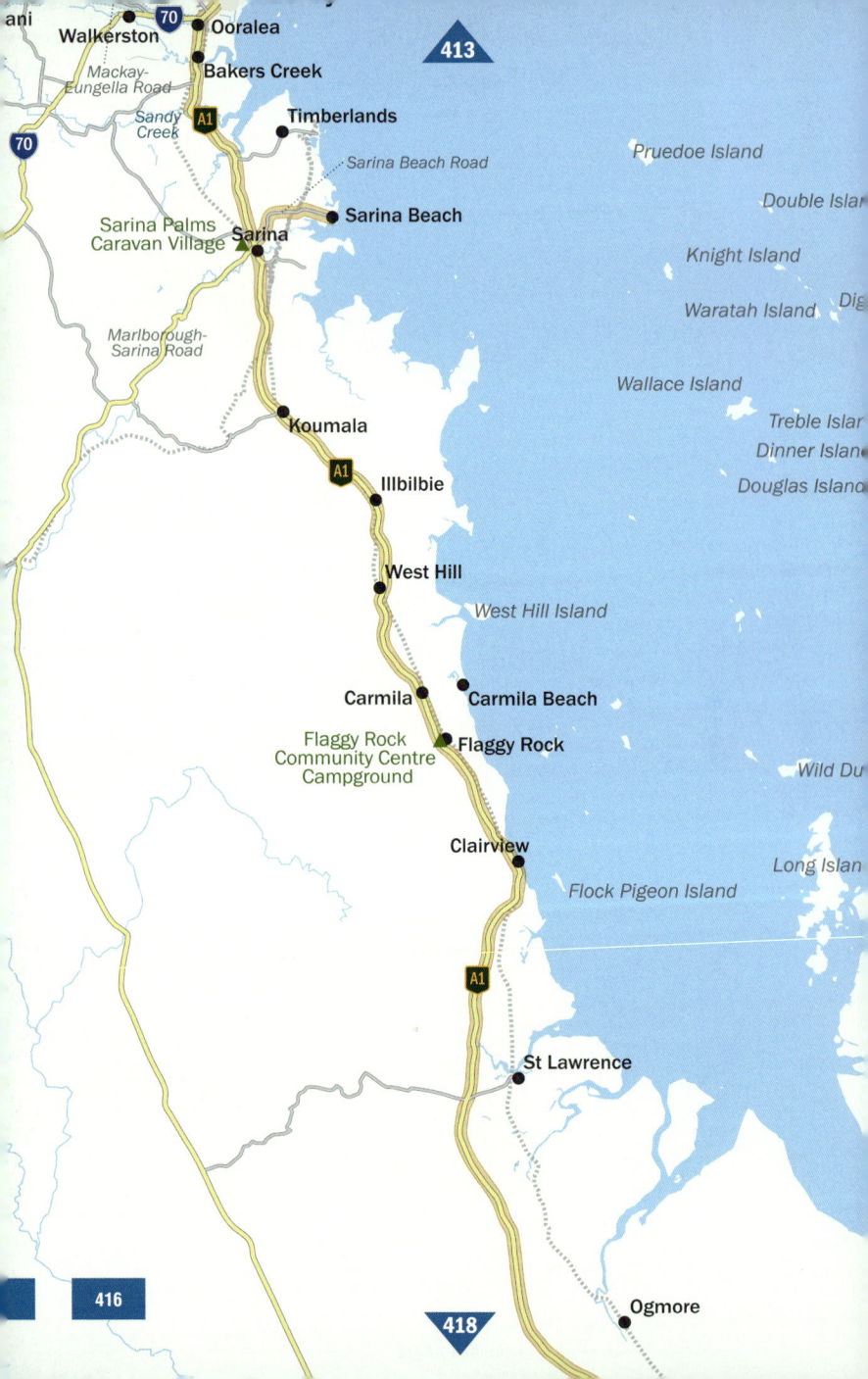

ani

Walkerston

Ooralea

*Mackay-
Eungella Road*

Bakers Creek

*Sandy
Creek*

A1

Timberlands

Sarina Beach Road

413

Pruedoe Island

Double Islar

Knight Island

Sarina Palms
Caravan Village

Sarina Beach

Waratah Island

Dig

Sarina

*Marlborough-
Sarina Road*

Wallace Island

Koumala

A1

Illbilbie

Treble Islar
Dinner Islan

Douglas Island

West Hill

West Hill Island

Carmila

Carmila Beach

Flaggy Rock
Community Centre
Campground

Flaggy Rock

Wild Du

Clairview

Long Islan

Flock Pigeon Island

A1

St Lawrence

418

Ogmore

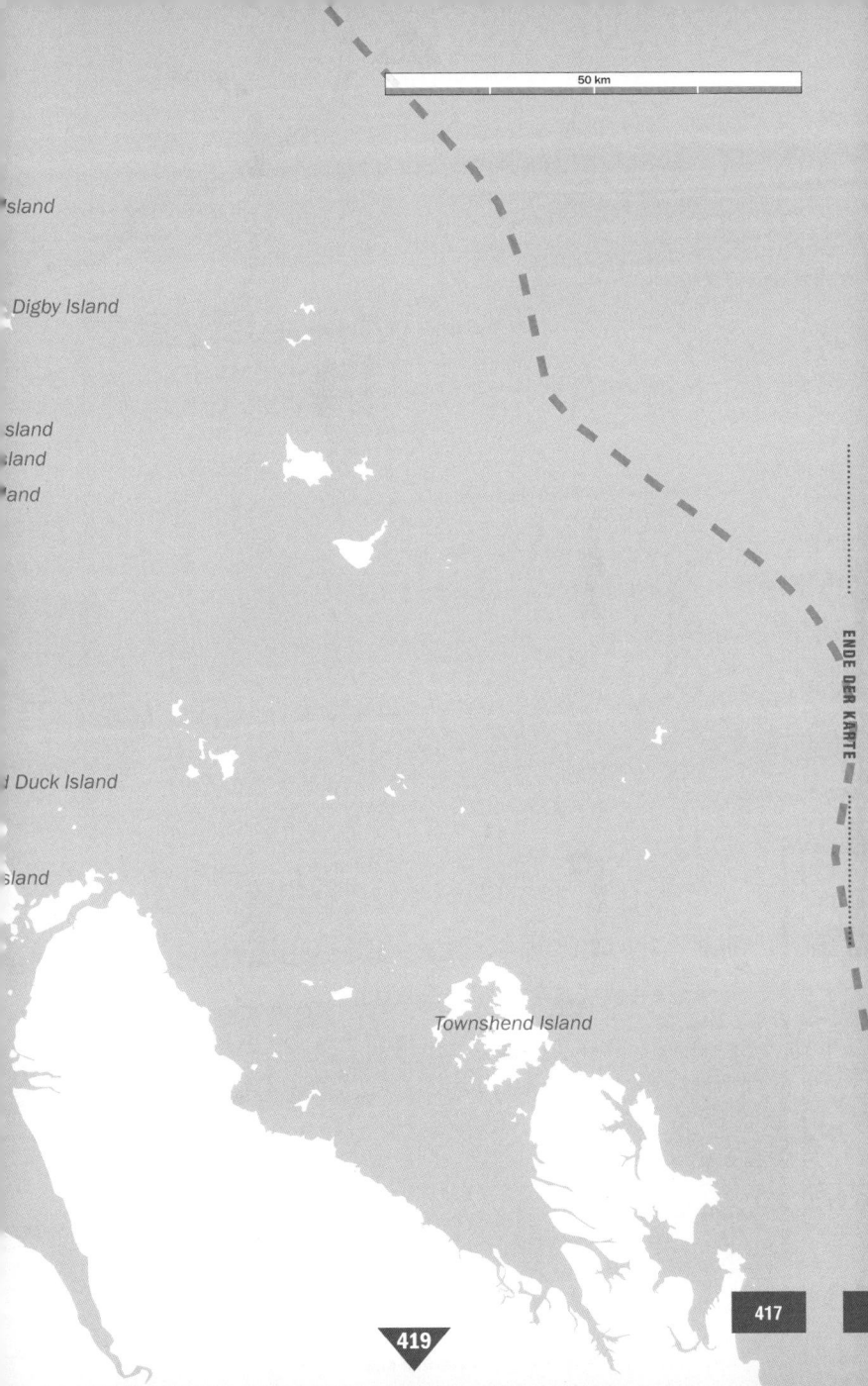

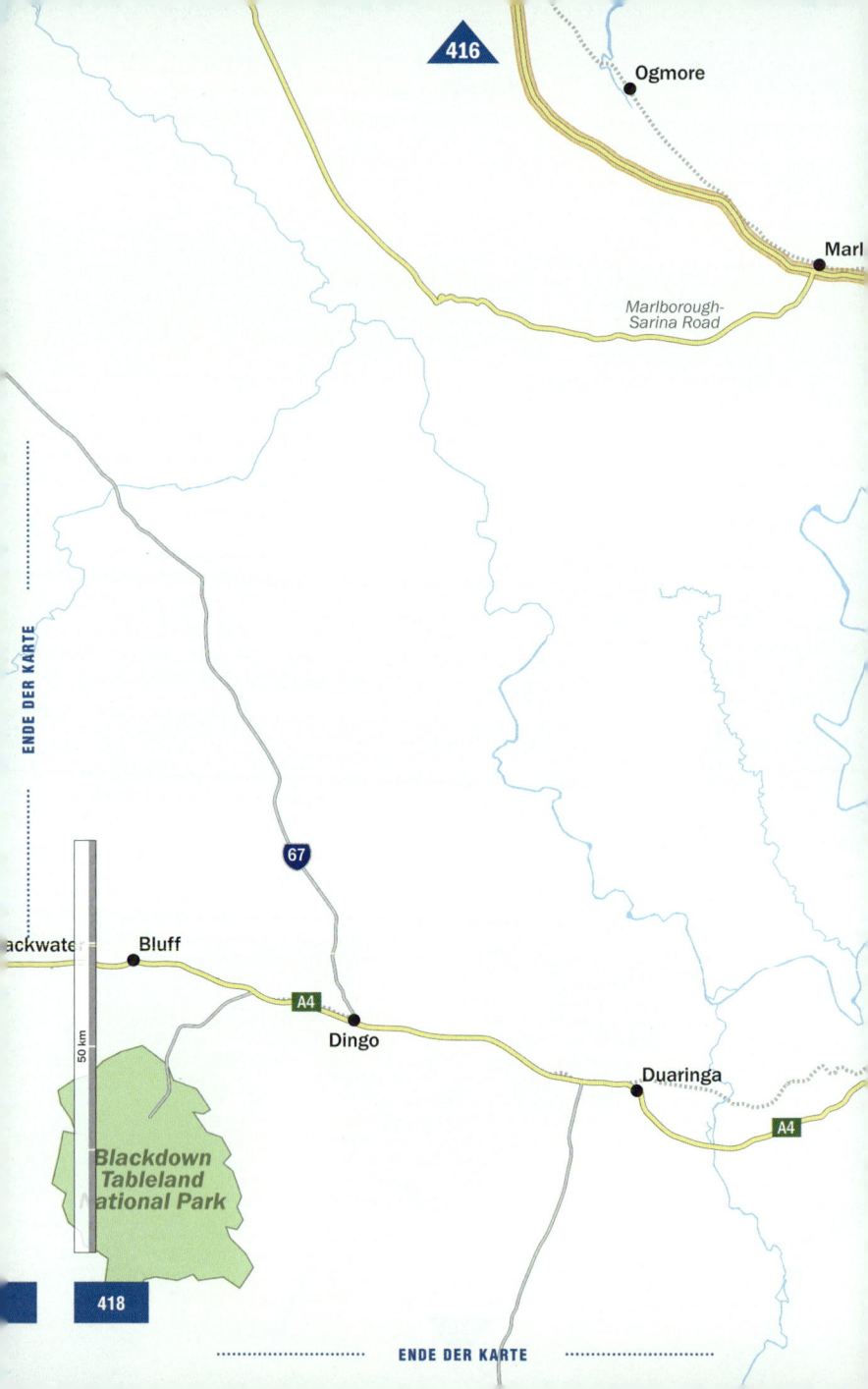

416

Ogmore

Marl

*Marlborough-
Sarina Road*

67

50 km

ackwate

Bluff

A4

Dingo

Duaringa

A4

**Blackdown
Tableland
National Park**

Marlborough

A1

Fitzroy
River

Yaamba

Capricorn Coast
National Park

Capricorn
Caves

The
Caves

Tourist Park

Yeppoon

Capricorn Palms
Holiday Park

A1

Yeppoon Road

10

Causeway
Lake

Bell Park
Emu Park

Discovery Holiday
Parks Rockhampton

Mount Archer
National Park

Koorana
Crocodile Farm

Rockhampton

10

Gracemere

Stanwell

Kabra

A1

A4

A3

Westwood

Mount Morgan

Bajool

A5

A3

Mo

Wowan

A3

A5

Coast
Park

Capricorn Palms
Holiday Park   *Great Keppel*
                      Islands
Causeway
Lake
            Bell Park Caravan Park
            Emu Park

Koorana
Crocodile Farm

Curtis Island

Mount Larcom

58

Gladstone

A1

Kin Kora Village
Tourist Park

58

60   Boyne Island

423   Tannum Sands
                aby

Calliope   **A1**

60   Boyne River

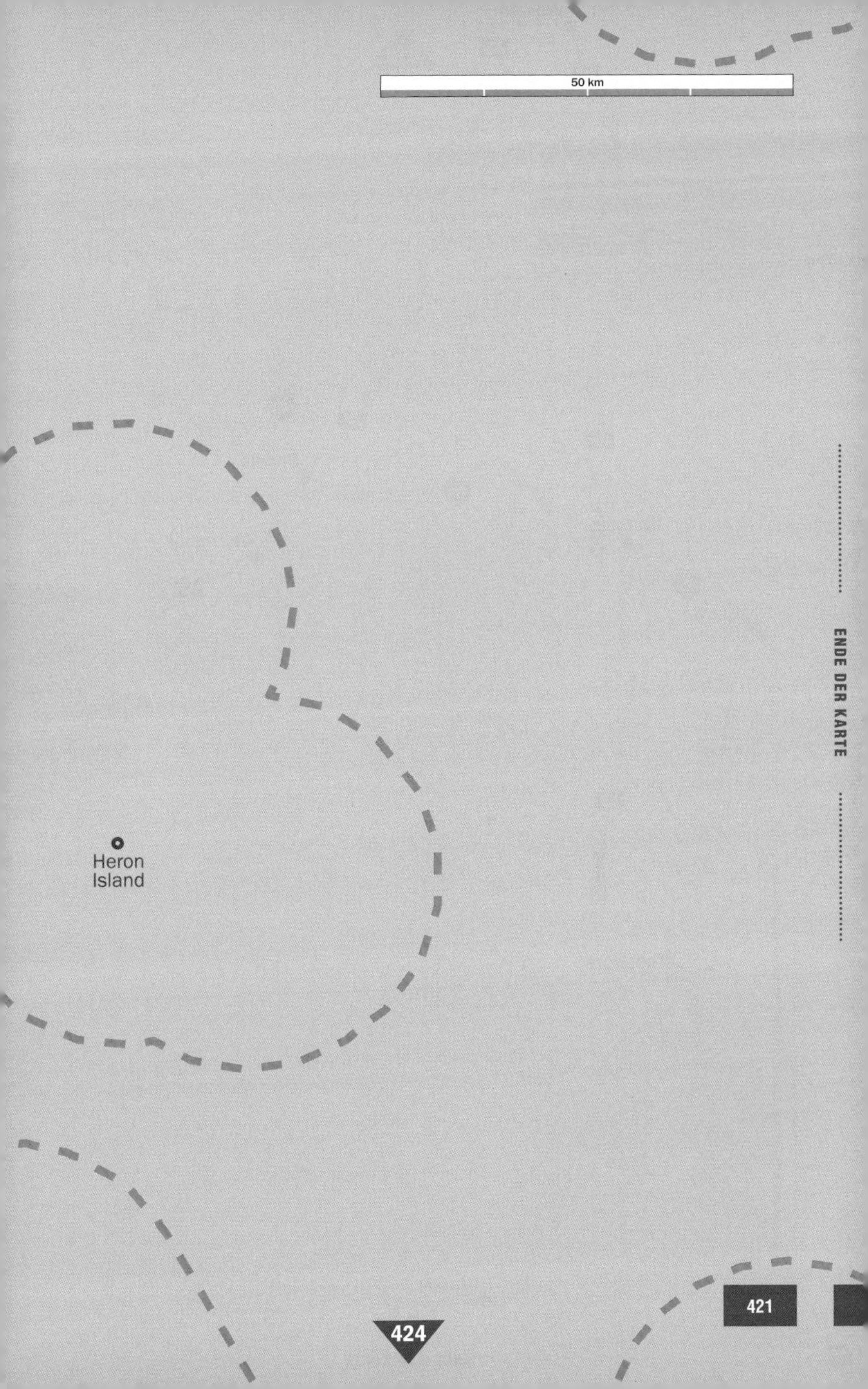

50 km

ENDE DER KARTE

Heron
Island

424

421

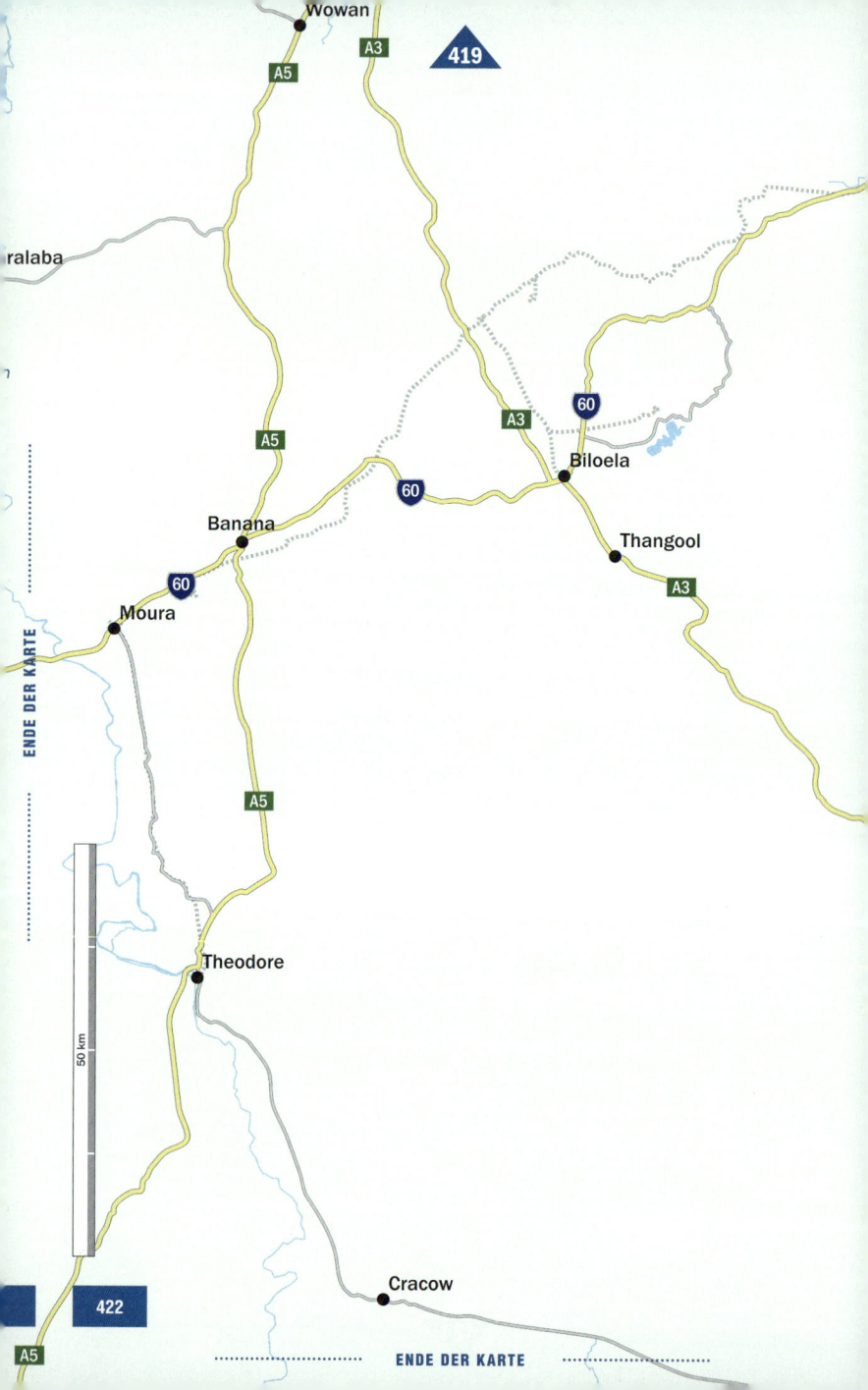

Kin Kora Village
Tourist Park
Boyne Island
Tannum Sands
Benaraby
Calliope
Boyne River
Rest Area
Lake
Avoonga
1770 Camping Ground
Bororen
Miriam Vale
Round Hill Road
Nagoorin
Tableland Road
Lowmead
Tableland Road
Berajondo
Kalpowar
Gladstone-
Monto Road
Lake
Monduran
Monto
Mulgildie
Mount Perry
Eidsvold
ENDE DER KARTE

Joseph Banks Conservation Park
Seventeen Seventy
amping Ground
Agnes Water
Agnes Water Beach Caravan Park
Worksmans Beach Camping Area

Round Hill Road

Deepwater National Park

Tableland Road

Baffle Creek

owmead

ENDE DE KARTE

16

Berajondo

Rosedale

Bundaberg Lowmead Road

Yandaran

Avondale

Avondale Homestead Tavern

Mon Repos Conservation Park

16

Burnett Heads

Burnett River

Bargara

3

Bundaberg

Cane Village Holiday Park

Innes Park

Woongarra

Coral Cove

Lake Monduran

Kolan River

South Kolan

Elliot Heads

A1

Bullyard

Coonarr

3

Gin Gin

Hinkler Lions Park

Goodwood Road

Burrum Coast National Park

Burnett River

3

A1

Woodgate

Woodgate Beach Tourist Park

t Perry

Cordalba

Woodgate Road

Goodwood

Redridge

Apple Tree Creek Rest Area

Goodwood Road

Goodnight Scrub National Park

Toogoo

Childers

A1

Howard

Torbanlea-Pialba Road

52

421

426

Torbanlea

Wa

Lady Elliot Island

50 km

ENDE DER KARTE

Waddy Point Top
Camping Area

Orchid Beach

Indian
Head

Dundubara
Camping Area

Beach
ark

Scarness Beachfront
Tourist Park

Cathedral Beach

Fraser Island

ogoom

Torquay Beachfront
Tourist Park

75 Mile Beach

57 **Hervey Bay**

Happy Valley
427

*Kingfisher
Bay*

Walligan

lea-
Road

Torquay Beachfront
Tourist Park

Hervey Bay

57

Walligan

River Head

rshot

57

Maryborough

Fraser Island

425

Happy Valley

*Kingfisher
Bay*

**Great Sandy
National Park**

7 5 Mile

Central Station
Camping Area

Eurong

*Cooloola
Coast Road*

Boonooroo

Big Tuan

Poona

Hook
Point

Inskip
Point

*Tin Can
Bay Road*

Tin Can Bay

Rainbow Beach
Rainbow Beach Holiday Village

Double Island Point

Cooloola Cove

Toolara Forest

Cooloola Recreation Area

*Can
Road*

*Rainbow
Beach Road*

**Great Sandy
National Park**

*Noosa
River*

Wolvi

*Greenridge-
Pinbarren Road*

*Lake
Cootharaba*

Teewah Beach

*Traveston
Road*

Kin Kin

Noosa River
Holiday Park

Boreen Point

Cooran

Pinbarren

A1

Pomona Showgrounds

Pomona

Tewantin

Noosa National Park

Noosa Heads

Sunshine Beach

*Pomona-
Kin Kin Road*

Cooroy

6

*Lake
Weyba*

Tewantin National Park

Peregian Beach

12

70

Eumundi

*Cooroy-
Noosa Road*

Coolum Beach

M1

Pacific Paradise

51

6

Cotton Tree Holiday Park/
Maroochydore Beach Holiday Park

th

Nambour

Bli Bli

70

Mapleton

23

Maroochydore

Cambroon

8

429

Mooloolaba Beach Holiday Park

Montville

Woombye

Mooloolaba

dale

22

*Lake
Baroon*

23

70

50 km

ENDE DER KARTE

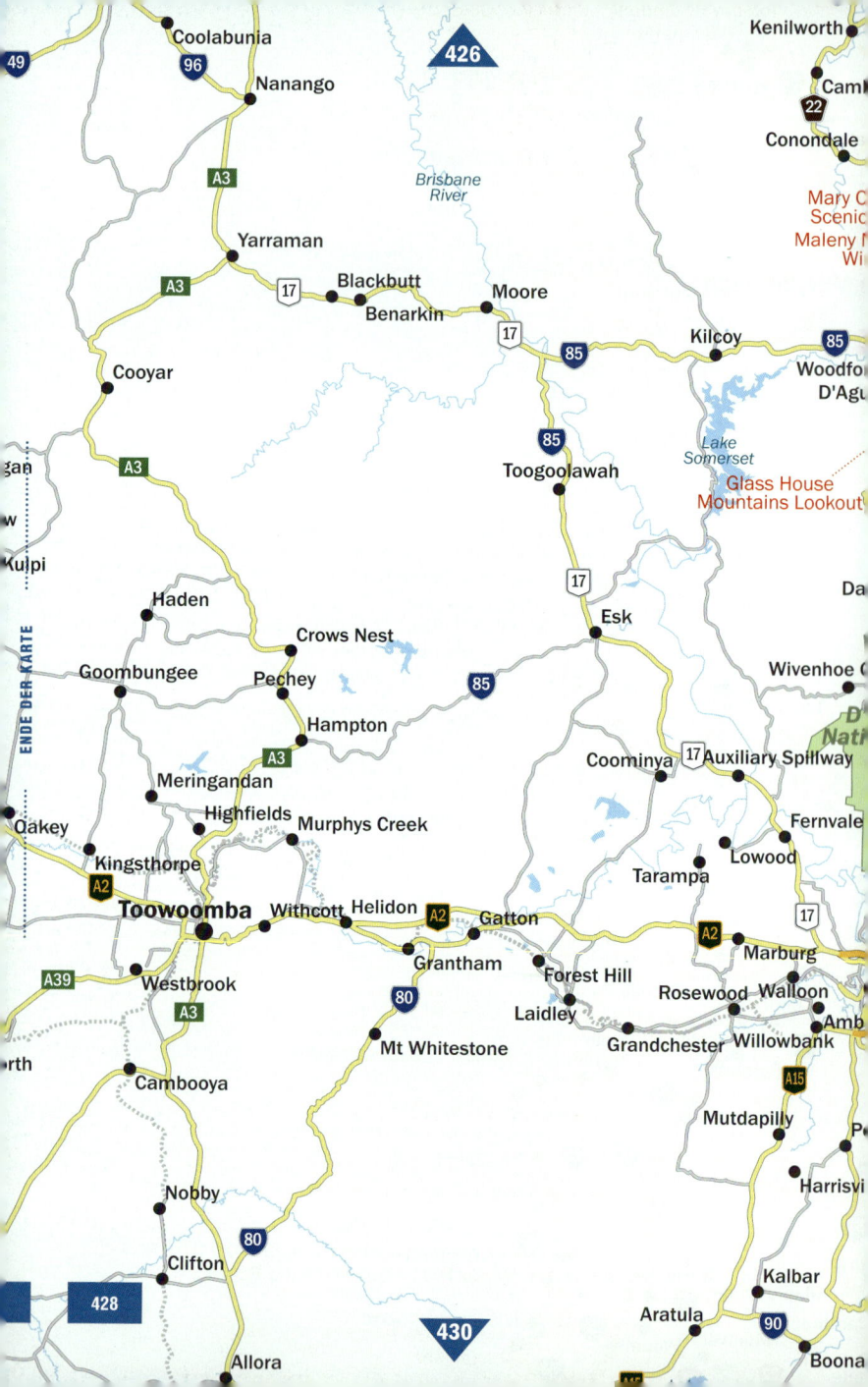

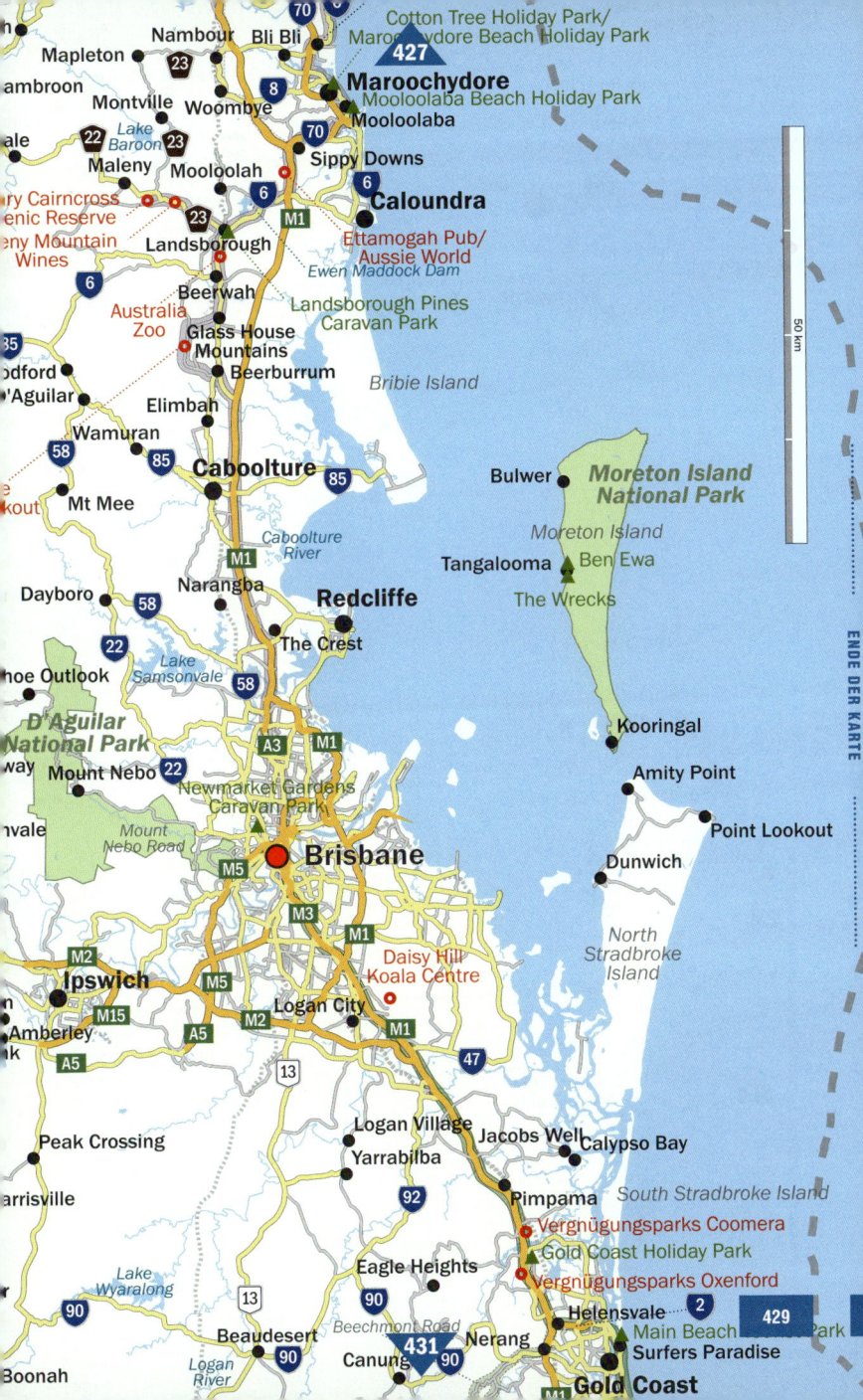

Mapleton
Nambour
Bli Bli
ambroon
Montville
Woombye
Cotton Tree Holiday Park/
Maroochydore Beach Holiday Park
427
Maroochydore
Mooloolaba Beach Holiday Park
Mooloolaba
Lake Baroon
Maleny
Mooloolah
Sippy Downs
Caloundra
ry Cairncross
nic Reserve
eny Mountain
Wines
Landsborough
Ettamogah Pub/
Aussie World
Ewen Maddock Dam
Beerwah
Australia Zoo
Landsborough Pines Caravan Park
Glass House Mountains
Beerburrum
Bribie Island
odford
'Aguilar
Elimbah
Wamuran
Bulwer
Moreton Island National Park
Moreton Island
Caboolture
Tangalooma
Ben Ewa
The Wrecks
Mt Mee
out
Dayboro
Narangba
Caboolture River
Redcliffe
The Crest
Lake Samsonvale
Kooringal
hoe Outlook
D'Aguilar National Park
way
Mount Nebo
Amity Point
Point Lookout
nvale
Mount Nebo Road
Newmarket Gardens Caravan Park
Dunwich
Brisbane
North Stradbroke Island
Ipswich
Daisy Hill Koala Centre
Amberley
k
Logan City
Peak Crossing
Logan Village
Jacobs Well
Calypso Bay
arrisville
Yarrabilba
South Stradbroke Island
Pimpama
Vergnügungsparks Coomera
Gold Coast Holiday Park
Vergnügungsparks Oxenford
Eagle Heights
Lake Wyaralong
Helensvale
2
429
Park
Main Beach
Beaudesert
Beechmont Road
Nerang
Surfers Paradise
Boonah
Logan River
Canung
431
Gold Coast
50 km
ENDE DER KARTE

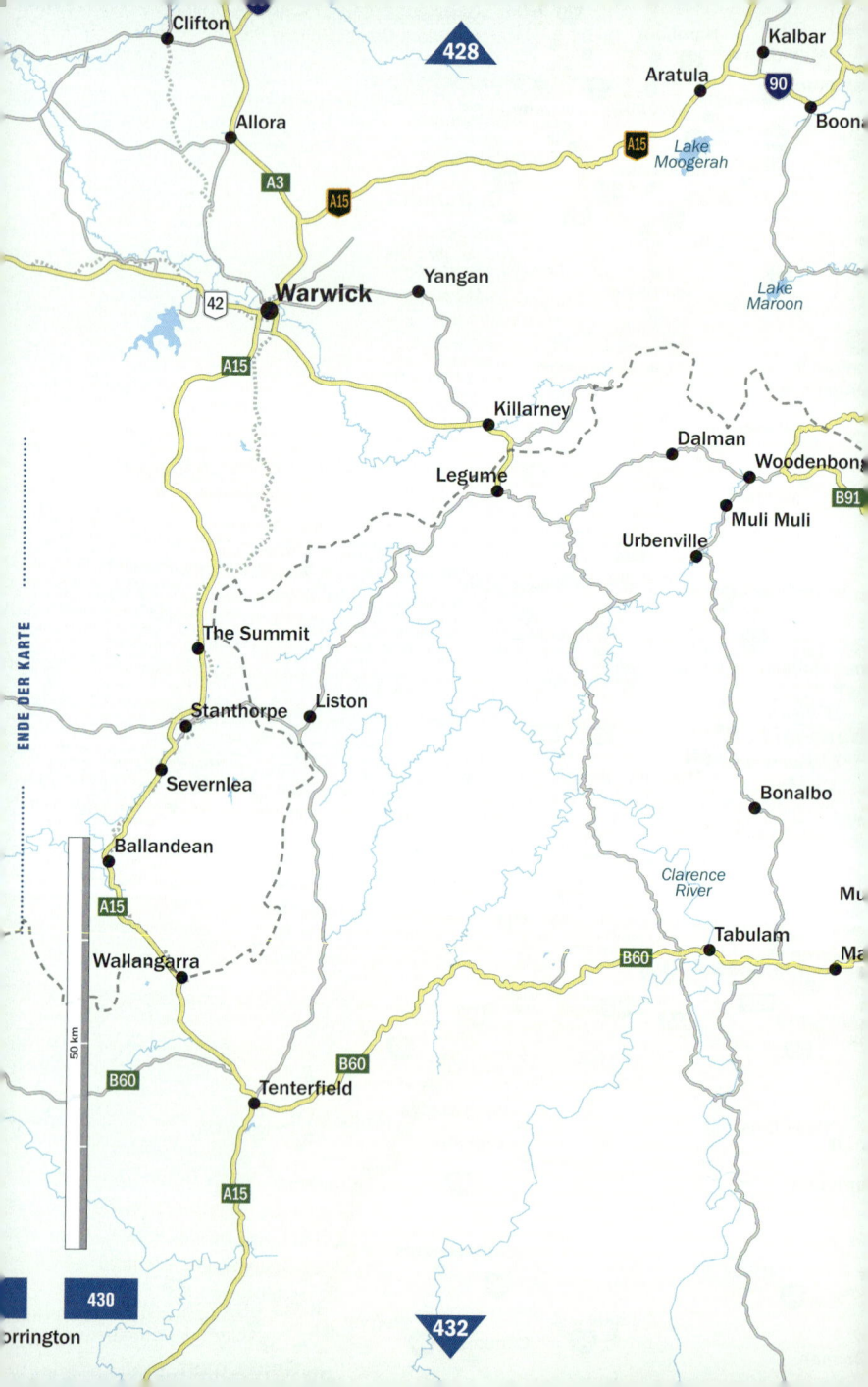

Clifton

428

Kalbar

Aratula

90

Allora

A15

Boon

A3

A15

Lake
Moogerah

42 Warwick

Yangan

A15

Lake
Maroon

Killarney

Dalman

Woodenbon

Legume

B91

Muli Muli

Urbenville

The Summit

Liston

Stanthorpe

Severnlea

Bonalbo

Ballandean

Clarence
River

A15

Mu

Wallangarra

Tabulam

Ma

B60

50 km

B60

B60

Tenterfield

430

A15

432

rrington

Torrington

Deepwater

430

B76

Mann
River

A15

B76

Innes

Nymboida
River

ENDE DER KARTE

Ny

ra

North Do

Mountain

Bostobrick

Danga
Lod

Dorrigo

B78

Ebor

Bellinger
River

idale

Wollomombi

B78

432

Hillgrove

434

A1

Yamba

Maclean

Iluka

Lawrence

Clarence River

Copmanhurst

Ulmarra

B91 · B91 · A1

B76

Grafton

Sandon

McPhillips Creek Rest Area

Dinjerra Road Rest Area

Minnie Water

Diggers Camp

A1

Nymboida

50 km

Corindi Beach

Arrawarra
Arrawarra Headland

Orara River

Woolgoolga

Sandy Beach

Emerald Beach

A1

Coramba

Big Banana · Solitary Islands Aquarium

Coffs Harbour

Park Beach Holiday Park

th Dorrigo
Dangar Falls
Lodge

Dorrigo National Park

Toormina

Sawtell

Bellingen Showgrounds

Thora

Raleigh

Bellingen

B78

Mylestom

Brierfield

Urunga

A1

Nambucca River

Nambucca Beach
Holiday Park

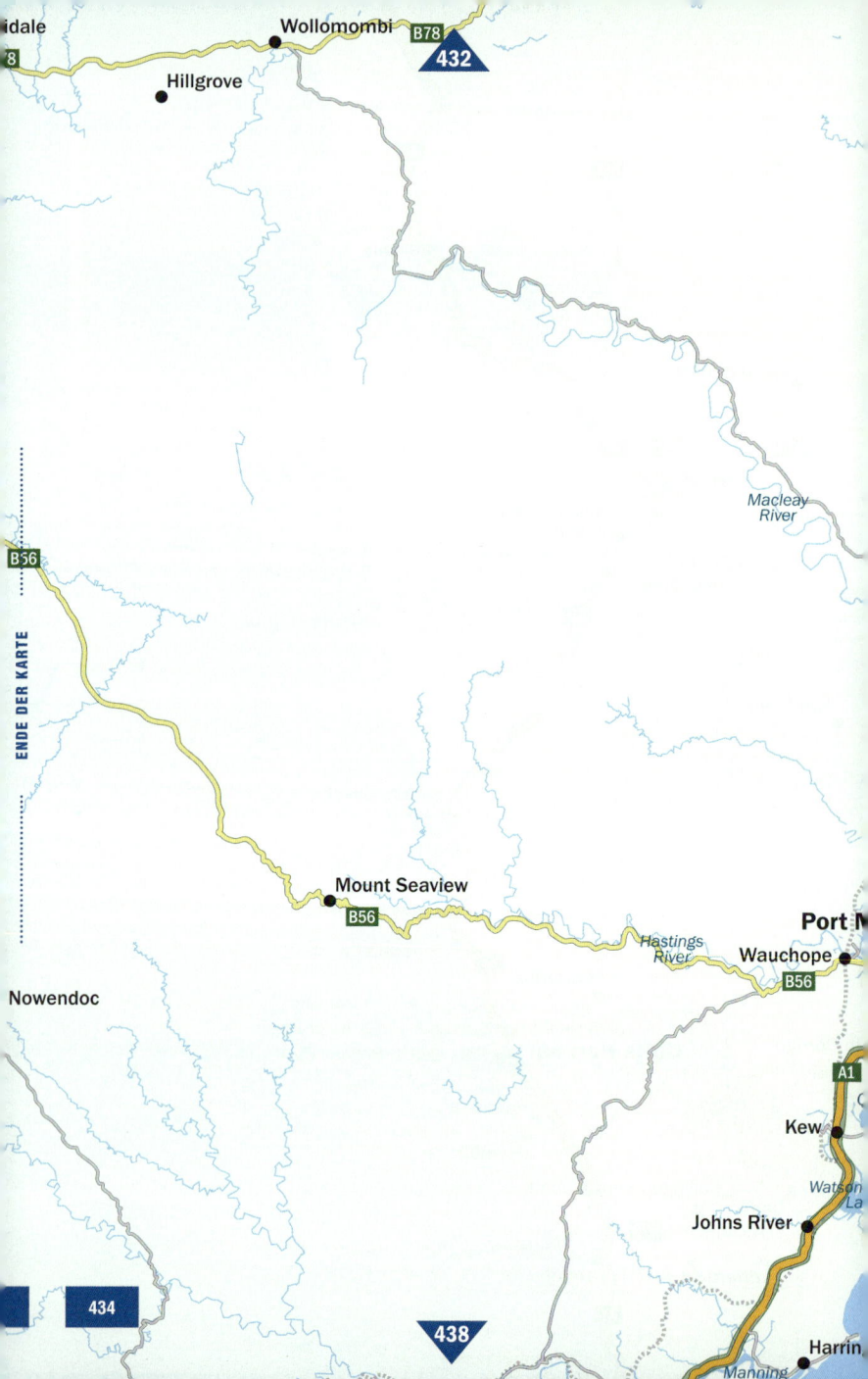

idale

Wollomombi B78 **432**

8

Hillgrove

Macleay
River

B56

ENDE DER KARTE

Mount Seaview
B56

Hastings
River

Port M

Wauchope
B56

Nowendoc

A1

Kew

Watson
La

Johns River

Harrin

Manning

Mylestom
Brierfield
Urunga

433

A1

Nambucca
River

Nambucca Beach
Holiday Park

Nambucca Heads
White Albatross Caravan
and Holiday Park

Macksville

Scotts Head

Eungai Creek
Stuarts Point

Eungai Rail
Trial Bay Gaol
Campground
Arakoon
Sunshine South West Rocks
South West
Rocks
Smoky Cape Campground

Clybucca
Plummers
Lane

A1
Hat Head
National
Park

Smithtown

Frederickton
Hat Head

Kempsey

50 km

Hastings
River Drive

A1

rt Macquarie
Sundowner Breakwall
Tourist Park

B56

pe
Billabong
Zoo
Sea Acres
National Park

Lake
Innes

Cathie Village

A1

Queens
Lake
Bonny Hills

Dunbogan

N
Laurieton

Watson Taylors
Lake

ENDE DER KARTE

439

Harrington

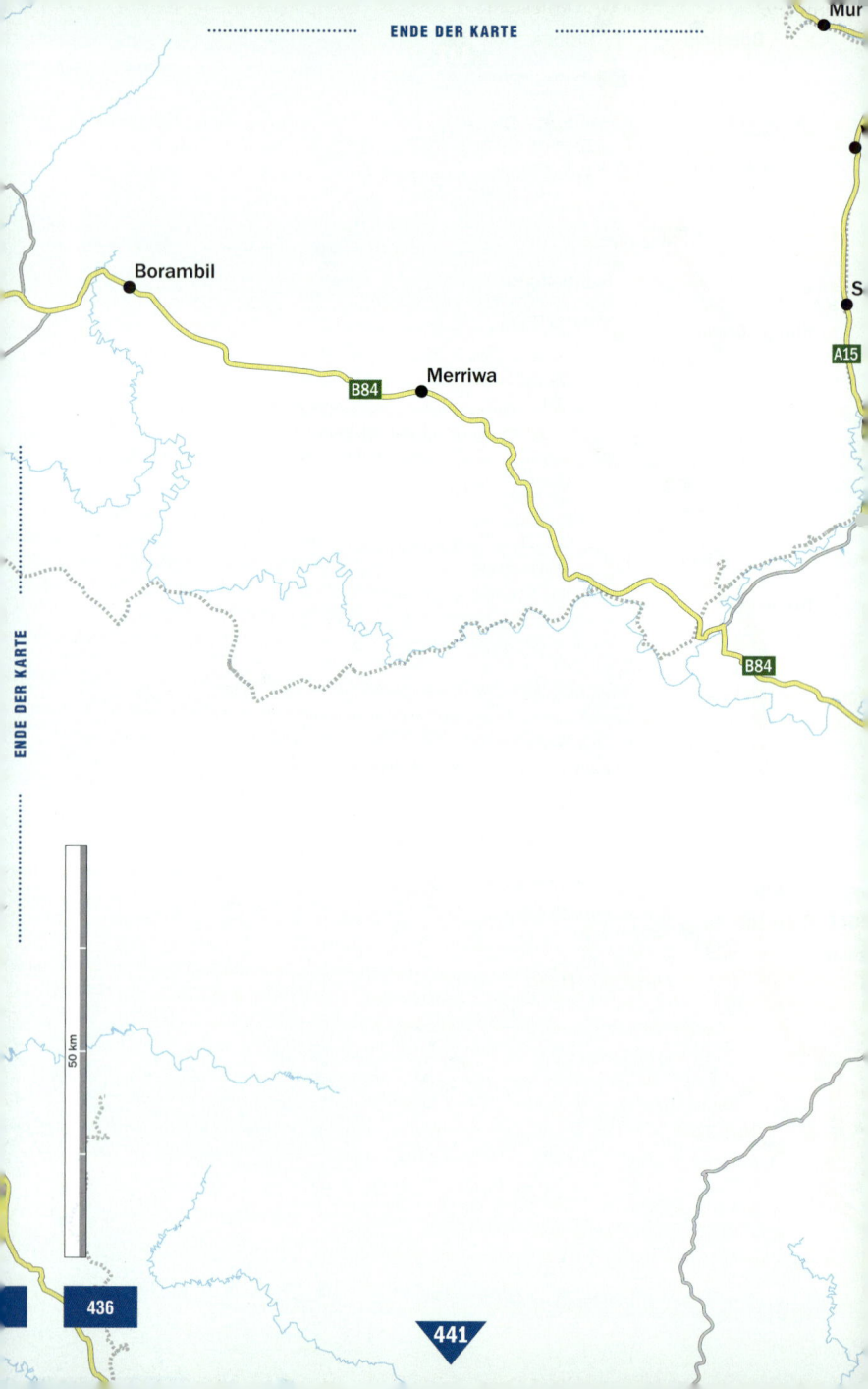

Borambil

Merriwa

B84

Mur

S

A15

B84

ENDE DER KARTE

50 km

441

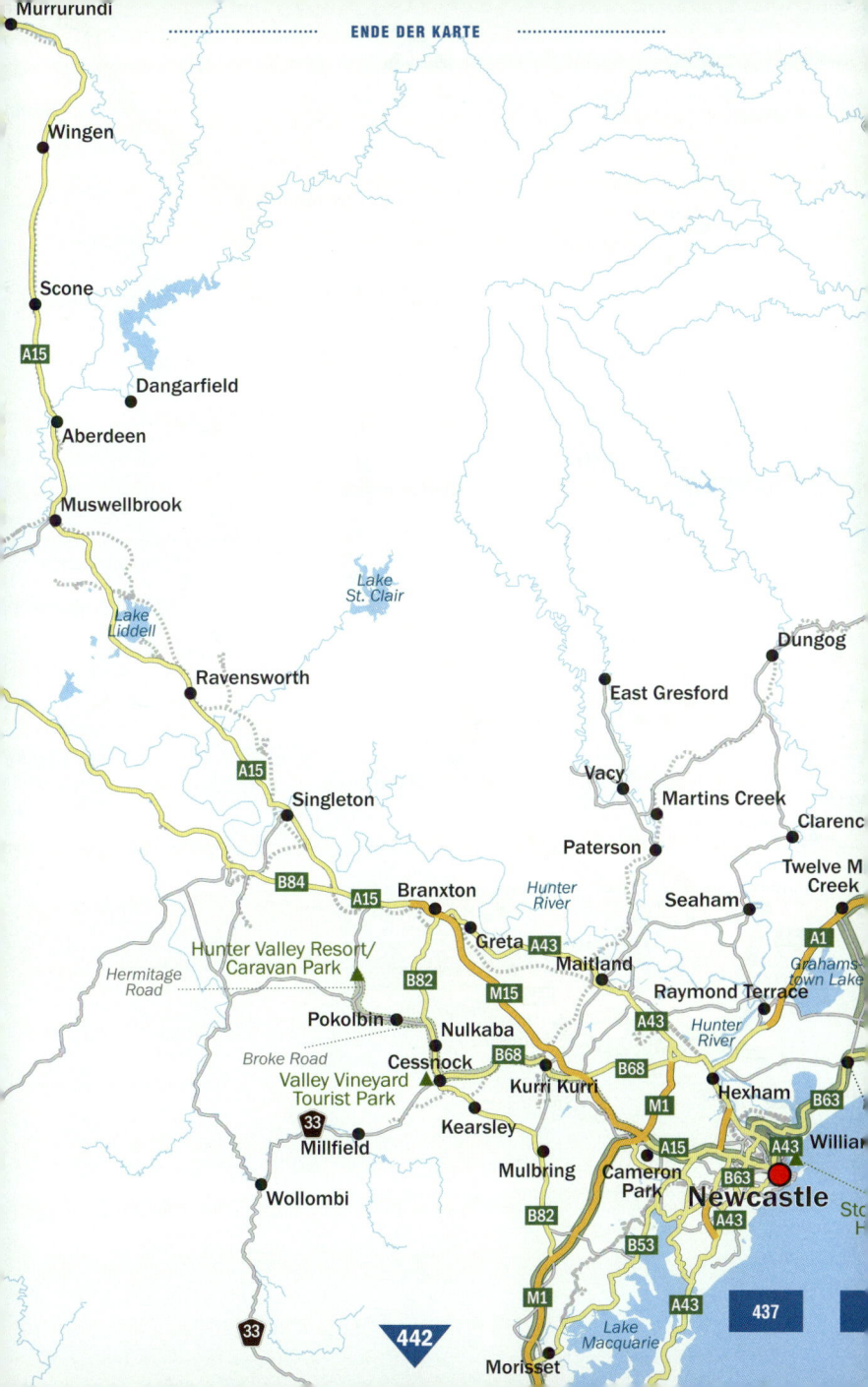

Murrurundi

Wingen

Scone

A15

Dangarfield

Aberdeen

Muswellbrook

Lake Liddell

Lake St. Clair

Ravensworth

Dungog

East Gresford

A15

Vacy

Martins Creek

Clarenc

Singleton

Paterson

Twelve M Creek

B84

A15

Branxton

Hunter River

Seaham

Greta

A43

Maitland

Hunter Valley Resort/ Caravan Park

B82

Raymond Terrace

A1

Grahamstown Lake

Hermitage Road

M15

A43

Pokolbin

Nulkaba

B68

Hunter River

Broke Road

Cessnock

B68

Hexham

Valley Vineyard Tourist Park

Kurri Kurri

B63

33

Kearsley

M1

Millfield

Willia

Mulbring

A15

A43

Wollombi

Cameron Park

B63

Newcastle

Sto H

B82

A43

33

B53

437

M1

A43

▼ **442**

Lake Macquarie

Morisset

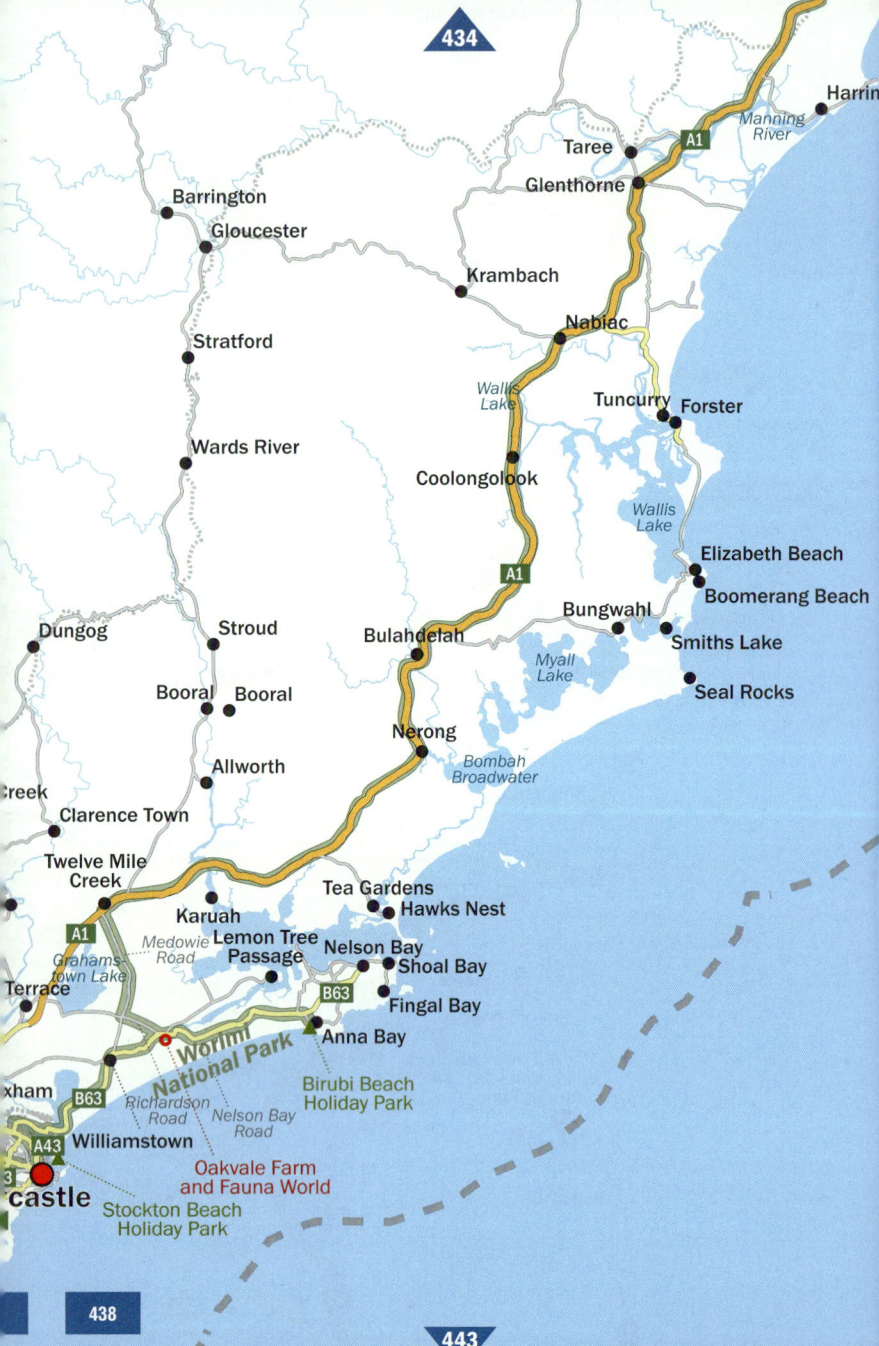

Harrin

Manning River

Taree

A1

Glenthorne

Barrington

Gloucester

Krambach

Nabiac

Stratford

Wallis Lake

Tuncurry   Forster

Wards River

Coolongolook

Wallis Lake

Elizabeth Beach

A1

Boomerang Beach

Bungwahl

Dungog

Stroud

Bulahdelah

Smiths Lake

Booral   Booral

Myall Lake

Seal Rocks

Nerong

Allworth

Bombah Broadwater

Creek

Clarence Town

Twelve Mile Creek

Tea Gardens

Karuah

Hawks Nest

A1

Medowie Road

Lemon Tree Passage

Nelson Bay

Grahams- Town Lake

Shoal Bay

Terrace

B63

Fingal Bay

Worimi National Park

Anna Bay

Richardson Road

Nelson Bay Road

Birubi Beach Holiday Park

xham

B63

Williamstown

Oakvale Farm and Fauna World

A43

3

castle

Stockton Beach Holiday Park

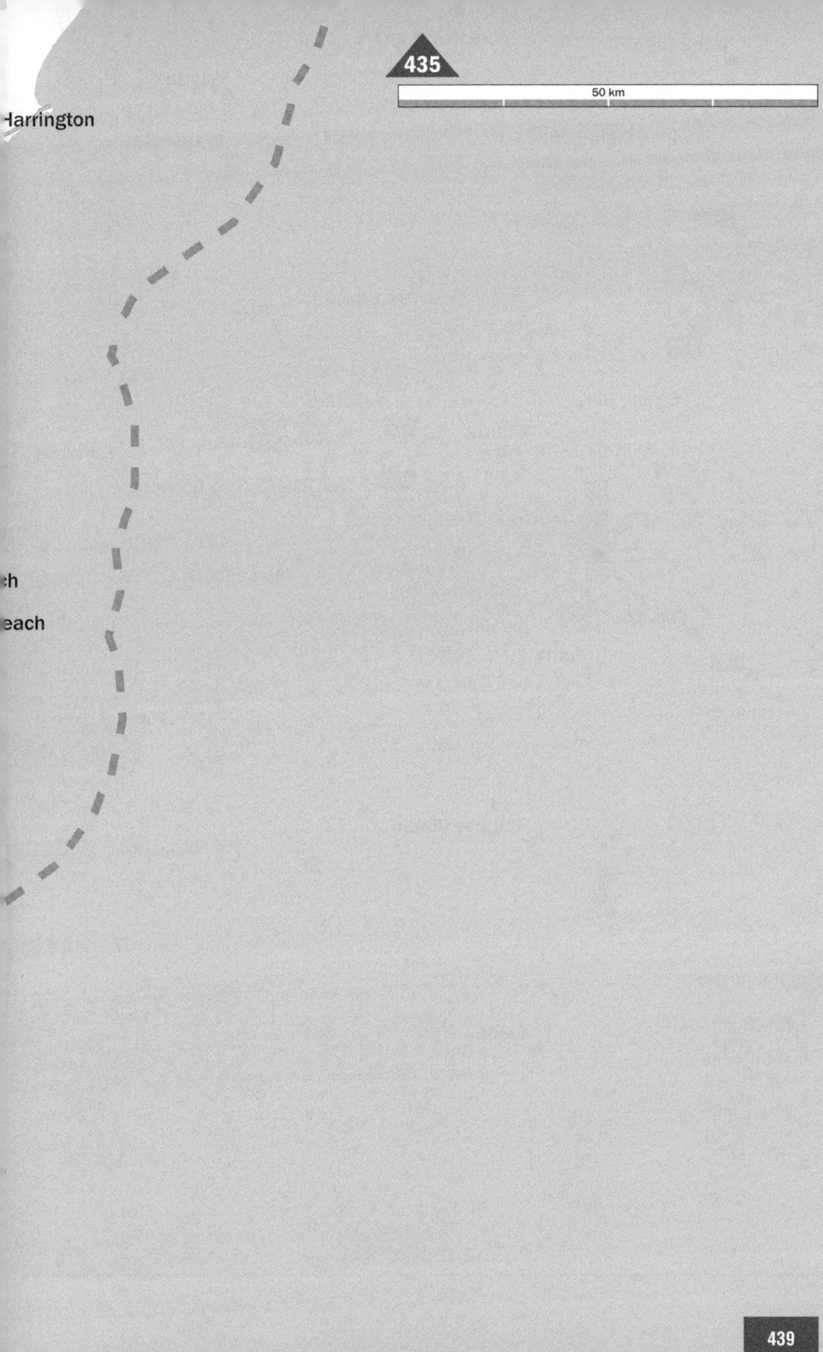
435
50 km
Harrington
h
each

ENDE DER KARTE

Kerrs Creek

50 km

Sofala

Wattle Flat

Mullion Creek

32

March

Borenore

Orange

Peel

A32

Spring Hill

Vittoria

A32

Bathurst

A32

Yetholme

Millthorpe

A41

Brewongle

Perthville

Georges Plains

Tara

Blayney

Wimbledon

The Lagoon

Newbridge

Carcoar

Barry

Fish
Rive

A41

Mandurama

Lyndhurst

Oberon

tock

Oberon
Dam

Falls

Trunkey Creek

Wyangala Village

Tuena

Bigga

Reids Flat

Colo
River

Blue Mountains
National Park

B55

A32

Lithgow

Bell

B59

Mount Wilson

Bilpin

B59

Kurrajong

Kurmond

A32

Tarana

Fish
River

Govetts Leap
Lookout

Blackheath

B59

Richmond

Windsor

eron

A32

A9

Leura

Faulconbridge

Springwood

Valley Heights

A2

Katoomba

Katoomba Falls
Caravan Park

Wentworth
Falls

A32

Blaxland

Penrith

Black

Glenbrook

Lapstone

M4

M4

Jenolan Caves

Mulgoa

A9

M7

Luddenham

M7

Bringelly

M7

Lake
Burragorang

Catherine Field

12

M31

Blue Mountains
National Park

Nattai

Narellan

Camden

Campbell

The Oaks

Menangle

Picton

12

M31

Appin

Maldon

Blue Mountains
National Park

Tahmoor

437

33

Morisset

Lake
Macquarie

M1

A43

Doyalson A43

Mangrove
Creek Dam

Jilliby A43

Budgewoi

St. Albans

Wyong Milk Factory Wyong
Noraville

Tuggerah
Lake

33

Fountaindale The Entrance

Wisemans Ferry

M1

Australian
Reptile Park

Ourimbah

Woy Woy
Road

Gosford A49

Pacific
Highway

A49

Hawkesbury
River

Brisbane
Water
Nat. Park

Terrigal

15

Woy Woy

Brooklyn

Ocean Beach Resort
and Holiday Park

d

Richmond

Palm Beach

9

Cowan

15

M1

Newport

A2

A3

Hornsby

Narrabeen

A28

Wahroonga

Blacktown

M7

M2

Lane Cove
River Tourist Park

Parramatta

M2

Manly

M4

M7

M1

M4

Sydney

Liverpool

Bondi Beach

M7

M1

Coogee Beach

M5

M5

M1

12

Botany
Bay

M31

Sutherland

Kamay Botany Bay
National Park

Campbelltown

angle

M1

Appin

Helensburgh

438

50 km

ENDE DER KARTE

Einsame Traumstände und faszinierende Metropolen. Ayers Rock und Great Barrier Reef. In einem solch paradiesischen Land kann ja eigentlich nichts schiefgehen, oder?

Markus Lesweng

Fettnäpfchenführer Australien
Wie man dem fünften Kontinent auf den Busch klopft

ISBN 978-3-943176-88-9

»Es ist schon lange Zeit her, dass mich ein Buch über Australien so begeistert und fasziniert hat wie dieses.«
(Sabine Hopf, Reisebine Australien)

»Dieses Buch ist absolut empfehlenswert.«
(Work & Travel Magazin)

In dem paradischen Land *down under* kann ja eigentlich nichts schiefgehen, oder?

Weit gefehlt. Auch in Australien gibt es unzählige Gelegenheiten, sich kopfüber ins Fettnäpfchen zu stürzen. Oder wissen Sie, wie man einen Haushalt schmeißt, der eine Tagesreise von der nächsten Stadt entfernt ist? Warum Sie eine warme Jacke mitbringen sollten – aber besser keine gute Kleidung? Und was zu tun ist, wenn Sie die Spinne beißt oder das Känguru boxt?

Gleichsam ahnungslos macht sich Softwarespezialist Steffen auf, um seine Firma in Sydney zu repräsentieren. Dabei lernt er nicht nur die australische Kultur kennen, sondern auch, warum ein Pubbesuch jede elitäre Ausbildung übertrumpfen kann und Australier so felsenfest davon überzeugt sind, im Paradies auf Erden zu leben. Zur gleichen Zeit wagt Studentin Lena den Sprung ins, nun, warme Wasser, um vor dem Einstieg ins Berufsleben eine fremde Welt zu entdecken – und erlebt unter dem sagenhaft blauen Himmel ein ebenso blaues Wunder, als ihr klar wird, dass das Outback ihre Vorstellung eines rustikalen Lebens neu definiert.

Für beide wartet am Ende die wichtigste Lektion, die man aus Australien mitnehmen kann: *No worries!*

 **CONBOOK**
www.conbook-verlag.de

Moderne Rebellen in einer alten Welt

Jörg Endriss und Sonja Maaß
CHINAKINDER
Moderne Rebellen in einer alten Welt

ISBN 978-3-95889-137-1
ISBN 978-3-95889-127-2

»Jedes einzelne Kurzporträt ist lesenswert – dieses Buch verdient jede Empfehlung.« (Literaturwelt)

»Was die Lektüre so spannend macht, ist das Spannungsfeld, in dem die junge Generation in China versucht, die eigenen Träume zu verwirklichen.« (Sinograph.ch)

Viele junge Chinesen wollen nicht mehr nur Karriere und Reichtum als Lebensziel sehen und mit Scheuklappen durch Schule und Universität getrieben werden. Eingezwängt zwischen den Erwartungen von Staat, Familie und Gesellschaft haben sie Träume, die für uns selbstverständlich sind: Sie wollen ihren Lebensweg selbst bestimmen, etwas Sinnvolles erreichen und eine Arbeit finden, die ihnen Erfüllung bringt. Dafür müssen junge Menschen in China allerdings große Widerstände überwinden und sich gegen konservative Eltern und traditionelle Konventionen durchsetzen. Als stille Rebellen versuchen viele, dem allgegenwärtigen Druck der Gesellschaft zu entfliehen.

Lesen Sie von dem jungen Finalisten einer Schriftzeichen-Quizshow, von Studenten, die schon zu Beginn des Studiums komplett ausgebrannt sind, und von Punks, die ihren ganz eigenen chinesischen Rock-'n'-Roll-Lifestyle leben – aber auch von einem Mädchen in ihren Zwanzigern, das offiziell gar nicht existiert, von Wanderarbeitern, die in Kellern ohne Tageslicht wohnen, und Homosexuellen, die sich nicht mehr hinter der Fassade einer Ehe verstecken wollen.

CONBOOK
www.conbook-verlag.de

»Wer mir einen nachvollziehbaren Grund nennen kann, erwachsen zu werden, bekommt sämtliches Gold der Welt, einen Oscar in allen Kategorien und sei gleichzeitig in die Hölle verbannt.«

Andreas Brendt
Boarderlines

ISBN 978-3-943176-99-5
ISBN 978-3-95889-086-2

»Ein Buch mit großer Erzählkraft, Tiefsinn und einer Prise Humor.«
(Aachener Nachrichten)

»Ein Buch zum Runterlesen. Die Geschichten sind witzig und man erwischt sich sehr schnell dabei, seine Sachen packen und die Welt erleben zu wollen.« (Radio Köln)

»Unglaublich witzig und unterhaltsam und gleichzeitig mit Tiefgang. Vorsicht: Suchtgefahr.« (active woman)

....

Andi ist ein pflichtbewusster VWL-Student, dem eine lukrative Zukunft winkt. Doch dann entscheidet er spontan, sein Konto zu plündern und nach Asien aufzubrechen. Auf Bali wird er mit dem Surfvirus infiziert, und von nun an ist das Wellenreiten seine lebensbestimmende Leidenschaft, die ihn vor eine große Entscheidung stellt: Gibt er dem inneren Feuer Zündstoff oder ebnet er den Weg für die geplante Managerkarriere?

Boarderlines ist ein autobiografischer Reise-Roman über die schönsten Wellen dieses Planeten, die Sinnsuche und die Sehnsucht nach Abenteuer. Über ein Leben zwischen Pistolen, Edelsteinen, Malaria, einer entlegenen Insel, gemeinen Ganoven, allwissenden Professoren, und deutschen Bierdosen. Über Freundschaft und natürlich über die Liebe – zum Surfen, zu Menschen, zum Leben.

CONBOOK
www.conbook-verlag.de

Ein Fahrrad, 26 Länder und jede Menge Kaffee

Markus Maria Weber
Ein Coffee to go in Togo
Ein Fahrrad, 26 Länder und jede Menge Kaffee

📖 ISBN 978-3-95889-138-8
📱 ISBN 978-3-95889-143-2

Ein wahnwitziges Reiseabenteuer zwischen Aufbruchlaune, Selbstfindung und ungewöhnlichen Begegnungen auf 14.037 Radkilometern

....

Eines Tages wirft der Unternehmensberater Markus Weber seine heile Welt über den Haufen und stürzt sich Hals über Kopf in ein Abenteuer.

Er setzt sich auf sein Fahrrad und fährt los – durch 26 Länder, bis nach Togo. Seine Reise führt ihn durch verlassene osteuropäische Dörfer und über zermürbende Sandpisten in Westafrika. Er fährt per Anhalter durch die Sahara, radelt durch den unerschlossenen guineischen Regenwald und schmuggelt sich in Liberia über geschlossene Grenzübergänge.

Alles, um zwei Fragen zu beantworten: Wer bin ich? Und: Gibt es eigentlich *Coffee to go* in Togo?

....

»*Kurzweilig, ungefiltert und schonungslos ehrlich.*« (*Badische Zeitung*)

»*Eine fesselnde Lektüre und eine Liebeserklärung an Afrika.*« (*Café Solo*)

www.conbook-verlag.de

The land down under
in 151 Momentaufnahmen

Markus Lesweng

Australien 151
Portrait der großen Freiheit
in 151 Momentaufnahmen

Moderne Länderdokumentation in 151
Kapiteln zur australischen Gesellschaft,
mit über 160 Fotos, komplett in Farbe

ISBN 978-3-943176-67-4

www.1-5-1.de/australien

Australien – ein Land, zugleich exotisch
und doch vertraut, so nah und doch so
fern. Ein Kontinent unter einer gnaden-
losen Sonne, auf dem man mit liebens-
werten Beuteltieren Freundschaft schließen
und zugleich tellergroße Spinnen bestaunen
kann. Wo der Nachbar seine eigene Landebahn hat und man zur Arbeit reiten kann.
Wo die Erde rot ist, der Himmel blau und
die Freiheit scheinbar grenzenlos.

Begleiten Sie Markus Lesweng auf einer
langen, langen Reise durch den fünften
Kontinent, seine lebenswerten Städte und
einzigartigen Landschaften. Lassen Sie sich
von einem Kakadu anknabbern, von einem
Kookaburra auslachen und von einem
Känguru umarmen. Erleben Sie australische Lebensfreude, herzliche Gastfreund-
schaft und erfahren Sie, wie man sich vor
gefährlichen dropbears schützen kann. Am
Ende werden Sie um 151 unterhaltsame
Einblicke in dieses bemerkenswerte Land
reicher sein.

Drei von 151 Momentaufnahmen:

CONBOOK
www.conbook-verlag.de